Peter Thomas

Mass Customization als Wettbewerbsstrategie in der Finanzdienstleistungsbranche

GABLER EDITION WISSENSCHAFT

Peter Thomas

Mass Customization als Wettbewerbsstrategie in der Finanzdienstleistungsbranche

Mit einem Geleitwort von Prof. Dr. Dr. Oskar Betsch

GABLER EDITION WISSENSCHAFT

Bibliografische Information der Deutschen Nationalbibliothek
Die Deutsche Nationalbibliothek verzeichnet diese Publikation in der Deutschen Nationalbibliografie; detaillierte bibliografische Daten sind im Internet über <http://dnb.d-nb.de> abrufbar.

Dissertation Technische Universität Darmstadt, 2008

D 17

1. Auflage 2008

Lektorat: Frauke Schindler / Viktoria Steiner

Gabler ist Teil der Fachverlagsgruppe Springer Science+Business Media.
www.gabler.de

Umschlaggestaltung: Regine Zimmer, Dipl.-Designerin, Frankfurt/Main
Gedruckt auf säurefreiem und chlorfrei gebleichtem Papier
Printed in Germany

ISBN 978-3-8349-1098-1

Geleitwort

Die deutsche Kreditwirtschaft war über lange Zeit hinweg in sich gefestigt. Die Marktanteile der meisten Kreditinstitutsgruppen waren weitgehend festgeschrieben und der dominierende Banktyp der Universalbank schien relativ unempfindlich gegenüber Konjunkturschwankungen und Strukturveränderungen in anderen Branchen. Die Probleme der vergangenen Jahre sowie der jüngsten Zeit zeigen jedoch, dass sich die Kreditwirtschaft in einer äußerst schwierigen Lage befindet. Die deutsche Bankwirtschaft leidet neben den akuten Problemen auf dem Kapitalmarkt eindeutig unter einer Ertragskrise und einem strukturbedingten Kostenproblem. Ursachen für diese Entwicklung gibt es viele. Bei genauer Betrachtung der Institute zeigen sich zwei Gemeinsamkeiten, die sich negativ auf die Geschäftssituation auswirken. Zum einen ist dies die unzulängliche Marktbearbeitung und die nur marginal ausgeprägte Kundenorientierung. Zum anderen ist die Fertigungstiefe deutscher Kreditinstitute deutlich höher als in sonstigen Industrien.

Ausgehend von den derzeitigen Kosten- und Ertragsproblemen in der deutschen Kreditwirtschaft und insbesondere den vielfältigen Herausforderungen im Retailgeschäft der Banken liegt die Zielsetzung der von Dr. Peter Thomas vorgelegten Arbeit unter anderem darin, zu überprüfen, ob das in der Industrie unter ähnlichen Bedingungen erfolgreich umgesetzte Konzept einer Mass Customization Wettbewerbsstrategie im Retailgeschäft der Kreditinstitute ebenfalls Möglichkeiten bietet, die Herausforderungen zu bewältigen und langfristige Wettbewerbsvorteile zu generieren. Deshalb wurden für das bearbeitete Projekt unterschiedliche Forschungsfragen formuliert: (1) Ist die Umsetzung einer Mass Customization Wettbewerbsstrategie zur Bewältigung der Herausforderungen im Retailgeschäft der Kreditwirtschaft geeignet? (2) Welche Rolle spielen Information und der Einsatz moderner IuK-Technologien bei der Umsetzung einer derartigen Wettbewerbsstrategie? (3) Wie kann eine Umsetzung der Mass Customization unter der Berücksichtigung der Eigenarten von Kreditinstituten erfolgen?

Peter Thomas hat in dem vorgelegten Buch nicht lediglich die Anwendbarkeit und Vorteilhaftigkeit des Mass Customization Konzepts auf das Retailbanking untersucht. Die Überprüfung der Voraussetzungen für eine Anwendung des Konzeptes auf das Retailbanking ergab darüber hinaus, dass das Konzept grundsätzlich zur Bewältigung der Herausforderungen im Retailbanking geeignet ist.

Er untersucht in einer Gegenüberstellung möglicher Wettbewerbsvorteile und Potenziale vor allem hinsichtlich der Differenzierungs- und Beziehungsproblematik von Finanzdienstleistungen mit dem verursachten Aufwand einer Implementierung einer derartigen Strategie deren Vorteilhaftigkeit und zeigt, dass die Ergebnisse der vorliegenden Untersuchung einer empirischen Überprüfung standhalten. Bei Abwägung aller Chancen und Risiken macht der Verfasser aber auch deutlich, dass das Mass Customization Konzept kein „One size fits all"-Konzept ist.

Das vorgelegte Buch ist eine Orientierung sowohl für die Wissenschaft als auch für Praktiker. Finanzintermediäre haben aus den von Dr. Peter Thomas entwickelten Vorstellungen einen direkten, umsetzbaren Nutzen. Wissenschaftler werden durch die erarbeiteten Forschungsergebnisse in die Lage versetzt, weiterführende wissenschaftliche Probleme zu erkennen und mit Hilfe der Erkenntnisse des Verfassers zu erforschen. Das Werk gibt profunde Anregungen zur Neustrukturierung der deutschen Bankwirtschaft und dürfte ein wesentlicher Bestandteil der Literatur zu dem bearbeiteten Fragenkreis werden.

Dem von Dr. Peter Thomas vorgelegten Buch wünsche ich sowohl in der Bankwissenschaft als auch in der Bankpraxis reges Interesse, fruchtbare Wirkung und eine weite Verbreitung.

Prof. Dr. Dr. Oskar Betsch

Vorwort

Die deutsche Finanzdienstleistungsbranche sieht sich zu Beginn des 21. Jahrhunderts im Retailgeschäft einem immer intensiveren Wettbewerb ausgesetzt. Die fundamentale Veränderung von Mentalität, Bedürfnissen und Verhaltenweisen der Kunden macht dabei eine Neuausrichtung des Vertriebs erforderlich. Katalysator dieser Entwicklungen ist der technologische Fortschritt, der einerseits den Anpassungsdruck auf die Finanzdienstleister noch verstärkt, andererseits aber auch neue Handlungsmöglichkeiten eröffnet. In Reaktion auf diese Veränderungen haben viele Finanzdienstleister vor allem effizienzbezogene Maßnahmen umgesetzt. Strukturelle Veränderungen werden jedoch nur vereinzelt angegangen. Nun gilt es den durch die Effizienzsteigerung gewonnenen Handlungsspielraum in den nächsten Jahren durch eine Fokussierung auf Wachstum und Qualität und die Erschließung neuer Kunden und Märkte zu nutzen.

Einen Ansatz, sowohl den genannten Herausforderungen zu begegnen und insbesondere dem Preiswettbewerb im Retailgeschäft zu entgehen als auch dauerhafte Wettbewerbsvorteile zu generieren, bietet die seit Anfang der 90er Jahre für die industrielle Produktion verstärkt diskutierte kundenindividuelle Massenproduktion oder Mass Customization. Mit Bezug zur Finanzdienstleistungsbranche werden in der Literatur jedoch bislang in erster Linie Einzelaspekte des Konzepts betrachtet (z.B. Produktmodell oder Konfiguration) oder das Konzept allgemein erwähnt und grob die Vorteile skizziert. Vor diesem Hintegrund betrachtet die vorliegende Arbeit systematisch die Übertragung des Konzepts auf die Finanzdienstleistungsbranche, welche Faktoren bei einer Adaption zu berücksichtigen sind und wie eine ganzheitliche Umsetzung zur Gernerierung langfristiger Wettbewerbsvorteile erfolgen kann.

An dieser Stelle möchte ich auch die Gelegenheit nutzen, allen Personen zu danken, die mich bei meiner Promotion unterstützt und zu einem erfolgreichen Abschluss beigetragen haben. Mein besonderer Dank gilt Herrn Professor Dr. Dr. Betsch für die vertrauensvolle Betreuung und uneingeschränkte Unterstützung bei der Erstellung dieser Arbeit. Bedanken möchte ich mich auch bei Herrn Professor Dr. Ortner für die Übernahme des Zweitgutachtens sowie seine wertvollen Hinweise. Ferner danke ich Frau Bugow für ihre unermüdliche Unterstützung bei allen Fragen rund um die Promotion.

Meinen ehemaligen Kommilitonen Moritz Gomm und Robert Jekel danke ich für ihre kritischen und hilfreichen Anmerkungen, die sie mir im Laufe des Forschungsprojektes gegeben haben.

Nicht zuletzt möchte ich mich bei den Menschen bedanken, die mir während der letzten Jahre zur Seite standen, mich uneingeschränkt unterstützt und immer wieder für die notwendige Ablenkung gesorgt haben. Mein herzlicher Dank geht an meine Verlobte Elisabeth, meine ganze Familie und meine Freunde. Vielen Dank!

Peter Thomas

Inhaltsübersicht

Inhaltsverzeichnis

Abbildungsverzeichnis

Tabellenverzeichnis

Abkürzungsverzeichnis

APS	Advanced Planning and Scheduling
AWF	Ausschuss für Wirtschaftliche Fertigung
BaFin	Bundesanstalt für Finanzdienstleistungsaufsicht
BAM	Business Activity Monitoring
BDSG	Bundesdatenschutzgesetz
BI	Business Intelligence
BP	Best Product
CAD	Computer Aided Design
CAM	Computer Aided Manufacturing
CAP	Computer Aided Planning
CAS	Computer Aided Selling
CBC	Customer Buying Cycle
CNC	Computerized Numerical Control
CI	Corporate Identity
CIM	Computer Integrated Manufacturing
CONWIP	CONstant Work in Process
CTP	Customer Touchpoint
DEPV	Design for Product Variation
DFMC	Design for Mass Customization
EAI	Enterprise Application Integration
EDV	Elektronische Datenverarbeitung
ERP	Enterprise Ressource Planning
ETL	Extraction, Transformation, and Loading
F&E	Forschung und Entwicklung
FDL	Finanzdienstleistung
FICO	Fair Isaac Company
FFS	Flexible Fertigungssysteme
FRUG	Finanzmarkt-Richtlinie-Umsetzungsgesetz

KLZ	Kundenlebenszyklus
KWG	Kreditwesengesetz
IAS	International Accounting Standards
IBS	Information Based Strategy
IFRS	International Financial Reporting Standards
IuK-Technologie	Informations- und Kommunikationstechnologie
IuKDG	Informations- und Kommunikationsdienstegesetz
JIT	Just-in-time
MaH	Mindestanforderungen an das Betreiben von Handelsgeschäften der Kreditinstitute
MaIR	Mindestanforderungen an die Ausgestaltung der internen Revision der Kreditinstitute
MaK	Mindestanforderungen an das Kreditgeschäft
MaRisk	Mindestanforderungen an das Risikomanagement
MC	Mass Customization
MiFID	Markets in Financial Instruments Directive
MIT	Massachusetts Institute for Technology
MRP II	Manufacturing Resource Planning
OCL	Object Constraint Language
OES	Open Engineering System
OLAP	Online Analytical Processing
OPT	Optimized Production Technology
PDM	Product Data Management
PFA	Product Family Architecture
PIMS	Profit Impact of Market Strategies
PPS	Produktionsplanung und -steuerung
PR	Public Relations
RTA	Real Time Analytics
Schufa	Schutzgemeinschaft für allgemeine Kreditsicherung
SCM	Supply Chain Management
SDM	Service Data Management
SEPA	Single Euro Payments Area
SLI	System Lock-in

SLM	Service Level Management
SOA	Service Orientierte Architektur
SWOT	Strengths Weaknesses Opportunities Threats
TCS	Total Customer Solution
TDG	Teledienstegesetz
TDDSG	Teledienstedatenschutzgesetz
TDSV	Telekommunikations-Datenschutzverordnung
TKG	Telekommunikationsgesetz
TKV	Telekommunikations-Kundenschutzverordnung
UML	Unified Modeling Language
UWG	Gesetz gegen den unlauteren Wettbewerb
VMEA	Variant Mode and Effects Analysis
WpDVerOV	Wertpapierdienstleistungs- Verhaltens- und Organisationsverordnung

1 Einleitung

1.1 Problemstellung und Untersuchungsziel

Die deutschen Finanzdienstleister sehen sich zu Beginn des 21. Jahrhunderts im Retailgeschäft einem immer intensiveren Wettbewerb ausgesetzt; Marktdynamik und Marktstruktur befinden sich in einer nachhaltigen Veränderung. Die Finanzdienstleistungsbranche ist geprägt durch deregulierte Märkte, Globalisierung, Komplexität, anspruchsvolle Kunden, veränderte Wertevorstellungen, Produktvielfalt, Eindringen neuer Wettbewerber in den lange Zeit abgeschotteten Markt, sowie dem Zusammenwachsen von Banken und Versicherungen.[1]

Noch Mitte der 90er Jahre schien die deutsche Kreditwirtschaft in sich gefestigt, mit einer klaren Marktaufteilung zwischen den Institutsgruppen. Selbst Konjunkturschwankungen und Strukturveränderungen in anderen Branchen gingen an den Finanzdienstleistern nahezu spurlos vorüber.[2] Hinzu kam, dass durch die deutsche Wiedervereinigung 1990, den Immobilienboom und die Börsenhausse 1999/2000 strukturelle Anpassungszwänge verdeckt wurden, und der damit einhergehende Wirtschaftsaufschwung in Europa und den USA für eine stabile Ertragslage sorgte.[3] Die Wirtschaftskrise der folgenden Jahre machte die aufgrund des Reformstillstands weiterhin bestehenden strukturellen Probleme umso deutlicher.[4] Die enge Verflechtung der deutschen Finanzdienstleistungsbranche mit der Wirtschaft führte dazu, dass auch die Finanzdienstleister von niedrigen Wachstumsraten und einer Zunahme der Insolvenzen betroffen waren.[5]

Dies verursacht in der stark fragmentierten deutschen Finanzdienstleistungsbranche zu Beginn des 21. Jahrhunderts einen tief greifenden strukturellen Wandel.[6] Die weltwirtschaftliche Wachstumsschwäche, zahlreiche Unternehmensinsolvenzen und die Talfahrt an den Aktienmärkten verschlechterten die Ertragslage der Finanzdienstleister dramatisch. Hinzu kamen und kommen kon-

1 Vgl. Betsch, Thomas, (2005), S. 2.
2 Vgl. Weber, (2002), S. 398.
3 Vgl. Steffens, (2002), S. 80.
4 Vgl. Moormann, Möbus, (2004), S. 23; Merl, (2003), S. 7.
5 Vgl. Moormann, Möbus, (2004), S. 23.
6 Vgl. Moormann, et al., (2006), S. 19; Seeger, Stürtz, (2003), S. 19; Benölken, Wings, (2004), S. 44.

tinuierlich steigende bankaufsichtsrechtliche Anforderungen sowie erhebliche Nachfrageverschiebungen durch die demographische Entwicklung, sodass sich die deutschen Finanzdienstleister erheblichen Herausforderungen bei der Sicherung ihrer derzeitigen Wettbewerbssituation gegenübersahen und -sehen. Nach einer zwischenzeitlichen Erholung von Wirtschaft und Märkten sorgen aktuell die Probleme am US-Hypothekenmarkt für Unsicherheit bezüglich ihrer Konsequenzen die Ertragslage der in diesem Bereich engagierten deutschen Institute einerseits wie auch für die Gesamtwirtschaft andererseits.[7] Die fundamentale Veränderung von Mentalität, Bedürfnissen und Verhaltenweisen der Kunden machen dabei eine Neuausrichtung des Vertriebs erforderlich, der häufig durch geringe Vertriebskraft, eine mangelhafte Koordination der einzelnen Vertriebskanäle, eine unzureichende Geschäftsfeldorientierung und Kundensegmentierung, sowie eine nicht erfolgreiche Markenbildung geprägt ist.[8] Katalysator dieser Entwicklungen ist der technologische Fortschritt, der einerseits den Anpassungsdruck auf die Finanzdienstleister noch verstärkt, andererseits aber auch neue Handlungsmöglichkeiten eröffnet.[9] Die Verhandlungsmacht der Kunden ist stark gestiegen, und der Markt für Finanzdienstleistungen hat sich von einem Verkäufer- zu einem Käufermarkt entwickelt. Neue Konkurrenten, vor allem in Form von Direktbanken, Non- und Near-Banks sowie internationalen Finanzdienstleistern, denen die weltweite Liberalisierung der Märkte Zugang zum deutschen Finanzdienstleistungsmarkt ermöglicht, tragen zu einer deutlichen Verschärfung des Wettbewerbs bei. Die deutsche Finanzdienstleistungsbranche ist von einem harten Verdrängungs- und Preiskampf gekennzeichnet.[10]

Die bisher umgesetzten Maßnahmen zur Krisenbekämpfung, in der Regel Kostensenkungsprogramme und der Abbau von Überkapazitäten, zielen vor allem auf eine Linderung der Symptome. Die strukturellen Probleme werden nur vereinzelt angegangen.[11] Den so gewonnenen Handlungsspielraum gilt es in den nächsten Jahren durch eine Fokussierung auf Wachstum und Qualität und die Erschließung neuer Kunden und Märkte zu nutzen, sowie vorhandene Strategiedefizite und Lücken bei der Gesamtbanksteuerung zu schließen.[12] Insbesondere die Diffusion innovativer Finanzprodukte und eine zu umfangreiche, unüber-

---

7 Vgl. DEUTSCHE BUNDESBANK, (2007b), S. 15 ff.

8 Vgl. BETSCH, THOMAS, (2005), S. 3.

9 Vgl. BETSCH, (2003), S. 415.

10 Vgl. HARTMANN-WENDELS, BÖRNER, (2003), S. 78; SZALLIES, (2004), S. 17.

11 Vgl. BARTMANN, (2005), S. 13. Allerdings weist der Monatsbericht der Deutschen Bundesbank vom September 2007 auf wieder leicht gestiegene Verwaltungskosten hin. Vgl. DEUTSCHE BUNDESBANK, (2007b), S. 15 ff. Hinzu kommen hohe Kostenblöcke durch Investitionen in und Betrieb der IuK-Infrastruktur. Vgl. BETSCH, THOMAS, (2005), S. 3.

12 Vgl. BEITEL, et al., (2005), S. 814.

sichtliche und kostenträchtige Produktpalette im Retailgeschäft machen eine strategische Neuausrichtung erforderlich.[13]

Die Institute befinden sich derzeit „in einem Spannungsfeld zwischen dem Gefühl, das Schlimmste überstanden zu haben, und der intensiven Suche nach Mitteln und Wegen, die neuen Herausforderungen erfolgreich zu meistern."[14] Einen Ansatz, den genannten Herausforderungen zu begegnen und dem Preiswettbewerb im Retailgeschäft zu entgehen, bietet die seit Anfang der 90er Jahre für die industrielle Produktion verstärkt diskutierte kundenindividuelle Massenproduktion oder Mass Customization.[15] Sie soll eine individuelle und kosteneffiziente Bedienung einer Vielzahl von Kundensegmenten (bis zur Segmentgröße eins) ermöglichen, indem sie Porters generische Wettbewerbsstrategien[16] der Kostenführerschaft und der Differenzierung miteinander kombiniert und den Trade-off zwischen Individualisierung und Standardisierung (weitgehend) überwindet.[17] Ermöglicht wird dies im Wesentlichen durch den Einsatz moderner IuK-Technologie und computergesteuerter Fertigungsanlagen, die die notwendige Flexibilität zur kundenindividuellen Massenfertigung bieten.[18]

Hieraus leiten sich unmittelbar Fragen ab, die bei einer Auseinandersetzung mit diesen Phänomenen von Interesse sind:

- Ist die Umsetzung einer Mass Customization Wettbewerbsstrategie auch zur Bewältigung der Herausforderungen im Retailgeschäft der Finanzdienstleistungsbranche geeignet?
- Welche Rolle spielen Informationen und der Einsatz moderner IuK-Technologie dabei?
- Und wie kann die Umsetzung einer Mass Customization unter Berücksichtigung der Eigenarten von Finanzdienstleistungen erfolgen?

Die Beschäftigung mit diesen Fragen sind Gegenstand der vorliegenden Arbeit.

1.2 Einordnung und Abgrenzung der Untersuchung

In der Literatur finden sich im Wesentlichen Untersuchungen der Mass Customization in der industriellen Produktion. Mit Bezug zur Finanzdienstleistungsbran-

13 Vgl. BETSCH, (1999a), S. 25.
14 DISSELBECK, (2007), S. 3.
15 Siehe hierzu die Arbeit von PINE, (1993a). Vgl. auch PILLER, (2006), S. 153 ff.
16 Vgl. PORTER, (1996), S. 74.
17 Vgl. PILLER, (2006), S. 275, 281 f; KOTHA, (1995), S. 23, 40.
18 Vgl. GRASMUGG, (2006), S. 2; PILLER, (2006), S. 237 ff, 275 ff.

che erfolgt in erster Linie die Betrachtung einzelner Aspekte (z.B. bezüglich des Produktmodells oder der Konfiguration) einer Mass Customization oder die allgemeine Erwähnung und grobe Skizzierung der Möglichkeiten des Konzepts.[19] Mass Customization als Wettbewerbsstrategie ist jedoch als ganzheitliches Konzept zu betrachten; die Erlangung dauerhafter Wettbewerbsvorteile ist bei der Umsetzung lediglich einzelner Teilaspekte nicht möglich.[20] Eine umfassende, die gesamte Wertkette berücksichtigende Betrachtung von Maßnahmen zur Adaption der Mass Customization als Wettbewerbsstrategie in der Finanzdienstleistungsbranche wurde in der Literatur jedoch bisher nicht vorgenommen. Das Ziel dieser Arbeit ist das Schließen dieser Forschungslücke.

Dabei orientiert sich die Arbeit an den Grundsätzen des wissenschaftlichen Realismus („scientific realism"), der einen Erkenntnisfortschritt sowohl durch Falsifikation als auch durch Verifikation von Hypothesen durch übereinstimmende Beobachtung zulässt.[21] Die Verifikation einer Hypothese bedeutet in diesem Fall jedoch nicht, dass sie mit absoluter Sicherheit gültig ist. Vielmehr kann sie weiterhin falsifiziert werden. Allerdings erlaubt dieses Vorgehen eine kumulative Annäherung an die Wahrheit.[22] „The basic claim made by scientific realism [...] is that the long-term success of a scientific theory gives reason to believe that something like the entities and structure postulated by the theory actually exists."[23] Damit liegt der Arbeit eine positivistische Orientierung zugrunde. Grundlage der getroffenen Aussagen sind aus der Theorie abgeleitete Hypothesen, die abschließend auf Basis induktiv-empiristischer Arbeiten überprüft werden. Die Untersuchung basiert damit auf der komplementären Anwendung von Deduktion und Induktion.[24]

Diese komplementäre Vorgehensweise bedingt den für die vorliegende Arbeit gewählten dreistufigen Forschungsprozess.[25] Zunächst erfolgt eine terminologisch-deskriptive Beschreibung der Forschungsobjekte. An diese schließt sich die analytisch-deduktive Aufgabenstellung der Analogieschließung auf das Erfahrungsobjekt an. Die dritte Stufe stellt eine induktiv-empirische Prüfung der

19 Vgl. hierzu u.a. MEHLAU, WIMMER, (2002), S. 3, 6 ff; WIMMER, et al., (2003), S. 43 ff; FELFERNIG, et al., (2004), S. 5 ff; KEUPER, WIERZOCH, (2005), S. 231 ff; BUHL, et al., (2007), S. 26 ff; EBERHARDT, ZIMMERMANN, (2007), S. 104 ff; WIND, (2001), S. 40 ff; WINTER, (2001), S. 152 ff.

20 PILLER, (2006), S. 180 f.

21 Carnap spricht in diesem Fall von einer schrittweise zunehmenden Bestätigung. Vgl. CARNAP, (1953), S. 48. Im Gegensatz dazu nähert sich der kritische Rationalismus nach Popper der Wahrheit „nur auf dem Umweg über die Ausschaltung des Falschen." KERN, (1979), S. 26. Zum kritischen Rationalismus siehe POPPER, KEUTH, (2005).

22 Siehe zum wissenschaftlichen Realismus HOMBURG, (2000), S. 61 ff; HUNT, (1991).

23 MCMULLIN, (1984), S. 26.

24 Vgl. KOLLER, (1969), S. 17; ZALTMAN, et al., (1982), S. 97 ff.

25 Ähnlich LEHNER, et al., (1995), S. 67. sowieGROCHLA, (1978), S. 68 ff.

Ergebnisse basierend auf der Auswertung empirischer, quantitativer Arbeiten sowie qualitativer Fallstudien zur Mass Customization dar. Dabei wird analog zu Mark et al. von einer Komplementarität quantitativer und qualitativer Methoden ausgegangen.[26]

Abbildung 1: Unterschiede zwischen theoretischer und angewandter Forschung[27]

	Theorieorientierte Grundlagenforschung	Angewandte Forschung
Entstehung der Probleme	In der Wissenschaft selbst	In der Praxis
Gliederung	Nach Disziplinen möglich und notwendig	Gliederung und Einteilung der in der Praxis entstehenden Probleme nach Disziplinen der Grundlagenforschung ist nicht möglich
Forschungsziel	Theorieentwicklung und -prüfung, Erklärung der Wirklichkeit (Warum-Fragen)	Entwurf einer neuen Wirklichkeit (Wie-Fragen
Wertfreiheitspostulat	Hohe Bedeutung für die angestrebten Aussagen, diese sind deskriptiv	Regulativ ist der Nutzen für die Praxis, Wertfreiheitspostulat so nicht haltbar, normative Aussagen
Forschungsregulativ	Wahrheit	Nützlichkeit
Forschungskriterium	Allgemeingültigkeit, Bestätigungsgrad, Erklärungskraft, Prognosekraft	Praktische Problemlösungskraft von Modellen und Regeln
Methodik	Klare Einteilung in induktive oder deduktive Methodik	Klare Einteilung nicht möglich, komplementärer Pluralismus

Durch die Formulierung praxeologischer Aussagen auf der Ebene der angewandten Forschung soll Unternehmen eine unmittelbare Hilfestellung zur praktischen Lösung ihrer Probleme gegeben werden (siehe hierzu insbesondere Kapitel 4.2 zur Adaption einer Mass Customization als Wettbewerbsstrategie im Retailgeschäft der Finanzdienstleistungsbranche). Dabei wird ein pragmatisches Wissen-

[26] Vgl. VAN MAANEN, (1979), S. 520 ff. Mark et al. schreiben dazu: „Neither qualitative nor quantitative methods are superior in all evaluation situations. Each inquiry mode corresponds to a functional aspect of sensemaking and each can be addressed through qualitative and quantitative methods. More generally, commonsense realism, integrated with sensemaking, offers a potent grounding for a lasting peace following the paradigm wars." MARK, et al., (2000), S. 335.

[27] Übernommen aus PILLER, (2006), S. 11.

schaftsziel verfolgt (vergleiche Abbildung 1).[28] Das heißt, im Gegensatz zur empirischen Grundlagenforschung, die eine generelle Erklärungen für beobachtete Sachverhalte anstrebt („Warum-Fragen"),[29] zielen pragmatisch orientierte Arbeiten auf die Formulierung von Gestaltungsmöglichkeiten und deren Begründung („Wie-Fragen").[30] Von praxeologischen Aussagen kann nach Grochla dann gesprochen werden, wenn sie über den Einzelfall hinausgehende Antworten bieten.[31] Die Qualität der Aussagen muss sich daher an ihrer praktischen Bewährung und Zweckmäßigkeit messen lassen, das heißt der Einsetzbarkeit und dem potenziellen Nutzen der Forschungsergebnisse sowie ihrer Methoden und Modelle in der Unternehmenspraxis.[32] Für den Forschungsprozess der anwendungsorientierten Forschung hat damit der Praxisbezug zwar einen anderen Stellenwert als die Hypothesenprüfung einer theoretischen Forschung. Dies bedeutet jedoch nicht, dass die deduktive Logik außer Kraft gesetzt oder „theorielose" Empirie betrieben wird. Vielmehr werden aus der Theorie abgeleitete Hypothesen formuliert und geprüft.[33]

Die Möglichkeiten einer Mass Customization verstanden als Wettbewerbsstrategie, auf die Herausforderungen der Finanzdienstleister im Retailgeschäft zu reagieren, stellt in diesem Sinne als anwendungsorientiertes Problem den Ausgangspunkt der vorliegenden Arbeit dar.

Weiterhin orientiert sich die Arbeit wissenschaftstheoretisch am situativen Ansatz.[34] Dessen zentrale Aussage ist nach Staehle, dass „es […]nicht eine gültige, optimale Handlungsalternative [gibt], sondern mehrere, situationsbezogen angemessene."[35] Für die Analyse und Entwicklung von Handlungsempfehlungen bedeutet dies, dass der Einfluss von Umweltfaktoren grundsätzlich berücksichtigt werden muss (siehe hierzu unter anderem die Abschnitte 2.1.2 und 4.1.1). Ziel ist eine den Anforderungen der jeweiligen Situation entsprechenden Gestaltung von Unternehmensstruktur und Wertaktivitäten.[36] Der situative Ansatz wird

28 Vgl. KIESER, KUBICEK, (1992), S. 56.

29 Vgl. KOLLER, (1969), S. 16; LEHNER, et al., (1995), S. 21.

30 In Bezug auf das „wie" einer Umsetzung der Mass Customization stellt Piller fest: „Detailuntersuchungen müssen folgen, die zum einen Vorgehensmodelle sowie Erfolgsfaktoren identifizieren helfen, um so die Frage nach dem "wie" zu beantworten." PILLER, SCHODER, (1999), S. 19. In diesem Sinne stellt die vorliegende Arbeit eine Detailuntersuchung zur Umsetzung einer Mass Customization Wettbewerbsstrategie im Retailgeschäft der Finanzdienstleistungsbranche dar.

31 Vgl. GROCHLA, (1978), S. 70 f.

32 Vgl. KÖSTER, (1998), S. 7 f.

33 Vgl. ULRICH, (1984), S. 178 ff.

34 Vgl. zum situativen Ansatz KIESER, KUBICEK, (1978), S. 105 ff; KRICKL, (1995), S. 56 ff.

35 STAEHLE, (1981), S. 215.

36 Kieser und Kubicek bezeichnen dies auch als pragmatische oder technologische Variante des situativen Ansatzes. Vgl. KIESER, KUBICEK, (1992), S. 56 f.

teilweise als theorielos kritisiert.[37] Dies ist jedoch nur dann gerechtfertigt, wenn der Ansatz als eigenständige Theorie verstanden wird.[38] Er wird in dieser Arbeit jedoch als methodologisches Prinzip interpretiert, und es werden nur solche Situationsfaktoren untersucht, die aufgrund theoretischer Überlegungen als relevant erachtet werden können.[39]

Die Überprüfung der Untersuchungsergebnisse erfolgt sowohl im Kontext bereits existierender empirischer Forschung als auch anhand von konkreten Fallbeispielen. Die fallstudienorientierte Forschung eignet sich vor allem zur induktiven Erforschung neuer Phänomene und bildet die Basis zur Aufstellung und Weiterentwicklung von Theorien.[40] Durch eine umfassende Beschreibung eines Einzelfalls kann so eine Durchdringung des Forschungsgegenstands erreicht werden. Im Gegensatz zu quantitativen empirischen Studien ermöglichen Fallstudien eine „unstrukturierte" Identifikation und Erklärung von Extremfällen außerhalb des statistischen Durchschnitts. Dadurch können Fallstudien von „leading edge companies"[41] für das Management Anregungen zur Gestaltung des eigenen Unternehmens geben und gegebenenfalls aufschlussreicher und handlungsleitender als empirische Untersuchungen sein. Allerdings darf dies nicht als das Kopieren von Best Practices verstanden werden. Vielmehr steht die einmalige, situationsbezogene Gestaltung der Wertschöpfungsprozesse, orientiert an bewährten Prinzipien anderer Unternehmen, im Vordergrund.[42]

Zusammenfassend kann die Untersuchung wie folgt abgegrenzt werden:[43]

- Untersuchungsobjekt ist das Retailgeschäft in der Finanzdienstleistungsbranche[44]
- Untersuchungsgegenstand ist die Erstellung von Finanzdienstleistungen (inkl. vor- und nachgelagerter Aktivitäten in der Wertschöpfungskette)
- Untersuchungsmotivation sind die geänderten Wettbewerbsbedingungen, die für ein dynamisches, zunehmend komplexes Wettbewerbsumfeld sorgen
- die Möglichkeiten und Auswirkungen moderner IuK-Technologie sind der wichtigste Einflussfaktor der Untersuchung
- Untersuchungsziel ist es zu zeigen, welche Potenziale die Umsetzung einer Mass Customization Wettbewerbsstrategie unter Anwendung neuer IuK-

37 Vgl. KIESER, KUBICEK, (1978), S. 132 ff. und dort genannte Literatur.
38 Vgl. HOMBURG, (2000), S. 70.
39 Vgl. HILDEBRAND, (1997), S. 96; HOMBURG, (2000), S. 69 f.
40 Vgl. KAMBIL, SHORT, (1994), S. 63.
41 Vgl. KAMBIL, SHORT, (1994), S. 63.
42 Vgl. PILLER, (2006), S. 13.
43 In Anlehnung an PILLER, (2006), S. 9.
44 Vgl. zur institutionenunabhängigen Fassung des Erkenntnisobjekts ebenfalls CORSTEN, (2002b), S. 9.

Technologien zur Stärkung der wettbewerbsstrategischen Position von Finanzdienstleistern und zur Erlangung neuer, dauerhafter Wettbewerbsvorteile bietet, und wie eine solche Umsetzung im Retailgeschäft der Finanzdienstleistungsbranche erfolgen kann.

1.3 Aufbau der Arbeit

Die vorliegende Arbeit gliedert sich in fünf Kapitel (siehe Abbildung 2). Im einleitenden ersten Kapitel werden zunächst Problemstellung (die aktuellen Herausforderungen im Retailgeschäft der Finanzdienstleistungsbranche) und Zielsetzung (Aufzeigen einer Möglichkeit zur Bewältigung der Herausforderungen durch Adaption des Mass Customization-Konzepts) der Arbeit sowie die Einordnung und Abgrenzung der Untersuchung dargestellt. Daran anschließend erfolgt in Kapitel 2 die Gegenstandsbestimmung. Diese umfasst zum einen die Definition des Retailgeschäfts in der Finanzdienstleistungsbranche, und eine Betrachtung der aktuellen Herausforderungen für die entsprechenden Finanzdienstleister. Zum anderen werden wesentliche theoretische Grundlagen der Arbeit, insbesondere der Begriff der Information, die Transaktionskostentheorie und die Principal Agent Theorie, dargestellt. Das Kapitel 2 schließt mit der Formulierung der Forschungsfragen.

In Kapitel 3 erfolgt die (allgemeine) Darstellung und Beurteilung des Mass Customization-Konzepts im Sinne einer Wettbewerbsstrategie. Hierzu wird zunächst auf die Entwicklung und Definition der Mass Customization eingegangen. Daran anschließend erfolgt eine theoretische Beurteilung des Mass Customization-Konzepts. Im letzten Teil des dritten Kapitels wird die Umsetzung einer Mass Customization in der industriellen Produktion, im Wesentlichen basierend auf den Arbeiten von Piller und Reichwald,[45] dargestellt.

Kapitel 4, der Hauptteil der vorliegenden Arbeit, behandelt die Anwendung des Mass Customization-Konzepts im Retailgeschäft der Finanzdienstleistungsbranche zur Bewältigung der in Kapitel 2 aufgezeigten Herausforderungen. Hierzu wird zunächst theoretisch geprüft, ob das Konzept auf das Retailgeschäft der Finanzdienstleistungsbranche anwendbar ist und (langfristige) Wettbewerbsvorteile verspricht. Daran anschließend wird eine Adaption der Mass Customization-Wettbewerbsstrategie für das Retailgeschäft der Finanzdienstleistungsbranche erarbeitet. Kapitel 4 schließt mit einer Überprüfung der dargestellten Ergebnisse. Diese erfolgt sowohl anhand empirischer Arbeiten zur Mass Customization als auch basierend auf entsprechenden Fallstudien.

---

45 Vgl. PILLER, (2006); REICHWALD, PILLER, (2006).

Die Arbeit schließt in Kapitel 5 mit einer Zusammenfassung der Ergebnisse, ihrer kritischen Würdigung sowie einem Ausblick.

Abbildung 2: Aufbau der Arbeit

1. Einleitung		
Problemstellung und Untersuchungsziel	**Einordnung und Abgrenzung der Untersuchung**	**Aufbau der Arbeit**

2. Gegenstandsbestimmung		
Retailgeschäft in der Finanzdienstleistungs (FDL)-Branche	**Theoretische Grundlagen**	**Formulierung der Forschungsfragen**
Grundlagen	Information	
Aktuelle Herausforderungen	Transaktionskostentheorie	
Überblick über ausgew. Ansätze zur Bew. der Herausforderungen	Principal Agent Theorie	

3. Das Mass Customization (MC) Konzept		
Definition und Abgrenzung der MC	**Theoretische Beurteilung des MC Konzepts**	**Umsetzung von MC am Bsp. der industriellen Produktion**
Entwicklung des Konzepts	Die Wettbewerbsstrategien nach Porter	MC Wertschöpfungsprozess in der industriellen Produktion
Def. u. Abgr. z. and. Ans. kundenbez. Leistungserst. und Mngmt.-Ans.	Überwindung d. Dualismus v. Kostenführerschaft und Differenzierung	Forschung und Entwicklung
Systematisierung von MC Ansätzen	Theoriegeleitete Begründung der Vorteilhaftigkeit des MC Konzepts	Erhebung der Kundeninformationen und Leistungskonfiguration
		Nachkaufphase, CRM und Aufbau von Economies of Interaction
		Produktion
		Integration von Zulieferern, Handel und Intermediären

4. Anwendung des MC Konzepts im Retailgeschäft der FDL-Branche		
MC z. Bewältigung der Herausf. u. Generierung dauerh. Wettb.-Vort.	**Adaption des MC Konzepts im Retailgeschäft der FDL-Branche**	**Überprüfung der Ergebnisse**
Wettb.-Vort. kundenindiv. Leistungserst. im Retailg. der FDL-Branche	Wertschöpfungsprozess im Retailgeschäft der FDL-Branche	Überprüfung d. Ergebnisse im Kontext existierender emp. Forschung zur MC
Anwendb. v. MC im Retailg. d. FDL-Branche – Voraussetz. u. Erfolgsfakt.	Produktentwicklung	Überprüfung der Ergebnisse anhand von konkreten Fallbeispielen zur MC
Gegenüberst. v. Kosten und Potenzialen einer MC von FDL	Erhebung der Kundeninformationen und Leistungskonfiguration	
	Nachkaufphase, CRM und Aufbau der Economies of Interaction	
	Produktion	
	Integration von Zulieferern und Intermediären	

5. Schlussbetrachtung		
Zusammenfassung	**Kritische Würdigung**	**Ausblick**

2 Gegenstandsbestimmung

Die im ersten Kapitel skizzierte Problemstellung der Arbeit, ihr Untersuchungsziel sowie wesentliche theoretische Grundlagen werden im Folgenden präzisiert. Hierzu wird zunächst der Begriff des Retailgeschäfts in der Finanzdienstleistungsbranche definiert. Basierend auf den Umweltfaktoren sowie der aktuellen Wettbewerbssituation werden die wesentlichen Herausforderungen für die Finanzdienstleister im Retailgeschäft abgeleitet und ausgewählte Ansätze zu ihrer Bewältigung diskutiert. Im Anschluss daran werden mit dem Begriff der Information, der Transaktionskostentheorie und der Principal Agent Theorie wesentliche theoretische Grundlagen dargestellt und die Forschungshypothesen formuliert.

2.1 Retailgeschäft in der Finanzdienstleistungsbranche

2.1.1 Grundlagen

Untersuchungsobjekt der vorliegenden Arbeit ist das Retailgeschäft in der Finanzdienstleistungsbranche, für welches das Mass Customization-Konzept adaptiert werden soll. Da das Retailgeschäft in der Finanzdienstleistungsbranche in der Literatur teils sehr unterschiedlich eingegrenzt wird[46], soll im Folgenden zunächst seine Entstehung betrachtet sowie die dieser Arbeit zugrundeliegende Definition dargelegt werden.

2.1.1.1 Historie

Die Entstehung des Privatkundengeschäfts in der Finanzdienstleistungsbranche in Deutschland wird in der Literatur zum Teil im erstmaligen Angebot von Kleinkrediten an Privatpersonen durch die Commerzbank, die Deutsche Bank

46 Vgl. ACHENBACH, (1992), S. 2; DEUTZ, (1997), S. 18; HÄßLER, (2004), S. 1 f; BÜSCHGEN, BÖRNER, (2003), S. 203 ff, 225 ff; NIRSCHL, et al., (2004), S. 4 ff.

und die Dresdner Bank im Jahr 1959 gesehen.[47] Dabei ist allerdings zu berücksichtigen, dass die ersten Sparkassen bereits im 18. Jahrhundert Privatpersonen die Geldaufbewahrung und Verzinsung anboten und Kreditgenossenschaften schon Mitte des 19. Jahrhunderts ihren Mitgliedern Kredite gewährten.[48]

Beim Angebot von Kleinkrediten an Privatpersonen zogen die Sparkassen Ende 1959 nach. 1961 ergänzten sie dieses Angebot um Anschaffungsdarlehen, die höhere Beträge und längere Laufzeiten als die Kleinkredite boten.[49] Als weitere Anbieter im Geschäft mit Privatkunden kamen die Postbank, Versicherungen sowie seit Mitte der 80er Jahre international agierende Institute (z.B. Citibank) hinzu. Schließlich sorgte der Markteintritt von Spezialinstituten und sogenannten Near- und Non-Banks (z.B. Leasinggesellschaften, Investmentgesellschaften) für den heute bestehenden, intensiven Wettbewerb im Privatkundengeschäft.[50]

2.1.1.2 Begriffsbestimmung

Das Privatkundengeschäft ist zunächst vom Firmenkundengeschäft abzugrenzen.[51] In beiden Geschäftsfeldern erfolgt anschließend eine weitere Differenzierung der Kunden. Zu den Firmenkunden zählen mittelständische Unternehmen, Großunternehmen und multinationale Unternehmen. Selbstständige sowie Kleinunternehmen werden dem Privatkundengeschäft zugerechnet. Im deutschen Universalbankensystem wird das Investmentbanking, das seinen Ursprung im US-Amerikanischen Trennbankensystem hat, als Teil des Firmenkundengeschäfts gesehen.[52] Da das Firmenkundengeschäft weitgehend auf individualisierten Finanzdienstleistungen basiert, soll auf dieses Geschäftsfeld im Rahmen der vorliegenden Arbeit nicht weiter eingegangen werden.

Das Privatkundengeschäft wird üblicherweise anhand von Haushaltsnettoeinkommen, dem Gesamtvermögen oder dem Geldvermögen weiter in das Geschäft mit vermögenden Kunden (Private- oder Personal-Banking[53]) und dem

47 Vgl. VAN HOOVEN, (1998), S. 5 f.
48 Vgl. KÖHLER, (1998), S. 22; GRÜGER, (1998), S. 42; TOLKMITT, (2004), S. 8.
49 Vgl. VAN HOOVEN, (1998), S. 7.
50 Vgl. SCHUSTER, (1998), S. 66 ff; MICHALK, DILLING, (1998), S. 82; BETSCH, THOMAS, (2005), S. 21 ff.
51 Vgl. HÄßLER, (2004), S. 1.
52 Vgl. BÜSCHGEN, (2006), S. 522.
53 In der Literatur wird zum Teil noch einmal zwischen dem Personal-Banking, als dem Geschäft mit vermögenden Kunden, und dem Private Banking, als dem Geschäft mit den besonders vermögenden Top-Kunden oder High Networth Individuals unterschieden. Vgl. KLÖPPELT, (1996), S. 202 und S. 207; VON MALTZAN, (2000), S. 923.

Mengengeschäft (Retailbanking) unterschieden. Zum Mengengeschäft zählen dabei weniger vermögende Privatkunden, Selbstständige sowie Kleinunternehmen.[54] Während im Private- oder Personal-Banking die Kunden je nach Anforderung mit individualisierten Leistungen bedient werden, werden den Retailkunden zumeist standardisierte (massenproduzierte) Finanzdienstleistungen angeboten (siehe Abbildung 3).[55] Da dieser Ansatz nur wenige Möglichkeiten zur Differenzierung gegenüber Wettbewerbern bietet, das Retailgeschäft aber gleichzeitig ein wichtiges Standbein deutscher Finanzdienstleister ist und weiter an Bedeutung gewinnt, wird im Rahmen dieser Arbeit der Fokus auf das Retailgeschäft gelegt.[56]

Abbildung 3: Systematisierungsansatz für Finanzdienstleistungskunden[57]

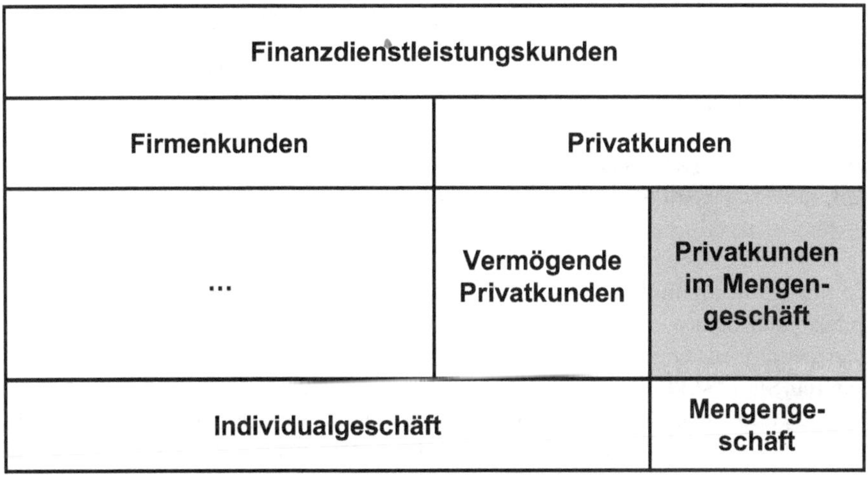

Da für eine gezielte Kundenansprache eine weitergehende Differenzierung notwendig ist, die über die Unterteilung in das Private-Banking- und Retailgeschäft

54 Vgl. KILGUS, (1995), S. 50; ADRION, (1997), S. 11; ACHENBACH, (1992), S. 3 f. Büschgen definiert das Retailbanking als „systematische und umfassende Betätigung einer Bank im breiten Privatkundengeschäft (Mengen-, Massengeschäft). Betrieben durch spezialisierte Retailbanken, aber z. T. auch durch universale Geschäftsbanken. Typisch für große deutsche Universalbanken sowie Sparkassen und Genossenschaftsorganisation." BÜSCHGEN, (2006), S. 786.

55 Vgl. VOIT, (2002), S. 66 f; BALZLI, PALY, (2007), S. 76.

56 Des Weiteren ist das Privatkundengeschäft in den letzten Jahren mehr denn je in den Mittelpunkt der geschäftspolitischen Ausrichtung vieler Kreditinstitute gerückt (Neuentdeckung des Privatkundengeschäfts). NIRSCHL, et al., (2005), S. 227; WALTER, (2005), S. 262; MAIER, (1998), S. 1668; ADRION, (1997), S. 17 f.

57 In Anlehnung an VOIT, (2002), S. 68.

hinausgeht, werden in der Literatur bereits verschiedene, feinere Segmentierungsansätze diskutiert.[58] Zu unterscheiden sind dabei demographische (soziale Schicht, Familienlebenszyklus, geographische Kriterien), psychographische (allgemeine Persönlichkeitsmerkmale, produktspezifische Kriterien) und kaufverhaltensbezogene Kriterien (Preisverhalten, Mediennutzung, Einkaufsstättenwahl, Produktwahl).[59]

Neben der Eingrenzung des Retail- oder Mengengeschäfts durch die Abgrenzung zwischen Privat- und Firmenkundengeschäft sowie der weiteren Differenzierung des Privatkundengeschäfts in das Retailgeschäft und das Geschäft mit vermögenden Privatkunden, soll im Folgenden der Begriff der Finanzdienstleistungsbranche definiert werden. In der Finanzierungstheorie wird zwischen der institutionellen und der funktionalen Perspektive unterschieden.[60] Dabei geht es um die Frage, ob im Rahmen der Forschungstätigkeit die Struktur der bestehenden Institutionen (Banken, Versicherungen, etc.) als gegeben angesehen und deren Effizienz und Profitabilität bei der Erbringung ihrer Dienstleistungen untersucht wird – Institutionelle Perspektive. Unter der funktionalen Perspektive hingegen werden nicht die bestehenden Institutionen, sondern die von ihnen erbrachten Dienstleistungen als Ausgangspunkt betrachtet. Ziel ist es in diesem Fall, die beste institutionelle Struktur zu finden, um die relevanten Finanzdienstleistungen zu erbringen.[61]

Mit dieser Frage beschäftigt sich die „Theory of Financial Intermediation“, die vor allem im angloamerikanischen Raum einen wesentlichen Bestandteil der finanz- und bankwirtschaftlichen Literatur bildet.[62] Diese unterscheidet Finanzintermediäre im engeren und im weiteren Sinne.[63] Mit Finanzintermediären im engeren Sinne sind Institutionen gemeint, die als Vermittler zum Ausgleich von Anlage- und Finanzbedarf beitragen, indem sie Zahlungsmittel von ursprünglichen Geldgebern entgegen nehmen und diese den ursprünglichen Geldnehmern bereitstellen.[64] Die Funktion von Finanzintermediären im weiteren Sinne besteht im Wesentlichen darin, den Abschluss von Finanzkontrakten zwischen ursprünglichen und/oder intermediären Geldgebern und Geldnehmern einfacher und kostengünstiger zu gestalten beziehungsweise überhaupt erst zu ermöglichen, ohne dass sie selbst Vertragspartner werden.[65] Finanzintermediäre erbringen damit

---

58 Vgl. VOIT, (2002), S. 68 f; THIESING, (1988), S. 23; DEUTZ, (1997), S. 96 ff; ACHENBACH, (1992), S. 3 f; BÜSCHGEN, (2006), S. 648; ADRION, (1997), S. 26 ff.

59 Vgl. BECKER, (1999), S. 251; KOLLENDA, (1992), S. 21; MICHALK, DILLING, (1998), S. 87 ff.

60 Vgl. VOIT, (2002), S. 80 ff.

61 Vgl. MERTON, (1995), S. 23.

62 Vgl. GREENBAUM, THAKOR, (2007), S. 41 ff.

63 Siehe hierzu ausführlicher DISSELBECK, (2007), S. 9 ff.

64 Vgl. BITZ, (1989), S. 430.

65 Vgl. PAUL, (1999), S. 649; BITZ, (2005), S. 25 ff.

zum einen qualitative Transformationsleistungen (Informationsbedarfstransformation, Losgrößentransformation, Fristentransformation, Risikotransformation).[66] Zum anderen bieten sie weitere Finanzdienstleistungen, sogenannte Brokerage-Funktionen, an (Transaktionsleistungen und Depotgeschäft, Finanzberatung, Verkauf der Beurteilung von Bonitätsrisiken, Akquisition von Krediten, Emissionsgeschäft).[67]

Im Rahmen der vorliegenden Arbeit wird die funktionale Perspektive zugrunde gelegt, und sowohl Finanzintermediäre im engeren als auch im weiteren Sinne, die im Folgenden zusammengenommen als Finanzdienstleister bezeichnet werden, betrachtet. Dies geschieht vor allem aus zwei Gründen:[68]

- Zum einen führen der zunehmende Wettbewerb im Finanzdienstleistungssektor sowie die fortschreitende technische Entwicklung zu einer ständigen Anpassung der Struktur der bestehenden Institutionen. Dienstleistungen, die heute von Banken erbracht werden, können schon morgen durch andere Finanzintermediäre oder Märkte erfüllt werden (oder umgekehrt)
- Zum anderen ist das Bündel der von Finanzintermediären erbrachten Dienstleistungen über Zeit und geographische Grenzen hinweg stabiler als die Struktur der erbringenden Institutionen

Auf Basis dieser Überlegungen wird im Folgenden vom „Retailgeschäft in der Finanzdienstleistungsbranche" gesprochen. Damit ist die Versorgung der Mengen-/ Massenkunden mit einem über Zeit und geographische Grenzen hinweg relativ stabilen Finanzdienstleistungsbündel gemeint.[69] Finanzdienstleistungen im Retailgeschäft bezeichnen Dienstleistungen, die finanzielle Grundbedürfnisse der Nachfrager befriedigen.[70] Hierunter fallen die Transaktionsabwicklung, die Liquiditätssicherung, die Finanzierung, die Vermögensbildung sowie die Risikoabsicherung.[71]

Für die Betrachtung der aktuellen Wettbewerbssituation in der Finanzdienstleistungsbranche ist es relevant, welche Unternehmen/Institutionen ihr

---

[66] Vgl. BITZ, (1989), S. 433 f; GREENBAUM, THAKOR, (2007), S. 43 ff, 50; FREIXAS, ROCHET, (1997), S. 4 f; BESSLER, (1999), S. 120 ff; HARTMANN-WENDELS, et al., (2007), S. 5 ff; BITZ, (2005), S. 29 f; PEDERGNANA, SCHACHT, (2003), S. 951 f.

[67] Vgl. BESSLER, (1999), S. 118; BHATTACHARYA, THAKOR, (1993), S. 8.

[68] Vgl. MERTON, (1995), S. 23; ALLEN, SANTOMERO, (1997), S. 1466; CORSTEN, (2002b), S. 9; CORSTEN, et al., (2002), S. 2; VOIT, (2002), S. 80 ff.

[69] Vgl. VOIT, (2002), S. 67 f.

[70] Vgl. HANNEMANN, (1993), S. 23.

[71] Vgl. WENTLANDT, (1993), S. 26 ff; SCHLENZKA, (1987), S. 36 f. Vgl. zu den Funktionen eines Finanzsystems auch MERTON, (1995), S. 24.

zuzurechnen sind.[72] Die Frage der Abgrenzung einer Branche beziehungsweise Industrie wird vorwiegend in der Industrieökonomik diskutiert. Dabei wird zwischen einer anbieter- und einer nachfragerseitigen Definition unterschieden.[73] Bei der anbieterseitigen Definition einer Branche stehen die Ähnlichkeit der Produktionsprozesse und der verwendeten Ressourcen im Vordergrund: „An 'industry' is any grouping of firms which operate similar processes and could produce technically identical products within a given planning horizon.“[74] Ein weiteres Kriterium für die Definition einer Branche, das Nightingale hier anspricht, ist der Betrachtungszeitraum („given planning horizon“). Abhängig vom Betrachtungszeitraum ist es potenziellen Konkurrenten möglich, ihre Prozesse umzustellen und in den Wettbewerb einzutreten, sodass sie zur Branche hinzuzuzählen sind.[75] Die nachfragerseitige Definition der Branche zielt primär auf die Substituierbarkeit von Produkten aus Nachfragersicht: „An industry has been defined as a group of outputs (and of the sellers of those outputs) that are sold to a common group of buyers and that are, to these buyers, close substitutes for each other but relatively distant substitutes for all other outputs.“[76] Für die nachfragerseitige Definition der Branche wird in der Literatur häufig auch der Begriff des Markts verwendet.[77] Ausgehend von anbieter- und nachfragerseitiger Definition des Branchenbegriffs wurde eine Reihe von Ansätzen entwickelt, um eine praxistaugliche Abgrenzung von Branchen für empirische Studien zu ermöglichen.[78] Zwei Aspekte, die insbesondere in Bezug auf die Dekomposition der Wertschöpfungskette sowie die steigende Bedeutung von Informationen für Unternehmen relevant sind, sind die Definition von Wettbewerbern über Firmennetzwerke[79] sowie über den Zugang zu relevanten Informationen.[80]

Zur Bestimmung der unter der funktionalen Perspektive relevanten Dienstleistungen in der Finanzdienstleistungsbranche wird im Rahmen der vorliegenden Arbeit auf beide Sichtweisen zur Definition der Branche (anbieter- und

72 Vgl. PORAC, THOMAS, (1990), S. 225; DEVLIN, ENNEW, (1997), S. 73 ff.

73 Vgl. MEFFERT, (2000), S. 38 ff.

74 NIGHTINGALE, (1978), S. 35. Vgl. auch BESTER, (2004), S. 21 f.

75 Vgl. BLUM, et al., (2006), S. 11. Dies ist insbesondere auch vor dem Hintergrund eines ständige dynamischeren Umfelds wichtig. Vlg. SAMPLER, (1998), S. 344; MAIER, (1998), S. 1668.

76 BAIN, (1968), S. 224. Vgl. auch BESTER, (2004), S. 20 f.

77 Vgl. ANDREWS, BRUNNER, (1979), S. 36 f; PORAC, THOMAS, (1990), S. 226; SLATER, OLSON, (2002), S. 16; BESTER, (2004), S. 1; NIGHTINGALE, (1978), S. 35 f; BAIN, (1968), S. 7.

78 Vgl. bspw. SCHMIDT, (1981), S. 27 ff; MEFFERT, (2000), S. 38 ff.

79 BETTIS, (1998), S. 359 ff. Oder Sampler: „Microsoft was blocked in their attempt to acquire Intuit, the makers of Quicken, a popular personal financial software package, because of the potential impact that it would have in the retail banking industry. “ SAMPLER, (1998), S. 343.

80 Vgl. SAMPLER, (1998), S. 348 ff. Dies spiegelt sich beispielsweise bei der Diversifizierungsstrategie von Capital One wider, die ausgehend von ihrer Fähigkeit im Umgang mit Kundeninformationen neue Geschäftsfelder suchten. Siehe hierzu Abschnitt 4.3.2.1.

nachfragerseitig) zurückgegriffen. Dies soll zum einen sicherstellen, dass bei der Betrachtung der Wettbewerbssituation in der Finanzdienstleistungsbranche alle relevanten (potenziellen) Wettbewerber berücksichtigt werden.[81] Zum anderen soll damit erreicht werden, dass alle aus Kundensicht relevanten Dienstleistungen[82] zur Konfiguration von Problemlösungen für Kunden im Rahmen des Mass Customization-Konzepts berücksichtigt werden. Um ein besseres Verständnis für den Wettbewerb innerhalb dieser weitgefassten Branche zu erhalten, werden analog zu Porter für eine detaillierte Betrachtung noch einmal einzelne Branchensegmente (Banken, Versicherungen, Finanzberater, etc.) unterschieden.[83]

2.1.1.3 Eigenarten von Finanzdienstleistungen

Bei einer Adaption des Mass Customization-Konzepts im Retailgeschäft der Finanzdienstleistungsbranche spielen unter anderem die Eigenarten von Finanzdienstleistungen eine wesentliche Rolle. Diese werden in der Literatur im Zusammenhang mit Möglichkeiten zur Abgrenzung gegenüber industriellen Produkten sowie anderen Dienstleistungen diskutiert.[84] Eine klare Abgrenzbarkeit ist jedoch nicht gegeben.[85] So schreibt Büschgen, dass es sich bei den Eigenarten von Bankleistungen nicht um ausschließlich bankbetriebliche Sachverhalte handelt. Allerdings sieht er die Möglichkeit, dass auf niedriger Abstraktionsebene eine Kombination von Merkmalen bei einer Vielzahl von Leistungen als Abgrenzungskriterien grundsätzlich herangezogen werden können.[86] In der Literatur werden unterschiedliche konstitutive Merkmale[87] und Merkmalsbündel für

---

81 So spricht beispielsweise McGee für eine weitere Fassung der Branchenfestlegung, da: „For instance, the boundaries between financial services industries have blurred in recent years due to technological, regulatory and global factors.“ MCGEE, et al., (1995), S. 261. Mit Bezug auf die zeitliche Entwicklung schreiben Fiegenbaum et al.: „It indicates that firms make significant moves, and future competition (Hamel and Prahalad, 1994) should consider the future trajectories of competitive moves. It is not enough to explore close competitors (group members) […].“ FIEGENBAUM, et al., (2001).

82 Vgl. aufgezeigte Finanzdienstleistungen weiter oben in diesem Abschnitt.

83 Vgl. PORTER, (2000), S. 305 ff. Dies ist notwendig, da nicht alle Unternehmen der Branche in allen Segmenten konkurrieren werden. Porter unterscheidet hier zwischen Branche und Geschäft. Vgl. PORTER, (1999), S. 68.

84 Vgl. bspw. SÜCHTING, PAUL, (1998), S. 619; SIEGERT, (1975), S. 3 ff.

85 Vgl. SIEGERT, (1975), S. 271 ff; CORSTEN, (2002b), S. 22.

86 Vgl. BÜSCHGEN, (1998), S. 310; MAIER, (1998), S. 1676.

87 Zur Definition von Dienstleistungen werden in der Literatur unterschiedliche Ansätze verwendet. Zu nennen sind der enumerative Ansatz, die Negativdefinition und die Definition anhand konstitutiver Merkmale. Da die beiden erstgenannten Ansätze keinen verbindlichen Charakter der zu kennzeichnenden Objekte aufweisen, eignet sich im Rahmen der vorliegenden Arbeit lediglich der konstitutive Ansatz. Vgl. BULLINGER, SCHREINER, (2006), S. 55.

Finanzdienstleistungen aufgeführt. Im Rahmen dieser Arbeit wird in Anlehnung an Gronover, Maier, Meyer und Zinnagel ein Modell verwendet, das auf die Bedeutung der Interaktionsqualität fokussiert. Diese ergibt sich aus der Differenzierungsproblematik und der Beziehungsproblematik von Finanzdienstleistungen (siehe Abbildung 4).[88]

Abbildung 4: Eigenarten von Finanzdienstleistungen[89]

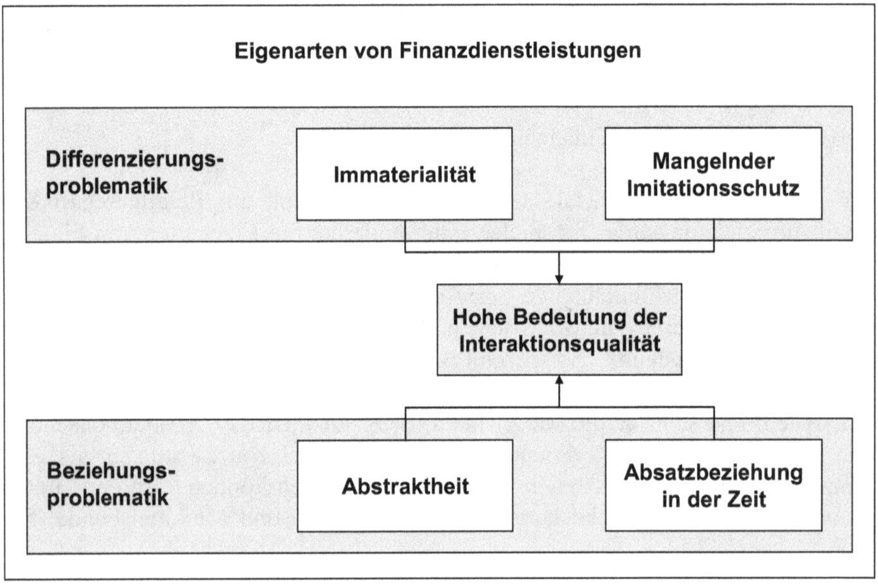

Die Differenzierungsproblematik ergibt sich aus der Immaterialität von Finanzdienstleistungen sowie ihrem mangelnden Imitationsschutz. Finanzdienstleistungen sind zunächst stofflos und damit für einen potenziellen Kunden nur schwer greifbar. Damit ist eine Differenzierung über die Finanzdienstleistung häufig nur schwer möglich. Hinzu kommt, dass Finanzdienstleistungen für den Kunden lediglich mittelbar der Bedürfnisbefriedigung dienen. Sie sind Mittel zum Zweck, um einen Primärbedarf zu befriedigen (z.B. der Kredit zum Erwerb eines Hauses). Damit steigt die Bedeutung der Prozessqualität zur Differenzierung. Ein wesentlicher Faktor hierbei ist das Tragfähigkeitsprinzip. Da Finanzdienstleistungen aufgrund der Simultanität von Leistungserstellung und -abgabe beziehungsweise der Notwendigkeit zur Integration des externen Faktors (auch als

---

88 Vgl. GRONOVER, (2003), S. 22 ff; MAIER, (1998), S. 1676 ff; ZINNAGEL, (1994), S. 5 ff.

89 In Anlehnung an GRONOVER, (2003), S. 23.

Uno-actu-Prinzip[90] bezeichnet) nicht lagerbar sind,[91] gilt es, im Rahmen der Kapazitätsplanung negative Effekte einer unzureichenden Kapazität bei Nachfragespitzen gegen die Auswirkungen einer Unterbeschäftigung bei geringer Nachfrage abzuwägen.[92]

Weiterhin gibt es für Finanzdienstleistungen keinen Patentschutz gegen Nachahmungen.[93] Damit kann jede Produktinnovation vergleichsweise schnell durch Konkurrenten kopiert werden, was zu einem relativ homogenen Leistungsimage der Finanzdienstleister führt.[94] Mit zunehmender Anforderungskomplexität ist es jedoch möglich, durch Innovationen nachhaltige Wettbewerbsvorteile zu generieren.[95] So können Differenzierungen im Herstellungsprozess spezifischer Leistungen Wettbewerbern verborgen bleiben oder Reputationseffekte aus langjähriger Erfahrung und stetiger Forschungs- und Entwicklungsarbeit den Ausschlag geben.[96]

Die Beziehungsproblematik von Finanzdienstleistungen wird durch deren Abstraktheit sowie die entstehende Absatzbeziehung in der Zeit begründet. Die Abstraktheit vieler Finanzdienstleistungen führt zu einem überdurchschnittlich hohen Erklärungsaufwand (abhängig von der Komplexität der Leistung),[97] der auch in längerfristigen Geschäftsbeziehungen noch notwendig sein kann.[98] Insbesondere in Zusammenhang mit dem spezifischen Faktor Geld führt diese Erklärungsabhängigkeit zu einem hohen Maß an Vertrauensempfindlichkeit der Finanzdienstleistungen. Dabei wird die Vertrauensdimension charakteristischerweise nicht auf die einzelne Finanzdienstleistung, sondern meist auf den Anbieter dieser Leistung bezogen. Das Ergebnis beziehungsweise die Interaktionsqualität einer einzelnen Leistung kann nachhaltig auf das Image und letztlich auf den Erfolg des Anbieters wirken.[99] Darüber hinaus begründen Finanzdienstleistungen üblicherweise eine Absatzbeziehung in der Zeit (z.B. bestehende Kontoverbindung, Anspruch auf Auszahlung einer angesparten Rente).[100] Dies hat zur Folge, dass der Anbieter der Finanzdienstleistung dem Kunden gegenüber ein Leistungsversprechen eingeht, das für den Kunden mit einer mehr oder weniger

90 Vgl. für eine kritische Diskussion der Verwendung des Begriffs des Uno-actu-Prinzips in der Literatur FRIETZSCHE, MALERI, (2006), S. 218 f.

91 Vgl. DEUTZ, (1997), S. 21.

92 Vgl. BÜSCHGEN, (1998), S. 311 f.

93 Vgl. bspw. LANGE, (1998), S. 968.

94 Vgl. MAIER, (1998), S. 1677.

95 Zu Innovationen in der Finanzdienstleistungsbranche vgl. auch SCHUSTER, (1986), S. 140 ff; SCHUSTER, (1998), S. 66 ff.

96 Vgl. BÜSCHGEN, (1998), S. 311 ff.

97 Vgl. SÜCHTING, PAUL, (1998), S. 621.

98 Vgl. MAIER, (1998), S. 1677.

99 Vgl. BÜSCHGEN, (1998), S. 313 f.

100 Vgl. SÜCHTING, PAUL, (1998), S. 621.

hohen Erfüllungsunsicherheit verbunden ist.[101] Hinzu kommt, dass der Kunde sich häufig über Jahre mit seiner Entscheidung bindet oder nur unter hohen Kosten einen geschlossenen Vertrag wieder lösen kann.[102]

Mit der Angleichung der Marktleistungen und der zunehmenden Sättigung der Märkte ist für Finanzdienstleister eine Differenzierung über Qualität und Preis der Produkte kaum noch möglich. Entscheidend sind die Qualität der kundenbezogenen Prozesse, die Flexibilität im Umgang mit den Kunden und die Interaktion zwischen Anbietern und Nachfragern, die Interaktionsqualität.[103] So stellte Muther bereits 1998 fest: „In einem verstärkten Wettbewerb differenzieren sich Unternehmen immer weniger nur über Produkte und Preise, sondern über die Qualität ihres gesamten Leistungssystems."[104]

Abbildung 5: Aggregierte Wertschöpfungskette von Finanzdienstleistern[105]

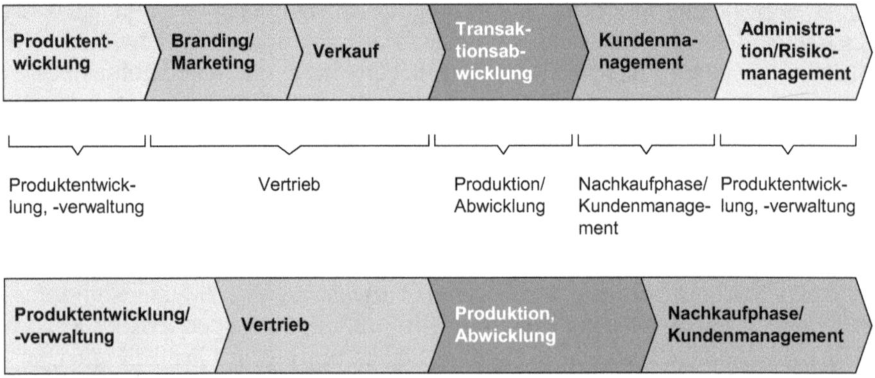

Abbildung 5 zeigt die aggregierte Wertschöpfungskette von Finanzdienstleistern, die einige der Eigenarten von Finanzdienstleistungen widerspiegelt. So erfolgt die Produktion/Abwicklung der Finanzdienstleistung teilweise oder vollständig erst mit/nach Abschluss des Vertrags mit dem Kunden. Nach Vertragsschluss schließt sich eine Nachkaufphase an, die unter anderem durch die Absatzbeziehung in der Zeit begründet sein kann. Zu berücksichtigen ist, dass die Wertschöpfungsschritte nicht vollständig durch einen Finanzdienstleister abgewickelt werden müssen. Vielmehr kommt es auch in der Finanzdienstleistungsbranche

101 Vgl. BRAUN, (2003), S. 28.
102 Vgl. GRONOVER, (2003), S. 23.
103 Vgl. LASSAK, WERNER, (2000), S. 29; KRAFFT, (1999), S. 515; GRONOVER, (2003), S. 15.
104 MUTHER, ÖSTERLE, (1998), S. 105 f.
105 In Anlehnung an BETSCH, THOMAS, (2005), S. 73; DOMBRET, KERN, (2003), S. 76; KRÖNUNG, (2004), S. 137.

zunehmend zu einem Aufbrechen der Wertschöpfungskette und einer gemeinsamen Erstellung von Finanzdienstleistungen durch Unternehmensnetzwerke.[106]

2.1.2 Aktuelle Herausforderungen

Die Anwendbarkeit und Erfolgswirksamkeit sowie wesentliche Gestaltungsparameter einer Mass Customization-Wettbewerbsstrategie hängen, wie später noch gezeigt wird,[107] nicht zuletzt von der Umwelt und der Wettbewerbssituation des Mass Customizers ab.[108] Für die Festlegung der strategischen Orientierung und Positionierung eines Unternehmens ist neben der Kenntnis der eigenen Stärken und Schwächen zwingend eine umfassende Analyse der Umweltsituation erforderlich.[109] Hierzu bietet sich die traditionelle Umweltanalyse an, die sich weiter in eine allgemeine Umweltanalyse und eine spezifische Umweltanalyse, beziehungsweise Branchenstrukturanalyse, untergliedern lässt.[110]

Mithilfe der allgemeinen Umweltanalyse wird im Folgenden das Umfeld der deutschen Finanzdienstleistungsbranche, das die gesamtwirtschaftlichen Rahmenbedingungen bestimmt,[111] untersucht. Daran anschließend erfolgt mittels der Branchenstrukturanalyse von Porter[112] eine detaillierte Analyse der Wettbewerbskräfte im Retailgeschäft der deutschen Finanzdienstleistungsbranche beziehungsweise ihrer Branchensegmente. In Abbildung 6 ist das Zusammenspiel von allgemeiner Umwelt- und Branchenstrukturanalyse dargestellt.[113]

2.1.2.1 Allgemeine Umwelt

Die allgemeine Umwelt der Unternehmen wird für eine strukturierte Untersuchung in sechs Bereiche untergliedert: die makroökonomische Umwelt, die poli-

---

[106] Vgl. BALZLI, PALY, (2007), S. 76.

[107] Siehe hierzu vor allem Abschnitt 4.1.

[108] Vgl. insbesondere Abschnitt 4.1.

[109] Vgl. CORSTEN, (1998a), S. 26 ff; KLEINALTENKAMP, (2002), S. 149 ff.

[110] Vgl. THOMMEN, ACHLEITNER, (2006), S. 895 f; PORTER, (2000), S. 28 ff; CORSTEN, (1998a), S. 26 ff; DISSELBECK, (2007), S. 45 ff.

[111] Vgl. BÖRNER, (2000c), S. 194.

[112] Vgl. PORTER, (2000), S. 28 ff.

[113] Dabei ist zu berücksichtigen, dass es sich bei einer solchen Untersuchung immer nur um eine Momentaufnahme handeln kann. Für eine weitere Nutzung der Ergebnisse in der strategischen Steuerung eines Unternehmens, ist ihre fortwährende Aktualisierung, Dokumentation und Neubewertung erforderlich. Dies ist insbesondere vor dem Hintergrund relevant, dass die Wettbewerbskräfte und (zu einem gewissen Maß) auch die allgemeine Umwelt wiederum durch die Wettbewerber und das eigene Unternehmen beeinflusst und gestaltet werden. Vgl. HANSON, et al., (2005), S. 47.

tisch-rechtliche Umwelt, demographische Entwicklungen, soziokulturelle Trends, technologische Entwicklungen sowie die Globalisierung (vgl. Abbildung 6).[114]

Abbildung 6: Umweltentwicklungen und Wettbewerbskräfte[115]

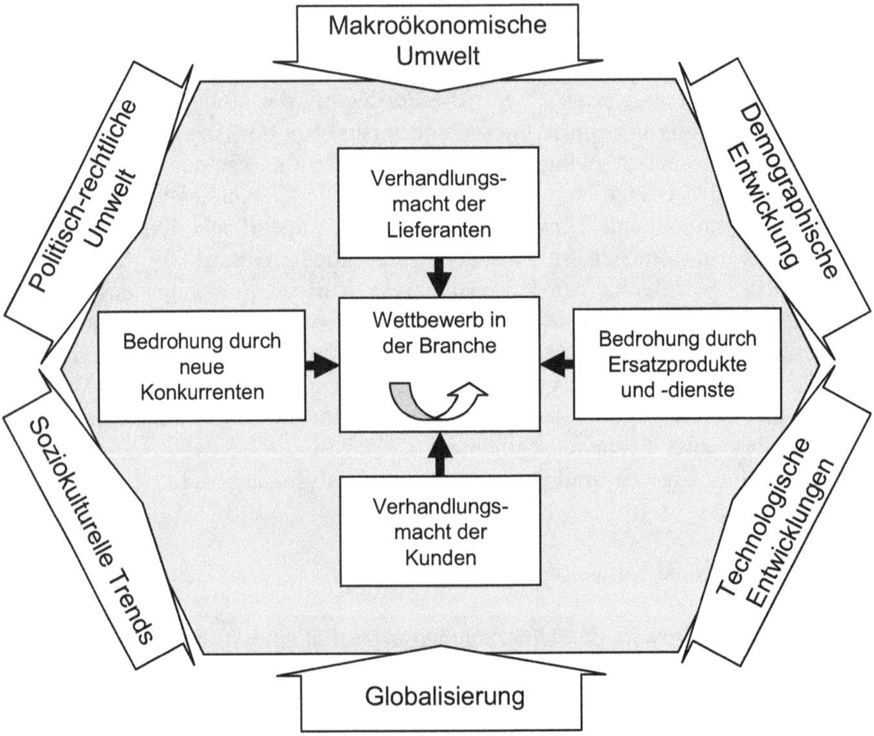

Die wesentlichen Faktoren der *Makroökonomischen Umwelt*, wie das volkswirtschaftliche Wachstum, die Arbeitslosenquote oder das Zinsniveau, prägen branchenübergreifend Güter- und Kapitalmärkte einer Volkswirtschaft.[116] Sie haben damit direkten Einfluss auf die Finanzdienstleistungsbranche. So führten die gesamtwirtschaftliche Wachstumsschwäche Anfang des 21. Jahrhunderts und die mit ihr verbundene Zunahme der Insolvenzen zu einem deutlichen Anstieg der Risikovorsorge der Banken und gleichzeitig einem nachlassenden Kreditge-

114 Vgl. HANSON, et al., (2005), S. 46 ff.
115 Vgl. HANSON, et al., (2005), S. 47.
116 Vgl. DISSELBECK, (2007), S. 46.

schäft.[117] Der Börsencrash 2000 und die folgende Börsenbaisse verursachten einen massiven Vertrauensverlust bei Privatanlegern mit Auswirkungen auf deren Anlageentscheidungen.[118] Die folgenden Jahre sahen eine der schwersten Krisen der deutschen Volkswirtschaft seit dem zweiten Weltkrieg.[119] Die deutliche Verbesserung der Wirtschaftslage in Deutschland im Jahr 2006 und die damit verbundenen positiven Auswirkungen auf den Arbeitsmarkt führten in der Zwischenzeit zu einer Verbesserung von Kaufkraft und Konsumneigung der privaten Haushalte.[120]

Das niedrige Zinsniveau, die moderate Inflationsrate sowie eine Börsenhausse begünstigten ebenfalls eine steigende Konsumneigung und die Anlage in Aktien und verwandte Produkte. Preissteigerungen bei Energie- und Rohstoffpreisen, Zinserhöhungen der europäischen Zentralbank sowie Anzeichen für eine Konsolidierung an den Aktienmärkten konnten diesem Trend lange nichts anhaben.[121] Die Unsicherheit über die Konsequenzen der Probleme am US-Hypothekenmarkt führen jedoch zu einer Neueinschätzung von Kreditrisiken. Vielfach wird davon ausgegangen, dass dies die Finanzierungskosten für Unternehmen erhöht, die realwirtschaftlichen Aktivitäten belastet und dazuführt, dass die Weltkonjunktur in 2008 an Schwung verliert.[122]

Daneben sind strukturelle Verschiebungen an den Finanzmärkten zu beobachten. Unternehmen decken ihren Kapitalbedarf zunehmend direkt an den Finanzmärkten.[123] Diese Disintermediation stellt die Finanzintermediäre vor neue Herausforderungen. Sie führt zu einem rückläufigen Firmenkreditgeschäft,[124] bietet aber gleichzeitig neue Geschäftsmöglichkeiten unter anderem mit Kreditderivaten zur Absicherung von Emittenten- beziehungsweise Bonitätsrisiken.[125] Durch die Errichtung der europäischen Wirtschafts- und Währungsunion und der damit verbundenen Harmonisierung und dem Zusammenwachsen der europäischen Märkte werden die angebotenen Dienstleistungen und Produkte im Binnenmarkt leichter vergleichbar. Darüber hinaus entfiel mit der Einführung des Euro als Gemeinschaftswährung für die Finanzdienstleister ein Teil des europäischen Devisengeschäfts. Gleichzeitig führte dies aber zu einer deutlichen Verringerung des Wechselkursrisikos. Neue Wechselkursrisiken ergeben sich

---

117 Vgl. BETSCH, THOMAS, (2005), S. 11.
118 Vgl. DOMBRET, GOSSOW, (2003), S. 295.
119 Vgl. MOORMANN, et al., (2006), S. 22; MERL, (2003), S. 7.
120 Vgl. KULS, (2006), S. 6.
121 Vgl. DEUTSCHE BUNDESBANK, (2007c), S. 10, 13; DEUTSCHE BUNDESBANK, (2007a), S. 43.
122 Vgl. Projektgruppe Gemeinschaftsdiagnose, (2007), S. 3; Sachverständigenrat zur Begutachtung der gesamtwirtschaftlichen Entwicklung, (2007), S. III; Deutsche Bundesbank, (2007b), S. 15 ff.
123 Vgl. BUNDESVERBAND DEUTSCHER BANKEN, (2006), S. 47.
124 Vgl. HARTMANN-WENDELS, BÖRNER, (2003), S. 63.
125 Vgl. HARTMANN-WENDELS, BÖRNER, (2003), S. 72 f.

hingegen aus dem zunehmenden Internationalisierungs- beziehungsweise Globalisierungsprozess. Hier bietet sich den Dienstleistern die Möglichkeit, den grenzüberschreitenden Handelsverkehr mit neuen Produkten zu unterstützen. Allerdings ermöglicht diese Entwicklung auch ausländischen Instituten einen leichteren Zugang zum deutschen Markt.[126]

Die enge Verflechtung der *politisch-rechtlichen Umwelt* mit der wirtschaftlichen Sphäre, vor allem in der Finanzdienstleistungsbranche, macht eine Betrachtung der politischen und rechtlichen Einflüsse auf die Entwicklung der Märkte notwendig.[127] Ein funktionierendes Finanzsystem, das den Zahlungsverkehr sowie Kredit- und Kapitalbeziehungen organisiert, ist für moderne Volkswirtschaften unverzichtbar.[128] Somit verwundert es nicht, dass in Deutschland wie in allen entwickelten Volkswirtschaften der Finanzmarkt der am stärksten regulierte Markt ist.[129] Zu den für die deutschen Finanzdienstleister wesentlichsten Vorgaben gehören dabei neben dem Kreditwesengesetz (KWG) die neue Basler Eigenkapitalvereinbarung (Basel II) des Basler Ausschusses für Bankenaufsicht und die Mindestanforderungen an das Risikomanagement (MaRisk) der Bundesanstalt für Finanzdienstleistungsaufsicht (BaFin).[130] Darüber hinaus sind insbesondere für international tätige Unternehmen die seit 2005 für kapitalmarktorientierte Konzerne vorgeschriebenen internationalen Rechnungslegungsvorschriften (IFRS/IAS) und die EU-Verordnung zu grenzüberschreitenden Zahlungen in Euro relevant.[131] Die Umsetzung dieser Vorgaben schlägt sich als hoher Aufwand, insbesondere für die EDV, in der Gewinn- und Verlustrechnung der Finanzdienstleister nieder.[132] So sehen der zentrale Kreditausschuss und die Deutsche Bundesbank beispielsweise die Pläne der EU-Kommission zur Schaffung eines einheitlichen Euro-Zahlungsverkehrsraums (Single Euro Payments Area – SEPA) als Überregulierung, die zu hohen Kosten führen kann.[133]

Eine weitere wesentliche Regelung, die die deutsche Finanzdienstleistungsbranche betrifft, ist der Wegfall von Anstaltslast und Gewährträgerhaftung für die öffentlich rechtlichen Institute seit dem 19. Juli 2005.[134] Diese staatlichen

---

126 Vgl. DANNENBERG, (2001), S. 65 ff.

127 Vgl. PORTER, (1999), S. 63 f.

128 Vgl. BORGER, REHBOCK, (2005), S. 1.

129 Vgl. ENGERER, SCHROOTEN, (2005), S. 12.

130 Siehe zu den Regelungen von Basel II und der MaRisk ausführlich BETSCH, THOMAS, (2005), S. 26 ff; DISSELBECK, (2007), S. 27. und die dort genannten Quellen.

131 Siehe zu den Regelungen der IFRS und zur Single European Payments Area (SEPA) BETSCH, THOMAS, (2005), S. 30 ff. und die dort genannten Quellen.

132 Vgl. DISSELBECK, (2007), S. 58; GRABAU, JOEBGES, (2003), S. 85.

133 Vgl. FEHR, (2006), S. 21.

134 Die Gewährträgerhaftung beschreibt die Einstandsverpflichtung der Träger der Institute (Kommunen und Bundesländer) gegenüber Gläubigern. Die Anstaltslast verpflichtet den Träger, die wirtschaftliche Basis der Anstalt zu sichern. Siehe ausführlich zu den Themen Anstaltslast und

Haftungsgarantien hatten bis dahin eine Insolvenzfähigkeit der öffentlich-rechtlichen Institute ausgeschlossen und ihnen einen erheblichen Refinanzierungsvorteil aufgrund einer erstklassigen Rating-Einstufung ermöglicht.[135] Weiterhin spielen für deutsche Finanzdienstleister bei der Auslagerung von Leistungen umsatzsteuerliche Aspekte eine wesentliche Rolle. Da Bankprodukte in der Regel von der Umsatzsteuer befreit sind, muss die beim Zukauf von Leistungen gegebenenfalls anfallende Umsatzsteuer von den Instituten selbst getragen werden.[136]

Neben den Faktoren der makroökonomischen und der politisch-rechtlichen Umwelt stellt die *Demographische Entwicklung* in Deutschland eine wesentliche Größe bei der Untersuchung der Finanzdienstleistungsbranche dar. Hier ist die Veränderung der Altersstruktur der deutschen Gesellschaft zu nennen. Die deutsche Gesellschaft altert, mit entsprechenden Auswirkungen auf Erwartungen der Kunden bezüglich Dienstleistungen, Produkten und Beratung. Daneben ist in Deutschland ein Rückgang der Bevölkerungszahl zu beobachten, der unter anderem Auswirkungen auf die Finanzierung der sozialen Sicherungssysteme erwarten lässt. Die Notwendigkeit einer privaten Altersvorsorge zur Absicherung des Lebensstandards im Alter hat sich inzwischen beispielsweise in der staatlich geförderten Riester-Rente niedergeschlagen. Gleichzeitig sind in Deutschland eine abnehmende Haushaltsgröße bei gleichzeitig steigender Mobilität der Haushalte sowie einem steigenden, frei verfügbaren Geldvermögen zu beobachten.[137] Dies führt zu einer strukturellen Veränderung des Geldvermögens; es findet eine Verschiebung weg von einem Notfall- hin zu einem Vorsorgesparen statt.[138] Hinzu kommen Veränderungen in der Bildungs- und Berufsstruktur. So ist im Durchschnitt das Bildungsniveau der Gesellschaft gestiegen, der Anteil der Angestellten gegenüber den Arbeitern hat zugenommen und die Erwerbsquote bei Frauen ist gestiegen.[139]

Soziokulturelle Trends bilden neben den demographischen Entwicklungen eine weitere wesentliche Grundlage zum Verständnis des Kundenverhaltens. Bereits 1993 beschrieb Rüdiger Szallies den Bankkunden als selbstbewusster, anspruchsvoller, kritischer und auch kritikfähiger, flexibler, weniger bindungsbe-

---

Gewährträgerhaftung sowie ihren Implikationen für den Wettbewerb in der Finanzdienstleistungsbranche BETSCH, THOMAS, (2005), S. 18 ff; DISSELBECK, (2007), S. 59 ff.

135 Vgl. BETSCH, THOMAS, (2005), S. 19; HACKETHAL, (2000), S. 78.

136 Vgl. zur Umsatzsteuerproblematik beim Outsourcing BETSCH, THOMAS, (2005), S. 79. sowie ausführlich DISSELBECK, (2007), S. 355 ff.

137 Vgl. DANNENBERG, (2001), S. 54.

138 Vgl. BETSCH, (1995b), S. 7.

139 Vgl. KÖCHER, (1998), S. 255.

reit, innovationsoffener und risikofreudiger als früher.[140] Durch den fortschreitenden gesellschaftlichen Wandel, neue technologische Entwicklungen sowie eine entsprechende Verbraucherschutzgesetzgebung setzt sich dieser Trend weiter fort.[141] Das zunehmende Service- und Konditionenbewusstsein der Finanzdienstleistungskunden kommt dabei mit einer zunehmenden Wechselbereitschaft beziehungsweise abnehmenden Loyalität zur Hausbank zusammen.[142] Dies führt zu einer steigenden Zahl von Mehrfachbankverbindungen sowie einer Verschlechterung der Cross-Selling-Möglichkeiten.[143]

Der Wertewandel der Finanzdienstleistungskunden trägt zu einem Aufbrechen des bisherigen Massenmarktes für Finanzdienstleistungen in zahlreiche Minimärkte bei.[144] Auch das aus anderen Branchen bekannte hybride Konsumverhalten ist im Markt für Finanzdienstleistungen zu beobachten. Situationsabhängig decken Kunden finanzielle Grundbedürfnisse (z.B. Zahlungsverkehr) zu Marktpreisen, wohingegen der Individualbedarf dort befriedigt wird, wo hohe Beratungsqualität und subjektiv emotionale Nähe erfahren werden („Mit dem Porsche zu Aldi"-Phänomen).[145] Die skizzierten Veränderungen im Verhalten der Finanzdienstleistungskunden machen deutlich, dass insbesondere die Gestaltung des Vertriebs von Finanzdienstleistern grundlegend überdacht werden muss.[146]

Die *Informations- und Kommunikationstechnologie* (IuK-Technologie) kann heute branchenübergreifend als eine Basis- oder Schlüsseltechnologie gesehen werden.[147] Für Finanzdienstleistungen, die in weiten Teilen auf Geld und Information sowohl als Produktionsfaktor wie auch als externem Faktor basieren und somit eine Verarbeitung von Daten/Informationen darstellen, gilt dies in besonderem Maße.[148] Damit sind durch den technologischen Fortschritt erhebli-

140 Vgl. SZALLIES, (1993), S. 46 ff; SZALLIES, (1995), S. 8 ff; SZALLIES, (2001), S. 12 ff. Siehe ebenfalls KÖCHER, (1998), S. 257; BETSCH, (2003), S. 418 ff.

141 Vgl. DISSELBECK, (2007), S. 68 ff.

142 Vgl. STEFFENS, (2002), S. 83. Insbesondere die zunehmende Selbstbedienung ohne persönlichen Kundenkontakt führt zu einer Entpersonalisierung und einem Abbau von Wechselbarrieren. Vgl. MAIER, (1998), S. 1676.

143 Vgl. DISSELBECK, (2007), S. 71; BETSCH, (1992), S. 16; BETSCH, (1999b), S. 18; BETSCH, (2003), S. 428.

144 Vgl. DANNENBERG, (2001), S. 59.

145 Vgl. BARTMANN, et al., (2003), S. 7; ARMBRUSTER, HALLBERG, (2006), S. 59. Siehe auch SZALLIES, (1990), S. 52 ff.

146 Vgl. u.a. DISSELBECK, (2007), S. 71 f. Vgl. zum zu passiven Vorgehen der Banken im Vertrieb WALTER, (2005), S. 271. Fournier et al. warnen jedoch andererseits vor einer zu aggressiven, undifferenzierten Ansprache der Kunden im Relationship Marketing FOURNIER, et al., (1998), S. 43 ff.

147 Vgl. RAFF, (1991), S. 46 ff.

148 Vgl. RECKENFELDERBÄUMER, (2002), S. 29; MICHALK, DILLING, (1998), S. 83 f; MOORMANN, (2004), S. 5.

che Auswirkungen auf die Finanzdienstleistungsbranche zu erwarten.[149] „IT ist nicht Kerngeschäft der Banken, aber IT ist Kern des Bankgeschäfts."[150] Darüber hinaus hat der Fortschritt in der Informations- und Kommunikationstechnologie zu wesentlichen gesellschaftlichen Veränderungen beigetragen.[151] Vielfach wird von einem Wandel der klassischen Industriegesellschaft zu einer Informationsgesellschaft[152], dem Entstehen einer vernetzten Wirtschaft, einer „Internet-Ökonomie"[153], einer „Netzwerk-Ökonomie"[154] oder einer „New Economy"[155] gesprochen.[156]

Die Entwicklung des Internet hat zu einer bis dahin nicht gekannten Markttransparenz vor allem im Massengeschäft geführt.[157] Für die Finanzdienstleister machte der Einsatz der Informations- und Kommunikationstechnologien das Angebot von (innovativen) Produkten und Dienstleistungen parallel über mehrere (neue) Vertriebskanäle möglich. Heute werden diese jedoch bereits standardmäßig vorausgesetzt, um wettbewerbsfähig zu sein.[158] Somit sind die Finanzdienstleister gezwungen, den extrem kurzen Innovationszyklen der Hard- und Softwareindustrie zu folgen, um technologisch auf dem neusten Stand zu bleiben.[159] Zusätzlich führt eine zunehmende Selbstbedienung ohne persönlichen Kundenkontakt zu einem Verlust von aktuellen Informationen über den Kunden und dessen Bedarfssituation, die für das Angebot von individuellen Problemlösungen genutzt werden könnten.[160]

Daneben eröffnen die neuen Informations- und Kommunikationstechnologien den Finanzdienstleistern jedoch die Möglichkeit, standardisierbare und automatisierbare Prozesse effizienter abzuwickeln und unternehmensübergreifende Wertschöpfungsketten reibungsloser zu gestalten.[161] Im Rahmen des skizzierten Strukturumbruchs in der Finanzdienstleistungsbranche ermöglicht der technologische Fortschritt den Umbau von Geschäftsmodellen und erleichtert den Ausbau von Multi-Kanal-Systemen.[162] Andererseits kann der enorme tech-

---

149 Vgl. HARTMANN-WENDELS, BÖRNER, (2003), S. 65; KERN, (2000), S. 865 ff; KERN, (2003), S. 359 ff.
150 BUSSMANN, et al., (2003). Vgl. auch LEDERER, (2004), S. 81.
151 Vgl. RIESE, (2002), S. 12.
152 Vgl. NEFIODOW, (2001), S. 13, 21 ff.
153 Vgl. ZERDICK, et al., (2001), S. 157.
154 Vgl. SHAPIRO, VARIAN, (1999), S. 1 ff.
155 Vgl. STAHL, (2005), S. 22.
156 Siehe zur Diskussion der Informationsgesellschaft u.a. PILLER, (2006), S. 29 ff.
157 Vgl. BÖRNER, (2000c), S. 195; RIESE, (2002), S. 12 f.
158 Vgl. STEFFENS, (2002), S. 81; MOORMANN, MÖBUS, (2004), S. 25.
159 Vgl. DANNENBERG, (2001), S. 44.
160 Vgl. MAIER, (1998), S. 1676.
161 Vgl. MOORMANN, MÖBUS, (2004), S. 25; RIESE, (2002), S. 13.
162 Vgl. OEHLER, (2005), S. 85; MOORMANN, (1998), S. 5.

nologische Fortschritt als einer der wesentlichen Treiber für die Zunahme von Komplexität, Dynamik und Unsicherheit auf dem Finanzdienstleistungsmarkt gesehen werden. Ein Ende dieser Entwicklung ist derzeit kaum absehbar.[163]

Die Internationalisierung beziehungsweise *Globalisierung*[164] der Märkte stellt, wie in den bisher betrachteten Bereichen der allgemeinen Umwelt bereits angedeutet, einen weiteren wesentlichen Trend dar. Zum einen eröffnet dies den Instituten die Möglichkeit, in neue Märkte einzutreten. Zum anderen bietet sie jedoch internationalen Konkurrenten die gleichen Chancen.[165] Darüber hinaus erwarten die Kunden der Finanzdienstleister zunehmend eine internationale beziehungsweise globale Präsenz ihres Dienstleisters. Dies betrifft sowohl Firmenkunden als auch vermehrt private Kunden der Institute. Dabei ist nicht nur die Entstehung neuer, internationaler oder globaler Märkte zu beobachten, sondern ebenso die Beeinflussung der bisher lokalen Märkte. Wie sich an den Auswirkungen internationaler Ereignisse (bspw. die Anschläge vom 11. September 2001 oder die Einbrüche an den internationalen Börsen Anfang 2000 und 2007) zeigt, sind die lokalen Märkte inzwischen weitgehend verflochten. Trotz der beschriebenen Internationalisierung beziehungsweise Globalisierung der Märkte ist es für die Institute jedoch weiterhin entscheidend die lokalen kulturellen und institutionellen Charakteristika zu berücksichtigen.[166]

2.1.2.2 Wettbewerbssituation

Basierend auf dem Modell der fünf Wettbewerbskräfte nach Porter wird im Folgenden die Wettbewerbssituation im Retailgeschäft der deutschen Finanzdienstleistungsbranche betrachtet. Dabei erfolgt die Analyse auf einem aggregierten Niveau für die gesamte Finanzdienstleistungsbranche, da ein Überblick über die Wettbewerbssituation gegeben werden soll. Sofern notwendig, wird im Einzelnen auf Unterschiede zwischen den Branchensegmenten hingewiesen. Porter unterscheidet in seinem Modell die Kräfte „Verhandlungsmacht der Lieferanten“, „Verhandlungsmacht der Kunden“, „Bedrohung durch neue Konkurrenten“, „Bedrohung durch Ersatzprodukte und -dienste“ und „Wettbewerb in der Branche“ (siehe hierzu Abbildung 6).

---

[163] Vgl. DISSELBECK, (2007), S. 74.

[164] Zur Unterscheidung der Begriffe Globalisierung und Internationalisierung schreibt Graf von Krockow: „[...] Globalisierung [beschreibt] einen Prozess der Denationalisierung [...]. Internationalisierung hingegen bezieht sich auf die zusammenwirkenden Aktivitäten jeweils nationaler Einheiten.“ GRAF VON KROCKOW, (2001), S. 336.

[165] Vgl. EICHELMANN, HOCHBERGER, (2003), S. 132; GRAF VON KROCKOW, (2001), S. 340; STAHL, (2005), S. 22.

[166] Vgl. HANSON, et al., (2005), S. 59 ff.

Bezüglich der Verhandlungsmacht der Lieferanten sollte zwischen den verschiedenen Inputfaktoren unterschieden werden. Insbesondere der monetäre Faktor ist gesondert zu betrachten. In der Literatur wird kontrovers diskutiert, ob er im Rahmen von Passivgeschäften[167] als Output und damit als Endprodukt oder als Input und damit als Vorleistung zu sehen ist.[168] In erstem Fall existieren in Bezug auf den monetären Faktor somit keine Vorleistungen an Banken. Im zweiten Fall deuten die Kriterien zur Beurteilung der Verhandlungsmacht der Lieferanten[169] ebenfalls auf eine nur geringe Verhandlungsmacht hin, da am Markt eine Vielzahl unterschiedlichster Kapitalgeber existiert. Die wachsende Wechselbereitschaft der Kunden, die Einlagen bereitstellen, führt zwar zu einer gewissen Zunahme der Verhandlungsmacht der „Lieferanten", allerdings existieren auch in diesem Fall für die Finanzdienstleister zahlreiche Alternativen an den Finanzmärkten. Wertschöpfungspartner wie Transaktionsbanken und Kreditfabriken sowie Outsourcingpartner für Informations- und Kommunikationstechnologie haben in den letzten Jahren erheblich an Verhandlungsmacht gewonnen.[170]

Die Verhandlungsmacht der Kunden hat im Retailgeschäft in den letzten Jahren kontinuierlich zugenommen. Dies wird vor allem durch die Fragmentierung der deutschen Finanzdienstleistungsbranche (große Anzahl an Wettbewerbern), die durch neue Informations- und Kommunikationstechnologien geschaffene Markttransparenz sowie die zunehmende Wechselbereitschaft der Kunden begünstigt.[171] Dies macht es für die Finanzdienstleister notwendig, bei Produktentwicklung, Kundenansprache und Angebotserstellung die Bedürfnisse der Kunden genau zu identifizieren.[172] Andererseits ist ein Wechsel des Dienstleisters auch für den Kunden mit zusätzlichem Kosten verbunden. Da es sich bei Finanzdienstleistungen üblicherweise um vertrauens- und informationsintensive Geschäftsbeziehungen handelt, hat der Kunde in eine bestehende Be-

---

167 Hierunter fallen nach Büschgen „im Wesentlichen Einlagengeschäfte aller Art, von der Bank aufgenommene Kredite, ausgegebene eigene Schuldverschreibungen, Sparbriefe, also solche Geschäfte, bei denen die Bank zum Schuldner wird, Verbindlichkeiten begründet." BÜSCHGEN, (2006), S. 722.

168 Sowohl der Production Approach als auch die Argumentation der Theorie der Finanzintermediation sehen den monetären Faktor im Rahmen von Passivgeschäften als Output. Der Intermediation Approach hingegen ordnet die Passiva dem Input zu. Vgl. GILLIGAN, et al., (1984); HARTMANN-WENDELS, BÖRNER, (2003), S. 79; SEALEY JR., LINDLEY, (1977); CORSTEN, (2002b), S. 16 ff.

169 Von einer hohen Verhandlungsmacht der Lieferanten ist auszugehen, wenn der Markt von wenigen großen Lieferanten dominiert wird, keine Substitute für diese Inputs existieren, das Auftragsvolumen und somit der Abnehmer für den Lieferanten eher unwichtig sind sowie eine Vorwärtsintegration beim Lieferanten möglich ist. Vgl. DISSELBECK, (2007), S. 77.

170 Vgl. MOORMANN, MÖBUS, (2004), S. 41; DISSELBECK, (2007), S. 78 f.

171 Vgl. STEFFENS, (2002), S. 87 f; HARTMANN-WENDELS, BÖRNER, (2003), S. 78; REICHWALD, PILLER, (2001), S. 31 ff.

172 Vgl. MOORMANN, MÖBUS, (2004), S. 40.

ziehung bereits Zeit und Geld investiert (Transaktionskosten für Suche, Prüfung und Bewertung des Dienstleisters), die bei einem Wechsel erneut anfallen.[173] Unter anderem die in der Literatur vielfach anzutreffende Beschreibung des Finanzdienstleistungsmarkts als Käufermarkt zeigt jedoch deutlich die gestiegene Verhandlungsmacht der Kunden.[174]

Auch die Bedrohung durch neue Konkurrenten hat in der deutschen Finanzdienstleistungsbranche in den letzten Jahren deutlich zugenommen. Zwar sind die Eintrittsbarrieren in Deutschland noch relativ hoch.[175] Diese sind jedoch (unter anderem) durch EU-weite Regelungen bereits (erheblich) verringert worden.[176] Trotz der weiterhin vorhandenen Markteintrittsbarrieren ist der deutsche Finanzdienstleistungsmarkt für neue Wettbewerber attraktiv.[177] Die Wettbewerber lassen sich im Wesentlichen in drei Gruppen einteilen. 1) Direktbanken und Discountbroker können zwar nicht auf das weitgefächerte Filialnetz der etablierten Institute zurückgreifen, arbeiten dafür aber aufgrund ihrer niedrigen Kostenbasis sehr effizient. 2) Internationale Finanzdienstleister dringen vor allem durch Akquisitionen in den deutschen Markt vor.[178] 3) Sogenannten Near- und Non-Banks bieten ihren Kunden Bankleistungen oder entsprechende Surrogate (z.B. Absatzfinanzierung oder Kundenkarten mit Zahlungsfunktion) beziehungsweise banknahe Dienstleistungen (z.B. Leasing- und Factoringgesellschaften, Vermö-

---

173 Vgl. HARTMANN-WENDELS, BÖRNER, (2003), S. 77.

174 Vgl. u.a. DISSELBECK, (2007), S. 2; HARTMANN-WENDELS, BÖRNER, (2003), S. 78; SZALLIES, (2004), S. 17.

175 Markteintrittsbarrieren stellen unter anderem die Anforderungen des KWG, die Kosten für den Aufbau der notwendigen Infrastruktur, die Aufwendungen zum Erwerb der Reputation für Seriosität und Vertrauenswürdigkeit, die erforderlichen Mittel zum Aufbrechen bestehender Kundenbindungen zu Wettbewerbern, sowie die hohe Fragmentierung des Markts dar. Vgl. HARTMANN-WENDELS, BÖRNER, (2003), S. 66; STIEGLITZ, (2002), S. 267.

176 So ist beispielsweise für europäische Finanzdienstleister jeweils die Aufsichtsbehörde des Heimatlandes zuständig, auch wenn die BAFin noch immer die Genehmigung entziehen kann. Vgl. HARTMANN-WENDELS, BÖRNER, (2003), S. 81; NICOLAÏDIS, VERNON, (1997), S. 300.

177 Der deutsche Finanzdienstleistungsmarkt ist weiterhin stark fragmentiert; ein Konsolidierungs- und Konzentrationsprozess hat bereits eingesetzt. Des Weiteren ist der Finanzplatz Deutschland sehr gut entwickelt. Die Kundenstruktur ist vor allem wegen ihres großen Vermögens der privaten Haushalte sehr interessant. Damit ist der deutsche Finanzdienstleistungsmarkt trotz oder gerade wegen der Ertragsschwäche vieler deutscher Institute für neue Wettbewerber mit innovativen Geschäftsmodellen und niedriger Kostenbasis (wie zum Beispiel ING DiBa) sehr attraktiv. Vgl. POTTHOFF, (2006), S. 32; KÖCHER, (1998), S. 251; BÖRNER, (2000c), S. 198; SCHULTE-NOELLE, (2003), S. 261; KRABICHLER, KRAUß, (2003), S. 27 ff. Darüber hinaus betont Sampler für informationsintensive Branchen, „if there are no knowledge barriers to using new information (information that is high in knowledge specificity in use), then we can expect to see firms react quickly, once they have access to the new information. Competitive behavior such as this can be seen in many financial service industries, such as the introduction of money market mutual funds or interest-paying checking accounts." SAMPLER, (1998), S. 352.

178 Vgl. bspw. PAPENDICK, (2007), S. 160 ff.

gensverwalter, Anlageberater, Finanzmakler) an.[179] So wurde unter anderem Microsoft der Kauf von Intuit, dem Hersteller der Finanzsoftware Quicken, wegen potentieller Auswirkungen auf den Wettbewerb im Retailgeschäft der Finanzdienstleistungsbranche untersagt.[180]

Ersatzprodukte und -dienste stellen bei der gewählten Abgrenzung der Finanzdienstleistungsbranche insgesamt keine wesentliche Bedrohung dar. Für einzelne Institute in unterschiedlichen Segmenten der Finanzdienstleistungsbranche hingegen nimmt die Bedrohung durch Ersatzprodukte und -dienste stetig zu.[181] So stehen beispielsweise vor dem Hintergrund einer notwendigen privaten Altervorsorge Lebens-, Rentenversicherungen in Konkurrenz zu Bankleistungen wie Kontensparen, Investmentfonds- oder Wertpapierkommissionsgeschäften.[182] Ebenso werden inzwischen Bankleistungen vielfach durch unabhängige Berater oder über die Kapitalmärkte erbracht.[183]

Als fünfte Wettbewerbskraft wird der „Wettbewerb in der Branche" aufgeführt. Die starre Struktur des deutschen Finanzdienstleistungsmarktes und die damit verbundene starke Zersplitterung haben die Wettbewerbsintensität lange begrenzt.[184] Mit der zunehmenden Konsolidierung sowie dem Eintritt von internationalen Instituten und Near- und Non-Banks in den deutschen Markt, ist jedoch auch der Wettbewerb innerhalb der Branche deutlich gestiegen.[185]

2.1.2.3 Zusammenfassung

Insgesamt führen die dargestellten Veränderungen/Herausforderungen der allgemeinen Umwelt wie auch des spezifischen Wettbewerbsumfelds zu einer massiven Intensivierung des Wettbewerbs auf dem Finanzdienstleistungsmarkt in Deutschland.[186] Unsicherheit bezüglich der gesamtwirtschaftlichen Situation, wie sie aktuell die Krise am US Hypothekenmarkt verursacht, steigende gesetzliche und regulatorische Anforderungen, steigende Anforderungen der Kunden, eine rasante Weiterentwicklung der IuK-Technologie sowie das Zusammenwachsen internationaler Märkte und damit verbunden das Auftreten internationa-

---

179 Vgl. MOORMANN, MÖBUS, (2004), S. 37 ff; BETSCH, THOMAS, (2005), S. 17 ff.
180 Vgl. SAMPLER, (1998), S. 343.
181 Vgl. PORTER, (2000), S. 32; HUNGENBERG, (2004), S. 102; MÜLLER-STEWENS, LECHNER, (2005), S. 191 f.
182 Vgl. HARTMANN-WENDELS, BÖRNER, (2003), S. 69.
183 Vgl. JOHANN-DIETRICH, et al., (2003), S. 120 ff; HARTMANN-WENDELS, BÖRNER, (2003), S. 71 ff.
184 Vgl. MOORMANN, MÖBUS, (2004), S. 42; SEEGER, STÜRTZ, (2003), S. 24.
185 Vgl. STEFFENS, (2002), S. 89; HARTMANN-WENDELS, BÖRNER, (2003), S. 81.
186 Vgl. BÖRNER, (2000c), S. 210.

ler Wettbewerber einerseits, sowie eine zunehmende Verhandlungsmacht der Lieferanten, der Markteintritt neuer, innovativer Wettbewerber, die steigende Wechselbereitschaft der Kunden sowie ein intensiver Preiswettbewerb innerhalb der Finanzdienstleistungsbranche andererseits sind die wesentlichen Treiber dieser Entwicklung. Und ein Ende dieser Entwicklung scheint bislang nicht absehbar. Im Gegenteil scheinen die Veränderungen an Dynamik zu gewinnen.[187]

Auf diese Entwicklung haben viele Finanzdienstleister mit Programmen zur Steigerung der operativen Leistungsfähigkeit reagiert, konnten diese jedoch häufig nicht nutzen, um dauerhaft Wettbewerbsvorteile aufzubauen.[188] Hierzu ist ein grundlegendes Überdenken der bisherigen Wettbewerbsstrategie notwendig. Ausgewählte Ansätze, die hierzu in der Literatur diskutiert wurden, werden im folgenden Abschnitt dargestellt.

2.1.3 Überblick über ausgewählte Ansätze zur Bewältigung der Herausforderungen

Die dargestellten Herausforderungen haben sich größtenteils über die letzten Jahre/Jahrzehnte entwickelt. Dies spiegelt sich auch in den zahlreichen in der Literatur bereits diskutierten Ansätzen zu ihrer Bewältigung wider. Im Folgenden wird ein kurzer Überblick über die wichtigsten Ansätze, ihre Anwendungsgebiete und ihre Limitationen gegeben. Die Ansätze werden basierend auf Porters Wettbewerbsstrategien nach Strategien zur Erlangung der Kostenführerschaft und Strategien zur Differenzierung gegliedert.[189] Vor allem die umfassenderen Ansätze sind nicht immer eindeutig einer Strategie zuzuordnen beziehungsweise verfolgen eine Kombination der verschiedenen Optionen. Im Rahmen der folgenden Strukturierung werden sie jedoch schwerpunktmäßig einer Strategie zugeordnet.[190] Ausgehend von den Eigenarten von Finanzdienstleistungen (Differenzierungs- und Beziehungsproblematik sowie der resultierenden Wertschöpfungskette)[191] und den aufgezeigten Herausforderungen in der Finanzdienstleistungsbranche[192] wird eine Einschätzung der Ansätze vorgenommen.

---

187 Vgl. DANNENBERG, (2001), S. 78.

188 Vgl. STAHL, (2005), S. 17; PORTER, (1999), S. 12 f.

189 Vgl. PORTER, (2000), S. 37 ff.

190 Vgl. hierzu auch HAX, WILDE II, (1999), S. 13.

191 Vgl. Absatz 2.1.1.3

192 Vgl. Absatz 2.1.2

2.1.3.1 Ansätze zur Erzielung der Kostenführerschaft

Eine der ersten Zielrichtungen, die in Bezug auf die Bewältigung der Herausforderungen, insbesondere der Ertragskrise der Banken, diskutiert wurde, waren Kostensenkungsmaßnahmen.[193] Diese zielten vor allem auf Einsparungen in der Produktion sowie eine Verschlankung der Vertriebsstrukturen. Letztere waren/sind in Deutschland durch ein sehr dicht ausgebautes Filialnetz geprägt. Zwei Ansätze, die im Folgenden exemplarisch dargestellt werden, sind das Lean Banking und das Outsourcing. Beide werden vielfach auch unter dem Oberbegriff der Industrialisierung von Finanzdienstleistern diskutiert.[194]

Die grundlegenden Ideen des Lean Banking Konzepts gehen auf eine Studie des Massachusetts Institute for Technology (MIT) aus dem Jahr 1990 zurück. Diese zeigte einen deutlichen Produktivitätsvorsprung japanischer Automobilhersteller gegenüber ihren US-Amerikanischen und europäischen Konkurrenten auf.[195] Die Autoren fassten die wesentlichen Faktoren, die zu diesem Vorsprung führten (u.a. Wertschöpfungsorientierung, die kontinuierliche Verbesserung, die Vertriebs- beziehungsweise Kundenorientierung, die Einfachheit sowie die Wertschätzung der Mitarbeiter), unter dem Begriff der Lean Production, schlanken Produktion, zusammen.[196] Mit der Adaption des Konzepts für das Bankgeschäft wurde der Begriff des Lean Banking in der Literatur eingeführt. In diesem Zusammenhang werden regelmäßig auch die Industrialisierung von Prozessen[197], das Sourcing[198] sowie das Qualitätsmanagement[199] genannt. Der Kerngedanke des Lean Banking ist die Erhöhung der Effizienz der Produktionsprozesse.[200] Dabei bezieht das Konzept das Gesamtunternehmen mit ein und betont die Kundenorientierung.[201] Kundenorientierung wird primär unter dem Gesichtspunkt betrachtet, nicht wertschöpfende Tätigkeiten in der Produktion zu eliminieren; die Argumentation bleibt jedoch größtenteils produktorientiert.[202] In vielen Fäl-

193 Vgl. BETSCH, THOMAS, (2005), S. 1 ff; MERL, (2003), S. 12; WALTER, (2005), S. 262 f.

194 Vgl. bspw. BETSCH, THOMAS, (2005), S. 77 ff und 97 ff; SOKOLOVSKY, (2005), S. 56 f.

195 Vgl. MOORMANN, et al., (2006), S. 151.

196 Vgl. WOMACK, et al., (1994), S. 19.

197 Vgl. MOORMANN, et al., (2006), S. 172 ff.

198 Vgl. MOORMANN, et al., (2006), S. 178 ff; BIESENBACH, et al., (2003), S. 6 ff.

199 Vgl. BETSCH, THOMAS, (2005), S. 98 ff; STAUSS, (1994b), S. 149 f; PLATE, (2005), S. 28.

200 Vgl. BIELENBERG, (1997), S. 178 ff. So schreibt auch Sheridan: „The ultimate lean organization is optimized for doing what it is doing – and nothing else. It is static." SHERIDAN, (1993), S. 31. Ähnlich auch VOSS, (1994), S. 54. Siehe auch ausführlich SAHIN, (2000).

201 Vgl. SCHUSTER, (1996), S. 70; TÜRK, (1996), S. 57 f; BÜSCHGEN, (1994), S. 2; BETSCH, (1995a), S. 2.

202 Vgl. WALTER, (2005), S. 262.

len werden einzelne Bestandteile des Konzepts isoliert betrachtet und primär unter Kostengesichtspunkten umgesetzt.[203]

Mit dem Fokus auf eine Effizienzsteigerung der Produktionsprozesse bietet das Lean Banking Konzept nur wenige Ansatzpunkte, um die Differenzierungs- und Beziehungsproblematik von Finanzdienstleistungen direkt zu adressieren. Eine Differenzierung über den Preis ist in der Regel nicht langfristig möglich.[204] Vielmehr kommt es darauf an, dass es dem Unternehmen gelingt, auf Basis der effizienteren Produktionsprozesse strategische Wettbewerbsvorteile zu generieren.[205] Ausgehend von der Betrachtung von aus Kundensicht (nicht) wertschöpfenden Schritten der Wertkette, berücksichtigt das Lean Banking Konzept den gesamten Wertschöpfungsprozess. In Bezug auf die Wettbewerbssituation in der deutschen Finanzdienstleistungsbranche bietet das Lean Banking Konzept damit vor allem die Möglichkeit, bezüglich der Produktionsprozesse zu den „Best in Class"-Unternehmen aufzuschließen und die Kostensituation sowie die Qualität zu verbessern.[206] Die Generierung nachhaltiger Wettbewerbsvorteile wird in erster Linie indirekt durch effizientere Produktionsprozesse unterstützt.[207]

Outsourcing, das heißt „die mittel- bis langfristige Durchführung bestimmter (Teil-) Leistungen oder Funktionen eines Unternehmens durch externe Mitarbeiter",[208] wird als weitere Möglichkeit gesehen, über die unternehmensinternen Potenziale hinaus Kosten zu senken. Dabei stand bis zur Mitte der neunziger Jahre die Datenverarbeitung im Zentrum der Überlegungen. In den folgenden Jahren wurden diese aber auch auf andere Teile der Wertkette ausgedehnt.[209] Neben dem Betreiben von Rechenzentren oder Netzwerken werden damit auch Funktionen wie Gebäudemanagement und Buchhaltung sowie Leistungen wie die Abwicklung des Zahlungsverkehrs oder das Massenkreditgeschäft im Rahmen von Outsourcing-Entscheidungen betrachtet.[210] Als Chancen von Outsourcing-Maßnahmen werden die Möglichkeit zur Konzentration auf das Kerngeschäft des eigenen Unternehmens sowie die Leistungsoptimierung durch Erschließung neuen Know-hows, eine generelle Flexibilisierung und die Definition von messbaren Service Levels genannt. Wesentlicher Treiber von Outsourcing-

---

[203] Vgl. PILLER, (2006), S. 7.

[204] Vgl. BETSCH, THOMAS, (2005), S. 44; SCHUSTER, (1986), S. 147; LASSAK, WERNER, (2000), S. 29.

[205] Vgl. LEWIS, (2000), S. 959.

[206] Für eine Kritik an einer einfachen Übertragung der Lean Production auf Banken auf Basis von Benchmarkingergebnissen siehe HILDEBRANDT, (1999).

[207] Vgl. LEWIS, (2000), S. 975.

[208] DISSELBECK, (2007), S. 282.

[209] Vgl. MATIASKE, MELLEWIGT, (2002), S. 644.

[210] Vgl. LAMBERTI, (2005), S. 73 ff.

Entscheidungen ist jedoch eine erwartete Kostenreduktion.[211] Grundlage für diese Kostenreduktion können eine Kostendegression durch Skalen- und Erfahrungskurveneffekte aufseiten des Outsourcing-Anbieters[212], eine Variabilisierung der Kosten im eigenen Unternehmen[213], eine erhöhte Kostentransparenz[214], Liquiditäts- und Rentabilitätseffekte[215], geringere Personalkosten des Outsourcing-Anbieters[216] sowie ein erhöhter Kostendruck aufseiten des Outsourcing-Anbieters[217] sein. Als wesentliche Risiken von Outsourcing-Maßnahmen werden Abhängigkeitseffekte zum Outsourcing-Anbieter[218], Leistungs- und Qualitätsdefizite aufseiten des Outsourcing-Anbieters[219], Kostensteigerungen durch nicht berücksichtigte Faktoren[220] sowie weitere weiche Faktoren (z.B. Machtverlust für das Management, Verunsicherung bei der Belegschaft)[221] gesehen.

Da in der Regel Funktionen und Leistungen ausgelagert werden, die eine geringe strategische Bedeutung für den Finanzdienstleister haben und eine geringe Spezifität aufweisen[222], bieten sich durch Outsourcing direkt nur eingeschränkte Möglichkeiten, der Differenzierungs- und Beziehungsproblematik von Finanzdienstleistungen zu begegnen. Wie bereits beim Lean Banking festgestellt, bietet eine Differenzierung über den Preis in der Regel keine langfristigen Wettbewerbsvorteile.[223] Aus dem gleichen Grund wird Outsourcing primär in der Produktion der Finanzdienstleistungen und weniger in der Produktentwicklung, dem Vertrieb oder dem Kundenmanagement genutzt. Durch die Möglichkeit, Kosten zu senken, sich auf die Kernkompetenzen des eigenen Unternehmens zu konzentrieren und gegebenenfalls durch Zugriff auf externes Know-how eine Leistungsoptimierung zu erzielen, haben Outsourcing-Maßnahmen jedoch indirekt Auswirkungen auf die Differenzierungs- und Beziehungsproblematik von Finanzdienstleistungen wie auch auf die gesamte Wertkette. In Bezug auf den intensiven Wettbewerb in der deutschen Finanzdienstleistungsbranche bietet Outsourcing damit in erster Linie die Möglichkeit, Gestaltungsspielräume zur

---

211 Vgl. SCHWARZ, (2005), S. 19. Für eine ausführliche Diskussion der Chancen und Risiken von Outsourcing-Entscheidungen vgl. DISSELBECK, (2007), S. 175 ff.

212 Vgl. WARSCHBURGER, HANS, (1998), S. 335.

213 Vgl. SCHWARZ, (2005), S. 20.

214 Vgl. NAGENGAST, (1997), S. 94.

215 Vgl. NAGENGAST, (1997), S. 97; SCHWARZ, (2005), S. 8, 20.

216 Vgl. LAMERS, (1997), S. 89; MATIASKE, MELLEWIGT, (2002), S. 646.

217 Vgl. LAMERS, (1997), S. 88.

218 Vgl. BRUCH, (1998), S. 35; SCHWARZE, MÜLLER, (2005), S. 10; SCHWARZ, (2005), S. 22.

219 Vgl. BRUCH, (1998), S. 36; SCHWARZ, (2005), S. 24; MATIASKE, MELLEWIGT, (2002), S. 651.

220 Vgl. PICOT, MAIER, (1992), S. 20; MATIASKE, MELLEWIGT, (2002), S. 651.

221 Vgl. SCHWARZ, (2005), S. 25; BRUCH, (1998), S. 37.

222 Vgl. LAMBERTI, (2005), S. 73 f.

223 Vgl. die Betrachtung des Lean Banking in diesem Abschnitt sowie BETSCH, THOMAS, (2005), S. 44; SCHUSTER, (1986), S. 147; LASSAK, WERNER, (2000), S. 29.

Erzielung langfristiger Wettbewerbsvorteile zu eröffnen.[224] Wie diese Gestaltungsspielräume genutzt werden, obliegt der strategischen Unternehmensführung.

2.1.3.2 Ansätze zur (Produkt-) Differenzierung

Vor dem Hintergrund der wachsenden Wechselbereitschaft der Kunden und einer steigenden Zahl von Mehrfachbankverbindungen werden neben Maßnahmen zur Kostensenkung Ansätze zur Differenzierung diskutiert. Sie bieten im Vergleich zu einer Strategie, die auf Kostenführerschaft ausgerichtet ist, die Möglichkeit einer langfristigeren Kundenbindung.[225] Als Vertreter von Differenzierungsstrategien werden im Folgenden der Multikanalvertrieb und der Allfinanzansatz betrachtet.

Das Konzept des Multikanalvertriebs ermöglicht dem Kunden über das Angebot mehrerer Zugangswege eine höhere Selbstbestimmung bei der Durchführung seiner Finanzgeschäfte. Er ist nicht mehr örtlich und zeitlich an Filialen gebunden. Gleichzeitig bietet sich den Finanzdienstleistern die Möglichkeit, mehr und detailliertere Informationen über den Kunden und seine Bedürfnisse zu erhalten. Durch eine intelligente Steuerung der Kanalnutzung der Kunden bietet sich die Chance, die Kosten, der Erbringung der Finanzdienstleistungen zu senken.[226] Die Anforderungen für eine erfolgreiche Umsetzung einer Multikanal-Strategie sind jedoch hoch. Zum einen wird eine Vielzahl der möglichen Kanäle heute bereits als Standardangebot von den Kunden erwartet. Es gibt praktisch keinen Finanzdienstleister mehr, der ohne das Angebot von Direktkanälen (z.B. Selbstbedienungsautomaten, Callcenter, Internetangebot) auskommt. Zum anderen erfordert eine Multikanal-Strategie die Integration der Kanäle in einem Gesamtkonzept und eine gezielte Steuerung der Kanalnutzung; ohne sie ist eine Differenzierung über eine Multikanal-Strategie nicht möglich.[227] Werden die Kanäle unkoordiniert nebeneinander betrieben, lässt sich aus den zusätzlichen Kosten praktisch kein zusätzlicher Nutzen gewinnen. Im Gegenteil wird beim Kunden schnell der Wunsch nach einem klassischen Filialberater aufkommen, wenn er bei jedem Kontakt seine Historie und Bedürfnisse erneut erläutern muss.[228] Hier ist ein effektives Kundenmanagement erforderlich, um die vorhandenen Kundeninformationen über alle Kanäle integriert zu nutzen und gegebe-

224 Vgl. DISSELBECK, (2007), S. 396.
225 Vgl. BETSCH, THOMAS, (2005), S. 44; SCHUSTER, (1986), S. 147.
226 Vgl. SOHLER, (2003), S. 670 f.
227 Vgl. WALTER, (2005), S. 263 ff.
228 Vgl. SOHLER, (2003), S. 670 ff; GRONOVER, (2003), S. 48 ff.

nenfalls den Kunden ereignisgesteuert ansprechen zu können.[229] Das Konzept des Multikanalvertriebs beschäftigt sich im Kern mit der Frage, welche Produkte über welchen Kanal für welches Kundensegment angeboten werden sollen.[230] Die Entwicklung und Produktion von Finanzdienstleistungen sowie die Einbeziehung der Kunden in diese Wertschöpfungsschritte stehen hingegen nicht im Fokus der Multikanal-Strategie.

Damit bietet der Multikanalvertrieb in gewissem Umfang Ansatzpunkte, der Differenzierungsproblematik von Finanzdienstleistungen zu begegnen; der Schwerpunkt liegt jedoch auf der Beziehungsseite. Damit fokussiert das Multikanalmanagement primär auf den Vertrieb und (in Teilen) die Nachkaufphase. Produktentwicklung und Produktion bleiben weitgehend unberücksichtigt. In Bezug auf den steigenden Wettbewerb in der Finanzdienstleistungsbranche stellen grundlegende Elemente des Multikanalvertriebs praktisch eine Voraussetzung für ein Bestehen am Markt dar.[231] Insbesondere durch ein wirkungsvolles Kundenmanagement und eine gezielte Integration der Kanäle bietet eine Multikanal-Strategie den Unternehmen die Möglichkeit, sich von Wettbewerbern zu differenzieren und langfristige Wettbewerbsvorteile zu generieren.[232]

Ein Ansatz, der in seiner Grundidee die Kundenorientierung, das heißt die umfassende Lösung der Kundenprobleme, in den Vordergrund stellt, ist der Allfinanzansatz.[233] Sein Ziel ist es, durch Bündelung oder Kombination von Produkten/Leistungen aus allen Segmenten der Finanzdienstleistungsbranche in allen Lebensphasen Ansprechpartner für alle finanziellen Belange des Kunden zu sein.[234] Als Beginn der Allfinanzangebote wird in der Literatur der Sparplan mit Versicherungsschutz der Deutschen Bank aus dem Jahr 1983 gesehen.[235] Zur Definition des Allfinanzbegriffs wird in der Literatur üblicherweise das gemeinsame Angebot von Bank- und Versicherungsleistungen sowie zum Teil auch von Baufinanzierung herangezogen: „Ein Unternehmen wird ‚Allfinanzanbieter' genannt, wenn in einem Konzern mehrere Finanzdienstleister (mindestens eine Bank, eine Versicherung und eine Bausparkasse) unter einer einheitlichen Leitung tätig sind bzw. Finanzdienstleistungen erstellen und vertreiben."[236] Wesent-

229 Vgl. WALTER, (2005), S. 266 ff; NIRSCHL, et al., (2004), S. 28 f.
230 Vgl. GRONOVER, (2003), S. 65.
231 Vgl. BARTMANN, et al., (2003), S. 7 f.
232 Vgl. NIRSCHL, et al., (2005), S. 237.
233 Vgl. BÜLOW, (1995), S. 27.
234 Vgl. BÜLOW, (1995), S. 25.
235 Vgl. BETSCH, (1992), S. 16.
236 KOLLENDA, (1992), S. 2. Vgl. ähnlich Praxmarer: „Ein Allfinanz-Konzept ist gegeben, wenn im Rahmen einer vertraglichen und/oder kapitalmäßigen Bindung zwischen mindestens einem Kreditinstitut und einer Versicherungsunternehmung Finanzdienstleistungen beider Unternehmen mit Hilfe gemeinsamer funktionaler Strategien erstellt und vertrieben werden." PRAXMARER, (1993), S. 27.

lich hierbei ist, dass die Erbringung dieser Leistungen innerhalb eines Konzerns oder einer Kooperation erfolgt.[237] Trotz der grundlegenden Idee, dem Kunden eine integrierte und umfassende Lösung seiner Probleme zu bieten, blieb die Allfinanzstrategie in der Umsetzung häufig stark vertriebs- und produktorientiert.[238] Kritisch aus Kundensicht ist weiterhin, dass der Kunde nicht wie gewohnt auf Spezialanbieter für seine jeweilige Problemstellung zurückgreift, sondern bei einem Allfinanzanbieter alle Leistungen von einem Unternehmen bezieht und sich an dieses bindet. Damit steigen die Anforderungen an Beratungsqualität und allgemein die Qualität der Interaktion. Hinzu kommt häufig eine sehr hohe Komplexität des Allfinanzsortiments, die dem Kunden die selbstständige Produktauswahl erschwert beziehungsweise unmöglich macht.[239] Kritik am Allfinanzkonzept dieser Ausprägung wird vor allem aufgrund der Eigenfertigung und der damit verbundenen hohen Wertschöpfungstiefe und fehlenden Spezialisierung sowie der mangelnden Nutzung der umfangreicheren Kundenkontakte und -informationen in Bezug auf eine kundenindividuelle Problemlösung geäußert.[240]

Damit bietet der Allfinanzansatz vor allem Ansatzpunkte zur Begegnung der Differenzierungsproblematik von Finanzprodukten. Die Beziehungsproblematik wird jedoch häufig vernachlässigt.[241] Dies zeigt sich auch in Bezug auf die Wertkette. Im Rahmen des Allfinanzkonzepts wird primär der Vertrieb, teilweise die Produktentwicklung berücksichtigt. Kundenmanagement und Produktion werden häufig nicht betrachtet. Damit werden jedoch wesentliche Potenziale zur Generierung langfristiger Wettbewerbsvorteile nicht genutzt, da eine reine Differenzierung auf Produktebene aufgrund der Imitierbarkeit von Produktinnovationen sowie der durch das Internet geschaffenen Markttransparenz nur bedingt Erfolg versprechend ist.[242] Dies gilt vor allem, wenn die Produkte/Leistungen der einzelnen Branchensegmente lediglich zusammengefasst, nicht aber segmentübergreifende, neue Produkte entwickelt werden. Vor dem Hintergrund des

---

237 Vgl. BETSCH, THOMAS, (2005), S. 76.

238 Vgl. HOCHBERGER, (2003), S. 43 f; SCHÄFER, (2001), S. 417 ff.

239 Vgl. BÜLOW, (1995), S. 29; HOCHBERGER, (2003), S. 2.

240 Vgl. LAMBERTI, PÖHLER, (2004), S. 20; BERNET, (2000), S. 16; BETSCH, THOMAS, (2005), S. 90.

241 „In der Vertriebspraxis findet allerdings eine Konzentration auf einige wenige Produkte statt. Dies entspricht dem klassischen Vertriebsansatz von Versicherungen und Bausparkassen, in dem auf eine produktorientierte Beratung ertragreicher Produktarten fokussiert und so selten eine ganzheitliche, kundenbedarfsadäquate Vorgehensweise ermöglicht wird. Eine Beratung findet hierbei meistens punktuell und produktbezogen im Rahmen des Vertriebsprozesses statt. Kennzeichnend ist die vertriebsorientierte Zielsetzung des Produktverkaufes. Die Vergütung der Beratungsleistung erfolgt über Provisionen aus vermittelten Geschäften, somit wird keine separate Honorierung für die Beratung verlangt." SCHÄFER, (2001), S. 217 ff.

242 EBERHARDT, ZIMMERMANN, (2007), S. 104.

zunehmenden Wettbewerbs und der aufgezeigten demografischen Entwicklung bietet der Allfinanzansatz die Möglichkeit, den Kunden umfassend zu betreuen. Diese Möglichkeit wird jedoch häufig nicht genutzt.[243]

2.1.3.3 Zusammenfassung

Wie mit den skizzierten Ansätzen exemplarisch aufgezeigt wird, werden in der Literatur bereits zahlreiche Konzepte entwickelt beziehungsweise diskutiert, um den zum Teil bereits seit Jahren bekannten oder absehbaren Herausforderungen in der Finanzdienstleistungsbranche zu begegnen. Zunächst wurde vor allem die Kostenseite betont; aber auch Möglichkeiten zur Differenzierung gegenüber den Wettbewerbern, die über die Preisgestaltung hinausgehen, werden behandelt. Dabei werden zunehmend umfassendere Ansätze wie das Lean Banking, der Multikanalvertrieb oder das Allfinanzkonzept diskutiert und um neue Elemente ergänzt.[244] Jedoch geht bislang keiner der Ansätze sowohl auf die Differenzierungs- wie auch die Beziehungsproblematik von Finanzdienstleistungen ein und berücksichtigt dabei die gesamte Wertkette der Finanzdienstleister. Letzteres ist jedoch für die Entwicklung eines integrierten Konzepts notwendig.[245] Darüber hinaus wurden selbst im Rahmen des Allfinanzkonzepts bislang kaum die Möglichkeiten genutzt, auf das gestiegene Bedürfnis der Kunden nach individualisierten Leistungen einzugehen.

Insbesondere vor dem Hintergrund der mangelnden Patentierbarkeit und leichten Imitierbarkeit von Finanzdienstleistungen sowie der Tatsache, dass der Wettbewerb in der Finanzdienstleistungsbranche weitgehend auf informationsbasierten Wettbewerbsvorteilen beruht, stellt sich die Frage, mit welchen Strategien langfristige, informationsbasierte Wettbewerbsvorteile erlangt werden können.[246]

---

243 Vgl. SCHÄFER, (2001), S. 217 ff.

244 So betrachtet bspw. Moormann im Rahmen des Lean Banking die Marktausrichtung der Bank, die Industrialisierung der Prozesse, das Sourcing, sowie das Management einer Lean Bank. Vgl. MOORMANN, et al., (2006), S. 158. Bei einer solchen Anreicherung der Ansätze um immer neue, aktuell diskutierte Elemente besteht jedoch die Gefahr, dass die Charakteristika einzelner Ansätze zunehmend verschwimmen. Vgl. NARASIMHAN, et al., (2006), S. 441.

245 So schreibt auch Muther: „In einem verstärkten Wettbewerb differenzieren sich Unternehmen immer weniger nur über Produkte und Preise, sondern über die Qualität ihres gesamten Leistungssystems." MUTHER, ÖSTERLE, (1998), S. 105 f.

246 Vgl. SAMPLER, (1998), S. 353.

2.2 Theoretische Grundlagen

Aufgrund ihrer Bedeutung im Rahmen dieser Arbeit wird im Folgenden zum einen auf den Begriff der Information sowie die Trends in Bezug auf die Entwicklung der Informations- und Kommunikationstechnologie eingegangen.[247] Zum anderen werden die Transaktionskostentheorie und die Principal Agent Theorie der Neuen Institutionenökonomie dargestellt, da sie effektive Instrumente zur theoretischen Beurteilung der Mass Customization darstellen.

2.2.1 Information

Im Folgenden wird ein Überblick über die grundsätzliche Rolle der Information und Kommunikation in Unternehmen gegeben. Dabei sind vor allem die Veränderung beziehungsweise Erweiterung, die diese Rolle aufgrund aktueller technologischer Entwicklungen erfahren hat, von Bedeutung.[248]

2.2.1.1 Begriffliche Grundlagen: Information und Kommunikation

Die Begriffe Daten, Information und Wissen sind sowohl zwischen den unterschiedlichen Wissenschaftsdisziplinen als auch innerhalb der Wirtschaftswissenschaften unterschiedlich belegt.[249] Aufgrund ihrer inhaltlichen Bedeutung für diese Arbeit erfolgt deshalb einleitend eine Klärung ihrer Verwendung in der vorliegenden Arbeit.

Eine auf Wittmann zurückgehende und häufig verwendete pragmatische Definition des Informationsbegriffs beschreibt Information als zweckorientiertes Wissen, das der Vorbereitung wirtschaftlichen Handelns dient.[250] Problematisch ist an dieser Definition jedoch die Verwendung des Wissensbegriffs ohne diesen zu präzisieren.[251] Da jedoch die Handlungs- und Entscheidungsvorbereitung den

---

247 Voraussetzung für jede Art der Individualisierung ist die Verfügbarkeit der relevanten Informationen. In Bezug auf die Verfügbarkeit spielen leistungsfähige IuK-Systeme eine zunehmend wichtigere Rolle. Vgl. STRÜKER, (2007), S. 59; MICHALK, DILLING, (1998), S. 85 ff.

248 Vgl. PILLER, (2006), S. 14.

249 Vgl. KOLATEK, (1994), S. 19. So schreibt auch Müller-Mehrbach: „Die zentrale künftige Bedeutung der Information für Wirtschaft und Gesellschaft deutet sich in der Vielfalt der begrifflichen Ordnungen an, in denen die Information einen hochwertigen Platz erhält. Gleichzeitig ist die Vielfalt ein Indiz für das Chaos, d.h. für einen Mangel an konzeptueller Übereinstimmung." MÜLLER-MEHRBACH, (1997), S. 4.

250 Vgl. WITTMANN, (1959), S. 14; WITTMANN, (1980), S. 894.

251 WITTMANN, (1979), S. 2263. beschreibt Wissen recht allgemein als Vorstellungsinhalte über die Wahrheit von Feststellungen in Form von Sätzen, Aussagen und Behauptungen.

Kern des betrieblichen Einsatzes von Informationen darstellt, besitzt die Definition von Wittmann trotz entsprechender Kritik[252] große pragmatische Stärken.[253]

In Bezug auf die Handlungs- und Entscheidungsvorbereitung versteht die Entscheidungstheorie Informationen als Nachrichten oder Beobachtungen, die sich auf die Erwartungen (in Form von Wahrscheinlichkeitsbeurteilungen) eines Wirtschaftssubjekts auswirken.[254] Hierzu zählt einerseits das „Wissen über als Tatsachen betrachtete Vergangenheitsereignisse, Ziele sowie Handlungsmöglichkeiten"[255] eines Akteurs, wie auch auf Märkten erworbene Prognosen und andere gekaufte Wissenshilfen. Die Vollständigkeit und der Wahrheitsgehalt der Informationen bestimmen den Grad der Unsicherheit. Durch den Erwerb von Informationen kann somit die Unsicherheit verringert jedoch nicht vollständig beseitigt werden.[256]

Während in der Betriebswirtschaftslehre bei der Behandlung des Informationsbegriffs der Schwerpunkt auf die Entscheidungsvorbereitung gelegt wird, fokussiert die Nachrichtentechnik auf den Vorgang der Informationsübermittlung. Basierend auf Shannons Informationstheorie wird in der Nachrichtentechnik ein technischer Informationsbegriff verwendet. „Information is interpreted in its broadest sense to include the messages occurring in any of the standard communication media [...] and even the signals appearing in the nerve networks of animals and man."[257] Dieses Verständnis des Informationsbegriffs ist für eine wirtschaftswissenschaftliche Arbeit zu breit und wenig fassbar. Aufgrund der Bedeutung neuer IuK-Technologien für diese Arbeit soll er jedoch nicht völlig unberücksichtigt bleiben.[258]

Im Folgenden wird zur Klassifikation unterschiedlicher Informationsbegriffe auf die Typologie von Bode zurückgegriffen, der fünf Dimension des Informationsbegriffs (Träger der Information, Semiotik, Zeitbezug, Neuheitsgrad, Wahrheitsgehalt) unterscheidet (siehe Tabelle 1).[259] Entsprechend dieser Typologie ist der Informationsbegriff nach Wittmann als ungebunden, syntaktisch, statisch, objektiv und wahrheitsunabhängig zu klassifizieren. Bode selbst definiert Informationen als „Wissensbestandteile, die in Form menschlicher Sprache

252 Vgl. MINNIG, (1991), S. 52; LEHNER, et al., (1995), S. 171 f; BODE, (1997), S. 455.
253 Vgl. PILLER, (2006), S. 15.
254 Vgl. LEHNER, et al., (1995), S. 187.
255 SCHNEIDER, (1995), S. 48.
256 Da Entscheidungen auf die Zukunft gerichtet sind, sind vollständige Informationen nicht möglich. Vgl. BODE, (1993), S. 11; PILLER, (2006), S. 15.
257 Vgl. SHANNON, (1972), S. 246 f.
258 Vgl. ähnlich PILLER, (2006), S. 16.
259 Vgl. BODE, (1997), S. 451 ff; BODE, (1993), S. 6 f. und die dort angegebene Literatur.

repräsentierbar sind."[260] Wissen beschreibt Bode als „jede Form der Repräsentation von Teilen der realen oder gedachten (d.h. vorgestellten) Welt in einem materiellen Trägermedium."[261] Entsprechend der Typologie ist dieser Informationsbegriff als statisch, wahrheitsunabhängig, objektiv, ungebunden und semantisch zu klassifizieren.

Tabelle 1: Typologie der Informationsbegriffe nach Bode[262]

Abgrenzungsmerkmal	Ausprägung		
Träger der Information	*Ungebunden* (Information kann an verschiedenste Trägermedien gebunden sein)		*Menschengebunden* (Nur menschliches Gehirn kann Träger von Information sein)
Semiotik (Welcher Sprachebene wird gefolgt?)	*Syntaktisch* (Informationen sind Zeichenreihen)	*Semantisch* (Abbildung der realen/gedachten Welt)	*Pragmatisch* (Informationen dienen Handlungsvorbereitung)
Zeitbezug	*Statisch* (Information als Zustand und Ergebnis eines Prozesses der Informationserlangung)		*Prozessual* (Information als Vorgang des Informierens)
Neuheitsgrad (Informationseigenschaft ist abhängig von individuellen Bedingungen des Empfängers)	*Individualisitsch-subjektiv* (Information muss für den Empfänger neu sein)		*Objektiv* (Informationen sind unabhängig vom subjektiven Wissensstand)
Wahrheitsgehalt (Inhaltliche Bewertung der Information)	*Wahrheitsabhängig* (Information muss aus Sicht des Informationssenders wahr sein)		*Wahrheitsunabhängig* (Wahrheitsgehalt ist irrelevant)

Lehner und Maier unterscheiden bei ihrer Definition des Informationsbegriffs zwischen einer „individuellen" (menschenbezogenen) Ebene und einer organisationalen Ebene. Auf der individuellen Ebene definieren sie Information als Ergebnis der Interpretation einer Sinneswahrnehmung vor dem Hintergrund des vorhandenen Wissens des Individuums.[263] Dabei spielt insbesondere der verfolg-

---

[260] BODE, (1997), S. 459. Sprache umfasst dabei jede bedeutungstragende non-verbale oder verbale Äußerung, die in einer bestimmten Form materialisiert ist. Im Gegensatz dazu steht sprachlich nicht aktivierbares Wissen (implizites Wissen). Vgl. BODE, (1997), S. 460.

[261] BODE, (1997), S. 458.

[262] Übernommen aus PILLER, (2006), S. 17. In Anlehnung an BODE, (1997), S. 451 ff.

[263] Vgl. LEHNER, et al., (1995), S. 260 f. Diese Definition basiert auf einer Diskussion verschiedener Informationsbegriffe der Betriebswirtschaftslehre, Wirtschaftsinformatik und Informatik.

te Zweck eine Rolle. Das individuelle Wissen lenkt als Wahrnehmungsfilter die Aufmerksamkeit auf relevante Umweltreize, die wiederum als Daten charakterisiert werden können.[264] Die Interpretation dieser Daten anhand einer Semantik führt zu Information. Die Vernetzung der Information mit ihrem Kontext (z.B. Zielsystem, Handlungsalternativen) auf pragmatischer Ebene führt zu Wissen.[265]

Auf organisationaler Ebene definieren sie Information als „jene Teilmenge der Daten, die für die eigene Unternehmung ausgewählt, geordnet, gespeichert und verfügbar gemacht wird."[266] Informationen sind damit zielgerichtete Daten, deren Nutzen für das Unternehmen das entscheidende Kriterium darstellt.[267] Entsprechend der Typologie ist dieser Informationsbegriff als ungebunden, semantisch, statisch, objektiv und wahrheitsunabhängig zu klassifizieren. Für das Untersuchungsobjekt dieser Arbeit erscheint diese Definition gut geeignet und dient als Grundlage für das weitere Vorgehen.[268]

Daten werden im Folgenden dem maschinellen Kontext zugeordnet und als Teilmenge der Information interpretiert, deren Verarbeitung im Rahmen der elektronischen Informationsverarbeitung möglich ist.[269] Wissen wiederum stellt als Ergebnis geistiger Aktivität subjektive wie objektive Erfahrungen und Einsichten dar;[270] es wird durch Bewertung, Einordnung in Zusammenhänge und Einbringung von Erfahrungen aus Informationen gebildet (siehe Tabelle 2).[271] Das organisationale Verständnis des Informationsbegriffs steht andererseits in engem Zusammenhang mit dem Begriff der Kommunikation. Dieser bezeichnet den Prozess des zielbezogenen Austauschs von Informationen zwischen Partnern und/oder technischen Systemen.[272]

Vgl. LEHNER, et al., (1995), S. 255 ff. Entsprechend der Typologie ist sie pragmatisch, menschengebunden, objektiv, statisch und wahrheitsunabhängig.

264 Vgl. LEHNER, et al., (1995), S. 270. Lehner definiert Daten als Symbole beziehungsweise Zeichen(-ketten), die Objekten, Personen, Vorgängen und Zuständen der betrieblichen Realität und Unwelt zugeordnet sind.

265 Vgl. HASENKAMP, ROßBACH, (1998), S. 957.

266 LEHNER, et al., (1995), S. 266. Dabei beziehen sie sich auf MÜLLER-MEHRBACH, (1994), S. 379.

267 Vgl. MÜLLER-MEHRBACH, (1994), S. 379.

268 Die Beschränkung des Informationsbegriffs rein auf den Zweckbezug der Entscheidungsvorbereitung erscheint zu eng. Information kann zweckbezogenes Wissen zur Entscheidungsvorbereitung darstellen, muss dies aber nicht zwangsläufig. Vgl. hierzu auch PILLER, (2006), S. 18.

269 Vgl. BODE, (1997), S. 460; HILDEBRAND, (1995), S. 5.

270 Wissen hat danach langfristigen Charakter und erlaubt die Bildung von Urteilen und Schlüssen. Vgl. LEHNER, et al., (1995), S. 266; SPINNER, (1994), S. 24 ff.

271 Vgl. TSICHRITZIS, (1995b), S. 106.

272 Vgl. FOURNIER, (1994), S. 35; RAFF, (1991), S. 10; SZYPERSKI, (1980), S. 142. Eine Gegenüberstellung unterschiedlicher Definition und Abgrenzungen des Kommunikationsbegriffs findet sich bei MERTEN, (1977), S. 168 ff.

Tabelle 2: Abgrenzung von Daten, Information, Wissen[273]

	Individuelle Ebene	Organisationale Ebene	Beispiel
Daten	Symbole/Zeichenketten, die Objekten, Personen, Vorgängen oder Zuständen der Realität zugeordnet sind oder die Vorstellungswelt des Menschen beschreiben	Gesamtheit der verfügbaren Texte, Zahlen, Grafiken, Bilder, Audio- und Videodokumente, unabhängig von deren Nutzen für die einzelne Unternehmung	RB3720W1703G7
Information	Das kontextabhängige Ergebnis der wissensgesteuerten Interpretation von Umweltreizen (Daten) durch Menschen	Jene Teilmenge der Daten, die für ein Unternehmen durch Ergänzung einer Semantik ausgewählt, geordnet, gespeichert und verfügbar gemacht werden	Regionalbahn 3720 fährt werktags um 17:03 Uhr auf Gleis 7.
Wissen	Die Menge längerfristig verfügbarer aktiver Komponenten, die ihre Verarbeitung bzw. Aktivierung selbst steuern. Wissen schafft Interpretationsvorschriften von Daten und Informationen, diese finden Eingang ins Wissen und können es erweitern/ verändern.	Von Menschen verstandene Information, die in einer Handlungssituation die Einordnung und Nutzung neuer (komplexer) Informationen ermöglicht. Wissen entsteht durch die Vernetzung der Information mit dem jeweiligen Kontext.	Bisher fuhr die Regionalbahn 3720 um 17:10 Uhr ab. Umsteigende aus dem Zug IR317 erreichen den Anschluss nun nicht mehr.

2.2.1.2 Ökonomische Bedeutung der Information

Je nach Blickwinkel lassen sich in der Betriebswirtschaftslehre vier Bedeutungen der Information unterscheiden: 1) Das Verständnis der Information als Produktionsfaktor, 2) als wesentliches Element der zwischen- und innerbetrieblichen Arbeitsteilung, 3) als ökonomisches Gut, und 4) als Mittel zur Positionierung des Unternehmens im Wettbewerb. Ausgehend von den verschiedenen Rollen der Information sind unterschiedliche Eigenschaften und Rollen der IuK-Technologie im betrieblichen Einsatz zu betrachten.[274]

Unter den Bedingungen eines vollkommenen Marktes, wie ihn die traditionelle Mikroökonomie annimmt, haben Informationstätigkeiten praktisch keine

[273] Übernommen aus PILLER, (2006), S. 18. In Anlehnung an LEHNER, et al., (1995), S. 266; MÜLLER-MEHRBACH, (1994), S. 379 f; HASENKAMP, ROßBACH, (1998), S. 957.

[274] Vgl. PILLER, (2006), S. 19.

Bedeutung.[275] Ebenso geht die klassische Entscheidungstheorie von einem gegebenen Informationsstand der Akteure aus, womit die Beschaffung zusätzlicher Informationen nicht relevant ist.[276] Die neuere mikroökonomische Theorie wie auch die Industriebetriebslehre[277] berücksichtigen hingegen Information als Produktionsfaktor.[278] Dabei können Informationen im Produktionsfaktorensystem nach Gutenberg sowohl als Teil des dispositiven Faktors (zur Unterstützung der Entscheidungsvorbereitung),[279] als auch als Elementarfaktor (im Sinne von Werkstoffen, Betriebsmitteln oder objektorientierter Arbeit) eingeordnet werden.[280] Eine eindeutige oder ausschließliche Zuordnung zu einem oder mehreren Faktoren ist jedoch nicht möglich (siehe Abbildung 7).[281]

Eine wesentliche Rolle spielt die Information im Rahmen einer arbeitsteiligen Leistungserstellung.[282] Diese führt zu einer räumlichen und zeitlichen Entkopplung der Aufgabenerfüllung und bedarf somit einer zielorientierten Koordination und Synchronisation der Aktivitäten. Um die ökonomischen Potenziale einer Arbeitsteilung nutzen zu können, werden damit in allen Unternehmensfunktionen die richtigen Informationen zum richtigen Zeitpunkt benötigt. Da Informationen nicht substituierbar sind und einen wesentlichen Beitrag zur Leistungserstellung darstellen, stellt die zielgerichtete Informationsverteilung eine weitere Aufgabe des dispositiven Faktors dar.[283]

Eine weitere Bedeutung haben Informationen als immaterielles Wirtschaftsgut: Sie befriedigen menschliche Bedürfnisse, sie werden in dieser Eigenschaft von Menschen erkannt, und es handelt sich bei ihnen um ein knappes Gut, das dem Nachfrager durch einen Anbieter verfügbar gemacht werden kann.[284] Die Bedeutung von Informationen als Wirtschaftsgut zeigt sich unter anderem in

275 Vgl. FOURNIER, (1994), S. 38; PICOT, MAIER, (1993), S. 36. Alle entscheidungsrelevanten Kosten spiegeln sich dabei in den Preisen wider.

276 Vgl. PICOT, MAIER, (1993), S. 36.

277 Zum Forschungsfeld der Industriebetriebslehre siehe HEINEN, (1991), S. 7 f; ZAHN, SCHMID, (1996).

278 Vgl. GUTENBERG, (1979), S. 8, 267 f; SZYPERSKI, WINAND, (1989), S. 133; BEUERMANN, (1996), S. 1494 f; ERNST, (1990), S. 56 ff.

279 Vgl. LEHNER, et al., (1995), S. 182 ff; BODE, (1993), S. 91; KERN, (1992), S. 16; LINDEMANN, (1970), S. 93 f; WITTMANN, (1959), S. 14.

280 Vgl. KUHLMANN, (1997), S. 45; BODE, (1993), S. 81. und ausführlich bei ZIMMERMANN, (1972).

281 Vgl. PILLER, (2006), S. 21.

282 Vgl. HEINEN, (1991), S. 9.

283 Vgl. LEHNER, et al., (1995), S. 184; SIMON, (1981), S. 135; WITTMANN, (1990), S. 7; GEBAUER, (1996), S. 19 ff.

284 Vgl. KOLATEK, (1994), S. 20; HÜBNER, (1996), S. 2; MÜLLER-MEHRBACH, (1997), S. 3.

ihrer zunehmenden Bedeutung als Teil des Outputs von Industriebetrieben,[285] oder in der Bedeutung des Handels mit Finanzinformationen.[286]

Abbildung 7: Erweitertes Produktionsfaktorenschema unter Einbezug von Information und Kommunikation[287]

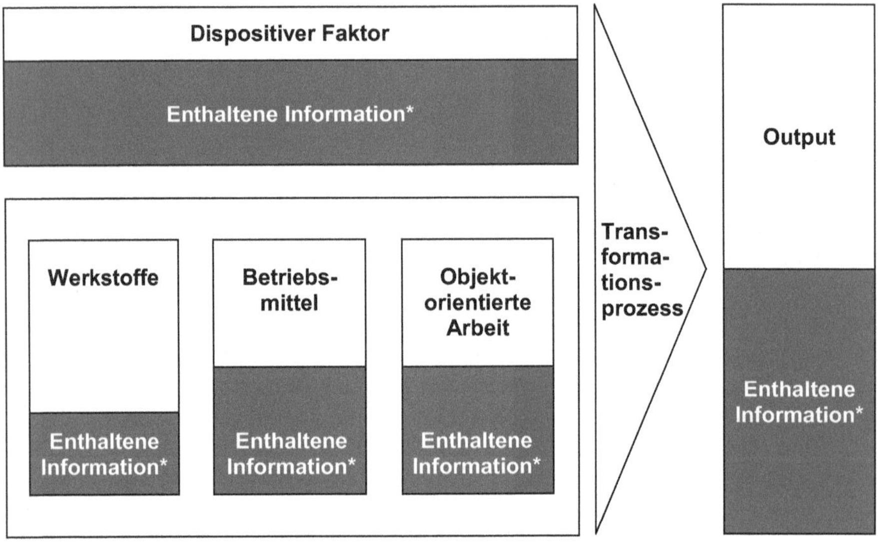

* Der Umfang der in einem Inputfaktor bzw. dem Outputfaktor enthaltenen Information ist je nach Art des Faktors unterschiedlich

Eine weitere wesentliche Rolle der Information besteht in Bezug auf eine systematische Entdeckung und Ausnutzung von Informationsvorsprüngen als Grundlagen von Wettbewerbsvorteilen (vor allem in dynamischen Märkten). Die asymmetrische Informationsverteilung und die Entdeckung neuen Wissens sind praktisch der Ursprung wirtschaftlichen Handelns.[288] Durch die Überwindung von Informationsdefiziten lassen sich somit Wettbewerbsvorteile erzielen.[289] Entsprechend betont die österreichische Schule, dass Märkte nicht wie in der klassischen Mikroökonomie Orte kostenloser und friktionsloser Koordination

285 Vgl. PILLER, (2006), S. 23.
286 Vgl. LANGENDORF, (2006), S. 1 f, 12 ff.
287 Übernommen aus PILLER, (2006), S. 21.
288 Vgl. VON HAYEK, (1945), S. 521.
289 Vgl. PICOT, MAIER, (1993), S. 36; SIEGERT, (1997), S. 128.

sind, sondern auf ihnen vielmehr unter unvollständiger Information Transaktionen zwischen Marktteilnehmern ablaufen. Auf solchen Märkten kann wirtschaftlich relevantes Wissen über gehandelte Leistungen sowie die Transaktionspartner zur Verringerung der Unsicherheit führen.[290] Ein Informationsvorsprung eines Akteurs stellt damit einen Wettbewerbsvorteil dar.[291] Unternehmen als Marktteilnehmer nutzen Informationen sowohl zur Reaktion auf Umweltveränderungen als auch zum Hervorrufen von Umweltveränderungen durch unternehmerische Entscheidungen. Die ungleiche Informationsverteilung zwischen den Marktteilnehmern verursacht darüber hinaus einen hohen Koordinationsaufwand bei der Transaktionsdurchführung.[292] Diese, durch eine stark vorangeschrittene Arbeitsteilung verursachten, Transaktionskosten bilden in entwickelten Volkswirtschaften einen wesentlichen Bestandteil am Bruttosozialprodukt einer Nation.[293]

2.2.1.3 Informations- und Kommunikationstechnologie

Tief greifende Innovationen und Verbesserungen der IuK-Technologie bieten neue Potenziale zur Nutzung von Informationen in Unternehmen. Diese Potenziale bilden die technische Basis der Informationsgesellschaft. Der Begriff der Informationstechnologie bündelt einen weiten Bereich von Einzeltechnologien, der die Gesamtheit der zur Speicherung, Verarbeitung und Kommunikation zur Verfügung stehenden Ressourcen eines Unternehmens sowie die Art und Weise ihrer Organisation umfasst.[294] Aufgrund der Konvergenz von Informationsgewinnung, -verarbeitung, -speicherung und Informationsübermittlung werden die Begriffe Informationstechnologie und Kommunikationstechnologie zunehmend zum Begriff der Informations- und Kommunikationstechnologie (IuK-Technologie) zusammengefasst.[295] Der Begriff der IuK-Technologie beschreibt in diesem Zusammenhang alle Technologien, die auf Basis der Mikroelektronik, Computertechnik, digitalen Übertragungstechnik sowie der optischen Nachrichtentechnik, der Erfassung, Verknüpfung, Auswertung, Speicherung, Darstellung und Übertragung sowie Ausgabe von Informationen dienen. Er umfasst die Be-

---

290 Vgl. PILLER, (2006), S. 23.

291 Vgl. KIRZNER, (1978), S. 29 f; ZERDICK, et al., (2001), S. 128.

292 Dabei handelt es sich in der Regel um Informations- und Kommunikationskosten bei der Vereinbarung, Abwicklung, Kontrolle und Anpassung von Transaktionen. Vgl. PILLER, (2006), S. 24.

293 Vgl. WALLIS, NORTH, (1986), S. 121; ZERDICK, et al., (2001), S. 132.

294 Vgl. KRCMAR, (1997), S. 31. Eine Unterscheidung zwischen IuK-Technik und IuK-Technologie wie bei PFAU, (1997), S. 9 ff; SCHÜLER, (1991), S. 290 f. erfolgt in dieser Arbeit nicht.

295 Vgl. PILLER, (2006), S. 25.

reiche der Hardware, Software und ebenfalls der Netztechnologie.[296] Im Folgenden werden Entwicklungstrends und Eigenschaften heutiger IuK-Technologien aufgezeigt, die für den weiteren Verlauf dieser Arbeit relevant sind. Dabei weist das Attribut neue IuK-Technologien auf die durch den technischen Fortschritt ermöglichte Leistungssteigerungen und damit verbundene Potenziale hin. Neue IuK-Technologien sind somit Technologien, die die im Folgenden beschriebenen Trends umsetzen.[297]

In Erweiterung der Gliederung von Picot, Reichwald und Wigand sowie in Anlehnung an die Darstellung bei Piller[298] werden im Folgenden die aus betriebswirtschaftlicher Sicht wichtigsten Entwicklungstendenzen der IuK-Technologie skizziert, die die Grundlage neuer, innovativer Wertschöpfungsprozesse darstellen:[299]

- Kapazitäts- und Leistungssteigerung: Die enorme Zunahme von Kapazität und Leistungsvermögen von Rechnern und Netzwerken ist einer der offenkundigsten Entwicklungstrends. Er stellt die Grundlage vieler weiterer Entwicklungen dar. Neben der reinen Kapazitäts- und Leistungssteigerung ist vor allem die zunehmende Vernetzung für Unternehmen von Bedeutung.
- Offenheit, Standardisierung und Skalierbarkeit: Moderne IuK-Strukturen zeichnen sich unter anderem durch einen modularen Aufbau sowie die Kombination verschiedener Systeme aus, sodass eine schnelle und reibungslose Ergänzung neuer Komponenten möglich ist.[300] Eine entsprechende Gestaltung der Systeme sowie die Nutzung übergreifender Standards werden wesentlich durch die zuvor angeführte Leistungssteigerung der Systeme begünstigt. Darüber hinaus können inzwischen vielfach skalierbare Ressourcen in unterschiedlichen Qualitätsklassen eingesetzt werden.
- Dezentralisierung und Verteilung: Die zunehmende Vernetzung sowie die Nutzung offener Standards und die Überwindung anwendungsübergreifender Übertragungsprobleme haben als weiteren Trend die Auflösung zentraler Strukturen sowohl bei Anwendungsprogrammen als auch bei der Datenhaltung vorangetrieben.

296 Vgl. FOURNIER, (1994), S. 46; FINK, (1998b), S. 10; WITTMANN, (1980), S. 896; ZERDICK, et al., (2001), S. 100.

297 Vgl. zur Entwicklungsgeschichte der IuK-Technologie z.B. CONNORS, (1993), S. 65 ff; GRÜNDLER, (1997), S. 29 ff; JONSCHER, (1994), S. 9 ff.

298 Vgl. PILLER, (2006), S. 25 ff.

299 Vgl. zu den jeweiligen Stichworten auch MERTENS, et al., (2001).

300 Vgl. GRÜNDLER, (1997), S. 38, 47; TAPSCOTT, (1995), S. 107 ff; ZERDICK, et al., (2001), S. 209.

- Integration: Die bisher beschriebenen Entwicklungen ermöglichen eine zunehmende Integration; und das in mehrfacher Hinsicht:[301] In Form einer Medienkonvergenz, die eine Integration von computergesteuerter Speicherung, Bearbeitung und Wiedergabe sowie Übertragung von Kombinationen aus Text, beweglichen und stehenden Bildern und Ton bezeichnet.[302] Weitere Felder stellen die Konvergenz von Computer und Telekommunikationstechnologie sowie auf inhaltlicher Ebene die zunehmende Nutzung integrierter wie auch integrierender Softwarepakete dar.
- Informatorische Vernetzung auf Basis der Internet-Technologie: Hiermit ist die Überbrückung der Schnittstellen zwischen unterschiedlichen intra- und interorganisationalen Systemen zum Zweck der Transaktionsunterstützung, Nutzung gemeinsamer Datenbestände, Prozessverknüpfung, Verhandlung sowie des Wissenstransfers gemeint. Diese technische Sicht wird in der betrieblichen Realität durch eine organisationale Sicht überlagert, die auf Information und Kommunikation als Grundlage einer arbeitsteiligen Leistungserstellung fokussiert. Die Vernetzung erlaubt ökonomisch zweckmäßige Koordinationsformen, die bisher zwar erwünscht waren, aber nicht realisierbar erschienen.
- Electronic Commerce/Business: Electronic Commerce beziehungsweise Business bezeichnet die umfassende Konzeption einer auf Basis moderner IuK-Technologie elektronisch realisierten Anbahnung, Aushandlung und Abwicklung von Geschäftstransaktionen zwischen Wirtschaftssubjekten (arbeitsteilige Leistungserstellung); oder anders ausgedrückt die „integrierte Ausführung aller informationellen Bestandteile ökonomischer Prozesse über digitale Kanäle."[303] Der Fokus liegt dabei auf der Gestaltung beziehungsweise Unterstützung der intra- oder interorganisationalen Prozessketten.[304]
- Agentenbasierter Aufgabenvollzug: Bei intelligenten (Software-) Agenten handelt es sich um Programme, die unter Nutzung von Techniken der künstlichen Intelligenz eine komplexe Aufgabe ganz oder in Teilen autonom bearbeiten können. Dabei nutzen sie unmittelbar die Vernetzungsmöglichkeiten der Internet-Technologie. Sie sind eindeutig einem Besitzer zugeordnet. Innerhalb eines Agentensystems kommt es in der Regel zum Zusammenwirken mehrerer Agenten. Agenten sind reaktiv und lernfähig, und können auf Umwelteinflüsse reagieren. Durch die Berücksichtigung von Feedback wird somit eine Anpassung der Aufgabenerfüllung an die Benutzerbedürf-

301 Vgl. ANTONELLI, (1995), S. 6; BALDWIN, et al., (1996), S. 4; GARNHAM, (1995), S. 70.

302 Vgl. GARNHAM, (1995), S. 70.

303 THOME, (1998), S. 966. Ähnlich bei PICOT, et al., (2003), S. 344; ORTNER, OVERHAGE, (2002), S. 242.

304 Vgl. SCHINZER, (1998), S. 1160; THOME, (1998), S. 966; WATSON, et al., (1998), S. 1.

nisse ermöglicht. Eine typische Aufgabe von Agenten stellt die bewertete Suche nach Informationen dar.

- Zusammenarbeit und Mobilität: Ermöglicht durch den technischen Fortschritt bieten neue IuK-Technologien eine Vielzahl von Möglichkeiten zur Unterstützung der Kooperation innerhalb und zwischen Unternehmen. Dabei kann zwischen einer Unterstützung in Bezug auf den Inhalt und in Bezug auf den Ablauf unterschieden werden.[305] Neue Systeme ermöglichen darüber hinaus die Integration des Kunden in die Leistungserstellung sowie die kooperative Abwicklung bestimmter Unternehmensaufgaben zwischen Anbieter und Abnehmer.[306]

2.2.2 Transaktionskostentheorie

Die Neue Institutionenökonomie, die neben der Transaktionskostentheorie die Principal Agent Theorie und die Property Rights Theorie umfasst, ist aus der Unzufriedenheit mit den eingeschränkten Erklärungsmöglichkeiten der neoklassischen Ökonomie, die sich durch deren restriktiven Annahmen begründen, entstanden.[307] Im Gegensatz zur neoklassischen Ökonomie betrachtet sie den Markt nicht als einzige, perfekte Institution, sondern berücksichtigt die Vielfältigkeit der beteiligten Akteure.[308] Dabei geht sie von den folgenden Grundannahmen aus:[309] dem Methodologischen Individualismus (Betonung der Unterschiedlichkeit von Individuen), dem Individuum als Nutzenmaximierer (Individuen maximieren den Nutzen ihrer Handlungen basierend auf ihren eigenen Interessen), der individuellen Rationalität (Individuen sind vollkommen oder unvollkommen individuell rational[310]).

Die Property Rights Theorie (oder auch Theorie der Verfügungsrechte) wird als Fundament der Neuen Institutionenökonomie gesehen.[311] Ihr Ziel ist es, in einer unvollkommenen Welt die Notwendigkeit von Mechanismen, die ein effizientes Handeln ermöglichen, zu erklären. Ein solcher Mechanismus ist beispielsweise die Rechtsordnung, die Handlungs- und Verfügungsrechte in Aus-

---

305 Vgl. PICOT, et al., (2003), S. 169.

306 Vgl. PILLER, (2006), S. 29.

307 Vgl. MARTIENSEN, (2000), S. 1. Als Beispiele für die Annahmen der neoklassischen Ökonomie seien die Annahme eines vollkommen rational handelnden Individuums (homo oeconomicus) und die Annahme über den vollkommenen Informationsstand de Individuen genannt. Vgl. HAX, (1991), S. 54.

308 Vgl. KAAS, (1995), S. 2.

309 Vgl. LANGERFELDT, (2003), S. 56 f; BURR, (2002), S. 18; HOGREVE, (2007), S. 59 f.

310 Vgl. ERLEI, et al., (1999), S. 2 ff; RICHTER, FURUBOTN, (2003), S. 4.

311 Vgl. ALCHIAN, DEMSETZ, (1973), S. 16 ff; KAAS, (1995), S. 3.

tauschprozessen regelt. Da der Austausch von Gütern mit dem Austausch von Rechten an diesen Gütern (Verfügungsrechte bzw. Property Rights) einhergeht, bilden Verfügungsrechte die Basis von Transaktionen.[312] Die Theorie der Verfügungsrechte analysiert, in welcher Weise sich die Gestaltung und Zuweisung von Verfügungsrechten an ökonomischen Ressourcen auf die Interaktion der Akteure und die Allokation ökonomischer Faktoren auswirkt.[313]

2.2.2.1 Grundlagen

Mit der Transaktionskostentheorie bietet die auf Coase zurückgehende neue Institutionenökonomie[314] ein theoretisches Konstrukt, mit dem unterschiedliche Formen von Austauschbeziehungen erklärt werden können.[315] Die Transaktionskostentheorie in ihrer heutigen Form hat im Wesentlichen Williamson entwickelt.[316] Transaktionen werden dabei als die Übertragung von Verfügungsrechten definiert;[317] Transaktionskosten sind die Kosten, die im Rahmen dieser Übertragung entstehen. Dabei handelt es sich in Abhängigkeit von der Abwicklungsphase um Anbahnungskosten, Vereinbarungskosten, Abwicklungskosten, Kontrollkosten oder Anpassungskosten (siehe Tabelle 3).[318]

Die Summe aus Transaktions- und Produktionskosten[319] der unterschiedlichen Koordinationsformen im Rahmen einer Austauschbeziehung dienen dann als Grundlage für die Entscheidung zwischen unternehmensinterner (hierarchischer), marktlicher oder hybrider (kooperativer) Abwicklung einer arbeitsteiligen Leistungserstellung.[320] Da die Höhe der Transaktionskosten absolut nur schwer zu bestimmen ist, wird die Ausprägung eines Bündels von sich gegenseitig beeinflussenden Faktoren untersucht. Anhand der so ermittelten relativen Kosten werden die einzelnen Alternativen beurteilt.[321] Nach Piller lassen sich diese Faktoren in vier Rubriken einteilen: Annahmen über das Individualverhalten der

---

312 Vgl. FURUBOTN, PEJOVICH, (1972), S. 1137 ff, 1145.

313 Vgl. ALCHIAN, DEMSETZ, (1973), S. 16 ff; DEMSETZ, (1967), S. 347 ff.

314 Siehe zur neuen Institutionenökonomie COASE, (1937), S. 386 ff. Beziehungsweise für einen Überblick über ihre Entwicklung RICHTER, (2005), S. 161 ff.

315 Vgl. PICOT, (1991a), S. 344; BURR, (2003), S. 113.

316 Vgl. WILLIAMSON, (1985a), S. 72 f; WILLIAMSON, (1975), S. 1.

317 Vgl. PICOT, DIETL, (1990), S. 178; PILLER, (2006), S. 325.

318 Vgl. DISSELBECK, (2007), S. 190.

319 WILLIAMSON, (1985a), S. 25. hat in seinen Ausführungen vor allem die Transaktionskosten betrachtet. JARILLO, (1988). bezieht in seinen Überlegungen darüber hinaus explizit die Produktionskosten mit ein. Damit wird dann eine hierarchische Leistungserstellung gewählt, wenn Kosten der Eigenerstellung deutlich geringern sind als die Gesamtkosten des Fremdbezugs.

320 Vgl. BAUER, STICKEL, (1998), S. 436; MILDENBERGER, (1998), S. 50 ff.

321 Vgl. WILLIAMSON, (1985a), S. 22.

Beteiligten, Merkmale und Eigenschaften der Transaktion, Umweltmerkmale der Transaktion sowie rechtliche und technologische Rahmenbedingungen (siehe Abbidlung 8).[322]

Tabelle 3: Arten von Transaktionskosten[323]

Art der Transaktionskosten	Inhalt
Anbahnungskosten	Kosten der Informationsbeschaffung über Vertragspartner, Identifikation der jeweiligen Ausgangsbedingungen und Präferenzen, Konditionenermittlung, „Provider Selection Cost“
Vereinbarungskosten	Verhandlungs- und Entscheidungskosten (inklusive Vertragsformulierung)
Abwicklungskosten	Prozesssteuerungkosten, Kosten der laufenden operativen Lenkung
Kontrollkosten	Kosten der Einrichtung von Überwachungssystemen, laufende Überwachungskosten (Qualitäten, Termine), Kosten der Risikoelemination, allgemeine „Compliance“
Anpassungskosten	Kosten der Durchsetzung von Vertragsänderungen, Kosten der Reaktion auf regulatorische Änderungen oder Umweltänderungen

Williamson geht bezüglich des Individualverhaltens der Beteiligten von opportunistischem und begrenzt rationalem Verhalten aus.[324] Diese Verhaltensweisen stellen insbesondere dann potenzielle Probleme dar, wenn sich die Transaktion und ihre Umwelt durch eine hohe Spezifität und/oder eine hohe Unsicherheit/Komplexität (Rubriken 2 und 3) auszeichnen.[325] Dabei bezieht sich die Spezifität einer Transaktion auf die Investitionen, die zur Erbringung des Transaktionsinhalts (Leistungserstellung) oder zur Durchführung der Transaktion erforderlich sind. Verlieren diese Investitionen ihren Wert bei alternativer Verwendung oder beim Einsatz mit anderen Transaktionspartnern teilweise oder vollständig, so wird von einem hohen Spezifitätsgrad gesprochen.[326]

Während ein hoher Spezifitätsgrad vor allem opportunistischen Verhalten der Beteiligten begünstigt, kommt begrenzt rationales Verhalten in erster Linie in einer unsicheren und/oder komplexen Umwelt zum Tragen. Dabei wird eine

---

322 Vgl. PILLER, (2006), S. 325; MILDENBERGER, (1998), S. 54, 57.
323 Übernommen aus DIETRICH, (2005), S. 19.
324 Vgl. WILLIAMSON, (1985b), S. 139 ff.
325 Vgl. DISSELBECK, (2007), S. 191 f. In diesem Fall ist tendenziell eine hierarchische Abwicklung zu bevorzugen. Vgl. BAUER, STICKEL, (1998), S. 436 f; PICOT, et al., (2003), S. 51 f.
326 Vgl. WILLIAMSON, (1981), S. 1548; BAUER, STICKEL, (1998), S. 436; WILLIAMSON, (1985a), S. 30, 95 f.

Situation als unsicher bezeichnet, wenn den Beteiligten die Eintrittswahrscheinlichkeit eines bestimmten Ereignisses nicht bekannt ist, und als komplex, wenn eine Situation zwar sicher, aber in ihren Zusammenhängen nicht überschaubar ist.[327]

Abbildung 8: Einflussfaktoren auf die Höhe der Transaktionskosten und Vorteilhaftigkeit verschiedener Formen zur Abwicklung von Transaktionen[328]

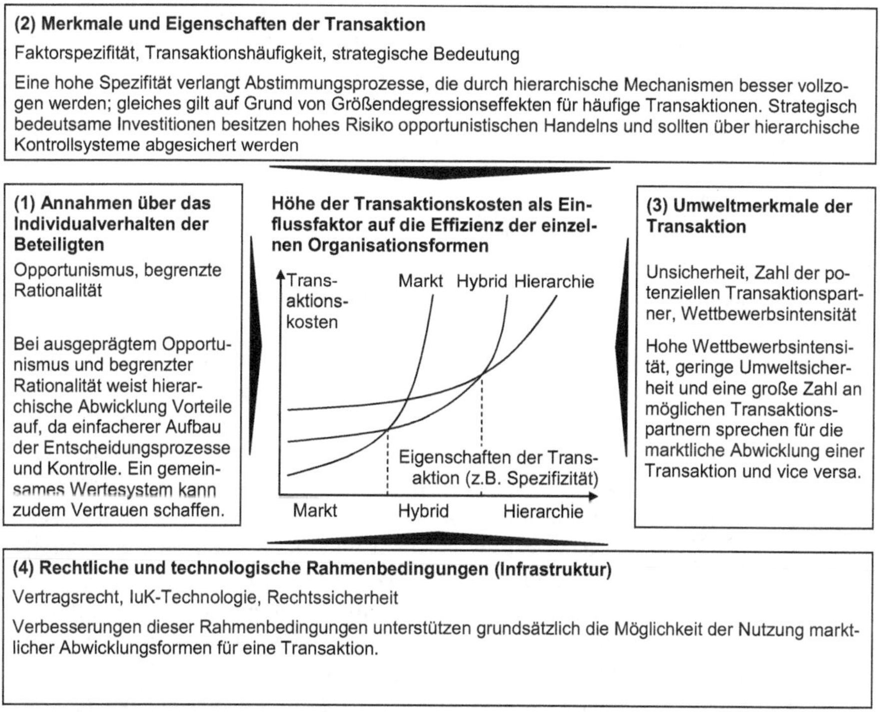

Die vierte Rubrik schließlich umfasst die rechtlichen und technologischen Rahmenbedingungen einer Transaktion. Dabei spielen erneut moderne IuK-Technologien eine wesentliche Rolle, da sie in vielen Fällen erst eine marktliche Abwicklung von Transaktionen möglich machen.[329]

---

327 Vgl. WILLIAMSON, (1985a), S. 22 f. In diesem Sinn ist ein Würfelspiel unsicher und ein Schachspiel komplex. Vgl. PICOT, DIETL, (1990), S. 179.

328 Verändert übernommen aus PILLER, (2006), S. 326. In Anlehnung an MILDENBERGER, (1998), S. 54. 57.

329 Vgl. PILLER, (2006), S. 327.

Aufgrund der dargestellten Faktoren (siehe Abbildung 8) und ihrer generell an den Märkten zu beobachtenden Entwicklung (unabhängig von spezifischen Transaktionen) werden in der Literatur unterschiedliche Hypothesen diskutiert, welche Koordinationsform im Allgemeinen zu bevorzugen ist.

Die Diskussion wird vielfach über den Einsatz von IuK-Technologie geführt, der einerseits bei allen Koordinationsformen die Transaktionskosten senken kann; und andererseits den Spezifitätsgrad durch die Bereitstellung flexibler Produktionstechnologien oder offener Kommunikationsstandards reduzieren kann.[330] Hierdurch kommt es zu einer Verschiebung der Effizienzpunkte der drei generellen Abwicklungsformen nach rechts unten (siehe hierzu Abbildung 8), sodass in einer größeren Zahl der Fälle die Koordination über den Markt am effizientesten ist (move to market Hypothese).[331] Diese Wirkung können IuK-Technologien jedoch nur entfalten, wenn die entsprechenden Investitionen nicht transaktionsspezifisch sind und damit die Einsparungen bei Informations- und Kommunikationskosten wieder kompensieren.[332] Aufgrund dieser Kritik formulierten Clemons et al. die „Move to the Middle"-Hypothese, nach der langfristige und kooperative interorganisationale Verbindungen aufgrund der Spezifität und Abstimmungsnotwendigkeiten eines zwischenbetrieblichen IuK-Technikeinsatzes dominieren.[333]

Inzwischen bieten zwar internetbasierte, flexible Formen des Datenaustauschs mit niedrigem Spezifitätsgrad eine technische Basis für kurzfristige, hoch dynamische Wertschöpfungsstrukturen unabhängiger Unternehmen;[334] jedoch spricht weiterhin eine Reihe von Gründen für kooperative Koordinationsformen. So erfordert eine weitgehende Abstimmung unternehmensübergreifender Prozesse in der Regel eine organisationale Integration.[335] Daneben ist eine IuK-technische Prozessintegration von Investitionen in Human- und Sachkapital mit hoher Faktorspezifität begleitet.[336] Des Weiteren erfordern kurzfristige interorganisationale Kooperationen eine Absicherung durch vertragliche Regelungen und/oder Geschäftsgepflogenheiten.[337] Ebenso verbleiben neben gut strukturierten automatisierbaren Routinetätigkeiten immer unstrukturierte Aufgaben, die durch institutionelle Mechanismen behandelt werden müssen. Diese für eine erfolgreiche Geschäftsbeziehung erforderlichen Komplemente sprechen weiter-

330 Vgl. PILLER, (2006), S. 327.
331 Vgl. MALONE, et al., (1987), S. 487 ff; PICOT, et al., (1996), S. 65 ff.
332 Vgl. BAUER, STICKEL, (1998), S. 438.
333 Vgl. CLEMONS, REDDI, (1993), S. 17 ff.
334 Vgl. BOCK, ZILLESSEN, (1996), S. 287; DAVIS, MEYER, (1998), S. 55; EALEY, MERCER, (1992), S. 117; FITZGERALD, DENNIS, (1996), S. 17; TAPSCOTT, (1995), S. 50 ff.
335 Vgl. PILLER, (2006), S. 329.
336 Vgl. BAUER, STICKEL, (1998), S. 439; WILDEMANN, (1996b), S. 34.
337 Vgl. BAKOS, BRYNJOLFSSON, (1998), S. 63.

hin für den Aufbau längerfristiger Unternehmensnetzwerke; auch wenn der Einsatz moderner IuK-Technologie einen deutlichen Effizienzzuwachs ermöglicht.[338]

2.2.2.2 Methodik der Analyse

Bedingt durch den geringen Formalisierungsgrad der Transaktionskostentheorie (präformale Theorie)[339] nutzt ihre Methodik im Wesentlichen verbale Argumentationsketten. Diese machen unter Verwendung vergleichsweise unscharfer Begriffe Angaben zu den grundlegenden Zusammenhängen zwischen den genannten Erkenntnisobjekten der Transaktionskostentheorie. Auf diese Wiese kann jedoch eine Vielzahl betriebs- und volkswirtschaftlicher Fragestellungen qualitativ beziehungsweise argumentativ analysiert und bei angemessener Operationalisierung auch empirisch überprüft werden.[340] Das Vorgehen bei einer solchen Analyse kann im Wesentlichen in fünf Schritte unterteilt werden:[341]

- Die Definition des zu untersuchenden Organisationsproblems (z.B. Ausgestaltung einer zwischenbetrieblichen Kooperation)
- Die Identifikation der für die Problemstellung relevanten Organisationsalternativen (z.B. Bezug über eine Börse, langfristige Lieferverträge)
- Die Bestimmung der für die Problemstellung und die zu betrachtenden Organisationsalternativen relevanten Transaktionskostenarten
- Die qualitative Analyse der jeweiligen Einflussfaktoren auf die Höhe der relevanten Transaktionskostenarten für die unterschiedlichen Organisationsalternativen
- Ermittlung der kostenminimalen (effizienten) Organisationsalternative unter Berücksichtigung möglicher Wechselwirkungen von Transaktions- und Produktionskosten

Die Ermittlung der optimalen Organisationsalternative ist allerdings oft nur unter Annahme zusätzlicher Bedingungen möglich, da eine solche qualitative Analyse von Organisationsproblemen häufig keine eindeutige Lösung ergibt.[342]

338 Vgl. PILLER, (2006), S. 330.
339 Vgl. WILLIAMSON, (1985a), S. 22.
340 Vgl. DISSELBECK, (2007), S. 195.
341 Vgl. LANGERFELDT, (2002), S. 654.
342 Vgl. LANGERFELDT, (2002), S. 654.

2.2.2.3 Kritische Würdigung

Auf Basis der Transaktionskostentheorie wird in der vorliegenden Arbeit der durch eine kundenindividuelle Leistungserstellung entstehende zusätzliche Aufwand den dadurch generierten Potenzialen gegenübergestellt. Unter Berücksichtigung weiterer Faktoren, wie zum Beispiel der Produktionskosten wird auf dieser Basis eine Abschätzung der Vorteilhaftigkeit vorgenommen.[343]

Allerdings äußern zahlreiche Autoren Kritik an der Transaktionskostentheorie.[344] Vor allem in den 90er Jahren des 20. Jahrhunderts wurde zunehmend Kritik an den zentralen Annahmen und Aussagen der Transaktionskostentheorie geäußert.[345] Wesentliche Kritikpunkte sind:[346] Die Annahme opportunistischen Verhaltens, die mangelnde Operationalisierung und Messbarkeit von Transaktionskosten, die statische beziehungsweise komparativ-statische Konzeption des Transaktionskostenansatzes, die mangelnde Anwendbarkeit des Transaktionskostenansatzes auf Fragen der Organisation von Produkt- und Prozessinnovationen, die ausschließliche Konzentration auf die Kosten einer Transaktion bei weitgehender Ausblendung der Nutzenseite in Form von Transaktionserträgen, sowie die Vernachlässigung von Produktionskostenüberlegungen. Die Annahme eines grundsätzlich opportunistischen Verhaltens der Akteure ist einer der zentralen Kritikpunkte und wird als zu negativ bemängelt.[347] Williamson reagierte durch eine Abschwächung dieser Verhaltensannahme in späteren Veröffentlichungen auf diese Kritik. Allerdings rechtfertigt seiner Meinung nach die Möglichkeit opportunistischen Handelns einzelner Akteure weiterhin die Berücksichtigung entsprechender Maßnahmen und Koordinationsformen zur Vorbeugung sowie der damit verbundenen Transaktionskosten.[348]

Der Kritik an der schwierigen Operationalisier- und Messbarkeit von Transaktionskosten[349] begegnen Verfechter der Transaktionskostentheorie mit dem Verweis auf den paarweisen, komparativen Vergleich alternativer Koordinationsformen, der nicht die Ermittlung der absolut effizientesten Organisationsform

343 Vgl. hierzu auch PILLER, (2006), S. 139 ff, 325.

344 Eine kritische Würdigung wird jedoch durch den Sachverhalt erschwert, dass unklar ist, ob der Transaktionskostenansatz als wissenschaftliche Theorie mit theoretischem Wissenschaftsziel oder als technologische Theorie mit pragmatischem Wissenschaftsziel einzustufen ist. Vgl. SYDOW, (1992a), S. 273.

345 Vgl. u.a. GHOSHAL, MORAN, (1996), S. 13; SCHNEIDER, (1985), S. 1237.

346 Vgl. SYDOW, (1992b), S. 145 ff; SYDOW, (1992a), S. 273 ff; GHOSHAL, MORAN, (1996), S. 13 ff; SCHERM, (1996), S. 52; SCHOTT, (1997), S. 15 ff; MILDENBERGER, (1998), S. 61 ff; BURR, (2003), S. 115 ff.

347 Vgl. MOSCHANDREAS, (1997), S. 43 ff; SYDOW, (1992a), S. 295.

348 Vgl. WILLIAMSON, (1998), S. 31.

349 Vgl. SCHERM, (1996), S. 52.

zum Ziel habe.[350] Genau diese statische beziehungsweise komparativ-statische Betrachtungsweise wird jedoch ebenfalls als problematisch angesehen. Damit sei der Transaktionskostenansatz grundsätzlich nicht für die Analyse dynamischer Entwicklungsprozesse und organisatorischer Wandlungs- und Anpassungsprozesse geeignet.[351] Diese Kritik wird aber zumindest teilweise durch das von Williamson eingeführte Konstrukt der fundamentalen Transformation entkräftet.[352] Gleichfalls zeigt die Tatsache, dass die Theorie des institutionellen Wandels nach Douglas C. North weitgehend auf Transaktionskostenüberlegungen basiert,[353] dass es möglich ist, dynamische Elemente in die Transaktionskostentheorie einzubringen.[354] Bezüglich der Analyse der Organisation von Produkt- und Prozessinnovationen wurde der Transaktionskostenansatz inzwischen unter anderem durch das Konzept des Appropriierungsregimes nach David J. Teece erweitert,[355] sodass auch dieser Kritikpunkt zu relativieren ist.[356] Bezüglich der Einbeziehung von Transaktionserträgen herrscht in der Literatur jedoch noch keine einheitliche Meinung.[357] Eine simultane Betrachtung von Transaktions- und Produktionskosten ist allerdings insbesondere bei hybriden Koordinationsformen erforderlich.[358]

Damit erscheint die Transaktionskostentheorie trotz erheblicher Erweiterungs- und Verfeinerungspotenziale unter Nutzung weiterer Instrumente im Rahmen dieser Arbeit als ein nützliches Instrument zur Beurteilung einer Mass Customization.[359]

2.2.3 *Principal Agent Theorie*

Die Principal Agent Theorie gehört neben der Property Rights Theorie und der Transaktionskostentheorie zu den bedeutendsten betriebswirtschaftlichen Ansätzen der Neuen Institutionenökonomie.[360] Sie ist der Theorie der Unternehmung zuzuordnen.[361] Wie die Transaktionskostentheorie greift auch die Principal

---

350 Vgl. PICOT, DIETL, (1990), S. 183; WILLIAMSON, (1991), S. 269 ff.
351 Vgl. SYDOW, (1992a), S. 288.
352 Vgl. WILLIAMSON, (1990), S. 70 ff.
353 Vgl. NORTH, (2006), S. 27 ff, 61 ff.
354 Vgl. DISSELBECK, (2007), S. 202.
355 Vgl. TEECE, (1986), S. 285 ff.
356 Vgl. BURR, (2003), S. 117 f. Siehe ausführlich PICOT, et al., (1989).
357 Vgl. BURR, (2003), S. 118.
358 Vgl. BURR, (2003), S. 119.
359 Vgl. hierzu auch PILLER, (2006), S. 325; DISSELBECK, (2007), S. 205.
360 Vgl. WILLIAMSON, (1985b), S. 187 ff; LANGERFELDT, (2003), S. 57.
361 Vgl. JENSEN, MECKLING, (1976), S. 307.

Agent Theorie auf die Theorie der Verfügungsrechte zurück.[362] Ihr Fokus liegt jedoch auf der optimalen Gestaltung von Vertragsbeziehungen bei asymmetrisch verteiltem Wissen.[363]

2.2.3.1 Grundlagen

Im Rahmen der Principal Agent Theorie[364] wird wirtschaftliches Handeln als Vertragsbeziehung zwischen zwei oder mehr Wirtschaftssubjekten betrachtet. Dabei delegiert der Auftraggeber (Prinzipal) zur Erfüllung einer Aufgabe Verfügungs- oder Handlungsrechte an einen Beauftragten (Agenten).[365] In der Regel hat diese Delegation ihre Ursachen in zeitlichen, physischen oder kognitiven Restriktionen des Prinzipals und/oder komparativen Stärken des Agenten.[366] Charakteristisch ist für solche Prinzipal-Agenten-Beziehungen, dass der Agent nicht nur seine eigene, sondern auch die Zielerreichung des Prinzipals beeinflusst. Als typische Beispiele können die Beziehung zwischen Arbeitgeber und -nehmer oder Eigentümer und Geschäftsführer genannt werden. Die Rollenverteilung innerhalb einer Beziehung ist jedoch situationsabhängig zu betrachten. So ist beispielsweise der Geschäftsführer gegenüber dem Eigentümer üblicherweise in der Rolle des Agenten, gegenüber den Mitarbeitern aber in der Rolle des Prinzipals.[367]

Der zentrale Aspekt der Principal Agent Theorie ist die asymmetrische Informationsverteilung. Der Agent hat in Bezug auf die ihm übertragene Aufgabe, gegenüber dem Prinzipal einen Informationsvorsprung, sodass die Gefahr opportunistischen Handelns seitens des Agenten besteht. Dabei kann der Agent seinen Wissensvorsprung über die eigene Leistungsfähigkeit (Hidden Characteristics),

---

362 Vgl. JENSEN, MECKLING, (1976), S. 308.

363 Vgl. DIBBERN, et al., (2001), S. 680. Die Principal Agent Theorie lässt sich weiter in zwei Forschungsrichtungen unterscheiden. Zum einen den positivistischen Theoriezweig, der sich in erster Linie mit der Beschreibung und Erklärung der institutionellen Gestaltung von Auftragsbeziehungen beschäftigt. Zum anderen die normative oder entscheidungslogische Theorierichtung, die auf logische Deduktion und mathematische Beweise gestützt aus Annahmen Empfehlungen zur Gestaltung von Vertragsbedingungen ableitet. Vgl. ELSCHEN, (1991), S. 106. Im Folgenden findet diese Differenzierung jedoch keine Berücksichtigung.

364 Der deutsche Begriff Prinzipal-Agenten-Theorie und die englische Variant Principal Agent Theory sowie die teilweise auch verwendete Bezeichnung Agency Cost Theory werden in der Literatur synonym verwendet. Vgl. CHEON, et al., (1995), S. 214.

365 Jensen definiert diese Vertragsbeziehung als „conduct under which one or more persons (the principal(s)) engage another person (the agent) to perform some service on their behalf which involves delegating some decision making authority to the agent.“JENSEN, MECKLING, (1976), S. 308.

366 Vgl. RIEDL, (2003), S. 88.

367 Vgl. PICOT, (1991b), S. 151.

die eigenen Handlungen (Hidden Action/Information) sowie die eigenen Absichten (Hidden Intention) zum eigenen Vorteil ausnutzen (siehe Tabelle 4).[368]

- Im Fall von Hidden Characteristics sind dem Prinzipal vor Vertragsschluss für ihn wichtige Eigenschaften des Agenten oder der angebotenen Leistung nicht bekannt, sodass es zur Auswahl unerwünschter Vertragspartner kommen kann (Adverse Selection).[369] Dem kann beispielsweise durch eine Erfolgsbeteiligung oder Garantieverpflichtungen entgegengewirkt werden. Andererseits kann auch der Agent beispielsweise durch Zeugnisse oder Gütesiegel seine Qualifikation signalisieren (Signaling). Der Prinzipal hat darüber hinaus die Möglichkeit, durch Einstellungstests oder Anfragen bei Auskunfteien Informationen einzuholen (Screening). Schließlich bietet sich dem Prinzipal beim Angebot mehrerer Vertragsoptionen die Möglichkeit, dass der Agent durch seine Vertragswahl verborgene Eigenschaften offenbart (Self Selection).
- Sind die Aktionen des Agenten zwar beobachtbar, aber es fehlen dem Prinzipal Informationen, um sie hinreichend beurteilen zu können, so spricht man von Hidden Information. In diesem Fall bieten sich eine ergebnisorientierte Entlohnung oder zusätzliche Prämien an, um einer mangelnden Sorgfalt entgegenzuwirken. Ebenso können bei Hidden Information Garantieverpflichtungen oder ein als Pfand wirkender guter Ruf opportunistisches Verhalten des Agenten verhindern.
- Von Hidden Action spricht man, wenn die Aktionen des Agenten nicht oder nicht kostenlos beobachtbar sind. Dies trifft auch zu, wenn durch den Einfluss zufällig eingetretener Umweltzustände die Leistungen nicht eindeutig aus den Handlungsergebnissen ableitbar sind. Typische Maßnahmen zur Reduktion der Gefahr opportunistischen Verhaltens des Agenten (Moral Hazard) sind in diesem Fall der Einsatz von Informations- oder Kontrollsystemen (Monitoring). Ebenso ist eine Beteiligung des Agenten am Leistungsergebnis möglich.
- Bei Hidden Intention schließlich ist opportunistisches Verhalten des Agenten zwar (nach Vertragsschluss) beobachtbar, aber aufgrund von beziehungsspezifischen Vorleistungen oder irreversiblen Investitionen (Sunk Cost) eine Sanktionierung nicht möglich (Hold Up). Diesem Problemfall

---

368 Vgl. LEVINTHAL, (1988), S. 155 f. Die vorgenommene Einteilung der Schwierigkeiten ist nicht überschneidungsfrei und die einzelnen Typen treten in der Praxis häufig gemeinsam auf. Vgl. PICOT, (1991b), S. 152; SPREMANN, (1990), S. 565 ff; PICOT, et al., (2003), S. 55 ff.

369 Der Gebrauchtwagenmarkt wird als klassisches Beispiel für dieses Phänomen genannt. Da nur die Agenten zum Geschäftsabschluss bereit sein werden, deren Leistung genauso gut oder schlechter als ein gebotener Preis ist, kommt es zu einer systematischen Negativauslese. Vgl. AKERLOF, (1970), S. 488 ff.

kann durch eine Interessenangleichung, beispielsweise auf der Basis der Begründung von Eigentum an einmaligen oder entziehbaren Ressourcen (z.B. langfristige Lieferverträge), begegnet werden.

In der Regel sind für den Prinzipal lediglich die Handlungsergebnisse beobachtbar, nicht jedoch die eigentliche Durchführung der Aktionen. Da die Ergebnisse nicht nur von den Handlungen des Agenten, sondern auch von exogenen, nicht beobacht- oder beeinflussbaren Faktoren abhängen, sind sichere Rückschlüsse auf die vom Agenten durchgeführten Aktionen kaum möglich.[370]

Tabelle 4: Probleme und Lösungsansätze der Principal Agent Theorie[371]

	Hidden Characteristics	**Hidden Information**	**Hidden Action**	**Hidden Intention**
Problem für den Prinzipal	Adverse Selection	Moral Hazard	Moral Hazard	Hold Up
Informations-verteilung	Asymmetrische Information ex ante	Asymmetrische Information ex post	Asymmetrische Information ex post	Asymmetrische Information ex ante
Opportunistisches Verhalten des Agenten	Opportunismus ex ante wird Prinzipal ex post bekannt	Opportunismus ex post durch Prinzipal ex post nicht erkennbar	Opportunismus ex post bleibt Prinzipal ex post verborgen	Opportunismus ex post wird Prinzipal ex post bekannt
Problemlösung	Screening Self Selection Signaling	Interessenangleichung	Monitoring Interessenangleichung	Interessenangleichung

Zusammenfassend bieten sich somit als Maßnahmen zur Begegnung der genannten Gefahren die Sammlung von Informationen über den Agenten (Screening), die Überwachung seiner Tätigkeiten (Monitoring), eine Angleichung der Interessen durch Anreizsysteme und/oder Sanktionen (Interessenangleichung), sowie die Verringerung des Informationsdefizits durch den Agenten (Signaling) an (siehe Tabelle 4). Diese Maßnahmen zur Verringerung der Informationsasymmetrie und der Gefahr opportunistischen Handelns durch den Agenten sind jedoch mit einem zusätzlichen Aufwand verbunden, den Agency-Kosten.[372] Diese setzen sich aus den Überwachungs- und Kontrollkosten des Prinzipals, den Ga-

370 Vgl. PICOT, (1991b), S. 150.

371 In Anlehnung an PICOT, DIETL, (1993), S. 320; JOST, BACKES-GELLNER, (2001), S. 25; KÜPPER, (2005), S. 134; SCHENK, (2003), S. 69; SCHWEITZER, KÜPPER, (2003), S. 617.

372 Vgl. JENSEN, MECKLING, (1976), S. 308. „Die Transaktionskosten ex post sind verwandt mit, wenn auch deutlich verschieden von dem, was Michael Jensen und William Meckling als Agency-Kosten bezeichnen." WILLIAMSON, (1990), S. 24.

rantiekosten des Agenten sowie verbleibenden Wohlfahrtsverlusten (Residualverlusten) zusammen.[373]

Die Principal Agent Theorie beschäftigt sich zum einen damit, die Entstehung dieser Agency-Kosten zu erklären; und zum anderen mit der Entwicklung von Gestaltungsempfehlungen für Verträge, die zu möglichst minimalen Agency-Kosten führen sollen.[374]

2.2.3.2 Principal Agent Theorie und die Beziehungsproblematik von Finanzdienstleistungen

Die Prinzipal-Agenten-Problematik einer asymmetrischen Informationsverteilung ist auch bei Finanzdienstleistungen zu beobachten.[375] Finanzintermediäre stellen als Mittler zwischen Kapitalangebot und -nachfrage eine institutionalisierte Alternative zu den Finanzmärkten dar.[376] Ihre Existenz begründet sich durch die Annahme von Transaktionskosten und die asymmetrische Verteilung von Informationen.[377] Durch die Einschaltung eines Finanzdienstleisters verfolgt der Kunde das Ziel, Aufgaben zu delegieren und Transaktionskosten zu reduzieren[378] sowie das Expertenwissen des Dienstleisters zu nutzen.[379]

Allerdings ist die Bestimmung der Rollenverteilung von Prinzipal und Agent in diesem Fall nicht eindeutig, sondern lediglich situationsabhängig möglich.[380] Das vom Finanzdienstleister abgegebene Leistungsversprechen für den Kunden ist sowohl in Bezug auf die Erfüllung an sich als auch die erwartete und versprochene Leistungsqualität mit Unsicherheit verbunden.[381] In dieser Beziehung ist der Kunde als Prinzipal und der Finanzdienstleister als Agent zu sehen. Andererseits stellen aufgrund der Integrativität der Leistungserstellung die Wünsche, Erwartungen und Leistungsbereitschaft des Kunden ebenfalls eine Unsicherheitsquelle für den Finanzdienstleister dar. Unter diesem Blickwinkel ist der Finanzdienstleister als Prinzipal und der Kunde als Agent zu sehen.[382] In der Regel liegt jedoch die größere Unsicherheit aufseiten des Kunden; sie steigt

---

373 Vgl. JENSEN, MECKLING, (1976), S. 308; CHEON, et al., (1995), S. 214.

374 Vgl. PICOT, (1991b), S. 150; EISENHARDT, (1989), S. 60.

375 Vgl. STARKS, (1987), S. 19; GOLEC, (1992), S. 82; KAAS, (1992), S. 889.

376 Vgl. HARTMANN-WENDELS, et al., (2007), S. 2 ff.

377 Vgl. HARTMANN-WENDELS, et al., (2007), S. 114 f.

378 Vgl. JOST, BACKES-GELLNER, (2001), S. 144 f.

379 Dies bedeutet entweder eine höhere Rendite bei gleichem oder geringerem Risiko oder ein geringeres Risiko bei gleicher oder höherer Rendite im Vergleich zur Entscheidung ohne Unterstützung. Vgl. zum Effizienzkriterium z.B. SCHMIDT, TERBERGER, (2006), S. 326.

380 Vgl. LEHMANN, (1998), S. 68; SPREMANN, (1988), S. 623.

381 Vgl. BRAUN, (2003), S. 28.

382 Vgl. LEHMANN, (1998), S. 86 f.

grundsätzlich mit der Spezifität und Komplexität sowie dem Wert der Leistung.[383]

Die Rollenverteilung zwischen Kunde und Finanzdienstleister verändert sich während der Interaktion mit dem Kunden.[384] So kann während der Orientierungs- und Informationsphase der Kunde die Rolle des Agenten, und der Finanzdienstleister die des Prinzipals einnehmen. Zum einen ist der Finanzdienstleister auf wahrheitsgemäße Informationen über den Kunden (Hidden Characteristics) angewiesen, da diese das Leistungsergebnis maßgeblich beeinflussen.[385] Zum anderen kann der Kunde die kostenlose Beratung nutzen und die eigentliche Transaktion später bei einem Anbieter mit niedrigeren Transaktionskosten durchführen (Free-Rider-Problematik).[386] Abhängig davon, ob dieses Verhalten für den Finanzdienstleister erkennbar wird, handelt es sich um eine Situation mit Hidden Intention oder Hidden Action.[387] Bedeutsamer im Rahmen dieser Arbeit ist jedoch der umgekehrte Fall, in dem der Kunde als Prinzipal und der Finanzdienstleister als Agent auftreten. Wesentliche Unsicherheitsfaktoren stellen in diesem Fall aus Sicht des Kunden die Qualifikation und Erfahrung des Finanzdienstleisters (Hidden Characteristics), der Leistungseinsatz des Finanzdienstleisters (Hidden Intention), beziehungsweise die Sorgfalt des Finanzdienstleisters (Hidden Action) dar. Diese Faktoren beeinflussen wesentlich die Leistungserfüllung und die Leistungsqualität, die für den Kunden erst während, beziehungsweise mit Abschluss des Leistungserstellungsprozesses sichtbar werden.[388]

Neben den bisher aufgezeigten, in Bezug auf die jeweilige Transaktion endogenen Unsicherheitsfaktoren, kommen weitere exogene Faktoren (Umweltunsicherheit) hinzu.[389] Die Umweltunsicherheit ist dadurch charakterisiert, dass über entscheidungsrelevante Umweltzustände und ihre zukünftige Entwicklung nur unvollständige Informationen vorliegen, und diese durch die Transaktionspartner nicht beeinflusst werden können. Damit ist es weder möglich, die Umweltunsicherheit vollständig zu beseitigen, noch direkt auf sie Einfluss zu nehmen.[390] In Bezug auf eine asymmetrische Informationsverteilung können die

383 Vgl. LEHMANN, (1998), S. 67; KAAS, (1992), S. 887.

384 Vgl. KAAS, (1992), S. 889.

385 Abhängig von der konkreten Situation können jedoch gewisse Rückschlüsse auf mögliche Verhaltensweisen des Kunden gezogen werden. So wird ein Kunde im Fall einer Anlageberatung selbst ein großes Interesse an einem möglichst adäquaten Ergebnis haben und vermutlich die wesentlichen Informationen wahrheitsgemäß angeben. Im Falle eines Kredits hingegen wird die Gefahr opportunistischen Verhaltens deutlich größer sein.

386 Vgl. SLEVOGT, (1996), S. 747; KAAS, SEVERIDT, (2002), S. 622.

387 Vgl. SEVERIDT, (1997), S. 45 ff.

388 Vgl. ZUBER, (2005), S. 26; DAMIANI, (1991), S. 41; STEIN, (1999), S. 77.

389 Vgl. HIRSHLEIFER, (1971), S. 561 f; HIRSHLEIFER, RILEY, (1979), S. 1376 f; WEIBER, ADLER, (1995), S. 47.

390 Vgl. HIRSHLEIFER, RILEY, (1979), S. 1379; SPREMANN, (2002), S. 109.

Transaktionsparteien zwar unterschiedliche Informationen über die Umweltzustände haben.[391] Allerdings handelt es sich dabei nicht um eine systematische Informationsasymmetrie, da die Akteure durch eine Informationssuche theoretisch den gleichen Informationsstand erreichen können.[392] Wesentliche Umweltfaktoren in Bezug auf Finanzdienstleistungen stellen die gesamtwirtschaftliche Entwicklung sowie die Entwicklung der Kapitalmärkte dar.[393]

2.2.3.3 Kritische Würdigung

Ähnlich der Transaktionskostentheorie konzentriert sich auch bei der Principal Agent Theorie die Kritik im Wesentlichen auf die Quantifizierbarkeit und Operationalisierbarkeit der betrachteten Kosten.[394] Agency-Kosten lassen sich zwar modellieren, sind aber in der Praxis faktisch nicht beobachtbar.[395] Darüber hinaus lassen sich komplexere Probleme bei der Darstellung des Verhaltens der Transaktionspartner in der Regel nur durch Kombination mit anderen Theorien, wie der Transaktionskostentheorie, untersuchen. „Dennoch hat die Agency-Theorie erheblich zu einem besseren Verständnis darüber geführt, welche Vertragsformen innerhalb von Auftragsbeziehungen unter bestimmten Anreiz- und Informationsbeziehungen zu erwarten beziehungsweise optimal sind."[396]

In der Praxis nicht haltbar ist hingegen die Annahme, dass bei Vertragsschluss alle Probleme der Kooperationsbeziehung vertraglich gelöst werden können. Dabei werden Probleme, die erst während der Vertragserfüllung auftreten, vernachlässigt.[397]

„Die Neue Institutionenökonomik bietet jedoch Instrumente, die dafür geeignet erscheinen, die Wettbewerbsstrategie Mass Customization erfassen zu können. Anzuführen sind insbesondere die Berücksichtung von Koordinationskosten einer Transaktion (z. B. durch die Integration des Kunden), die Annahme von Informationsasymmetrien zwischen autonom handelnden Akteuren eines Wertschöpfungssystems und die Kontraktgüter-Eigenschaft von Mass Customization-Produkten, da die [...] [Leistungserstellung] erst nach Auftragseingang beginnen kann."[398] Damit erscheinen die Ansätze der Neuen Institutionenökonomie trotz der Defizite in der Quantifizierung und Operationalisierung im

---

391 Vgl. HIRSHLEIFER, RILEY, (1979), S. 1379; KAAS, (1992), S. 886.
392 Vgl. KAAS, (1992), S. 886.
393 Vgl. TREYNOR, (1965), S. 63 ff; STARKS, (1987), S. 20; STEIN, (1999), S. 70.
394 Vgl. EBERS, GOTSCH, (1999), S. 224.
395 Vgl. ELSCHEN, (1988), S. 250.
396 ELSCHEN, (1991), S. 1011.
397 Vgl. DIBBERN, et al., (2001), S. 681.
398 DIETRICH, (2007), S. 71.

Rahmen der vorliegenden Arbeit als geeignete Werkzeuge für eine qualitative Analyse.

2.3 Formulierung der Forschungsfragen

Da Silveira schreibt, dass die Entwicklung des Mass Customization-Konzepts im Wesentlichen auf drei Entwicklungen zurückzuführen ist: 1) Flexible Fertigungs- und IuK-Systeme erlauben die Bereitstellung einer höheren Varietät zu geringeren Kosten. 2) Es gibt eine steigende Nachfrage nach differenzierten und individualisierten Produktvarianten. 3) Die Verkürzung der Produktlebenszyklen und der zunehmende Wettbewerb haben zum Zusammenbruch vieler Industriezweige geführt, sodass es einen steigenden Bedarf für Produktionsstrategien gibt, die den Fokus auf den individuellen Kunden legen.[399]

Wie die Analyse des Retailgeschäfts der Finanzdienstleistungsbranche zeigt, treffen diese Entwicklungen im Wesentlichen auch auf das Retailgeschäft der Finanzdienstleistungsbranche zu. Daraus ergibt sich die Fragestellung, ob, wie in der Industrie, auch im Retailgeschäft der Finanzdienstleistungsbranche die Umsetzung einer Mass Customization-Wettbewerbsstrategie eine Möglichkeit zur Bewältigung der Herausforderungen darstellt, und wenn ja, wie eine entsprechende Adaption auszusehen hat. Im Detail stellen sich die folgenden Forschungsfragen:

- Entsprechen die Voraussetzungen im Retailgeschäft der Finanzdienstleistungsbranche den Voraussetzungen der Umsetzung einer Mass Customization in der Industrie? Das heißt, bietet eine Mass Customization-Wettbewerbsstrategie für die entsprechenden Finanzdienstleister eine Möglichkeit zur Bewältigung der aktuellen Herausforderungen und zum Aufbau strategischer Wettbewerbsvorteile (in Bezug auf Differenzierungs-/Beziehungsproblematik)?
- Welche Eigenarten sind bei der Adaption der Mass Customization-Wettbewerbsstrategie im Retailgeschäft der Finanzdienstleistungsbranche zu beachten, welche Potenziale bietet sie, und wie ist ein (umfassendes) Mass Customization-Konzept für das Retailgeschäft der Finanzdienstleistungsbranche auszugestalten?
- Welchen Einfluss hat die Entwicklung der IuK-Technologie und welche Rolle spielt sie bei der Gestaltung eines (umfassenden) Mass Customization-Konzepts für das Retailgeschäft der Finanzdienstleistungsbranche?

---

399 Vgl. zu diesem Abschnitt DA SILVEIRA, et al., (2001), S. 2. sowie die dort genannten Quellen.

3 Das Mass Customization-Konzept

Im Folgenden wird das Mass Customization-Konzept zunächst allgemein definiert und von anderen Ansätzen der kundenbezogenen Fertigung sowie anderen Managementansätzen abgegrenzt. Daran schließen sich eine theoretische Beurteilung des Konzepts mit Fokus auf die industrielle Fertigung sowie eine Darstellung seiner Umsetzung in der industriellen Produktion an.

3.1 Definition und Abgrenzung der Mass Customization

3.1.1 Entwicklung des Konzepts

Der Begriff der Mass Customization wurde 1987 durch Davis geprägt.[400] Aufbauend auf den Gedanken von Toffler, dass die zunehmende Individualisierung der Gesellschaft zu einem Zerfall von Massenmärkten („Entmassung") und der Orientierung der Produkterstellung an den Wünschen und Bedürfnissen des einzelnen Individuums führen wird[401], führte Davis das Konzept der Mass Customization ein. Es stellt die Verbindung von Massenproduktion („Mass Production") – der Produktion großer Stückzahlen standardisierter Produkte bei geringen Stückkosten – und Produktindividualisierung („Customization") – der Produktion geringer Stückzahlen individualisierter Produkte bei hohen Stückkosten – dar, für die Davis das Oxymoron „Mass Customization" prägte[402]: „Mass Customization of markets means that the same large number of customers can be reached as in mass markets of the industrial economy, and simultaneously they can be treated individually as in the customized markets of pre-industrial economics".[403]

Bereits zuvor war in anderen Veröffentlichungen die Möglichkeit einer (fertigungsseitigen) Individualisierung von Massenprodukten diskutiert worden. So

---

400 Vgl. DAVIS, (1987), S. 169.

401 Vgl. TOFFLER, (1970), S. 19 ff.; siehe auch TOFFLER, (1980), S. 238 f. Die Thesen Toflers werden unter anderem auch von einer Studie des Fraunhofer Instituts aus dem Jahr 1998 gestützt. Vgl. FRAUNHOFER INSTITUT FÜR SYSTEMTECHNIK UND INNOVATIONSFORSCHUNG (ISI), (1998).

402 Vgl. GRASMUGG, (2006), S. 9.

403 DAVIS, (1987), S. 169.

erörterte beispielsweise Beyering 1983 die Produktion von „Privates“[404] und konkretisierte seine Ideen 1987 im Buch „Individual Marketing“[405]. Dort beschreibt er eine individualisierte Massenproduktion, ausgehend von den damals erwarteten Möglichkeiten neuer Computer Integrated Manufacturing (CIM)-Systeme[406]. Allerdings wird in dieser Arbeit der Unterschied zwischen Einzelfertigung, Variantenfertigung und Mass Customization nicht deutlich. Darüber hinaus verbleibt Beyering bei einer produktionstechnik-zentrierten Sicht und betrachtet nicht die Möglichkeiten, die moderne IuK-Systeme beispielsweise bei der Aufnahme der Kundenkonfiguration bieten.[407]

Eine erste ausführliche Untersuchung des Mass Customization-Konzepts erfolgte 1991 durch Pine im Rahmen seiner Master Thesis am Massachusetts Institute of Technology (MIT).[408] Die Ergebnisse veröffentlichte er 1993 in seinem Buch „Mass Customization“.[409] Jedoch werden auch in dieser Arbeit die Potenziale moderner IuK-Technologien sowie des Aufbaus einer langfristigen Kundenbeziehung nicht berücksichtigt.[410] Allerdings entwickelte Pine 1995 in Zusammenarbeit mit Peppers und Rogers eine gemeinsame Perspektive für das Mass Customization- und das One-to-One Marketing-Konzept.[411]

Eine explizite Untersuchung des Mass Customization-Konzepts erfolgt im deutschsprachigen Raum seit ca. 1995.[412] Dabei haben vor allem Büttgen/Ludwig[413] mit einem Fokus auf die Individualisierung von Dienstleistungen, Hildebrand und Schnäbele[414] mit einem Fokus auf das Marketing sowie Piller[415] unter produktionswirtschaftlichen Gesichtspunkten die Weiterentwicklung des Konzepts vorangetrieben.[416] Eine umfassende Übersicht zu neuerer Literatur zur Mass Customization findet sich ebenfalls bei Piller.[417]

---

404 Vgl. BEYERING, (1983), S. 316.
405 Vgl. BEYERING, (1987), S. 168.
406 Siehe für eine ausführlichere Betrachtung der Möglichkeiten von CIM-Systemen die Abschnitte 3.3.2 und 3.3.5.
407 Vgl. PILLER, (2006), S. 157 f.
408 Vgl. PINE, (1991).
409 Vgl. PINE, (1993a).
410 Vgl. PILLER, (2006), S. 158.
411 Vgl. PINE, et al., (1995), S. 103 ff.
412 Vgl. PILLER, (2006), S. 158.
413 Vgl. BÜTTGEN, LUDWIG, (1997).
414 Vgl. HILDEBRAND, (1997); SCHNÄBELE, (1997).
415 Vgl. PILLER, (1998); PILLER, SCHODER, (1999); PILLER, (2006).
416 Vgl. GRASMUGG, (2006), S. 13.
417 Vgl. PILLER, (2006), S. 162 ff.

3.1.2 Definition und Abgrenzung zu anderen Ansätzen kundenbezogener Leistungserstellung und Managementansätzen

3.1.2.1 Definition

Sowohl in Bezug auf die Begriffsbildung als auch die Definition der Mass Customization gibt es in der Literatur teils erhebliche Unterschiede[418]; zumeist abhängig vom konkreten Fachgebiet, in dem die Arbeit angesiedelt ist. So unterscheidet beispielsweise Grasmugg explizit zwischen einer allgemeinen und einer speziellen Definition der Mass Customization in seiner Arbeit, die Mass Customization als strategische Anwendung des Electronic Business betrachtet.[419] Darüber hinaus findet sich insbesondere in der deutschen Literatur eine Vielzahl unterschiedlicher Übersetzungen des von Davis geprägten Begriffs der Mass Customization[420]. So wird in der deutschen Übersetzung von Pine's Buch „Mass Customization" der Begriff der „Maßgeschneiderten Massenfertigung" verwendet.[421] Mertens spricht von der „Massen-Maßfertigung"[422], Büttgen von der „Massendifferenzierung"[423], Kotler von der „Massenindividualisierung"[424], Haese von der „Rationellen Individualisierung"[425] und Piller, mit dem Ziel einen branchenübergreifenden und die zentrale Stellung des Kunden betonenden Begriff zu verwenden, von der „Kundenindividuellen Massenproduktion"[426].

Auch in der englischsprachigen Literatur sind für das Mass Customization-Konzept weitere Begriffe eingeführt worden. So schreiben beispielsweise Carnoy von der „High Volume Flexible Production"[427], Popcorn von „Egonomics"[428], Weston von „Build-to-Order"[429] und Burns von „Consumer Co-Construction"[430]. Im Rahmen dieser Arbeit werden die Begriffe „Mass Customization" und „Kundenindividuelle Massenproduktion" synonym verwendet.

Die in der Literatur anzutreffenden Definitionen der Mass Customization unterscheiden sich im Wesentlichen in zwei Aspekten: Zum einen im Umfang der Begriffsdefinition (eng oder weit gefasste Definition) und zum anderen in

418 Vgl. PILLER, (2006), S. 159.
419 Vgl. GRASMUGG, (2006), S. 14 f.
420 Vgl. DAVIS, (1987), S. 169.
421 Vgl. PINE, (1993a).
422 Vgl. MERTENS, (1995), S. 503.
423 Vgl. BÜTTGEN, LUDWIG, (1997), S. 13.
424 Vgl. KOTLER, BLIEMEL, (1995), S. 424.
425 Vgl. HAESE, (1999), S. 56.
426 Vgl. PILLER, (1997), S. 16.
427 Vgl. CARNOY, et al., (1993), S. 98.
428 Vgl. POPCORN, (1992), S. 65.
429 Vgl. WESTON, (1997), S. 76.
430 Vgl. BURNS, (1993), S. 303.

ihrem Bezugsrahmen (vor allem der Produktionswirtschaft und dem Marketing).[431]

Eine sehr enge Definition der Mass Customization findet sich bei Westbrook. Er definiert die Zielsetzung der Mass Customization als „to offer a truly customized product – one made to the customer's precise specifications from the ground up – at only a small premium over goods in the store.“[432] Diese Definition würde bereits eine Mass Customization auf Basis eines Baukastensystems ausschließen, da der Kunde das Produkt oder die Leistung dort lediglich innerhalb der vorgegebenen Parameter anpassen kann. Hart bezeichnet eine so einschränkende Definition als platonische Definition, die lediglich als Ideal gesehen werden kann.[433]

Pine hingegen definiert eine Mass Customization aus Kundensicht als die Produktion von Gütern oder Leistungen „with enough variety and customization that nearly everyone finds exactly what they want“[434] zu erschwinglichen („affordable“[435]) Preisen.

Aus produktionswirtschaftlicher Sicht definiert Hart eine Mass Customization als die Nutzung flexibler Prozesse und Organisationsstrukturen zur Produktion variantenreicher und oft individueller Produkte und Leistungen zu nahezu den Kosten einer standardisierten Massenproduktion.[436]

Demgegenüber definiert Reiß aus einer marketingbezogenen Sichtweise eine Mass Customization als „Sammelbegriff für [die] Orientierung an kleinen Kundengruppen mit homogenen Ansprüchen oder gar [die] Orientierung an jedem einzelnen Kunden […] – sofern hierbei gleichzeitig der Forderung nach effizientem Marketing Genüge getan wird.“[437]

Umfassendere Definitionen, die sowohl den produktionstechnischen Aspekt als auch die zentrale Stellung des Kunden betonen, finden sich unter anderem bei Grasmugg:

> „Mass Customization hat die kundenindividuelle Bedienung einer Vielzahl von Kundensegmenten mit Informationen, Produkten und Dienstleistungen zum Ziel. Die hierzu erforderlichen Kommunikations- und Leistungserstellungsprozesse wer-

---

431 Vgl. PILLER, (2006), S. 159 ff.

432 WESTBROOK, WILLIAMSON, (1993), S. 40. Ähnlich auch KELLY, (1996), S. 81. und BURNS, (1993), S. 303.

433 Vgl. HART, (1995), S. 36.

434 PINE, (1993a), S. 44.

435 PINE, (1993a), S. 47.

436 Vgl. HART, (1995), S. 36. Ähnlich auch TSENG, JIAO, (2001), S. 648 ff; KOTHA, (1995), S. 22; KOTHA, (1996), S. 847.

437 REIß, BECK, (1995c), S. 63. Siehe zur in diesem Zusammenhang relevanten Abgrenzung von (Mass) Customization und Personalisierung (Personalization) PILLER, ZANNER, (2001), S. 89.

den nahezu zu Kosten vergleichbarer, massenproduzierter Standardleistungen realisiert."[438]

Sowie bei Piller, der in einer sehr ausführlichen Definition viele Aspekte der bereits aufgezeigten Definitionen vereint:

> „Mass Customization (dt. kundenindividuelle Massenproduktion) bezeichnet die Produktion von Gütern und Leistungen für einen (relativ) großen Absatzmarkt, welche die unterschiedlichen Bedürfnisse jedes einzelnen Nachfragers dieser Produkte treffen. Die Produkte und Leistungen werden dabei in einem Co-Design-Prozess gemeinsam mit den Kunden in einem Interaktionsprozess definiert. Die Produkte werden dabei zu Preisen angeboten, die der Zahlungsbereitschaft von Käufern vergleichbarer massenhafter Standardprodukte entsprechen, d.h. die Individualisierung impliziert keinen Wechsel des Marktsegments in exklusive Nischen, wie dies bei einer klassischen Einzelfertigung der Fall ist. Eine solche Position kann langfristig nur erreicht werden, wenn aus einer Gesamtkostenbetrachtung die Leistungserstellung entlang der gesamten Wertschöpfungskette trotz Individualisierung zu einer Effizienz möglich ist, die der von Produktion und Vertrieb (massenhafter) Standardprodukte nahe kommt. Wesentliches Element zur Erreichung dieser Position ist die Etablierung eines stabilen „Solution-Space" (Lösungsraumes), der dann abnehmerbezogen konkretisiert wird."[439]

Piller betont insbesondere die Einbeziehung des Kunden im Rahmen eines Co-Design-Prozesses[440], die Möglichkeit, im Vergleich zu Massenprodukten im gleichen Marktsegment durchaus einen Preisaufschlag zu erzielen, sowie die Notwendigkeit einer effizienten Produktion entlang der gesamten Wertschöpfungskette auf Basis eines stabilen Lösungsraums.

Grundsätzlich kann dabei zwischen der Verwendung des Begriffs der Mass Customization zur Charakterisierung eines Typs der industriellen Produktion und zur Bezeichnung einer Wettbewerbsstrategie unterschieden werden. „Im zweiten Fall umfasst der Begriff eine die gesamte Wertkette einschließende strategische Konzeption der einzelkundenbezogenen Leistungserstellung, die auch die Vor- und Nachkaufphase einbezieht."[441] Dieses Verständnis der Mass Customization als Wettbewerbsstrategie liegt der vorliegenden Arbeit zugrunde.

---

438 GRASMUGG, (2006), S. 15.

439 PILLER, (2006), S. 160 f.

440 Vgl. zur Rolle des Kunden im Co-Design-Prozess auch VON HIPPEL, (2005).

441 PILLER, (2006), S. 177 f. Ähnlich formuliert es auch Da Silveira: "Mass Customization is seen as a systemic idea involving all aspects of product sale, development, production, and delivery, full-circle from the customer option up to receiving the finished product." DA SILVEIRA, et al., (2001), S. 2.

3.1.2.2 Abgrenzung zu anderen Ansätzen kundenbezogener Leistungserstellung

Neben der Mass Customization werden in der Literatur weitere Verfahren einer kundenbezogenen Leistungserstellung diskutiert. Zu nennen sind vor allem die (auftragsbezogene) Einzelfertigung und die Variantenfertigung. Da zum Teil keine klare Abgrenzung zwischen den Konzepten erfolgt, wird diese im Folgenden vorgenommen, um eine Vermischung der Konzepte zu vermeiden.

Bei einer Einzelfertigung handelt es sich um die Entwicklung und Produktion eines von Grund auf neuen Produkts nach den spezifischen Anforderungen des Kunden; das heißt, die optimale Zusammenstellung von Produkteigenschaften aus Sicht des Kunden.[442] Damit verbunden sind eine auftragsbezogene Kalkulation, ein geringer Vorfertigungsgrad, ein hohes Flexibilitätsbedürfnis in allen Fertigungsstufen, die individuelle Planung jedes Produktionsprozesses und die spezifische Erstellung der Fertigungsunterlagen.[443] Die Produktion beginnt erst mit dem Kundenauftrag und nach Abschluss der Entwicklungsarbeiten; sie erfolgt typischerweise in Werkstattfertigung.[444]

Das Mass Customization-Konzept sieht hingegen keine derart weitgehende Anpassung vor. Es setzt vielmehr auf einer vorhanden Produktspezifikation auf und erlaubt dem Kunden die Individualisierung oder Auswahl einzelner, aus Kundensicht entscheidender Komponenten; sieht aber keine kundenindividuelle Neuentwicklung im Rahmen eines Auftrags vor. Ebenso ist der Preis für die Produkte/Leistungen festgelegt, beziehungsweise berechnet sich anhand der konkreten Konfiguration auf Basis eines definierten Preisbaukastens. Piller spricht deshalb auch von einer „Standardisierung der Individualisierung“.[445]

Die Variantenfertigung kann noch einmal in eine kundenbezogene und eine anonyme Variantenfertigung unterschieden werden. Bei der kundenbezogenen Variantenfertigung wird ein Standardprodukt individuell für einen Abnehmer angepasst. Das heißt, dem Kunden kann prinzipiell jede technisch mögliche Variante angeboten werden.[446] Damit ist jedoch wie bei einer Einzelfertigung für jeden Einzelfall eine neue Konzeption notwendig.[447]

Bei der anonymen Variantenproduktion wird eine große Zahl von Varianten eines Grundprodukts/einer Grundleistung für einen anonymen Markt auf Basis

---

[442] Vgl. BROCKHOFF, (1988), S. 165. Damit geht eine Einzelfertigung auch über eine reine (weitgehende) Marktsegmentierung hinaus. Vgl. PILLER, (2006), S. 137.

[443] Vgl. ADAM, (1998), S. 10 f, 22; GUTENBERG, (1979), S. 99 f; ZAHN, SCHMID, (1996), S. 131. Schäfer spricht von einer Einzelfertigung auf Bestellung. Vgl. SCHÄFER, (1978), S. 87 ff.

[444] Vgl. PILLER, (2006), S. 137.

[445] Vgl. PILLER, (2006), S. 176.

[446] Vgl. ADAM, (1998), S. 11.

[447] Vgl. PILLER, (2006), S. 177.

von Absatzprognosen vorgefertigt. Der Kunde hat dann die Möglichkeit, die Variante auszuwählen, die seinen Präferenzen am besten entspricht.

In Abgrenzung zum Mass Customization-Konzept hat der Kunde damit nicht die Möglichkeit, Produkt- oder Leistungsparameter individuell zu konfigurieren. Des Weiteren erfolgen die Absatzprognosen ausgehend von kleinen, in sich homogenen Marktsegmenten; eine zunehmende Heterogenisierung der Nachfrage macht damit die Entwicklung und Produktion immer neuer Varianten erforderlich.[448]

Die Produktion bleibt jedoch als Massenproduktion in Form einer Sorten- beziehungsweise Serienfertigung organisiert. Dies führt einerseits für den Kunden zu einem immer komplexeren Auswahlprozess. Andererseits steigen die Komplexitätskosten in der Produktion, ohne dass die Vorteile einer direkten Kundeninteraktion genutzt werden.[449] Auch moderne, flexible Produktionssysteme stoßen bei zu hohem Variabilitätsgrad der Variantenfertigung an ihre Grenzen, wenn ein ausreichender Verfügbarkeitsgrad der einzelnen Varianten gewährleistet werden soll.[450] So schreibt Adam: „Nicht auf die Produktionsmöglichkeiten abgestimmte Liefertermine stürzen die Produktion in ein permanentes Chaos und führen zu instabilen, unbeherrschten Produktionsprozessen. In der Produktion regiert dann die Improvisation und nicht die gezielte Planung."[451]

Aus absatzwirtschaftlicher Sicht ist darüber hinaus eine Abgrenzung zur Personalisierung zu sehen.[452] Diese bezieht sich auf eine Individualisierung der Kommunikation zum Abnehmer im Sinne des One-to-One-Marketings.[453] Eine Individualisierung des Kernprodukts/der Kernleistung erfolgt jedoch nicht.[454]

Mass Customization ist damit als eigenständiger Fertigungstyp zwischen Einzel-, Varianten- und Massenfertigung zu sehen. Ausgehend von einer Massenproduktion ergänzt sie standardisierte Prozesse durch einzelkundenbezogene Wertaktivitäten.[455] Bei der Individualisierung kann dabei zwischen der Individualisierung des (tangiblen) Kernprodukts (z.B. Maschinen) und der Individualisie-

---

448 Vgl. PILLER, (2006), S. 128.

449 Vgl. PILLER, (2006), S. 136, 177.

450 Vgl. PILLER, (2006), S. 129 f.

451 ADAM, (1998), S. 43. Siehe zur Kritik an der variantenreichen Produktion auch KNOLMAYER, (1999), S. 67 ff.

452 Vgl. TSENG, PILLER, (2003), S. 7.

453 Vgl. MANBER, et al., (2000), S. 35 ff; PILLER, et al., (2003), S. 133 ff; RIECKEN, (2000), S. 26 ff; RIEMER, (2002), S. 103 ff; RIEMER, TOTZ, (2003), S. 35 ff; RUNTE, (2000), S. 8; WELSCH-LEHMANN, (2001), S. 131 ff.

454 Wenn auch eine Personalisierung damit nicht als eine Umsetzung des Mass Customization-Konzepts gesehen werden kann, so sollte eine individualisierte Kommunikation jedoch stets Bestandteil einer Mass Customization sein. Vgl. PILLER, (2006), S. 178.

455 Vgl. PILLER, (2006), S. 177.

rung begleitender (intangibler) Dienstleistungen (z.B. Finanzierungsplanung, Schulungen) unterschieden werden.[456]

3.1.2.3 Abgrenzung zu anderen Managementansätzen

Neben den im vorangegangenen Abschnitt diskutierten Ansätzen zur einzelkundenbezogenen Leistungserstellung existieren auch Managementansätze, die Gemeinsamkeiten mit dem Mass Customization-Konzept aufzeigen und deshalb im Folgenden kurz von diesem abgegrenzt werden. Bei den genannten Ansätzen handelt es sich um das Lean Management beziehungsweise die Lean Production sowie das Agile Manufacturing.[457]

Der Kern des Lean Management beziehungsweise Lean Production Ansatzes ist der effiziente Umgang mit Unternehmensressourcen; das heißt die Vermeidung von Verschwendung („Waste"). Narasimhan et al. definieren basierend auf einer Untersuchung der aktuellen Literatur entsprechend eine Produktion als lean „if it is accomplished with minimal waste due to unneeded operations, inefficient operations, or excessive buffering in operations."[458] Hierbei wird untersucht, welche Aktivitäten aus Sicht des Kunden wertschöpfend sind und welche nicht. Damit kann der Lean Ansatz ein wichtiges Hilfsmittel vor allem bei der Umsetzung der Kostenoption einer Mass Customization sein.[459] Lean Management beziehungsweise Lean Production selbst zielen jedoch auf die Optimierung der bestehenden Wertkette und nicht auf eine Individualisierung der Produktion wie im Rahmen einer Mass Customization. Entsprechend stellt Sheridan fest: „The ultimate lean organization is optimized for doing what it is doing – and nothing else. It is static."[460]

Agile Manufacturing hingegen zielt auf die Fähigkeit, effizient auf sich ändernde Marktbedingungen zu reagieren. Indikatoren hierfür sind die Vorlaufzeit der Produktentwicklung, die Rüstzeiten und -kosten in der Produktion, die Fähigkeit das Produktionsvolumen zu variieren sowie generell die Reaktionsfähigkeit eines Unternehmens bei Änderungen der Marktbedingungen. Zur Steigerung der Performance in Bezug auf diese Indikatoren werden unter anderem der Einsatz moderner Produktions- und IuK-Technologien, die Bildung virtueller Unternehmen, die Fortbildung hoch qualifizierter Mitarbeiter sowie die Einbeziehung

456 Vgl. HOMBURG, WEBER, (1996), S. 655 f.
457 Vgl. DA SILVEIRA, et al., (2001), S. 5 ff; BROWN, BESSANT, (2003), S. 708 ff.
458 NARASIMHAN, et al., (2006), S. 443.
459 Vgl. PILLER, (2006), S. 179; KLEINALTENKAMP, (1995a), S. 83. Vgl. zur Definition von Mass Customization auch Abschnitt 3.1.2.1
460 SHERIDAN, (1993), S. 31. Ähnlich auch VOSS, (1994), S. 54. Siehe auch ausführlich SAHIN, (2000).

von Kundenbindungs- und Verkaufsmaßnahmen empfohlen.[461] Dies soll es ermöglichen, in einem turbulenten Geschäftsumfeld mit zunehmender Heterogenisierung der Nachfrage und steigendem Preis- und Qualitätsdruck durch internationale Konkurrenz Gewinn zu erzielen.[462] Narasimhan et al. definieren eine Produktion als agil „if it efficiently changes operating states in response to uncertain and changing demands placed upon it."[463] Das Agile Manufacturing betont dabei proaktives Verhalten der Unternehmen.[464] Das Konzept wurde aufbauend auf einer Initiative des US Amerikanischen Verteidigungsministeriums Ende der 1980er Jahre begründet und wird vom Agile Manufacturing Enterprise Forum am Iacocca Institute der amerikanischen Leigh Universität als Nachfolger des Lean Managements propagiert.[465] Die Abgrenzung von Agile Manufacturing einerseits und Mass Customization andererseits wird in der Literatur noch kontrovers diskutiert. Während einige Autoren Mass Customization als Bestandteil des Agile Manufacturing sehen,[466] führen andere Agile Manufacturing als eine Voraussetzung für Mass Customization an.[467] Im Rahmen dieser Arbeit wird der Sichtweise von Brown und Bessant gefolgt, die Mass Customization als eine mögliche Konfiguration des Agile Manufacturing betrachten.[468] Im Gegensatz zu dem sehr weit gefassten Agile Manufacturing, das sämtliche aktuellen Trends (wie zum Beispiel virtuelle Unternehmen, Netzwerkstrukturen, Change- und Speedmanagement, Mitarbeiterpartizipation und Wissensmanagement) aufgreift und damit häufig als „Selbstbedienungsladen der Managementkonzepte" genutzt wird, stellt Mass Customization ein in sich geschlossenes Konzept dar. Erst die Kombination aller relevanten Ansätze der Mass Customization[469] bietet Potenziale, die über die Summe der Vorteile der einzelnen Ansätze hinausgehen.[470]

---

461 Vgl. BROWN, BESSANT, (2003), S. 722; PRINCE, KAY, (2003), S. 307 ff.

462 Vgl. IACOCCA INSTITUTE, (1991), S. 7 ff.

463 NARASIMHAN, et al., (2006), S. 443.

464 Vgl. DEVOR, et al., (1997), S. 814. Siehe auch GUTMAN, GRAVES, (1995).

465 Vgl. PILLER, (2006), S. 179 f.

466 Vgl. PILLER, (2006), S. 180.

467 Vgl. DA SILVEIRA, et al., (2001), S. 5; OLESON, (1998), S. 9 u. 16.

468 Vgl. BROWN, BESSANT, (2003), S. 714.

469 Corsten nennt als Grundlagen des Mass Customization-Konzepts die Modularisierung auf Produkt- wie auch Prozessebene, die Segmentierung der Produktionsprozesse, die Wahl verschiedener Bevorratungsebenen sowie Ansätze der Kundenintegration und des Beziehungsmanagements. Vgl. CORSTEN, (1998a), S. 131 f.

470 Vgl. PILLER, (2006), S. 180 f. In einem früheren Artikel schreiben Piller und Ihl dazu: „In der Umsetzung kombiniert Mass Customization einige Konzepte, die für sich allein schon länger diskutiert werden. Sie weisen jedoch untereinander starke Komplementaritäten auf und können, in einem sinnvollen Zusammenhang miteinander kombiniert, ein neues Wertschöpfungssystem begründen." PILLER, IHL, (2002), S. 4.

3.1.3 Systematisierung von Mass Customization-Ansätzen

Zur Umsetzung des Mass Customization-Konzepts in der Praxis existieren unterschiedliche Ansätze, die sich in der Art des Ausgleichs zwischen Individualisierung einerseits und Standardisierung andererseits unterscheiden.[471] In der Literatur werden verschiedene Kriterien diskutiert, um eine Systematisierung der unterschiedlichen Mass Customization-Ansätze vorzunehmen. So grenzen beispielsweise Goldhar/Lei und auch Pine die Ansätze aus einer prozessbezogenen Sicht ausgehend vom Einsatz von IuK-Technologie und Wissen ab.[472] Kirschke/Nöken hingegen unterscheiden die Ansätze nach der Produktart, für die sie entwickelt wurden.[473] Als weitere Kriterien werden unter anderem die Wertschöpfungsstufe[474], auf der die Individualisierung erfolgt, oder die Eigenschaften[475] (z.B. Verpackungsgröße, Lieferbedingungen oder Bestandteile des Kernprodukts) der individualisierten Leistung genannt. Eine Übersicht ausgewählter Systematisierungsansätze in der Literatur und der jeweils verwendeten Kriterien bietet Piller.[476] Piller selbst entwickelt in seinem Buch „Mass Customization" eine zweidimensionale Systematisierung, der auch in der vorliegenden Arbeit gefolgt wird. Er unterscheidet einerseits nach der Variabilität der Wertschöpfungsaktivitäten beim Anbieter zwischen Soft (offene) und Hard (geschlossene) Customization[477], und andererseits nach der Wertschöpfungsstufe, auf der die Individualisierung ansetzt.[478] Damit ergeben sich die in Tabelle 5 dargestellten sechs Ansätze zur Umsetzung der Mass Customization.

Diese sind jedoch keine sich gegenseitig ausschließenden Optionen, sondern können miteinander kombiniert werden. Die sechs Ansätze werden im Folgenden kurz dargestellt. Dabei wird auf die Serviceindividualisierung, die Mo-

---

471 Exemplarisch seien hier die Verlagerung der Individualisierung in den Handel/Vertrieb (z.B. Bedrucken von T-Shirts) oder die Individualisierung des Primärprodukts durch individuelle Sekundär(dienst)leistungen (z.B. das Angebot von Schulungen) genannt.

472 Vgl. GOLDHAR, LEI, (1995), S. 73 ff. Siehe auch PINE, (1991).

473 Vgl. KIRSCHKE, NÖKEN, (1998), S. 58 ff.

474 Vgl. COATES, WOLFF, (1995), S. 6 f; DURAY, et al., (2000), S. 606 ff, 612; LAMPEL, MINTZBERG, (1996), S. 21 ff, 24; REICHWALD, PILLER, (2002), S. 27 ff; SCHNÄBELE, (1997), S. 58 ff. Siehe auch MAYER, (1993); PINE, (1993a).

475 Vgl. GILMORE, PINE, (1997), S. 92 ff. Siehe auch ANDERSON, (1997); DUFOUR, FORTE, (1996).

476 Vgl. PILLER, (2006), S. 216 ff.

477 In Anlehnung an Coates beruht die offene Individualisierung auf einem Produkt, dass im Anschluss an die Produktion durch den Kunden selbst oder im Handel/Vertrieb angepasst werden kann. Die entsprechenden Individualisierungsmöglichkeiten werden bereits bei der Entwicklung des Produkts vorgesehen. Die geschlossene Individualisierung hingegen bedingt kundenbezogene Eingriffe in die Produktion des Produkts. Jedes Produkt wird hierzu bereits während der Produktion eindeutig einem Kunden zugeordnet. Vgl. COATES, WOLFF, (1995), S. 6; PILLER, (2006), S. 219.

478 Vgl. PILLER, (2006), S. 219 f.

dularisierung nach Baukastenprinzip sowie die massenhafte Fertigung von Unikaten aufgrund ihrer Bedeutung im weiteren Verlauf der Arbeit in den folgenden Unterkapiteln detaillierter eingegangen. Die übrigen Ansätze (Selbstindividualisierung, Individuelle Endfertigung im Handel/Vertrieb, Kundenindividuelle Vor- oder Endfertigung mit standardisierter Restfertigung) werden nachfolgend kurz skizziert.

Tabelle 5: Konzeptionen der Mass Customization[479]

Variabilität der Wertschöpfungsaktivitäten des Anbieters

Soft Customization Kein Eingriff in die Fertigung, Individualisierung außerhalb des Unternehmens	**Hard Customization** Varietät auf Basis der Aktivitäten in der Fertigung/interner Funktionen	
Selbstindividualisierung Produkte mit „eingebauter" Flexibilität, die vom Kunden angepasst werden	**Individuelle Vor-/Endfertigung mit standardisierter Restfertigung** Die ersten oder letzten Wertschöpfungsschritte werden kundenindividuell durchgeführt, alle anderen standardisiert	**Umfang kundenindividueller Wertschöpfungsstufen**
Individuelle Endfertigung im Handel/Vertrieb Standardisiertes Rohprodukt, das im Handel nach Kundenwunsch vollendet wird	**Modularisierung nach Baukastenprinzip** Erstellung kundenspezifischer Produkte aus standardisierten, kompatiblen Bauteilen	
Serviceindividualisierung Ergänzung von Standardprodukten um individuelle Sekundärleistungen	**Massenhafte Fertigung von Unikaten** Individuelle Leistungserstellung über gesamte Wertschöpfungskette durch standardisierte Prozesse	

Bei einer Selbstindividualisierung (Self Customization) wird ein massenhaft gefertigtes Produkt durch den Kunden selbst an seine Bedürfnisse angepasst. Eine weitere Abgrenzung der Mass Customization Ansätze in dieser Gruppe nach dem angebotenen Funktionsumfang (fix, variabel) sowie der Speicherbarkeit der Konfiguration (einmalig, mehrmals) findet sich bei Mayer und Piller.[480] Die Individualisierung durch den Kunden bedingt aufgrund der notwendigen Produktflexibilität eine relativ hohe Komplexität des Produkts („built-in-flexibility"[481]).[482] Damit verbunden sind höhere Entwicklungs- und Fertigungskosten, denen aber in der Produktion Economie of Scale-Effekte und eine gerin-

479 In Anlehnung an PILLER, (2006), S. 220; DURAY, et al., (2000), S. 316 ff.

480 Vgl. MAYER, (1993), S. 253-258; PILLER, (1998), S. 146-150.

481 Vgl. MAYER, (1993), S. 250 f.

482 Vgl. REIß, BECK, (1995c), S. 65; MAYER, (1993), S. 263; PINE, (1993b), S. 10; SCHWARZE, (1994), S. 11 f.

gere interne Varietät gegenüberstehen; der Anbieter kann das Produkt ohne Interaktion mit dem Kunden massenhaft fertigen. Der Aufwand für die Individualisierung ist vollständig auf den Kunden verlagert.[483] Vorteile ergeben sich für den Kunden, wenn sich seine Bedürfnisse während der Nutzungsdauer ändern. In diesem Fall hat er die Möglichkeit, die Konfiguration seinen geänderten Anforderungen anzupassen, ohne ein neues Produkt kaufen zu müssen oder erneut mit dem Anbieter in Kontakt zu treten.[484] Durch den mit der Individualisierung verbundenen Aufwand aufseiten des Kunden entsteht wiederum ein für den Anbieter vorteilhafter Lock-in des Kunden.[485] Allerdings ist es mit diesem Ansatz schwieriger nachhaltige Wettbewerbsvorteile zu erlangen, da das gesamte Mass Customization-Know-how im Produkt enthalten und damit vergleichsweise leicht imitierbar ist.[486] Darüber hinaus bietet dieser Ansatz keine Möglichkeiten zum Aufbau von Learning Relationships[487], stellt aber eine gute ergänzende Eigenschaft für Mass Customization-Produkte dar.[488]

Eine individuelle Endfertigung im Handel/Vertrieb entspricht im Wesentlichen der Selbstindividualisierung. Allerdings ist in diesem Fall die Individualisierung zu komplex oder es sind Hilfsmittel erforderlich, sodass sie nicht durch den Kunden selbst durchgeführt werden kann. Es ist jedoch möglich die Anpassung im Handel/Vertrieb vorzunehmen, sodass weiterhin kein Eingriff in die Produktion notwendig ist. Dieser Ansatz ermöglicht kurze Lieferzeiten, da die vorgefertigten Produkte bereits in den Handel geliefert werden können. Darüber hinaus nutzt er die Bündelungs- beziehungsweise Transaktionskostensenkende Funktion des Handels. Allerdings ist der Aufbau von Learning Relationships[489] weiterhin nicht möglich.[490]

Der Mass Customization-Ansatz einer kundenindividuellen Vor- oder Endfertigung mit standardisierter Restfertigung setzt voraus, dass die Wertschöpfungskette in zwei Teile zerlegt werden kann: eine standardisierte, kundenunabhängige Massenfertigung und eine kundenindividuelle Vor- oder Endfertigung.[491] Um das Ziel zu erreichen, zu Kosten nahe der Massenfertigung zu produzieren, sollte der massenhafte Teil überwiegen. Der individuelle Teil sollte lediglich an den Leistungsbestandteilen ansetzen, die für den Kunden einen sig-

---

483 Vgl. PILLER, (2006), S. 221.
484 Vgl. CHOI, et al., (1997), S. 566.
485 Vgl. ENGLERT, ROSENDAHL, (2002), S. 499.
486 Vgl. LOGMAN, (1997), S. 42 f; MAYER, (1993), S. 264; PINE, (1998), S. 15; GRÜN, BRUNNER, (2002), S. 48.
487 Vgl. zu einer ausführlicheren Behandlung von Learning Relationships Abschnitt 3.3.4.1.
488 Vgl. PILLER, (2006), S. 223.
489 Vgl. zu einer ausführlicheren Behandlung von Learning Relationships Abschnitt 3.3.4.1.
490 Vgl. PILLER, (2006), S. 226 f.
491 Vgl. REIß, BECK, (1994), S. 29.

nifikanten Zusatznutzen versprechen.[492] In Bezug auf die Ansiedlung des individuellen Teils in der Wertschöpfungskette sind prinzipiell drei Alternativen zu unterscheiden: Eine kundenindividuelle Endfertigung im Vertrieb[493], eine kundenindividuelle Endfertigung beim Hersteller sowie eine kundenindividuelle Vorfertigung beim Hersteller. Die kundenindividuelle Endfertigung beim Hersteller basiert auf der Vorfertigung des Produkts in wenigen Grundformen unabhängig von einem konkreten Kundenauftrag. Gemäß dem Konzept der „Late-Point-Identifcation" wird die Varietät der Konstruktion an das Ende der Fertigung verlagert. Alle Elemente, die eine hohe Fertigungszeit beanspruchen oder zu hohen Fertigungskosten führen, werden möglichst weitgehend standardisiert; es wird eine Abwägung zwischen Kosten und Nutzen der Varietät getroffen.[494] Im Vergleich zur Individualisierung im Handel/Vertrieb stellt die kundenindividuelle Endfertigung beim Hersteller allerdings höhere Anforderungen an die Informationsverarbeitung, da der Kunde hierbei in den Produktionsprozess miteinbezogen wird. Bei einer kundenindividuellen Vorfertigung erfolgt die Individualisierung bereits auf einer frühen Fertigungsstufe; alle weiteren Fertigungsschritte erfolgen jedoch standardisiert. Dadurch ist eine Vorfertigung nur eingeschränkt, für standardisierte Komponenten, möglich, und die Komplexität in der Produktion steigt. Dem steht allerdings ein höheres Individualisierungspotenzial im Vergleich zur kundenindividuellen Endfertigung beim Hersteller gegenüber, da bereits Ausgangsteile kundenindividuell angepasst werden können.[495]

3.1.3.1 Serviceindividualisierung

Serviceindividualisierung meint die Ergänzung einer (standardisierten) Primärleistung um individuelle Sekundär(dienst)leistungen. Damit ist sie der einfachste Ansatz der Mass Customization.[496] Sie führt lediglich zu einer geringen internen Varietät und Komplexität und bietet gleichzeitig die Möglichkeit, einer direkten Interaktion zwischen Anbieter und Kunde und somit zum Aufbau von Learning Relationships,[497] die letztendlich auch die Weiter-/Neuentwicklung von Produkten beeinflussen können.[498] Darüber hinaus werden Kaufentscheidungen zunehmend aufgrund der mit der (standardisierten) Primärleistung gebündelten (indi-

---

492 Vgl. PILLER, (2006), S. 225.
493 Siehe hierzu die Ausführungen weiter oben in diesem Abschnitt.
494 Vgl. BLACKENFELT, (2001), S. III. Siehe auch ISHII, et al., (1995).
495 Vgl. PILLER, (2006), S. 228.
496 Vgl. REIß, BECK, (1995c), S. 65; PINE, (1993a), S. 179.
497 Vgl. zu einer ausführlicheren Behandlung von Learning Relationships Abschnitt 3.3.4.1.
498 Vgl. PILLER, (2006), S. 223.

viduellen) Sekundärleistungen getroffen.[499] Bei der Primärleistung kann es sich sowohl um ein materielles Produkt, eine Dienstleistung als auch um Informationen handeln.[500] Vor dem Hintergrund der Finanzdienstleistungsbranche sind vor allem die beiden letztgenannten Fälle von besonderer Bedeutung, da es sich bei Finanzdienstleistungen primär um Informationen und auf ihnen basierenden Dienstleistungen handelt.[501]

Vor diesem Hintergrund spielt insbesondere die Digitalisierbarkeit[502] von Dienstleistungen als Systematisierungskriterium eine wesentliche Rolle. Moderne IuK-Technologie „kann in vielen Fällen hardwarebasierte Varietät durch softwareseitige Individualisierung ersetzen. […] Bei digitalisierbaren Services[503] stellt der Einsatz moderner IuK-Technik den zentralen Faktor zur Entwicklung, Erstellung und zum Vertrieb individueller Dienste dar.“[504] Die Digitalisierbarkeit ist dabei jedoch nicht als Entweder-oder-Entscheidung, sondern vielmehr als Kontinuum zu sehen; unter Umständen lassen sich Dienstleistungen zum Teil digitalisieren. Die Digitalisierung von Dienstleistungen bietet im Wesentlichen drei Vorteile: Zum einen eröffnet sie aufgrund der Effizienzvorteile einer digitalisierten Leistungserstellung die Möglichkeit, den Gegensatz zwischen Individualisierung einerseits und Standardisierung andererseits zu überwinden. Darüber hinaus vermindert die mit der Digitalisierung verbundene Automatisierung und Standardisierung die Erfüllungsunsicherheit von Dienstleistungen.[505] Und schließlich ermöglicht der Einsatz von IuK-Technologie die räumliche Trennung von Dienstleistungsanbieter und Kunden während der Dienstleistungserbringung.[506] Informationen sind ein Produkt, bei dem sich Serviceindividualisierung als Form der Mass Customization anbietet und bei dem ergänzende Sekundärleistungen in der Regel gut zu digitalisieren sind.[507] Insbesondere vor dem Hintergrund des heute immer wieder diskutierten „Information Overload“ bietet Mass Customization bei der Bereitstellung von Informationen einen entscheidenden Mehrwert für den Kunden.[508]

Die ergänzenden Sekundär(dienst)leistungen wiederum lassen sich in drei Arten unterschieden: Muss-Sekundärleistungen, Soll-Sekundärleistungen und

---

499 Vgl. MEIER, PILLER, (2001), S. 10.

500 Vgl. PINE, (1993a), S. 172 ff, 178.

501 Vgl. Abschnitt 2.1.1.3 sowie Abschnitt 2.2.1.

502 Digitalisierbarkeit meint den Umfang, in dem zentrale Bestandteile der Dienstleistung rein auf Basis von IuK-Technologie abwickelbar sind.

503 Meier und Piller benutzen in Ihrem Artikel die Begriffe Service und Dienstleistung synonym.

504 MEIER, PILLER, (2001), S. 9.

505 Vgl. hierzu Abschnitt 2.1.1.3 sowie auch MEIER, PILLER, (2001), S. 9 f.

506 Vgl. MEIER, PILLER, (2001), S. 10.

507 Vgl. PINE, (1993a), S. 176 f.

508 Vgl. WEITZEN, GENDA, (1988), S. 35.

Kann-Sekundärleistungen. Muss-Sekundärleistungen sind untrennbar mit dem Produkt verbunden und häufig gesetzlich vorgeschrieben (z.B. gesetzlich vorgeschriebene Garantieleistungen). Soll-Sekundärleistungen werden von den Kunden erwartet; ihr Fehlen kann sich negativ auf das Gesamtprodukt auswirken. Da diese Sekundärleistungen damit praktisch marktweit etabliert sind, sind sie weitgehend standardisierbar. Kann-Sekundärleistungen bieten den größten Spielraum bei der Leistungsgestaltung und sind damit am besten geeignet, Differenzierungsvorteile zu schaffen.[509] Eine Zuordnung von Sekundärleistungen zu den drei Gruppen ist allerdings nur vor dem Hintergrund einer konkreten Primärleistung und Kundengruppe möglich. So wird beispielsweise ein Vor-Ort-Reparatur-Service bei einem Aufzug sicherlich als Soll-Leistung gesehen, während er bei einer Stereoanlage in der Regel als Kann-Leistung eingestuft wird. Beispiele für Kann-Sekundärleistungen gegliedert entlang der wesentlichen Stufen des aus Kundensicht wahrgenommenen Teils der Wertschöpfungskette[510], finden sich bei Piller.[511]

3.1.3.2 Modularisierung nach Baukastenprinzip

Die am weitesten verbreitete und oft leistungsfähigste Umsetzung des Mass Customization-Konzepts ist die Modularisierung der Primärleistung nach dem Baukastenprinzip. Diese beruht auf der Nutzung standardisierter Komponenten, die über klar definierte Schnittstellen miteinander kombiniert werden können.[512] Die Modularisierung kann sowohl auf der Produkt- als auch der Prozessebene ansetzen. Das heißt, dass sowohl die Primärleistung als auch der Leistungserstellungsprozess in Einzelkomponenten zerlegt werden, die je nach Kundenspezifikation und Schnittstellendefinition (frei) miteinander kombiniert werden.[513] Abhängig vom Freiheitsgrad der Kombination verschiedener Module können unterschiedliche Formen der Modularisierung unterschieden werden: 1) Die generische Modularisierung, 2) die quantitative Modularisierung, 3) die indivi-

---

509 Vgl. MAYER, (1993), S. 175 f.

510 Dieser Teil der Wertkette wird als „Konsumkette" bezeichnet. Siehe hierzu ausführlich MACMILLAN, MCGRATH, (1997), S. 134-138.

511 Vgl. PILLER, (2006), S. 224.

512 Vgl. BLACKENFELT, (2001), S. 28 ff; PINE, (1993a), S. 196; PINE, (1993b), S. 12; REIß, BECK, (1994), S. 30; TSENG, JIAO, (2001), S. 648 ff; WEHRLI, WIRTZ, (1997), S. 124. Vgl. zu den Modularitätskriterien auch OVERHAGE, (2006), S. 17 ff.

513 Vgl. WIESE, GEISLER, (1996), S. 1902. Siehe für eine Abgrenzung zwischen Modularisierung und Baukastenprinzip KÖSTER, (1998), S. 68 f., der allerdings hier nicht gefolgt wird. Im Folgenden soll die Modularisierung als Grundprinzip, ein Baukastensystem als konkrete Gestaltung der Produktstruktur gesehen werden. Vgl. PILLER, (2006), S. 229.

duelle Modularisierung und 4) die freie Modularisierung.[514] Die generische Modularisierung beruht auf einem Basisprodukt (Plattform, Grundprodukt, Bus). Auf diesem Basisprodukt setzt eine fest vorgegebene Anzahl von Komponenten auf, die das Leistungsspektrum des Gesamtprodukts bestimmen. Eine Individualisierung ist durch die Auswahl unterschiedlicher Varianten einzelner Komponenten möglich. Die quantitative Modularisierung erweitert die generische Modularisierung um die Möglichkeit, einzelne Komponenten gar nicht auszuwählen und damit die Anzahl der Komponenten zu variieren. Bei der individuellen Modularisierung können darüber hinaus einzelne Komponenten kundenindividuell gefertigt werden (Unikatfertigung von Komponenten). Die Fertigung dieser Komponenten ist somit erst nach Eingang der Bestellung möglich. Die freie Modularisierung schließlich verzichtet auf ein einheitliches Basisprodukt als Träger der Komponenten; sie erlaubt eine freie Kombination standardisierter und individuell gefertigter Komponenten.[515] Aufgrund der notwendigen Schnittstellendefinitionen ergeben sich jedoch technische Restriktionen bei der Kombination der Komponenten.[516]

Die Umsetzung einer Mass Customization mittels eines modularen Baukastensystems erfolgt in drei Stufen: Zunächst werden das Basisprodukt sowie dessen grundlegende Architektur definiert und ein „optimaler" Baukasten zusammengestellt. Dabei gilt es, eine ausreichende externe Varietät bei gleichzeitig möglichst geringer interner Komplexität zu erreichen.[517] Die Definition der Komponenten und ihrer Schnittstellen erfolgt basierend auf den antizipierten Kundenanforderungen und muss eine mögliche Wiederverwendung von Komponenten berücksichtigen.[518] Auf der nächsten Stufe wird festgelegt, welche Komponenten auftragsunabhängig, basierend auf einer Absatzprognose, vorgefertigt und welche erst mit Eingang des Kundenauftrags (individuell) gefertigt werden. Die Vorfertigung ermöglicht eine Verkürzung der Fertigungszeiten; erfordert jedoch eine qualitative (welche Varianten) wie quantitative (in welcher Anzahl) Antizipation der Nachfrage. Schließlich erfolgt die kundenspezifische Fertigung des Produkts basierend auf der erhobenen individuellen Spezifikation. Hierbei können vorgefertigte Komponenten aus dem Lager, auftragsbezogen gefertigte,

---

[514] Vgl. ausführlicher PILLER, (1998), S. 181-186. Siehe auch DURAY, et al., (2000), S. 608 ff; MAYER, (1993), S. 155; PINE, (1993a), S. 200-211; ULRICH, TUNG, (1991), S. 77-79.

[515] Vgl. zu den Arten der Modularisierung auch JUNGE, (2005), S. 17 ff; PILLER, (2006), S. 229 ff.

[516] Vgl. BLACKENFELT, (2001), S. 55.

[517] Vgl. REIß, BECK, (1995a), S. 7. Blackenfelt spricht diesbezüglich von einer Modularisierung auf Produktebene und einer Standardisierung auf Komponentenebene. Vgl. BLACKENFELT, (2001), S. 10.

[518] Siehe zur Entwicklung modularer Baukastensysteme ausführlich BALDWIN, CLARK, (1997), S. 86-88; BLACKENFELT, (2001), S. 29 ff, 36 ff, 76 f; METZGER, et al., (2002), S. 57 ff; ROBERTSON, ULRICH, (1998), S. 23-29.

standardisierte aber selten nachgefragte Komponenten sowie individuell gefertigte Komponenten (vollständige Neukonstruktion im Rahmen einer freien Modularisierung) genutzt werden.[519]

Die Implementierung des Mass Customization-Konzepts unter Nutzung eines modularen Baukastensystems bietet damit sowohl dem Anbieter als auch dem Nachfrager etliche Vorteile. Sie bietet gegenüber einer klassischen Einzelfertigung eine deutliche Komplexitätsreduktion. Die Individualisierung erfolgt in der Regel erst in einer späten Fertigungsphase und viele der Komponenten können standardisiert in stabilen Fertigungsprozessen gefertigt werden. Dies führt zu einer geringeren Komplexität der Fertigungssysteme und einem geringeren Koordinationsaufwand in der Fertigung. Darüber hinaus erlaubt eine Modularisierung die simultane Nutzung von Größenvorteilen durch Standardisierung und Verbundvorteilen durch die Wiederverwendung von Komponenten. Diese Integrationswirkung wird auch als Economies of Integration bezeichnet.[520] Des Weiteren ist es möglich, Fertigung und Kontrolle der Komponenten (in gewissem Umfang) zu parallelisieren und die Endkontrolle auf die Überprüfung des Gesamtprodukts zu beschränken. Ebenso können in der Produktentwicklung bereits vorhandene Komponenten und Plattformen wiederverwendet und so der Entwicklungszyklus verkürzt werden. Der modulare Aufbau der Produkte mit fest definierten Schnittstellen zwischen den Komponenten vereinfacht auch die Einbindung externer Zulieferer und damit die Nutzung externen Know-hows sowie eine Reduktion der internen Komplexität durch Auslagerung von Fertigungsschritten.[521] Darüber hinaus kann dem Nachfrager die Möglichkeit geboten werden, durch den nachträglichen Austausch von Komponenten das Produkt während der Nutzung vergleichsweise einfach an geänderte Bedürfnisse anzupassen. Für den Anbieter führt dies gleichzeitig zu Folgekäufen einzelner Module.[522]

Den genannten Vorteilen eines modularen Baukastensystems stehen jedoch auch Herausforderungen beziehungsweise Nachteile gegenüber.[523] Bereits die Entwicklung eines modularen Produktsystems bedingt einen deutlich höheren Entwicklungsaufwand gegenüber einem integrierten System; dies spiegelt sich auch in der Fertigung wider. Andererseits wird ein modulares System aufgrund der notwendigen Standardisierung nie alle Individualisierungswünsche erfüllen können. Eine intensive (Wieder)Verwendung bestehender (Standard) Komponenten bei der Entwicklung neuer Produkte kann unter Umständen auch zum

---

519 Vgl. PILLER, (2006), S. 230 ff.

520 Vgl. FEITZINGER, LEE, (1997), S. 117; JIAO, (1998), S. 10 f; MAYER, (1993), S. 164-170; SAWHNEY, (1998), S. 55 f; ULRICH, TUNG, (1991), S. 75 f.

521 Vgl. PILLER, (2006), S. 233.

522 Vgl. REIß, BECK, (1995b), S. 32.

523 Damit wird der Annahme Mayers widersprochen, dass den Vorzügen einer Modularisierung „kaum Nachteile gegenüberstehen." MAYER, (1993), S. 170.

Verpassen von Innovationsmöglichkeiten führen. Ebenso führt die Wiederverwendung von Komponenten dazu, dass diese an den höchsten Anforderungen ausgerichtet sein müssen. Damit können sich in vielen Einsatzszenarien höhere Stückkosten ergeben, die den entsprechenden Economies of Integration gegenübergestellt werden müssen. Darüber hinaus erleichtert die Einfachheit und Offenheit modularer Systeme das Reverse Engineering und damit die Imitation durch Konkurrenten.[524] Ähnlich der Variantenfertigung[525] führt bei der Modularisierung eine Steigerung der Individualisierungsmöglichkeiten mittels einer größeren Anzahl von Komponenten und Komponentenvarianten zu einer modularisierungsbedingten Komplexitäts- und damit Kostensteigerung. Dies spiegelt sich auf Anbieterseite in weniger stabilen Prozessen und Komponenten(-schnittstellen) wider. Für den Nachfrager wiederum führt eine Steigerung der Anzahl von Individualisierungsmöglichkeiten zu einer Komplexitätssteigerung bei der individuellen Konfiguration. Hinzu kommt, dass viele der theoretisch möglichen Kombinationen von Komponenten technisch nicht möglich sind. Dies macht die Bereitstellung eines Designwerkzeuges beziehungsweise eines Konfigurators für den Kunden erforderlich, um ihn bei der Auswahl und Konfiguration des Produkts zu unterstützen, das genau seinen individuellen Bedürfnissen entspricht.[526] Eine Vereinfachung der Produktarchitektur kann bei den angeführten Fällen zu einer Verbesserung der Gesamtfunktionalität führen. Das Ziel ist es, mit möglichst wenigen Komponenten eine möglichst hohe Zahl von Individualisierungsbedürfnissen zu befriedigen.[527]

3.1.3.3 Massenhafte Fertigung von Unikaten

Die massenhafte Fertigung von Unikaten, das heißt die kundenindividuelle Fertigung über die gesamte Wertkette, ist die weitestgehende Form der Mass Customization. Die massenhafte Fertigung von Unikaten ist sowohl gegenüber der Fertigung auf Basis eines modularen Baukastensystems als auch gegenüber der klassischen Einzelfertigung abzugrenzen.

Abhängig von der zugrunde gelegten Granularität sind praktisch alle (industriellen) Leistungen aus Komponenten zusammengesetzt.[528] Die massenhafte Fertigung von Unikaten unterscheidet sich von einer Fertigung auf Basis eines modularen Baukastensystems im Grad der Standardisierung; bei ihr überwiegen

---

[524] Vgl. BALDWIN, CLARK, (1997), S. 87 f; PINE, (1993b), S. 55; ULRICH, TUNG, (1991), S. 76 f.
[525] Vgl. Abschnitt 3.1.2.2.
[526] Vgl. PILLER, (2006), S. 234; BLACKENFELT, (2001), S. 54 ff.
[527] Vgl. ULRICH, TUNG, (1991), S. 76 f.
[528] Vgl. ULRICH, TUNG, (1991), S. 76 f.

die kundenindividuellen Fertigungsschritte. Gegenüber einer klassischen Einzelfertigung andererseits ist die massenhafte Fertigung von Unikaten vor allem auf Basis der Größe des bedienten Marktsegments und der Höhe der Herstellkosten abzugrenzen; sie ist entsprechend der Mass Customization Definition auf einen (relativ) großen Absatzmarkt gerichtet. Da die Fertigung eines Kundenauftrags jeweils mit einer Neukonstruktion beginnt, nutzt sie stabile und standardisierte Prozesse auf Basis flexibler Fertigungssysteme, um den Individualisierungsprozess und die Individuelle Fertigung möglichst effizient zu gestalten.[529]

Schnäbele spricht deshalb von einer Strategie der technologischen Individualisierung unter Einsatz von hochflexiblen Fertigungssystemen und der Nutzung von Economies of Integration.[530] Die Individualisierungsmöglichkeiten sind damit aber bei einer massenhaften Unikatfertigung weiterhin durch den Flexibilitätsgrad der Fertigungssysteme begrenzt.

Ein wesentlicher Umsetzungsfaktor im Rahmen der massenhaften Unikatfertigung ist das Speed- beziehungsweise Zeitmanagement, das heißt die Beschleunigung aller Unternehmensprozesse.[531] So schreibt Piller in seinem Buch „Mass Customization": „Schafft es ein Unternehmen, die Umrüst- und Produktwechselzeiten durch geeignete organisatorische Maßnahmen zu verkürzen, können eventuell schon diese Maßnahmen trotz individueller Produktion zusammen mit den Kostensenkungspotenzialen einer einzelkundenbezogenen Leistungserstellung zu geringeren Stückkosten als die großen Lose der Massenproduktion führen"[532] Das Zeitmanagement basiert dabei in erster Linie auf einer Reorganisation der Unternehmensprozesse. Einer der wesentlichen Prozesse hierbei ist die Erhebung der Individualisierungsinformationen. Bei einer klassischen Einzelfertigung ist dies vielfach ein langwieriger, mehrfach iterativer Abstimmungsprozess in der Projektierungsphase. Im Rahmen einer massenhaften Fertigung von Unikaten als Umsetzung der Mass Customization gilt es, den Kunden durch entsprechende Werkzeuge bei der Erstellung einer stabilen Spezifikation zu unterstützen.[533] Insbesondere dem Problem, dass Kunden oft nicht in der Lage

---

529 Bei einer klassischen Einzelfertigung hingegen werden sowohl das Produkt als auch die Fertigungsprozesse mit jedem Kundenauftrag neu „erfunden". Die Idee der Nutzung stabiler und standardisierter Prozesse sowie flexibler Fertigungssysteme greift ein Modell von Boynton, Pine und Victor auf, die einen vierstufigen Entwicklungsprozess zur Einführung der Mass Customization beschreiben. Siehe hierzu PINE, (1998), S. 4-13; BOYNTON, et al., (1993), S. 40 ff, 59 f; VICTOR, et al., (1996); VICTOR, BOYNTON, (1998), S. 6-14 u. 119-133.

530 Vgl. SCHNÄBELE, (1997), S. 136.

531 Vgl. REIß, BECK, (1995c), S. 66; PINE, (1993a), S. 193; PINE, (1993b), S. 12. Siehe zu „Time-based-Competition" als einem der großen Managementtrends der frühen 1990er Jahre STALK, (1988), S. 45 ff; STALK, HOUT, (1992), S. 57 ff.

532 PILLER, (2006), S. 235 f.

533 Vgl. PILLER, (2006), S. 236.

sind, im Voraus eine exakte Spezifikation abzugeben, kann durch den Einsatz moderner IuK-Technologien begegnet werden.[534]

3.2 Theoretische Beurteilung des Mass Customization-Konzepts

3.2.1 Die Wettbewerbsstrategien nach Porter

Nach Porter gibt es für ein Unternehmen im Wesentlichen drei generische Strategietypen um dauerhaft am Markt erfolgreich sein zu können.[535] Bedingung für einen Erfolg am Markt ist die Erlangung von dauerhaften Wettbewerbsvorteilen.[536] Für die Erklärung dauerhafter Wettbewerbsvorteile werden in der Strategischen Management Literatur im Wesentlichen zwei Ansätze diskutiert: der marktorientierte- und der ressourcenorientierte Ansatz.[537]

3.2.1.1 Bedingungen für Wettbewerbsvorteile

Wettbewerbsvorteile begründen den (dauerhaften) Erfolg eines Unternehmens am Markt. Sie erlauben einem Unternehmen eine Leistungserstellung, die dem Wettbewerb soweit überlegen ist, dass es gegenüber der Konkurrenz einen quasimonopolistischen Gestaltungsspielraum mit geringer Nachfrageelastizität erlangen kann.[538]

Quellen von Wettbewerbsvorteilen sind ein abgestimmtes Bündel aus überlegenen Fähigkeiten, überlegenen Unternehmensressourcen sowie der Branchenattraktivität (beispielsweise aufgrund von Wettbewerbshemmnissen). Sie führen für das Unternehmen zu Positionsvorteilen in dem Sinne, dass es seinen Kunden höherwertige Leistungen zu niedrigeren relativen Kosten anbieten kann. Die Umsetzung dieser Positionsvorteile führt zu steigender Kundenzufriedenheit und -bindung, zu einem steigenden Marktanteil und steigender Profitabilität. Die erzielten Gewinne bilden wiederum die Basis für Investitionen, um die vorhanden Wettbewerbsvorteile aufrechtzuerhalten oder neue aufzubauen (siehe Abbildung 9).[539]

534 Vgl. BURNS, (1993), S. 303. Unter anderem ist der Einsatz von Konfiguratoren, Simulatoren und Expertensystemen zur Unterstützung des Kunden bei der Spezifikation möglich.

535 Vgl. PORTER, (1999), S. 70 ff.

536 Vgl. CORSTEN, (1998a), S. 11 f.

537 Vgl. CORSTEN, (1998a), S. 15; JENNER, (1998), S. 1313.

538 Vgl. PILLER, (2006), S. 72 f; CORSTEN, (1998a), S. 11 f.

539 Vgl. CORSTEN, (1998a), S. 15; DAY, WENSLEY, (1988), S. 2 ff; HOMBURG, et al., (1999), S. 175 ff. Siehe Abbildung 9.

Für einen dauerhaften Erfolg am Markt gilt es, langfristige (strategische) Wettbewerbsvorteile aufzubauen. Als Bedingung hierfür betonen praktisch alle in den letzten Jahren diskutierten Managementansätze (bspw. Total Quality Management, Benchmarking, Time based Competition, Outsourcing, Reengineering, Change Management) Produktivität, Qualität und Geschwindigkeit. Zwar lieferte die Umsetzung dieser Konzepte in vielen Unternehmen eine spürbare operationale Verbesserung, diese konnte jedoch nur selten zur Erlangung dauerhafter (strategischer) Wettbewerbsvorteile genutzt werden.

Abbildung 9: Elemente von Wettbewerbsvorteilen[540]

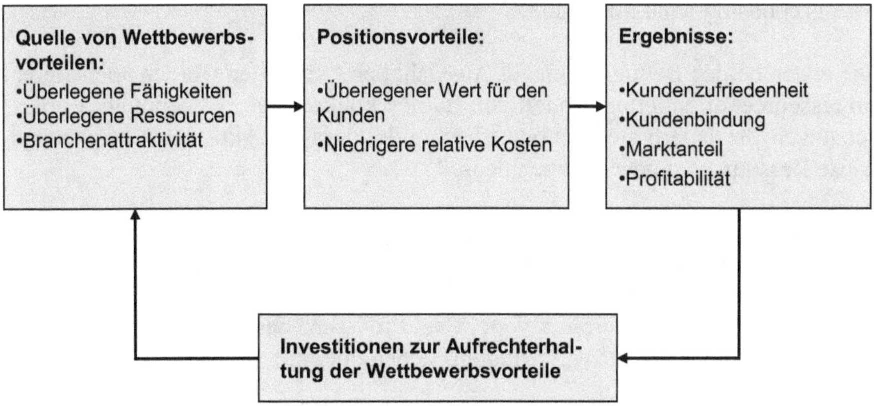

Operationale Effektivität ist zwar eine notwendige jedoch keine hinreichende Voraussetzung für strategische Wettbewerbsvorteile.[541] Entsprechend schreibt Porter: „Competitive strategy is about being different."[542] Gerade Ansätze wie Benchmarking und die Umsetzung von Best Practices führen jedoch häufig zu einer Angleichung der Leistungen innerhalb einer Branche. Strategische Wettbewerbsvorteile sollen hingegen einen Bezug zu für den Kunden wichtigen Leistungsmerkmalen aufweisen, vom Kunden wahrnehmbar sein und eine gewisse Dauerhaftigkeit besitzen.[543] Porter nennt drei Bedingungen für dauerhafte Wettbewerbsvorteile:[544]

540 In Anlehnung an PILLER, (2006), S. 73; CORSTEN, (1998a), S. 15; DAY, WENSLEY, (1988), S. 2 ff.

541 Vgl. PILLER, (2006), S. 74.

542 PORTER, (1996), S. 64.

543 Vgl. SIMON, (1988), S. 464 f.

544 Vgl. PORTER, (1996), S. 64 ff.

- Eine einmalige Positionierung des Unternehmens aufgrund eines Sets von Aktivitäten, die sich wesentlich von dem seiner Konkurrenten unterscheidet.
- Die Schaffung von Aktivitätenbündeln, die in sich einen hohen „Fit" aufweisen; das heißt die aus Aktivitäten bestehen, die aufeinander abgestimmt und untereinander komplementär sind; und damit möglichst individuell und schwer imitierbar.
- Das Vorhandensein von (echten[545]) Zielkonflikten (Trade-offs); Durch sie werden Unternehmen gezwungen sich für bestimmte Aktivitäten zu entscheiden. Unternehmen, die diese Zielkonflikte ignorieren, sehen sich in der Regel hohen Kosten für diesen Spagat gegenüber. „The essence of strategy is choosing what not to do."[546]

Die ersten beiden Bedingungen zur Auswahl der Aktivitäten werden noch einmal im ressourcenorientierten Modell von Barney konkretisiert. Er nennt als Voraussetzungen für dauerhafte Wettbewerbsvorteile, dass die Aktivitäten beziehungsweise Ressourcen eines Unternehmens:[547]

- wertschaffend sein müssen; das heißt entweder die Kosten der Leistungserstellung senken oder aufgrund eines Differenzierungsvorteils eine Erlössteigerung erlauben.
- in der Branche heterogen verteilt sein müssen; das heißt sie müssen dem Unternehmen allein zur Verfügung stehen oder nur in geringem Umfang am Markt verfügbar sein.
- an das Unternehmen gebunden sein müssen; das heißt, dass andere Unternehmen sie nicht ohne weiteres imitieren können („imperfect imitability/mobility"[548]).

Sowohl Porter als auch Barney betonen damit, dass eine Konzentration ausschließlich auf die operationale Effektivität lediglich zu temporären Wettbewerbsvorteilen führen kann.

---

545 Als Beispiel für einen unechten Zielkonflikt nennt Porter Kosten und Qualität, wenn er durch redundante oder unnötige Arbeit oder schlechte Kontrolle verursacht wird. Vgl. PORTER, (1996), S. 69.

546 PORTER, (1996), S. 70.

547 Vgl. BARNEY, (1991), S. 106 ff; MATA, et al., (1995), S. 493 ff. Siehe auch BARNEY, (1994).

548 Barney nennt als Gründe für eine „imperfect mobility" zum einen die „role of history" – die Rolle einer langen Präsenz auf bestimmten Märkten, die „casual ambiguity" – Vorteile, die Prozessen, Struktur und implizitem Wissen begründet sind, und „social complexity" – Organisationskultur, Reputation bei Kunden und Zulieferern. BARNEY, (1991), S. 108 ff.

3.2.1.2 Markt- und ressourcenorientierter Ansatz

Zur Erklärung von (dauerhaften) Wettbewerbsvorteilen werden, wie im vorangegangenen Abschnitt bereits erwähnt, in der Literatur zwei Ansätze diskutiert: der marktorientierte und der ressourcenorientierte Ansatz.[549] Sie unterscheiden sich dadurch, dass „die marktorientierte Sichtweise erst nach dem Absatzmarkt und dann nach den Stärken des Unternehmens fragt, während eine ressourcenorientierte Sichtweise zunächst nach den Ressourcen und Fähigkeiten des Unternehmens und dann erst nach einem möglichst attraktiven Absatzmarkt sucht, auf dem sich diese Fähigkeiten in einen Kundennutzen umsetzen lassen."[550] Beide lassen sich jedoch, wie im Folgenden gezeigt wird, kombinieren und eigenen sich zur Erklärung des Mass Customization-Konzepts.

Der marktorientierte Ansatz war das vorherrschende Paradigma im strategischen Management in den siebziger und achtziger Jahren des 20. Jahrhunderts. Als Begründer dieses Ansatzes wird vielfach Porter gesehen, der in seinen Arbeiten zu Wettbewerbsstrategie und Wettbewerbsvorteilen das Gedankengut der Industrieökonomik aufgegriffen und zur neuen Industrieökonomik weiterentwickelt hat.[551] Dank der Klarheit und Einfachheit seines Konzepts hatte Porter nicht nur auf die Wissenschaft, sondern auch auf die Praxis maßgeblichen Einfluss mit seinen Arbeiten.[552] Im Zentrum der Betrachtung stehen beim marktorientierten Ansatz unternehmensexterne Faktoren zur Erklärung von Wettbewerbsvorteilen (Outside-in-Perspektive).[553] Erfolgsunterschiede zwischen Unternehmen erklären sich demnach aus der Attraktivität[554] der Branche, in der das Unternehmen tätig ist, und der relativen Position des Unternehmens innerhalb der Branche.[555]

Eine wesentliche Grundlage der Arbeiten von Porter stellt das „Structure-Conduct-Performance"-Paradigma der Industrieökonomik dar.[556] Dieses beschreibt den Zusammenhang zwischen den Markt- und Wettbewerbsbedingun-

[549] Vgl. u.a. CONNER, (1991), S. 121 ff; RÜHLI, (1994), S. 32; RÜHLI, (1995), S. 91; BAMBERGER, WRONA, (1996), S. 386; NOLTE, (1998), S. IV; NOLTE, BERGMANN, (1998), S. 3 f.

[550] NOLTE, (1998), S. IV.

[551] Vgl. STAHL, (2005), S. 18; PORTER, (1980); PORTER, (1985).

[552] Vgl. BARNEY, (2002), S. 56; RÜHLI, (1994), S. 34.

[553] Vgl. STAHL, (2005), S. 18.

[554] Als attraktiv werden in diesem Zusammenhang Branchen mit Wettbewerbshemmnissen (Markteintrittsbarrieren oder Mobilitätsbarrieren) für potenzielle Konkurrenten gesehen. Vgl. PORTER, (1999), S. 37 ff, 187. Aufgabe des Management ist es, diese Barrieren aufzubauen und das Unternehmen gegen die Wettbewerbskräfte abzuschirmen. Vgl. TEECE, (1984), S. 94.

[555] Vgl. hierzu PORTER, (1991), S. 99 f. „At the broadest level, firm success is a function of two areas: the attractiveness of the industry in which the firm competes and its relative position in that industry."

[556] Vgl. TEECE, (1984), S. 93 ff; PILLER, (2006), S. 80. Maßgeblich entwickelt wurde das Modell in den 1930ern von Mason und den 1950ern von Bain. Vgl. MASON, (1939); BAIN, (1956); BAIN, (1959).

gen (Structure), dem Verhalten der Wettbewerber (Conduct) und dem Ergebnis des Wettbewerbs (Performance).

Vereinfacht dargestellt, besagt das Modell, dass das Verhalten der Wettbewerber das Ergebnis des Wettbewerbs bedingt; und das Verhalten der Wettbewerber wiederum durch die Struktur des Markts determiniert ist.[557] Damit stellt ein umfassendes Verständnis des Marktes den Ausgangspunkt für die Strategieformulierung eines Unternehmens dar.[558]

Porter entwickelte hierzu das (bereits in Abschnitt 2.1.2.2 eingeführte) Konzept der Branchenstrukturanalyse. Dieses betrachtet fünf Wettbewerbskräfte, die die Wettbewerbssituation in und damit die Attraktivität einer Branche bestimmen: Verhandlungsmacht der Lieferanten, Verhandlungsmacht der Kunden, Bedrohung durch neue Konkurrenten, Bedrohung durch Ersatzprodukte und -dienste und Wettbewerb in der Branche.[559]

Ausgehend von dieser Analyse gilt es für das Unternehmen, die Marktsituation einzuschätzen und eine adäquate Wettbewerbsstrategie abzuleiten.[560] „The goal of competitive strategy for a business unit in an industry is to find a position in the industry where the company can best defend itself against these competitive forces or can influence them in its favour."[561]

Eine wesentliche (wettbewerbsstrategische) Rolle spielt dabei die IuK-Technologie. Zum einen beim Verfügbarmachen von Informationen zur Wettbewerbssituation (vor allem von ökonomischen Rahmendaten wie auch von Informationen zum Verhalten der Wettbewerber). Zum anderen aufgrund ihres zunehmenden Einflusses auf die Branchenstruktur, die Wettbewerbskräfte, Marktgrenzen und -verhalten sowie die Organisation der Wertschöpfung und die Abwicklung von Geschäftsbeziehungen.[562]

Um in diesem Umfeld dauerhafte Wettbewerbsvorteile zu erlangen, sieht Porter drei grundsätzlich Erfolg versprechende Strategietypen,[563] auf die im Abschnitt 3.2.1.3 detaillierter eingegangen wird.

Am marktorientierten Ansatz mit seinem Fokus auf den Markt beziehungsweise die Branche, in der ein Unternehmen tätig ist, wird vor allem die Nichtberücksichtigung unternehmensspezifischer Erfolgspotenziale kritisiert; im Gegensatz dazu wurde beim marktorientierten Ansatz implizit vorausgesetzt, dass alle

557 Vgl. HUNGENBERG, (2006), S. 494.
558 Vgl. BAIN, (1968), S. 154.
559 Vgl. PORTER, (2000), S. 28 ff; RÜHLI, (1994), S. 35; RÜHLI, (1995), S. 93.
560 Vgl. HUNGENBERG, (2006), S. 61; STAHL, (2005), S. 19; PILLER, (2006), S. 80.
561 PORTER, (1980), S. 4.
562 Vgl. PILLER, (2006), S. 80 f.
563 Vgl. PORTER, (2000), S. 39 ff.

Unternehmen einer Branche mit denselben strategischen Ressourcen ausgestattet sind und identische Strategien verfolgen.[564]

Aus dieser Kritik heraus wurden seit Anfang der neunziger Jahre die Theorien und Konzepte des ressourcenorientierten Ansatzes entwickelt.[565] Insbesondere Prahalad und Hamel trugen mit ihrer Arbeit zu Kernkompetenzen[566] von Unternehmen zur Verbreitung dieses Ansatzes bei.[567] Der ressourcenorientierte Ansatz geht davon aus, dass vor allem die internen Ressourcen eines Unternehmens (sowohl materielle, immaterielle als auch organisatorische Potenziale) die Grundlage dauerhafter Wettbewerbsvorteile sind. Diese Ressourcen beziehungsweise individuellen Ressourcenbündel[568] sind dabei limitiert oder nicht am Markt handelbar und damit nur schwer zu imitieren.[569] Ziel eines Unternehmens muss es damit nach dem ressourcenorientierten Ansatz sein, ein Ressourcenpotenzial aufzubauen, das eine dauerhaft erfolgreiche Positionierung im Markt ermöglicht.[570] Auch im Rahmen des ressourcenorientierten Ansatzes spielt die IuK-Technologie eine immer größere Rolle. So werden als Beitrag der IuK-Technologie zum Aufbau dauerhafter Wettbewerbsvorteile vor allem folgende Faktoren genannt:[571]

- Aufbau von Umstellungskosten für Kunden, indem Anbieter und Abnehmer durch den Aufbau eines IuK-Systems, das beiden Seiten Vorteile verschafft, langfristig aneinander gebunden wurden (create-capture-keep paradigm[572]).
- Zugang zu Kapital, da der Aufbau eines IuK-System häufig mit hohen Investitionen verbunden ist, die nicht beliebig von anderen Unternehmen nachvollzogen werden können.
- Zugang zu proprietären Technologien, indem neue IuK-Technologien durch Patente und Geheimhaltung geschützt werden.

---

564 Vgl. THIELE, (1997), S. 5.

565 Vgl. STAHL, (2005), S. 19 f; THIELE, (1997), S. 35.

566 Hinterhuber definiert ausgehend von den Arbeiten von Prahald und Hamel sowie Stalk, Evans und Shulman Kernkompetenzen als „integrierte und durch organisationale Lernprozesse koordinierte Gesamtheiten von Technologien, Know-how, Prozessen und Einstellungen, die für den Kunden erkennbar wertvoll sind, gegenüber der Konkurrenz einmalig sind, schwer imitierbar sind und potenziell den Zugang zu einer Vielzahl von Märkten eröffnen." HINTERHUBER, (2004), S. 12. Vgl. auch PRAHALAD, HAMEL, (1990), S. 79 ff; STALK, et al., (1992), S. 62 ff.

567 Vgl. MOORMANN, et al., (2006), S. 81 f.

568 Insbesondere in ihrer speziellen Kombination individuelle Ressourcenbündel sind nicht frei zwischen Unternehmen übertragbar. Moormann verwendet für solche Ressourcenbündel auch den Begriff „Kompetenzen". Vgl. MOORMANN, et al., (2006), S. 82.

569 Vgl. SCHUBERT, et al., (2001), S. 49 ff.

570 Vgl. STAHL, (2005), S. 20.

571 Vgl. MATA, et al., (1995), S. 495 ff.

572 Vgl. CLEMONS, (1986), S. 135.

- Zugang zu technischem Know-how und Managementkapazität, die notwendig sind, um die relevanten IuK-Systeme zu entwickeln, zu warten und zu erweitern.

Mit der steigenden Offenheit, Standardisierung und Vernetzung von IuK-Systemen sowie der zunehmenden Nutzung von Wissensmanagementansätzen gewinnt gegenüber diesen Punkten inzwischen vor allem die Fähigkeit an Bedeutung, IuK-Technologie gezielt an den unternehmensinternen und -externen Schnittstellen einzusetzen; dies sowohl im Hinblick auf technische Fähigkeiten, vor allem aber auf Managementfähigkeiten.[573]

Der Erklärungskraft des ressourcenorientierten Ansatzes in Bezug auf Unterschiede innerhalb einer Branche, die nicht auf Marktgegebenheiten zurückzuführen sind, stehen allerdings einige Nachteile gegenüber. Dies sind vor allem die problematische Bewertung der Ressourcen, das Fehlen von Normstrategien sowie die Vernachlässigung von Marktaspekten.[574]

Nachdem der markt- und der ressourcenorientierte Ansatz von einigen ihrer jeweiligen Vertreter als Gegenpole positioniert wurden, finden sich inzwischen zunehmend Autoren, die beide Ansätze als komplementär ansehen.[575] Dabei werden verschiedene Möglichkeiten betrachtet, wie beide Ansätze integriert werden können. Grundsätzlich können hierarchische, spezifizierende und situative Beziehungen unterschieden werden:[576]

- Bei einer hierarchischen Beziehung wird ein Ansatz dem anderen untergeordnet und dient der Konkretisierung des vorgelagerten Ansatzes.
- Bei einer spezifizierenden Beziehung wird ein Ansatz als Spezialfall des anderen gesehen; sie stehen jedoch beide auf derselben Stufe.
- Bei einer situativen Beziehung werden beide Ansätze als gleichgewichtige, komplementäre Pole eines Kontinuums betrachtet; eine Fokussierung auf einen Ansatz erfolgt jeweils situationsabhängig.

---

573 Vgl. PILLER, (2006), S. 79. Mata, Fuerst und Barney schreiben hierzu: „The search for IT-based sources of sustained competitive advantage must focus less in IT, per se, and more on the process of organizing and managing IT within a firm. It is the ability of IT managers to work with [...] managers in other functional areas in a firm, and with managers in other firms that is most likely to separate those firms that are able to gain sustained competitive advantages from their IT and those that are only able to gain competitive parity from their IT.“ MATA, et al., (1995), S. 501.

574 Vgl. RASCHE, (1994), S. 398 f.

575 Vgl. FREILING, (2001), S. 11; THIELE, (1997), S. 35; BÖRNER, (2000b), S. 689; VERDIN, WILLIAMSON, (1994), S. 78. Eine ausführliche Betrachtung der Integration von markt- und ressourcenorientiertem Ansatz findet sich bei DISSELBECK, (2007), S. 242 ff.

576 Vgl. BÖRNER, (2000c), S. 125.

Viele Autoren sehen eine situative Beziehung zwischen markt- und ressourcenorientiertem Ansatz. So zum Beispiel Rühli in seinem Kreislaufmodell,[577] Krüger und Homp in ihrem Modell marktorientierter Kernkompetenzen, die in einem Gegenstromverfahren aus Kunden- und Unternehmenssicht entwickelt werden,[578] Moormann, der die Beziehung über eine SWOT-Analyse herstellt,[579] sowie Hinterhuber in seinem Modell der Unternehmung als System von Kernkompetenzen und strategischen Geschäftseinheiten.[580]

Ein differenzierteres Modell, das Gemeinsamkeiten und Unterschiede der beiden Ansätze berücksichtigt, ist das (hierarchische) Integrationsmodell von Börner.[581] Ausgehend von den Gemeinsamkeiten und Unterschieden von markt- und ressourcenorientiertem Ansatz schlägt er eine hierarchische Verknüpfung vor. Dabei wird der ressourcenorientierte Ansatz im Rahmen einer Marktentwicklung zur längerfristigen Gesamtunternehmenssteuerung genutzt.[582] Der marktorientierte Ansatz hingegen dient der kürzerfristigen Nutzbarmachung der ressourcen- und kompetenzbasierten Wettbewerbsvorteile in konkreten Märkten beziehungsweise Marktsegmenten.[583]

Börner sieht in diesem Modell die Dominanz des ressourcenorientierten Ansatzes aus zwei Gründen als gerechtfertigt an: Zum einen, da der ressourcenorientierte Ansatz mit seiner Entwicklung von Kernkompetenzen längerfristig ausgerichtet ist als der marktorientierte Ansatz, bei dem selten von langfristig stabilen Branchenstrukturen ausgegangen werden kann. Zum anderen, da auf Geschäftsfeldebene genügend Freiräume bestehen, um die aus einer Gesamtunternehmensperspektive (relativ) abstrakt definierten Kernkompetenzen entsprechend den Markterfordernissen zu adaptieren.[584]

3.2.1.3 Porters Normstrategien und Alternativhypothese

Basierend auf dem marktorientierten Ansatz geht Porter von drei Strategietypen, drei Normstrategien aus, die als Reaktion auf alle fünf Wettbewerbskräfte zu dauerhaften Wettbewerbsvorteilen führen können. Ausgehend von den beiden

---

577 Vgl. RÜHLI, (1994), S. 49 ff.

578 Vgl. KRÜGER, HOMP, (1997), S. 64 ff; KRÜGER, HOMP, (1998), S. 530 f.

579 Vgl. MOORMANN, et al., (2006), S. 79 ff. Ähnlich auch Corsten, der schreibt, dass sich Wettbewerbsvorteile aus der Übereinstimmung von Fähigkeiten und Ressourcen mit marktlichen Chancen ergeben. Vgl. CORSTEN, (1998a), S. 20 ff.

580 Vgl. HINTERHUBER, (2004), S. 14 ff, 120 ff und 210 ff.

581 Vgl. DISSELBECK, (2007), S. 246 ff.

582 Vgl. BÖRNER, (2000c), S. 137.

583 Vgl. BÖRNER, (2000c), S. 142.

584 Vgl. BÖRNER, (2000a), S. 820.

grundlegenden Dimensionen Breite der Marktabdeckung (eng, weit) und dem angestrebten strategischen Wettbewerbsvorteil (Kosten, Differenzierung) unterscheidet er die Strategietypen:[585]

- Umfassende Kostenführerschaft
- Differenzierung
- Konzentration auf Schwerpunkte[586]

Der Strategietyp der Kostenführerschaft zielt darauf, einen umfassenden Kostenvorsprung innerhalb einer Branche zu erlangen. Dies erfordert Produktionsanlagen effizienter Größe, das Ausnutzen von Erfahrungskurveneffekten, eine strenge Kontrolle von variablen Kosten und Gemeinkosten, die Vermeidung von marginalen Kunden sowie die Kostenminimierung in Bereichen wie Forschung und Entwicklung, Service, Vertreterstab, Werbung, etc. Dabei dürfen Qualität, Service und andere Bereiche allerdings nicht außer Acht gelassen werden. Porter sieht durch eine umfassende Kostenführerschaft die Möglichkeit gegeben, sich gegen alle fünf Wettbewerbskräfte zu schützen; selbst im Falle eines Preiswettbewerbs.[587]

Der Strategietyp der Differenzierung hingegen zielt darauf, ein Produkt oder eine Leistung anzubieten, die in der Branche als einzigartig angesehen wird. Dabei bestehen verschiedene Möglichkeiten für eine Differenzierung: Design oder Markenname, Technologie, werbewirksame Aufhänger, Kundendienst, Händlernetz, etc. Im Rahmen der Anwendung dieses Strategietyps darf das Unternehmen allerdings nicht die Kostenseite ignorieren. Eine Differenzierungsstrategie schirmt ein Unternehmen von den fünf Wettbewerbskräften ab, indem sie Abnehmer an die Marke bindet und die Preisempfindlichkeit verringert. Andererseits kann eine Differenzierungsstrategie damit jedoch einen hohen Marktanteil ausschließen; beispielsweise, wenn sie einen exklusiven Ruf voraussetzt.[588]

Der Strategietyp der Konzentration auf Schwerpunkte wiederum besteht in der Konzentration auf Marktnischen.[589] „Die Strategie beruht auf der Prämisse, dass das Unternehmen sein eng begrenztes strategisches Ziel wirkungsvoller oder effizienter erreichen kann als Konkurrenten, die sich im breiteren Wettbewerb befinden."[590] Das Unternehmen erreicht dieses Ziel, indem es unter den

---

585 Vgl. PORTER, (1999), S. 70 ff.

586 Kostenführerschaft bzw. Differenzierung in einer Marktnische.

587 Vgl. PORTER, (1999), S. 71 f.

588 Vgl. PORTER, (1999), S. 73 f.

589 Porter versteht darunter die Konzentration auf bestimmte Abnehmergruppen, einen bestimmten Teil des Produktprogramms oder einen geographisch abgegrenzten Markt. Vgl. PORTER, (1999), S. 75.

590 Vgl. PORTER, (1999), S. 75.

gegebenen (engeren) Rahmenbedingungen eine Kostenführerschaft, eine Differenzierung oder eine Kombination von beiden Strategietypen umsetzt. Die Wirkung der beiden Strategietypen entspricht dabei der Wirkung im Fall der Umsetzung von Kostenführerschaft oder Differenzierung auf dem Gesamtmarkt. Darüber hinaus erlaubt der Fokus auf eine Marktnische dem Unternehmen, Zielobjekte auszumachen, bei denen die Konkurrenten am schwächsten sind.[591]

Seinen großen Einfluss sowohl in der Praxis wie auch in der Wissenschaft verdankt Porters Konzept seiner Klarheit und Eindeutigkeit sowie den Schwächen vieler Alternativkonzepte.[592] Dies galt lange auch für sein Postulat der Unvereinbarkeit von Kostenführerschaft und Differenzierung:[593] „Ein Unternehmen, das jeden Strategietyp verfolgt, aber keinen verwirklichen kann, bleibt zwischen den Stühlen sitzen. Es verfügt über keinen Wettbewerbsvorteil. Diese strategische Lage führt in aller Regel zu unterdurchschnittlicher Leistung. Ein zwischen den Stühlen sitzendes Unternehmen geht benachteiligt in den Wettbewerb, weil die Kostenführer und die Unternehmen, welche Differenzierung betreiben oder sich auf Schwerpunkte konzentrieren, in jedem Segment von besseren Wettbewerbspositionen ausgehen können."[594] Diesem Postulat liegen zwei Annahmen zugrunde: die Konsistenz- und die Konvexitätsannahme.[595]

Gemäß der Konsistenzannahme kann eine Strategie der Kostenführerschaft nicht konsistent mit einer Strategie der Differenzierung verbunden werden. Eine Differenzierung ist nach Porter immer mit zusätzlich Kosten verbunden; damit steigen die Kosten eines Unternehmens, das von einer Position der Kostenführerschaft aus eine Differenzierung aufbauen möchte. Da sich die Einschätzung der Kunden nur langsam ändert, ist es jedoch nicht in der Lage, sofort höhere Preise durchzusetzen. Andererseits sind die Kostensenkungspotenziale eines differenzierten Unternehmens begrenzt, da eine Kostensenkung zwangsläufig mit einem Verzicht von Leistungsmerkmalen einhergeht. Ausgehend von dieser Überlegung besagt die Konvexitätsannahme, dass in vielen Branchen ein u-förmiger (konvexer) Zusammenhang zwischen Rentabilität und Marktanteil existiert. Das heißt, sowohl differenzierte beziehungsweise spezialisierte Unternehmen mit kleinem Marktanteil als auch Kostenführer mit großem Marktanteil besitzen eine hohe Rentabilität. Unternehmen, die versuchen beide Strategien zu verfolgen, werden immer den fokussierten Unternehmen einerseits in Bezug auf die Leis-

591 Vgl. PORTER, (1999), S. 75 f.
592 Vgl. MILLER, DESS, (1993), S. 553 f; FLECK, (1995), S. 9; PILLER, (2006), S. 182.
593 Vgl. PILLER, (2006), S. 182.
594 PORTER, (2000), S. 32.
595 Vgl. DISSELBECK, (2007), S. 218 f; PILLER, (2006), S. 182 f.

tungsmerkmale und andererseits in Bezug auf ihre Kostenposition unterlegen sein und eine geringere Rentabilität aufweisen.[596]

Diese Annahmen sind in der Literatur jedoch durchaus umstritten und es wird zunehmend Kritik an der Alternativhypothese geäußert.[597] So kritisiert beispielsweise Becker den Fokus auf technologische Attribute (Qualität, Innovationsgrad, etc.) und die Vernachlässigung der Präferenzbildung der Abnehmer. Aus seiner Sicht sind marketingtechnische Möglichkeiten in der Praxis teils ausschlaggebender als ein rein produktionstechnischer Kostenvorteil.[598] Des Weiteren setzten die Strategien der Kostenführerschaft (betriebswirtschaftliche Vorraussetzung beim Anbieter) und der Differenzierung (marktwirtschaftliche Gesichtspunkte auf Nachfragerseite) auf unterschiedlichen Betrachtungsebenen an. Damit können diese Strategien keine zwingenden Alternativen sein, die sich grundsätzlich ausschließen.[599] Ein weiterer Kritikpunkt ist die Einseitigkeit der strategischen Ausrichtung; angesichts der herrschenden Wettbewerbsbedingungen sind mit ihr (hohe) Risiken verbunden. So ist heute in reifen Branchen die Erlangung dauerhafter Wettbewerbsvorteile aufgrund von Kostenvorteilen kaum noch möglich. Ebenso wird es aufgrund des intensiven Wettbewerbs in vielen Branchen bei einer reinen Differenzierung zunehmend schwieriger für einen angebotenen Zusatznutzen höhere Preise zu erzielen.[600] Piller spricht in diesem Fall auch von der „Innovationsfalle".[601] Hinzu kommt, dass unter anderem aufgrund moderner IuK-Technologie sowie neuer Organisationskonzepte und Restrukturierungsansätze die Grenzen bestehender Zielkonflikte immer weiter verschoben werden, sodass inzwischen weitergehende Potenziale für eine gleichzeitige Verfolgung von Kostenführerschaft und Differenzierung existieren.[602]

3.2.2 Überwindung des Dualismus von Kostenführerschaft und Differenzierung

Im Folgenden werden zwei Ansätze (hybride Wettbewerbsstrategien und Delta Model) zur Überwindung der von Porter formulierten Alternativhypothese aufgezeigt.

---

596 Vgl. PORTER, (1999), S. 80 ff; HUNGENBERG, (2006), S. 179 f; KRÜGER, HOMP, (1997), S. 60; HILL, (1988), S. 401 ff.

597 Vgl. PILLER, (2006), S. 183.

598 Vgl. BECKER, (1990), S. 309.

599 Vgl. PILLER, (2006), S. 184.

600 Vgl. CORSTEN, WILL, (1995a), S. 124; FLECK, (1995), S. 45; HILL, (1988), S. 401; KALUZA, KREMMINER, (1997), S. 11; STEFFEN, (1991), S. 75.

601 Vgl. PILLER, (2006), S. 184.

602 Vgl. ARBEITSKREIS ORGANISATION DER SCHMALENBACH-GESELLSCHAFT, (1996), S. 627; CORSTEN, WILL, (1993), S. 315 ff.

3.2.2.1 Hybride Wettbewerbsstrategien

Als Folge der im vorangegangenen Absatz aufgeführten Kritik an der Alternativhypothese von Porter wurde vor allem in den 1990er Jahren in einer Vielzahl von Studien der Erfolg einer gleichzeitigen Verfolgung von Kostenführerschaft und Differenzierung untersucht (Simultanitätshypothese).[603] Nachdem noch in den 1980er Jahren Studien die Alternativhypothese empirisch bestätigten,[604] legen neuere Studien den gegenteiligen Schluss (Gelten der Simultanitätshypothese) nahe;[605] was unter anderem auf geänderte Wettbewerbsbedingungen und die technologische Weiterentwicklung zurückgeführt wird.[606] Beispielhaft sei hier die Studie von Miller und Dess genannt, die auf Basis der PIMS-Daten zu dem Ergebnis kommt, dass Unternehmen, die die Strategien der Kostenführerschaft und Differenzierung kombinieren, am erfolgreichsten am Markt sind;[607] klassische Kostenführer und Differenzierer hingegen schneiden nur durchschnittlich ab.[608] „[...] the results [...] strongly suggest the need to rethink Porter's guidelines suggesting that firms generally not attempt to combine forms of competitive advantage in an effort to create 'hybrid' strategies. This research indicates that not only are hybrids feasible, but also that they are extremely profitable.“[609] Ebenso verfolgt auch der Ansatz des Modern Manufacturing die Umsetzung hybrider Wettbewerbsstrategien (kleine Losgrößen, hoher Kundenbezug, niedrige Kosten, hohe Qualität).[610] Selbst Porter weist in seinen aktuelleren Beiträgen verstärkt darauf hin, dass ein Unternehmen primär eine einzigartige, strategische Position im Markt erreichen, und sich nicht ausschließlich an einem der generischen Strategietypen ausrichten sollte.[611] Zur Erlangung dauerhafter Wettbewerbsvorteile steht damit zunehmend die Schaffung eines konsistenten, schwer imitierbaren Sets an Wertaktivitäten im Vordergrund; und nicht mehr die Auswahl einer Normstrategie. Dieses Set an Wertaktivitäten kann dabei je nach Situation sowohl im Rahmen einer hybriden Strategie wie auch einer Strategie der Kostenführerschaft oder Differenzierung erlangt werden.[612]

603 Vgl. CORSTEN, WILL, (1995c), S. 2.
604 Siehe Literaturübersichten in FLECK, (1995), S. 31 f; KOTHA, VADLAMANI, (1995), S. 75 f.
605 Vgl. FLECK, (1995), S. 27; HILL, (1988), S. 402 ff; PROFF, (1997), S. 307. Siehe auch CORSTEN, WILL, (1994); CORSTEN, (1995); KNYPHAUSEN, RINGSLETTER, (1991); MURRAY, (1988).
606 Vgl. PILLER, (2006), S. 185 f.
607 Vgl. MILLER, DESS, (1993), S. 579 f.
608 Vgl. MILLER, DESS, (1993), S. 580.
609 MILLER, DESS, (1993), S. 579.
610 Vgl. MILGROM, ROBERTS, (1995), S. 192.
611 Vgl. PORTER, (1996), S. 74.
612 Vgl. BELLMANN, (1999), S. 201; CORSTEN, (1998a), S. 120. Fleck hingegen spricht hybriden Strategien einen prinzipiell höheren Erfolg zu. Vgl. FLECK, (1995), S. 32.

Hybride Wettbewerbsstrategien werden weiter unterteilt in sequenzielle hybride Strategien (getrennte Umsetzung der Strategien von Kostenführerschaft und Differenzierung) sowie simultane hybride Strategien (gleichzeitige Verfolgung beider Strategien).[613] Allerdings weist Piller darauf hin, dass sequenzielle hybride Wettbewerbsstrategien, wie auch die Alternativhypothese Porters, von einer anfänglichen Unvereinbarkeit von Kostenführerschaft und Differenzierung ausgehen. Sie können damit seiner Ansicht nach vor dem Hintergrund der gegebenen Wettbewerbsverhältnisse nicht überzeugen und leicht dazu führen, dass Unternehmen „zwischen die Stühle" geraten.[614] Dabei bezieht er sich vor allem auf die Outpacing- und die duale Internationalisierungsstrategie. Erstere verfolgt das Ziel, unter Erhaltung eines bereits erlangten Vorteils (Kostenführerschaft oder Differenzierung) den Strategietyp zu wechseln.[615] Letztere basiert darauf, international niedrige Faktorkosten zu nutzen und gleichzeitig durch eine lokale Anpassung von Marketing, Distribution und Kundendienst Differenzierungsvorteile zu erlangen.[616] Simultane hybride Wettbewerbsstrategien haben hingegen den Vorteil, dass durch die gleichzeitige Verfolgung beider Strategietypen die Umsetzungsmaßnahmen (besser) aufeinander abgestimmt werden können. Damit können ungewollte Situationen, wie beispielsweise eine absatzseitig hochsegmentige Positionierung, die durch einen geringen Lieferservicegrad aufgrund einer zu kostenorientierten Produktion unterlaufen wird, von vornherein vermieden werden.[617]

Bereits Miles und Snow beschreiben in ihrer Typologie mit dem Strategietyp des „Analyzers" eine simultane hybride Wettbewerbsstrategie. Der „Analyzer" ist ein Hybrid aus dem „Defender" und dem „Prospector" der Miles und Snow Typologie.[618] „Defender" und „Prospector" entsprechen dabei weitgehend den Porterschen Strategietypen der Kostenführerschaft und der Differenzierung.[619] Die Stärken des „Analyzers" liegen in Konstruktion, Produktion und Marketing.[620] Allerdings gehen Miles und Snow ebenso wie D'Aveni bei seiner „Strategie für den Hyperwettbewerb", nur begrenzt auf eine konkrete, operative Umsetzung der einzelnen Strategietypen ein.[621] D'Aveni beschreibt in seinem Buch „Hyperwettbewerb", wie Unternehmen mithilfe der Evolutionsanalyse der

---

613 Vgl. PILLER, (2006), S. 189 ff; WHITE, (1986), S. 230; CORSTEN, (1998a), S. 115; FLECK, (1995), S. 60; KALUZA, (1996), S. 196; PROFF, (1997), S. 106.

614 Vgl. PILLER, (2006), S. 190 f.

615 Vgl. FLECK, (1995), S. 62 ff. Siehe auch GILBERT, STREBEL, (1985).

616 Vgl. CARL, (1989), S. 190; PROFF, (1997), S. 306.

617 Vgl. PILLER, (2006), S. 191; FLECK, (1995), S. 83.

618 Vgl. SNOW, HREBINIAK, (1980), S. 325.

619 Vgl. SEGEV, (1989), S. 490 ff.

620 Vgl. SNOW, HREBINIAK, (1980), S. 329.

621 Vgl. PILLER, (2006), S. 191.

vier Wettbewerbsschauplätze[622] und der Einzelschrittanalyse einzelner Maßnahmen[623] den Wettbewerb beurteilen und Strategien entwickeln können, um auf allen vier Wettbewerbsfeldern in einem dynamischen Umfeld (dauerhafte) Wettbewerbsvorteile zu erlangen. Er geht davon aus, dass dauerhafte Wettbewerbsvorteile durch die fortgesetzte Erlangung kurzfristiger Wettbewerbsvorteile gesichert werden können.[624] Ein weiterer Ansatz einer simultanen, hybriden Wettbewerbsstrategie stellt das Simultanitätskonzept von Corsten und Will dar. Sie zeigen basierend auf einzelnen, konkreten Managementprinzipien (z.B. das Gruppenprinzip) und Technologien (z.B. flexible Fertigungssysteme), dass eine simultane Verfolgung von Kostenführerschaft und Differenzierung möglich und auch Erfolg versprechend ist.[625] Allerdings bleiben sie im Wesentlichen bei dieser Betrachtung einzelner Instrumente und Hilfsmittel; entwickeln aber kein zusammenhängendes Konzept für eine simultane, hybride Wettbewerbsstrategie.[626] Ein Ansatz, der der Mass Customization bereits relativ nahe kommt, ist die von Kaluza beschriebene dynamische Produktdifferenzierung. Kaluza beschäftigt sich vor allem damit, durch den Einsatz moderner Fertigungs- und IuK-Systeme „Erzeugnisse zu niedrigen Kosten und mit einer hohen Differenzierung zu produzieren sowie einen schnellen Erzeugniswechsel zu ermöglichen."[627] Dabei fokussiert Kaluza jedoch auf den Aspekt des Erzeugniswechsels, und geht im Gegensatz zur Mass Customization in erster Linie von einer anonymen Variantenfertigung für den Massenmarkt aus.[628]

3.2.2.2 Das Delta Model

Ausgehend vom markt- und ressourcenorientierten Ansatz wurde in den 1990er Jahren an der Sloan School of Management des MIT ein Konzept (das Delta Model) entwickelt, das diese beiden Ansätze erweitert und vor allem die Einbindung von Kunden und Komplementoren berücksichtigt.[629] In Erweiterung zu Porters Normstrategien werden drei strategische Optionen zur erfolgreichen

622 Als Wettbewerbsschauplätze, die in der gegebenen dynamischen Umwelt simultan berücksichtigt werden müssen, nennt D'Aveni Kosten- und Qualitätsvorteile, Zeitwahl und Know-how, Hochburgen und Eintrittsbarrieren sowie finanzielle Stärke. Vgl. D'AVENI, (1995), S. 33 ff, 63 ff.

623 Vgl. D'AVENI, (1995), S. 216 ff.

624 Vgl. BRUCHE, (1999), S. 11 f.

625 Vgl. CORSTEN, WILL, (1993), S. 315 ff. Siehe auch CORSTEN, WILL, (1995a); CORSTEN, WILL, (1992).

626 Vgl. PILLER, (2006), S. 191 f.

627 KALUZA, KREMMINER, (1997), S. 12.

628 Vgl. PILLER, (2006), S. 192.

629 Vgl. STAHL, (2005), S. 27.

Positionierung eines Unternehmens im Markt aufgezeigt: Bestes Produkt (Best Product – BP), Umfassende Kundenlösung (Total Customer Solution – TCS) und System Lock-in (System Lock-in – SLI).[630] Die Option „Bestes Produkt" fasst die Normstrategien Porters zusammen; der Kundennutzen ergibt sich bei dieser Option aus den inhärenten Merkmalen des Produkts selbst – entweder aufgrund niedriger Kosten (Kostenführerschaft) oder basierend auf einzigartigen Produktmerkmalen (Differenzierung).[631] Die Produktion erfolgt für den anonymen Massenmarkt und die größte Aufmerksamkeit wird in der Regel den Wettbewerbern gewidmet. Die Folgen sind meist eine niedrige Kundenbindung, die Tendenz zur Imitation der Wettbewerber und daraus resultierend ein Preiswettbewerb und eine Konvergenz innerhalb der Branche.[632] Im Gegensatz dazu zielt die Option einer „Umfassenden Kundenlösung" auf eine individuelle Bedienung des einzelnen Kunden. Sie baut auf einer ausgeprägten Kenntnis des Kunden auf und fokussiert auf eine individuelle, dauerhafte Kundenbeziehung. Dies spiegelt sich auch im Produktangebot wider. Ziel ist nicht die Bedienung eines anonymen Massenkunden, sondern das Angebot einer umfassenden Kundenlösung, bestehend aus einem Bündel von Einzelprodukten und -dienstleistungen. Um diesem Anspruch gerecht zu werden, wird die Einbindung von Lieferanten und Kunden in die Wertkette des Unternehmens berücksichtigt. An die Stelle der Imitation von Wettbewerbern rückt damit die individuelle Konfiguration von Unternehmensressourcen und der Ressourcen von Lieferanten, um Kundenanforderungen bestmöglich erfüllen zu können; Innovationen entstehen häufig durch gemeinsame Initiativen mit Kernkunden.[633] Die „System Lock-in" Option hat von den drei strategischen Optionen den weitesten Fokus. Sie betrachtet das „Extended Enterprise"[634], das das Unternehmen, die Kunden, die Lieferanten und mögliche Komplementoren mit einschließt. Die Identifikation und Bindung von Komplementoren[635] ist ein Kernbestandteil der „System Lock-in" Option. Bei ihnen handelt es sich um Unternehmen, die Produkte oder Dienstleistungen anbieten, die das Produkt- und Dienstleistungsportfolio des eigenen Unternehmens ergänzen. Auf diese Weise kann ein System geschaffen werden, das es ermöglicht Wettbewerbern den Zugang zum Markt zu erschweren. Das Ziel ist auch bei dieser Option eine Fokussierung auf den Kunden und eine hohe Kundenbindung; allerdings wird dabei die Wertschöpfungskette des gesamten Systems miteinbe-

630 Vgl. HAX, WILDE II, (1999), S. 12 ff.

631 Vgl. HAX, WILDE II, (2001), S. 382; HAX, WILDE II, (1999), S. 12.

632 Vgl. HAX, WILDE II, (2001), S. 382; HAX, WILDE II, (1999), S. 14 f.

633 Vgl. HAX, WILDE II, (2001), S. 382; HAX, WILDE II, (1999), S. 15 f.

634 Siehe zum Begriff des „Extended Enterprise" unter anderem JAGDEV, BROWNE, (1998), S. 217 ff; HEINRICH, ZEIER, (2004), S. 107 ff. Vergleiche auch BUCK, (2002), S. 71 ff. zu Virtuellen Unternehmen.

635 Diese können sowohl konzernextern wie auch -intern sein.

zogen. Eine Möglichkeit zur Verwirklichung dieser strategischen Option ist die Etablierung von proprietären Standards und deren Durchsetzung als Industriestandard.[636] Die Herausforderungen dieser Option sind zum einen die dauerhafte Aufrechterhaltung einer solchen Position sowie ihre Nutzung ohne Verletzung wirtschaftsethischer Standards beziehungsweise der Ausnutzung einer Monopolstellung.[637]

Es sind allerdings nicht immer alle in der Realität beobachtbaren strategischen Positionierungen eins-zu-eins einer der strategischen Optionen zuzuordnen. Vielmehr bewegen sie sich häufig in einem Kontinuum zwischen den beschriebenen Optionen.[638] Neben den drei strategischen Optionen („Triangle") beschreiben Hax und Wilde drei weitere Elemente des Delta Model, die der Umsetzung einer strategischen Option dienen: anpassbare Prozesse („Adaptive Processes"), Performance Indikatoren („Metrics") sowie Lernen durch Experimente und Feedback („Experimentation and Feedback"). Als wesentliche Prozesse, die an die gewählte strategische Option angepasst werden müssen, sehen sie die Produktion („Operational Effectiveness"), das Management der Kundenschnittstelle („Customer Targeting") und die Produktentwicklung („Innovation"). Die Rolle dieser Prozesse unterscheidet sich wesentlich je nach gewählter Option und ihre Ausgestaltung entscheidet über den Erfolg der Umsetzung. Gleiches gilt für die Performance Indikatoren. Um die Umsetzung der gewählten Option gezielt steuern zu können, müssen die Performance Indikatoren analog zu den Prozessen an die gewählte strategische Option angepasst werden. Zur Umsetzung einer strategischen Option beschreiben Hax und Wilde das Lernen durch Experimente sowie eine fortwährende Anpassung auf der Basis von Feedback.[639]

3.2.2.3 Mass Customization als hybride oder Customer Solution Wettbewerbsstrategie

Wie in Abschnitt 3.1.2 dargestellt, kann Mass Customization im engeren Sinne als ein Typ industrieller Produktion oder im weiteren Sinne als Wettbewerbsstrategie betrachtet werden. Im Rahmen dieser Arbeit wird Mass Customization als Wettbewerbsstrategie betrachtet und kann in diesem Sinne sowohl als Ausprägung einer simultanen, hybriden Wettbewerbsstrategie als auch als Umsetzung der strategischen Option einer „Umfassenden Kundenlösung" verstanden werden.

---

636 Als Beispiel können hier Microsoft und Intel sowie deren Komplementoren angeführt werden.
637 Vgl. HAX, WILDE II, (2001), S. 382; HAX, WILDE II, (1999), S. 16 f.
638 Vgl. hierzu auch HAX, WILDE II, (1999), S. 13.
639 Vgl. HAX, WILDE II, (2001), S. 385 ff; HAX, WILDE II, (1999), S. 21 ff.

Mass Customization verbindet die beiden Normstrategien Porters (Kostenführerschaft und Differenzierung) in einem Konzept. Im Gegensatz zu den vorgestellten Ansätzen hybrider Wettbewerbsstrategien geht das Mass Customization-Konzept konkret auf die operative Umsetzung ein und bietet Ansatzpunkte, um auch den neuen Herausforderungen zu begegnen.[640] Oft wird Mass Customization mit der klassischen Einzelfertigung (und damit ausschließlich der Differenzierungsstrategie) in Verbindung gebracht; dies ist jedoch gerade nicht der Fall. Wie in Abschnitt 3.1.2 dargestellt, ist Mass Customization weder mit einer Variantenfertigung vergleichbar noch unterscheiden sich kundenindividuell massengefertigte Produkte oder Leistungen in ihrem grundsätzlichen Aufbau.[641] Die Individualisierung setzt vielmehr an wenigen, aber aus Kundensicht entscheidenden Merkmalen der Leistung an, sodass ein hoher Vorfertigungsgrad und damit (relativ) niedrige Kosten gewährleistet werden können. Mass Customization zielt im Gegensatz zur Einzelfertigung auf einen großen Markt und die individualisierten Leistungen werden jeweils zu identischen Preisen oder zu Preisen basierend auf einem klar festgelegten Preisbaukasten[642] angeboten. Unter diesen Gesichtspunkten ist das Mass Customization-Konzept als simultane, hybride Wettbewerbsstrategie zu verstehen.

Entsprechend der Differenzierungsoption zielt das Mass Customization-Konzept auf eine individuelle Bedienung jedes einzelnen Kunden und nicht auf die Bedienung anonymer Massenkunden durch eine hohe Variantenzahl. Dementsprechend sind ein tiefgehendes Verständnis der Kundenbedürfnisse und -anforderungen sowie der Aufbau dauerhafter Kundenbeziehungen ein wesentliches Element des Mass Customization-Konzepts. Um sowohl die individuelle Anpassung der angebotenen Leistung an die Anforderungen des jeweiligen Kunden als auch die Entwicklung neuer Leistungen entsprechend der Kundenbedürfnisse gewährleisten zu können, wird in der Regel die Einbeziehung des Kunden in die Wertkette des Unternehmens vorgeschlagen. Eine Betrachtung verschiedener Umsetzungen des Mass Customization-Konzepts zeigt, dass die Modularisierung, das heißt die Nutzung standardisierter Komponenten, die über klar definierte Schnittstellen miteinander kombiniert werden können, als eines der Grundprinzipien von Mass Customization angesehen werden kann. Damit können auch umfassende, kundenindividuelle Lösungen kostengünstig erstellt werden.[643] Das Mass Customization-Konzept, verstanden als Wettbewerbsstrategie, entspricht somit der strategischen Option einer „Umfassenden Kundenlösung“ des Delta Model.

---

640 Vgl. PILLER, (2006), S. 192.

641 Vgl. PILLER, SCHODER, (1999), S. 1118.

642 Zu Preisbaukästen siehe insbesondere DILLER, (2008), S. 225.

643 Vgl. PILLER, SCHODER, (1999), S. 1118.

Somit kann das Mass Customization-Konzept sowohl als hybride Wettbewerbsstrategie als auch als Ausprägung der strategischen Option einer „Umfassenden Kundenlösung“ des Delta Models eingeordnet werden. Überträgt man die Resultate der Studien zu hybriden Wettbewerbsstrategien[644] wie auch die Ergebnisse der Untersuchungen zum Delta Model entsprechend auf das Mass Customization-Konzept, so bietet das Konzept die Möglichkeit, die Limitationen der Alternativhypothese zu überwinden und dauerhafte Wettbewerbsvorteile zu erlangen.

3.2.3 Theoriegeleitete Begründung der Vorteilhaftigkeit des Mass Customization-Konzepts

In den folgenden Abschnitten wird auf abstrakter Ebene der theoriebasierte Nachweis der Vorteilhaftigkeit einer Mass Customization als Konkretisierung einer hybriden Wettbewerbsstrategie beziehungsweise einer Strategie der „Umfassenden Kundenlösung“ erbracht. Kern der Überlegungen ist, dass die Kosten einer Individualisierung durch die dadurch generierten Mehrerlöse mehr als kompensiert werden müssen. Hierzu werden zunächst die Komplexitäts- und Kostenwirkung einer einzelkundenbezogenen Fertigung betrachtet. Daran anschließend werden die mit einer Mass Customization verbundenen Präferenzvorteile, die Möglichkeiten zur Komplexitätsreduktion durch Maßnahmen des Komplexitätsmanagements sowie die Umsetzung einer Modularisierung untersucht. Abschließend werden die Kostensenkungspotenziale einer Mass Customization dargestellt und den Kosten gegenübergestellt.[645]

3.2.3.1 Komplexitäts- und Kostenwirkung einer einzelkundenbezogenen Produktion

Eine einzelkundenbezogene Produktion geht abhängig von der Variantenzahl mit einer zunehmenden Komplexität einher.[646] Dabei können externe und interne Komplexitätstreiber unterschieden werden (siehe Tabelle 6).[647]

---

644 Vgl. Abschnitt 3.2.2.1.

645 Eine detaillierte Behandlung der Vorteilhaftigkeit einer Mass Customization-Konzepts in der industriellen Produktion findet sich bei Piller und Reichwald. Vgl. PILLER, (2006), S. 193 ff; PILLER, et al., (2004b), S. 438 ff; REICHWALD, PILLER, (2006), S. 18 ff, 223 ff. Im Folgenden wird ein Überblick über die wesentlichen Aussagen und Quellen gegeben.

646 Vgl. BROCKHOFF, (1988), S. 165 ff. Komplexität wird dabei systemtheoretisch als Zusammentreffen von struktureller Vielschichtigkeit eines Systems (resultierend aus Anzahl, Diversität und Verknüpfung der Systemelemente) und der dynamischen Veränderlichkeit der Beziehungen

Ursachen interner Komplexität sind unter anderem die Programm- und Produktstruktur (Varianten- und Teilezahl), die Organisationsform, die Kundenstruktur und die Entwicklungs- und Fertigungstiefe.[648] Ausschlaggebend für die Komplexität des Gesamtsystems sind die Abhängigkeiten zwischen den einzelnen Faktoren. Da diese Abhängigkeiten nur schwer quantifizierbar sind, sind eine quantitative Messung der Erlös- und Kostenwirkungen der internen Komplexität und damit die Bestimmung eines optimalen Komplexitätsgrads praktisch nicht möglich.[649] Deshalb sind auch Aussagen über die Kostenwirkung einer einzelkundenbezogenen Produktion nur der Tendenz nach möglich.

Tabelle 6: Klassifikation von Komplexitätstreibern[650]

	Interne Komplexitätstreiber		
Externe Komplexitätstreiber	**Strukturelle Komplexitätstreiber**	**IuK-bezogene Komplexitätstreiber**	**Individuelle/personale Komplexitätstreiber**
Anforderungsvielfalt Marktdynamik Sortimentsgröße Kundenzahl Länderspezifika Lieferantenvielfalt Technischer Fortschritt	Funktionsorientierung Zahl der Hierarchien Länge der Entscheidungsprozesse Grad der Arbeitsteilung/ Zentralisierungsgrad Produktdesign Fertigungstechnologie Schnittstellendichte/ Fertigungstiefe Produkt-/Variantenvielfalt	Informationsasymmetrie Medienbrüche Ausprägung des Formularwesens Art der Aufgabenkoordination (Bring-/Holsystem)	Machtstreben Bereichsegoismen Abschiebung von Verantwortung Mangel an Sozial- und Fachkompetenz Mangel an Motivation/ Identifikation mit Unternehmenszielen Negative Emotionen

Als einer der wichtigsten (individuellen) Komplexitätstreiber wird in der Literatur vielfach die Varietät des Produktprogramms genannt.[651] Diese geht in der Regel einher mit einer komplexen Kundenstruktur und einer Vielzahl von Kunden, die nur kleine Mengen abnehmen (Kundenkomplexität), zunehmend kleineren und unterschiedlich zu bearbeitenden Marktsegmenten (Vertriebskomplexität), einer Zunahme variantenspezifischer Teile (Teilekomplexität), einer stei-

zwischen den Systemelementen verstanden. Vgl. BLISS, (1998), S. 5; SCHULTE, (1995), S. 758. Auf die Produktion bezogen bezeichnet Komplexität damit Vielschichtigkeit der Gesamtheit aller Merkmale einer Produktionskonzeption (u.a. Produktkonzept, Programmzusammensetzung, Prozessgestaltung, Fertigungs- und Koordinationssystem) Vgl. ADAM, (1998), S. 30, 47; ROMMEL, et al., (1993), S. 104 f; WILDEMANN, (1998b), S. 48; BECKER, (1994), S. 171.

647 Vgl. CUMMINGS, (1991), S. 60 f; EVERSHEIM, et al., (1998), S. 30; WILDEMANN, (1998b), S. 48 ff.

648 Vgl. ADAM, JOHANNWILLE, (1998), S. 25.

649 Vgl. ADAM, JOHANNWILLE, (1998), S. 11; ADAM, (1998), S. 32 f.

650 Übernommen aus PILLER, (2006), S. 132. In Anlehnung an WILDEMANN, (1998b), S. 48.

651 Vgl. ADAM, (1998), S. 35 f; ADAM, JOHANNWILLE, (1998), S. 8; BOUTELLIER, et al., (1997), S. 58; WILDEMANN, (1998b), S. 51.

genden Zahl von Produktvarianten mit immer kleineren Losgrößen, damit Diskontinuitäten im Materialfluss und instabilen Produktionsprozessen und einer steigenden Koordinationskomplexität auf allen betrieblichen Ebenen.[652] Eine solche Entwicklung kann schließlich für ein Unternehmen in die Komplexitätsfalle führen, in der eine falsch verstandene Kundenorientierung zu einem sinkenden Marktanteil und sinkenden Erlösen führt.[653]

Die Kostenwirkung der Komplexitätssteigerung kann zum besseren Verständnis entlang der Wertkette untersucht sowie nach Produktions- und Transaktionskosten untergliedert werden (siehe Tabelle 7). Vor allem die Effizienzvorteile einer standardisierten Massenproduktion, die auch heute noch durch keine andere Fertigungsstrategie erreicht werden, gehen entlang der gesamten Wertkette (ganz oder teilweise) verloren.[654] Hierzu zählen unter anderem die Standardisierung auf Teileebene, konstante abgestimmte Leistungsprozesse basierend auf einem Fließsystem, die Möglichkeit Kommunikations-, Distributions- und Serviceleistungen zu standardisieren und die Nutzung klassischer Kostendegressionseffekte.[655] Darüber hinaus wird auch die Möglichkeit eingeschränkt, durch Standards als Informationsträger die Unsicherheit der Abnehmer zu reduzieren und somit Transaktionskosten zu senken.[656]

Im Rahmen der F&E-Aktivitäten verursacht eine einzelkundenbezogene Produktion vor allem dadurch zusätzliche Kosten, dass sich die Kostendegressionseffekte durch hohe Stückzahlen verringern. Bei einer anonymen Variantenfertigung kann es zur Entwicklung von Varianten kommen, die am Markt nicht nachgefragt werden. Darüber hinaus führt der Abstimmungsaufwand zur Festlegung der individuellen Konfiguration bei einer Einzelfertigung zu steigenden Transaktionskosten sowohl auf Anbieter- als auch auf Abnehmerseite.[657]
Da aufgrund der direkten Interaktion zwischen Kunde und Anbieter die Bündelungsfunktion des Handels nur begrenzt genutzt werden kann, sind Investitionen

[652] Vgl. ADAM, (1998), S. 41 f; PILLER, (2006), S. 133 f.

[653] Ein Unternehmen gerät in die Komplexitätsfalle, wenn ein anfangs einfaches Produktprogramm durch Sonderwünsche fortwährend um neue Varianten erweitert wird, die Stückzahlen der Volumenprodukte zurückgehen, exotische Varianten (unbewusst) durch Volumenprodukte quersubventioniert werden und der so entstehende Wettbewerbsnachteil gegenüber fokussierten Unternehmen zu einer Verdrängung der Standardprodukte durch Wettbewerber führt. Hinzu kommt häufig ein bekämpfen der Symptome der Komplexität durch Investitionen in IuK- und Managementkapazitäten, die aber die Komplexität nicht reduzieren können, sondern eher zu ihrem Anstieg beitragen. Vgl. BOUTELLIER, et al., (1997), S. 58 f; EVERSHEIM, et al., (1998), S. 31; SCHUH, et al., (1998), S. 71; BECKER, (1994), S. 172 f.

[654] Vgl. KLEINALTENKAMP, (1995b), S. 2358; MAYER, (1993), S. 42 f; PILLER, (2006), S. 141.

[655] Vgl. BÜCHER, (1910), S. 440 f; SCHMALENBACH, (1963), S. 103 ff; MELLEROWICZ, (1973), S. 319 f.

[656] Vgl. KLEINALTENKAMP, (1995b), S. 2360 f.

[657] Vgl. MAYER, (1993), S. 68; MEFFERT, (2000), S. 1058 ff; BACKHAUS, (1995), S. 441 ff.

zum Aufbau der Infrastruktur und zur Ausbildung der Mitarbeiter an der Schnittstelle zum Kunden erforderlich.[658]

Tabelle 7: Kostensteigerungen einer einzelkundenbezogenen Leistungserstellung[659]

Wertschöpfungsaktivität	Zunahme der Produktionskosten i.w.S.	Zunahme der Transaktionskosten
Forschung und Entwicklung	• Höherer Entwicklungsaufwand • Erhöhter Aufwand der Stücklistenerstellung und -verwaltung • Kundenspezifische Anpassungen • Gefahr nicht nachfragewirksamer antizipativer Variantenkonstruktion	• Abstimmungsprozesse bei kundenspezifischer Konstruktion von Varianten • Einschaltung externer Entwicklungsbüros
Erhebung der kundenspezifischen Konfiguration der Leistung (Interaktion mit dem Kunden)	• Aufbau von Schnittstellen zur Integration des Kunden in den Leistungserstellungsprozess • Kosten der Personalqualifizierung für Verkaufsgespräche	• Bedarf an aufwendiger Direktkommunikation • Ständiger Abstimmungs- und Informationsbedarf • Schaffung von Vertrauen, Abbau der Unsicherheit der Abnehmer
Materialwirtschaft und Beschaffung	• Umfangreichere Lagerhaltung der Vorprodukte, Eingangsmaterialien in verschiedenen Variationen • Aufwendigere Eingangskontrolle und Materialverwaltung	• Höherer Aufwand des Beschaffungsvorgangs, Mindermengenzuschläge • Steigende Dispositions-/Koordinationskosten durch zunehmende Lieferantenzahl
Produktionsplanung und Fertigung	• Höheres Investitionsvolumen für flexible Produktionsanlagen • Geringere Produktivität • Höhere Wechsel-/Rüstkosten (Arbeitskosten, Probeteile, Stillstandskosten) • Umfangreichere Qualitätskontrolle • Sinkende Kapazitätsauslastung der Anlagen durch höheren Flexibilitätsbedarf • Kosten höher qualifizierter Arbeit • Aufwendigere Fertigungssteuerung • Kosten aus verlorenen Effizienzvorteilen einer standardisierten Massenproduktion	• Steigende Koordinationskosten bei Auslagerung von Fertigungsaktivitäten • Abstimmung mit externen Zulieferern wird informationsintensiver • Übertragung und Verarbeitung der Konfiguration in die Produktion • Überwachung der Einhaltung der Konfigurationsvorgaben
Distribution und Kundendienst	• Umfangreichere (flexiblere) Transport- und Handlingsysteme • Aufwendigere Distribution • Höhere Dokumentationskosten • Risikokosten der Nichtabnahme bestellter Leistungen • Höhere Ersatzteilbevorratung • Höherer Reparaturaufwand	• Beauftragung externer Dienstleister • Aufwendige Auftragsbearbeitung • Aufwendige Fakturierung und Auftragskalkulation • Erschwerte Sekundärdienstleistungen • Steigende Abstimmungskosten bei der Abwicklung von Serviceaufträgen

In der Materialwirtschaft und der Beschaffung wirkt sich eine einzelkundenbezogene Produktion vor allem auf die Lagerkosten, die Koordination der Lieferanten und die Materialverwaltung aus. So werden zur Aufrechterhaltung einer hohen Lieferbereitschaft entsprechende Endproduktlagerbestände aller Varianten (anonyme Variantenfertigung) beziehungsweise Eingangslagerbestände der notwendigen Teile (Einzelfertigung) aufgebaut. Aufgrund der Produkt- und Teile-

---

[658] Vgl. PICOT, (1986), S. 2 f.

[659] Abgeändert übernommen aus PILLER, (2006), S. 140.

Varietät steigt die Komplexität der Materialverwaltung. Die Reduktion der Lagerkosten durch eine engere Kooperation mit den Lieferanten führt wiederum zu steigenden Kommunikations- und Koordinationskosten in der Wertschöpfungskette.[660] In der Produktionsplanung und -steuerung ist die Losgröße (die gegen 1 geht) und die mit ihr verbundene Dynamik der Planung der wesentliche individualisierungsbedingte Kostentreiber. Der stochastische Auftragseingang, verbunden mit dem Ziel einer hohen Lieferbereitschaft, führt zu einer enormen Komplexität in der Produktionsprogrammplanung.[661]

Die hohe Varietät und damit verbundene Komplexität führen unter anderem zu erhöhten Wechselkosten, einer Zunahme der Koordinationskosten, einer Verringerung der Planungsgüte, zu steigenden Zwischenlagerzeiten, schwankenden Durchlaufzeiten und damit unsicheren Lieferzeitpunkten, zu höheren Investitionen in Universalmaschinen, die nicht die Produktivität einer spezialisierten Maschine erreichen, zu einem steigenden Bedarf an höher qualifizierten Mitarbeitern sowie zu steigenden Kosten der Qualitätsprüfung.[662] Im Rahmen der Distribution kommt es vor allem zu erhöhten Transaktionskosten aufgrund des Konfigurationsvorgangs, des gestiegenen Abnahmerisikos einer Einzelfertigung sowie des individuellen Transports.[663] Eine niedrige Standardisierung sowie eine hohe Varietät bei Teilen und Produkten führen zu steigenden Komplexitätskosten bei Service, Wartung und Reparatur.[664]

Schließlich führt eine einzelkundenbezogene Produktion, wie bereits angedeutet, auch auf Seite des Kunden zu steigenden Kosten. Analog zur Produktion von Dienstleistungen wird auch bei einer einzelkundenbezogenen Produktion von der Integration des Kunden als externem Faktor gesprochen.[665] Es kommt zu einem Transfer von Produktionsfaktoren (im Wesentlichen Informationen) vom Nachfrager zum Anbieter.[666] Neben diesem Aufwand während der Konfigurationsphase ist eine einzelkundenbezogene Produktion für den Abnehmer zusätzlich mit steigenden Informationskosten und einer steigenden Unsicherheit verbunden.[667] Der Such-, Vergleichs- und Auswahlprozess wird aufgrund der Varie-

660 Vgl. MAYER, (1993), S. 68 f; RATHNOW, (1994), S. 24; ROSENBERG, (1996), S. 2123.

661 Vgl. KÖSTER, (1998), S. 41. Siehe auch AKIN, LINGNAU, (1994).

662 Vgl. ADAM, (1998), S. 36; MAYER, (1993), S. 67 ff; ROSENBERG, (1996), S. 2122 f; MEFFERT, (2000), S. 1058 ff.

663 Vgl. GERSCH, (1995), S. 85.

664 Vgl. ANDERSON, (1997), S. 68; MAYER, (1993), S. 72.

665 Vgl. KLEINALTENKAMP, (1996), S. 14.

666 Vgl. JACOB, (1995), S. 33; SCHNÄBELE, (1997), S. 26 ff. In diesem Zusammenhang wird der Kunde auch als Co-Produzent oder Prosumer bezeichnet. Vgl. TOFFLER, (1980), S. 274 f; GRÜN, BRUNNER, (2002), S. 19 f. Siehe auch DAVIDOW, MALONE, (1992).

667 Vgl. LACKES, SCHNÖDT, (1998), S. 28 f; LUDWIG, (2000), S. 68; IYENGAR, LEPPER, (2000), S. 996 f, 1004 ff; DELLAERT, STREMERSCH, (2005), S. 226.

tät und der geringeren Markttransparenz aufwändiger.[668] Hinzu kommt die Unsicherheit bezüglich Produkt-/Servicequalität sowie bezüglich des Verhaltens des Anbieters. Der Anbieter gibt ein Leistungsversprechen ab, das in der Regel nicht mit vorhandenen Standardleistungen vergleichbar ist.[669] Sowohl Konfigurationsaufwand, Informationskosten als auch die steigende Unsicherheit führen zu einem deutlichen Anstieg der Transaktionskosten aufseiten des Abnehmers. Wie diesen Effekten im Rahmen des Mass Customization-Konzepts entgegengewirkt werden kann, wird im Folgenden betrachtet.

3.2.3.2 Präferenzvorteile und Schaffung dauerhafter Kundenbindungen

Anders als in ökonomischen Modellen kann im realen Markt nicht von einem perfekten Wettbewerb ausgegangen werden. Weder sind Güter perfekt substituierbar noch kann (selbst in Zeiten des Internet) von vollständiger Markttransparenz gesprochen werden.

Damit verbunden ist für den Kunden die Unsicherheit, ob er beim Kauf wirklich das für seine Bedürfnisse optimale Produkt erworben hat. Findet er schließlich in der Nachkaufphase ein Produkt, das seinen Präferenzen besser entspricht als das erworbene, so kann es zum Phänomen der kognitiven Dissonanz kommen. Der Kunde wird unabhängig von der Qualität unzufrieden mit dem erworbenen Produkt und die Chance für einen Wiederholungskauf reduziert sich deutlich.[670]

Das Mass Customization-Konzept bietet die Möglichkeit, sowohl die Unsicherheit des Abnehmers über die „Passgenauigkeit" eines Produkts als auch die Gefahr einer kognitiven Dissonanz zu verringern.[671]

Dabei wird im Rahmen der Differenzierungsstrategie der Kundennutzen einer beziehungsweise weniger wettbewerbsentscheidender Eigenschaften der angebotenen Leistung herausgestellt.[672] Ziel ist die Erlangung eines Quasi-Monopols durch die Schaffung besonderer Präferenzen der Abnehmer für ein Produkt („Akquisitorisches Potenzial"). Dies eröffnet dem Anbieter einen (gewissen) Preissetzungsspielraum, in dem die Preiselastizität der Nachfrage gering

668 Vgl. GERSCH, (1995), S. 68 ff; VON HIPPEL, (1998), S. 629 ff; MAYER, (1993), S. 86 f.

669 Vgl. GERSCH, (1995), S. 65; MAYER, (1993), S. 86. In der Terminologie der neuen Institutionenökonomie kann hierbei auch von einer zunehmend asymmetrischen Informationsverteilung gesprochen werden. Vgl. JACOB, (1995), S. 168 ff; PICOT, (1991b), S. 150; GERSCH, (1995), S. 71 f; KAHN, (1998), S. 47 f.

670 Vgl. zu diesem Absatz PILLER, (2006), S. 116 f.

671 Vgl. FRANKE, PILLER, (2004), S. 403; HOMBURG, et al., (1999), S. 179 f; SILBERER, (1992), S. 218 f.

672 Vgl. GUTENBERG, (1984), S. 243.

ist.[673] Ab einer bestimmten Obergrenze sind potenzielle Abnehmer jedoch nicht mehr bereit, einen Aufpreis für den höheren Nutzen zu zahlen, beziehungsweise wirkt die Kreuzpreiselastizität zu Standardprodukten.[674] Allerdings deuten empirische Studien darauf hin, dass bei Informationsgütern und „rein virtuellen Produkten" im Internet eine weitergehende Preisdifferenzierung möglich ist.[675]

Da sich jedoch die Preissensibilität eines einzelnen Kunden praktisch kaum bestimmen lässt und die Vertrauensempfindlichkeit sehr hoch ist, da im Rahmen einer Mass Customization zunächst nur ein Leistungsversprechen abgegeben wird, werden in der Regel einheitliche Preise oder strukturierte und leicht durchschaubare Preisbaukästen genutzt.[676] Als größter preispolitischer Vorteil einer Mass Customization wird jedoch die Vermeidung eines (häufig ruinösen) Preiswettbewerbs gesehen. Durch die Individualisierung wird es möglich, die Kaufentscheidung auf die Ebene des Kundennutzens zu verlagern. Die Bedeutung des Preises verlagert sich, er wird zur Zusatzinformation beziehungsweise dient als Obergrenze.[677]

Neben der Schaffung eines Preissetzungsspielraums dient eine Leistungsindividualisierung vor allem der Steigerung der Kundenzufriedenheit und -bindung. Hintergrund ist die Erkenntnis, dass in gesättigten Märkten eine hohe Kundentreue vorteilhafter als eine Neukundengewinnung (Marktanteilsstrategie) ist.[678] Kundenzufriedenheit wird dabei als subjektive Bewertung der Problemlösungsfähigkeit einer Leistung durch den Abnehmer verstanden. Damit bietet das Mass Customization-Konzept, das auf eine Annäherung des Leistungsangebots an die individuellen Präferenzen (Idealpunkt) jedes einzelnen Abnehmers zielt, ein großes Potenzial, zufriedene und treue Kunden zu schaffen.[679]

Neben der individualisierten Primärleistung können Zusatzleistungen und die Gestaltung des Exploring- und Konfigurationsprozesses[680] zur Kundenzufriedenheit beitragen. Unter dem Stichwort „Vermittlung von Begeisterungseigenschaften" werden in diesem Zusammenhang Faktoren wie der „Pride-of-

673 Vgl. CHOI, et al., (1997), S. 328; WEIGAND, LEHMANN, (1997), S. 477; FRANKE, PILLER, (2004), S. 402 f, 412.

674 Vgl. MAYER, (1993), S. 54 ff; GUTENBERG, (1984), S. 245 ff; FEESS, (1997), S. 220 f.

675 Vgl. CHOI, et al., (1997), S. 329; SMITH, et al., (2000), S. 113 ff; SKIERA, SPANN, (2002), S. 704.

676 Vgl. PILLER, (2006), S. 118.

677 Vgl. GLAZER, (1999), S. 64; MAYER, (1993), S. 63; SEBASTIAN, KOLVENBACH, (2000), S. 64 ff. Smith et al. schreiben über das Angebot individueller Produkte im Internet: „Providing better product information to customers softens price competition and increases product-customer-fit." SMITH, et al., (2000), S. 103.

678 Vgl. HINTERHUBER, et al., (1998), S. 344; HINTERHUBER, et al., (2003), S. 1 ff.

679 Vgl. SCHNÄBELE, (1997), S. 88 f; HERRMANN, JOHNSON, (1999), S. 579 ff; HOMBURG, et al., (1999), S. 181 ff; MEFFERT, (2000), S. 354.

680 Siehe zum Exploring- und Konfigurationsprozess Abschnitt 3.3.3.2.

Authorship"-Effekt, das Gefühl, etwas Einmaliges oder Einzigartiges geschaffen zu haben sowie das Verständnis des Co-Design-Prozesses als anspruchvollen, kreativen Schaffensakt, diskutiert.[681]

Weitere Potenziale zur Kundenbindung und Steigerung der Kundenzufriedenheit ergeben sich durch den Aufbau von Learning Relationships und Kunden-Know-how (u.a. bessere Annäherung des Leistungsangebots an individuelle Präferenzen jedes einzelnen Abnehmers, Senkung der Transaktionskosten, Aufbau von Wechselkosten).[682]

3.2.3.3 Komplexitätsmanagement als Grundlage von Mass Customization

Eine der Kernherausforderungen des Mass Customization-Konzepts ist das Management der Komplexität, die aufgrund der Differenzierungsoption entsteht; zum einen vor dem Hintergrund, die geforderte Differenzierung überhaupt zu gewährleisten und zum anderen simultan die Kostenoption umzusetzen.[683] Im Rahmen des Komplexitätsmanagements kann dabei zwischen zwei Formen der Varietät, die die Komplexität bestimmen, unterschieden werden:[684]

- Die externe Varietät, die sich in der durch den Nachfrager wahrgenommenen Anzahl möglicher Varianten widerspiegelt. Zur Umsetzung der Differenzierungsoption strebt Mass Customization eine (angemessen) hohe externe Varietät an.
- Die interne Varietät, die sich in der Variantenzahl widerspiegelt, die durch die Fertigung und andere interne Organisationen bewältigt werden muss. Da mit steigender interner Varietät die Komplexität und damit die Kosten steigen, strebt Mass Customization zur Umsetzung der Kostenoption eine möglichst niedrige interne Varietät an.

Die Herausforderung besteht darin, eine hohe externe Varietät unter Beibehalten einer angemessenen internen Varietät zu gewährleisten. „In order to optimize variety, a company must assess the level of variety at which consumers will still find its offerings attractive and the level of complexity that will keep the com-

---

681 Vgl. BELZ, et al., (1997), S. 17 f; HINTERHUBER, et al., (1998), S. 347 f; PINE, GILMORE, (1998), S. 97 ff; PILLER, (1998), S. 285; BABIN, DARDEN, (1994), S. 644 ff; SCHREIER, (2005), S. 42; BLAHO, (2001), S. 153 f.

682 Siehe hierzu Abschnitt 3.3.4.1.

683 Malik schreibt zum Komplexitätsmanagement: „Das Kernproblem eines jeden Organismus [besteht] darin, die für sein Überleben relevante Komplexität unter Kontrolle zu bringen." MALIK, (1984), S. 170.

684 Vgl. ANDERSON, (1997), S. 45; CHILD, et al., (1991), S. 55; HILDEBRAND, (1997), S. 75.

pany's cost low. Key to this decision is understanding the distinction between internal complexity and external variety."[685]

Tabelle 8: Systematisierung verschiedener Ansatzpunkte des Komplexitätsmanagements[686]

Auswirkung auf die Komplexität	Ansatzpunkt der Maßnahmen auf der Ebene der... Komponenten/Produkte	Prozesse	Kundenstruktur/Leistungsprogramm
Komplexitätsvermeidung	• Parallele Entwicklung antizipierter Varianten • Modularisierung der Produktstrukturen, Baukastenprinzip, Plattformen • Funktionsintegration auf Teileebene	• Modularisierung auf Prozessebene: Reintegration von Arbeitsschritten zu ganzheitlichen Aufgabenkomplexen; Fertigungssegmentierung und Implementierung selbssteuernder Regelkreise • Fertigungs- und montagegerechte Konstruktion	• Verfeldmarketing • Definition möglichst homogener Zielmärkte
Komplexitätsreduktion	• Reduktion der Material- und Halbzeugvielfalt • Erhöhung der Mehrfachverwendung/des Standardisierungsgrads • Angebot nur weniger höherwertiger Varianten (Upgrading) • Verschiebung des Variantenbestimmungspunkts bzw. Vorfertigungsgrads	• Optimierung der Lieferantenzahl (Single Sourcing) • Optimierung der Leistngstiefe (Bezug komplexerer Vorleistungen im sinne des Modular Sourcing) • Fokussierte Fabriken • Kontinuierliche Verbesserungsprozesse	• Optimierung der Programmbreite • Direkte Kundenbereinigung durch Mindestauftragsmengenzuschläge • Indirekte Kundenbereinigung durch Mindermengenzuschläge • Kombination von Komponenten zu Leistungsbündeln (Bundling; Packaging)
Komplexitätsbeherrschung	• Substitution von Hardwarefunktionalität durch Software • Realisierung standardisierter Produkt-, Baugruppen- und Komponentenschnittstellen	• Objektorientierte Auftragsabwicklung • Visualisierung am Verbauort • Einsatz von IuK-Technologien zur Erhöhung der Komplexitätsverarbeitung • Definition überschaubarer Zielsysteme für dezentrale Entscheidungsbereiche	• Aufbau von Learning Relationships mit den Abnehmern • Nutzung des Kundenwissens

Während in den 1980er Jahren primär die Beherrschung der Komplexität durch den Einsatz neuer Technologien im Vordergrund stand, wird inzwischen der Fokus verstärkt auf ein gezieltes Management der Komplexität gelegt. Dazu zählen sowohl die gezielte Komplexitätsvermeidung und -reduktion als auch die

[685] CHILD, et al., (1991), S. 55.

[686] In Anlehnung an PILLER, (2006), S. 195. Vergleiche für weitere Systematisierungen ADAM, (1998), S. 57 f; BLISS, (1998), S. 18 ff; MEFFERT, (2000), S. 1049 ff; PICOT, FREUDENBERG, (1998), S. 71; WILDEMANN, (1998b), S. 55.

Komplexitätsbeherrschung.[687] Eine Komplexitätsvermeidung kann vor allem bei der Produkt- und Prozessentwicklung angegangen werden, indem beispielsweise eine weitgehende Modularisierung umgesetzt wird und Module mehrfach verwendet werden.[688]

Eine (nachträgliche) Komplexitätsreduktion ist im Rahmen einer Mass Customization nur begrenzt möglich; beispielsweise durch die Identifikation von (un)profitablen Kunden und darauf aufbauenden Kundenmanagement-Maßnahmen im Rahmen einer Learning Relationship.[689]

An der verbleibenden Komplexität setzen Maßnahmen der Komplexitätsbeherrschung an. Beispiele möglicher Maßnahmen sind die Veränderung des Vorfertigungsgrads, die Festlegung von Bevorratungsebenen oder der Einsatz moderner IuK-Technologie.[690] Insbesondere die Komplexitätsverarbeitungsfähigkeit moderner IuK-Technologie spielt aufgrund der hohen Anforderungen einer individuellen Massenfertigung an eine effiziente Informationsverarbeitung eine entscheidende Rolle.[691] Eine systematische Übersicht exemplarischer Maßnahmen des Komplexitätsmanagements findet sich in Tabelle 8.

Bei der Umsetzung einzelner Maßnahmen zum Komplexitätsmanagement sind die zum Teil hohen Interdependenzen zwischen den Maßnahmen zu berücksichtigen. So wird ein Ansatz zum Single- oder Modular-Sourcing in der Regel einen starken Bezug zur Gestaltung einer modularen Produkt- und Prozessstruktur haben.[692]

3.2.3.4 Modularisierung und Vorfertigung von Leistungen im Rahmen von Mass Customization

Modularisierung als Maßnahme des Komplexitätsmanagements bietet eine Lösung für die Kernherausforderung von Mass Customization, die Überwindung des Dualismus zwischen Kostenführerschaft und Differenzierung, zwischen Standardisierung und Individualisierung. Durch die Kombination einer begrenz-

687 Vgl. BLISS, (1998), S. 17.

688 Modularisierung wird vielfach als der Grundstein zum Komplexitätsmanagement im Mass Customization gesehen. Vgl. u.a. ADAM, (1998), S. 59; ROMMEL, et al., (1993), S. 38 f. Aus diesem Grund wird im Folgenden noch einmal detaillierter auf die Modularisierung eingegangen.

689 Vgl. PILLER, (2006), S. 194. Vgl. zu einer ausführlicheren Behandlung von Learning Relationships Abschnitt 3.3.4.1.

690 Vor allem die Modularisierung und die gezielte Festlegung des Vorfertigungsgrads sind bisher in empirischen Studien zur Mass Customization als Maßnahmen des Komplexitätsmanagements betrachtet worden. Inzwischen steht zunehmend auch ihre informationstechnische Unterstützung im Fokus. Vgl. PILLER, (2006), S. 196.

691 Vgl. PILLER, (2006), S. 195.

692 Vgl. BLISS, (1998), S. 41 ff.

ten Zahl standardisierter, untereinander kompatibler Module können individuelle Leistungen erstellt werden.[693] Ulrich und Tung bezeichnen dies als „the use of interchangeable units to create product variants."[694] Eine Modularisierung ist sowohl auf der Produkt- als auch der Prozessebene möglich. Auf der Produktebene beziehen sich Module auf Baugruppen, deren Vormontageumfang höher ist als ihr Einbauumfang in die übergeordnete Baugruppe.[695] Im Optimalfall kommen dabei Gleichteile zum Einsatz; das heißt standardisierte Module, die bei einer Vielzahl unterschiedlicher Absatzleistungen unverändert verwendet werden können (Austauschbarkeit). Neben den (technischen) Anforderungen an ein einzelnes Modul (Modularitätskriterien)[696] ist vor allem das Zusammenspiel der Einzelmodule entscheidend. So kann beispielsweise durch eine gemeinsame Systemarchitektur die Kompatibilität der Module und damit deren flexible Kombination miteinander gewährleistet werden.[697]

Häufig wird eine solche Systemarchitektur mittels einer Plattformstrategie umgesetzt. Dabei werden die einzelnen Module über ein Basismodul, das für alle Varianten oder auch eine ganze Produktfamilie gleich ist, verbunden.[698] Zum Teil wird der Plattformbegriff in der Literatur auch deutlich weitergefasst. So werden neben den Komponenten auch Fertigungsprozesse und Wissen[699] und zum Teil sogar Absatzkanäle und Markennamen zu einer Plattform gebündelt.[700] Die Entwicklungs- und Fertigungskosten solcher Plattformprodukte sind im Wesentlichen durch die Kosten zur Erstellung der Plattform determiniert. Modularisierung auf der Produktebene und Plattformstrategien sind bereits seit langem bekannte und eingesetzte Konzepte. Allerdings wurden sie bislang primär zur Variantenfertigung eingesetzt. Ihre Potenziale im Rahmen einer einzelkundenbezogenen Leistungserstellung wurden in diesen Fällen nicht genutzt.[701]

---

693 Vgl. BLISS, (1998), S. 21; BOUTELLIER, et al., (1997), S. 57; BÜTTGEN, LUDWIG, (1997), S. 14; DURAY, et al., (2000), S. 611; KÖSTER, (1998), S. 4; MAYER, (1993), S. 153; MCCUTCHEON, et al., (1994), S. 94; PINE, (1998), S. 8; RAFFÉE, WIEDMANN, (1997), S. 443; VICTOR, BOYNTON, (1998), S. 166; WÜPPING, (1999), S. 66.

694 ULRICH, TUNG, (1991), S. 73.

695 Vgl. EVERSHEIM, et al., (1998), S. 34; BALDWIN, CLARK, (1997), S. 84 f; ULRICH, TUNG, (1991), S. 73.

696 Dies sind die Verständlichkeit (ein Modul umfasst einen homogenen Aufgabenbereich mit möglichst wenig Interdependenzen nach außen), die Kontinuität (die Änderung eines Moduls führt nicht zur Anpassung weiterer Module) und der Schutz (Fehler in einem Modul werden nicht über die Modulgrenzen hinaus propagiert). Vgl. hierzu MEYER, (1997a), S. 40 ff.

697 Vgl. SCHNÄBELE, (1997), S. 131.

698 Vgl. DUDENHÖFFER, (1997), S. 144; JIAO, (1998), S. 16 f; ROBERTSON, ULRICH, (1998), S. 20. Vgl. auch Abschnitt 3.1.3.2.

699 Relevantes Wissen stellen beispielsweise Entwicklungs-Know-how, Fertigungstechniken oder Methoden der Qualitätsprüfung dar.

700 Vgl. ROBERTSON, ULRICH, (1998), S. 20; SAWHNEY, (1998), S. 57 ff.

701 Vgl. PILLER, (2006), S. 197 f.

Hierzu zählen neben der erzielbaren Komplexitätsreduktion auch Lern- und Größenvorteile durch die Entwicklung und Produktion standardisierter Module und die Nutzung stabiler Prozesse. Neben der Entwicklung und Produktion können sich diese Effekte auch bei Montage, Vertrieb und Kundendienst in Form von Economies of Integration[702] bemerkbar machen, wenn die gleichen Module bei einer Vielzahl von Absatzleistungen wiederverwendet werden.[703]

Analog zur Zerlegung der Produkte in standardisierte Module können auf der Prozessebene auch die Entwicklungs-, Produktions- und Absatzprozesse in Module unterteilt werden. Hierbei kann durch die Unterteilung der Gesamtaufgabe in Teilaufgaben und die Bearbeitung dieser Teilaufgaben in (weitgehend) autonomen Einheiten sowohl die Komplexität der Prozesse als auch der Koordinationsaufwand reduziert werden.[704] Der andererseits erfolgende Komplexitätsanstieg aufgrund der Zunahme organisatorischer Schnittstellen wird durch die Reduktion des Gesamtsteuerungsaufwands aufgrund einer gestiegenen Transparenz der Wertschöpfung und der Implementierung stabiler Prozesse überkompensiert.[705]

„In diesem Sinne kann die kundenindividuelle Massenproduktion als umfassende Strategie verstanden werden, die die Prinzipien der Modularisierung zur Erlangung konkreter Wettbewerbsvorteile nutzt."[706] Tabelle 9 bietet einen exemplarischen Überblick über die Potenziale der Modularisierung im Rahmen einer Mass Customization-Wettbewerbsstrategie.

Neben der Modularisierung stellt die Bestimmung des optimalen Vorfertigungsgrads die zweite grundlegende Säule des Komplexitätsmanagements im Rahmen einer Mass Customization dar.[707] Dabei wird auf Prozessebene die Fertigung in zwei Bereiche unterteilt, die durch separate Regelkreise gesteuert werden können. Zum einen einen kundenunabhängigen Teil, der aus der kostengünstigen Vorfertigung standardisierter Module ohne direkten Bezug zu einem Kundenauftrag besteht. Zum anderen einen kundenspezifischen Teil, der die Montage des individuellen Endprodukts umfasst.

Diese Zweiteilung ermöglicht eine deutliche Komplexitätsreduktion des Gesamtsystems, indem die beiden Teilbereiche entkoppelt werden und dem kundenauftragsneutralen Bereich ein höherer Freiheitsgrad in der Planung ermög-

---

702 Vgl. hierzu auch Abschnitt 3.2.3.5.

703 Vgl. Reiß, Beck, (1994), S. 30.

704 Vgl. Baldwin, Clark, (1997), S. 86; Köster, (1998), S. 4; Picot, et al., (2003), S. 230; Wildemann, (1998a), S. 257.

705 Vgl. Piller, (2006), S. 199.

706 Piller, (2006), S. 199 f.

707 Vgl. Anderson, (1997), S. 179; Corsten, (1998a), S. 233; Schnäbele, (1997), S. 137; van Hoek, et al., (1999), S. 354; Wüpping, (1999), S. 66; Mikkola, Skjott-Larsen, (2004), S. 354; Rudberg, Wikner, (2004), S. 449 ff; Su, et al., (2005), S. 306.

licht wird. Eine effiziente Verbindung der beiden Teilbereiche ist beispielsweise durch ein Kanbansystem möglich.[708]

Tabelle 9: Potenziale der Modularisierung im Rahmen der kundenindividuellen Massenproduktion[709]

Aktivität	Modularisierung auf Produktebene	Modularisierung auf Prozessebene
Forschung und Entwicklung	• Reduktion der Produktschnittstellen • Größere Optimierungsspielraum eines in die Entwicklung integrierten Zulieferers	• Teamorientierte (modulare) Organisation der Entwicklung führt zu Abbau von Schnittstellen, Reduktion von Reibungsverlusten und Komplexität durch Dezentralisierung von Planungsaufgaben
Erhebung der Kundeninformation	• Leichtere Vorgabe von Varianten • Aufbau eines regelbasierten Konfigurationssystems	• Wissensbildung und Lerneffekte durch Spezialisierung einzelner Module auf besondere Spezifikationsprobleme bestimmter Kundengruppen
Beschaffung	• Kosten- und Komplexitätsabbau durch Planung auf Modul- statt auf Teileebene • Bestandsreduktion durch Teilereduktion	• Reduktion der Anzahl direkter Zulieferer auf wenige Modullieferanten führt zur Abnahme zu koordinierender Schnittstellen
Produktion	• Reduktion der Komplexität in der Montage, da statt vielen Einzelbauteilen ein komplettes Modul integriert wird • Unterstützung der Montage durch einfache Gestaltung der Modulschnittstellen (Steckverbindungen etc.) • Unterstützung einer fertigungsgerechten Konstruktion	• Reduktion der Planungskomplexität durch Übertragung von Aufgabeninhalten auf dezentrale Fertigungsmodule und Einsatz dezentraler Steuerungsmechanismen • Verschiebung des Variantenbestimmungspunkts auf spätere Stufe der Wertkette • Wissensbildung und Lerneffekte durch Spezialisierung einzelner Prozessmodule
Marketing und Vertrieb	• Erleichterung der Distribution • Reduktion der Lagerhaltung im Vertrieb • Reduktion des Risikos der Nichtabnahme bestellter Leistungen	• Erstellung von Sekundärleistungen nach modularen Prinzipien • Leichtere Schulung der Verkaufsmitarbeiter
Kundendienst	• Update einzelner Komponenten • Leichtere Reparatur durch Austausch einzelner Komponenten	• Geringere Komplexität der Reparaturplanng/Ersatzteilbevorratung

Die in der Literatur gängigste Alternative zur Verbindung der beiden Teilbereiche ist jedoch eine Vorfertigung auf Lager. Dies ermöglicht eine Verstetigung der Produktion bis zum Vorfertigungsgrad und kurze Lieferzeiten. Auf der anderen Seite führt sie jedoch zu hohen Lagerkosten, einem steigenden Bestandsrisiko sowie einer hohen Planungskomplexität auf der Komponentenebene.[710]

Zur Vermeidung dieser Probleme wird als weitere Alternative eine reine „Customer-Pull-Strategie" vorgeschlagen. Dabei wird, unter Beibehaltung einer standardisierten Vorfertigung, die gesamte Produktion (inklusive der Vorfertigung) erst mit Eingang eines konkreten Kundenauftrags angestoßen. Während

708 Vgl. PILLER, (2006), S. 201.

709 Übernommen aus PILLER, (2006), S. 200.

710 Vgl. CORSTEN, (1998a), S. 233; HOMBURG, DAUM, (1997), S. 336; KÖSTER, (1998), S. 82 f; SCHNÄBELE, (1997), S. 137 f.

damit die aufgeführten Probleme einer Vorfertigung auf Lager vermieden werden, führt dies jedoch zu einem erhöhten Steuerungs-, Transport- und Umstellungsaufwand.[711] Die Kernherausforderung bei allen Alternativen stellt die Bestimmung des optimalen Vorfertigungsgrads[712] dar, das heißt die Festlegung, an welcher Stelle die Wertkette in einen kundenauftragsneutralen, standardisierten und einen kundenauftragsbezogenen, individualisierten Teil getrennt werden soll.[713] Theoretisch lässt sich der optimale Vorfertigungsgrad bestimmen, indem die durch einen höheren Individualisierungsgrad mögliche Preisprämie den entsprechenden zusätzlichen Kosten gegenübergestellt wird. Der Vorfertigungsgrad wird dann solange verringert, wie die erzielbare Prämie die zusätzlichen Kosten übersteigt. Da die relevanten finanziellen Größen jedoch praktisch nur schwer ermittelbar sind, wird in der Regel auf qualitative Verfahren (beispielsweise Punktwertzahlverfahren) zurückgegriffen.[714]

3.2.3.5 Kostensenkungspotenziale einer individuellen Leistungserstellung in Massenmärkten

Während eine konventionelle, (einzel-) kundenbezogene Fertigung in der Regel mit den bereits im Abschnitt 3.1.2.2 diskutierten Kostensteigerungen einhergeht, bietet das Mass Customization-Konzept Kostensenkungspotenziale, die diesen Kostensteigerungen entgegenwirken.[715] Zur differenzierteren Betrachtung dieser Potenziale wird im Folgenden eine Systematisierung nach Economies of Scale (Skalenvorteile), Economies of Scope (Verbundvorteile), Economies of Interaction und Economies of Integration vorgenommen.[716]

Voraussetzung für *Economies of Scale* oder Skalenvorteile ist, dass bei einer Erhöhung des Einsatzes von Produktionsfaktoren die Produktionsmenge überproportional steigt; sich also positive Skaleneffekte ergeben.[717] Solche Kostenvorteile basieren unter anderem auf: 1) Spezialisierungsvorteilen durch Ar-

---

711 Vgl. PILLER, (2006), S. 203.

712 Der optimale Vorfertigungsgrad wird in der Literatur unter anderem auch unter den Bezeichnungen Entkopplungs-, Variantenbestimmungspunkt, WILDEMANN, (1998b), S. 57. Freeze Point, HOMBURG, DAUM, (1997), S. 336; ROMMEL, et al., (1993), S. 37 f. Order Penetration Point KÖSTER, (1998), S. 82; SCHNÄBELE, (1997), S. 137. und Postponement-Strategie FEITZINGER, LEE, (1997), S. 116; VAN HOEK, et al., (1999), S. 354. diskutiert.

713 Vgl. GUTENBERG, (1979), S. 113.

714 Vgl. HOMBURG, WEBER, (1996), S. 661 f.

715 Vgl. auch HOMBURG, (1995), S. 14.

716 Vgl. zu dieser Systematisierung auch FLECK, (1995), S. 94 f; HILL, (1988), S. 406; SCHNÄBELE, (1997), S. 118; PILLER, (2006), S. 204; PILLER, et al., (2004b), S. 438 ff; REICHWALD, PILLER, (2006), S. 18 ff, 223 ff.

717 Vgl. FEESS, (1997), S. 115 ff.

beitsteilung, 2) der 2/3-Regel der Anlageninvestition, nach der mit steigender Analagengröße ein unterproportionaler Anstieg von Investitions-, Betriebs- und Arbeitskosten einhergeht, 3) einer Reduktion losfixer Kosten pro Outputeinheit bei Fertigung größerer homogener Lose, 4) einer besseren Kapazitätsauslastung aufgrund statistisch geringerer Schwankungen bei größeren Absatzmengen sowie 5) der Nutzung von Beschaffungsvorteilen.[718] Skalenvorteile lassen sich neben den Produktionskosten ebenso bei den Transaktionskosten erzielen; beispielsweise, indem vorhandene IuK-Systeme durch eine mehrfache Durchführung von Transaktionen besser ausgelastet werden.[719]

Daneben können auch Lern- und Erfahrungskurveneffekte (Economies of Learning) teilweise den Skalenvorteilen zugerechnet werden.[720] Am stärksten werden sie bei neuen, komplexen, sich häufig wiederholenden Prozessen auftreten.[721] Dabei sind die Lerneffekte im Rahmen von Mass Customization aufgrund der Kostenoption vergleichbar mit den Effekten bei einer Serien- oder Massenfertigung. Die für die Nutzung von Skalenvorteilen notwendige Zunahme der Produktionsmenge ausreichend homogener Erzeugnisse lässt sich bei einer Mass Customization durch mehrere Faktoren plausibilisieren. Bei einer heterogenen Nachfrage ist durch einen steigenden Individualisierungsgrad bei (nahezu) gleichem Preis eine Steigerung des Absatzes zu erwarten.[722]

Durch die Differenzierung ist darüber hinaus mit einem Sinken der Preiselastizität der Nachfrage und einer Ausdehnung des Zielmarkts zu rechnen.[723] Eine hohe Kundenbindung aufgrund von Learning Relationships[724] kann die Kauffrequenz bestehender Kunden steigern. Damit können anfängliche Kostensteigerungen gegebenenfalls sogar überkompensiert werden.[725] Die aufgeführten Effekte greifen jedoch nur, wenn trotz der Differenzierung mit homogenen, einheitlichen Prozessen gefertigt werden kann; was beispielsweise auf Basis einer Modularisierung und der damit verbundenen sinkenden internen Varietät möglich ist. Gleichzeitig darf die Standardisierung allerdings nicht so weit gehen,

[718] Für eine detaillierter Behandlung der aufgeführten Effekte vgl. BOHR, (1996), S. 377 ff; SCHNÄBELE, (1997), S. 120 f.

[719] Vgl. PILLER, (2006), S. 204 f.

[720] Allerdings können Lerneffekte auch unabhängig von Skaleneffekten entstehen, z.B. besonderes Methodenwissen von Mitarbeitern. Vgl. PILLER, (2006), S. 205.

[721] In diesem Fall besteht auf Grund der Novität und Komplexität der Prozesse in der Regel erheblicher Optimierungsspielraum, der durch häufige Prozesswiederholungen vergleichsweise schnell genutzt werden kann. Vgl. BOHR, (1996), S. 378; HILL, (1988), S. 406 f.

[722] Vgl. FLECK, (1995), S. 102.

[723] Vgl. HILL, (1988), S. 404 f; KNYPHAUSEN, RINGSLETTER, (1991), S. 547 f.

[724] Vgl. zu einer ausführlicheren Behandlung von Learning Relationships Abschnitt 3.3.4.1.

[725] Vgl. HILL, (1988), S. 403; KNYPHAUSEN, RINGSLETTER, (1991), S. 548.

dass die angebotene Leistung vom Nachfrager als austauschbar wahrgenommen wird.[726]

„*Economies of Scope* [oder Verbundvorteile] basieren auf der gemeinsamen, jedoch nicht konkurrierenden Nutzung von Produktionsfaktoren im Rahmen einer Mehrprodukt-Produktion, wenn bei einer Einprodukt-Produktion Anteile der Produktionsfaktoren ungenutzt bleiben würden."[727] Dies hat zur Folge, dass die Gesamtkosten der Produktion niedriger ausfallen als die Summe der Produktionskosten bei getrennter Herstellung; also durch die steigende Produktvielfalt die durchschnittlichen Stückkosten aller Produkte sinken. In der Mirkoökonomik wird in diesem Fall von Subadditivität gesprochen.[728]

Im Rahmen einer Mass Customization können somit Verbundvorteile erzielt werden, wenn zur Erstellung der unterschiedlichen Absatzleistungen gemeinsame Ressourcen genutzt werden, die sonst nicht ausgelastet wären. Als Beispiele seien hier standardisierte Vorgehensweisen bei der Entwicklung von Varianten, ein Know-how Transfer bei der Erstellung ähnlicher Leistungen oder die Nutzung von Gleichteilen genannt.[729]

Es ist jedoch davon auszugehen, dass Verbundvorteile nicht beliebig ausgeweitet werden können. Ab einer bestimmten Varietät und der mit ihr verbundenen Komplexität, ist zum einen zu erwarten, dass die Produktionskosten stark ansteigen, wenn die Fertigungskomplexität nicht mehr durch die Maschinenflexibilität beherrscht werden kann. Zum anderen werden mit zunehmender externer Varietät der Konfigurationsaufwand an der Kundenschnittstelle und damit die Transaktionskosten stark ansteigen.[730]

Hier können es einerseits moderne Konzepte der Produktionsplanung und -steuerung ermöglichen, eine höhere Fertigungskomplexität zu bewältigen. Andererseits bieten vor allem neue IuK-Technologien (siehe bspw. zum Einsatz von Konfiguratoren Abschnitt 3.3.3) weitgehende Potenziale zur Bewältigung eines hohen Individualisierungsgrads und damit der Senkung von Produktions- wie auch Transaktionskosten.[731]

---

726 Vgl. GERSCH, (1995), S. 109 f.

727 PILLER, (2006), S. 207. Vgl. auch BAILEY, FRIEDLAENDER, (1982), S. 1026; BOHR, (1996), S. 381; KLEINALTENKAMP, (1993), S. 2 ff. Nicht genutzte Produktionsfaktoren führen zu Leerkosten, wenn die Faktoren auf Grund von Transaktionskosten nicht am Markt veräußert werden können. Vgl. FLECK, (1995), S. 107. und die dort angegebene Literatur.

728 Vgl. KNYPHAUSEN, RINGSLETTER, (1991), S. 550 ff; PANZAR, WILLIG, (1981), S. 268; SCHNÄBELE, (1997), S. 124; FLECK, (1995), S. 106 ff.

729 Vgl. FLECK, (1995), S. 110; MAYER, (1993), S. 74. Siehe für weitere Beispiele gegliedert nach Funktionsbereichen auch PILLER, (2006), S. 208.

730 Vgl. KNYPHAUSEN, RINGSLETTER, (1991), S. 553 f; FLECK, (1995), S. 115 f.

731 Vgl. PILLER, (2006), S. 209 f.

Ein wesentliches Charakteristikum der Mass Customization ist die simultane Verwirklichung von Verbund- und Skalenvorteilen. Gerade diese Integration beider Effekte bietet das Potenzial, den aufgrund der Individualisierung der Absatzleistung zunächst steigenden Kosten entgegenzuwirken.[732] Noori bezeichnet diese Integrationswirkung als *Economies of Integration*: „Economies of integration provide a high degree of production, process, and infrastructure flexibility and the ability to produce a variety of customized products (characteristic of scope economies), as well as the ability to produce a large aggregate volume of low-cost products (characteristic of scale economies).“[733] Der Effekt kann sowohl fertigungs- als auch produktbezogen erklärt werden.[734]

Fertigungsbezogen ergeben sich Economies of Integration aus der Tatsache, dass flexible Maschinen durch eine große Anzahl (individueller) (Teil-) Leistungen ausgelastet werden können. Dies wird möglich, da moderne Technologien die optimale Losgröße immer weiter gegen eins senken. Damit können trotz höherer Fixkosten flexibler Systeme vergleichsweise niedrige durchschnittliche Stückkosten erzielt werden.[735]

Produktbezogen stellt Modularisierung einen wesentlichen Treiber für Economies of Integration dar. Die Verwendung von Gleichteilen führt zu Skaleneffekten in der Vorfertigung; die Wiederverwendung von Know-how bei Definition und Entwicklung von Modulen zu Verbundeffekten.[736]

Die vierte Gruppe von Kostensenkungspotenzialen ergibt sich aus dem direkten Kundenkontakt im Rahmen einer kundenindividuellen Leistungserstellung. Diese *Economies of Interaction* ermöglichen neben Präferenz-/Differenzierungsvorteilen am Markt Effizienzsteigerungen in der Leistungserstellung. Die aus der direkten Interaktion mit dem Kunden gewonnenen zusätzlichen Informationen bieten die Möglichkeit, in Fortschreibung der Ideen des Business-Process-Reengineering oder des Lean-Managements Prozessverbesserungen und damit weitere Kostensenkungen zu erzielen.[737] So können durch eine kundenindividuelle Leistungserstellung Sicherheitsbestände verringert oder im Falle einer reinen Customer-Pull-Strategie gegebenenfalls gänzlich vermieden werden.[738] Gerade in dynamischen, von einer heterogenen Nachfrage gekennzeichneten

[732] Vgl. BINSWANGER, (1992), S. 278 f; KNYPHAUSEN, RINGSLETTER, (1991), S. 551; PILLER, (2006), S. 210.

[733] NOORI, (1990), S. 142.

[734] Vgl. SCHNÄBELE, (1997), S. 129 f. NOORI, (1990), S. 142. betrachtet allerdings nur fertigungsbezogene Integrationsvorteile.

[735] Vgl. NOORI, (1990), S. 141; SCHNÄBELE, (1997), S. 130.

[736] Vgl. SCHNÄBELE, (1997), S. 131; FEITZINGER, LEE, (1997), S. 117.

[737] Vgl. PILLER, (2006), S. 212.

[738] Vgl. FEITZINGER, LEE, (1997), S. 119; SCHNÄBELE, (1997), S. 133 ff. Schnäbele spricht in diesem Zusammenhang von Economies of Relationship.

Märkten kann eine individuelle Leistungserstellung die Anpassungskosten[739] soweit senken, dass die Steigerung der Produktions- und Transaktionskosten überkompensiert wird.[740]

Economies of Interaction zeigen sich darüber hinaus in einer Reihe weiterer Effekte. So erlauben die zusätzlich verfügbaren Informationen in der Regel eine bessere Allokation von Ressourcen (z.B. in Forschung und Entwicklung und Marketing).[741] Der Aufbau von Learning Relationships[742] führt andererseits zu steigenden Umstellungskosten für den Kunden und damit zu einer höheren Kundenbindung, die sich wiederum in einer höheren Anzahl von Käufen pro Kunden niederschlagen kann.[743] Gleichzeitig liefert diese enge Kundenbeziehung dem Unternehmen genauere Planungsdaten als im Falle einer anonymen Marktfertigung.[744] Schließlich bietet der Aufbau von Learning Relationships[745] das Potenzial, den Aufwand der Leistungskonfiguration zu reduzieren. Ebenso kann das aggregierte Wissen über Kunden bei der Interaktion mit Neukunden (z.B. Generierung von Konfigurationsvorschlägen) oder der Produktentwicklung genutzt werden.[746]

Piller integriert alle bisher beschriebenen Aspekte in einer umfassenden Logik der Mass Customization (siehe Abbildung 10).[747] Dabei geht er von einer einfachen Berechung des Unternehmensgewinns aus Umsatz und Kosten aus und betrachtet die Effekte der einzelnen Potenziale auf Umsatz und Kosten.

Die Differenzierungsoption der Mass Customization führt zu einer Steigerung des akquisitorischen Potenzials sowie zu einer dauerhaften Kundenbindung und damit zu einer Steigerung der Absatzmenge. Da Mass Customization es zum einen erlaubt, einen Preiswettbewerb zu vermeiden, und zum anderen stabile Preise aufgrund der Kostenoption ermöglicht, geht eine Steigerung der Absatzmenge mit einer Umsatzsteigerung einher. Den steigenden Kosten aufgrund einer steigenden internen Varietät und Komplexität einer individuellen Leistungserstellung stehen, wie in den vorangegangenen Abschnitten beschrieben,

---

[739] Hierzu zählen unter anderem Kosten für Sicherheitsbestände, Lieferausfälle, kurzfristige Produktionsumstellungen sowie eine erhöhte Planungskomplexität.

[740] Vgl. RINGSLETTER, KIRSCH, (1991), S. 568.

[741] Homburg konnte beispielsweise in einer empirischen Untersuchung zeigen, dass kundennahe Unternehmen im Schnitt eine bessere Allokation von Ressourcen in Forschung und Entwicklung haben. Vgl. HOMBURG, (1995), S. 203. Daneben können beispielsweise Informationen über „Lead-User" für eine gezielte Marktbearbeitung genutzt werden.

[742] Vgl. zu einer ausführlicheren Behandlung von Learning Relationships Abschnitt 3.3.4.1.

[743] Vgl. allgemein zu den Vorteilen einer hohen Kundenbindung MEYER, ERTL, (1998), S. 173 f.

[744] Vgl. HILDEBRAND, (1997), S. 62; PEPPERS, ROGERS, (1999), S. 233; RUHLAND, (1999), S. 92; WEHRLI, KRICK, (1998), S. 64.

[745] Vgl. zu einer ausführlicheren Behandlung von Learning Relationships Abschnitt 3.3.4.1.

[746] Vgl. PILLER, SCHODER, (1999), S. 1118 f.

[747] Vgl. PILLER, (2006), S. 214 ff.

mehrere Effekte entgegen, die insbesondere auf einer Modularisierung und Festlegung des optimalen Vorfertigungsgrads aufbauen.

Abbildung 10: Logik der Mass Customization[748]

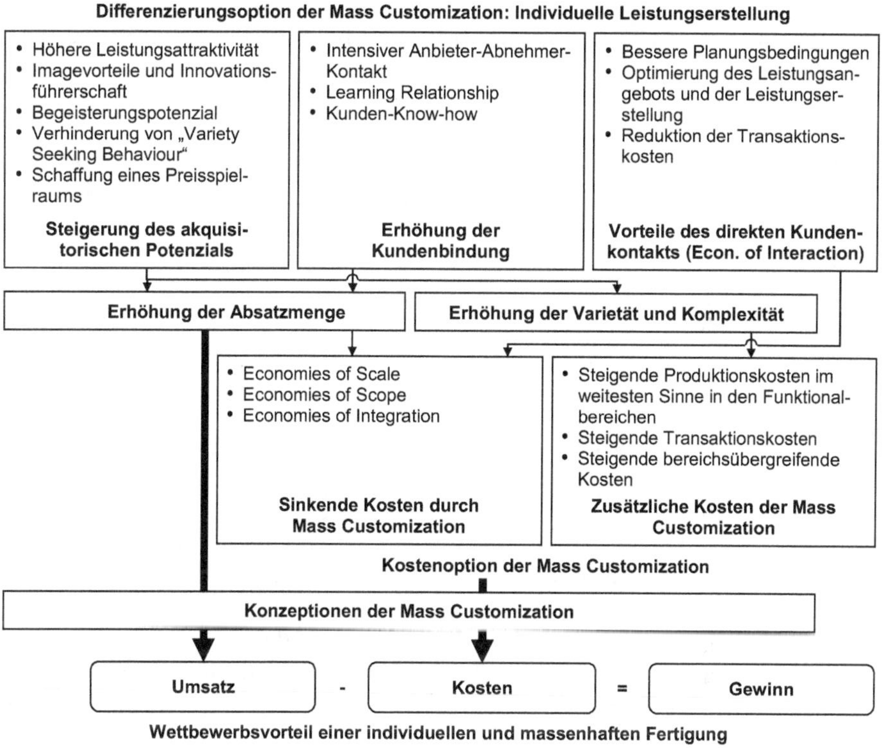

So ermöglicht das Angebot einer hohen Varietät in Massenmärkten die Nutzung von Skalen- und Verbundvorteilen. Die direkte Interaktion von Abnehmer und Anbieter bietet darüber hinaus die Möglichkeit einer Verwirklichung von Economies of Interaction. In Kombination können somit die steigenden Kosten (über-) kompensiert werden. Damit stellt Mass Customization durch die gleichzeitige Nutzung von Differenzierungsvorteilen und einer relativ guten Kostenposition eine simultane hybride Wettbewerbsstrategie dar. In der Praxis wird Mass Customization in bestehenden Unternehmen zwar oft sequenziell umgesetzt, indem bestehende Wettbewerbsvorteile durch neue ergänzt werden. Im Modellfall einer Unternehmensneugründung würde Mass Customization jedoch als

[748] Verändert übernommen aus PILLER, (2006), S. 215.

simultane Strategie umgesetzt, da „bei […] richtiger Umsetzung unter Nutzung und Realisierung der Kostensenkungspotenziale eine individuelle Fertigung zugleich zu sinkenden Kosten führen [kann].“[749]

3.3 Umsetzung von Mass Customization am Beispiel der industriellen Produktion

Im Folgenden wird basierend auf der Arbeit von Piller[750] exemplarisch die Umsetzung einer Mass Customization-Wettbewerbsstrategie in der industriellen Produktion betrachtet, bevor, darauf aufbauend in Kapitel 4, die Adaption des Konzepts für das Retailgeschäft der Finanzdienstleistungsbranche untersucht wird.

3.3.1 Mass Customization-Wertschöpfungsprozess in der industriellen Produktion

Wettbewerbsvorteile eines Unternehmens können sich prinzipiell aus jeder Tätigkeit des Unternehmens ergeben. Deshalb werden die Effekte einer Umsetzung des Mass Customization-Konzepts auf die einzelnen Tätigkeiten betrachtet. Hierzu wird auf das analytische Instrument der Wertkette[751] zurückgegriffen. Nach Porter gliedert die Wertkette „ein Unternehmen in strategisch relevante Tätigkeiten, um dadurch Kostenverhalten sowie vorhandene und potenzielle Differenzierungsquellen zu verstehen.“[752] Dabei steht die Wertkette eines Unternehmens nicht für sich. Sie ist vielmehr in ein Wertsystem, das ebenfalls die Wertketten von Lieferanten, Handel und Abnehmern umfasst, eingebettet.[753] Vor

---

749 PILLER, (2006), S. 216.

750 Vgl. PILLER, (2006).

751 Wert ist der Betrag, den ein Abnehmer bereit ist, für die erstellte Leistung zu zahlen. Ein Unternehmen ist somit dann gewinnbringend, wenn die Kosten zur Leistungserstellung unter der Wertschöpfung liegen. Die Wertkette zeigt den Gesamtwert. Sie setzt sich aus den Wertaktivitäten sowie der Gewinnspanne zusammen. Damit ist die Gewinnspanne der Lieferanten und des Vertriebs Teil der Gesamtkosten für den Abnehmer. Vgl. PORTER, (2000), S. 63 f.

752 PORTER, (2000), S. 59.

753 Vgl. PORTER, (2000), S. 59 f. In der Literatur werden die Begriffe Wertkette, Wertschöpfungskette, Wertsystem und Wertschöpfungsnetz zum Teil in ähnlichem Kontext oder zum Teil synonym verwendet. Im Rahmen dieser Arbeit sind mit Wertkette die Wertaktivitäten innerhalb eines Unternehmens gemeint. Die Wertschöpfungskette hingegen umfasst die Wertketten aller Unternehmen vom Lieferanten bis zum Abnehmer. Hat innerhalb dieser Wertschöpfungskette ein Unternehmen mehrere Vorgänger oder Nachfolger, so spricht man von einem Wertschöpfungsnetz(werk). Sowohl Wertschöpfungskette als auch Wertschöpfungsnetz stellen Wertsyste-

dem Hintergrund, dass sich zum einen Wettbewerbsvorteile aus den Unterschieden in den Wertketten von Wettbewerbern ergeben und zum anderen insbesondere die Verknüpfung der einzelnen Wertaktivitäten über das Erlangen von Wettbewerbsvorteilen entscheiden kann, spielt damit das gesamte Wertsystem eine entscheidende Rolle im Rahmen von Mass Customization.[754]

Abbildung 11: Wertkette von Mass Customization (kursiv gesetzte Funktionen werden kundenbezogen durchgeführt, die übrigen auftragsneutral)[755]

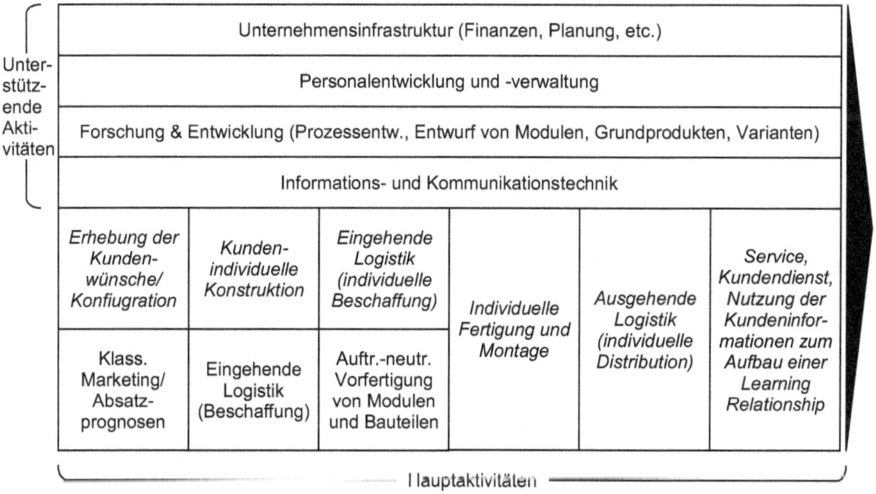

Porter unterscheidet in der Wertkette zwischen primären und unterstützenden Aktivitäten.[756] Von den unterstützenden Aktivitäten sind im Rahmen von Mass Customization vor allem die Forschung & Entwicklung sowie die Infrastruktur zu betrachten. Die Forschung & Entwicklung muss sicherstellen, dass beim Entwurf von kundenindividuell anpassbaren Grundprodukten (der Definition des Solution Space[757]) sowohl die Kosten- als auch die Differenzierungsoption von

me nach Porter dar. Vgl. hierzu PORTER, (2000), S. 59 ff; HERTEL, et al., (2005), S. 47 ff; SCHUSSER, (1999), S. 11 ff.

754 Vgl. PORTER, (2000), S. 63 ff.

755 Übernommen aus PILLER, (2006), S. 175.

756 Vgl. PORTER, (2000), S. 65. Primäre Aktivitäten sind solche, die direkt für die Bereitstellung der Leistung erforderlich sind (z.B. Fertigung, Vertrieb, Kundendienst). Unterstützende Leistungen hingegen dienen der Aufrechterhaltung der Leistungsbereitschaft eines Unternehmens (z.B. Unternehmensinfrastruktur, Personalwirtschaft)

757 Vgl. TSENG, PILLER, (2003), S. 12.

Mass Customization berücksichtigt werden. Daneben wurde bereits mehrfach auf die Bedeutung moderner IuK-Technologie für eine erfolgreiche Umsetzung von Mass Customization hingewiesen. Diese stellt einen wesentlichen Teil der Infrastruktur dar. Bei den übrigen unterstützenden Aktivitäten ist hingegen keine besondere Anpassung an das Mass Customization-Konzept notwendig.[758]

Ein wesentliches Charakteristikum der Mass Customization-Wertkette ist die Trennung der primären Aktivitäten in kundenspezifische und kundenunabhängige Aktivitäten (siehe Abbildung 11).[759] Dadurch ist es möglich, parallel zur kundenauftragsbezogenen Konfiguration und Fertigung standardisierte Module unabhängig von konkreten Kundenaufträgen vorzufertigen.[760] Zur Verbesserung der hierfür notwendigen auftragsunabhängigen Prognosen kann das Unternehmen auf das gewonnene Kunden-Know-how zurückgreifen.[761] Der kundenbezogene Teil der Mass Customization-Wertkette beginnt mit der Erhebung der Kundenwünsche, das heißt der Leistungskonfiguration in Interaktion mit dem Kunden. Dabei zielt Mass Customization auf einen möglichst einfachen und weitgehend automatisierten Konfigurationsvorgang. Dies wird unter anderem durch den Einsatz von Konfiguratoren ermöglicht. Abhängig von der Leistungskomplexität folgt auf die Konfiguration gegebenenfalls eine kundenindividuelle Konstruktion einzelner Module.

Anschließend erfolgt die Materialbeschaffung und Fertigung. Je nach Konfiguration des Wertsystems ist unter Umständen auch eine Weitergabe der Konfigurationsdaten an Lieferanten erforderlich, sollten diese in die Individualisierung einbezogen sein. Darauf folgen die (individuelle) Distribution sowie insbesondere der Aufbau einer Learning Relationship[762] im Rahmen der Nachkaufphase.[763]

3.3.2 Forschung und Entwicklung

Forschung und Entwicklung ist als Wertaktivität kein Bestandteil der einzelkundenbezogenen Wertkette; allerdings werden hier wesentliche (Vor-) Entscheidungen bezüglich Varietät und Komplexität der Leistung sowie der Leistungserstellung getroffen. Studien haben ergeben, dass bis zu 85% der Produktkosten bereits durch Entscheidungen vor Fertigungsbeginn determiniert werden.[764]

---

758 Vgl. PILLER, (2006), S. 237.
759 Vgl. GILMORE, PINE, (1997), S. 92; ZELENY, (1996), S. 93.
760 Vgl. Abschnitt 3.2.3.4.
761 Vgl. PILLER, (2006), S. 175.
762 Vgl. zu einer ausführlicheren Behandlung von Learning Relationships Abschnitt 3.3.4.1.
763 Vgl. PILLER, (2006), S. 175 f.
764 Vgl. JIAO, TSENG, (1996), S. 153.

Damit stellt die Forschung und Entwicklung eine der Kernherausforderungen der Umsetzung des Mass Customization-Konzepts dar.[765]

3.3.2.1 Produktplattform

Selbst bei der Umsetzung einer Mass Customization kann die Definition der Absatzleistung nicht vollständig auf den Kunden übertragen werden.[766] Dies würde zum einen schnell zu einer Überforderung des Kunden führen; zum anderen wären so die Begrenzung der internen Varietät und damit die Etablierung stabiler Prozesse nicht möglich. Deshalb erfolgt im Rahmen der Mass Customization die Entwicklung in einem zweistufigen Prozess: zunächst wird eine modulare Produktplattform mit klar definierten Grundprodukten entworfen, die in einem zweiten Schritt durch den Kunden angepasst werden können.[767] Dabei werden einerseits alle Produktbestandteile, die aus Kundensicht nicht zur Individualisierung beitragen, durch standardisierte Module realisiert, um Informationsintensität, interne Varietät und Komplexität zu begrenzen.[768] Andererseits gilt es, alle Produktkomponenten zu identifizieren, die entsprechend der Kundenbedürfnisse das Produkt als individuelles Gut charakterisieren. Ziel dieses Vorgehens ist der Ausgleich zwischen Differenzierungs- und Kostenoption. Hierzu ist eine Vielzahl von Strategien und Instrumenten entwickelt worden, die die Bewertung von Differenzierungs- und Kostenwirkung einer Varietätsoption ermöglichen:[769] DEPV (Design for Product Variation),[770] VMEA (Variant Mode and Effects Analysis),[771] DFMC (Design for Mass Customization),[772] OES (Open Engineering System),[773] Blue-Printing-Ansatz.[774] Sie dienen der Definition einer übergreifenden, generischen Produktarchitektur, basierend auf einem Baukasten

765 Vgl. JIAO, (1998), S. 13.

766 Vgl. Absatz 3.1.3.3.

767 Vgl. WIENDAHL, et al., (1998), S. 59. Modulare Produktplattformen haben darüber hinaus den Vorteil, dass zwar ebenfalls Grundprodukte und einzelne Module dynamisch weiterentwickelt werden müssen, andererseits aber die Produktplattform auf Grund ihrer Individualisierungsoption einen deutlich langsameren Innovationszyklus aufweist. Vgl. PILLER, (2006), S. 241.

768 Vgl. KÖSTER, (1998), S. 67; ANDERSON, (2004), S. 223 ff; BLACKENFELT, (2001), S. 41 ff. Siehe auch GARUD, et al., (2003); LINDEMANN, et al., (2003); METZGER, et al., (2002), S. 57 ff; PORCAR, et al., (2003); TSENG, JIAO, (2001). Eine weitere Möglichkeit stellen beispielsweise Module mit eingebauter Flexibilität dar, die eine standardisierte Fertigung und anschließende Selbstindividualisierung durch den Kunden ermöglichen.

769 Vgl. PILLER, (2006), S. 243.

770 Vgl. PILLER, (1998), S. 226 ff. Siehe auch ISHII, et al., (1995).

771 Vgl. EVERSHEIM, et al., (1998), S. 31 ff.

772 Vgl. JIAO, TSENG, (1996); JIAO, (1998).

773 Vgl. SIMPSON, et al., (1998), S. 49 ff.

774 Vgl. BÜTTGEN, LUDWIG, (1997), S. 26.

modularer Komponenten und Verbindungsmöglichkeiten, sowie der Festlegung des optimalen Vorfertigungsgrads. Kriterien sind dabei die Wiederverwendung von Modulen, die Anzahl der verwendeten Module, der Varietätsgrad der Module, sowie die Möglichkeit die Konfiguration zu unterstützen beziehungsweise zu automatisieren.[775] Entsprechend schreiben Tseng und Jiao: „A well-planned product family architecture (PFA) – the conceptual structure and overall logical organization of generating a family of products – provides a generic umbrella for capturing and utilizing commonality, within which each new product instantiates and extends so as to anchor future designs to a common product line structure."[776]

3.3.2.2 Systemunterstützung

Unterstützt werden diese Aktivitäten vor allem durch Computer Aided Design (CAD) Werkzeuge, die im Rahmen eines Computer Integrated Manufacturing (CIM) für Forschung und Entwicklung eingesetzt werden.[777] Diese unterstützen durch Ähnlichkeitskataloge eine produktübergreifende Wiederverwendung bereits bestehender Module.[778] Darüber hinaus schließen „neue CIM-Konzeptionen [...] zudem im Sinne eines Simultaneous Engineering auch die Prozessentwicklung mit ein."[779] Damit ist es möglich, bereits während der (Weiter-) Entwicklung von Absatzleistungen die Stabilität der Fertigungsprozesse und somit die Umsetzung der Kostenoption des Mass Customization-Konzepts sicherzustellen.[780] Auch die Verwirklichung eines optimalen Erzeugniswechselpotenzials, das heißt die effiziente Umstellung der Fertigung von einer Absatzleistung auf eine andere, ist erst durch den Einsatz moderner IuK-Technologien möglich.[781] So erlauben heute virtuelle Fabriksysteme, „a computer system which can generate the same information about manufacturing system's structure, states, and behaviours as we can observe in a real manufacturing system"[782], die Erprobung neuer Technologien, ohne dass diese physisch installiert werden müssen. So ist durch rechnergestützte Simulationen die Vorbereitung eines Modellwechsels in

775 Vgl. PILLER, (2006), S. 242 f.

776 TSENG, JIAO, (2001), S. 690. VON HIPPEL, (2001). spricht in diesem Zusammenhang von „Solution Space".

777 Vgl. AUSSCHUSS FÜR WIRTSCHAFTLICHE FERTIGUNG (AWF), (1985), S. 4.

778 Vgl. BÜRING, (1997), S. 64 f.

779 PILLER, (2006), S. 243. sowie FREUND, KONIG, (1997), S. 221.

780 Vgl. PILLER, (2006), S. 243.

781 Vgl. PILLER, (2006), S. 243. Zur dynamischen Produktdifferenzierungsstrategie siehe ausführlich KALUZA, (1989); KALUZA, (1996); KALUZA, KREMMINER, (1997).

782 IWATA, et al., (1997), S. 336.

der Automobilindustrie möglich, ohne die laufende Produktion zu unterbrechen.[783] Daneben kann mithilfe von Simulationen bereits während der Entwicklung auf eine montagegerechte Konstruktion aller Bauteile geachtet werden.[784] Werkzeuge zum Product Data Management (PDM) [785] – einem Konzept, das alle produktbezogenen Daten[786] zusammenfasst und zugänglich machen soll – unterstützen den Informationsfluss zwischen Produktion und Entwicklung und somit die Neu- und Weiterentwicklung von Absatzleistungen unter Berücksichtigung von Erfahrungen und Rahmenbedingungen aus der Produktion. Darüber hinaus können Marktinformationen und Informationen aus dem Servicebereich integriert werden.[787] Damit bietet PDM eine Reihe von Effizienzpotenzialen für eine Mass Customization-Umsetzung. Zum einen kann bereits während der Entwicklung auf eine fertigungsgerechte Konstruktion und damit auf eine Komplexitätsreduktion in der Fertigung geachtet werden. Teiledatenbanken können helfen, die produktübergreifende Wiederverwendung von Modulen voranzutreiben und damit für eine Komplexitätsvermeidung/-reduktion und stabilere Produktionsprozesse sorgen. Darüber hinaus stellen Markt- und Serviceinformationen sicher, dass nicht an Kundenbedürfnissen vorbeientwickelt wird.[788]

3.3.3 Erhebung der Kundeninformation und Leistungskonfiguration

Die Erhebung der Kundeninformationen und die Leistungskonfiguration stellen den Beginn des kundenindividuellen Teils der Wertkette dar. Im Rahmen dieser Wertaktivitäten erfolgt die direkte Interaktion zwischen Hersteller und Abnehmer.[789] Diesem Schritt vorgelagert ist die grundlegende Marktkommunikation, die der Anbahnung eines interaktiven Kontakts mit potenziellen Kunden dient. Wie diese Kommunikation im Rahmen von Mass Customization gestaltet werden kann, wird im nachfolgenden Absatz kurz skizziert. Daran anschließend wird auf die eigentliche kundenindividuelle Leistungskonfiguration eingegangen, die noch einmal in eine Exploring-Phase (detaillierte Information des Kunden) und

---

783 BMW gelang es beispielsweise durch die Simulation eines virtuellen Fabriksystems die Einstellzeit von Fertigungsrobotern von zuvor ca. acht Wochen auf 48 Stunden zu reduzieren. Vgl. ROSS, (1998), S. 168.

784 Vgl. PILLER, (2006), S. 244.

785 Synonym verwendet werden Engineering Data Management (EDM), Engineering Data Base (EDB), Integriertes Produkt- und Prozessdatenmanagement (IPDM) oder Technisches Informationssystem. Vgl. KÖSTER, (1998), S. 115.

786 Hierzu zählen unter anderem Dokumente, Zeichnungen, Modelle, Stammdaten und Stücklisten.

787 Vgl. KEMPIS, et al., (1998), S. 53 f.

788 Vgl. KEMPIS, et al., (1998), S. 60 ff, 223 f.

789 Vgl. PILLER, (2006), S. 246.

die eigentliche Konfigurationsphase (Spezifizierung der individuellen Kundenlösung) unterschieden werden kann.[790] Eine entscheidende Rolle spielt hierbei erneut der Einsatz moderner IuK-Technologie. Er ermöglicht eine weitgehende Komplexitätsreduktion für den Vertrieb beziehungsweise den Kunden bei der individuellen Konfiguration der Absatzleistung.[791] Vor diesem Hintergrund werden in den folgenden Absätzen insbesondere Werkzeuge des Computer Aided Selling (CAS) beziehungsweise Electronic Business als Bestandteil eines Computer Integrated Manufacturing betrachtet.

3.3.3.1 Grundlegende Marktkommunikation

Ausgangspunkt der Mass Customization ist die direkte Interaktion zwischen Hersteller und Abnehmer. Voraussetzung einer solchen Interaktion ist, dass einem potenzieller Abnehmer der Hersteller bekannt ist und er Informationen über dessen Angebot hat; erst dadurch lassen sich direkte Kundenkontakte realisieren.[792] Diese Aufgabe ist jedoch bei der Umsetzung des Mass Customization-Konzepts durch ein Mass Customized Marketing nicht möglich, da in der Regel noch keine oder nicht genügend direkte Kundenkontakte existieren. In diesem Fall muss ein Marketingkonzept zur Leistungsindividualisierung auf Maßnahmen des klassischen Massenmarketings (z.B. Werbung, Sponsoring, PR) zurückgreifen.[793]

Im Gegensatz zu einer traditionellen Leistungsindividualisierung gilt es, im Rahmen der Mass Customization eine große Zahl potenzieller Nachfrager zu erreichen, um die in Abschnitt 3.2.3.5 beschriebenen Kostensenkungspotenziale verwirklichen zu können.[794] Aufgrund der Besonderheiten des Mass Customization-Konzepts stehen dabei Bekanntheits- und Image-Ziele im Mittelpunkt der Marktkommunikation. Ziel ist nicht eine unmittelbar kaufauslösende Wirkung, sondern die Initiierung einer direkten Interaktion. Die Bedeutung des Unternehmens-/Produktimages ist vor allem auf zwei Aspekte der Mass Customization zurückzuführen:

- Die Verfolgung der Differenzierungsoption im Rahmen des Mass Customization-Konzepts setzt für den Kaufentscheidungsprozess markante Anhaltspunkte beziehungsweise Indikatoren zur Qualitätsbeurteilung der Leistung

790 Vgl. REICHWALD, PILLER, (2006), S. 238.
791 Vgl. HILDEBRAND, (1997), S. 244 ff.
792 Vgl. GIERL, (1988), S. 103.
793 Vgl. SCHNÄBELE, (1997), S. 220.
794 Vgl. SCHNÄBELE, (1997), S. 221.

voraus. Durch den Aufbau eines eigenständigen Imageprofils kann die Vermittlung eines spezifischen Preis- und Qualitätsniveaus unterstützt werden.[795]

- Die Intangibilität individualisierbarer Absatzleistungen und damit verbunden die Tatsache, dass der Hersteller vor dem Kauf lediglich ein Leistungsversprechen abgeben kann, führen beim Kunden zu Schwierigkeiten bei der Leistungsbeurteilung. Das wahrgenommene Image stellt in diesem Zusammenhang eine wichtige Informationsquelle für den Kunden dar und kann Vertrauen schaffen sowie die Erfüllungsunsicherheit aus Sicht des Kunden reduzieren.[796]

Aufgrund dieser Besonderheiten steht weniger das individualisierbare Leistungsangebot, sondern vielmehr die Fähigkeit und Bereitschaft des Anbieters zur Lösung kundenindividueller Probleme im Vordergrund.[797] Aufgrund der Dominanz von Erfahrungs- und Vertrauenseigenschaften individualisierbarer Absatzleistungen muss der Anbieter seine Fach- beziehungsweise Problemlösungskompetenz in den Mittelpunkt der Marktkommunikation stellen.[798] Schnäbele misst vor diesem Hintergrund vor allem einer Corporate Identity (CI) Strategie und der Entwicklung eines Markenkonzepts große Bedeutung beim Aufbau eines eigenständigen Imageprofils zu: "Die präferenzorientierte Grundhaltung des Mass Customized Marketing und die relativ hohe Grundkomplexität individueller Leistungen finden in der imagebezogenen Kommunikation einer Corporate Identity beziehungsweise eines Markenkonzepts einen geeigneten kommunikationspolitischen Ansatz."[799] Die CI Strategie fokussiert dabei vor allem auf die Koordination und Integration aller kommunikativen Maßnahmen, insbesondere auch des Verhaltens der Mitarbeiter in direktem Kundenkontakt.[800] Die Marke hingegen fungiert als Qualitätsindikator, um dem Nachfrager Orientierung, Bewertung und Kaufentscheidung zu erleichtern.[801]

Zur eigentlichen Anbahnung individueller Kundenkontakte existieren zwei grundlegende Alternativen: Zum einen die Strategie einer ungerichteten Kontaktanbahnung und zum anderen die Strategie einer gerichteten Kontaktanbah-

---

795 Vgl. BECKER, (2006), S. 74 ff.

796 Vgl. RAFFÉE, WIEDMANN, (1989), S. 672.

797 Vgl. SCHNÄBELE, (1997), S. 221.

798 Vgl. BACKHAUS, (1992), S. 421 ff; KOTLER, BLIEMEL, (1995), S. 926 f. Instrumente zur Umsetzung sind beispielsweise Fachaufsätze, Testergebnisse, Beurteilungen durch Meinungsführer/Lead User, Messeauftritte oder die Beteiligung an Kompetenzzentren.

799 Vgl. SCHNÄBELE, (1997), S. 222 f.

800 Vgl. NIESCHLAG, et al., (2002), S. 609 f, 629 ff, 1052. Siehe auch BIRKIGT, STADLER, (2002); KREUTZER, et al., (1986).

801 Vgl. SCHRÖTER, (1993), S. 333 ff; SCHNÄBELE, (1997), S. 222.

nung.[802] Die ungerichtete Kontaktanbahnung richtet sich an dem Unternehmen nicht bekannte Personen/Unternehmen eines bestimmten Marktsegments. Auf diese Weise können viele Erstkontakte kostengünstig hergestellt werden. Allerdings ist aufgrund der nur groben Unterteilung eine eindeutige Zielgruppenansprache nur bedingt möglich.[803] Bei einer gerichteten Kontaktanbahnung hingegen erfolgt eine direkte Ansprache individueller potenzieller Kunden.[804] Die Vorteile dieser Methode liegen in einer hohen Zielgenauigkeit, der Möglichkeit zur Durchführung von Nachfassaktionen und der relativ großen Flexibilität in Bezug auf Zeitpunkt und Inhalt der Kommunikation. Darüber hinaus lässt sich bei potenziellen Neukunden das aggregierte Kunden-Know-how, bei Bestandskunden die vorhanden Informationen aus der Kundenbeziehung (Learning Relationship[805]), gezielt nutzen.[806] In der Regel werden beide Strategien parallel genutzt; jedoch in unterschiedlicher Intensität zu unterschiedlichen Zeitpunkten. Bis zum Erreichen der Bekanntheitsgradschwelle (auch unter dem Begriff „kritische Masse" diskutiert) wird primär die Strategie der ungerichteten Kontaktanbahnung genutzt, um die notwendige Bekanntheit im Markt zu erreichen. Danach wird aufgrund ihrer Vorteile verstärkt die gerichtete Kommunikation genutzt, die durch den Einsatz neuer Technologien den individuellen Kontakt mit einzelnen Kunden ermöglicht.[807]

3.3.3.2 Kundenindividuelle Konfiguration

Ist der Kontakt zum Abnehmer hergestellt, hat dieser in der folgenden Phase die Möglichkeit, sich eingehender über das Leistungs- und Individualisierungsangebot zu informieren und die Leistung entsprechend seiner individuellen Bedürfnisse zu konfigurieren.[808] Reichwald und Piller unterscheiden in diesem Zusam-

---

802 Vgl. SCHLEUNIG, (1993), S. 16.

803 Vgl. BLICKHAEUSER, GRIES, (1989), S. 10.

804 Dabei kann es sich sowohl um dem Unternehmen bereits bekannte Personen/Unternehmen als auch um potenzielle Neukunden handeln. Sind dem Unternehmen die Kontakte nicht bekannt, so basiert die Ansprache auf der Beschaffung von Adressmaterial. Vgl. SCHLEUNIG, (1993), S. 184 f; MEYER, (1989), S. 350 f. Zur Ansprache werden die klassischen Maßnahmen des Direktmarketings oder persönliche Kontakte genutzt.

805 Vgl. zu einer ausführlicheren Behandlung von Learning Relationships Abschnitt 3.3.4.1.

806 Vgl. KREUTZER, (1992), S. 336; SCHNÄBELE, (1997), S. 223 f.

807 Vgl. BECKER, (2006), S. 565 ff, 583 ff; ALBERS, CLEMENT, (1998), S. 64; FINK, (1998a), S. 145 f; HOMBURG, WEBER, (1996), S. 656; SCHINZER, (2001), S. 133. Vgl. auch die Abbildung in SCHNÄBELE, (1997), S. 224. Dabei ist zu berücksichtigen, dass sich die Bekanntheitsgradschwelle in ihrer Höhe nicht generalisieren lässt, sondern jeweils individuellen zu bestimmen ist.

808 Vgl. REICHWALD, PILLER, (2006), S. 238 f.

menhang noch einmal zwischen einer Exploring- und der eigentlichen Konfigurationsphase, weisen jedoch darauf hin, dass diese in der Regel fließend ineinander übergehen.[809]

Die Exploring-Phase dient dabei dem potenziellen Abnehmer, sich weitergehend mit dem Individualisierungsangebot vertraut zu machen und bietet dem Hersteller die Möglichkeit, die Unsicherheit bezüglich der angebotenen Leistung aufseiten des Abnehmers zu reduzieren.[810] Dazu können bereits in dieser Phase Konfiguratoren genutzt werden, um eine Darstellung/Visualisierung des Leistungsangebots zu ermöglichen.[811]

Im zweiten Schritt, der eigentlichen Konfigurationsphase, erfolgt die individuelle Konfiguration der Leistung als (meist computergestützte) Co-Designaktivität in einem vordefinierten Lösungsraum.[812] Co-Design meint dabei, dass der Kunde aktiv an der Wertschöpfung beteiligt wird und die Möglichkeit erhält, individuelle Parameter für die Fertigung einzelner Komponenten anzugeben oder die individuelle Kombination von Standardkomponenten festzulegen.[813]

Wichtig ist, dass der Kunde sich jederzeit über seine Rolle, seine Möglichkeiten und Aufgaben im Prozess bewusst ist.[814] Von Vorteil ist im Rahmen von Mass Customization, dass alle zulässigen Konfigurationen ex-ante bekannt sind. Damit ist der Lösungsraum – „die Gesamtheit aller Problemlösungen, die ein Unternehmen auf Basis stabiler Produktarchitekturen und darauf abgestimmter Fertigungstechnologien und -prozesse gegenwärtig herstellen und anbieten kann“[815] – begrenzt. Dies erlaubt eine weitgehende IuK-technische Unterstützung bei der Erhebung der relevanten Kundeninformationen und der Leistungs-

---

809 Vgl. REICHWALD, PILLER, (2006), S. 238, 244.

810 Vgl. DELLAERT, STREMERSCH, (2005), S. 224 f; FRANKE, PILLER, (2004), S. 405; HUFFMAN, KAHN, (1998), S. 495.

811 Vgl. REICHWALD, PILLER, (2006), S. 244.

812 Vgl. DOCKENFUß, (2003), S. 224; KÖHNE, KLEIN, (2004), S. 10.

813 Vgl. GRASMUGG, (2006), S. 18. Die Idee der Kundenintegration, die eine Voraussetzung für die Erstellung kundenindividueller Leistungen ist, ist vor allem als Konzept der Dienstleistungsproduktion bekannt. Dabei wird von einer zweitstufigen Wertschöpfung ausgegangen bei der auf der ersten Stufe der Hersteller durch Kombination seiner internen Produktionsfaktoren eine Leistungsbereitschaft aufbaut. Auf der zweiten Stufe, die das Leistungspotenzial nutzt, wird unter Einbezug des externen Faktors (Ressourcen des Kunden) die eigentliche aus Kundensicht wahrgenommene Leistung erstellt. Vgl. ENGELHARDT, et al., (1993), S. 899 ff; BITNER, et al., (1997), S. 193 ff; BOWEN, (1986), S. 371 ff; REICHWALD, PILLER, (2006), S. 48 f; REICHWALD, PILLER, (2003), S. 515 ff. Siehe auch LANGEARD, et al., (1981).

814 Enke und Poznanski sprechen in diesem Zusammenhang von der Prozessevidenz. Vgl. ENKE, POZNANSKI, (2005), S. 17, 20.

815 REICHWALD, PILLER, (2006), S. 49. Reichwald und Piller orientieren sich bei dieser Definition am Konzept des „Solution Space von von Hippel, der diesen als „the pre-existing capability and degrees of freedom built into a given manufacturer's production system“ beschreibt. VON HIPPEL, (2001), S. 250.

konfiguration.[816] Durch die Beschränkung des Lösungsraums und den Einsatz von Konfiguratoren ist im Rahmen von Mass Customization eine weitgehende Reduktion der varietätsbedingten Komplexität und damit des Konfigurationsaufwands sowohl auf Hersteller- wie auch auf Abnehmerseite möglich.[817] Dadurch kann eine Konfiguration innerhalb von Minuten oder Stunden durchgeführt werden. Im Gegensatz zu Wochen, wie es bei einer klassischen Individualfertigung häufig der Fall ist.[818]

Die IuK-technische Unterstützung kann bis zur Selbstkonfiguration der Absatzleistung durch den Kunden gehen, was für den Hersteller zu einer deutlichen Reduktion der Transaktionskosten führt.[819] Dies ist insbesondere in Konsumgütermärkten beziehungsweise dem Retailgeschäft notwendig, um die zusätzlichen Kosten einer direkten Interaktion zwischen Hersteller und Abnehmer so gering wie möglich zu halten.[820]

Ist eine Selbstkonfiguration beispielsweise aufgrund der Komplexität oder der wahrgenommenen Unsicherheit nicht möglich, so ist zumindest eine IuK-technische Unterstützung des Vertriebspersonals während des Kundengesprächs notwendig.[821] Aufbauend auf der Erstkonfiguration sowie der im Rahmen einer Learning Relationship[822] gewonnenen Informationen, sinken die Transaktionskosten von Wiederholungskäufen dann deutlich. Gegebenenfalls wird aufbauend auf der Erstkonfiguration auch bei komplexen Konfigurationsvorgängen eine Selbstkonfiguration möglich.[823]

---

816 Vgl. PILLER, (2006), S. 248 f.

817 Vgl. PILLER, (2006), S. 248; REICHWALD, PILLER, (2006), S. 246. Welche Kosten auf dieser Wertschöpfungsstufe entstehen können, belegen einige Zahlen aus dem US-Maschinenbau. So entfielen in den 1990er Jahren 40% aller Overheadkosten für Vertrieb und Marketing an. Und 2% des Bruttoumsatzes mussten zur Korrektur von Eingabefehlern und Misskalkulationen aus der Konfiguration aufgewendet werden. Vgl. MCHUGH, (1996), S. 55; ZIEGLER, (1997), S. 120. Eine empirische Studie lieferte für den deutschen Raum vergleichbare Zahlen. Vgl. STOTKO, (2005).

818 Vgl. REICHWALD, PILLER, (2006), S. 245. Aus diesem Grund werden Konfiguratoren als eines der wichtigsten IuK-technischen Unterstützungspotenziale der Mass Customization in Bezug auf Effektivität (Erweiterung des Konfigurationsumfangs) und Effizienz (Kostensenkung) gesehen. Vgl. BERGER, et al., (2005), S. 3 ff; DELLAERT, STREMERSCH, (2005), S. 219 ff; FRANKE, PILLER, (2003), S. 2 ff; KHALID, HELANDER, (2003), S. 247 ff, 268 ff; LIECHTY, et al., (2001), S. 183 ff; NOVAK, et al., (2000), S. 23 ff; REICHWALD, PILLER, (2006), S. 245.

819 Vgl. ANDERSON, (1997), S. 206; PEPPERS, ROGERS, (1997), S. 138; PILLER, (1998), S. 280; PINE, (1998), S. 9; SCHIERHOLT, (1997), S. 262. Siehe auch EVANS, (2005); ROGOLL, PILLER, (2003).

820 Vgl. REICHWALD, PILLER, (2006), S. 247.

821 RUST, (1998b), S. 29.

822 Vgl. zu einer ausführlicheren Behandlung von Learning Relationships Abschnitt 3.3.4.1.

823 Vgl. PILLER, (2006), S. 252.

3.3.3.3 Systemunterstützung – Konfiguratoren

Eine IuK-technische Unterstützung erfolgt dabei in der Regel durch den Einsatz von Konfiguratoren beziehungsweise Spezifikationswerkzeugen.[824] Zu ihrem Aufgabenumfang gehören je nach Einsatzgebiet die Unternehmens- und Fähigkeitspräsentation, die Präsentation des Angebots, die Unterstützung bei der Konfiguration durch Auswahl eines Basisprodukts/-modells, Beratung und Führung durch den Konfigurationsvorgang, die Vermittlung eines „Flow-Erlebnisses", die Plausibilitätsprüfung der Auswahl, die Vervollständigung des Produkts, die Visualisierung der Konfiguration, die Begleitung bei der Erhebung von Kundendaten sowie die Gewinnung von aggregiertem Kundenwissen.[825] Im Wesentlichen können Vertriebskonfiguratoren und Systeme zur Selbstkonfiguration unterschieden werden.[826] Dabei dienen Vertriebskonfiguratoren, wie im vorangegangenen Absatz angemerkt, der Unterstützung des Vertriebspersonals, wenn eine Selbstkonfiguration nicht möglich oder nicht sinnvoll ist.[827] Ihr Fokus liegt auf der Vermeidung von Fehlkonfigurationen (die sowohl in der Kommunikation zwischen Vertrieb und Kunde als auch zwischen Vertrieb und Produktion entstehen können),[828] sowie der gezielten Steuerung des Verkaufsprozesses und der Erhöhung von Informations- und Beratungskompetenz des Verkäufers und damit einer Reduktion der Unsicherheit des Nachfragers (Kompetenzvermittlung).[829]

An Systeme zur Selbstkonfiguration wie auch für den Vertrieb (die inzwischen häufig in Form von Webseiten angeboten werden) werden weitergehende Anforderungen gestellt. Hierzu zählen eine einfach zu bedienende Benutzeroberfläche, eine Beratungskomponente zur Unterstützung des Kunden während der Exploring- und Konfigurations-Phase, eine Visualisierung der konfigurierten

---

824 Vgl. REICHWALD, et al., (2006), S. 28 ff. Reichwald et al. trennen in ihrem Beitrag zwischen Konfiguratoren und Spezifikationswerkzeugen. Konfiguratoren definieren sie als „Werkzeuge zur Auswahl vordefinierter Varianten innerhalb der klassischen Serienproduktion." REICHWALD, et al., (2006), S. 19. Spezifikationswerkzeuge hingegen verstehen sie als „Werkzeuge zur Spezifikation der individuellen Ausprägungen individualisierter Produkte." REICHWALD, et al., (2006), S. 19. Damit entsprechen Spezifikationswerkzeuge nach Reichwald et al. den Konfiguratoren im Sinne der vorliegenden Arbeit.

825 Vgl. für eine detaillierte Beschreibung der einzelnen Aufgaben REICHWALD, PILLER, (2006), S. 248 ff.

826 Vgl. PILLER, (2006), S. 250 ff.

827 Vgl. RUST, (1998b), S. 29. Dies kann beispielsweise der Fall sein, wenn besondere Geräte (z.B. zur Vermessung) oder Spezial-Know-how zur Individualisierung erforderlich sind. Ebenso kann unter Umständen der Handel auf Grund seiner Stellung einen Direktvertrieb des Herstellers verhindern. Vgl. PILLER, (2006), S. 252.

828 Konfigurationssysteme bieten die Möglichkeit, individuelle Konfigurationen direkt auf Konsistenz und Fertigungsfähigkeit zu prüfen. Vgl. FUNK, (1998), S. 496; SCHIERHOLT, (1997), S. 266; WÜPPING, (1999), S. 66; WÜPPING, (2003), S. 52.

829 Vgl. BÜTTGEN, LUDWIG, (1997), S. 58; MAYER, (1993), S. 79 f; GERSCH, (1995), S. 66 ff.

Leistung sowie eine Möglichkeit zur Speicherung von individuellen Konfigurationen. Neben der Unterstützung des Kunden bei der Konfiguration sollte der Konfigurator auch zum Erlebnisaspekt von Mass Customization beitragen. Die Konfiguration sollte vom Kunden nicht als Belastung empfunden werden, sondern das Interesse an der individualisierten Leistung wecken. Daneben können die gewonnenen Informationen (z.B. gespeicherte Konfigurationen) zur Auswertung im Rahmen der Marktforschung genutzt werden.[830] Abgesehen von dem Angebot im Internet existieren eine Reihe weiterer Umsetzungsalternativen für Konfiguratoren. Hierzu zählen mobile Verkaufsrechner des Außendiensts, stationäre Rechner im Handel, Selbstbedienungsterminals, Sprachcomputer am Telefon und Softwareprogramme, die auf CD versandt werden.[831] Dabei spielt vor allem die Speicherung der Strukturdaten, die die Grundlage einer Konfiguration bilden, eine Rolle. Eine zentrale Speicherung bietet den Vorteil, dass die Daten jederzeit aktualisiert werden können. Andererseits erfordert sie aber einen Online-Zugriff auf die Daten während der Konfiguration mit den damit verbundenen Kosten und Sicherheitsrisiken. Besteht die Online-Verbindung jedoch einmal, kann sie auch für weitergehende Aufgaben (z.B. Abgleich mit der Fertigung, einem Ordertracking) verwendet werden. Die Probleme einer Online-Verbindung lassen sich durch eine dezentrale Datenhaltung und beispielsweise den Versand eines Softwareprogramms inklusive der Daten auf CD umgehen. Allerdings sollte auch in diesem Fall eine direkte Übertragung der Konfigurations- und Bestelldaten an den Hersteller möglich sein.[832]

Ein weiteres Unterscheidungsmerkmal von Konfigurationssystemen ist die Art und Weise, in der eine Konfiguration erstellt wird. Dabei wird meist zwischen options-, regel- und wissensbasierten Systemen unterschieden.[833]

Ein optionsbasierter Konfigurator ermöglicht dem Abnehmer die Konfiguration durch die Auswahl der für ihn passenden Komponenten. Dabei wird vorausgesetzt, dass der Abnehmer in der Lage ist, die seinen Bedürfnissen entsprechenden Komponenten selbst auszuwählen.[834]

Regelbasierte Konfiguratoren schränken auf Basis der Produktarchitektur während des Konfigurationsvorgangs interaktiv die Auswahlmöglichkeiten ein. Dabei werden die bereits getroffenen Entscheidungen des Abnehmers berücksichtigt. Die Regelerstellung kann bei komplexen Produkten sehr aufwändig werden. Trotzdem werden regelbasierte Konfiguratoren aufgrund der Möglich-

830 Vgl. Bee, Khalid, (2003), S. 283 ff; Dellaert, Stremersch, (2005), S. 219 ff; Franke, Piller, (2004), S. 402 ff; Herrmann, et al., (2007), S. 408 f; Piller, et al., (2004a), S. 4, 8. Siehe auch Kurniawan, (2004); Müller, et al., (2005); Piller, et al., (2005); Fließ, (2001).

831 Vgl. Piller, (2006), S. 253.

832 Vgl. Rust, (1998b), S. 31; Piller, (2006), S. 253.

833 Vgl. Rust, (1998a), S. 83 f; Wüpping, (1999), S. 67.

834 Vgl. Wüpping, (1999), S. 68.

keit zur Eingrenzung des Lösungsraums im Rahmen einer Mass Customization häufig eingesetzt.[835]

Wissensbasierte Konfiguratoren werden in der Regel genutzt, wenn der Kunde (oder der Vertriebsmitarbeiter) aufgrund der Varietät/Komplexität der Absatzleistung nicht mehr in der Lage ist, den Beitrag einzelner Komponenten zur Befriedigung seiner Bedürfnisse zu beurteilen. In diesem Fall werden durch ein Expertensystem, basierend auf Aspekten des Verwendungsumfelds und des persönlichen Geschmacks des Abnehmers, Konfigurationsvorschläge erstellt.[836]

Eine weitere Möglichkeit stellt die Anpassung einer Ausgangskonfiguration durch den Abnehmer dar, die ihm, basierend auf einer Einordnung in eine Kundengruppe, vorgeschlagen wird.[837] Zur Generierung der Ausgangskonfiguration kann im Rahmen von Mass Customization das gewonnene Kunden-Know-how genutzt werden.[838] Praktisch kann dies durch sogenannte Recommendation Engines geschehen, die, ausgehend von den Konfigurationen existierender Kunden mit ähnlichen Profilen, einen Vorschlag erstellen.[839] Ein Verfahren, das in diesem Zusammenhang genutzt wird, ist das Collaborative Filtering. Dieses sorgt dafür, dass, wenn viele Kunden Komponente A und Komponente B ausgewählt haben, neuen Kunden, die Komponente A auswählen, automatisch Komponente B vorgeschlagen wird.[840] Auf diese Weise können auch „unscharf" formulierte Anforderungen berücksichtigt und gegebenenfalls Bedürfnisse identifiziert werden, die dem Kunden bisher nicht bewusst waren. Dies führt wiederum zu einer deutlichen Komplexitätsreduktion der Konfiguration für den Abnehmer und steigert damit Kundenzufriedenheit und -bindung im Rahmen der Learning Relationship.[841] Eine Kooperation mehrerer Anbieter bietet darüber hinaus die Möglichkeit, durch steigende Quantität und Heterogenität der Kundendaten die Qualität der generierten Vorschläge weiter zu steigern. In diesem Fall sammeln in der Regel Intermediäre die relevanten Daten, um Verlässlichkeit, eine sichere Datenübertragung und den Schutz der Kundendaten zu gewährleisten.[842] Neben der klassischen expliziten Erhebung der Kundenbedürfnisse über verbale und audiovisuelle Methoden, erlaubt das Profiling somit ebenfalls eine implizite

835 Vgl. RUST, (1998b), S. 31; LACKES, SCHNÖDT, (1998), S. 31 f.

836 Vgl. MAYER, (1993), S. 260 f; WÜPPING, (1999), S. 67 f; RUST, (1998b), S. 31 f; RUST, (1998a), S. 83 f; DU, TSENG, (1999), S. 2 ff.

837 Vgl. LACKES, SCHNÖDT, (1998), S. 30.

838 Vgl. KOTHA, (1995), S. 34; PEPPERS, ROGERS, (1997), S. 233; WEHRLI, KRICK, (1998), S. 64.

839 Vgl. JANETZKO, ZUGENMAIER, (2000), S. 88 ff; LUDWIG, (2000), S. 230. Der Vergleich der Kundenprofile wird auch als Profiling bezeichnet.

840 Vgl. ELOFSON, ROBINSON, (1998), S. 59; KAUTZ, et al., (1997), S. 63 ff; SHARDANAND, MAES, (1995), S. 210 ff.

841 Vgl. PILLER, (2006), S. 256.

842 Vgl. EVANS, WURSTER, (1997), S. 81.

Gewinnung der relevanten Kundeninformationen über die Generierung von Profilen.[843]

Ausgehend von den beschriebenen Aspekten bieten Konfiguratoren sowohl dem Hersteller als auch dem Abnehmer eine Reihe von Vorteilen. Der Abnehmer erhält die Möglichkeit, schnell und einfach individuelle Angebote mit hoher Qualität zu erstellen. Er kann durch das System eine unmittelbare Bestätigung der individuellen Konfiguration inklusive einer direkten Preisbildung erhalten.

Aufseiten des Herstellers kann bereits die Erstellung der Konfigurationsregeln zu einer Komplexitätsreduktion der bestehenden Produktarchitektur genutzt werden.

Der Einsatz eines Konfigurators kann darüber hinaus das Aufkommen von Sonderwünschen aufseiten der Kunden verhindern und reduziert die Durchlaufzeiten der Auftragserstellung. Durch die Übermittlung ausschließlich valider Konfigurationen an die Fertigung trägt der Konfigurator auch zur Stabilität und Effizienz der Fertigungsprozesse bei. Daneben können Know-how-Defizite und persönliche Vorlieben der Vertriebsmitarbeiter korrigiert oder sogar eine Kostensenkung durch Selbstbedienung erreicht werden.[844]

Konfiguratoren werden sowohl als alleinstehende, spezialisierte Systeme als auch als Bestandteil eines komplexen Anwendungssoftwarepakets angeboten. Allerdings bieten die bei einem Anwendungssoftwarepaket mitgelieferten Konfiguratoren häufig nicht den Funktionsumfang spezialisierter Systeme.[845] Eine Marktübersicht zu Standardsoftwarepaketen bieten beispielsweise Rogoll und Piller.[846]

3.3.4 Nachkaufphase, CRM und Aufbau von Economies of Interaction

Auf die Leistungskonfiguration folgt als Kernfunktion der Mass Customization die Produktion der individuellen Leistung. Aufgrund des engen Bezugs zur Leistungskonfiguration wird jedoch an dieser Stelle die Betrachtung der Nachkaufphase, des CRM und des Aufbaus von Economies of Interaction vorgezogen.[847]

---

843 Vgl. PILLER, (2006), S. 257 f. Als dritte Methode der Erhebung von Kundenbedürfnissen wird dort noch die physische Erhebung durch Vermessung, wie beispielsweise für Maßkleidung, aufgeführt.

844 Vgl. KEMPIS, et al., (1998), S. 75 f; KÖSTER, (1998), S. 101 ff; PILLER, (2006), S. 261 f.

845 Vgl. ANDERSON, (1997), S. 208.

846 Siehe ROGOLL, PILLER, (2003).

847 Vgl. PILLER, (2006), S. 266.

3.3.4.1 Learning Relationship und Auswertung der Kundeninformationen

Der Aufbau dauerhafter Kundenbeziehungen ist ein wesentliches Erfolgskriterium bei der Umsetzung von Mass Customization. Während eine langfristige Kundenbindung schon aufgrund der hohen Kosten einer Neukunden-Akquisition vorteilhaft ist,[848] stellt sie im Rahmen von Mass Customization eine notwendige Voraussetzung zur Generierung von Economies of Interaction dar.[849] Durch eine systematische Auswertung können zu diesem Zweck die während des Individualisierungsprozesses und in der Nachkaufphase gewonnenen Informationen zur Prozessoptimierung, zur Generierung von Wiederholungskäufen und zur Verfeinerung des Wissens über die Gesamtheit der Kunden (Kunden-Know-how) genutzt werden.[850] Zur Verfeinerung der Informationen in der Nachkaufphase sowie zur Steigerung von Kundenzufriedenheit und damit Kundenbindung ist eine individuelle Betreuung des Kunden auch nach Bereitstellung der individualisierten Leistung wichtig. So sollten im Rahmen eines Feedbackprozesses unmittelbar nach Bereitstellung der Leistung die Zufriedenheit des Kunden mit der individualisierten Leistung und dem Interaktionsprozess ermittelt werden. Diese Informationen können sowohl zur Optimierung der jeweiligen individuellen Interaktion als auch des generellen Prozesses für alle Kunden dienen. Die gewonnenen Daten können ebenfalls im Fall von Kundenanfragen genutzt werden, um Kunden möglichst effizient und effektiv unterstützen zu können. Darüber hinaus bilden sie die Basis, um Kunden gezielt mit den auf ihre Bedürfnisse abgestimmten aktuellen Informationen zu versorgen.[851]

Dieses Vorgehen erfordert im Gegensatz zum klassischen (massenhaften) Marketing die Verknüpfung der einzelnen Transaktionen und Interaktionen jeweils eines Kunden zu einem Gesamtbild.[852] Des Weiteren gilt es, durch eine Verknüpfung von Direktmarketing und Mass Customization nicht nur die Kommunikation mit dem Abnehmer zu individualisieren, sondern ebenfalls das Leistungs- beziehungsweise Lösungsangebot. „Aus Sicht der Abnehmer ist eine individuelle Beziehung zu einem Anbieter [...] nur dann vorteilhaft, wenn sie Produkte oder Leistungen erhalten, die ihren Bedürfnissen genau entsprechen, und/oder eine wesentliche Vereinfachung (Kostenreduktion) der Transaktions-

848 Vgl. zu den Akquisitionskosten der Kundengewinnung PEPELS, (2001), S. 52; HARRISON, ANSELL, (2002), S. 238; KOTLER, BLIEMEL, (1995), S. 75 f; REICHHELD, TEAL, (1996), S. 42 f. Vgl. zur Bedeutung der Kundenbindung für den Unternehmenserfolg HARRISON, ANSELL, (2002), S. 238; MEFFERT, (2005), S. 148 f; GRUND, (1998), S. 2 f; BRUHN, (2001), S. 3.

849 Vgl. Absatz 3.2.3.5 und PILLER, (2006), S. 266.

850 Vgl. PILLER, (2006), S. 121, 266.

851 Vgl. REICHWALD, PILLER, (2006), S. 252.

852 Vgl. PILLER, (2006), S. 120 f.

abwicklung erfahren.“[853] Aufgrund der mit moderner IuK-Technologie erzielbaren Transaktionskostensenkung rückt hierbei zunehmend die Individualisierung der eigentlichen Leistung in den Vordergrund.[854] Für das Beziehungsmanagement (Customer Relationship Management – CRM) stellt sich damit die Herausforderung, „die Käufer in ein für beide Seiten nachhaltig wertstiftendes Austauschverhältnis einzubinden.“[855]

Als wesentliches Instrument zur Begegnung dieser Herausforderung und zur Erhöhung der Kundenloyalität sehen Peppers und Rogers die „Learning Relationship“. Einen Prozess der Kundenbetreuung, Informationsverfeinerung und Leistungsoptimierung von der initialen Leistungskonfiguration über die Nachkaufphase bis zum Wiederholungskauf.[856] Piller gliedert diesen Prozess in Anlehnung an Hausruckinger und Wunderlich in sieben Stufen.[857] Im Anschluss an die initiale Leistungskonfiguration beziehungsweise Spezifikation und die Erhebung der Kundendaten für die Bereitstellung erfolgt die Speicherung dieser Daten. Sie können während der Auftragsausführung um weitere, produktionsrelevante Informationen ergänzt werden. Während der Nachkaufphase erfolgt eine weitere Ergänzung und Verfeinerung durch Kundenfeedback und Informationen, die sich aus der Nutzung der Leistung ergeben. Auf Basis der gewonnenen Informationen ist es dann möglich, die individuelle Konfiguration sowie das Leistungsangebot insgesamt zu optimieren. Bei einem Wiederholungskauf, der entweder durch ein individuelles Angebot zum Ende der üblichen Gebrauchszeit oder durch den Kunden selbst initiiert werden kann, können die vorhandenen Informationen zu einer wesentlichen Vereinfachung des Konfigurationsvorgangs beitragen. Der Kunde kann entweder auf der initialen Konfiguration aufsetzen oder es können ihm Anpassungen auf Basis der vorhandenen Informationen vorgeschlagen werden. Durch weitere Käufe wird dieser Prozess fortlaufend optimiert.[858] Darüber hinaus stellt das im Rahmen einer Learning Relationship gewonnene Wissen eine wesentliche Barriere in Form von Umstellungskosten für einen Anbieterwechsel dar.[859] Dabei wird der Abnehmer jedoch „nicht ent-

853 Vgl. PILLER, (2006), S. 122. Siehe auch RIEMER, TOTZ, (2003), S. 38 ff; WEHRLI, WIRTZ, (1997), S. 117 ff, 129.

854 Vgl. SCHNÄBELE, (1997), S. 15.

855 WEHRLI, KRICK, (1998), S. 63.

856 Vgl. PEPPERS, ROGERS, (1997), S. 168 ff.

857 Vgl. PILLER, (2006), S. 123; HAUSRUCKINGER, WUNDERLICH, (1997), S. 40.

858 Vgl. zu diesem Abschnitt PEPPERS, ROGERS, (1997), S. 168 ff; PINE, et al., (1995), S. 103 ff; RIEMER, TOTZ, (2003), S. 36 ff; PILLER, (1998), S. 94 ff; REICHWALD, PILLER, (2006), S. 253.

859 Würde der Abnehmer den Anbieter wechseln, müsste er zum einen erneut den Aufwand für die initiale Konfiguration in Kauf nehmen. Zum anderen stünde er erneut der Unsicherheit bezüglich der Qualität der angebotenen Leistung und bezüglich des Verhaltens des Anbieters gegenüber (Transaktionskosten asymmetrischer Information). Vgl. PILLER, (2006), S. 123.

sprechend des klassischen „create-capture-keep"-Prinizips[860] an einen Anbieter gefesselt [...] („lock-in"), sondern [bleibt] „freiwillig" aufgrund eines einmaligen Nutzens treu [...] („lock-on")."[861]

Neben den Vorteilen einer Learning Relationship für die individuelle Kundenbeziehung bietet eine aggregierte Betrachtung der vorhandenen Informationen (in diesem Fall wird auch von Kunden-Know-how oder Community Knowledge gesprochen)[862] die Möglichkeit zum besseren Verständnis und somit zur effizienteren Bearbeitung des Gesamtmarkts.[863] Dies betrifft sowohl die Produktentwicklung als auch das Marketing.[864] Dabei können zum einen die Kosten für konventionelle Marktforschung reduziert oder gänzlich eingespart werden. Zum anderen verringert die Generierung der Informationen im eigenen Unternehmen (am Ort ihrer späteren Verwendung) den Aufwand zur Dekodierung und Diffusion der Marktforschungsinformationen.[865] In dynamischen, trendgesteuerten Märkten sind darüber hinaus vor allem Informationen aus einem Segment innovativer, individueller Kunden („Lead User") entscheidend. Sie ermöglichen die Entwicklung neuer, marktkonformer Produkte oder Produktvariationen.[866] Das, im Rahmen einer Mass Customization gewonnene, Kunden-Know-how kann ebenfalls für eine anonyme Massenproduktion genutzt werden.[867]

3.3.4.2 Datensicherheit und -schutz

Bedenken bezüglich des Schutzes personenbezogener Daten bei Übertragung, Speicherung und Verarbeitung stellen den häufigsten Einwand gegen die Datensammlung und -auswertung beim Aufbau von Learning Relationships und Kunden-Know-how dar. Dies gilt in besonderem Maße für eine Selbstindividualisierung über das Internet.[868] Aus diesem Grund müssen für eine sichere Transaktionsabwicklung vier Anforderungen erfüllt sein: 1) Verbindlichkeit, 2) Authentizität, 3) Datenintegrität und 4) Vertraulichkeit.[869] Dies bedeutet, dass kein Partner den Vertragsschluss abstreiten kann (Verbindlichkeit); alle an der Transakti-

---

860 Vgl. CLEMONS, (1986), S. 135.
861 REICHWALD, PILLER, (2001), S. 20 f.
862 Vgl. PEPPERS, ROGERS, (1997), S. 230 ff; PILLER, (1998), S. 102.
863 Vgl. KOTHA, (1995), S. 34; PEPPERS, ROGERS, (1997), S. 233; WEHRLI, KRICK, (1998), S. 64.
864 Eine Einsatzmöglichkeit ist beispielsweise die Generierung individueller Konfigurationsvorschläge auf Basis von Kundenprofilen. Vgl. hierzu auch Abschnitt 3.3.3.3.
865 Vgl. REICHWALD, PILLER, (2006), S. 252 f.
866 Vgl. VON HIPPEL, (1986), S. 791 ff; PEPPERS, ROGERS, (1997), S. 233; PILLER, (2006), S. 124 f; REICHWALD, PILLER, (2006), S. 156 ff.
867 Vgl. PILLER, (2006), S. 124.
868 Vgl. PILLER, (2006), S. 270.
869 Vgl. CHOI, et al., (1997), S. 47.

on Beteiligten eindeutig identifiziert werden können (Authentizität); die Transaktionsdaten während und nach Kaufabschluss nicht manipuliert werden können (Datenintegrität); und der Schutz der personenbezogenen Daten gewährleistet ist (Vertraulichkeit).

Die ersten drei Anforderungen können im Wesentlichen durch technische Maßnahmen erfüllt werden, wie sie beispielsweise sichere, standardisierte Übertragungsverfahren im Internet darstellen.[870] Die vierte Anforderung bezieht sich vor allem auf persönliche Aspekte der Geschäftspartner beziehungsweise auf das Vertrauen des Abnehmers gegenüber dem Anbieter. Sie spielt im Rahmen von Mass Customization eine besondere Rolle, da aufgrund der Leistungsindividualisierung zwangsläufig personenbezogene Daten übertragen werden müssen. Hinzu kommt, dass die zunehmenden Möglichkeiten der informationstechnischen Vernetzung sowie Medienberichte über deren Missbrauch zu einer deutlichen Sensibilisierung der Abnehmer gegenüber den Themen Datensicherheit und -schutz geführt haben.[871]

Vor dem Hintergrund dieser Entwicklung wurden inzwischen eine Reihe nationaler und internationaler Empfehlungen, Richtlinien und Gesetze erstellt. Unter anderem fordert die UNO in ihrer Empfehlung zum Datenschutz ein globales Datenschutzgesetz, das Kundendaten entsprechend ihrer tatsächlichen Verwendung als Wirtschaftsgut behandelt.[872] Im Gegensatz zu den Richtlinien der OECD oder der EU (unter anderem der Directive 95/46 der Europäischen Gemeinschaft) sowie der nationalen Gesetzgebung (zum Beispiel das deutsche Gesetz zur Regelung der Rahmenbedingungen für Informations- und Kommunikationsdienste vom 22. Juli 1997) hat diese Empfehlung jedoch keine bindende Wirkung. Die Gesetzgebung scheitert allerdings weitgehend an der Dynamik der Entwicklung, der Komplexität der Interessenlagen, dem rasanten technischen Fortschritt und dem Wunsch der Unternehmen, die vorhandenen Möglichkeiten angesichts des sich verschärfenden Wettbewerbs zu nutzen.[873] Als Alternative werden marktbasierte Lösungen der Selbstregulierung zum Schutz der Kunden vorgeschlagen.[874] Diese basieren auf der Annahme, dass die Vorteile von Konzepten wie dem Beziehungsmanagement, dem One-to-One-Marketing und der

870 Vgl. BUXMANN, (1999), S. 64 f; KASSEL, (1997), S. 66 ff; PILLER, (2006), S. 270.

871 Vgl. PILLER, (2006), S. 270.

872 Vgl. PILLER, (2006), S. 271; BÜLLESBACH, (1999), S. 6 f.

873 So schreibt beispielsweise die EU Direktive 95/46 vor, dass der grenzüberschreitende Austausch personenbezogener Daten nur erfolgen darf, wenn in den betroffenen Ländern umfassende Datenschutzgesetze in Kraft sind. Dies ist in den USA nicht der Fall. Damit wird einerseits die Nutzung personenbezogener Daten in transnationalen Unternehmen eingeschränkt. Andererseits kann auf Grund fehlender Kontrollmöglichkeiten jedoch dem Missbrauch nur eingeschränkt begegnet werden. Vgl. SWIRE, LITAN, (1998), S. 50 ff, 76 ff.

874 Vgl. PILLER, (2006), S. 272.

Mass Customization nur verwirklicht werden können, wenn die Konsumenten langfristig Vertrauen in den Schutz ihrer preisgegebenen personenbezogenen Daten haben. Damit besteht vor allem für große, globale Unternehmen ein Anreiz, eine solche Selbstregulierung konsequent umzusetzen und Missbrauch zu ahnden.[875]

Für den Erfolg einer Mass Customization sind eine umfassende Erhebung personenbezogener Daten und das Vertrauen der Abnehmer in den Anbieter erforderlich. Aus diesem Grund hat der Datenschutz im Rahmen einer Mass Customization große Bedeutung. Neben der Einhaltung der gesetzlichen Vorgaben sollte deshalb das Vertrauen in den Anbieter durch weitere, akzeptanzfördernde Maßnahmen gestärkt werden. Andererseits weist Piller darauf hin, dass der Einsatz von One-to-One Marketing und einzelkundenbezogener Kommunikation im Internet im Prinzip einer effizienten Umsetzung des „Tante-Emma-Ladens" entsprechen, der sich durch das Wissen der Ladeninhaberin über die Vorlieben und Wünsche der Kunden auszeichnet.[876] Gleichfalls zeigen empirische Studien, dass Verbraucher durchaus bereit sind, personenbezogene Daten preiszugeben, wenn dem ein entsprechender Nutzen gegenübersteht.[877] Diesen Nutzen bietet Mass Customization im Gegensatz zum klassischen Direktmarketing (das oft zu Recht als störend und als Eingriff in die Privatsphäre gesehen wird) durch eine bessere Bedürfnisbefriedigung, oft mehr Bequemlichkeit und günstige Preise.[878]

3.3.4.3 Systemunterstützung

Moderne IuK-Technik bietet vielfältige Möglichkeiten, den Aufbau von Learning Relationships und Kunden-Know-how in der Nachkaufphase zu unterstützen. In der Absatzwissenschaft werden in diesem Rahmen vor allem das Database Marketing und das Customer Relationship Management (CRM) diskutiert.[879]

Unter Database Marketing wird die Unterstützung aller marktgerichteten Aktivitäten durch in Datenbanken gespeicherte kundenspezifische Informationen verstanden.[880] Ziel ist es, „dem richtigen Kunden zum richtigen Zeitpunkt ein maßgeschneidertes Informations- oder Leistungsangebot zu machen."[881] Auf

---

875 Vgl. HILDEBRAND, (1997), S. 45.
876 Vgl. PILLER, (2006), S. 273.
877 Vgl. GARDYN, (2001), S. 50 ff; PITTA, et al., (2003), S. 616 ff.
878 Vgl. PILLER, (2006), S. 273.
879 Vgl. PILLER, (2006), S. 266.
880 Vgl. LINK, HILDEBRAND, (1993), S. 30; RUHLAND, (1999), S. 92; HOLLAND, (2004), S. 99 ff.
881 HILDEBRAND, (1997), S. 228.

diese Weise sollen durch eine individualisierte Kommunikation Streuverluste eliminiert werden.[882]

Customer Relationship Management geht noch einen Schritt weiter, indem neben der reinen IuK-technischen Unterstützung ein Managementkonzept zur Steigerung des Kundenwerts auf Basis von Kundendifferenzierungs- und -bindungssystemen sowie die Gestaltung effizienter und effektiver Wertschöpfungsprozesse betrachtet wird.[883] Dabei ist die Abgrenzung von Database Marketing- und CRM-Systemen zu Computer Aided Selling-Systemen fließend. Während Computer Aided Selling-Systeme auf die Unterstützung des Verkaufprozess fokussieren und Database Marketing- beziehungsweise CRM-Systeme primär der Auswertung der Daten und der Kundenbindung[884] dienen, ist ihre Integration im Rahmen von Mass Customization unerlässlich.[885] Auf diese Weise können Informationen vergangener Käufe als Input zur Initiierung und Unterstützung neuer Verkaufsprozesse genutzt werden; und es werden der Aufbau von Learning Relationships und die Gewinnung von Kunden-Know-how gewährleistet.[886] Eine Übersicht über die wesentlichen Kategorien von Kundendaten für die Unterstützung von Learning Relationships und den Aufbau von Kunden-Know-how bietet Tabelle 10.

An die IuK-Systeme werden in diesem Zusammenhang hohe Anforderungen gestellt. Bereits bei einem klassischen Massenproduzenten übersteigt das Volumen der gespeicherten Daten das der ausgewerteten Daten bei weitem. Bei Mass Customization entstehen aufgrund der Individualisierung zusätzliche Informationen. Damit stellt die Realisierung der Vorteile einer Mass Customization (z.B. Beispiel die Generierung von Economies of Interaction) zusätzliche Anforderungen an die Datenverarbeitung (siehe hierzu auch weiter unten Abbildung 14).[887]

Data Warehouse- und Data Mining-Technologien bilden Grundlage der notwendigen Datenauswertung.[888] Dabei dienen Data Warehouses vor allem der Integration verteilter, heterogener Unternehmensdaten sowie der Entlastung der operativen Systeme von Analyseaufgaben.[889] Data Mining-Technologien können

---

882 Vgl. PILLER, (2006), S. 267.

883 Vgl. HOLLAND, (2004), S. 178 ff; AMACHER, et al., (2000), S. 17 ff; GUMMESON, (2004), S. 3; RAPP, (2000), S. 42 ff; RUHLAND, (1999), S. 92 ff; PILLER, (2006), S. 267. Siehe auch LUDWIG, (2000); STOLPMANN, (2000).

884 Vgl. zum Begriff der Kundenbindung KRAFFT, (1999), S. 520 ff.

885 Vgl. PILLER, (2006), S. 267.

886 Vgl. PILLER, (2006), S. 267.

887 Vgl. PILLER, (2006), S. 267.

888 Vgl. KELLY, (1997), S. 84; BISSANTZ, et al., (2000), S. 391 f.

889 Vgl. JUNG, (1997), S. 243 f; KELLY, (1997), S. 46 ff, 66 ff; RUHLAND, (1999), S. 94 f; MUCKSCH, BEHME, (2000), S. 66 f. Kelly sieht sechs Charakteristika von Data Warehouses: 1) Sie basieren auf den Daten operativer Systeme sind aber unabhängig von diesen, 2) sie sind

anschließend zur systematischen Analyse der integrierten Daten genutzt werden.[890]

Tabelle 10: Notwendige Daten zum Aufbau von Learning Relationships[891]

Arten von Kundendaten	Beispiele
Grunddaten Festlegung des Kundenprofils	• Adressdaten (Name, Anschrift, Familienstand) • Demographische Daten (Alter, Beruf, Einkommensgruppe) • Hobbies, Vorlieben • Informationen über Geschäftsfeld
Konfigurationsdaten Individualisierungsinformation durch Auswertung bisheriger Käufe	• Bedürfnisprofil bezüglich des Produkts, Schwerpunkt der Konfiguration • Kern des Nutzens eines Kunden in einer individuellen Produktspezifikation • Vergangene bestellte Konfiguration (ausgewählte Komponenten, Maße, etc.) • Probekonfigurationen (entworfene, aber nicht bestellte Konfigurationen)
Potentialdaten Angaben über neue Bedarfe	• Bisheriges Kaufverhalten • Gewählte Produktausstattung • Regelmäßige Bedarfszeitpunkte (Wiederholungskäufe, Kaufanlässe)
Aktions- und Reaktionsdaten Geplante Aktivitäten/ Reaktionen auf vergangene Aktivitäten	• Angebote (Art, Inhalt, Konditionen, Zeitpunkt) • Ablehnungen (Häufigkeit, Gründe) • Bestellungen • Reklamationen • Meinungen (Feedback)

Hierbei werden Verfahren zum Erkennen und Präsentieren von Mustern/Regelmäßigkeiten in großen Datenbeständen genutzt. Diese liefern unter Umständen sogar Informationen, die dem Anwender zuvor nicht bekannt waren.[892]

vollständig verfügbar für Analysen fachlicher Benutzer (mit limitierten IT-Wissen), 3) sie integrieren Daten auf der Basis eines Standard Enterprise Modells, 4) ihre Daten sind versehen mit Zeitstempeln und definierten Zeitperioden zugeordnet (z.B. Fiskaljahr), 5) sie sind fachlich ausgerichtet (üblicherweise Kundenorientiert), 6) ihre Daten sind nicht-volatil in dem Sinne, dass keine Einzelaktualisierungen vorgenommen werden. Vgl. KELLY, (1997), S. 10.

890 Data Mining ist ein Forschungs- und Anwendungsgebiet an der Schnittstelle zwischen maschinellem Lernen, Datenbanktechnologie und Statistik. Vgl. PILLER, (2006), S. 268.

891 Übernommen aus PILLER, (2006), S. 268. Kelly schlägt ein ähnliches Kundenprofil vor, in dem er zwischen Behaviour-, Region-, Revenue-, Credit Rating-, Prospect-, History-, Demographic- und Psychographic-Informationen unterscheidet. Vgl. KELLY, (1997), S. 84 ff.

892 Vgl. BISSANTZ, HAGEDORN, (2001), S. 130 f.

Das Konzept solcher übergreifenden Informationssysteme ist nicht neu.[893] Allerdings scheiterte es lange Zeit an den unzureichenden Speicher- und Verarbeitungskapazitäten der IuK-Systeme und der Sophistikation der Auswertungsalgorithmen. Die zunehmende Leistungsfähigkeit moderner IuK-Systeme, die gewonnenen Erfahrungen, die zunehmende funktionsübergreifende Integration innerhalb von Unternehmen, der vermehrte Einsatz von Standardsoftware, die Weiterentwicklung der Abfragealgorithmen sowie der gestiegene Wettbewerbsdruck haben schließlich in der zweiten Hälfte der 1990er Jahre zum Durchbruch des Konzepts geführt.[894]

Die gewonnenen Informationen können wiederum den Abnehmern direkt zur Verfügung gestellt werden. Vor allem das Internet bietet vielfältige Möglichkeiten. So können Abnehmer beispielsweise in der Exploring-Phase oder während der Leistungskonfiguration durch Internet-Chat-Applikationen, ein Verzeichnis innovativer Individualisierungen oder die Beschreibung von Referenzlösungen unterstützt oder ihnen aktuelle Informationen in Form eines Newsletters angeboten werden.[895] Die Nutzung dieser Angebote durch die Abnehmer sowie deren direkte Rückmeldungen während der Nachkaufphase liefern wiederum wertvolle Informationen; unter anderem zu Verwendungszyklen, Anwendungsintensität oder zur Bedienung der Benutzeroberfläche.[896] Daneben sollte dem Kunden die Möglichkeit geboten werden, sein Profil selbstständig zu aktualisieren.[897]

3.3.5 Produktion

Kern des Mass Customization-Konzepts ist im Gegensatz zu rein marketingbezogenen Individualisierungskonzepten die Erstellung kundenindividueller Leistungen. Die Planung, Steuerung und Durchführung dieser Leistungserstellung wird in den folgenden Abschnitten betrachtet. Da die Ausgestaltung des Mass Customization-Konzepts je nach Unternehmen sehr unterschiedlich erfolgen kann, werden ein Überblick über die wichtigsten technischen Entwicklungen

[893] Entsprechende Konzepte werden seit den 1970er und 1980er Jahren unter anderem unter den Begriffen Management Information Systeme (MIS) und Executive Information Systeme diskutiert. Vgl. PILLER, (2006), S. 269.

[894] Vgl. LAUBE, (1998), S. 82; RUHLAND, (1999), S. 93; PEPPERS, ROGERS, (1999), S. 179 ff. Allerdings haben sich inzwischen auch die Erwartungen an die entsprechenden Systeme relativiert. Man ist sich bewusst, dass sie operativ-taktische Informationen liefern, nicht aber strategische Führungsentscheidungen automatisieren können. Vgl. PILLER, (2006), S. 270.

[895] Vgl. PILLER, (2006), S. 266.

[896] Vgl. REICHWALD, PILLER, (2006), S. 253.

[897] Vgl. PILLER, (2006), S. 266.

gegeben und wichtige Planungs- und Steuerungsprinzipien auf konzeptionell-abstrakter Ebene dargestellt.[898]

3.3.5.1 Flexible Fertigungstechnologien

Flexible Fertigungstechnologien bieten heute vielfältige Möglichkeiten den Trade-off zwischen Produktivität und Flexibilität (Alternativhypothese) zu verringern. Diese Technologien können lediglich zur Bewältigung einer gegebenen Produktionskomplexität beitragen und die Planungs- und Prozesskomplexität in der Fertigung senken. Sie können den Widerspruch zwischen Produktivität und Flexibilität jedoch nicht vollständig überwinden.[899]

In diesem Zusammenhang sind vor allem CNC-Universalmaschinen, das Soft-Tooling sowie die Automated Fabrication zu nennen. Zu den bekanntesten Technologien gehören vermutlich die CNC-Universalmaschinen. CNC steht dabei für Computerized Numerical Control, das heißt die computergestützte Steuerung der Maschine. Mit der zunehmenden Leistungsfähigkeit und Vernetzung von IuK-Systemen ist inzwischen eine zentrale Programmierung und Steuerung der Maschinen möglich. Der (manuelle oder automatisierte) Wechsel von Werkzeugen ermöglicht darüber hinaus die Zusammenfassung mehrerer Arbeitsschritte (z.B. Bohren, Drehen, Fräsen, Biegen) oder sogar die Komplettbearbeitung eines Werkstücks auf einer Maschine.[900] Eine weitere Möglichkeit stellt das Soft-Tooling dar. Hierbei wird der Werkzeugwechsel durch den Einsatz „weicher Werkzeuge“, die eine Vielzahl unterschiedlicher Bearbeitungsschritte durchführen können, vollständig vermieden. Eine wesentliche Grundlage solcher Werkzeuge stellt die Lasertechnologie dar. Sie ermöglicht es, unterschiedliche Aufgaben (z.B. Drehen, Schweißen, Gravieren, Biegen, Brennscheiden) mit einem Werkzeug durchzuführen; und ermöglicht damit ebenfalls die Zusammenfassung mehrerer Arbeitsschritte oder die Komplettbearbeitung eines Werkstücks.[901] Eine weitere, noch sehr neue Technologie ist die Automated Fabrication. Dabei werden Festkörper auf Basis von 3D-CAD-Modellen aus einem Rohmaterial hergestellt beziehungsweise geformt.[902] Zum Einsatz kommen hierbei Verfahren wie die Stereolithographie oder das Laser-Sintern.[903] Aufgrund der

---

[898] Vgl. PILLER, (2006), S. 274 f.

[899] Vgl. PILLER, (2006), S. 275, 281 f.

[900] Vgl. ANDERSON, (1997), S. 193; HEISEL, MICHAELIS, (2002), S. 530 f; URBANI, et al., (2003), S. 352.

[901] Vgl. BERKHAHN, (1995), S. 78 ff; HEISEL, MICHAELIS, (2002), S. 530 f; KIRSCHKE, NÖKEN, (1998), S. 60; JONEJA, LEE, (1998), S. 463 ff.

[902] Vgl. BURNS, (1993), S. 1 ff.

[903] Vgl. PILLER, (1998), S. 249 ff. Siehe auch FRITZ, (2003).

noch hohen Kosten der Verfahren (im Wesentlichen für die verwendeten Rohstoffe) wird es in der Industrie bislang vor allem im Rahmen von Rapid Prototyping angewandt.[904]

Zur Planung, Steuerung und Kontrolle der Produktion dient die CIM-Komponente Computer Aided Manufacturing (CAM). Sie stellt neben CAD und PPS[905] den Kern eines Computer Integrated Manufacturing dar. Nach der Definition des Ausschusses für Wirtschaftliche Fertigung (AWF) bezeichnet CAM die Unterstützung von Steuerung und Kontrolle der in der Produktion eingesetzten Betriebsmittel durch IuK-Technologie.[906]

Im Rahmen der Vorbereitung und Planung der Produktion wird auch vom Computer Aided Planning (CAP) als Teil des CAM gesprochen.[907] CAP ist hierbei zum einen für die Erstellung von Arbeitsplänen auf Basis der CAD-Arbeitsergebnisse zuständig. Zum anderen sollen die notwendigen CNC-Programme generiert werden.[908]

Hierbei ergeben sich im Rahmen der kundenindividuellen Massenproduktion vor allem zwei Probleme. Zum einen sollten die CNC-Programme aus bereits bestehenden Modulen kombinierbar sein, um den Aufwand für ihre automatische Generierung möglichst gering zu halten. Zum anderen müssen alle erforderlichen Daten aus dem CAD-System heraus verfügbar sein, was heute oft nicht gegeben ist.[909]

Hier bietet jedoch die fortschreitende Leistungssteigerung der IuK-Technologie zunehmende Möglichkeiten zur Integration der unterschiedlichen Systeme. So werden beispielsweise die alleinstehenden Industrierechner vermehrt durch vernetzte Kleinrechnerumgebungen abgelöst, die auf der Grundlage einer einheitlichen Plattform die Integration von Prozesssteuerung, Kontrollsystemen und Betriebsdatenerfassung ermöglichen.[910]

Eine weitere Möglichkeit, die Produktionskomplexität einer individuellen Massenfertigung beherrschbar zu machen, stellt die effiziente Unterstützung der Mitarbeiter in der Produktion durch Multimediasysteme dar. Ein Beispiel ist die kontextsensitive Darstellung relevanter Informationen auf einem Bildschirm am Arbeitsplatz des Mitarbeiters. Hierdurch lassen sich Abläufe beschleunigen und

---

904 Vgl. PILLER, (2006), S. 277.

905 PPS steht für Produktionsplanung und Steuerung. Auf diese CIM-Komponente wird im weiteren Verlauf dieses Kapitel noch detaillierter eingegangen.

906 Vgl. AUSSCHUSS FÜR WIRTSCHAFTLICHE FERTIGUNG (AWF), (1985), S. 6; BÜRING, (1997), S. 68 f.

907 Vgl. PORTER, et al., (1996), S. 29; THOMMEN, ACHLEITNER, (2006), S. 386 ff.

908 Vgl. SCHEER, (1990), S. 196.

909 Vgl. KEMPIS, et al., (1998), S. 52 f.

910 Vgl. PILLER, (2006), S. 278 f.

die menschliche Flexibilität und Problemlösungsfähigkeit gezielt unterstützen und einsetzen.[911]

3.3.5.2 Modulare Organisationsprinzipien

Wie bereits aufgezeigt, erhöhen flexible Fertigungstechnologien zwar das Komplexitätsbewältigungspotenzial. Sie können aber nicht die Komplexität des Gesamtsystems reduzieren. Vor diesem Hintergrund spielt auf Prozessebene die Reorganisation von Ablaufstrukturen und -prozessen eine wichtige Rolle. Im Wesentlichen gibt es zwei Möglichkeiten die Komplexität bestehender Abläufe zu senken:[912]

- Eine vertikale Segmentierung der Fertigung durch die Festlegung des optimalen Vorfertigungsgrads[913]
- Eine horizontale Segmentierung der Fertigung durch Bildung von Fertigungssegmenten oder teilautonomen Fertigungsinseln

Im Rahmen einer horizontalen Fertigungssegmentierung können nach Umfang der abgedeckten Fertigungsstufen und dem Ansatzpunkt der Modularisierung vier Arten der Modularisierung auf Fertigungsprozessebene unterschieden werden (siehe Tabelle 11). Tätigkeitsorientiert wird dabei unterschieden zwischen einstufigen Fertigungsinseln und mehrstufigen Fertigungssegmenten, technisch orientiert zwischen einstufigen, flexiblen Fertigungszellen und mehrstufigen flexiblen Fertigungssystemen.[914]

Eine Fertigungsinsel oder -zelle deckt eine Bearbeitungsstufe ohne eine Verkettung mit anderen (vor- oder nachgelagerten) Stufen ab. Aus technischer Sicht handelt es sich dabei üblicherweise um eine CNC-Universalmaschine, die durch eine automatische Prozessüberwachung und eine Werkstückwechseleinrichtung zu einer flexiblen Fertigungszelle ergänzt wird. Damit wird die automa-

---

[911] Vgl. ANDERSON, (1997), S. 178; GUNASEKARAN, et al., (1996), S. 441 ff. Die kontextsensitive Darstellung der Informationen kann beispielsweise durch das Einlesen eines Barcodes oder einen RFID-Chips am Werkstück gewährleistet werden. Bei Boing ging man im Rahmen eines Pilotversuchs zur Verkabelung der Bordelektronik von Flugzeugen sogar noch weiter und stattete die Monteure mit einem Mini-PC und einem Headset mit Kamera und Durchsichtbildschirm aus. Mittels der Kamera wird die Position des Monteurs innerhalb des Flugzeugs erkannt und auf dem Bildschirm anschließend die relevanten Informationen dargestellt. Vgl. JORDAN, (1997), S. 35 ff; KEMPIS, et al., (1998), S. 94.

[912] Vgl. HOMBURG, WEBER, (1996), S. 660 f.

[913] Vgl. hierzu Abschnitt 3.2.3.4.

[914] Vgl. PILLER, (2006), S. 281.

tisierte Komplettbearbeitung eines Werkstücks in der Fertigungszelle und somit die Reduktion von Übergangs- und Rüstzeiten ermöglicht. Das Spektrum unterschiedlicher bearbeitbarer Werkstücke ist jedoch durch einen begrenzten Werkzeugspeicher eingeschränkt.[915]

Aus arbeitsorganisatorischer Sicht entspricht eine Fertigungsinsel einer teilautonomen Arbeitsgruppe. Diese bietet ein hohes Potenzial zur Unterstützung hybrider Strukturen (beispielsweise unterschiedliche Produktionstypen vor und nach dem Entkopplungspunkt), wie sie in der kundenindividuellen Massenfertigung in der Regel anzutreffen sind. Sie bietet weiterhin die Möglichkeit, durch Arbeitsbereicherung die Flexibilität und Problemlösungsfähigkeit der menschlichen Arbeitskraft effektiver zu nutzen und gleichzeitig Arbeitszufriedenheit und Motivation der Mitarbeiter zu steigern; und damit eine höhere Produktivität und Wirtschaftlichkeit der Produktion zu erzielen.[916] Des Weiteren lassen sich Kosten senkende Implementierungseffekte aufgrund gruppentechnologischer Gestaltungsmaßnahmen sowie flexibilitäts- und qualitätssteigernde Effekte durch die Teilautonomie der Gruppe erzielen.[917]

Tabelle 11: Arten der Modularisierung der Prozessketten in der Fertigung[918]

Ansatzpunkt der Modularisierung	**Umfang der abgedeckten Fertigungsstufen**	
	Einstufig	**Mehrstufig**
Tätigkeitsorientiert	Fertigungsinsel	Fertigungssegment
Technisch orientiert	Flexible Fertigungszelle	Flexibles Fertigungssystem

Fertigungssegmente/-systeme decken im Gegensatz zu Fertigungsinseln/-zellen mehrere Fertigungsstufen ab. Aus technischer Sicht/Betriebsmittelsicht handelt es sich bei einem flexiblen Fertigungssystem (FFS) um die Erweiterung einer Fertigungszelle um: 1) Vor- und nachgelagerte Fertigungssysteme, 2) flexible Materialflusstechnologien zur Verbindung der Systeme sowie 3) ein Identifikationssystem zur Erkennung von Teilen und Werkzeugen.[919] Werden einzelne Fertigungszellen und FFS durch eine automatische, getaktete Innenverkettung nach dem Flussprinzip verbunden, spricht man von flexiblen Transfersystemen, die eine hohe Produktivität trotz variantenreicher Fertigung erlauben. Dabei

915 Vgl. BÜRING, (1997), S. 157 ff; DORNINGER, (1991), S. 146 f; KALUZA, (1996), S. 204 f.
916 Vgl. HÖCK, (1998), S. 33; KRINGS, LUCZAK, (1999), S. 515; ZAHN, SCHMID, (1996), S. 136.
917 Vgl. CORSTEN, WILL, (1995c), S. 8.
918 Übernommen aus PILLER, (2006), S. 281.
919 Vgl. GOLDHAR, LEI, (1995), S. 74.

werden im Gegensatz zu konventionellen starren Transferstraßen flexible Maschinen und Transportweichen eingesetzt.[920] Allerdings erfordert eine solche Verkettung eine ähnliche Bearbeitungsreihenfolge der Erzeugnisse und schränkt somit die Varietät gleichzeitig bearbeitbarer Erzeugnisse ein. Dies führt dazu, dass solche Systeme primär in der auftragsneutralen Vorfertigung eingesetzt werden.[921]

Nach anfänglich hohen Erwartungen an FFS und flexible Transfersysteme kam es in den 1980er Jahren zu einer Ernüchterung. Eine zu hohe interne Varietät führte schnell zu Problemen bei automatisierten Rüstvorgängen, einer hohen Störanfälligkeit sowie einer hohen Planungs- und Steuerungskomplexität und damit zur Unwirtschaftlichkeit verketteter FFS.[922] Aus diesem Grund sind neuere FFS seltener hoch automatisierte Systeme, sondern eher leichter zu planende und zu steuernde variable FFS.

Ein wesentlicher Aspekt ist die effektive Integration und Unterstützung des Menschen, um dessen Flexibilität und Wissen zu nutzen. Hierzu werden beispielsweise mechanisierte Transportverbindungen oder Ansätze zur effizienten Bedienerunterstützung genutzt.[923] Daneben haben die zunehmende Leistungsfähigkeit der IuK-Systeme sowie ihr Preisverfall zu einer deutlichen Erweiterung des wirtschaftlichen Flexibilitätsgrads der Systeme geführt. Zusätzlich tragen Fortschritte in der Roboter- und Simulationstechnik[924] zur Flexibilitätssteigerung bei.[925]

Aus arbeitsorganisatorischer Sicht wird bei einer mehrstufigen Fertigungssegmentierung von Fertigungssegmenten gesprochen. Diese bestehen aus einem oder mehreren verbundenen FFS und umfassen zusätzlich die relevanten dispositiven Wertschöpfungsstufen. Es handelt sich um räumliche oder organisatorische Einheiten, die Werkstücke möglichst komplett bearbeiten.[926] Diese weisen eine Reihe von Potenzialen auf, die typisch für dezentrale, modulare Organisationen sind:[927]

- Die Gruppenfertigung bietet die Möglichkeit, die Produktionskomplexität zu senken und gleichzeitig die Fertigungsflexibilität zu erhöhen. Hierzu tra-

920 Vgl. BÜRING, (1997), S. 164; HÖCK, (1998), S. 42; TEMPELMEIER, (1996), S. 508 f.

921 Vgl. TEMPELMEIER, (1996), S. 507.

922 Vgl. HÖCK, (1998), S. 55 ff; KOCH, (1994), S. 16; REINHART, (1995), S. 553; TEMPELMEIER, (1996), S. 507.

923 Vgl. HANSMANN, (1996), S. 295; REINHART, (1997), S. 249 f.

924 Vgl. hierzu auch Abschnitt 3.3.2.2.

925 Vgl. PAULA, (1998), S. 70.

926 Vgl. DORNINGER, (1991), S. 148; HANSMANN, (1996), S. 295; KOCH, (1994), S. 14 ff; NEDEẞ, KÄSELAU, (1999), S. 459 f.

927 Vgl. KALUZA, (1996), S. 206; WILDEMANN, (1996a), S. 476 f.

gen eine Dezentralisierung von Verantwortung, von dispositiven und administrativen Aufgaben sowie eine physische Kapazitätsentflechtung bei.[928]

- Durch selbststeuernde Regelkreise wird die übergeordnete Steuerungsebene entlastet. Die Segmente bekommen die Kosten- und Erzeugnisverantwortung übertragen und stimmen sich selbstständig mit vor- und nachgelagerten Segmenten ab. Dabei kommen neben der Verbrauchssteuerung zunehmend Marktmechanismen zum Einsatz.
- Die Prozessintegration innerhalb der Segmente verringert die Zahl der zu steuernden Ereignisse auf der übergeordneten Steuerungsebene und verbessert damit die dispositive Flexibilität. Dabei werden neben dispositiven Aufgaben beispielsweise Einkaufs-, Entwicklungs- oder Vertriebstätigkeiten in das Segment verlagert. Die Verlagerung von Teilen der Entwicklungsaktivitäten bietet bei Mass Customization die Möglichkeit, das bei den Segmentmitarbeitern vorhandene produktbezogene Fertigungs-Know-how zu nutzen.
- Je nach Anforderung besitzen einzelne Segmente unterschiedliche produkt- und fertigungstechnische Schwerpunkte. So zielt beispielsweise eine an der Individualisierung von Komponenten ausgerichtete Segmentierung im Rahmen von Mass Customization auf die Generierung von Synergie- und Lernvorteilen bezüglich der kundenindividuellen Entwicklung und Anpassung von Komponenten. Bei standardisiert gefertigten Komponenten stehen fertigungstechnische Ansprüche im Fordergrund.
- Das Konzept lässt sich schließlich in Form von intraorganisationalen Produktionsnetzwerken auf regional verteilte Fertigungsstätten eines Unternehmens ausweiten.

Diesen Vorteilen gegenüber einer verrichtungsorientierten Werkstattfertigung oder einer starren, gekoppelten Fließfertigung sind allerdings ökonomische Grenzen gesetzt. So ist eine Ausweitung der Arbeitsinhalte nur begrenzt mit einem hohen Arbeitstempo vereinbar, die Verlagerung dispositiver und administrativer Aufgaben führt zu einer zusätzlichen Belastung für die Segmentmitarbeiter, bei fehlender segmentübergreifender Optimierung können die genannten Vorteile gegebenenfalls gar nicht erreicht werden.[929] Erfolgt allerdings eine segmentübergreifende Optimierung kann dies leicht zu einem Konflikt zwischen Ressourcennutzung und Segmentautonomie führen und die eigentlich beabsichtigte Komplexitätsreduktion auf der übergeordneten Steuerungsebene zunichte machen. Ziel einer Prozessintegration innerhalb der Segmente ist deshalb vor allem die Schaffung von Prozesstransparenz, sodass ein Mitarbeiter gezielt in

---

[928] Vgl. WILDEMANN, (1995), S. 788 ff.

[929] Vgl. PILLER, (2006), S. 287 f.

den Prozess „eingreifen und die Vorgaben dort ändern kann, wo seine Kreativität und Leistungsfähigkeit gebraucht werden“;[930] er ansonsten jedoch von routinemäßigen Eingriffen entlastet wird.[931]

3.3.5.3 Ein hybrider Ansatz zur Produktionsplanung und -steuerung bei Mass Customization

Das Mass Customization-Konzept begegnet der Tatsache, dass auch moderne Fertigungstechnologien den Trade-off zwischen Produktivität und Flexibilität nur verringern nicht aber auflösen können, unter anderem mit einer bewusst eingeschränkten Flexibilität (im Vergleich mit einer klassischen Einzelfertigung).[932] Daneben sollen durch den Entwurf einer entsprechenden Produktarchitektur, angepasster Fertigungsprozesse sowie der Bestimmung des optimalen Vorfertigungsgrads Economies of Integration verwirklicht werden. Des Weiteren soll eine gezielte Dezentralisierung zur Bewältigung der Komplexität einer hohen internen Varietät beitragen. Diese Ansatzpunkte einer Mass Customization gilt es in der Produktionsplanung und -steuerung (PPS) zu berücksichtigen.[933]

Damit ergibt sich aus der Gesamtsicht der PPS ein hybrides System (in den einzelnen dezentralen FFS können unterschiedliche Produktionstypen vorliegen), das je nach konkreter Ausgestaltung des Mass Customization-Konzepts unterschiedliche Komponenten miteinander verbinden muss.[934]

Hier zeigen sich allerdings Schwächen der heute in der Praxis eingesetzten Ansätze zur PPS, die bei variantenreicher Fertigung oder kundenindividueller Werkstattfertigung fast ausnahmslos auf dem Manufacturing Resource Planning (MRP II) Konzept[935] von Wright basieren.[936] Neben der allgemeinen Kritik am MRP II-Konzept[937] sind im Rahmen von Mass Customization weitere Punkte zu berücksichtigen. „Die Ursache liegt vor allem in unterschiedlichen Zielstrukturen der Produktionsaufgaben, die bei der kundenindividuellen Massenproduktion deutlich andere Schwerpunkte als bei einer Einzel- oder Massenfertigung be-

930 PILLER, (2006), S. 288.
931 Vgl. CORSTEN, WILL, (1995b), S. 243; REINHART, (1997), S. 249 f.
932 Vgl. PILLER, (2006), S. 275, 281 f.
933 Vgl. PILLER, (2006), S. 288 f.
934 Vgl. PILLER, (2006), S. 291 f.
935 Vgl. WRIGHT, (1982), S. 41 f.
936 Vgl. PILLER, (2006), S. 289 f.
937 Vgl. SCHWARZMAIER, (1995), S. 155 ff, 205 ff; VAHRENKAMP, (1998), S. 227 ff; WIENDAHL, (1987), S. 42.

sitzt.“[938] Siehe hierzu Tabelle 12 und ausführlich Piller und die dort genannte Quellen.[939]

Tabelle 12: Zielstrukturen der Produktionsplanung und -steuerung bei verschiedenen Fertigungstypen[940]

Einzelfertigung (Werkstattfertigung)	**Massenfertigung (Fließfertigung)**	**Kundenindividuelle Massenfertigung**
	Zentrales Ziel	
Kostenminimale Produktion des in der Primärbedarfsplanung festgelegten Produktionsprogramms • Minimierung der Rüstkosten • Minimierung der Anpassungskosten • Minimierung der Bestandskosten	Kostenminimale Produktion des in der Primärbedarfsplanung festgelegten Produktionsprogramms • Minimierung der Fertigungskosten (insb. Fertigungslöhne) • Minimierung der Anpassungskosten	Schnelle und kostengünstige Erfüllung der Kundenwünsche • Hohe Reaktionsfähigkeit • Verwirklichung der hybriden Wettbewerbssituation
	Operative Ersatzziele	
• Maximierung der Kapaztiätsauslastung • Minimierung der Lagerbestände • Minimierung der fertigungsauftragsbezogenen Durchlaufzeiten • Verbesserung der Logistikleistung	• Minimierung der Durchlaufzeiten • Störungsfreier Betrieb • Reibungsloser Material- und Informationsfluss • Gleichmäßige Belastung der Betriebsmittel (in Höhe der Optimalkapazität)	• Minimierung der auftragsbezogenen Durchlaufzeiten • Geringe Fertigungskosten • Einhaltung der zugesagten Liefertermine (Logistikleistung) • Einhaltung der Konfigurationsvorgaben des Abnehmers (Konfigurationsqualität) • Minimierung der Bestände vorproduzierter Komponenten

Vor diesem Hintergrund entwickelt Piller einen hybriden Ansatz der PPS, der unterschiedliche Steuerungsansätze der PPS kombiniert und die PPS in drei Planungsebenen unterteilt: 1) Eine zentrale Fabrikplanung, die eine koordinierende, dispositiv-logistische Funktion über die darauffolgenden Fertigungseinheiten übernimmt, 2) eine Bereichsplanung, die für die einzelnen Fertigungsbereiche (z.B. auftragsneutrale Vorfertigung, kundenspezifische Anpassung und Montage der Module) durchgeführt wird, und 3) eine Segmentplanung zur Detaillierung der Planung innerhalb der einzelnen Fertigungssegmente eines Fertigungsbereichs. Bei weniger komplexen Produkten oder der Fertigung auf einem dominie-

---

938 PILLER, (2006), S. 290.

939 Vgl. PILLER, (2006), S. 290.

940 Übernommen aus PILLER, (2006), S. 290.

renden Fertigungssystem können die zweite und dritte Ebene vereinigt werden. Statt einer funktionsorientierten Sukzessivplanung wie bei MRP II erfolgt bei diesem Ansatz eine prozessorientierte Gesamtplanung mit dem Bestreben einzelne Planungsaufgaben auf die Segmente zu verlagern und diese untereinander zu koordinieren.[941]

Die zentrale Fabrikplanung stellt die Schnittstelle zwischen dem Absatz- und dem Fertigungsbereich dar. Ihr obliegen im Wesentlichen zwei Aufgaben mit unterschiedlichem Planungshorizont: zum einen eine mittelfristige Programmplanung auf Modulebene und zum anderen die kurzfristig-operative Auftragskoordination. Obwohl Mass Customization auf Absatzprognosen auf Endproduktebene verzichtet, da in der Regel auftragsbezogen gefertigt wird, ist es trotzdem erforderlich, die künftige Nachfrage zu antizipieren. Zum einen, um in Kooperation von zentraler Auftragskoordination, Forschung & Entwicklung und Marketing/Vertrieb bestehende Produkte kontinuierlich weiterzuentwickeln.[942] Zum anderen, um eine quantitative und qualitative Planung der vorzufertigenden Komponenten zu ermöglichen, und so deren Produktion von einer schwankenden Nachfrage zu entkoppeln.[943] Williams spricht in diesem Zusammenhang vom „hybrid scheduling process“.[944] Ziel der kurzfristig-operativen Auftragskoordination ist die Abstimmung und Koordination der eingehenden Kundenaufträge. Dabei geht es um eine Reihenfolgeplanung auf Auftragsebene, die Verteilung der Aufträge auf einzelne Fertigungssegmente, die Vorgabe von Rahmendaten sowie die Verfolgung des Auftragsfortschritts.[945] Je nach konkreter Umsetzung des Mass Customization-Konzepts erfolgen zur Generierung der Fertigungsunterlagen und zur Reihenfolgeplanung unterschiedliche Planungsschritte.[946] Im Anschluss daran werden die einzelnen Aufträge nach dem Prinzip der Grobplanung in die einzelnen Fertigungs- und Montagebereiche eingeplant. Durch einen periodischen Planungszyklus wird den dezentralen Einheiten ein Dispositions-

941 Vgl. PILLER, (2006), S. 293 ff.

942 Vgl. NICHOLAS, (1998), S. 574 ff; SCHONBERGER, (1996), S. 119. Dabei handelt es sich jedoch nicht um eine Aufgabe der PPS im engeren Sinne.

943 Neben den klassischen Informationsquellen aus Vertrieb, eigener und fremder Marktforschung, Konjunkturberichten, Konsumentenbefragungen und statistischen Prognosemodellen (Vgl. DORNINGER, (1991), S. 200 f; KÖSTER, (1998), S. 184; NICHOLAS, (1998), S. 587 ff; ZÄPFEL, (1982), S. 88 ff.) kann im Rahmen von Mass Customization auch auf vorhandenes Kunden-Know-how zurückgegriffen werden. Vgl. hierzu auch die Abschnitte 3.3.1 und 3.3.4.1.

944 Vgl. WILLIAMS, (1995), S. 281 ff; PILLER, (2006), S. 296.

945 Vgl. KÖSTER, (1998), S. 136 ff; NEDEß, KÄSELAU, (1999), S. 466; PILLER, (2006), S. 297.

946 So kann beispielsweise bei quantitativer oder qualitativer Modularisierung unter Einsatz eines flexiblen Transfersystems auf die FIFO-Methode zurückgegriffen werden während bei einer hybriden segmentierten Fertigung die Bündelung ähnlicher Aufträge Rüstkosten und -zeiten senken und die Komplexitätsbeherrschung verbessern kann. Vgl. hierzu ausführlicher PILLER, (2006), S. 297 f. und die dort genannten Quellen.

freiraum innerhalb einer Periode eingeräumt.[947] Die Auftragseinplanung erfolgt unter Berücksichtigung von drei Steuerungsparametern, die ebenfalls aus der belastungsorientierten Auftragseinplanung bekannt sind: Belastungsschranken, Terminschranken und Prioritätenziffern.[948] Im Anschluss an die Auftragseinplanung werden die terminierten Fertigungsaufträge mittels Stücklistenauflösung an die einzelnen Fertigungsbereiche übergeben. Dabei werden die konkreten Stücklisten- und Arbeitsplanvarianten, basierend auf PDM-Daten[949], aus einer generischen Stückliste und einem maximalen Arbeitsplan generiert. Ausgehend von den auf die einzelnen Produktionsbereiche eingeplanten und terminierten Fertigungsaufträgen sind die Überwachung des Produktionsfortschritts und die Abstimmung der Fertigungsaktivitäten der Fertigungssegmente durch die zentrale Auftragskoordination möglich.[950]

Für Fertigungsbereiche und -segmente, die einem gerichteten Fertigungsfluss folgen und flexibel verbunden sind, eignet sich auf der zweiten Planungsebene, der Bereichsplanung, eine bestandsgeregelte dezentrale PPS nach dem Pull-System.[951] Ein prominenter Vertreter solcher Systeme ist das Kanbansystem.[952] Dabei gibt es im Rahmen von Mass Customization im Wesentlichen vier Anwendungsfälle für ein solches System:[953]

- Die Fertigung komplexer standardisierter Komponenten im auftragsunabhängigen Fertigungsbereich im Falle von Varianten, deren Bearbeitung über mehrere Stationen hinweg erfolgt.
- Die Fertigung von kundenindividuellen komplexen Komponenten im Rahmen einer gerichteten Fertigung ohne zu große Varietätsspanne.
- Die Disposition geeigneter fremdbezogener Teile beispielsweise im Rahmen einer Just-in-time (JIT) Zulieferung.
- Die Koordination von auftragsunabhängiger Vorfertigung und kundenspezifischer Endfertigung und Montage

Insbesondere der letzte Anwendungsfall wird häufig bei einer kundenindividuellen Massenfertigung genutzt, da er eine deutliche Komplexitätsreduktion des

947 Vgl. HÖCK, (1998), S. 92; LÖLLMAN, (1998), S. 46 ff.

948 Vgl. DORNINGER, (1991), S. 211 ff; ZÄPFEL, (1998), S. 34 ff.

949 Vgl. Abschnitt 3.3.2.2.

950 Vgl. PILLER, (2006), S. 300 f.

951 Vgl. KOTHA, (1995), S. 25; RAUTENSTRAUCH, (1997), S. 402; TSENG, et al., (1997), S. 374. Daneben kann es bei der Umsetzung des Mass Customization-Konzepts eine Reihe von Aufgaben geben, die effizienter durch verkettete Fließsysteme oder Werkstattfertigung bewältigt werden können. Auf diese Fälle wird im weiteren Verlauf dieses Abschnitts noch eingegangen.

952 Vgl. bspw. KIMURA, TERADA, (1981), S. 243 ff.

953 Vgl. PILLER, (2006), S. 301 ff.

Gesamtsystems erlaubt.[954] Eine Vereinfachung der Kanbansteuerungslogik stellt das CONWIP-Verfahren (CONstant Work in Process) dar. Dabei werden die Pufferlager mehrerer Fertigungsstufen eines Fertigungssegments, die durch einen gerichteten Materialfluss verbunden sind, zusammengefasst, sodass nur ein Pufferlager vor dem Fertigungssegment existiert. Hierdurch lässt sich der Koordinations- und Kommunikationsaufwand zwischen den Stufen des Fertigungssegments reduzieren.[955] Agentenbasierte Verhandlungsansätze auf internen Märkten stellen eine neue Klasse dezentraler PPS-Konzepte dar.[956] Dabei erfolgt die Koordination zwischen den Produktionseinheiten auf Basis der Verhandlungen zwischen Auftrags- und Ressourcenagenten. Der Preismechanismus fungiert als „unsichtbare Hand" zur optimalen Zielführung des Gesamtsystems.[957] Das Verfahren hat die Vorteile, dass es den Marktmechanismus als effizientes Anreizprinzip nutzt, dezentrale Organisationsstrukturen unterstützt und die einfache Einbindung externer Partner erlaubt.[958] Allerdings steht die Bewährung in der komplexen betrieblichen Praxis noch aus.[959]

Zur Steuerung von Fertigungsbereichen mit kundenspezifischer Montage oder kundenindividueller Erstellung einzelner Komponenten bietet sich hingegen die PPS nach MRP II an.[960] Aufgaben, wie die zeitliche und mengenmäßige Verteilung der Aufträge des erstellten Produktionsprogramms auf die einzelnen Segmente, die gleichzeitige zeitliche und kapazitive Abstimmung der Segmente mit vor- und nachgelagerten Einheiten, sowie die kontinuierliche Überwachung des Produktionsfortschritts und die Abstimmung durch die zentrale Auftragskoordination sind durch ein dezentrales System nicht zu bewältigen.[961] Die große Anzahl zu berücksichtigender Objekte und die damit verbundene hohe Planungskomplexität führen jedoch bei einer PPS nach dem klassischen MRP II-Ansatz schnell zu statischen Produktionsplänen, die gerade im dynamischen Umfeld einer Mass Customization mit großen Unsicherheiten behaftet sind. Die Sukzessivplanung des MRP II-Ansatztes führt in einem solchen Umfeld zu weiteren Problemen wie streuenden Durchlaufzeiten und mangelnder Transparenz.[962] Vor diesem Hintergrund wurden spezialisierte Teilplanungsansätze ent-

---

954 Vgl. DORNINGER, (1991), S. 195.

955 Vgl. HÖCK, (1998), S. 232 f; NICHOLAS, (1998), S. 284 ff; SPEARMAN, et al., (1990), S. 883 ff.

956 Vgl. ZELEWSKI, (1997), S. 233; ZÄPFEL, (1998), S. 49 f.

957 Vgl. CORSTEN, GÖSSINGER, (1998), S. 184 ff; TSENG, et al., (1997), S. 375 f; ZELEWSKI, (1997), S. 237 ff; ZELEWSKI, (1998), S. 141 ff.

958 Vgl. ZELEWSKI, (1997), S. 233.

959 Vgl. PILLER, (2006), S. 308.

960 Entsprechende Fertigungsbereiche wird es vor allem bei Mass Customization mit Unikatfertigung oder individueller Modularisierung geben.

961 Vgl. HÖCK, (1998), S. 151 f.

962 Vgl. SCHWARZMAIER, (1995), S. 155 ff; VAHRENKAMP, (1998), S. 227 ff; WIENDAHL, (1987), S. 42.

wickelt, die zwar in der Regel nur lokale Optima ermitteln können, dafür aber eine wesentlich höhere Flexibilität und Reaktionsgeschwindigkeit erlauben. Ein Ansatz, der sich für den Einsatz im Rahmen einer Mass Customization eignet, ist die engpassbasierte Optimized Production Technology (OPT).[963] Dabei handelt es sich weniger um ein eigenständiges PPS-Verfahren, sondern vielmehr um ein iteratives Simulationsinstrument zur verbesserten Zeit- und Kapazitätsplanung unter Berücksichtigung von Engpassressourcen.[964]

Die Planung und Steuerung von flexiblen Transferstraßen stellt das dritte Element eines hybriden PPS-Systems für eine Mass Customization dar. Einsatzgebiete sind vor allem die auftragsneutrale Vorfertigung sowie die vollständige Fertigung von Produkten, deren Varianten keinen oder nur geringen Umrüstaufwand verursachen.[965] Dabei gilt es im Rahmen einer gemischten Variantenfließfertigung zwei Aufgaben zu lösen: die mittelfristige Leistungsabstimmung des Systems sowie die kurzfristige Bestimmung der optimalen Produktionsreihenfolge.[966] Die mittelfristige Leistungsabstimmung erfolgt durch einen Ausgleich der Linie durch Zwischenpuffer oder die Berechnung durchschnittlicher Durchlaufzeiten pro Station. Die kurzfristige Bestimmung der optimalen Produktionsreihenfolge dient einer möglichst gleichmäßigen Kapazitätsauslastung und ist vor allem bei der Festlegung einer durchschnittlichen Durchlaufzeit pro Station von Bedeutung. Bei der Umsetzung des Mass Customization-Konzepts gibt es zusätzlich die Möglichkeit, durch die Entwicklung einer geeigneten Produktarchitektur eine gleichmäßige Kapazitätsauslastung zu unterstützen.[967]

3.3.5.4 Systemunterstützung

Nachdem im vorangegangenen Abschnitt ein hybrider Ansatz zur PPS für Mass Customization skizziert wurde, soll im Folgenden auf die Möglichkeiten zur IuK-technischen Unterstützung eines solchen Ansatzes eingegangen werden. Trotz der Leistungsfähigkeit heute eingesetzter PPS-Systeme weisen sie in Bezug auf einen hybriden PPS-Ansatz noch etliche Schwächen auf. Diese resultieren oft aus der Sukzessivplanung der MRP II-Logik, bei der unter anderem keine systematische Betrachtung von Engpassressourcen erfolgt.[968] Daneben sorgt der Einsatz von Prioritätenregeln für nicht vorhersagbare Reihenfolgen der Ferti-

963 Vgl. SCHWARZMAIER, (1995), S. 181 ff; PILLER, (2006), S. 309.
964 Vgl. PILLER, (2006), S. 310 f.
965 Vgl. PILLER, (2006), S. 311.
966 Vgl. DOMSCHKE, et al., (1996), S. 1468.
967 Vgl. PILLER, (2006), S. 312.
968 Vgl. PILLER, (2006), S. 313 f.

gungsaufträge und damit für nicht vorhersagbare Durchlauf- und Lieferzeiten.[969] Darüber hinaus ist die Umsetzung einer Mass Customization durch eine vernetzte dezentrale Auftragsabwicklung geprägt, die hohe Anforderungen an den Datenaustausch und eine verteilte Datenhaltung stellt. Dies scheitert jedoch häufig an technischen und vor allem an organisatorischen (z.B. unterschiedliche Bezeichnungen und Datenformate) Inkompatibilitäten verteilter Daten sowie mangelnder Datenpflege.[970]

Wichtig ist im Rahmen einer Mass Customization jedoch nicht nur der Informationsfluss innerhalb der Produktion, sondern ein durchgehender Informationsfluss vom Kunden bis in die Fertigung. Dies ermöglicht die Abstimmung aller (informations-) logistischen Aktivitäten auf Ebene der zentralen Auftragskoordination. Hierzu ist eine Integration von PPS- und ERP-System erforderlich.[971] Allerdings zeigen empirische Studien, dass heute die organisatorische Integration eine deutlich größere Herausforderung darstellt als die Datenintegration.[972] Es gilt eine Organisation aufzubauen, die den Ausgleich zwischen zentraler Koordination und dezentraler Feinsteuerung schafft und diese effektiv durch moderne IuK-Systeme zu unterstützen.[973] Entsprechend schreibt Piller: „Angesichts einer für die kundenindividuelle Massenproduktion typischen Segmentierung und Modularisierung der Fertigungsprozesse und des Einsatzes flexibler Fertigungssysteme, die oft unabhängig vom PPS-System mit eigenen Rechnerstrukturen gesteuert werden, liegt der Schwerpunkt geeigneter PPS-Systeme für Mass Customization eher auf einer Koordination und Steuerung der dezentralen Produktionsprozesse durch partiell integrierte Planungsvorgänge mit fest definierten Schnittstellen zwischen den einzelnen Planungssegmenten."[974]

Im Rahmen einer Mass Customization steht in erster Linie die Integration verteilter Informationsprozesse (unter Einbeziehung von Lieferanten und Abnehmern) im Vordergrund, und weniger die optimale Lösung eines abstrakten Optimierungsproblems.[975] Zur Umsetzung dieser Anforderung wurde eine Reihe unterschiedlicher Ansätze entwickelt. Einen dieser Ansätze stellen Optimierungs- und Simulationstools dar, die den kurzfristigen synchronen Abgleich von Nachfrage und herrschenden Produktionsbedingungen ermöglichen sollen. Ein Vertreter dieser Klasse ist das bereits erwähnte OPT-Verfahren. Ein weiteres

---

969 Daraus können sich Phänomene wie das Durchlaufzeitsyndrom ergeben. Vgl. CORSTEN, (1998b), S. 450 f; SCHWEITZER, (1994), S. 703; VAHRENKAMP, (1998), S. 187; WIENDAHL, (1987), S. 42.

970 Vgl. NEDEß, KÄSELAU, (1999), S. 473 f; HÖCK, (1998), S. 88; PILLER, (2006), S. 315.

971 Vgl. PILLER, (2006), S. 315 f.

972 Vgl. WILDEMANN, (1998c), S. 16.

973 Vgl. BESSANT, (1994), S. 240; WILDEMANN, (1998c), S. 16; ROLLBERG, (1996a), S. 528.

974 PILLER, (2006), S. 316.

975 Vgl. GÜNTHER, et al., (1998), S. 331.

Verfahren ist das Advanced Planning and Scheduling (APS), das kurzfristig den Produktionsplan auf Basis einer Simulation aktueller Änderungen anpasst. Dabei werden jedoch hohe Anforderungen an die Datenqualität gestellt.[976] Entsprechende Werkzeuge werden vermehrt von Anbietern großer Standardsoftwarepakete in ihre Systeme aufgenommen.[977]

Eine weitere Möglichkeit zur Bewältigung der Anforderungen einer Mass Customization stellt die Nutzung von Supply Chain Management (SCM) Tools dar. Diese bieten im Gegensatz zu ERP- oder PPS-Systemen den Vorteil, dass sie bereits auf die Integration heterogener Systeme (auch von externen Partnern) ausgelegt und in der Regel unabhängig von problemspezifischer Anwendungssoftware sind.[978] Die Basis für eine Datenintegration können wiederum PDM-Systeme darstellen.[979] Der Nachteil dieser Lösung ist, dass SCM Tools in der Regel für die Nutzung im Rahmen einer klassischen Massenproduktion entwickelt wurden und gegebenenfalls die spezifischen Anforderungen einer Mass Customization nicht vollständig unterstützen.[980] Eine dritte Gruppe von Systemen dient vor allem der Unterstützung der Zusammenarbeit in Form von Kommunikations-, Gruppenentscheidungs- und Vorgangssteuerungssystemen.[981] Neben der inhaltlichen Unterstützung der bereichsübergreifenden Zusammenarbeit durch gemeinsame Datenbanken oder durch eine Integration mittels SCM Tools bieten solche Gruppenunterstützungs- und Vorgangssteuerungssysteme eine Unterstützung bei der Ablaufsteuerung.[982] Für die Umsetzung eines solchen hybriden Planungssystems eignen sich offene Softwaresysteme mit verteilter Funktionalität (Componentware).[983] Ziel ist die Sicherstellung von Flexibilität zu den Kosten einer Standardsoftware durch den Einsatz wieder verwendbarer vorgefertigter Komponenten. Auf diese Weise wird der Gedanke der Modularisierung letztendlich auf der Ebene der PPS-Systeme weitergeführt. Die Entwicklung solcher Systeme steht allerdings noch an ihrem Anfang.[984]

Aktuelle Studien zeigen, dass die Kenntnis der Grenzen der eigenen PPS-Systeme für in der kundenindividuellen Massenproduktion erfolgreiche Unternehmen ausschlaggebend ist und sie vor allem auf die Vermeidung kurzfristiger Auftragsänderungen und die Nutzung der menschlichen Flexibilität setzen.[985]

---

976 Vgl. GOULD, (1998), S. 54 ff.
977 Vgl. PILLER, (2006), S. 318.
978 Vgl. GÜNTHER, et al., (1998), S. 331.
979 Vgl. KÖSTER, (1998), S. 115 ff.
980 Vgl. PILLER, (2006), S. 318 f.
981 Vgl. NEDEß, KÄSELAU, (1999), S. 466.
982 Vgl. BECKER, (1998), S. 69; PICOT, et al., (2003), S. 169.
983 Vgl. BRAUN, MÖHLE, (1998), S. 23 f; MÖHLE, et al., (1999), S. 700 ff; ZÄPFEL, (1998), S. 51 f.
984 Vgl. KEMPIS, et al., (1998), S. 198 f; SOEFFKY, (2001), S. 100 ff.
985 Vgl. KEMPIS, et al., (1998), S. 87 f, 91 f; ADAM, (1998), S. 77; PILLER, (2006), S. 321 f.

Daneben gilt es, im Rahmen einer Mass Customization die Möglichkeit zu nutzen, die Komplexität bereits während der Entwicklung einer Produktarchitektur vorausschauend zu begrenzen. Durch eine konsequente Modularisierung, einen hohen Vorfertigungsgrad und eine Reduktion der Individualisierungsmöglichkeiten auf die aus Kundensicht wesentlichen Komponenten kann das marktseitig gegebene Komplexitätsniveau[986] intern begrenzt werden.[987] „Die Kombination moderner Systeme einer integrierten Produktionsplanung und -steuerung mit modularen Produkt- und Prozessarchitekturen und neuen Wegen zum Aufbau von Kundenbeziehungen bietet sehr große Chancen, dauerhafte Wettbewerbsvorteile aufzubauen, da so ein nicht leicht imitierbarer Fit der Unternehmensaktivitäten im Porterschen Sinne erreicht werden kann."[988]

3.3.6 Integration von Zulieferern, Handel und Intermediären

Die zwischenbetriebliche Zusammenarbeit (das heißt die Reduktion der Wertschöpfungstiefe) dient, im Rahmen einer Mass Customization-Umsetzung vor allem der Komplexitätsreduktion.[989] Die Gesamtkomplexität wird dadurch zwar nicht gesenkt, für das einzelne Unternehmen kann sich jedoch eine deutliche Komplexitätsreduktion ergeben. Allerdings gilt es zu berücksichtigen, dass durch eine Verlagerung von Leistungen die Koordinationskomplexität zunimmt und zumindest teilweise die komplexitätsreduzierende Wirkung der zwischenbetrieblichen Zusammenarbeit wieder ausgleicht.[990]

Langfristige Kooperationen in Form von Unternehmens-[991] beziehungsweise Produktionsnetzwerken[992] können diesem Effekt jedoch entgegenwirken.[993]

---

986 Unter anderem bedingt durch den steigenden Wettbewerbsdruck und die zunehmende Heterogenisierung der Märkte.

987 Vgl. ADAM, (1998), S. 60; ROMMEL, et al., (1993), S. 135 f; PILLER, (2006), S. 322.

988 PILLER, (2006), S. 322.

989 Vgl. BELLMANN, (1996), S. 49; CZAP, REITER, (1998), S. 245; MILDENBERGER, (1998), S. 145; SCHUH, et al., (1998), S. 124; SCHUH, MÜLLER, (1998), S. 38; WILDEMANN, (1996b), S. 15. Die Integration des Abnehmers in die Wertschöpfungskette im Rahmen einer Selbstkonfiguration ist ein Beispiel für diesen Effekt.

990 Vgl. SCHUH, et al., (1998), S. 125; WILDEMANN, (1996b), S. 15 f.

991 SYDOW, (1992b). definiert Unternehmensnetzwerke als „eine auf die Realisierung von Wettbewerbsvorteilen zielende Organisationsform ökonomischer Aktivitäten [...], die sich durch [...] eher kooperative denn kompetitive und relativ stabile Beziehungen zwischen rechtlich selbstständigen, wirtschaftlich jedoch meist abhängigen Unternehmen auszeichnet."

992 Produktionsnetzwerke sind Unternehmensnetzwerke, an denen vor allem Industrieunternehmen beteiligt sind, die in der Produktion sowie den relevanten vor- und nachgelagerten Prozessen kooperieren. Vgl. BELLMANN, HIPPE, (1996), S. 57; KALUZA, BLECKER, (1999), S. 268; MILDENBERGER, (1998), S. 33 f; SYDOW, (1992b), S. 105 f.

Voraussetzung solcher Netzwerke ist eine stabile, entwicklungsfähige und preisgünstige Infrastruktur, die die Grundlage zur Senkung der Koordinationskosten bietet.[994]

Unter transaktionskostentheoretischen Gesichtspunkten spricht die Ausprägung der relevanten Einflussfaktoren im Rahmen einer Mass Customization zunächst gegen eine kooperative Abwicklung der Leistungserstellung. Es herrschen eine hohe Prognoseunsicherheit und ein niedriger Wiederholungsgrad in Bezug auf die konkret nachgefragte individuelle Produktkonfiguration. Unternehmen, die Mass Customization umsetzen, sind in der Regel in dynamischen Märkten tätig, die durch hohe Unsicherheit geprägt sind. Die direkte Interaktion mit jedem einzelnen Abnehmer ist zusätzlich mit hohen Transaktionskosten verbunden und die erstellten Leistungen zeichnen sich aufgrund ihrer Individualisierung durch eine hohe Spezifität aus.[995] Andererseits weisen die Einflussfaktoren im Rahmen einer Mass Customization eine deutlich geringere Spezifität, Unsicherheit und Unregelmäßigkeit der Transaktionen auf als im Vergleich zur konventionellen Einzelfertigung.[996] Hierbei kommt vor allem die Modularisierung als Grundprinzip der Mass Customization zum Tragen. Sie erlaubt trotz der hohen Spezifität des modularen Systems als Ganzem die Bereithaltung eines Leistungspotenzials, das in seiner Grundstruktur über einen längeren Zeitraum relativ stabil bleibt.[997] Daneben vereinfacht die Schnittstellenspezifikation einer komponentenorientierten Produktarchitektur die Integration externer Leistungen. Außerdem führt die Begrenzung der Individualisierungsoptionen im Rahmen einer Mass Customization zu einer Begrenzung der Spezifität der Endprodukte und damit zu einer Verringerung der Unsicherheit. Schließlich wirken sich die bereits dargestellten Potenziale der Economies of Interaction transaktionskostensenkend aus.[998] Aufgrund dieser Argumente, die eher für eine mittlere Ausprägung der Transaktionskosten sprechen, erscheint eine kooperative Abwicklung der Leistungserstellung im Rahmen einer Mass Customization als vorteilhaft.[999]

---

[993] Vgl. PILLER, (2006), S. 324. Durch Unternehmens- oder Produktionsnetzwerke wird es möglich, opportunistischem Verhalten entgegenzuwirken und den Zugriff auf knappe Ressourcen im Netzwerk zu verbessern.

[994] Vgl. PILLER, (2006), S. 325. Dabei können technische (IuK-Netze, Verkehrswege, etc.), institutionelle (rechtliche Grundlagen, etc.) und personelle (Kooperationskompetenz, etc.) Aspekte einer solchen Infrastruktur unterschieden werden.

[995] Vgl. PILLER, (2006), S. 330 f.

[996] Vgl. PILLER, (2006), S. 331.

[997] Vgl. BELLMANN, (1999), S. 212.

[998] Vgl. zu diesem Absatz PILLER, (2006), S. 331.

[999] Vgl. PILLER, (2006), S. 331 f; WILLIAMSON, (1985a), S. 72 f; GEBAUER, (1996), S. 55 ff. VICTOR, et al., (1996), S. 110. schreiben dazu: „Mass Customization [...] requires a dynamic network of relatively autonomous operating units. Each module is typically a specific process or task, like making a given component, a distinctive wedding method, or performing a credit

Die Umsetzung einer solchen Kooperationsform wird im Folgenden für Lieferanten, den Handel sowie unter Einbezug intermediärer Dienstleister betrachtet.

3.3.6.1 Integration der Lieferanten

In der Literatur werden netzwerkartige Kooperationsstrukturen vielfach als „Enabler" für eine Mass Customization gesehen.[1000] Dies wird in Bezug auf die Integration von Lieferanten in die kundenindividuelle Leistungserstellung damit begründet, dass neben einer Reduktion der Planungs- und Steuerungskomplexität[1001] vor allem Spezialisierungs- und Beschleunigungseffekte, eine Erhöhung des Individualisierungsgrads sowie eine Ökonomisierung der Flexibilität erreicht werden können.[1002] Spezialisierungs- und Beschleunigungseffekte ergeben sich aus 1) einer Parallelisierung von Aufgaben, 2) der Verkürzung von Durchlaufzeiten aufgrund einer Spezialisierung sowie 3) der Minimierung der Lagerbestände durch den Einsatz des JIT-Konzepts und einer Produktion auf Abruf. Damit wird sowohl die Kosten- als auch die Differenzierungsoption von Mass Customization unterstützt. Eine Spezialisierung der Lieferanten ermöglicht eine höhere Komponentenvarietät und damit eine Erweiterung der Flexibilität sowie des Individualisierungsgrads des Endprodukts. Daneben ermöglichen Unternehmensnetzwerke die Ökonomisierung der Flexibilität. Flexibilität ist zu einem gewissen Grad mit Organizational Slack – verfügbaren aber gerade nicht benötigten Ressourcen – verbunden.[1003] Unternehmensnetzwerke bieten die Möglichkeit, verfügbare, aber nicht ausgelastete, Ressourcen im Netzwerk zu nutzen. Damit kann der Organizational Slack durch einen Cooperative Slack ersetzt werden, der eine deutlich höher ausgelastet ist und so die Kostenoption unterstützt.[1004]

Der durch das Unternehmensnetzwerk entstehende zusätzliche Kooperationsaufwand kann durch Maßnahmen, die praktisch aus dem Mass Customization-Konzept folgen, verringert werden. So erleichtert eine modulare Produktarchitektur die Einbindung externer Partner durch klar definierte Schnittstellen

check. [...] the combination of how and when [the modules] interact to make a product or provide a service is constantly changing in response to what each customer wants and needs."

1000 Vgl. REIß, BECK, (1995b), S. 33 f; BELLMANN, (1999), S. 212 f; KALUZA, BLECKER, (1999), S. 272; OLESON, (1998), S. 77; PINE, (1993a), S. 229; SIHN, et al., (1998), S. 62; TUROWSKI, (1999b), S. 3; TUROWSKI, (1999a), S. 200; WEHRLI, KRICK, (1998), S. 64; WESTKÄMPER, (1997b), S. 282; WESTKÄMPER, (1997a), S. 333.

1001 Vgl. ARNOLD, (1996), S. 1865 f.

1002 Vgl. KALUZA, BLECKER, (1999), S. 272 f; PILLER, (1998), S. 326 ff; ROLLBERG, (1996b), S. 53; WOLTERS, (1995), S. 93 ff.

1003 Vgl. CYERT, MARCH, (1963), S. 36 f.

1004 Vgl. KALUZA, BLECKER, (1999), S. 272 f.

zwischen den Komponenten. Basierend darauf kann durch ein Modular Sourcing die Anzahl der Lieferanten und damit der externen Schnittstellen reduziert werden. Aufgrund der Spezifität der externen Komponenten werden diese jedoch nicht am Markt beschafft.[1005] Entsprechend zeigen auch empirische Studien, dass Zulieferbeziehungen in den USA und in Europa zunehmend durch langfristige, netzwerkartige Kooperationssysteme gestaltet werden.[1006]

Abhängig vom Aufgabenumfang, den ein Lieferant in einer Kooperation übernimmt, werden fünf Stufen der Lieferantenintegration unterschieden: 1) der Teilefertiger, 2) der Produktionsspezialist, 3) der Entwicklungspartner, 4) der Wertschöpfungspartner und 5) Multilaterale Mass Customization-Netzwerke.[1007]

Teilefertiger liefern Standardteile nach genauen Vorgaben und unterstützen in erster Linie die Kostenoption.

Die Kooperation mit Produktionsspezialisten geht einen Schritt weiter, in dem sie im Rahmen eines JIT- oder Kanban-Ansatzes teilespezifisch in den Produktionsprozess integriert werden.[1008] Hierdurch wird eine Komplexitätsreduktion ermöglicht und vor allem die Kostenoption unterstützt.

Ein Entwicklungspartner wird aufgrund seines Produktions- und Produkt-Know-hows in F&E-Aktivitäten einbezogen.[1009] Eine Auslagerung von Entwicklungstätigkeiten bietet dem Mass Customizer eine weitere Komplexitätsreduktion. Da jedoch in der Regel nur geringe Teile der gesamten Wertschöpfungskette abgedeckt werden, steht auch bei einem Entwicklungspartner die Kostenoption im Vordergrund.[1010]

Anders ist dies beim Wertschöpfungspartner, der im Rahmen langfristiger und enger Kooperationsbeziehungen in die produkt- und unternehmensübergreifende Prozessentwicklung einbezogen wird[1011] und für die Entwicklung und Produktion ganzer Module zuständig ist. Damit wird eine simultane Unterstützung von Kosten- und Differenzierungsoption ermöglicht.[1012]

Multilaterale Mass Customization-Netzwerke schließlich sind die weitestgehende Form einer Lieferantenintegration. Dabei handelt es sich um horizontale Kooperationen mehrerer gleichberechtigter Unternehmen gleicher oder

---

1005 Vgl. PILLER, (2006), S. 332 f.

1006 Vgl. BAUER, STICKEL, (1998), S. 434.

1007 Vgl. KALUZA, (1996), S. 223 f; WILDEMANN, (1994), S. 335 ff.

1008 Gegebenenfalls werden an dieser Schnittstelle auch Individualisierungsinformationen an den Produktionsspezialisten übergeben.

1009 Vgl. KALUZA, KREMMINER, (1997), S. 34 f; WILDEMANN, (1994), S. 335 ff.

1010 Vgl. PILLER, (2006), S. 335 f.

1011 Vgl. ARNOLD, SCHEUING, (1997), S. 82 f; KALUZA, (1996), S. 223 f; ROLLBERG, (1996b), S. 51; WILDEMANN, (1998a), S. 144.

1012 Vgl. PILLER, (2006), S. 337.

verschiedener Wertschöpfungsstufen,[1013] die nach dem Vorbild virtueller Unternehmen[1014] kooperativ kundenindividuelle Leistungen erbringen.[1015] Auf diese Weise ist eine simultane Unterstützung der Kosten- und Differenzierungsoption möglich. Trotz der Vorteile gegenüber hierarchischen Koordinationsformen[1016] ist diese Koordinationsform im Rahmen von Mass Customization nur eingeschränkt umsetzbar. So spricht die angestrebte niedrige interne Varietät für eine kleine Zahl externer Partner. Insbesondere die Weitergabe von Kundenwissen, das dem Aufbau von Learning Relationships dient, ist in einem Netz gleichberechtigter Partner im Rahmen einer Mass Customization-Wettbewerbsstrategie weder praktikabel noch möglich. Bei einer Mass Customization werden das Unternehmen, das das Kundenwissen verwaltet, praktisch automatisch zu einem fokalen Netzwerkunternehmen (einem Broker) und das Netzwerk zu einem fokalen Produktionsnetzwerk.[1017]

Bei einem fokalen Produktionsnetzwerk handelt es sich um ein von dem Mass Customizer hierarchisch dominiertes Netzwerk. Der Mass Customizer übernimmt die vollständige Kundeninteraktion, die Endmontage und damit die Gesamtverantwortung für die Qualität und koordiniert mittels einer zentralen Auftragskoordination die internen und externen, weitgehend autonom arbeitenden, Fertigungseinheiten.[1018] Um die Vorteile solcher Netzwerke nutzen zu können, müssen jedoch die Defizite und Ineffizienzen bisheriger Kooperationsformen in Interaktion und Kommunikation überwunden werden.[1019] Dabei sind zum einen soziale und kulturelle Faktoren wichtig, die den Aufbau von Vertrauen und die Begrenzung opportunistischen Verhaltens unterstützen (z.B. Offenheit, Selbstverpflichtung, Risikoteilung der Beteiligten).[1020] Zum anderen stellt auf technischer Ebene die Integration oder Koordination der beteiligten PPS-Systeme eine wesentliche Erfolgsvoraussetzung dar.[1021] Dabei können vor allem Componentware-Techniken und XML-basierte Web-EDI-Systeme einen Beitrag zur Koordination der einzelnen Systeme leisten.[1022] Auf diese Weise kann in

---

1013 Vgl. MÜLLER, et al., (1997), S. 289.

1014 Siehe für eine Definition virtueller Unternehmen ARNOLD, HÄRTLING, (1995), S. 21; MERTENS, FAISST, (1996), S. 281; SYDOW, (1995), S. 631.

1015 Vgl. HAUSRUCKINGER, WUNDERLICH, (1997), S. 39; KALUZA, BLECKER, (1999), S. 274; MERTENS, et al., (1998), S. 6; SCHUH, et al., (1998), S. 125; WESTKÄMPER, (1997a), S. 330.

1016 Vgl. BELLMANN, (1999), S. 212.

1017 Vgl. PILLER, (2006), S. 327.

1018 Vgl. WESTKÄMPER, (1997b), S. 282; WESTKÄMPER, (1997a), S. 333; KALUZA, KREMMINER, (1997), S. 36 ff; SYDOW, (1995), S. 631; PILLER, (2006), S. 340.

1019 Vgl. BELLMANN, (1999), S. 205.

1020 Vgl. BELLMANN, (1999), S. 210.

1021 Vgl. LUCZAK, HEIDERICH, (1997), S. 9 ff; MERTENS, et al., (1998), S. 112 ff; TUROWSKI, (1999b), S. 2 f.

1022 Vgl. CZAP, REITER, (1998), S. 248; MERTENS, et al., (1998), S. 76 f; PILLER, (2006), S. 343 f.

einem fokalen Produktionsnetzwerk sichergestellt werden, dass die Beschaffungskomplexität nicht die Potenziale einer Komplexitätsreduktion durch Auslagerung kompensiert.[1023]

3.3.6.2 Integration des Handels

Neben der Integration von Lieferanten auf der einen Seite stellt sich die Frage, wie im Rahmen einer Mass Customization auf der Absatzseite der Handel in die Wertschöpfungskette einzubinden ist.[1024] Dabei sind zwei grundlegende Gestaltungsaufgaben für dispositionspolitische Entscheidungen zu lösen. Zum einen die Gestaltung der physischen Distribution, das heißt der Warenverteilung an die Endabnehmer. Zum anderen die akquisitorische Distribution, das heißt Kontaktanbahnung, Verkauf und Bindung der Endkunden.[1025] In Bezug auf die akquisitorische Distribution lässt die Transaktionskostentheorie auf den ersten Blick wegen der Individualität und Spezifität kundenindividueller Leistungen eine hierarchische Abwicklung der Distribution (Direktvertrieb ohne Einschaltung des Handels) vorteilhaft erscheinen.[1026] Allerdings sprechen eine Reihe von Gründen für eine Kooperation zwischen Hersteller und Handel. Die bestehende Handelsstruktur ermöglicht den persönlichen Kontakt zum Kunden (Kundennähe), den in der Regel selbst technikaffine Kunden im Rahmen eines Multikanalangebots erwarten. Als Individualisierungshelfer kann der Handel den Kunden bei der Bewältigung der externen Varietät im Rahmen von Leistungsauswahl und -konfiguration unterstützen.[1027] In diesem Zusammenhang bietet eine Handelskooperation zusätzlich die Möglichkeit, das beim Kunden wahrgenommene Kaufrisiko zu verringern. Zwar kann bei Mass Customization zum Vertragsschluss nur ein Leistungsversprechen abgegeben werden; im Handel können aber ähnliche Leistungen (Basisprodukte) begutachtet und die Erfahrungsqualität gegenüber dem Händler auf die individualisierte Leistung übertragen werden. Darüber hinaus kann durch umfassend geschulte Mitarbeiter in einer Beratung Kompetenz vermittelt werden.[1028] Hier liegt allerdings ein großer Nachteil für den Hersteller: der Aufbau einer Learning Relationship und von Kunden-Know-

[1023] Vgl. PICOT, et al., (2003), S. 329 ff.

[1024] Vgl. JÄGER, (2004), S. 147 ff; BERGER, et al., (2005), S. 5 ff.

[1025] Vgl. SCHNÄBELE, (1997), S. 236.

[1026] Vgl. PICOT, (1986), S. 4 ff; KRAFFT, LITFIN, (2000), S. 52; SCHNÄBELE, (1997), S. 241. Vor allem kann der Handle bei Mass Customization keine Bündelung der Nachfrage erreichen, sondern verursacht im Gegensatz zusätzliche Kommunikationskosten.

[1027] Vgl. PILLER, (2006), S. 347.

[1028] Vgl. ALBA, et al., (1997), S. 42 f, 48 f; GERSCH, (1995), S. 70 f; PETERSON, et al., (1997), S. 335.

how erfolgt zunächst durch den Handel.[1029] In diesem Fall gilt es, Mechanismen zur Teilung des Kunden-Know-hows zu implementieren, um die Potenziale der Economies of Interaction für den Hersteller nutzbar zu machen.[1030]

Bei der Ausgestaltung von Handelskooperationen werden in der Literatur vier Formen mit unterschiedlich starker Einbindung des Handels unterschieden: 1) der Kontakter, 2) der Vermittler, 3) der Individualisierungspartner und 4) der Mass Customization-Partner (siehe Abbildung 12).[1031]

Abbildung 12: Stufen der Integration des Handels in ein Mass Customization-Konzept[1032]

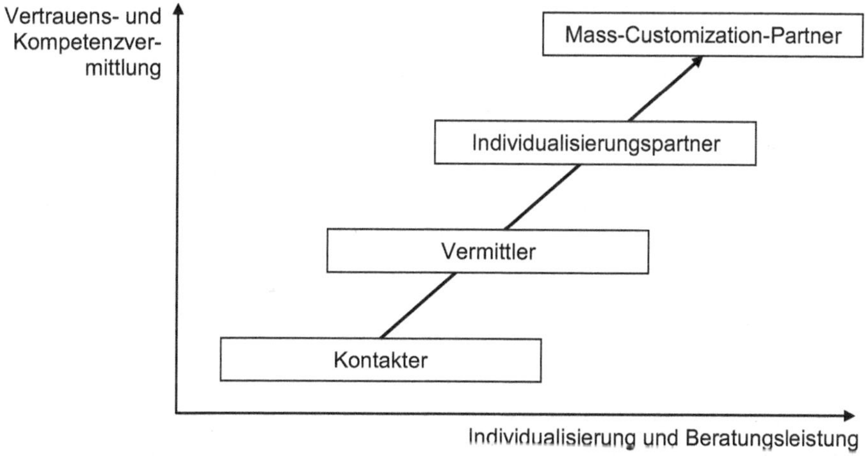

Ein Kontakter übernimmt lediglich die Kontaktherstellung im Rahmen eines Provisionsgeschäfts. Alle weiteren Schritte (insbesondere die Konfiguration) erfolgen im Direktvertrieb. Damit ermöglicht diese Option den Aufbau von Learning Relationships durch den Hersteller, bietet diesem aber kein Potenzial zur Komplexitätsreduktion. Ein Vermittler übernimmt neben der Kontaktanbahnung auch die Zahlungsabwicklung und Auslieferung. Die Erhebung der Individualisierungsinformationen verbleibt weiterhin beim Hersteller. Diese Option bietet dem Hersteller die Möglichkeit, sich auf seine Kernkompetenzen (Vornahme und Umsetzung der Individualisierung) zu konzentrieren und damit die Komplexität zu reduzieren. Die Differenzierungsoption der Mass Customization

1029 Vgl. SCHNÄBELE, (1997), S. 242 f.
1030 Vgl. PILLER, (2006), S. 349.
1031 Vgl. HAUSRUCKINGER, WUNDERLICH, (1997), S. 35 f; PILLER, (1998), S. 336 ff; KRAFFT, LITFIN, (2000), S. 52; SCHNÄBELE, (1997), S. 241 f.
1032 Übernommen aus PILLER, (2006), S. 349.

wird jedoch nicht unterstützt. Ein Individualisierungspartner hingegen übernimmt auch die Erhebung der Individualisierungsinformationen. Damit ist aufseiten des Händlers ein hohes Produkt-Know-how erforderlich, um im Rahmen der Beratung Vertrauen und Kompetenz zu vermitteln. Bei dieser Option erfolgt der Aufbau der Learning Relationship durch den Individualisierungspartner, sodass Mechanismen zur Teilung des Kunden-Know-hows etabliert werden müssen. Dafür bietet sie dem Hersteller eine weitgehende Komplexitätsreduktion und die Unterstützung der Differenzierungsoption.

Die weitestgehende Kooperation bei einer absatzseitigen Wertschöpfungspartnerschaft ist eine Mass Customization-Partnerschaft. Dabei wird der Handelspartner vollständig in die Individualisierung integriert und übernimmt die gesamte Kundenkommunikation. Die Umsetzung dieser Option erfolgt typischerweise im Rahmen eines Franchise- oder Vertragshändlersystems. Der Mass Customization-Partner bietet gegebenenfalls weitere individuelle Dienstleistungen, wie eine Montage, eine Finanzierung oder eine Beratung während des Gebrauchs, an. Kosten- und Differenzierungsoption werden simultan unterstützt.[1033] Hausruckinger und Wunderlich sehen in dieser Option eine Chance für den Fachhandel sich gegenüber Discountern zu positionieren.[1034]

3.3.6.3 Interorganisationale Netzwerke unter Einbezug von Dienstleistern

Eine weitere Form von Produktionsnetzwerken stellt die Einschaltung spezialisierter intermediärer Dienstleister dar. Diese übernehmen vor allem die Identifikation von Kundenwünschen und -bedürfnissen (Aufbau von Learning Relationships und Kunden-Know-how) oder die Übersetzung von Kundenwünschen in fertigungsspezifische Informationen (Vermittlung der Erstellung kundenbezogener Massenprodukte).[1035] Dabei handelt es sich um Modelle völlig neuer Wertschöpfungsformen produzierender Unternehmen.[1036]

Intermediäre (Broker), die primär die Identifikation von Kundenwünschen und -bedürfnissen übernehmen, können die Unsicherheit und den zusätzlichen Aufwand, die mit einer Mass Customization verbunden sind, sowohl für den Abnehmer als auch den Anbieter deutlich reduzieren. Auf Abnehmerseite stehen die Unterstützung bei der Auswahl und der Konfiguration sowie die Verringe-

---

1033 Vgl. zu diesem Absatz PILLER, (2006), S. 349 ff; HAUSRUCKINGER, WUNDERLICH, (1997), S. 35 f; PILLER, (1998), S. 336 ff; KRAFFT, LITFIN, (2000), S. 52; SCHNÄBELE, (1997), S. 241 f.

1034 Vgl. HAUSRUCKINGER, WUNDERLICH, (1997), S. 35.

1035 Vgl. PILLER, (2006), S. 352.

1036 Vgl. REICHWALD, et al., (2004), S. 452 ff; REINHART, et al., (2000), S. 597 ff. Siehe ausführlich auch REINHART, et al., (2003).

rung des Qualitäts- und Vertrauensrisikos im Vordergrund. Insbesondere in Bezug auf das Vertrauensrisiko kann ein Intermediär eine verlässliche und sichere Datenübertragung und den Schutz vor unzulässiger Weitergabe personenbezogener Daten garantieren.[1037] Für den Anbieter kann der Intermediär die individuelle Interaktion mit den Kunden und die Erstellung der Fertigungsinformationen übernehmen sowie das Qualitäts- und Vertrauensrisiko (Risiko der Nichtabnahme) verringern.[1038] Der Intermediär kann darüber hinaus Verbundvorteile bei der Generierung von Kunden-Know-how erzielen. So ergeben sich beispielsweise beim Collaborative Filtering[1039] große Potenziale durch eine Anbieter- und Produktgruppenübergreifende Auswertung.[1040] Auf diese Weise kann der Intermediär zum fokalen Netzwerkunternehmen werden, das die notwendigen Informationen für die Hersteller sammelt, auswertet und aufbereitet.[1041]

Bei der brokerbasierten kundenbezogenen Massenfertigung (Custom Massproduction) handelt es sich um ein neues Modell der Mass Customization.[1042] Ziel ist in diesem Fall nicht die individuelle Produktion mit Losgröße 1. Vielmehr beauftragen die Käufer als Kollektiv einen bestimmten Hersteller, nach genauer Vorgabe der Gruppe ein Produkt in großer Stückzahl zu fertigen.[1043] In dem notwendigen mehrstufigen Abstimmungsprozess (multi-issue, multi-stage bargaining process) zwischen den einzelnen Abnehmern der Gruppe übernimmt der Broker eine zentrale Rolle.[1044] Zunächst identifiziert er (beispielsweise durch Collaborative Filtering) eine Gruppe von Abnehmern mit ähnlichen Bedürfnisprofilen. Im Anschluss daran moderiert er die Abstimmung zwischen den Beteiligten über eine gemeinsame Produktspezifikation. Um die Kosten gering zu halten, werden dabei bevorzugt automatisierte, Internet-basierte Verfahren genutzt.[1045] Ist die Abstimmung innerhalb der Abnehmergruppe erfolgt, identifiziert der Broker potenzielle Anbieter und handelt einen Preis mit diesen aus. Gegebenenfalls ist in dieser Phase noch einmal eine Abstimmung mit den Abnehmern notwendig, falls beispielsweise ein Anbieter im Gegenzug zu Spezifikationsänderungen zu Preiszugeständnissen bereit ist.[1046] Ist eine Einigung zu-

1037 Vgl. EVANS, WURSTER, (1997), S. 81; REICHWALD, et al., (2000), S. 753 f; PILLER, et al., (2003), S. 149 f.
1038 Vgl. PILLER, (2006), S. 352.
1039 Siehe auch Abschnitt 3.3.3.3.
1040 Vgl. PILLER, (2006), S. 353; REICHWALD, et al., (2000), S. 752.
1041 Vgl. PILLER, (2006), S. 353 f.
1042 Vgl. ELOFSON, ROBINSON, (1998), S. 58; OGAWA, PILLER, (2006), S. 66, 70.
1043 Vgl. ELOFSON, ROBINSON, (1998), S. 58; REICHWALD, et al., (2000), S. 752 f.
1044 Vgl. ELOFSON, ROBINSON, (1998), S. 59.
1045 Vgl. ROBINSON, (1997), S. 449 ff.
1046 Vgl. PICOT, et al., (2003), S. 350 ff.

stande gekommen, erteilt der Broker den Auftrag zur Fertigung und Distribution an die Abnehmer.[1047]

Sowohl für Abnehmer, Broker als auch Hersteller bietet ein solches Custom Massproduction-Modell eine Reihe von Vorteilen. So bieten sich im Vergleich zur Mass Customization größere Kostensenkungspotenziale aufgrund einer homogenen Leistungserstellung,[1048] während weiterhin die Vorteile einer rein nachfragebasierten Produktion genutzt werden können. Diese niedrigeren Kosten können an die Abnehmer weitergegeben werden, als Ausgleich für die notwendigen Kompromisse bei der Produktspezifikation in der Gruppe. Das Modell ist vor allem geeignet für Abnehmergruppen, die durch traditionelle Marktforschung nicht identifiziert oder über konventionelle Distributionswege nicht effizient bedient werden können. In der Automobil- und PC-Industrie werden aus ähnlichen Gründen bereits Sondermodelle (z.B. Golf Mallorca, Aldi PC) angeboten. Allerdings werden diese noch nach den Vorgaben des Marketing/Vertrieb konfiguriert und nicht explizit nach den Wünschen und Bedürfnissen der Zielgruppe. Zusammenfassend bieten sich somit für den Abnehmer eine Komplexitätsreduktion bei der Produktkonfiguration und ein geringerer Preis gegenüber einer Mass Customization. Für den Anbieter ergibt sich eine Komplexitätsreduktion auf allen wesentlichen komplexitätstreibenden Ebenen. Nachteile für den Anbieter sind vor allem ein Verlust von Marktmacht an den Broker sowie die Abgabe der Potenziale der Economies of Interaction an den Broker.[1049]

1047 Vgl. PILLER, (2006), S. 355.

1048 Beispielsweise durch eine Komplexitätsreduktion bei der Auftragseinplanung größerer homogener Lose.

1049 Vgl. zu diesem Absatz PILLER, (2006), S. 355 ff.

4 Anwendung des Mass Customization-Konzepts im Retailgeschäft der Finanzdienstleistungsbranche

Nachdem in Kapitel 3 das Konzept einer Mass Customization-Wettbewerbsstrategie hergeleitet und am Beispiel der industriellen Produktion dargestellt wurde, wird in den folgenden Abschnitten seine Anwendbarkeit im Retailgeschäft der Finanzdienstleistungsbranche untersucht und anschließend eine entsprechende Adaption erarbeitet. Den Abschluss bildet eine Überprüfung der Ergebnisse, basierend auf empirischen Arbeiten zur Mass Customization.

4.1 Mass Customization als Strategie zur Bewältigung der Herausforderungen und Generierung dauerhafter Wettbewerbsvorteile

„Sicherlich ist die heutige Situation von Industrieunternehmen und Finanzdienstleistern unterschiedlich. [...] Nicht alle Methoden, Vorgehensweisen und Konzepte, die in der Industrie nachhaltig Wirksamkeit und Erfolg bewiesen haben, [sollten] unverändert auf die Finanzwirtschaft übertragen werden [...]. Zweifellos ist aber die Natur der jeweiligen Geschäftsprozesse nicht derart unterschiedlich, dass eine Übertragbarkeit ausgeschlossen ist, zumal die zu konstatierenden Unterschiede, oftmals eher Ausdruck, der in der Finanzwirtschaft vorhandenen Defizite als deren Spezialität sind.“[1050] Ausgehend von dieser Überlegung werden die Wettbewerbsvorteile, die Anwendbarkeit und die Erfolgswirksamkeit des Konzepts einer Mass Customization-Wettbewerbsstrategie im Retailgeschäft der deutschen Finanzdienstleistungsbranche geprüft.

4.1.1 Wettbewerbsvorteile einer kundenindividuellen Leistungserstellung im Retailgeschäft der Finanzdienstleistungsbranche

Im Folgenden wird die Mass Customization-Wettbewerbsstrategie im Hinblick auf ihr Potenzial zur Generierung langfristiger Wettbewerbsvorteile im Retailgeschäft der Finanzdienstleistungsbranche untersucht. Dabei werden vor allem die

1050 VEITINGER, LÖSCHENKOHL, (2005), S. 406 f.

Differenzierungs- und Beziehungsproblematik von Finanzdienstleistungen sowie die aktuellen Herausforderungen in der Branche berücksichtigt.

4.1.1.1 Differenzierungsproblematik von Finanzdienstleistungen

Zunächst bietet das Mass Customization-Konzept eine Reihe von Ansatzpunkten, um der Differenzierungsproblematik von Finanzdienstleistungen zu begegnen, die in deren Immaterialität und dem mangelnden Imitationsschutz begründet ist.[1051] Die Immaterialität führt dazu, dass bei standardisierten Finanzdienstleistungen eine Differenzierung über die eigentliche Leistung kaum möglich ist und die Prozessqualität enorm an Bedeutung gewinnt.[1052]

Hier bietet das Mass Customization-Konzept einen ersten Ansatzpunkt. Durch die („standardisierte") Individualisierung der Leistung besteht die Möglichkeit, sich durch eine Annäherung der Primärleistung an die individuellen Präferenzen der Abnehmer gegenüber den Wettbewerbern zu differenzieren, ohne dass dadurch wesentliche Mehrkosten entstehen. Eine weitergehende Differenzierung ist über das Angebot optionaler individueller Sekundärleistungen möglich.[1053]

Des Weiteren führt die Modularisierung des Leistungsangebots zu einer Verringerung der externen Komplexität, sodass das Leistungsangebot für den Kunden überschaubarer und verständlicher wird. Der Einsatz von Konfiguratoren, die den Kunden, ausgehend von seinen (unmittelbaren) Bedürfnissen, bei der Auswahl und Individualisierung von Leistungen unterstützen, trägt ebenfalls zu diesem Effekt bei.[1054]

Über das gewonnene Wissen aus Learning Relationships kann die Qualität solcher Konfiguratoren, der angebotenen Beratung sowie der angebotenen Leistungen weiter verbessert werden.[1055]

Daneben bietet das Mass Customization-Konzept Ansatzpunkte in Bezug auf die Herausforderungen des Tragfähigkeitsprinzips, die sich aus der hohen Bedeutung der Prozessqualität ergeben. Zum einen erlaubt die Modularisierung der angebotenen Leistungen aufgrund der damit einhergehenden Standardisierung und Wiederverwendung einen effektiveren Einsatz sowohl von IuK-

---

1051 Vgl. hierzu Abschnitt 2.1.1.3.
1052 Vgl. MUTHER, ÖSTERLE, (1998), S. 105 f.
1053 Siehe hierzu die Absätze 3.1.3 und 3.2.3.
1054 Siehe hierzu die Absätze 3.2.3, 3.3.2 und 3.3.3.
1055 Siehe hierzu die Absätze 3.2.3 und 3.3.4.

Technologien als auch der Mitarbeiter. Zum anderen ermöglicht die Nutzung des gewonnenen Kunden-Know-hows eine bessere Planung.[1056]

Die meist leichte Imitierbarkeit von Finanzdienstleistungen sowie die Tatsache, dass diese keinen Patentschutz genießen, führen dazu, dass eine Differenzierung durch innovative Produkte in der Regel nur kurzfristig möglich ist.[1057] Neben der Bedeutung, die die Interaktionsqualität aufgrund dieser Tatsache als Differenzierungsfaktor erlangt, wird in der Literatur auf eine Strategie fortwährender Innovationen und die damit verbundenen Erfahrungen und Reputationseffekte zum Aufbau langfristiger Wettbewerbsvorteile verwiesen.[1058]

An dieser Stelle bietet das Mass Customization-Konzept weitere Ansatzpunkte. Zum einen ist das Image einer kundenindividuellen Massenproduktion sehr gut mit der Reputation eines innovativen Finanzdienstleisters vereinbar.

Zum anderen ermöglicht die Umsetzung einer Mass Customization als Wettbewerbsstrategie, die die gesamte Wertkette umfasst, die Entwicklung beziehungsweise Konfiguration eines Sets aufeinander abgestimmter Aktivitäten. Dieses ist im Sinne des ressourcenorientierten Ansatzes nur schwer imitierbar und ermöglicht den Aufbau langfristiger Wettbewerbsvorteile.[1059] Dabei können durch den Aufbau unterschiedlicher (Kern-) Kompetenzen und die Fokussierung auf unterschiedliche Wertschöpfungsstufen verschiedene Geschäftsmodelle realisiert werden.[1060]

Durch die Fokussierung auf den Vertrieb und die Einnahme der Rolle eines Brokers beziehungsweise fokalen Netzwerkunternehmens kann ein Finanzdienstleister das Mass Customization-Konzept im Rahmen einer Vertriebsbank umsetzen. Erfolgt hingegen eine Fokussierung auf die Wertschöpfungsstufen der Verwaltung und Abwicklung, kann im Sinne einer Produktionsbank die kundenindividuelle Bereitstellung von Finanzdienstleistungen angeboten werden. Universalbanken beziehungsweise Allfinanzanbieter wiederum können durch die Kombination aller drei Wertschöpfungsstufen im eigenen Unternehmen das Mass Customization-Konzept ohne die Einbindung externer Partner umsetzen.[1061]

Damit bietet das Mass Customization-Konzept sowohl in Bezug auf die Immaterialität als auch auf die Imitierbarkeit von Finanzdienstleistungen An-

1056 Siehe hierzu die Absätze 3.2.3 und 3.3.4.

1057 Siehe hierzu Absatz 2.1.1.3.

1058 Vgl. BÜSCHGEN, (1998), S. 312 f; PAUL, STEIN, (2007), S. 26.

1059 Siehe hierzu Absatz 3.2.1.

1060 Vgl. zur Darstellung möglicher Geschäftsmodelle BETSCH, THOMAS, (2005), S. 72 ff.

1061 Vgl. hierzu Absatz 3.3.6 sowie BETSCH, THOMAS, (2005), S. 72 ff.

satzpunkte, die Differenzierungsproblematik zur Generierung langfristiger Wettbewerbsvorteile zu nutzen.[1062]

4.1.1.2 Beziehungsproblematik von Finanzdienstleistungen

Das Mass Customization-Konzept bietet Möglichkeiten, auch auf Basis der Beziehungsproblematik von Finanzdienstleistungen Wettbewerbsvorteile zu generieren. Als Teil der Beziehungsproblematik führt die Abstraktheit der Leistungen zu einem hohen Erklärungsaufwand und in Kombination mit dem spezifischen Faktor Geld zu einer hohen Vertrauensempfindlichkeit.[1063] Hier bieten die mit einer Modularisierung verbundene Komplexitätsreduktion, der Einsatz von Konfiguratoren sowie die Nutzung des aus Learning Relationships gewonnenen Wissens Ansatzpunkte, den Erklärungsaufwand deutlich zu reduzieren.[1064] Neben der Reduzierung des Erklärungsaufwands können diese Faktoren zur Vertrauensbildung beitragen. Sie vereinfachen dem Kunden das Verständnis der angebotenen Leistungen, erhöhen die Informations- und Beratungskompetenz der Mitarbeiter und reduzieren damit die Unsicherheit des Kunden (Kompetenzvermittlung).[1065] Hierzu trägt ebenfalls ein strukturierter und durchschaubarer Preisbaukastens bei. Auf Basis der Auswahl von (teils optionalen) Leistungskomponenten ist der Kunde damit bewusst für die Preisbestimmung seiner individualisierten Leistung (mit-) verantwortlich.[1066] Eine Preisdiskriminierung erscheint aufgrund der Probleme bei der Bestimmung der individuellen Preissensibilität und der hohen Vertrauensempfindlichkeit von Finanzdienstleistungen nicht oder nur eingeschränkt möglich.[1067]

Neben der Abstraktheit stellt das Eingehen einer „Absatzbeziehung in der Zeit" den zweiten Faktor der Beziehungsproblematik dar. An diesem Faktor sowie an der damit einhergehenden Tatsache, dass mit Vertragsschluss häufig

---

[1062] Entsprechend schreibt Slater: „Ultimately, meaningful differentiation is the key to competitive advantage and superior performance." SLATER, OLSON, (2002), S. 21.

[1063] Siehe hierzu Absatz 2.1.1.3.

[1064] Siehe hierzu die Absätze 3.2.3, 3.3.3 und 3.3.4.

[1065] Siehe hierzu Absatz 3.3.3.

[1066] Vgl. PILLER, (2006), S. 118. Allerdings deuten (empirische) Untersuchungen darauf hin, dass sich ein zu granularer Preisbaukasten negativ auf den vom Kunden wahrgenommenen Nutzen und die Komplexität auswirkt. Vgl. DELLAERT, STREMERSCH, (2005), S. 224 ff; WÜBKER, ENGELKE, (2006), S. 54 ff.

[1067] Vgl. SMITH, et al., (2000), S. 111 f. Zwar erscheint eine Preisdiskriminierung bei Informationsgütern und „rein virtuellen Produkten" weitgehend möglich; die spezifischen Eigenarten von Finanzdienstleistungen erlauben hier jedoch nur eine eingeschränkte Nutzung dieser Möglichkeiten. Vgl. TROPP, REICHEL, (2007), S. 13 f. Siehe zur Gestaltung von Preisen auch WÜBKER, ENGELKE, (2006), S. 54 ff.

nur ein Leistungsversprechen abgegeben werden kann, ändert die Umsetzung einer Mass Customization in der Regel nichts. Allerdings kann auch hier die damit verbundene Unsicherheit des Kunden reduziert werden, indem das Leistungsangebot durch eine Individualisierung weitgehend an seine Präferenzen angenähert wird. Dadurch reduziert sich ebenfalls die Gefahr einer kognitiven Dissonanz in der Nachkaufphase.[1068] Andererseits besteht die Möglichkeit, die Langfristigkeit von Absatzbeziehungen im Rahmen des Mass Customization-Konzepts zu nutzen. Der Finanzdienstleister kann durch die Nutzung der Potenziale von Economies of Interaction auf Basis von Learning Relationships und gesammeltem Kunden-Know-how den Interaktionsprozess (Interaktionsqualität) sowie sein Leistungsangebot fortlaufend verbessern.[1069] Dies kommt wiederum dem Kunden zugute, der ein sich über die Zeit an ihn anpassendes Leistungsangebot sowie eine weitergehende Unterstützung bei Auswahl und Konfiguration der Leistungen erhält.

4.1.1.3 Aktuelle Herausforderungen in der Finanzdienstleistungsbranche

Schließlich bietet das Mass Customization-Konzept in Bezug auf die aktuellen Herausforderungen in der Finanzdienstleistungsbranche etliche Möglichkeiten, sich Wettbewerbsvorteile gegenüber Konkurrenten zu verschaffen.[1070] Im Folgenden wird in Anlehnung an Abschnitt 2.1.2 („Aktuelle Herausforderungen") und Abschnitt 3.2.3 („Theoriegeleitete Begründung der Vorteilhaftigkeit des Mass Customization-Konzepts") auf die wesentlichen, in Bezug auf eine Mass Customization relevanten, Ergebnisse der Umwelt und Branchenstrukturanalyse eingegangen.

Die Präferenzvorteile durch eine simultane Nutzung von Differenzierungs- und Kostenoption im Rahmen einer Mass Customization bieten die Möglichkeit, gezielt auf die gestiegenen Kundenanforderungen einzugehen, indem umfangreiche, individualisierte Leistungen angeboten werden.[1071] Dabei können sowohl gesellschaftliche Faktoren, wie eine geänderte Bildungs- und Berufsstruktur oder die alternde Gesellschaft (Gruppe der „neuen Alten") als auch rechtliche Rahmenbedingungen, wie eine staatliche Förderung des Vorsorgesparens, berücksichtig werden, ohne dass dies durch massiv steigende Komplexitätskosten er-

---

[1068] Siehe hierzu Absatz 3.2.3.

[1069] Siehe hierzu die Absätze 3.2.3 und 3.3.4.

[1070] Das Mass Customization-Konzept ist dabei nicht die einzige Möglichkeit den aktuellen Herausforderungen zu begegnen. Wie im Folgenden gezeigt wird, bietet es jedoch eine Vielzahl von Ansatzpunkten, um die Herausforderungen erfolgreich bewältigen zu können.

[1071] Siehe hierzu Absatz 3.2.3.

kauft wird.[1072] Dadurch ist ein gleichzeitiges Eingehen auf das gestiegene Service- und Konditionenbewusstsein der Kunden und ein Ausbrechen aus dem oft ruinösen Preiswettbewerb möglich. Darüber hinaus können durch eine Mass Customization und den gezielten Einsatz moderner IuK-Technologie auch die durch die Heterogenisierung der Nachfrage entstehenden Minimärkte effektiv bedient werden.[1073] Gerade vor dem Hintergrund der aktuellen Wirtschaftslage und des steigenden freien Geldvermögens bietet sich dadurch die Möglichkeit, neue Kunden zu gewinnen und langfristig zu binden. Darüber hinaus kann durch die Nutzung der Differenzierungsoption einer Disintermediation der Finanzdienstleister entgegengewirkt werden. Schließlich erlaubt sie es, in Kombination mit einer Modularisierung, das Leistungsangebot effektiv an lokale Besonderheiten im internationalen beziehungsweise globalen Wettbewerb anzupassen.[1074]

Die durch eine Leistungsindividualisierung zu vertretbaren Preisen und adäquate Serviceleistungen erzielbare Kundenzufriedenheit und Kundenbindung bieten einem Finanzdienstleister eine gute Ausgangsposition in deregulierten und von intensivem internationalem Wettbewerb geprägten Märkten. Insbesondere die auf einer Learning Relationship basierende fortlaufende Optimierung des Leistungserstellungsprozesses und des Leistungsangebots bietet Vorteile sowohl für den Kunden als auch für den Finanzdienstleister und trägt damit zur Zufriedenheit und Bindung des Kunden bei.[1075] Daneben bietet die individuelle Konfiguration von Leistungen in auch Zeiten einer zunehmenden Selbstbedienung durch den Kunden die Möglichkeit zur Ermittlung der Kundenbedürfnisse und damit zum Aufbau von Learning Relationships.[1076] Das aggregierte Kundenwissen kann ebenfalls zur Erfüllung rechtlicher und regulatorischer Anforderungen wie zum Beispiel der Mindestanforderungen an das Risikomanagement (MaRisk) genutzt werden.[1077]

Die Modularisierung von Leistungen im Rahmen einer Mass Customization ermöglicht die Reduktion der internen wie auch externen Komplexität der angebotenen Leistungen. Damit wird in der Leistungserstellung ein effektiver Einsatz moderner IuK-Technologie möglich, der das Angebot individualisierter Leistungen zu vertretbaren Kosten erlaubt.[1078] Die Verringerung der externen Komple-

---

[1072] Siehe hierzu Absatz 3.2.3.

[1073] Siehe hierzu die Absätze 2.1.2 und 3.2.3.

[1074] Vgl. STAUSS, (2006), S. 323.

[1075] Unter anderem entstehen mit dem Aufbau von Learning Relationships für Kunden Wechselkosten dadurch, dass sie entweder erneut Zeit in eine individuelle Konfiguration und die Kommunikation ihrer Präferenzen investieren oder auf die Individualisierung verzichten müssen. Vgl. SMITH, et al., (2000), S. 112 f.

[1076] Damit kann einer Entpersonalisierung durch Technikeinsatz entgegengewirkt werden.

[1077] Vgl. DE SMET, (2006), S. 25.

[1078] Siehe hierzu Absatz 3.2.3.

xität kann wie bereits angeführt in Bezug auf Differenzierungs- und Beziehungsproblematik von Finanzdienstleistungen Vorteile erschließen.

Schließlich kann die Umsetzung einer Mass Customization mit der Umsetzung neuer, Erfolg versprechender Geschäftsmodelle und damit einer Neupositionierung im Markt einhergehen. Mass Customization bietet dabei Möglichkeiten, sich auf die Kundenschnittstelle und den Auf-/Ausbau von Kompetenzen in der Identifikation von Kundenwünschen und -bedürfnissen zu fokussieren; oder sich auf die Produktion von individualisierbaren Finanzdienstleistungen und damit die Vornahme und die Umsetzung der Individualisierung zu konzentrieren.

4.1.2 Anwendbarkeit des Mass Customization-Konzepts im Retailgeschäft der Finanzdienstleistungsbranche – Voraussetzungen und Erfolgsfaktoren

Nachdem im vorangegangenen Abschnitt dargestellt wurde, welche Wettbewerbsvorteile eine kundenindividuelle Leistungserstellung den Finanzdienstleistern unter den aktuellen Herausforderungen bieten kann, wird in diesem Abschnitt die Umsetzbarkeit einer solchen Strategie in der Finanzdienstleistungsbranche betrachtet. Dabei wird von allgemeinen Voraussetzungen beziehungsweise Erfolgsfaktoren für die Umsetzung einer Mass Customization-Wettbewerbsstrategie ausgegangen, wie sie Piller und Broekhuizen/Alsem in ihren Arbeiten aufzeigen. Im konkreten Fall der Finanzdienstleistungsbranche ist zu berücksichtigen, dass nicht alle diese Faktoren Muss-Bedingungen darstellen, sondern lediglich eine unterstützende Wirkung haben können oder gar nicht relevant sind.[1079] So werden Faktoren, die sich im Wesentlichen auf materielle Güter beziehen, bei immateriellen Gütern nur eine untergeordnete oder gar keine Rolle spielen. Die Faktoren lassen sich gruppieren nach: 1) Markt- und umweltbezogene Faktoren, 2) produkt- und leistungsbezogene Faktoren, 3) Kundencharakteristika sowie 4) Fähigkeiten des Unternehmens.

4.1.2.1 Marktbedingungen und Unternehmensumwelt

Markt- beziehungsweise Branchenfaktoren, die Piller als Voraussetzung oder fördernd für eine erfolgreiche Umsetzung einer Mass Customization-Wettbewerbsstrategie sieht, sind: 1) Ein zunehmender Wettbewerbsdruck bei Verfolgung einer reinen Kosten- oder Differenzierungsstrategie, 2) steigende Absatzkosten durch zunehmende Variantenvielfalt und Neuprodukteinführungen, 3) ein

[1079] Vgl. PILLER, (1998), S. 345 ff; BROEKHUIZEN, ALSEM, (2004), S. 326.

Preiswettbewerb bei Standardprodukten sowie 4) sinkende Margen für Einzelfertiger.[1080]

Im Retailgeschäft der Finanzdienstleistungsbranche wird es zunehmend schwieriger, allein durch Umsetzung der Kosten- oder Differenzierungsoption eine dauerhaft überlegene Wettbewerbssituation zu erlangen.[1081] Dies ist vor allem bedingt durch den Wandel der Wettbewerbssituation und des Kundenverhaltens, wie in Abschnitt 2.1.2 dargestellt. Hier liegt das Potenzial einer Mass Customization, als hybride Wettbewerbsstrategie, der Differenzierungsproblematik von Finanzdienstleistungen zu begegnen.[1082] Der Versuch, die gestiegene Nachfrage nach individuellen Leistungen durch neue Produkte und Produktvarianten zu befriedigen, konfrontiert Kunden und Berater mit einer zunehmenden Komplexität bei der Produktsuche und -auswahl.[1083] Zusätzlich führt der von den Kunden erwartete Leistungsumfang (z.B. im Rahmen des Vorsorgesparens) zu einer steigenden Produktkomplexität. Das Mass Customization-Konzept bietet mit einer modularen Produktarchitektur und einer Unterstützung von Kunden und Beratern durch Konfiguratoren Ansätze zur Komplexitätsbewältigung und -reduktion.[1084] Standardprodukte wie ein Girokonto können hingegen kaum kostendeckend angeboten werden und werden häufig über andere Produkte quersubventioniert.[1085] Durch die Umsetzung der Differenzierungsoption eröffnet eine Mass Customization die Möglichkeit, sich vom Preiswettbewerb abzukoppeln und Leistungen kostendeckend anzubieten.[1086] Schließlich ist im Retailgeschäft eine Einzelfertigung, wie sie beispielsweise bei Konsumentenkrediten lange Zeit praktiziert wurde, heute kaum noch kostendeckend möglich.[1087] Vor diesem Hintergrund bietet das Mass Customization-Konzept durch die simultane Umset-

1080 Vgl. PILLER, (1998), S. 345 f.

1081 Vgl. hierzu Abschnitt 2.1.2.2 zur Wettbewerbssituation im Retailgeschäft der Finanzdienstleistungsbranche.

1082 Vgl. hierzu Abschnitt 4.1.1.1. Gleichzeitig bietet das Mass Customization-Konzept auch eine Möglichkeit der Disintermediation von Finanzintermediären zu begegnen, da eine Individualisierung am Markt in der Regel durch Kombination von Basisprodukten erfolgen muss, die mit entsprechend höheren Transaktionskosten im Vergleich zu kundenindividuell Massengefertigten Leistungen verbunden ist. Vgl. ALLEN, SANTOMERO, (1997), S. 1464 f; COCCA, et al., (2000), S. 10; WARKENTIN, et al., (2000), S. 48; GRAF VON KROCKOW, (2001), S. 343 ff; BETSCH, THOMAS, (2005), S. 83.

1083 Vgl. BEUTIN, KLENK, (2005), S. 28 ff; KLENK, BEUTIN, (2006), S. 64 ff; MOORMANN, et al., (2006), S. 167 ff. So schreibt bereits Achenbach 1992, dass eine Produktreduzierung, -straffung und -vereinfachung notwendig ist, statt immer neue – meistens komplizierte – Varianten zu entwickeln. Vgl. ACHENBACH, (1992), S. 33.

1084 Vgl. PILLER, (2006), S. 248 ff; DÖRFLINGER, MARXT, (2001), S. 91 ff.

1085 Vgl. RIESE, (2006), S. 57.

1086 Vgl. GLAZER, (1999), S. 64; MAYER, (1993), S. 63; SEBASTIAN, KOLVENBACH, (2000), S. 64 ff; SMITH, et al., (2000), S. 103; PILLER, (2006), S. 124, 214 f.

1087 Vgl. DISSELBECK, (2007), S. 73; BENKENDORF, JANKE, (2004), S. 7 f.

zung der Kosten- und Differenzierungsoption die Möglichkeit, individualisierbare Leistungen zu vertretbaren Kosten anzubieten.[1088] Zusätzlich kann das im Rahmen einer Mass Customization gewonnene Kunden-Know-how zur Erfüllung regulatorischer Vorgaben, beispielsweise bei der Risikobewertung im Rahmen von Basel II oder der Mindestanforderungen an das Risikomanagement (MaRisk), genutzt werden.[1089]

4.1.2.2 Produkte und Leistungen

Bei Produkten und Leistungen beziehen sich die Voraussetzungen und Erfolgsfaktoren für eine Mass Customization-Umsetzung auf die Möglichkeiten, das Produkt sowohl an die individuellen Bedürfnisse der Kunden anpassen zu können, als auch es weitgehend standardisiert und automatisiert bereitstellen zu können. Die einzelnen Faktoren sind: 1) Die Vielfalt möglicher Varietätsoptionen, 2) das Aufbauen auf kundenindividuellen Eigenschaften, 3) die Langlebigkeit und Komplexität der Güter, 4) das Anspruchsniveau der Nachfrager, 5) die Digitalisierbarkeit, 6) die Variantenvielfalt, 7) der Fragmentierungsgrad des Absatzmarkts, 8) die Größe des Absatzmarkts, 9) die Produktlebenszyklusphase, 10) Möglichkeiten zur Reduktion der internen Varietät sowie 11) Möglichkeiten zur Kommunikation des Nutzens eines individuellen Produkts.[1090]

Gerade komplexe Finanzdienstleistungsprodukte wie beispielsweise Beratungsleistungen oder Vorsorgeprodukte bieten vielfältige Gestaltungsoptionen. Diese externe Varietät kann im Rahmen der Differenzierungsoption einer Mass Customization genutzt werden. Dabei steht die Anpassung der Leistungen an den einzelnen Kunden und dessen Lebensumstände (z.B. Alter, Einkommen, Lebensplanung) im Vordergrund. Ebenso sprechen die Langfristigkeit und Komplexität vieler Finanzdienstleistungen (z.B. Vorsorgeprodukte), für ihren Einbezug in ein Mass Customization-Angebot.[1091] Darüber hinaus kann den steigenden Anforderungen der Finanzdienstleistungskunden durch eine Nutzung der Differenzierungsoption des Mass Customization-Konzepts begegnet werden.[1092] Die Tatsache, dass Finanzdienstleistungen im Wesentlichen auf Geld und Informationen basieren, die beide digitalisierbar sind, ermöglicht eine effiziente Unterstützung des Angebots durch IuK-Technologie.[1093] Die Umsetzung einer Mass

---

1088 Vgl. FELFERNIG, et al., (2004), S. 18.

1089 Vgl. UEBEL, (2004), S. 430. der eine vergleichbare Feststellung für das Customer Relationship Management triff.

1090 Vgl. PILLER, (1998), S. 346 f.

1091 Vgl. FELFERNIG, et al., (2004), S. 5; EBERHARDT, ZIMMERMANN, (2007), S. 104 f.

1092 Vgl. FELFERNIG, et al., (2004), S. 5.

1093 Vgl. PILLER, SCHODER, (1999), S. 15 f.

Customization ermöglicht eine deutliche Komplexitätsreduktion in Bezug auf die zunehmende Variantenvielfalt vieler Finanzdienstleistungsprodukte, die als Reaktion auf eine steigende Fragmentierung des Absatzmarktes[1094] entstanden ist. Diese kommt sowohl dem Finanzdienstleister als auch dessen Kunden zugute.[1095] Gleichzeitig ist der gesamte Absatzmarkt für Finanzdienstleistungen groß genug, um die Kostensenkungspotenziale einer Mass Customization (insbesondere die in Abschnitt 3.2.3.5 dargestellten Economies of Scale, Scope und Integration) umsetzen zu können. Wie im nächsten Abschnitt (4.1.3) noch detaillierter behandelt wird, bieten viele der angebotenen Produkte und Leistungen Ansatzpunkte, um die interne Varietät der Leistungserstellung zu begrenzen und damit die Kostenoption umzusetzen. Im Beratungsgespräch ist schließlich die Kommunikation der Vorteile einer individualisierten Leistung möglich.[1096]

4.1.2.3 Charakteristika der Kunden

Ein wesentlicher Faktor für eine erfolgreiche Umsetzung des Mass Customization-Konzepts ist dessen Akzeptanz bei den Kunden. Ein zusätzlicher Nutzen für den Kunden muss durch diesen auch wahrgenommen werden und zu einer erhöhten Kaufbereitschaft führen. Neben der Individualisierung der Primärleistung kann dies, wie in Abschnitt 3.1.3 dargestellt, auch durch die Ergänzung einer standardisierten Primärleistung um individuelle Sekundärleistungen geschehen (z.B. Beratungsleistungen). Für die Kaufbereitschaft des Kunden spielen der Aufwand für Auswahl und Konfiguration der individuellen Leistung sowie gegebenenfalls anfallende Wechselkosten eine entscheidende Rolle. Deshalb ist die Gestaltung der Kundenschnittstelle wichtig für den Erfolg einer Mass Customization. Für den Kunden wichtig, sind einerseits sein Individualisierungswunsch und seine Wechselbereitschaft sowie andererseits die Fähigkeit des Anbieters, den zusätzlichen Aufwand für den Kunden so gering wie möglich zu halten. Im Einzelnen handelt es sich bei den Faktoren um: 1) Eine hohe Heterogenität der Nachfrage, 2) eine Präferenz der Kunden für individuelle Produkte, 3) eine häufige nachträgliche Selbstindividualisierung der Produkte, 4) die Möglichkeit zur Verschiebung der Präferenzstruktur (potenzieller) Kunden, 5) die Möglichkeit bisher nicht erreichbare Kunden durch eine Individualisierung zu bedienen, 6)

1094 Vgl. BEUTIN, KLENK, (2005), S. 28 ff; KLENK, BEUTIN, (2006), S. 64 ff; MOORMANN, et al., (2006), S. 167 ff.

1095 Vgl. FELFERNIG, et al., (2004), S. 5; MEHLAU, WIMMER, (2002), S. 3.

1096 In diesem Zusammenhang ist ebenfalls die Individualisierung der Beratung selbst möglich. Vgl. BUHL, et al., (2004), S. 427 f; BUHL, et al., (2007), S. 26 f; EBERHARDT, ZIMMERMANN, (2007), S. 104 f.

niedrige Wechselkosten für Kunden, 7) die Möglichkeit, Kunden effizient zu erreichen, 8) die Bereitschaft der Kunden, für eine Individualisierung eine gewisse Prämie zu zahlen, und 9) die Bereitschaft der Kunden, eine Lieferzeit in Kauf zu nehmen.[1097]

Wie in Abschnitt 2.1.2 dargestellt, sehen sich Finanzdienstleister mit einer zunehmenden Heterogenisierung der Nachfrage und steigenden Ansprüchen ihrer Kunden konfrontiert. Beide Faktoren sprechen für die Erfolgsaussichten einer Mass Customization-Wettbewerbsstrategie, deren Differenzierungsoption eine individualisierte Bedienung einzelner Kunden ermöglicht.[1098] Eine Individualisierung der Produkte durch den Kunden nach dem Kauf, wie dies beispielsweise bei Automobilen häufig zu beobachten ist, ist bei Finanzdienstleistungen nicht möglich. Allerdings zeigen Phänomene wie Mehrfachbankverbindungen, das Rosinen-Picker-Verhalten oder das „Mit dem Porsche zu Aldi"-Phänomen, dass die Kunden ihr Portfolio an Finanzdienstleistungen zunehmend individuell gestalten.[1099] Eine Individualisierung bietet vor dem Hintergrund der gerade genannten Charakteristika von Finanzdienstleistungskunden die Möglichkeit, neue Kunden zu erreichen beziehungsweise die individuellen Bedürfnisse von Bestandskunden zu befriedigen. Eine Mass Customization erlaubt ihnen die individuelle Kombination von Leistungen/Leistungsmodulen sowie die An- oder Abwahl optionaler Leistungen/Leistungsbestandteile. Die Wechselkosten für den Kunden unterscheiden sich von Produkt zu Produkt. Während sie bei einem einfachen Sparbuch noch vergleichsweise gering sind, spielen sie beim Wechsel einer Kontoverbindung oder einer Lebensversicherung bereits eine erhebliche Rolle.[1100] Zum Teil können sie jedoch durch eine Unterstützung des (potenziellen) Kunden (z.B. Kontoumzugsservice) soweit reduziert werden, dass ein Wechsel für ihn attraktiv wird. Aufgrund der leichten Digitalisierbarkeit vieler Finanzdienstleistungen ist eine effiziente Bereitstellung für Retailkunden in der Regel möglich.[1101] Darüber hinaus kann eine Leistungsindividualisierung (zumindest in bestimmten Bereichen) die Abkopplung vom Preiswettbewerb erlauben.[1102] Bereitstellungszeiten spielen aufgrund der Digitalisierbarkeit und

---

1097 Vgl. PILLER, (1998), S. 346 ff.

1098 PETERS, SAIDIN, (2000), S. 109 f.

1099 Vgl. zum geänderten Kundenverhalten Abschnitt 2.1.2 sowie DISSELBECK, (2007), S. 68 ff. und die dort genannten Quellen.

1100 Vgl. KNOOP, (2006), S. 125.

1101 Vgl. BETSCH, THOMAS, (2005), S. 6, 136; BODENDORF, ROBRA-BISSANTZ, (2003), S. 20. So schreibt auch Piller: „Die Nutzung des Internets als Kommunikationsmedium im Kontext des Electronic Commerce erleichtert die Produktion kundenspezifischer Güter sowie die Individualisierung von Kundenbeziehungen." PILLER, SCHODER, (1999), S. 1120 f.

1102 Vgl. GLAZER, (1999), S. 64; MAYER, (1993), S. 63; SEBASTIAN, KOLVENBACH, (2000), S. 64 ff; SMITH, et al., (2000), S. 103; PILLER, (2006), S. 124, 214 f.

der Möglichkeiten moderner IuK-Technologien bei Finanzdienstleistungen praktisch keine Rolle.[1103] Somit sind aus Kundensicht die wesentlichen Voraussetzungen für die Umsetzung einer Mass Customization von Finanzdienstleistungen im Retailgeschäft erfüllt.

4.1.2.4 Fähigkeiten des Unternehmens

Neben den bisher behandelten externen Faktoren in Bezug auf Branche, Produkte und Kunden, spielen die Fähigkeiten des Unternehmens beziehungsweise Finanzdienstleisters für den Erfolg einer Mass Customization-Umsetzung eine entscheidende Rolle. Hierzu zählen unter anderem der Aufbau einer integrierten IuK-Architektur, die die Koordination und Zusammenarbeit verschiedener Funktionen unterstützt, ein fortlaufendes Lernen des Unternehmens und damit verbunden die Anpassung der modularen Produkt- und Prozessarchitektur,[1104] sowie die Sicherstellung von Produkt-, Service- und Preisqualität.[1105] Vor diesem Hintergrund spielt die Qualifikation der Mitarbeiter eine wesentliche Rolle, um deren Problemlösungskompetenz und Flexibilität im Rahmen einer Mass Customization nutzen zu können.[1106] Die Voraussetzungen und Erfolgsfaktoren einer Mass Customization in Bezug auf die Fähigkeiten des Unternehmens unterscheidet Piller in drei Gruppen von Faktoren: 1) Die Unternehmensorganisation, 2) die Produktionsbedingungen und 3) Faktoren bei Marketing und Vertrieb.[1107]

Für die Unternehmensorganisation sind dies im Einzelnen: 1) Erfahrungen im Komplexitätsmanagement, 2) Erfahrungen in der Zusammenarbeit zwischen verschiedenen Unternehmensbereichen, 3) Fähigkeiten zur Integration von Marketing, Fertigung und Entwicklung, 4) Vorhandensein einer einheitlichen, prozessorientierten Informationsverarbeitung, 5) Erfahrungen in der Einführung neuer Prozesse (z.B. Total Quality Management), 6) Bereitschaft zur Entwicklung einer lernenden Organisation, 7) eine hohe Bedeutung des Humankapitals und einer flexiblen Ausbildung, 8) ein hohes Qualifikationsniveau der Mitarbeiter, 9) Gestaltungsspielraum für Mitarbeiter durch partizipative Führung, und 10) Erfahrungen im In-House-Engineering.[1108]

[1103] Vgl. ähnlich BUHL, et al., (1999), S. 116.

[1104] Vgl. BESSANT, (1994), S. 248.

[1105] Vgl. PILLER, (1998), S. 348 ff. Themen wie Prozessmanagement, Change-Mangement, Qualitätsmanagement, Lean Management, Wissensmanagement, etc. werden auch im Buch von Betsch und Thomas unter dem Kapitel „Einführung industrieller Managementkonzepte" behandelt. Vgl. BETSCH, THOMAS, (2005), S. 84 ff.

[1106] Vgl. zu diesem Absatz PILLER, (1998), S. 348 ff.

[1107] Vgl. PILLER, (1998), S. 348 ff.

[1108] Vgl. zu diesem Absatz PILLER, (1998), S. 349, 351, 353.

Vor dem Hintergrund der wachsenden Anforderungen im Wettbewerb haben viele Finanzdienstleister bereits Erfahrungen mit dem Komplexitätsmanagement gesammelt.[1109] In Bezug auf eine Industrialisierung der Finanzwirtschaft wird hier allerdings weiterer Handlungsbedarf gesehen.[1110] Auch in Bezug auf die Zusammenarbeit verschiedener Unternehmensbereiche haben viele Finanzdienstleister bereits Anstrengungen unternommen. Beispielhaft seien die Anforderungen von Basel II oder die Erfordernisse bei der Umsetzung eines umfassenden CRMs genannt.[1111] Ebenso aus dem CRM bekannt ist die Zusammenarbeit von Marketing, Produktion beziehungsweise Operations und Entwicklung.[1112] Die (prozessorientierte) Integration von Informationsflüssen und IuK-Systemen wird hingegen noch als eine der großen Herausforderungen für viele Finanzdienstleister gesehen; allerdings wird bei Systemablösungen und Neu- beziehungsweise Weiterentwicklungen kontinuierlich an der Integration gearbeitet.[1113] Erfahrungen mit Prozesseinführungen haben die meisten Finanzdienstleister unter anderem aufgrund von Basel II, den Mindestanforderungen an das Kreditgeschäft (MaK), den Mindestanforderungen an das Betreiben von Handelsgeschäften der Kreditinstitute (MaH), den Mindestanforderungen an die Ausgestaltung der internen Revision der Kreditinstitute (MaIR), den Mindestanforderungen an das Risikomanagement (MaRisk), dem Sarbanse Oxley Act oder auch der Umstellung auf IFRS gemacht.[1114] Ebenfalls im Rahmen einer Industrialisierung der Kreditwirtschaft wird das Konzept einer lernenden Organisation diskutiert. Seine Anwendung/Umsetzung variiert jedoch stark von Finanzdienstleister zu Finanzdienstleister.[1115] Die Bedeutung des Humankapitals und der Ausbildungsstand der Mitarbeiter sind bei Finanzdienstleistern aufgrund der informations- und wissensbasierten Tätigkeiten in der Regel hoch.[1116] In Bezug auf Mitarbeiterführung werden in der Literatur die Vorteile eines partizipativen Führungsstils diskutiert. Allerdings unterscheidet sich auch hier die Anwendung/Umsetzung stark von Finanzdienstleister zu Finanzdienstleister.[1117] Aufgrund des in Deutschland weit verbreiteten Universalbank-Konzepts ist bei vie-

---

[1109] Vgl. BERENSMANN, (2005), S. 91 f; MAI, WOLF, (2005), S. 538.

[1110] Vgl. MEIER, HANENKAMP, (2005), S. 638.

[1111] Vgl. BETSCH, THOMAS, (2005), S. 152 ff; BENKENDORF, JANKE, (2004), S. 46.

[1112] Vgl. BENKENDORF, JANKE, (2004), S. 67 f.

[1113] Vgl. MARTY, (2004), S. 55 f; BERENSMANN, (2004), S. 73; NEUMANN, (2004), S. 100; KLAWA, (2004), S. 261, 264 f; JANIESCH, SCHWAB, (2004), S. 602 f.

[1114] Vgl. BETSCH, THOMAS, (2005), S. 26 f; DISSELBECK, (2007), S. 308 ff.

[1115] Vgl. SOKOLOVSKY, KREITEL, (2005), S. 760 f.

[1116] Vgl. SEITZ, (1998), S. 5 f; AMELINGSMEYER, EBERLING, (2005), S. 713 ff; SCHMÜCKER, MÜLLER, (2003), S. 309.

[1117] Vgl. WEISS, (1998), S. 1169, 1176 f; SOKOLOVSKY, KREITEL, (2005), S. 764 f; VERBUNT, (1998), S. 516; PELZER, (2005), S. 750; STEINER, (1998), S. 1016.

len Finanzdienstleistern das Know-how zur Produktentwicklung und Leistungsbereitstellung im Unternehmen vorhanden.[1118]

Wesentliche Produktionsbedingungen für eine erfolgreiche Mass Customization-Umsetzung sind: 1) Ausmaß der notwendigen Prozessänderungen ist abschätzbar, 2) es existieren Technologien, die eine effiziente individualisierte Fertigung erlauben, 3) Bereitschaft zu langfristigen Investitionen in solche Systeme ist vorhanden, 4) Ansatzpunkte für Economies of Scale, Scope und/oder Integration sind erkennbar, 5) ein Qualitätsmanagement in der Fertigung ist etabliert, 6) die Prinzipien der Lean Production werden befolgt, 7) eine räumliche Nähe von Fertigung und Absatz ist gegeben, und 8) Zulieferer können in die individuelle Fertigung miteingebunden werden.[1119]

Das Ausmaß der Prozessänderungen in der Produktion beziehungsweise dem Backoffice wird wesentlich von der Situation bei dem konkreten Finanzdienstleister abhängen und kann nicht allgemeingültig abgeschätzt werden. Allerdings haben Finanzdienstleister den Vorteil, dass ihre Produktion im Wesentlichen auf der Verarbeitung von Informationen und damit auf prinzipiell hoch flexiblen IuK-Systemen basiert. Damit ist eine Individualisierung der Leistungserstellung in gewissem Umfang und bei entsprechendem Aufwand nahezu immer möglich.[1120] Ebenso wie das Ausmaß der notwendigen Prozessänderungen ist auch die Investitionsbereitschaft vom einzelnen Finanzdienstleister abhängig. Allerdings steht bei vielen der etablierten Finanzdienstleister die Ablösung von Altsystemen an, sodass die Einführung neuer Systeme zur Umstellung auf eine individualisierbare Leistungserstellung genutzt werden kann.[1121] Economies of Scale, Scope und Integration sollten bei einer Mass Customization von Finanzdienstleistungen im Retailgeschäft auf mehreren Ebenen möglich sein: 1) Bei der Entwicklung und Wartung der relevanten Systeme durch Wiederverwendung von Softwarekomponenten, 2) bei der Konfiguration oder der Mitarbeiterschulung durch Wiederverwendung von Leistungsmodulen, 3) bei der Leistungserstellung, indem für unterschiedliche Leistungen dieselben IuK-Systeme genutzt werden können.[1122] Das Total Quality Management- und das Lean Management-beziehungsweise Lean Banking-Konzept werden ebenfalls im Rahmen der Industrialisierung der Finanzwirtschaft diskutiert. Die meisten Finanzdienstleister haben die Bedeutung der Qualität für die Kundenbindung erkannt und arbeiten

---

1118 Vgl. Betsch, Thomas, (2005), S. 35 f, 40, 72 ff; Schierenbeck, (2005), S. 794 f.

1119 Vgl. zu diesem Absatz Piller, (1998), S. 349, 351, 353.

1120 Vgl. Winter, (2001), S. 151 ff.

1121 Vgl. Moormann, (2005), S. 9, 11; Leite, Ruppert, (2005), S. 438; Ostermaier, (2005), S. 516 f.

1122 Hierbei profitieren Finanzdienstleister wiederum von der in der Regel möglichen Digitalisierbarkeit von Finanzdienstleistungen.

an einer kontinuierlichen Verbesserung des Qualitätsmanagements.[1123] Noch nicht so weit verbreitet wie das Qualitätsmanagement ist bislang das Lean Management oder Lean Banking-Konzept. Bei einigen Finanzdienstleistern wird es jedoch bereits in Kombination mit Six Sigma als Lean Six Sigma erfolgreich umgesetzt.[1124] Die Nähe von Produktionsstätte und Absatzmarkt spielt aufgrund der Digitalisierbarkeit von Finanzdienstleistungen keine wesentliche Rolle; die Leistungen können in der Regel über Computernetzwerke bereitgestellt werden. Dies gilt sowohl für reine Online-Anbieter als auch Finanzdienstleistern mit einem physischen Vertrieb (z.B. Filialen, Geschäftsstellen, Außendienst).[1125] Die Auslagerung von Leistungen und die Einbindung von Lieferanten steht bei vielen (etablierten) Finanzdienstleistern erst am Anfang. Allerdings sind hier deutliche Veränderungen in der Branche erkennbar und standardisierte offene IuK-Technologien vereinfachen die Integration zunehmend.[1126]

Bei den Marketing- und Vertriebs-Faktoren handelt es sich um: 1) Die Erweiterbarkeit bestehender Marken um das Mass Customization-Konzept, 2) die effiziente Lösung der Herausforderungen einer Mass Customization durch das Distributionssystem, 3) die Möglichkeit zum Aufbau eines Direktvertriebs basierend auf den bisherigen Absatzstrukturen, 4) eine enge Zusammenarbeit mit dem Handel, 5) den Aufbau von Learning Relationships, 6) den Aufbau von Kunden-Know-how, und 7) die Möglichkeit, Mass Customization als erster in der Branche umzusetzen.[1127]

Die Erweiterbarkeit existierender Marken von Finanzdienstleistern auf ein Mass Customization-Konzept muss erneut im Einzelfall geprüft werden. Bei bestehenden Marken bietet es sich an, einer bestehenden Master-Marke eine neue Markenbezeichnung für das Mass Customization-Angebot hinzuzufügen, um so einen Goodwill-Transfer zu nutzen.[1128] Die Distribution kundenindividuell massengefertigter Finanzdienstleistungen stellt im Wesentlichen keine zusätzlichen Herausforderungen.[1129] Die Kernfrage ist vielmehr, wie die Kunden bei Auswahl und Konfiguration der für ihre Bedürfnisse optimalen Leistung effektiv unterstützt, und wie die Leistungen über alle Kanäle (z.B. Filiale, Telefon, Internet) konsistent bereitgestellt werden können. Ein Direktvertrieb wird praktisch von allen Finanzdienstleistern bereits genutzt, sodass diese Voraussetzung für

1123 Vgl. REBOUILLON, MÜLLER, (2005), S. 704.
1124 Vgl. DAHM, HAINDL, (2007), S. 46 ff; PETZEL, (2006), S. 38 ff.
1125 Vgl. zur Bedeutung von Direktbanken BETSCH, THOMAS, (2005), S. 22; DISSELBECK, (2007), S. 83 f.
1126 Vgl. DISSELBECK, (2007), S. 154.
1127 Vgl. zu diesem Absatz PILLER, (1998), S. 349, 351, 353.
1128 Vgl. MAJER, (2005), S. 435 ff.
1129 Vgl. zu den Vorteilen einer Mass Customization im Dienstleistungsumfeld PETERS, SAIDIN, (2000), S. 107.

das Gros der Unternehmen erfüllt ist.[1130] Eine Zusammenarbeit mit Vertriebspartnern ist für viele Finanzdienstleister nicht erforderlich, da sie ihre Leistungen über den eigenen (Direkt-) Vertrieb bereitstellen. Werden jedoch Vertriebspartner eingebunden, so erfolgt aufgrund der Eigenarten von Finanzdienstleistungen bereits jetzt eine enge Zusammenarbeit mit diesen.[1131] Ebenfalls aufgrund der Eigenarten von Finanzdienstleistungen spielt der Aufbau von Learning Relationships und Kunden-Know-how bereits im Rahmen von CRM- und Multikanal-Programmen eine Rolle, sodass die Finanzdienstleister mit diesen Aspekten des Mass Customization-Konzepts bereits Erfahrungen gesammelt haben.[1132] In Bezug auf den Faktor, das Mass Customization als erster in der Branche umzusetzen zu können bietet sich ein differenziertes Bild. Während einzelne Anbieter das Mass Customization-Konzept oder Aspekte dieses umsetzen oder bereits umgesetzt haben, gibt es in vielen Segmenten der Finanzdienstleistungsbranche noch keine umfassende Umsetzung des Mass Customization-Konzepts.[1133]

4.1.2.5 Zusammenfassung

Damit sind in allen vier von Piller und Broekhuizen/Alsem genannten Gruppen die wesentlichen Voraussetzungen und Erfolgsfaktoren für eine (erfolgreiche) Umsetzung des Mass Customization-Konzepts in der Finanzdienstleistungsbranche prinzipiell erfüllt.[1134] Allerdings ist im konkreten Einzelfall eine individuelle Beurteilung der Faktoren für den jeweiligen Finanzdienstleister erforderlich.

4.1.3 Gegenüberstellung von Kosten und Potenzialen einer Mass Customization von Finanzdienstleistungen

Nachdem im vorangegangenen Abschnitt die prinzipielle Eignung des Mass Customization-Konzepts für das Retailgeschäft in der Finanzdienstleistungs-

---

1130 Vgl. MOORMANN, et al., (2006), S. 25.

1131 Siehe hierzu exemplarisch das Angebot einer Vertriebsunterstützung durch DZ-Bank für ihre Private Label Zertifikate. Vgl. HOLZ, (2006), S. 6 ff. sowie Abschnitt 4.3.2.2.

1132 Vgl. bspw. WALTER, (2003), S. 22 ff.

1133 Vgl. KEUPER, WIERZOCH, (2005), S. 231 ff, 258 f.

1134 Auch Robra-Bissantz und Raasch stellen fest, dass „der Vorgang der [Mass Customization] […] auf den ersten Blick im Wesentlichen der Produktion von Dienstleistungen [entspricht]. Hier ist es aufgrund des externen Faktors immer erforderlich, dass ein Leistungsrahmen – eine Leistungsbereitschaft – produziert wird. Mit Eintreffen des Kunden erfolgt die abschließende individuelle Produktion. Die Übertragung der Grundsätze der Mass Customization auf digitale Dienstleistungen ist damit möglich und grundsätzlich sinnvoll." ROBRA-BISSANTZ, RAASCH, (2003), S. 10.

branche aufgezeigt wurde, wird in diesem Abschnitt auf dessen wirtschaftliche Vorteilhaftigkeit eingegangen. Im Vergleich zur industriellen Produktion hat eine Mass Customization im Retailgeschäft der Finanzdienstleistungsbranche den Vorteil, dass das Geschäft im Wesentlichen durch die Charakteristika einer Dienstleistungsproduktion geprägt ist. Damit gehören die Integration des externen Faktors oder die Abgabe eines Leistungsversprechens bereits zum Standardgeschäft. Da es sich bei Finanzdienstleistungen in erster Linie um die Verarbeitung von Informationen handelt, kann deren Produktion effizient durch den Einsatz von IuK-Technologie unterstützt werden.[1135]

4.1.3.1 Kosteneffekte einer einzelkundenbezogenen Leistungserstellung

Analog zur Betrachtung der Komplexitäts- und Kostenwirkung einer einzelkundenbezogenen Produktion in der Industrie in Abschnitt 3.2.3.1 wird im Folgenden die Wirkung im Retailgeschäft der Finanzdienstleistungsbranche untersucht. Dabei wird ebenfalls entlang der Wertkette vorgegangen und nach Produktionskosten im weiteren Sinne und Transaktionskosten unterschieden (siehe Tabelle 13).

Wesentliche Komplexitätstreiber einer einzelkundenbezogenen Produktion in der Finanzdienstleistungsbranche sind zum einen die zunehmenden Produkt- und Gebührenvariationen. Zum anderen ist es die damit verbundene Komplexität der Kundenstruktur.[1136]

Mit steigender Varietät können jedoch die Vorteile einer standardisierten Massenproduktion zunehmend schlechter genutzt werden. Hierzu zählen vor allem: 1) Die mit einer Standardisierung verbundene effiziente und vorhersehbare Durchführung von Prozessen,[1137] 2) eine effiziente Qualitätskontrolle anhand (weniger) standardisierter Spezifikationen und Kennzahlen,[1138] 3) klar definierte Aufgaben und Kompetenzen für Mitarbeiter,[1139] 4) die Nutzung von Standards als Informationsträger[1140] sowie 5) die Möglichkeit einer weitgehenden Automatisierung durch den Einsatz von IuK-Systemen.[1141]

Die zunehmende Heterogenisierung der Nachfrage nach Finanzdienstleistungen und das damit verbundene Aufbrechen des Massenmarkts in zahlreiche

---

1135 Vgl. MUTTER, (2003), S. 30; RECKENFELDERBÄUMER, (2002), S. 29; MICHALK, DILLING, (1998), S. 83 f; MOORMANN, (2004), S. 5.
1136 Vgl. KLENK, BEUTIN, (2006), S. 64.
1137 Vgl. ULRICH, FLURI, (1995), S. 192 ff.
1138 Vgl. MAAS, (2002), S. 56.
1139 Vgl. BETSCH, (1977), S. 74 ff.
1140 Vgl. BÜSCHGEN, (1994), S. 11 f; KLEINALTENKAMP, (1995b), S. 2360 f.
1141 Vgl. VOIGTMANN, ZELLER, (2003), S. 2ff; PENZEL, (2004), S. 124.

Minimärkte haben im Retailgeschäft der Finanzdienstleistungsbranche zu einem starken Anwachsen der Variantenvielfalt geführt.[1142] Dies bedeutet für die Produktentwicklung der Finanzdienstleister steigende Marktforschungskosten, um für jeden der Minimärkte passende Produktvarianten und Gebührenmodelle bereitstellen zu können. Gegebenenfalls ist die Einbindung von Marktforschungsunternehmen und externen Partnern erforderlich. Aufgrund der geringeren Größe der einzelnen Marktsegmente müssen die Entwicklungskosten der einzelnen Varianten mit einem deutlich kleineren Absatzvolumen erwirtschaftet werden.[1143]

Wird der Bedarf am Markt falsch eingeschätzt, besteht die Gefahr einer nicht nachfragewirksamen antizipativen Variantenentwicklung, die durch die übrigen Produkte querfinanziert werden muss.[1144] Darüber hinaus führt die hohe Variantenzahl zu steigenden Kosten in der Anwendungs-, System- und Prozessentwicklung, die die Umsetzung der Produkte auf Ebene der IuK-Systeme und der Prozesse gewährleisten müssen.

Eine einzelkundenbezogene Produktion führt in der Interaktion mit dem Kunden dazu, dass in einem zusätzlichen Konfigurationsprozess dessen individuelle Präferenzen ermittelt werden müssen. Dies verursacht aufseiten des Finanzdienstleisters steigende Beratungskosten, sowie aufseiten des Abnehmers steigende Such-, Vergleichs- und Auswahlkosten. Unter Umständen kann eine Aussage, ob die Leistung bereitgestellt werden kann, erst im Anschluss an den Konfigurationsprozesses getroffen werden (z.B. nach einer individuellen Kreditprüfung). Verfügt der Kunde darüber hinaus nicht über ausreichendes Fachwissen, kann eine individuelle Leistungserstellung leicht zu steigender Unsicherheit oder zur Überforderung des Kunden und damit zum Entstehen eines Kaufrisikos führen.[1145] Um dem entgegenzuwirken sind an der Kundenschnittstelle Investitionen in die Infrastruktur (u.a. Unterstützungssysteme) und in die Qualifikation der Mitarbeiter erforderlich.

Abhängig von der Ausrichtung des Finanzdienstleisters sind die zusätzlichen Aufwendungen für Beschaffung und Lieferantenintegration recht unterschiedlich. Für eine Universalbank beziehungsweise einen Allfinanzanbieter mit

---

1142 Vgl. DANNENBERG, (2001), S. 59. Häufig tragen die Gewährung von Sonderkonditionen für einzelne Kunden und/oder die Erstellung von Varianten durch Vertriebsmitarbeiter zum Zwecke einer Kundenbindung oder eines Cross-Sellings zusätzlich zur Erhöhung der Variantenvielfalt bei. Vgl. KLENK, BEUTIN, (2006), S. 64 f. Hinzu kommen gesetzlich Regelungen wie die Förderung der privaten Altervorsorge durch die „Riester-Rente", die ebenfalls zu neuen Produkten oder Produktvarianten führen. Vgl. EBERHARDT, ZIMMERMANN, (2007), S. 105.

1143 Vgl. PILLER, (2006), S. 133 f.

1144 Vgl. BOUTELLIER, et al., (1997), S. 58 f; EVERSHEIM, et al., (1998), S. 31; PILLER, (2006), S. 140.

1145 Vgl. MAYER, (1993), S. 87.

hoher Fertigungstiefe sind bei einer einzelkundenbezogenen Produktion in Bezug auf Beschaffung und Lieferantenintegration nur geringfügige Veränderungen zu erwarten.

Tabelle 13: Kosteneffekte einer einzelkundenbezogenen Leistungserstellung im Retailgeschäft der Finanzdienstleistungsbranche[1146]

Wertschöpfungsaktivität	Zunahme der Produktionskosten i.w.S.	Zunahme der Transaktionskosten
Produktentwicklung	• Höherer Entwicklungsaufwand durch hohe Variantenzahl oder individualisierbare Produkte • Gefahr nicht nachfragewirksamer antizipativer Variantenentwicklung	• Einschaltung ext. Marktforschungsunternehmen und Entwicklungspartner • Abstimmungsprozesse bei kundenspezifischer Entwicklung von Varianten
Erhebung der kundenspezifischen Konfiguration der Leistung (Interaktion mit dem Kunden)	• Ausbau von Schnittstellen zur Integration des Kunden in den Leistungserstellungsprozess • Aufbau von Werkzeugen zur Unterstützung des Konfigurationsprozesses • Kosten der Personalqualifizierung für Verkaufsgespräche	• Zusätzlicher Bedarf an aufwendiger Direktkommunikation • Schaffung von Vertrauen, Abbau der Unsicherheit der Abnehmer
Beschaffung, Integration von Lieferanten	• Steigende Anforderungen an die Qualitätskontrolle	• Steigende Komplexität an der Schnittstelle zu den Lieferanten • Steigende Koordinationskosten durch zunehmende Lieferantenzahl
Leistungserstellung	• Höheres Investitionsvolumen für neue, flexible IuK-Systeme • Höhere Leistungsanforderungen der Systeme • Umfangreichere Qualitätskontrollen • Sinkende Auslastung einzelner Ressourcen durch höhere Varietät • Kosten höher qualifizierter Arbeit • Aufwendigere Arbeitsplanung • Kosten aus verlorenen Effizienzvorteilen einer standardisierten Massenproduktion	• Steigende Koordinationskosten bei Auslagerung von Fertigungsaktivitäten • Abstimmung mit externen Zulieferern wird informationsintensiver • Überwachung der Einhaltung der Konfigurationsvorgaben
Distribution und Nachkaufphase	• Ausbau der Schnittstellen zu Vertriebspartnern • Kosten der Personalqualifizierung bei Vertriebspartnern für Verkaufsgespräche • Höherer Aufwand bei der Betreuung von Kunden/höhere Dokumentationskosten • Höherer Wartungsaufwand für IuK-Systeme durch steigende Anzahl unterschiedlicher Produkte mit zum Teil langen Laufzeiten	• Aufwendige Auftragsbearbeitung • Aufwendige Fakturierung und Auftragskalkulation • Steigende Abstimmungskosten bei der Betreuung von Kunden • Erschwerte Sekundärdienstleistungen

Weist der Finanzdienstleister jedoch eine nur geringe Fertigungstiefe auf und arbeitet eng mit externen Partnern zusammen, so ist bei einer einzelkundenbezogenen Produktion mit einer steigenden Komplexität an der Schnittstelle zu rech-

[1146] Eigene Darstellung in Anlehnung an PILLER, (2006), S. 140.

nen. Dies geht mit entsprechend steigenden Kommunikations- und Koordinationskosten sowie steigenden Kosten für die Qualitätssicherung einher.[1147]

Für die einzelkundenbezogene Produktion von Finanzdienstleistungen sind in der Regel Investitionen in die IuK-Systeme der Finanzdienstleister erforderlich. Diese ergeben sich zum einen aus notwendigen Anpassungen und/oder Erweiterungen, um die Produktion von Varianten oder individuellen Produkten überhaupt erst zu ermöglichen. Zum anderen gehen diese Anpassungen und Erweiterungen häufig mit gestiegenen Leistungsanforderungen an die IuK-Systeme einher, sodass Hardwareinvestitionen erforderlich sind. Gleichzeitig führt die stochastische Nachfrage nach spezifischen Varianten zu instabileren Produktionsprozessen, einer schwankenden Auslastung einzelner Ressourcen und damit zu einer steigenden Komplexität der Arbeitsplanung. Die Sicherstellung der geforderten Qualität und der Einhaltung der Individualisierungswünsche führt unter diesen Umständen zu steigenden Qualitätskosten. Dies gilt vor allem, wenn externe Partner in den Leistungserstellungsprozess eingebunden sind.[1148] Hinzu kommen häufig Kosten für höher qualifizierte Arbeit aufgrund der gestiegenen Komplexität und der damit verbundenen Notwendigkeit, die menschliche Flexibilität und Problemlösungsfähigkeit zu nutzen.[1149] Vor allem in der Produktion kommt der zu Beginn des Abschnitts dargestellte Verlust der Effizienzvorteile einer standardisierten Massenproduktion zum Tragen.

Da Finanzdienstleistungen wie andere Dienstleistungen auch die Integration des Kunden in den Leistungserstellungsprozess voraussetzen, entsteht durch eine einzelkundenbezogene Produktion kein zusätzlicher Aufwand für einen individuellen physischen Transport. Erfolgt der Vertrieb jedoch über externe Partner, so führt eine einzelkundenbezogene Produktion zum einen an der Schnittstelle zu einer Komplexitätssteigerung, da der Partner nun die individuelle Konfiguration des Kunden übermitteln muss. Zum anderen muss der Vertriebspartner in die Lage versetzt werden, den Kunden bei Suche, Auswahl und Konfiguration unterstützen zu können. Dies ist mit Kosten zur Qualifikation der entsprechenden Mitarbeiter verbunden.[1150] Darüber hinaus wird das Angebot von begleitenden Leistungen (z.B. Dokumentation, Schulungen für Vertriebspartner, Beratung, Berichte) erschwert, da sie nicht mehr von einer standardisierten Primärleistung ausgehen können, sondern die Individualisierungsoptionen (sofern dies möglich ist) berücksichtigen müssen.[1151] Schließlich erhöhen individualisierte Produkte die Komplexität der Kundenbetreuung in der Nachkaufphase, da bei Nachfragen

1147 Vgl. MAYER, (1993), S. 68 f; RATHNOW, (1994), S. 24.
1148 Vgl. PILLER, (2006), S. 146.
1149 Vgl. MEFFERT, (1998), S. 960.
1150 Vgl. ANDERSON, (1997), S. 68; MAYER, (1993), S. 72.
1151 Vgl. ANDERSON, (1997), S. 68; JACOB, (1995), S. 33; GERSCH, (1995), S. 65, 68 ff.

oder neuen Angeboten immer die individuelle Konfiguration aller Produkte des Kunden zu berücksichtigen ist.[1152]

Neben den Kosteneffekten für einen Finanzdienstleister wurden bereits mögliche Effekte für den Kunden angesprochen. Im Wesentlichen ist für ihn eine einzelkundenbezogene Produktion mit einer Steigerung der Transaktionskosten verbunden, die auf die notwendigen Faktortransfers, erhöhte Informationskosten sowie eine erhöhte Unsicherheit bezüglich der Leistungsqualität zurückzuführen ist.[1153]

4.1.3.2 Potenziale einer Mass Customization

Eine wesentliche Voraussetzung für eine erfolgreiche Umsetzung des Mass Customization-Konzepts ist ein konsequentes Komplexitätsmanagement. Dies betrifft sowohl die interne als auch die externe Komplexität. In beiden Bereichen besteht bei vielen Finanzdienstleistern Handlungsbedarf. Das Produktprogramm vieler Anbieter wird, wie schon gesehen, fortwährend komplexer, während insbesondere traditionelle Anbieter an die Leistungsgrenzen ihrer gewachsenen Infrastruktur stoßen. Hier bietet das Mass Customization-Konzept eine Vielzahl von Ansatzpunkten zur Komplexitätsvermeidung, -reduktion und -beherrschung. Einen der Kernaspekte stellt die Modularisierung sowohl auf Produkt- als auch auf Prozessebene dar.

Einer der wesentlichen Ansatzpunkte zur Komplexitätsvermeidung und -reduktion ist bei Finanzdienstleistern das Leistungsangebot und damit verbunden die Produktentwicklung. Die Gewährung von Sonderkonditionen, den Entwurf von Varianten durch den Vertrieb mit dem Ziel der Kundenbindung und des Cross-Sellings sowie die mangelnde Dokumentation und Bereinigung des Leistungsangebots[1154] haben bei vielen etablierten Finanzdienstleistern zu einem komplexen, nur schwer überschau- und beherrschbaren Leistungsangebot geführt.[1155]

Die Umsetzung einer Mass Customization-Wettbewerbsstrategie ermöglicht es, das Leistungsangebot mittels eines Modularisierungs-/Plattform-Konzepts zu optimieren. Damit kann eine signifikante Komplexitätsreduktion herbeigeführt und der Grundstein zur Komplexitätsvermeidung bei zukünftigen Entwicklungen

---

1152 Häufig wird dies jedoch durch eine mangelhafte Dokumentation der einzelnen Varianten noch erschwert. Vgl. KLENK, BEUTIN, (2006), S. 64 f.

1153 Vgl. SCHNÄBELE, (1997), S. 26 ff; JACOB, (1995), S. 33; GERSCH, (1995), S. 65, 68 ff.

1154 Vgl. KLENK, BEUTIN, (2006), S. 64 f.

1155 So werden bei vielen Instituten 80% der Erträge durch 20% der Produkte erwirtschaftet. Vgl. KLENK, BEUTIN, (2006), S. 64 f.

gelegt werden.[1156] Die Wiederverwendung von Prozessmodulen (z.B. Stammdatenerfassung, Kreditwürdigkeitsprüfung, Bedarfsanalyse) vereinfacht die Implementierung und Einführung neuer Leistungen und ermöglicht eine deutliche Reduktion von Entwicklungszeiten und -kosten.

Darüber hinaus reduziert die Integration von Aufgaben zu Prozessmodulen die Anzahl der Schnittstellen zwischen den bei der Erstellung einer Finanzdienstleistung zu berücksichtigenden Funktionseinheiten. Des Weiteren ermöglicht die Definition klarer Schnittstellen zwischen einzelnen Modulen die parallele Entwicklung von Modulen. Voraussetzung dafür ist, dass auch auf organisatorischer Ebene das Modularisierungs-Konzept Anwendung findet, und die Produktentwicklung teamorientiert erfolgt. Dies erlaubt den Abbau von Schnittstellen sowie die Reduktion von Reibungsverlusten und Komplexität.[1157]

In der Konfigurationsphase ist eine Modularisierung praktisch Voraussetzung zur Überwindung des Trade-offs zwischen Individualisierung und Standardisierung. Sie ermöglicht das Angebot individualisierter Finanzdienstleistungen auf Basis standardisierter Module. Durch den strukturierten Aufbau der Leistungen werden diese leichter verständlich, und der Einsatz von Konfiguratoren zur Unterstützung von Kunden und/oder Berater, bei der Auswahl und der Konfiguration von Leistungen entsprechend der Kundenpräferenzen, möglich.

Darüber hinaus bietet der Einsatz von Konfiguratoren bereits in der Exploring-Phase die Möglichkeit, dem Kunden die Informationsbeschaffung und die Auswahl für ihn geeigneter Produkte zu vereinfachen und somit seine Informations- beziehungsweise Transaktionskosten zu senken.[1158]

Auch der Aufwand zur Qualifikation der Mitarbeiter sinkt, wenn die Komplexität des Leistungsprogramms durch eine Modularisierung reduziert wird und die Mitarbeiter durch leistungsfähige Konfiguratoren unterstützt werden. Die Kompetenzvermittlung durch den Einsatz leistungsfähiger Konfiguratoren trägt zur Reduktion der Unsicherheit aufseiten des Kunden bei.[1159] So wird es möglich, trotz eines umfangreichen Leistungsprogramms und hoher Kundenanforderungen die Betreuung des Kunden durch einen Berater (One-face-to-customer-Prinzip) zu gewährleisten.[1160]

Die mit einer Modularisierung verbundene Komplexitätsreduktion ermöglicht es somit, die Transaktionskosten einer direkten Kundeninteraktion sowohl aufseiten des Kunden wie auch aufseiten des Finanzdienstleisters wesentlich zu

---

1156 Vgl. KLENK, BEUTIN, (2006), S. 64 ff. Dies kann beispielsweise auf Basis einer Conjoint-Analyse zur Beurteilung von Produkteigenschaften erfolgen.

1157 Vgl. zu den Potenzialen und Risiken modularer Servicearchitekturen auch BÖHMANN, KRCMAR, (2006), S. 385 ff.

1158 Vgl. REICHWALD, PILLER, (2006), S. 244.

1159 Vgl. BÜTTGEN, LUDWIG, (1997), S. 58; MAYER, (1993), S. 79 f; GERSCH, (1995), S. 66 ff.

1160 Vgl. BETSCH, (1992), S. 18 f; BETSCH, (1999b), S. 20; BETSCH, THOMAS, (2005), S. 42.

senken. Unter Transaktionskosten-Aspekten bietet sich aus Sicht des Finanzdienstleisters die Möglichkeit einer Selbstkonfiguration durch den Kunden an.

In der Industrie führt die Umsetzung einer Mass Customization in Bezug auf die Integration von externen Partnern zunächst zu steigenden Anforderungen bezüglich der Gestaltung von Leistungen, Prozessen, Koordinationsmechanismen und der notwendigen (IuK-) Infrastruktur.

In der Finanzdienstleistungsbranche kann dies zumindest teilweise zu einem gegenteiligen Effekt führen. Im Gegensatz zur industriellen Produktion wird bei der Erstellung von Finanzdienstleistungen häufig ein (noch zu) geringer Standardisierungsgrad bemängelt.[1161] Dieser beeinträchtigt nicht nur Kosten und Qualität in der Produktion eines Finanzdienstleisters, sondern erschwert oder verhindert auch die Kooperation oder Vernetzung mit externen Partnern.

Vor diesem Hintergrund bietet eine Mass Customization-Wettbewerbsstrategie in der Finanzdienstleistungsbranche die Möglichkeit, durch Modularisierung und Standardisierung die Potenziale einer Kooperation beziehungsweise Vernetzung mit externen Partnern (besser) nutzen zu können.[1162]

Auch in der Produktion muss bei Finanzdienstleistern in der Regel von anderen Voraussetzungen für die Implementierung einer Mass Customization ausgegangen werden als bei Industrieunternehmen. Während in der anonymen Massenproduktion unabhängig von konkreten Kundenaufträgen frei disponiert werden kann, erfolgt die Erstellung von Finanzdienstleistungen grundsätzlich zweistufig unter Integration eines externen Faktors.

Damit entsteht durch eine Mass Customization in der Regel kein (wesentlicher) Mehraufwand. Vielmehr erlauben die mit einer Mass Customization verbundene Modularisierung und Standardisierung eine effiziente Unterstützung der Leistungserstellungsprozesse durch moderne IuK-Systeme (z.B. Kundenmanagement- oder Workflow-Management-Systeme). Dies ermöglicht eine signifikante Verringerung von Qualitätsschwankungen.[1163] Werden darüber hinaus die bereits vorhandenen beziehungsweise im Rahmen der Mass Customization gewonnenen Kunden-Informationen in die Produktionsplanung einbezogen, so kann dies zu einer höheren Kapazitätsauslastung führen.[1164]

In Distribution und Nachkaufphase ermöglicht eine Modularisierung und Standardisierung eine weitgehende Automatisierung und damit Möglichkeiten,

---

1161 Vgl. u.a. BÜHRER, SCHULZE, (2005), S. 497; BÜRKNER, EICHKORN, (2003), S. 155 f; BURCHARD, (2003), S. 332 f.

1162 Vgl. BEITEL, et al., (2005), S. 815; DISSELBECK, (2007), S. 154. Siehe zu den Potenzialen von Finanzdienstleistungsnetzwerken auch Abschnitt 4.2.6.1 und die dort angegebenen Quellen.

1163 Vgl. CORSTEN, (2002a), S. 59.

1164 Vgl. LEHMANN, (1995), S. 50 f; KLINGE, (1997), S. 53 ff; WORATSCHEK, (1998), S. 34 f; KORPIUN, (1998), S. 108; STAUSS, (1994a), S. 97 f; MEFFERT, (1998), S. 979; STUHLMANN, (2000), S. 99 ff.

Leistungen über Direktkanäle (wie Internet, Telefon oder Selbstbedienungsterminals) anzubieten. Damit kann der Finanzdienstleister die mit der direkten Kundeninteraktion verbundenen Kosten senken, beziehungsweise bestimmte Leistungen überhaupt erst im Retailgeschäft anbieten.[1165]

Für den Kunden hat eine Automatisierung den Vorteil, dass die Leistungen weitgehend ohne örtliche oder zeitliche Beschränkungen nutzbar sind. Dies entspricht der Zielsetzung der Mass Customization ein für beide Seiten nachhaltig wertstiftendes Austauschverhältnis zu schaffen. Darüber hinaus bieten die im Rahmen von Learning Relationships gewonnenen zusätzlichen Kunden-Informationen und das daraus generierte Kunden-Know-how weitere Möglichkeiten, die Transaktionskosten für beide Seiten zu senken und neue Ertragsquellen für den Finanzdienstleister zu eröffnen. So kann der Finanzdienstleister dem Kunden proaktiv individualisierte Konfigurationsvorschläge unterbreiten, seine Prozesse und Leistungen auf Basis der gewonnenen Erfahrungen optimieren oder ausgehend von den Anforderungen der Kunden neue Leistungsangebote entwickeln. Auf diese Weise kann im Retailgeschäft durch die Nutzung der gewonnenen Informationen und die Umsetzung einer weitgehenden Automatisierung eine individuelle Kundenansprache und -betreuung angeboten werden.

Neben den aufgezeigten Potenzialen einer Mass Customization in den einzelnen Wertschöpfungsstufen, bietet die Umsetzung in der Finanzdienstleistungsbranche gleichfalls die Kostensenkungspotenziale einer individuellen Leistungserstellung in Massenmärkten, wie sie in Abschnitt 3.2.3.5 für Industrieunternehmen besprochenen wurden. Dabei handelt es sich um Skalen-, Verbund-, Integrations- und Interaktionseffekte.

Skalenvorteile ergeben sich vor allem aus der mit einer Standardisierung verbundnen Verstetigung der Leistungserstellungsprozesse sowie aus der durch eine Individualisierung möglichen Steigerung von Nachfrage und Kauffrequenz. Verbundvorteile sind im Wesentlichen durch die Wiederverwendung von Leistungs- und Prozessmodulen bei der Erstellung unterschiedlicher Finanzdienstleistungen möglich. Integrationsvorteile, das heißt die gleichzeitige Nutzung von Skalen- und Verbundvorteilen im Rahmen einer Mass Customization, ermöglichen insgesamt eine höhere Auslastung von Ressourcen und Infrastruktur.

Die letzte Gruppe von Kostensenkungspotenzialen stellen schließlich die Interaktionsvorteile durch die direkte Kundeninteraktion im Rahmen einer Mass Customization dar. Zwar erfolgt grundsätzlich eine direkte Kundeninteraktion bei der Erstellung von Finanzdienstleistungen aufgrund der Integration des externen Faktors. Jedoch ermöglicht erst die systematische und strukturierte Nutzung der gewonnenen Informationen (im Rahmen einer Mass Customization) die

---

[1165] BUHL, et al., (2005), S. 203 ff.

Erschließung von Interaktionsvorteilen durch: 1) eine Effizienzsteigerung in der Leistungserstellung, 2) eine genauere Planung und bessere Allokation von Ressourcen, 3) eine Reduktion des Konfigurationsaufwands sowie 4) eine Erhöhung der Kundenbindung.[1166]

4.1.3.3 Zusammenfassung

Analog der von Piller aufgestellten Logik der Mass Customization[1167] lassen sich für die Finanzdienstleistungsbranche die Kosteneffekte und Potenziale einer Mass Customization integrieren. Dabei kommt Finanzdienstleistern zugute, dass die Charakteristika von (Finanz-) Dienstleistungen, das heißt vor allem Integrativität und Immaterialität, einer Mass Customization entgegenkommen.[1168] Die Unternehmen haben bereits Erfahrung mit der Integration eines externen Faktors und der Zweiteilung des Wertschöpfungsprozesses. Ebenso sind die Kunden bereits mit der Tatsache vertraut, dass in der Regel nur ein Leistungsversprechen abgegeben wird.

Ausgehend von einer einfachen Berechnung des Unternehmensgewinns aus Umsatz und Kosten können die Effekte der einzelnen Potenziale auf Umsatz und Kosten betrachtet werden. Die Differenzierungsoption einer Mass Customization führt, wie dargestellt, zu einer Steigerung des akquisitorischen Potenzials und zu dauerhaften Kundenbeziehungen und damit verbunden zu einer Erhöhung der Absatzmenge. Darüber hinaus erlaubt die Differenzierungsoption die Entkopplung vom Preiswettwettbewerb in der Branche. Gleichzeitig ermöglicht es die Umsetzung der Kostenoption, die Preise stabil zu halten. Damit geht eine Steigerung der Absatzmenge direkt mit einer Steigerung des Umsatzes einher.[1169]

Der bei einer industriellen Massenproduktion zu beobachtende Effekt, dass die Umsetzung einer Mass Customization mit steigenden Kosten aufgrund einer steigenden internen Varietät und Komplexität verbunden ist, gilt für die Finanzdienstleistungsbranche nur eingeschränkt. Zum einen ist der Kunde aufgrund der Integrativität von Finanzdienstleistungen bei deren Erstellung grundsätzlich miteinbezogen, sodass die Umsetzung einer Mass Customization (abgesehen vom Konfigurationsaufwand) sowohl für den Finanzdienstleister als auch für den Kunden kaum zu einem erhöhten Aufwand führt. Zum anderen kann gerade bei

[1166] Vgl. zu diesem Absatz auch Abschnitt 3.2.3.5.

[1167] Siehe zur Logik der Mass Customization Abschnitt 3.2.3.5.

[1168] „Mass Customization in a services setting benefits from the characteristics of service offerings, as opposed to offerings in a product-manufacturing or product-supply setting." PETERS, SAIDIN, (2000), S. 107.

[1169] Siehe auch Abschnitt 3.2.3.5.

etablierten Finanzdienstleistern selbst im Retailgeschäft nur eingeschränkt von einer standardisierten Massenproduktion gesprochen werden.[1170] Unter diesen Voraussetzungen führt die Umsetzung einer Mass Customization weniger zu einer steigenden internen Varietät und Komplexität, sondern bewirkt durch Modularisierung und Standardisierung der Leistungsmodule vielmehr das Gegenteil. Darüber hinaus erlaubt das Angebot einer hohen externen Varietät in Massenmärkten auf der Basis eines modularisierten Leistungsprogramms die Nutzung von Skalen- und Verbundvorteilen.

Weiterhin bietet die Nutzung von Interaktionsvorteilen Potenziale, sowohl Transaktions- wie auch Produktionskosten zu senken. Zwar ist der Kunde bei der Erstellung von Finanzdienstleistungen grundsätzlich integriert und viele der relevanten Informationen werden bereits standardmäßig erhoben. Jedoch ermöglicht erst die systematische und strukturierte Nutzung dieser Informationen im Rahmen einer Mass Customization Wettbewerbsstrategie die Nutzung dieser Potenziale und kann damit zu weiteren Kostensenkungen führen.

Damit ist zu erwarten, dass auch im Retailgeschäft der Finanzdienstleistungsbranche bei Umsetzung einer Mass Customization die Realisierung der damit verbundenen Potenziale die entstehenden Kosteneffekte (über-) kompensieren wird. Dies gilt insbesondere dann, wenn die Leistungserstellung bislang nicht auf Basis einer standardisierten Massenproduktion erfolgt.

4.2 Adaption des Mass Customization-Konzepts im Retailgeschäft der Finanzdienstleistungsbranche

Nachdem im vorangegangen Abschnitt die Anwendbarkeit und Erfolgswirksamkeit einer Mass Customization-Wettbewerbsstrategie im Retailgeschäft der Finanzdienstleistungsbranche gezeigt wurde, wird im Folgenden eine Adaption der Mass Customization-Wettbewerbsstrategie für das Retailgeschäft der Finanzdienstleistungsbranche erarbeitet.

4.2.1 Wertschöpfungsprozess im Retailgeschäft der Finanzdienstleistungsbranche

Analog zur Betrachtung der Umsetzung einer Mass Customization-Wettbewerbsstrategie bei Industrieunternehmen[1171] wird auch die Adaption des Mass Custo-

[1170] Vgl. u.a. BÜHRER, SCHULZE, (2005), S. 497; BÜRKNER, EICHKORN, (2003), S. 155 f; BURCHARD, (2003), S. 332 f; DE SMET, (2006), S. 18.

[1171] Siehe hierzu auch Kapitel 3.3.

mization-Konzepts im Retailgeschäft der Finanzdienstleistungsbranche im Folgenden entlang der Wertkette untersucht. Die Nutzung der Wertkette als analytisches Instrument bietet sich an, da sich Wettbewerbsvorteile prinzipiell aus jedem Wertschöpfungsschritt ergeben können.[1172] Dabei ist zu berücksichtigen, dass die Wertkette eines einzelnen Finanzdienstleisters in der Regel in ein Wertsystem mit Lieferanten, Komplementoren und Abnehmern eingebettet ist.[1173]

Abbildung 13: Wertkette von Mass Customization im Retailgeschäft der Finanzdienstleistungsbranche (kursiv gesetzte Funktionen werden kundenbezogen durchgeführt, die übrigen auftragsneutral)[1174]

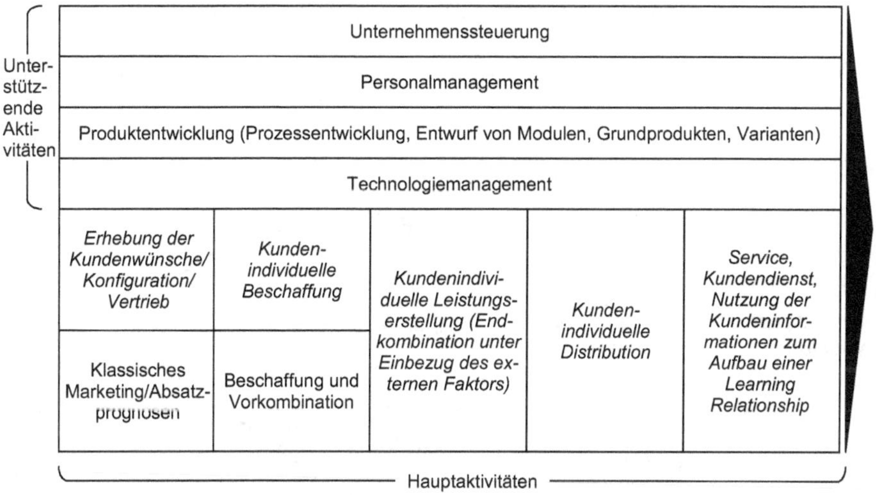

Die Wertkette von Finanzdienstleistern lässt sich nach primären und unterstützenden Aktivitäten untergliedern.[1175] Bei der Adaption des Mass Customization-Konzepts wird im Folgenden der Fokus auf die primären Aktivitäten gelegt. Ausnahmen stellen die unterstützenden Aktivitäten der Entwicklung und der Infrastruktur dar, die aufgrund ihrer Relevanz für die Umsetzung einer Mass Customization in die Betrachtung mit aufgenommen werden. Die Infrastruktur wird dabei jeweils zusammen mit den einzelnen Wertaktivitäten betrachtet. Bei

1172 Vgl. PORTER, (2000), S. 59; KERN, (2003), S. 263 ff; MOORMANN, et al., (2006), S. 42 ff.

1173 Vgl. PORTER, (2000), S. 59 ff, 63 ff; HERTEL, et al., (2005), S. 47 ff; SCHUSSER, (1999), S. 11 ff.

1174 Darstellung in Anlehnung an PILLER, (2006), S. 175; MOORMANN, et al., (2006), S. 43; DOMBRET, KERN, (2003), S. 29; KERN, (2003), S. 364; LOHMANN, (1998), S. 32.

1175 Vgl. MOORMANN, et al., (2006), S. 42 ff.

den übrigen unterstützenden Aktivitäten ist keine gesonderte Anpassung an eine Mass Customization erforderlich.[1176] Charakteristisch für eine Mass Customization, wie auch für die Erstellung von Finanzdienstleistungen generell, ist der zweistufige Leistungserstellungsprozess mit einer kundenunabhängigen Vorkombination und einer Endkombination unter Einbezug des externen Faktors (siehe Abbildung 13).[1177]

Die Betrachtung der einzelnen Wertaktivitäten beginnt mit der Produktentwicklung, die im Rahmen einer Mass Customization den Solution-Space (Lösungsraum) für die Konfiguration kundenindividueller Leistungen vorgibt.

Abbildung 14: Die Umsetzung Mass Customization Wettbewerbsstrategie erfordert ein Ineinandergreifen aller Funktionen der Wertkette[1178]

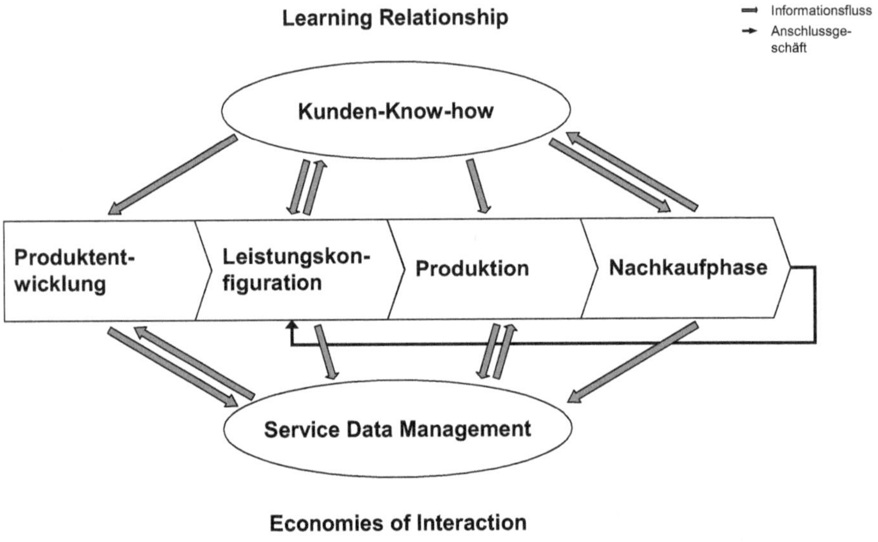

Als erster Schritt in der kundenindividuellen Wertkette wird anschließend die Erhebung der Kundeninformationen und die Leistungskonfiguration (Konfigurations-Phase) untersucht. Dabei werden die grundlegende Marktkommunikation und die Exploring-Phase miteinbezogen. Aufgrund des direkten Bezugs zur Konfigurations-Phase werden als nächstes die Nachkauf-Phase und der Aufbau von Learning Relationships betrachtet. Als vierte Wertaktivität wird die kundenindi-

1176 Vgl. PILLER, (2006), S. 174.
1177 Vgl. DOMBRET, KERN, (2003), S. 29 ff.
1178 Eigene Darstellung.

viduelle Produktion der Finanzdienstleistungen, die sich an die Konfigurationsphase anschließt, behandelt. Dabei wird der Aspekt des Aufbaus der Leistungsbereitschaft, der unabhängig von konkreten Kundenaufträgen erfolgt, berücksichtigt. Abschließend wird die Integration externer Partner in eine kundenindividuelle Erstellung von Finanzdienstleistungen in Form von Wertschöpfungsketten oder -netzen betrachtet. Hier stehen vor allem Unternehmensnetzwerke (unter Berücksichtigung fokaler Netzwerkunternehmen und einer Custom Mass Production), virtuelle Finanzdienstleister sowie das Konzept der Open Architecture im Fokus.

Wesentlich für den Erfolg einer Mass Customization-Wettbewerbsstrategie ist dabei eine ganzheitliche Umsetzung des Mass Customization-Konzepts. Alle Funktionen der Wertschöpfungskette müssen aufeinander abgestimmt sein und ineinandergreifen (siehe Abbildung 14). Eine entscheidende Rolle spielt dabei die zielgerichtete Informationsverteilung, so dass in allen Unternehmensfunktionen die richtigen Informationen zum richtigen Zeitpunkt verfügbar sind (siehe Abschnitt 2.2.1.2). In diesem Zusammenhang ist vor allem der Aufbau und die Bereitstellung von Kunden-Know-how sowie die Etablierung eines Service Data Management von großer Bedeutung.

4.2.2 Produktentwicklung

Wie bei der Betrachtung der Mass Customization-Implementierung in der industriellen Produktion, wird auch bei der Adaption des Mass Customization-Konzepts für das Retailgeschäft der Finanzdienstleistungsbranche mit der Produktentwicklung, die kein Bestandteil der einzelkundenbezogenen Wertkette ist, begonnen.

4.2.2.1 Vorgehen bei der Entwicklung von Finanzdienstleistungen

Da während der Produktentwicklung bereits wesentliche (Vor-) Entscheidungen bezüglich Varietät und Komplexität der Leistung sowie der Leistungserstellung getroffen werden, ist eine systematische Entwicklung und kontinuierliche Verbesserung der Finanzdienstleistungsprodukte ein wesentlicher Erfolgsfaktor für eine Mass Customization. Allerdings sind für die Dienstleistungsentwicklung bislang kaum substantielle Vorgehensweisen oder unterstützende IuK-Systeme verbreitet. Vor allem in den Bereichen der Konfigurierbarkeit, der Kundenintegration und der IuK-Unterstützung bestehen noch Schwächen.[1179] Daneben stellen Finanzdienstleistungen, die im Wesentlichen auf der Verarbeitung von Informationen basieren, besondere Anforderungen an die IuK-Infrastruktur der Finanzdienstleister. Zum einen müssen dem Kunden möglichst aussagekräftige Informationen zu Inhalt und Umfang der wesentlichen Leistungsbestandteile bekannt gemacht werden, um ihn bei der Suche und der Auswahl zu unterstützen.[1180] Zum anderen stellen die Immaterialität, die Interaktivität und die räumliche Unabhängigkeit von Finanzdienstleistungen besondere Herausforderungen an die IuK-Systeme. Darüber hinaus ist zu berücksichtigen, dass Finanzdienstleistungen und ihre Komponenten im Wesentlichen auf Verträgen basieren, die leicht modifizierbar sind. Entsprechend müssen die IuK-Systeme eine schnelle Anpassung der Leistungen erlauben. Aus diesen Gründen ist bei der Entwicklung von Finanzdienstleistungen immer auch die Entwicklung der notwendigen IuK-Systeme zu berücksichtigen.

Ausgehend vom phasenorientiert-konstitutiven Definitionsansatz von Dienstleistungen bestehen vier Gestaltungsdimensionen, die bei der Entwicklung von (Finanz-) Dienstleistungen zu berücksichtigen sind: 1) Die Potenzialdimension, 2) die Prozessdimension, 3) die Ergebnisdimension und 4) die Markt- beziehungsweise Kundenfaktordimension.[1181]

Unter der Potenzialdimension werden die Inputfaktoren zusammengefasst, die zur Erstellung der (Finanz-) Dienstleistung erforderlich sind. Im Wesentlichen sind dies Humanressourcen, Informations- und Kommunikationssysteme[1182], Informationsbestände und Geld. In Bezug auf die Potenzialfaktoren sind bei der Entwicklung von Finanzdienstleistungen vor allem das Tragfähigkeitsprinzip und die Qualifikation der Mitarbeiter an der Kundenschnittstelle zu berücksichtigen.[1183] Begrenzt wird die Autonomie des Dienstleisters bei der Gestaltung der Potenzialdimension durch die Integration des externen Faktors.[1184]

Die Prozessdimension bestimmt die ablauflogischen Anordnungsabhängigkeiten zwischen den Potenzialfaktoren. Dabei ist es notwendig, die Anforderungen sowie die Integrationsbereitschaft und -fähigkeit der Nachfrager zu berück-

---

1179 Vgl. THOMAS, SCHEER, (2006), S. 680, 683.

1180 Vgl. SMITH, et al., (2000), S. 117.

1181 Vgl. BULLINGER, SCHREINER, (2006), S. 57 ff.

1182 Als Gestaltungsparameter der Potenzialdimension können IuK-Systeme vor allem zum Abbau von Transaktionskosten durch Senkung von Kosten zur Suche, Übertragung und Speicherung von Informationen beitragen. Des Weiteren bieten sie erhebliche Rationalisierungspotenziale an der Kundenschnittstelle (Informations-, Auskunfts- und Kommunikationssysteme) sowie im Backoffice (Dokumenten-, oder Workflow-Management-Systeme) Vgl. BULLINGER, SCHREINER, (2006), S. 59.

1183 Vgl. COENEN, (2001), S. 353 ff; STAFFELBACH, (1988), S. 277 ff.

1184 Vgl. BÜTTGEN, (2001), S. 145 ff.

sichtigen.[1185] Dies ist umso wichtiger, je interaktiver und individueller die Prozesse gestaltet sind.[1186] Eine Rationalisierung der Prozesse lässt sich für den (Finanz-) Dienstleister erreichen, indem er einen möglichst optimalen Vorfertigungsgrad bestimmt und kundenindividuelle Tätigkeiten auf den Abnehmer verlagert (Externalisierung).[1187]

Das Ergebnis einer (Finanz-) Dienstleistung ist nicht der Prozess, sondern eine Zustandsänderung beim Nachfrager oder bei einem Objekt des Nachfragers.[1188] Bezüglich der Qualität einer (Finanz-) Dienstleistung ist das prozessuale Ergebnis und die Wirkung der Leistung zu unterscheiden. Während die Qualität des prozessualen Ergebnisses mit Abschluss des Dienstleistungserbringungsprozesses beurteilt werden kann, zeigt sich die Qualität der Dienstleistungswirkung erst mittel- bis langfristig als Folge- oder Dauerqualität.[1189] Da der Kunde die Qualität ganzheitlich bewertet, sind beide Ergebniskomponenten bei der Entwicklung an den Kundenanforderungen auszurichten.[1190] Die Autonomie des (Finanz-) Dienstleisters ist auch hier durch die Integration des externen Faktors eingeschränkt. Allerdings besteht die Möglichkeit, den Kunden im Rahmen einer Learning Relationship weiterzuqualifizieren.[1191] Da die Vergleichbarkeit von Leistungen aufgrund deren Intangibilität eingeschränkt ist, müssen bei der Entwicklung Qualitätssurrogate („tangible cues“) eingeplant werden.[1192]

Im Rahmen der Markt- beziehungsweise Kundenfaktordimension gilt es, aufgrund der Integrativität von (Finanz-) Dienstleistungen, umfassend und methodengestützt, Marktinformationen einzubeziehen. Beispielsweise unter Einsatz von Simulationen, Prototyping und Kunden-Know-how kann so vermieden werden, Entscheidungen rein auf Basis von Mutmaßungen oder Erfahrungen anstelle aktueller Marktinformationen zu treffen.[1193] Dabei ist jedoch zu berücksichtigen, dass eine ausschließliche Orientierung am Markt kontraproduktiv wirken kann, da sich Kunden in der Regel primär an bestehenden Dienstleistungen orientieren.[1194]

Ein modulbasiertes Vorgehensmodell, das den genannten Anforderungen weitgehend entspricht, wurde im Forschungsprojekt CASET[1195], basierend auf

[1185] Vgl. BOWERS, et al., (1990), S. 55 ff.
[1186] Vgl. BÜTTGEN, (2001), S. 145.
[1187] Vgl. HALLER, (2005), S. 228.
[1188] Vgl. HILL, (1977), S. 319.
[1189] Vgl. MEYER, MATTMÜLLER, (1987), S. 187 ff; BULLINGER, SCHREINER, (2006), S. 61.
[1190] Vgl. BULLINGER, SCHREINER, (2006), S. 61.
[1191] Vgl. Zu den Effekten einer Qualifikation des Kunden BITNER, et al., (1997), S. 203.
[1192] Vgl. u.a. REIMER, (2004), S. 32 ff.
[1193] Vgl. BULLINGER, SCHREINER, (2006), S. 62 f.
[1194] Vgl. CHRISTENSEN, BOWER, (1996), S. 198 ff, 211.
[1195] CASET steht für Computer Aided Service Engineering Tool. Das Projekt wurde durch das Bundesministerium für Bildung und Forschung (BMBF) im Rahmen des Programms "Arbeitsgestaltung und Dienstleistungen" gefördert und lief von November 2000 bis August 2003.

einem Phasenmodell[1196] des Fraunhofer-Instituts für Arbeitswirtschaft und Organisation (IAO), weiterentwickelt und prototypisch umgesetzt.

Abbildung 15: Modularisiertes Vorgehensmodell[1197]

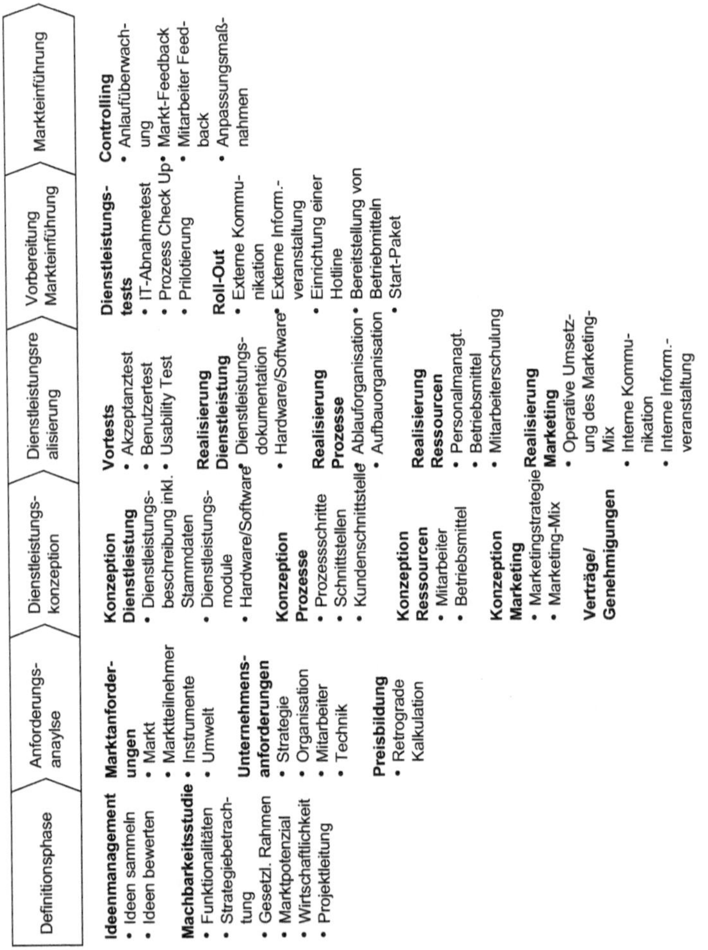

In diesem Modell stehen weniger die sechs definierten Phasen als vielmehr die zu diesen zählenden Schritte im Vordergrund. Dabei wird anhand definierter

1196 In der Literatur wird zwischen linearen Phasenmodellen und iterativen Modellen zur Dienstleistungsentwicklung unterschieden. Vgl. THOMAS, SCHEER, (2006), S. 680, 683.

1197 Übernommen aus SCHNEIDER, et al., (2006), S. 134.

Merkmale der zu entwickelnden Dienstleistungen festgelegt, welche der Schritte für ein konkretes Entwicklungsprojekt zu durchlaufen sind (siehe Abbildung 15).

Die Definitionsphase umfasst das Ideenmanagement und die Durchführung von Machbarkeitsstudien. Das Ideenmanagement kann bei einer Mass Customization unter anderem auf das generierte Kunden-Know-how zurückgreifen. Die Bewertung, die im Rahmen der Machbarkeitsstudien erfolgt, wird mit der Erlangung neuer Informationen über den gesamten Entwicklungsprozess hinweg aktualisiert.

Im Mittelpunkt der zweiten Phase, der Anforderungsanalyse, stehen die benötigten Ressourcen (sowohl aus Unternehmens- wie auch aus Marktsicht). Auf Basis der ermittelten Ergebnisse ergibt sich eine erste Preisvorstellung[1198], die ebenfalls im Projektverlauf zu aktualisieren ist.

Die Entwicklung der benötigten Produkt-, Prozess- und Ressourcenmodelle ist die zentrale Aufgabe der Dienstleistungskonzeption (dritte Phase). Dabei sollte nach Möglichkeit auf bereits vorhandenen, modularen Modellen aufgebaut und diese um innovative Komponenten ergänzt werden. Weitere Tätigkeiten in dieser Phase sind die Marketingkonzeption und das Anfertigen von Verträgen.

In der vierten Phase, der Dienstleistungsrealisierung, werden die zuvor erarbeiteten Konzepte in konkrete Systeme überführt.

Die letzten durchzuführenden Tests und der Roll-Out als Übergang zur Markteinführung werden als Vorbereitung der Markteinführung zusammengefasst (fünfte Phase).

Mit der Markteinführung wird das Controlling gestartet, das über verschiedene Feedback-Mechanismen den Erfolg der neuen Dienstleistung messen, eine fortlaufende Verbesserung sicherstellen und falls notwendig ihre vollständige Überarbeitung oder Ablösung veranlassen soll (sechste Phase).[1199]

Bei einer modularisierten Entwicklung von Finanzdienstleistungen, wie sie für eine Mass Customization vorausgesetzt und im folgenden Abschnitt näher behandelt wird, erfolgt die Entwicklung neuer Leistungen auf unterschiedlichen Ebenen: 1) Die Servicearchitektur, 2) das Serviceprodukt und 3) die Servicekonfiguration. Eine Servicearchitektur wird als „die Dekomposition einer Dienstleistung in Teildienstleistungen inklusive Festlegung von technischen und organisatorischen Schnittstellen zwischen den Teildienstleistungen“ definiert.[1200] Auf dieser Ebene muss sichergestellt werden, dass Finanzdienstleistungen auf Basis

---

1198 Diese Preisvorstellung gilt es unter anderem in Bezug auf die besonderen Einflussfaktoren auf die Preispolitik im Retailgeschäft der Finanzdienstleistungsbranche wie Preiskenntnis der Kunden, Preisimage des Finanzdienstleisters, Preiswahrnehmung und Preisschwellen der Kunden zu prüfen. Vgl. WÜBKER, ENGELKE, (2006), S. 54 ff.

1199 Vgl. zu diesem Absatz SCHNEIDER, et al., (2006), S. 133 ff.

1200 BURR, (2002), S. 10.

der definierten Teildienstleistungen (Module) und Schnittstellen effizient umgesetzt werden können. Dabei spielt vor allem die Wiederverwendung gemeinsamer Teildienstleistungen eine wesentliche Rolle. Auf der Ebene der Serviceprodukte werden, basierend auf den Modulen der Servicearchitektur konkrete Finanzdienstleistungen zusammengestellt. Die kundenindividuelle Konfiguration von entwickelten Serviceprodukten erfolgt auf der Ebene der Servicekonfiguration.[1201]

Verdeutlicht an einem Beispiel bedeutet dies, dass auf der Ebene der Servicearchitektur Teildienstleistungen wie beispielsweise eine Stammdatenerfassung, eine Bedarfsanalyse, eine Kreditwürdigkeitsprüfung und ihre Schnittstellen definiert werden. Aus diesen und anderen Teildienstleistungen (oder auch Dienstleistungsbausteinen) werden auf der Ebene der Serviceprodukte konkrete Produkte wie beispielsweise die Vergabe eines Ratenkredits oder die Ausgabe einer Kreditkarte zusammengestellt. In der Interaktion mit dem Kunden werden solche Serviceprodukte anschließend innerhalb der definierten Möglichkeiten individuell konfiguriert (z.B. Festlegen der Kredithöhe oder -laufzeit).

4.2.2.2 Modularisierung und Service-Plattformen

Wesentliche Voraussetzung für die Umsetzung einer Mass Customization ist eine modulare Architektur der angebotenen Finanzdienstleistungen. Sie ermöglicht die Überwindung des Trade-offs zwischen Differenzierungs- und Kostenoption, indem eine Individualisierung auf Basis der Kombination standardisierter Komponenten erzielt wird.[1202] Auf einer modularisierten Architektur aufbauend können modulare Serviceplattformen definiert werden, die die Entwicklung von Produktfamilien ermöglichen.[1203]

Eine Modularisierung von (Finanz-) Dienstleistungen kann als eine spezifische Form einer Dienstleistungsarchitektur[1204] gesehen werden, die sich durch die Dekomposition der Dienstleistung in unabhängige, funktionale Teilleistungen sowie durch eine Standardisierung der Schnittstellen zwischen den Teilleistungen auszeichnet. Die Standardisierung gewährleistet das reibungslose Zusammenspiel der einzelnen Teilleistungen, sowie die Austauschbarkeit einzelner Teilleistungen, ohne dass Veränderungen an den übrigen Teilleistungen notwen-

1201 Vgl. BÖHMANN, KRCMAR, (2006), S. 383 ff.
1202 Vgl. MEHLAU, WIMMER, (2002), S. 2 f; FELFERNIG, et al., (2004), S. 2; BARTMANN, et al., (2000), S. 9.
1203 Vgl. STAUSS, (2006), S. 323 ff.
1204 Vgl. zur Dienstleistungsarchitektur SANCHEZ, COLLINS, (2001), S. 647 ff, 652 ff; BÖHMANN, KRCMAR, (2006), S. 374 ff.

dig sind.[1205] Aufbauend auf einer modularen Dienstleistungsarchitektur zeichnen sich Dienstleistungs-Plattformen durch drei charakteristische Merkmale aus: 1) Sie sind wesentlicher Bestandteil mehrerer Dienstleistungen, 2) sie stellen selbst eine Kombination von Teilleistungen dar, und 3) sie sind die Basis zur Entwicklung darauf aufbauender (derivativer) Dienstleistungen.[1206] In Analogie zur industriellen Produktion zielt eine Plattformstrategie bei (Finanz-) Dienstleistungen auf eine langfristig angelegte, systematische Bündelung von leistungsinheränten Elementen (Leistungsgemeinsamkeiten) zu Plattformen; und auf das Management dieser Plattformen im Rahmen einer langfristig angelegten Dienstleistungsplanung.[1207] Damit soll erreicht werden, dass sich: 1) die Entwicklungszeit neuer (Finanz-) Dienstleistungen verringert, 2) die Markteinführungszyklen verkürzen, 3) die Kosten der Entwicklung durch Wiederverwendung existierender Plattformen verringern, 4) die Kosten in Leistungserstellung, Vertrieb und Service durch Erfahrungskurven- und Skaleneffekte reduzieren, 5) eine Individualisierung auf der Basis von Standardleistungen und der Integration kundenspezifischer Module realisieren lässt, 6) die Qualität durch verstetigte Prozesse steigert, 7) eine Internationalisierung und Globalisierung durch die Erstellung länderspezifischer Varianten auf der Basis von Standardelementen vereinfacht.[1208]

Im Rahmen einer Plattformstrategie geht die Standardisierung über eine Standardisierung der Schnittstellen hinaus und bezieht sich auch auf die Teilleistungen der Dienstleistungserstellung selbst. Sie kann sich auf das Dienstleistungsergebnis, den Prozess, die Potenziale oder auch die Markt- beziehungsweise Kundenfaktoren beziehen. Davon ausgehend ergeben sich vier beziehungsweise (durch Kombination) fünf Arten von Dienstleistungs-Plattformen:[1209]

- Ergebnisplattformen basieren auf einer Standardisierung der Ergebnisse des Dienstleistungserstellungsprozesses. Dabei existieren verschiedene Möglichkeiten, Varianten auf Basis der Dienstleistungs-Plattform zu bilden. Zunächst kann eine standardisierte Leistung um standardisierte oder individuelle Module ergänzt werden. Dies kann zum Beispiel bei der Bereitstellung einer Standard-Kreditkarte durch individuelle Zusatzvereinbarungen über die Höhe des Limits geschehen. Eine weitere Möglichkeit besteht darin, die Standardleistung als Kern einer Reihe von Dienstleistungen zu nutzen, die

[1205] Vgl. BÖHMANN, KRCMAR, (2006), S. 374 ff; BURR, (2002), S. 10, 116 ff; THOMAS, SCHEER, (2002), S. 86 ff, 89 ff; STAUSS, (2006), S. 324.

[1206] Vgl. STAUSS, (2006), S. 322. und die dort genannten Quellen.

[1207] Vgl. STAUSS, (2006), S. 322. Siehe zur Plattformstrategie MÜLLER, (2006), S. 136 ff.

[1208] Vgl. MEYER, (1997b), S. 17 f; SAWHNEY, (1998), S. 54 ff; SANCHEZ, COLLINS, (2001), S. 649, 652, 662 f; MÜLLER, (2006), S. 140 ff; STAUSS, (2006), S. 323.

[1209] Vgl. STAUSS, (2006), S. 326 ff.

sich in Bezug auf Qualität und Umfang unterscheiden. So kann bei Bereitstellung einer Standard-Kreditkarte die Modifikation von Limit, Zinssätzen oder Jahresgebühren angeboten werden. Des Weiteren können verschiedene Module von Standarddienstleistungen zu einem Leistungsbündel zusammengefasst werden. Dies ist etwa der Fall, wenn eine Standard-Kreditkarte um Versicherungsleistungen ergänzt wird.

- Prozessplattformen bestehen aus standardisierten Aktivitäten, Teilprozessen oder Prozessmodulen.[1210] So können beispielsweise eine standardisierte Stammdatenerfassung, Bedarfsanalyse oder Kreditwürdigkeitsprüfung im Rahmen unterschiedlicher Finanzdienstleistungen genutzt werden. Je nach Art und Umfang der Kundenbeteiligung kann dabei zwischen kundenautonomen, unternehmensautonomen und interaktiven Prozessen unterschieden werden. Kundenautonome Prozesse können durch den Kunden eigenständig durchgeführt werden (z.B. Eingabe der Stammdaten im Internet). Unternehmensautonome Prozesse hingegen laufen ohne Interaktion mit dem Kunden innerhalb des Unternehmens beziehungsweise der Wertschöpfungskette ab (z.B. eine Kreditwürdigkeitsprüfung nach Erfassung der relevanten Daten). Bei interaktiven Prozessen hingegen sind sowohl der Finanzdienstleister als auch der Kunde eingebunden (z.B. eine Bedarfsanalyse im Rahmen der Kreditberatung auf Basis standardisierter Sequenzlisten).[1211]
- Von Potenzialplattformen kann gesprochen werden, da der Kunde im Rahmen der Erstellung/Nutzung von (Finanz-) Dienstleistungen in Kontakt mit den eingesetzten Potenzialen kommt und diese zum Qualitätserleben beitragen (z.B. das Gebäude einer Bank, die eingesetzten Technologien bei der Bedarfsanalyse, die Kompetenz der Berater). In diesem Fall gehen standardisierte Potenzialfaktoren in (Finanz-) Dienstleistungen ein, die vom Kunden als unterschiedlich erlebt werden. So kann beispielsweise die Qualifikation der Mitarbeiter für die Erbringung unterschiedlicher (Finanz-) Dienstleistungen (z.B. Kreditwürdigkeitsprüfung bei Gewährung eines Ratenkredits oder bei Bereitstellung einer Kreditkarte) genutzt werden. Insbesondere ein spezifisches Bündel von Potenzialfaktoren kann in diesem Zusammenhang zu (dauerhaften) Wettbewerbsvorteilen führen.
- Der Kundenfaktor kann analog zum Potenzialfaktor behandelt werden, da er als externer Faktor in den Dienstleistungserstellungsprozess integriert wird. Er determiniert oder beeinflusst bestimmte Prozesse und Ergebnisse. Somit können eng abgegrenzte Kundengruppen oder -faktoren in Form einer

---

1210 Vgl. zum Einsatz von Prozessmodulen KLEIN, ZÜRN, (2006), S. 729 ff.

1211 In Bezug auf interaktive Prozesse bestand lange Zeit die Meinung, diese seien nicht standardisierbar. Allerdings werden zunehmen auch bei diesen Prozessen hohe Standardisierungspotenziale erkannt. Vgl. STAUSS, (2006), S. 327.

Markt-/Kundenfaktorplattform gebündelt werden. Dabei kann es sich beispielsweise um Kundengruppen wie Studenten oder Rentner oder Kundenfaktoren wie bestimmte Anlagesummen mit einem bestimmten Anlagezeitraum handeln.

- Aufgrund der vielfältigen Interdependenzen zwischen den einzelnen Faktoren (so wird eine Standardisierung der Ergebnisse häufig eine Standardisierung der Potenziale und Prozesse voraussetzen) ist davon auszugehen, dass auf Basis standardisierter Ergebnisse, Prozesse, Potenziale und Kundenfaktoren Kombinationsplattformen gebildet werden. Beispielsweise kann die Kombination eines standardisierten Bedarfsanalyseprozesses, einer definierten Mitarbeiterqualifikation, adäquater IuK-Werkzeuge und eines in der Struktur standardisierten Ergebnisses die Voraussetzung für individuelle Konfigurationsvorschläge durch ein wissensbasiertes Konfigurationssystem und damit für die erfolgreiche Umsetzung einer Mass Customization sein.

Neben diesen primär auf die Kostenoption zielenden Überlegungen wird im Folgenden die Unterstützung der Differenzierungsoption anhand von Ansoffs Produkt-Markt-Matrix[1212] betrachtet (siehe Abbildung 16). Die Strategie einer Marktdurchdringung, die auf eine Ausschöpfung des Potenzials vorhandener (Finanz-) Dienstleistungen in bestehenden Märkten zielt, lässt sich vor allem durch den Einsatz von Ergebnisplattformen unterstützen. In diesem Fall wird die Attraktivität existierender (Finanz-) Dienstleistungen durch Zusatzangebote (z.B. Ergänzung von Modulen oder Schaffung von Bündelungen) erhöht. Eine Marktentwicklung zielt auf die Erschließung neuer Märkte (geographisch oder neue Kundensegmente) für bereits existierende (Finanz-) Dienstleistungen. Für eine geographische Marktentwicklung können Potenzialplattformen durch eine Replizierung von Dienstleistungsangebotskonzepten, basierend auf standardisierten Potenzialfaktoren, als zentraler Ausgangspunkt dienen.

Bei einem Angebot für neue Kundensegmente kann noch einmal zwischen horizontaler Segmentierung (unterschiedliche Bedürfnisse) und vertikaler Segmentierung (unterschiedliche Preis-Leistungs-Erwartungen) unterschieden werden. Für eine horizontale Segmentierung bieten sich Ergebnis- (unterschiedliche Bündel mit unterschiedlichem Leistungsumfang) und Interaktive Prozessplattformen (z.B. Variation in Betreuung und Reaktionszeiten) an.

Im Fall einer vertikalen Segmentierung können vor allem Kunden- und Unternehmensautonome Prozessplattformen sowie Potenzialplattformen genutzt werden, um im Kern gleiche Leistungskonzepte auf unterschiedlichen Marktstufen zu positionieren. Eine Strategie der Dienstleistungsentwicklung zielt auf die

1212 Siehe zur Produkt-Markt Matrix ANSOFF, (1966), S. 132 ff; MEFFERT, BRUHN, (2006), S. 238; BECKER, (2006), S. 148 f.

Entwicklung neuer, das heißt von den Kunden als eigenständig und innovativ wahrgenommenen, (Finanz-) Dienstleistungen für bestehende Märkte. Hierfür bieten sich Ergebnis- (Nutzung einer innovativ ausbaubaren Kernleistung), Potenzial- (Nutzung bestehender Potenziale für neue Dienstleistungen) und Markt-/Kundenfaktorplattformen (Ermittlung von Kundenbedürfnissen durch Data Mining und Kunden-Know-how) an. Im Rahmen einer Diversifikationsstrategie, die auf das Angebot neuer (Finanz-) Dienstleistungen in neuen Märkten zielt, können Potenzialplattformen eingesetzt werden. Im Gegensatz zu einer Markt- oder Dienstleistungsentwicklung geht ihre Nutzung jedoch über eine Replizierung standardisierter Potenzialfaktoren und über eine Fokussierung auf bestehende Kundengruppen hinaus.[1213]

Abbildung 16: Marktstrategische Ausrichtungen und primär geeignete Service-Plattformen[1214]

Dienstleistungen		Märkte: Gegenwärtig	Märkte: Neu
	Neu	**Dienstleistungsentwicklung** • Ergebnisplattform • Kundenfaktorplattform • Potenzialplattform	**Diversifikation** • Potenzialplattform
	Gegen-wärtig	**Marktdurchdringung** • Ergebnisplattform	**Marktentwicklung** • Geographish – Potenzialplattform • Horizontale Segmentierung – Ergebnisplattform – Interaktive Prozessplattform • Vertikale Segmentierung – Kundenbez. Prozessplattform – Untern.-bez. Prozessplattform – Potenzialplattform

Für die Nutzung der Vorteile von Dienstleistungsplattformen ist eine systematische Entwicklung der Plattformen erforderlich. Zusätzlich muss eine enge Verzahnung mit der Entwicklung neuer Dienstleistungen sichergestellt werden. Der Begriff der Plattformentwicklung bezeichnet den Prozess der Konzeption, Pla-

[1213] Vgl. zu diesem Abschnitt STAUSS, (2006), S. 329 ff.
[1214] Übernommen aus STAUSS, (2006), S. 333.

nung und Entwicklung von Plattformen.[1215] Hierzu stehen zwei Vorgehensweisen zur Verfügung: 1) Die progressive (top-down) und 2) die retrograde (bottom-up) Plattformentwicklung.[1216]

Die progressive Plattformentwicklung zielt auf die Bereitstellung einer Plattform für zukünftige Dienstleistungen. Das Vorgehen lässt sich wie folgt zusammenfassen: 1) Definition des Kundenproblems, 2) Marktstrategische Entscheidung, 3) Festlegung der Plattformart, 4) Bestimmung des Funktionsumfangs der Plattform, 5) Entwicklung der spezifischen Plattformelemente.[1217]

Bei einem bereits bestehenden Leistungsangebot bietet es sich jedoch in der Regel an, Plattformen in einem retrograden Vorgehen als Ergebnis einer Ist-Analyse zu entwickeln. Dabei wird entlang der folgenden Schritte vorgegangen: 1) Systematische Erfassung der zur Zeit angebotenen Leistungen, 2) Analyse auf standardisierte oder standardisierbare Ergebnisse, Prozesse, Potenziale, Kundenfaktoren, 3) Identifikation der Gemeinsamkeiten[1218], 4) Vorauswahl von Gemeinsamkeitsgruppen, 5) Konzipierung von Service-Plattformen, 6) Konkrete Entwicklung der spezifischen Plattformelemente.

Wichtig ist bei beiden Vorgehensweisen eine enge Verzahnung von Plattform- und Dienstleistungsentwicklung. Dadurch wird sichergestellt, dass existierende Plattformen systematisch für neue Dienstleistungen genutzt werden und neue Dienstleistungsideen in die Plattformentwicklung einfließen. Durch eine Trennung von Plattform- und Dienstleistungsentwicklung können gleichzeitig Effizienzpotenziale genutzt werden, die sich aus den unterschiedlichen Entwicklungszyklen von Plattformen und einzelnen Dienstleistungen ergeben.[1219] Für die Organisation der Plattformentwicklung bieten sich funktionsübergreifende Teams an, um die Einbindung aller relevanten Bereiche sicherzustellen. Durch eine ständige Überprüfung und Weiterentwicklung der Plattformen kann schließlich ihr strategischer Fit langfristig sichergestellt werden.[1220]

4.2.2.3 Systemunterstützung

Herrmann et al. schlagen für das Service-Engineering eine Adaption des aus der industriellen Sachgüterproduktion bekannten Y-CIM-Modells (siehe Abbildung

---

1215 Vgl. MÜLLER, (2006), S. 139 ff.

1216 Vgl. STAUSS, (2006), S. 333. Ähnlich auch SIMPSON, et al., (2001), S. 3.

1217 Vgl. SIMPSON, et al., (2001), S. 3 ff; MEYER, LEHNERD, (1997), S. 53.

1218 Hierzu kann beispielsweise auf eine modifizierte Variante des Analyserasters von Meyer/Seliger zurückgegriffen werden. Vgl. MEYER, SELIGER, (1998), S. 71; STAUSS, (2006), S. 336.

1219 Vgl. MÜLLER, (2006), S. 139 ff; MEYER, SELIGER, (1998), S. 67 ff; MUFFATTO, (1999), S. 148 ff.

1220 Vgl. STAUSS, (2006), S. 333 ff.

17) vor.[1221] Dieses zeigt unter anderem Möglichkeiten zur IuK-technischen Unterstützung des gerade beschriebenen Vorgehens zur Entwicklung modularer, plattformbasierter (Finanz-) Dienstleistungen auf.

Abbildung 17: Y-CIM-Modell für Dienstleistungen[1222]

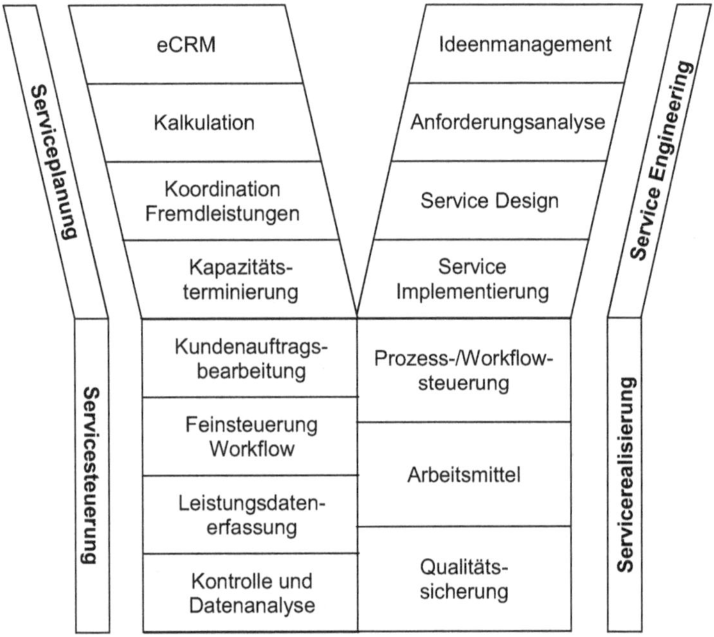

In Analogie zum Y-CIM-Modell für Sachleistungen beschreibt die obere Hälfte des rechten Astes die Dienstleistungsentwicklung. In Bezug auf eine IuK-technische Unterstützung des Entwicklungsprozesses stellen die Autoren jedoch fest: „Die bislang nur zögerliche Umsetzung der systematischen und IT-gestützten Entwicklung von Dienstleistungen lässt sich nicht zuletzt auf die allgemeine Beschreibungsproblematik hinsichtlich der Ergebnis-, Prozess- und Potenzialdimension von Dienstleistungen zurückführen. […] Zwar gibt es für einzelne Funktionsbereiche entsprechende Software, eine integrierte Gesamtlösung existiert jedoch nicht.“[1223] Häufig wird eine Vielzahl nicht integrierter An-

---

[1221] Vgl. HERRMANN, et al., (2006), S. 652 ff.

[1222] Übernommen aus HERRMANN, et al., (2006), S. 653.

[1223] HERRMANN, et al., (2006), S. 654. Vor diesem Hintergrund wird auch die Übertragung des aus der Sachgüterproduktion bekannten Product Data Managements (PDM) in ein Service Data Management (SDM) diskutiert. Vgl. THOMAS, SCHEER, (2006), S. 684.

wendungen, wie Modellierungswerkzeuge, Standard-Office-Anwendungen, heterogene Datenbanklösungen sowie Projektmanagement- und Groupware-Werkzeuge eingesetzt.[1224]

Zur Konzeption eines Werkzeugs, das den Dienstleistungsentwicklungsprozess durchgängig inhaltlich-methodisch unterstützt, wurden im Rahmen des bereits erwähnten CASET-Projekts die Anforderungen an ein solches Werkzeug in drei Kategorien erhoben:[1225]

- Die erste Kategorie bilden organisatorische Anforderungen, die sich später in funktionalen Anforderungen niederschlagen. Vorausgesetzt wird, dass die Dienstleistungsentwicklung durch interdisziplinäre Teams erfolgt, in die alle relevanten Bereiche eingebunden sind. Dies geht einher mit der Forderung nach einer adäquaten Aufbau- und Ablauforganisation sowie einer entsprechenden Innovations- und Unternehmenskultur. Ein offener Informationsaustausch setzt voraus, dass alle notwendigen Wissensressourcen in den Entwicklungsprozess eingebracht werden.[1226]
- Die zweite Kategorie bilden allgemeine Systemanforderungen, die unabhängig von spezifischen funktionalen Anforderungen an das System gestellt werden. Hierzu gehören: 1) Die notwendige Flexibilität, um unterschiedliche Projektanforderungen erfüllen zu können, 2) ein modularer Aufbau des Systems, um sowohl die Software als auch die Prozessmodelle an unterschiedliche Rahmenbedingungen anpassen zu können, 3) die Offenheit des Systems zur Integration von bestehenden Systemen, sowie 4) eine langfristige Adaptierbarkeit, sodass das System auch langfristig an sich ändernde Rahmenbedingungen angepasst werden kann.
- Die dritte Kategorie sellen funktionale Anforderungen dar, die vor allem auf die Bereitstellung einer Kooperationsplattform zur methodengestützten Dienstleistungsentwicklung eingehen. Sie untergliedern sich in Anforderungen zur Kommunikations-, Koordinations- und Kooperationsunterstützung.[1227] Die Kommunikationsunterstützung bezieht sich auf Funktionen für den Austausch von projektspezifischen Informationen beispielsweise durch E-Mail oder Community-Bereiche.[1228] Einen wesentlichen Bestandteil der Koordinationsunterstützung stellt ein konfigurierbares (modulares) Vorgehensmodell dar, das das Team im Sinne eines elektronischen Leitfadens mit Checklisten und Methodenbeschreibungen durch den Entwick-

1224 Vgl. SCHREINER, STRAUß, (2004), S. 32 ff.
1225 Vgl. HABERMANN, WARGITSCH, (1998), S. 18 f.
1226 Vgl. EVERSHEIM, SCHUH, (1999), S. 147 f.
1227 Vgl. HERRMANN, et al., (2006), S. 656 f.
1228 Vgl. KAISER, (2001), S. 159 ff; PANKOKE-BABATZ, (2001), S. 167 ff.

lungsprozess führt. Durch die Implementierung von Methoden im Werkzeug selbst oder den Aufruf externer Anwendungen können die Teammitglieder im Entwicklungsprozess weiter unterstützt werden. Darüber hinaus ermöglicht die Umsetzung eines Rollenkonzepts die Anpassung des Systems an die Bedürfnisse der einzelnen Teammitglieder. Schließlich stellt ein Kennzahlensystem eine notwendige Voraussetzung für Monitoring, Planung und Entscheidungsvorbereitung dar.[1229] Im Rahmen der Kooperationsunterstützung ist eine Prozessmodellierungskomponente zur visuellen Darstellung der zu entwickelnden Dienstleistung von zentraler Bedeutung. Vergleichbar den Ähnlichkeitskatalogen einer Sachgüterentwicklung bilden Modulbibliotheken die Basis solcher Prozessmodellierungskomponenten. Um eine effiziente Implementierung der entwickelten Dienstleistungen zu gewährleisten, muss darüber hinaus eine Verknüpfung zu den benötigten Softwaremodulen geschaffen werden.[1230]

Ausgehend von diesen Anforderungen wurde im Rahmen des CASET-Projekts ein prototypisches Werkzeug entwickelt und mit Projektpartnern getestet.[1231]

Mit etwas anderem Schwerpunkt wurde im Rahmen des Forschungsprojekts REBECA[1232] ein weiteres prototypisches Werkzeug entwickelt, „das die kundenindividuelle Konfiguration von Dienstleistungen auf der Basis eines modularen Dienstleistungsbaukastens ermöglicht. Die Anpassbarkeit und Flexibilität der Dienstleistungen und der sie unterstützenden Informationssysteme werden durch ein modellgestütztes Customizing auf der Basis von Referenzmodellen gewährleistet.“[1233] Auch wenn die beiden genannten Forschungsprojekte prototypisch Lösungsansätze für eine durchgängige Werkzeugunterstützung der Entwicklung von (Finanz-) Dienstleistungen aufzeigen, und in der Praxis bereits eine Vielzahl von Einzelwerkzeugen existiert, sind in diesem Bereich noch deutliche Fortschritte zu erwarten.[1234]

4.2.3 Erhebung der Kundeninformationen und Leistungskonfiguration

Mit der Erhebung der Kundeninformationen und der Leistungskonfiguration beginnt der kundenindividuelle Teil der Wertkette einer Mass Customization.

1229 Vgl. SCHWABE, (2001), S. 174 ff.
1230 Vgl. HOLMER, et al., (2001), S. 180 ff; APPELT, et al., (2001), S. 194 ff.
1231 Vgl. BASSLER, (2004), S. 289 ff.
1232 „Referenzmodell-basiertes (Reverse-) Customizing von Dienstleistungsinformationssystemen“
1233 THOMAS, SCHEER, (2006), S. 681. Siehe zum Forschungsprojekt REBECA auch THOMAS, SCHEER, (2003).
1234 Vgl. KLEIN, ZÜRN, (2006), S. 738 ff.

Ihm vorgelagert ist wie im klassischen Retailgeschäft der Finanzdienstleistungsbranche eine grundlegende Marktkommunikation, die einer großen Anzahl potenzieller Kunden das Unternehmen und sein Angebot bekannt macht und der Anbahnung eines interaktiven Kontakts dient.[1235] Dabei stehen die Finanzdienstleister im klassischen Retailgeschäft bereits vor ähnlichen Herausforderungen, wie sie sich durch die Umsetzung einer Mass Customization ergeben. Die Immaterialität, Intangibilität und Komplexität der meisten Finanzdienstleistungen sowie die Notwendigkeit zur Integration eines externen Faktors in den Leistungserstellungsprozess führen dazu, dass das eigentliche Leistungsangebot nur eingeschränkt für eine grundlegende Marktkommunikation genutzt werden kann.[1236] Vielmehr steht die Fähigkeit und Bereitschaft des Anbieters zur Lösung kundenindividueller Probleme im Vordergrund. In diesem Zusammenhang kann eine Marke für potenzielle Kunden bei Suche und Auswahl von Finanzdienstleistungen als Orientierungshilfe dienen und zur Komplexitätsreduktion beitragen.[1237] Damit stehen für die Marktkommunikation Bekanntheits- und Imageziele im Vordergrund. Dies funktioniert jedoch nur, wenn das Erlebnis des Kunden mit dem vermittelten Image übereinstimmt.[1238] „Image building might create awareness and attract customers initially but in an atmosphere of increased financial service brand switching, there needs to be more substance behind the promises."[1239] In diesem Sinne bietet die Umsetzung einer Mass Customization-Wettbewerbsstrategie einem Finanzdienstleister die Möglichkeit, sich durch ein innovatives, bedarfsgerechtes Angebot zu differenzieren. Wichtig ist dabei die Gestaltung der Kundenschnittstelle im Einklang mit einer konsistenten Corporate Identity (CI); sowohl in technischer wie auch personeller Hinsicht. Durch die Integration des Kunden in den Leistungserstellungsprozess prägt die Interaktion die Wahrnehmung der Leistung durch den Kunden.[1240]

4.2.3.1 Beratung – Financial Planning

Aufgrund der Komplexität und Erklärungsbedürftigkeit vieler Finanzdienstleistungen einerseits sowie gesetzlicher Anforderungen, wie der „Markets in Financial Instruments Directive" (MIFID) der Europäischen Union, andererseits, stellt die Beratung des Kunden einen wesentlichen Teil der Exploring- und Konfigura-

---

[1235] Vgl. hierzu auch Abschnitt 3.3.3.

[1236] Vgl. VON BECHTOLSHEIM, (1998), S. 982; O'LOUGHLIN, et al., (2004), S. 219.

[1237] Vgl. VON BECHTOLSHEIM, (1998), S. 983; O'LOUGHLIN, et al., (2004), S. 219; STEINER, (1998), S. 1017.

[1238] Vgl. STEINER, (1998), S. 1016 f.

[1239] O'LOUGHLIN, et al., (2004), S. 229.

[1240] Vgl. STEINER, (1998), S. 1016 ff.

tionsphase in der Finanzdienstleistungsbranche dar. Eine Mass Customization bietet dabei die Möglichkeit, eine solche Beratung auch im Retailgeschäft effizient anbieten zu können. Darüber hinaus wird eine Differenzierung auf der Produktebene aufgrund der Imitierbarkeit von Innovationen zunehmend schwieriger, sodass die Beratungsqualität und die Erstellung kundenindividueller Lösungsvorschläge an Bedeutung gewinnen.[1241] Abhängig von der Komplexität der Problemstellung variiert der Umfang der Beratungsleistung. Während beispielsweise beim Verkauf einer kundenindividuell konfigurierbaren Kreditkarte eine (systemgestützte) Beratung während des Konfigurationsprozesses erfolgen kann, wird bei einer komplexen Problemstellung, wie der Altersvorsorge, eine eingehende Exploring- und Beratungsphase der eigentlichen Konfiguration vorausgehen. Für letztere bietet sich im Retailgeschäft ein Financial Planning auf Basis einer Mass Customization-Wettbewerbsstrategie an, das im Folgenden kurz dargestellt wird.[1242]

Financial Planning beziehungsweise die private Finanzplanung bezeichnet die systematische, integrierte und bedürfnisgerechte Gestaltung der finanziellen Belange eines privaten Haushalts.[1243] Es unterscheidet sich damit wesentlich von den häufig noch vorherrschenden produktorientierten Beratungsansätzen vieler Finanzdienstleister.[1244] Eine reine private Finanzplanung strebt nicht den Produktverkauf an, sondern ist eine eigenständige Beratungsdienstleistung. Dementsprechend ist auch eine separate Vergütung möglich.[1245]

Das Konzept des Financial Planning hat sich in den 1970er Jahren in den USA entwickelt und findet zunehmend auch in Deutschland Beachtung. Da die notwendigen umfangreichen Beratungsleistungen in Deutschland aufgrund der gegebenen Marktsituation nur schwer separat vergütbar sind, wird Financial Planning hierzulande primär im Personal- und Private-Banking angeboten. Die Veränderungen in der allgemeinen Umwelt (u.a. die Notwendigkeit einer privaten Altersvorsorge, eine zunehmende Komplexität der Geschäftswelt, die Verschuldung privater Haushalte mit geringem Einkommen) bei gleichzeitig steigender Komplexität der von den Finanzdienstleistern angebotenen Produkte und Dienstleistungen führen auch im Retail-Segment zu einen steigenden Beratungsbedarf.[1246] Eine Modul- beziehungsweise Plattformstrategie und die Nutzung moderner IuK-Systeme zur (Teil-) Automatisierung der Beratung ermöglichen

---

1241 Vgl. EBERHARDT, ZIMMERMANN, (2007), S. 104.
1242 Vgl. FELFERNIG, et al., (2004), S. 6.
1243 Vgl. HOCHBERGER, (2003), S. 4.
1244 Vgl. HOCHBERGER, (2003), S. 285. Gerade im Retailgeschäft besteht durch eine reine Produktorientierung die Gefahr, dass die Anbieter Austauschbar werden. Vgl. SCHÄFER, (2001), S. 217 ff.
1245 Vgl. SCHÄFER, (2001), S. 217 ff.
1246 Vgl. HOCHBERGER, (2003), S. 286.

inzwischen ein solches Angebot auch im Retailgeschäft. Dabei kann das Financial Planning quasi als Hilfsfunktion gesehen werden. Es ermöglicht in Form eines Problemlösungsprozesses (siehe Abbildung 18) durch eine integrierte Betrachtung die rationale Nutzung von Finanzdienstleistungen. Eine Individualisierung ist unter anderem durch die Auswahl und Konfiguration standardisierter Dienstleistungen und Dienstleistungsmodule möglich.

Der Financial Planning Prozess beginnt mit der Entscheidung des Kunden, eine professionelle Beratung in Anspruch zu nehmen und der Vereinbarung eines Beratervertrags, in dem unter anderem die Leistungspflichten definiert werden.

Die Datenaufnahme stellt den ersten Schritt des Financial Planning Prozesses im engeren Sinne dar. Hier werden der persönliche und finanzielle Status Quo (Ist-Situation) sowie die Zielvorstellungen (Soll-Situation) des Kunden erhoben.[1247] Eine strukturierte Erfassung, beispielsweise in Form einer privaten Bilanz und Gewinn- und Verlustrechnung, ermöglicht eine effiziente Systemunterstützung.[1248]

Der Schritt der Analyse und Planung besteht im Wesentlichen aus einem Soll-Ist-Vergleich und einer Szenarioplanung unter Einbezug zusätzlicher externer Faktoren wie steuerlicher und rechtlicher Rahmenbedingungen. Insbesondere zur Unterstützung der Szenarioplanung bietet sich der Einsatz von Beratungsunterstützungssystemen an.[1249] Darauf aufbauend werden Handlungsempfehlungen, Implementierungsmaßnahmen sowie entsprechende Finanzinstrumente generiert und vorgeschlagen.[1250]

Diese Ergebnisse gilt es anschließend verständlich und nachvollziehbar in einem Finanzplan zu dokumentieren. Wesentliche Elemente eines solchen Finanzplans sind die Ist-Situation, identifizierte Problembereiche, eine Darstellung der Szenariobetrachtungen, die Handlungsempfehlungen und Implementierungsmaßnahmen.[1251] Im Rahmen eines Strategiegesprächs wird im Anschluss das weitere Vorgehen mit dem Kunden besprochen, und der Finanzplan gegebenenfalls angepasst. Die Umsetzung der Empfehlungen erfolgt durch Auswahl und Konfiguration konkreter Finanzdienstleistungen. Dabei wird die Problemlösung je nach strategischer Aufstellung des Finanzdienstleisters auf Basis eigener oder fremder Leistungen konfiguriert.[1252] Den letzten Schritt stellen die regelmäßige Kontrolle des Plans und das Nachhalten prognostizierter Entwicklungen

---

1247 Vgl. STRACKE, THIES, (1986), S. 404 f.

1248 Vgl. EBERHARDT, ZIMMERMANN, (2007), S. 107 f; BÄTSCHER, (1989), S. 159 ff; BÖCKHOFF, STRACKE, (1999), S. 111 ff, 153 ff.

1249 Vgl. KRUSCHEV, (1999), S. 89 ff.

1250 Vgl. BÄTSCHER, (1989), S. 178 f; KRUSCHEV, (1999), S. 93.

1251 Vgl. KRUSCHEV, (1999), S. 99 ff; MITTRA, (1990), S. 42.

1252 Das Angebot fremder Leistungen beispielsweise durch ein fokales Netzwerkunternehmen trägt in der Regel zum Vertrauen in die Objektivität der Beratung bei.

und Erfolge dar. Im Rahmen einer Learning Relationship kann die Finanzarchitektur jeweils an Änderungen der Lebenssituation des Kunden oder der äußeren Rahmenbedingungen angepasst werden.[1253]

Abbildung 18: Financial Planning Prozess[1254]

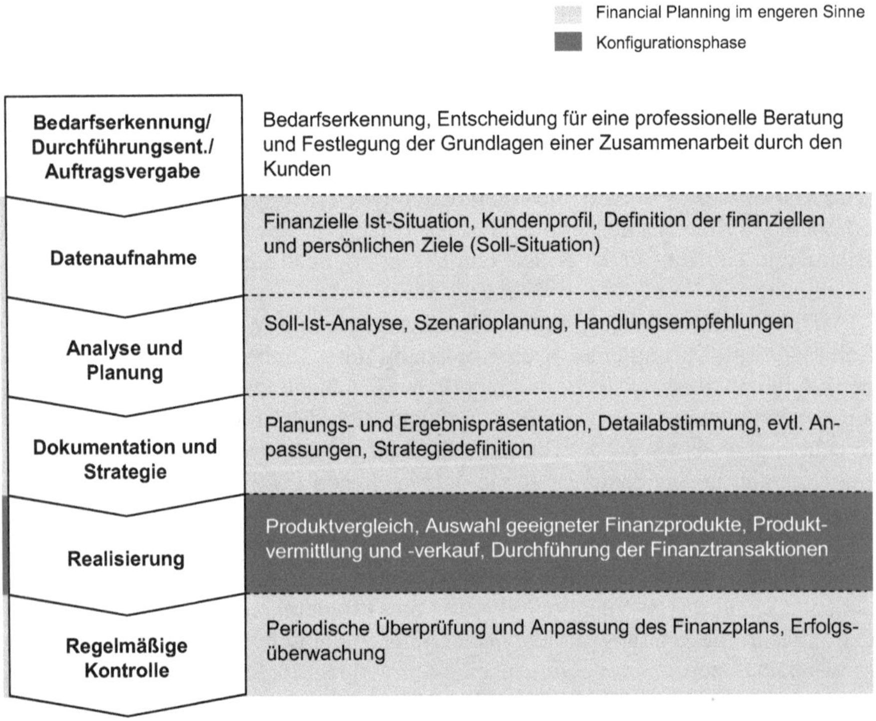

Eine ganzheitliche Beratung und Problemlösung im Sinne eines Financial Planning lässt sich somit auf Basis einer Mass Customization effizient im Retailgeschäft anbieten. Dabei kommen insbesondere die Vorteile von modular aufgebauten beziehungsweise auf modularen Plattformen basierenden und kundenindividuell konfigurierbaren Leistungen (siehe dazu Abschnitt 4.2.2) sowie von Beratungsunterstützungs- und Konfigurationssystemen, zum Tragen.[1255]

[1253] Allerdings ist darauf zu achten, dass geringfügige Änderungen nicht zu fortlaufenden Portfolioumschichtungen mit entsprechenden Kosten für den Kunden führen. Vgl. BUHL, et al., (2007), S. 31.

[1254] Verändert übernommen aus HOCHBERGER, (2003), S. 29.

[1255] Vgl. EBERHARDT, ZIMMERMANN, (2007), S. 104.

4.2.3.2 Kundenindividuelle Konfiguration

In der Konfigurationsphase erfolgt die eigentliche Umsetzung der ausgehend von den Kundenbedürfnissen ermittelten Problemlösung. Auf Basis weitgehend standardisierter Teilleistungen werden maßgeschneiderte Angebotspakete erstellt. Je nach gewähltem Geschäftsmodell basiert die Konfiguration ausschließlich auf eigenen Leistungen oder integriert (Teil-) Leistungen externer Partner. Um die Kosten einer solchen kundenindividuellen Angebotserstellung zu reduzieren und dem Kunden komplexe, integrierte Lösungen verständlich zu präsentieren, stellen wissensbasierte Konfiguratoren für eine Mass Customization im Retailgeschäft eine Basistechnologie dar.[1256] Der Konfigurationsvorgang erfolgt entweder in Interaktion mit einem Berater oder vollständig automatisiert über ein Selbstbedienungssystem. Das Ziel ist die Generierung eines konkreten, kundenindividuellen und den Kundenbedürfnissen entsprechenden Produktvorschlags, und der anschließende Vertragsschluss. Erfolgt die Konfiguration in Interaktion mit einem Berater, so ist der Vorgang durch den Konfigurator und gegebenenfalls weitere Beratungsunterstützungssysteme soweit zu standardisieren und zu automatisieren, dass die Leistung auch im Retailgeschäft rentabel erbracht werden kann. Erfolgt die Konfiguration vollständig durch den Kunden, so ist er durch den Konfigurator entsprechend zu unterstützen, sodass er auch bei komplexen Leistungen und geringem domänenspezifischem Wissen nicht überfordert wird. In diesem Kontext zeigt sich Kundenorientierung durch einen am Wissensstand und den Interessen des Kunden orientierten Beratungs- und Konfigurationsprozess.[1257]

Hierzu ist es erforderlich, den Konfigurationsprozess, das heißt die Auswahl der Komponenten und die Belegung der variablen Merkmale, an den Wissenstand und die Anforderungen des Kunden anzupassen, indem ihm unterschiedliche Einstiegspunkte in die Konfiguration geboten werden.[1258] Kunden mit hohem Fachwissen, die für ihre Bedürfnisse ein bestimmtes Produkt suchen, wollen direkt die passenden Komponenten zusammenstellen und die relevanten Parameter entsprechend ihren Bedürfnissen konfigurieren. Im Fall einer Altervorsorge hingegen werden in der Regel die Kundenbedürfnisse im Vordergrund stehen. Die Konfigurations-Phase beginnt mit der Erfassung dieser Bedürfnisse und der

[1256] Entsprechend schreibt Rogoll: „Configuration systems are the prime instrument for reducing the user's costs arising from a principal-agent-constellation that is inevitable in mass customization." ROGOLL, PILLER, (2004), S. 8.

[1257] Vgl. NIRSCHL, et al., (2005), S. 239.

[1258] Vgl. FELFERNIG, et al., (2004), S. 7.

Generierung eines Konfigurationsvorschlags.[1259] In diesem Fall kann der Konfigurator bereits während der Exploring- und Beratungsphase zur Unterstützung genutzt, und die erfassten Daten anschließend direkt in die Konfiguration übernommen werden. Die Visualisierung von Leistungskonfigurationen beispielsweise anhand von Zahlungsströmen und Diagrammen und ihre Gegenüberstellung in Simulationen und Szenariobetrachtungen erlaubt die verständliche Darstellung komplexer Leistungen während der Konfiguration. Dies ist vor allem vor dem Hintergrund wichtig, dass die durch den Kunden wahrgenommene Komplexität während des Konfigurationsvorgangs erheblichen Einfluss auf den wahrgenommenen Nutzen der Leistung hat.[1260]

Zur Generierung der Konfigurationsvorschläge können verschiedene Vorgehensweisen unterschieden werden, die auf unterschiedlichen Informationsquellen beruhen. Im einfachsten Fall hat sich der Kunde bereits für eine konkrete Leistung entschieden und möchte diese konfigurieren. Dann können über ein Product Matching oder ein Product Mapping Konfigurationsvorschläge erstellt werden. Dabei wird, ausgehend von einer vom Kunden spezifizierten Komponentenzusammenstellung und Parameterbelegung, eine valide Konfiguration ermittelt (Product Matching). Sollte der Retail-Kunde nicht das erforderliche Fachwissen haben, um alle notwendigen Parameter entsprechend vorzugeben, kann auf Basis von unscharf formulierten Anforderungen (z.B. langer Anlagezeitraum oder kurzfristige Verfügbarkeit) ein Konfigurationsvorschlag generiert werden (Product Mapping).

Da Finanzdienstleistungen in der Regel Mittel zum Zweck sind, um einen Primärbedarf zu befriedigen, ist jedoch anzunehmen, dass der Kunde bei der Auswahl von (Teil-) Leistungen unterstützt werden muss. In diesem Fall zielt das Needs Mapping darauf ab, ausgehend von einem ermittelten Primärbedarf, eine abstrakte Problemlösung zu ermitteln. Dies kann beispielsweise durch eine auf definierten Regeln oder auf einem Profiling basierende Zuordnung von Problemlösungen zu Kundengruppen, Lebensphasen und Primärbedarfen von Kunden geschehen.[1261]

Im zweiten Schritt werden durch ein Preference Mapping die Eigenschaften (z.B. Alter, Beruf, Einkommen) und Präferenzen des Kunden (z.B. Risikoneigung, Renditeerwartung und Verfügbarkeit der Sparleistungen) ermittelt und zur individuellen Konkretisierung der abstrakten Problemlösung herangezogen.[1262]

1259 Kratochvíl und Carson unterscheiden diesbezüglich zwischen einer Konfiguration auf Komponentenbasis und einer Funktionalen Konfiguration. Vgl. KRATOCHVÍL, CARSON, (2005), S. 100 ff.

1260 Vgl. DELLAERT, STREMERSCH, (2005), S. 219 ff.

1261 Vgl. NIRSCHL, et al., (2005), S. 253 ff.

1262 Vgl. NIEMEYER, (2003), S. 95 ff; FELFERNIG, et al., (2004), S. 7.

Aus Gründen der Komplexitätsvermeidung ist in diesem Zusammenhang darauf zu achten, das Preference Mapping entsprechend der Ergebnisse des Needs Mapping kontextsensitiv zu gestalten.[1263]

In einem weiteren Schritt, dem Frame Mapping, werden schließlich die notwendigen Rahmendaten, wie zum Beispiel Situation und Rolle des Kunden oder rechtliche und steuerliche Rahmenbedingungen, erfasst und in die Erstellung von Konfigurationsvorschlägen miteinbezogen. Dabei können im Rahmen einer Learning Relationship bereits vorhandene Kundeninformationen genutzt und somit der Konfigurationsaufwand gesenkt werden. Darüber hinaus kann zur Generierung von Konfigurationsvorschlägen auf vorhandenes Kunden-Know-how zurückgegriffen werden, indem das ermittelte Kundenprofil mit den vorhandenen Informationen abgeglichen wird. Die generierten Konfigurationsvorschläge müssen sowohl den Kundenwünschen, den Einschränkungen der Leistungserstellung als auch den Ertragsüberlegungen des Finanzdienstleisters genügen.[1264]

Auf die notwendige Unterstützung durch (wissensbasierte) Konfigurationssysteme, um diese Schritte im Retailgeschäft effizient durchführen zu können, wird im folgenden Abschnitt eingegangen.[1265]

4.2.3.3 Systemunterstützung – Konfiguratoren

Die wesentlichen Bestandteile eines (wissensbasierten) Konfigurationssystems, wie es in den vorangegangenen Abschnitten angesprochen wurde, sind in Abbildung 19 dargestellt. Es handelt sich um: 1) die Frontend- und Dialogsteuerungs-Komponenten, die den Benutzer durch den Konfigurationsprozess führen, 2) die Konfigurations- und Personalisierungs-Komponente, die für die inhaltlich angepasste Gestaltung des Konfigurationsprozesses und die Generierung von Konfigurationsvorschlägen verantwortlich ist, 3) eine Schnittstellenkomponente, die der Integration mit externen Systemen dient, sowie 4) dem Wissens-Repository und der Komponente zur Akquisition und Wartung des relevanten Wissens.

Grundlegende Anforderungen an die Gestaltung der Benutzeroberfläche von Konfiguratoren ergeben sich bereits aus den Grundsätzen der Dialogsteuerung der ISO-Norm 9241-110. Wesentliche Anforderungen dieser Norm sind: 1) eine übersichtliche Oberfläche, die durch den Benutzer intuitiv verstanden wird, 2) die Nachvollziehbarkeit und Verständlichkeit der durchgeführten Rechenschritte, sowie 3) die Möglichkeit, flexibel den Bearbeitungskontext zu wechseln

1263 Vgl. NIEMEYER, (2003), S. 99.
1264 Vgl. FELFERNIG, et al., (2004), S. 7.
1265 Vgl. auch FELFERNIG, et al., (2004), S. 7.

und von unterschiedlichen Punkten wieder in die Konfiguration einzusteigen. Die Akzeptanz des Konfigurators durch Kunden und Berater hängt wesentlich davon ab, wie diese abstrakten Forderungen konkret umgesetzt werden.[1266]

Abbildung 19: Architektur eines Konfigurationssystems[1267]

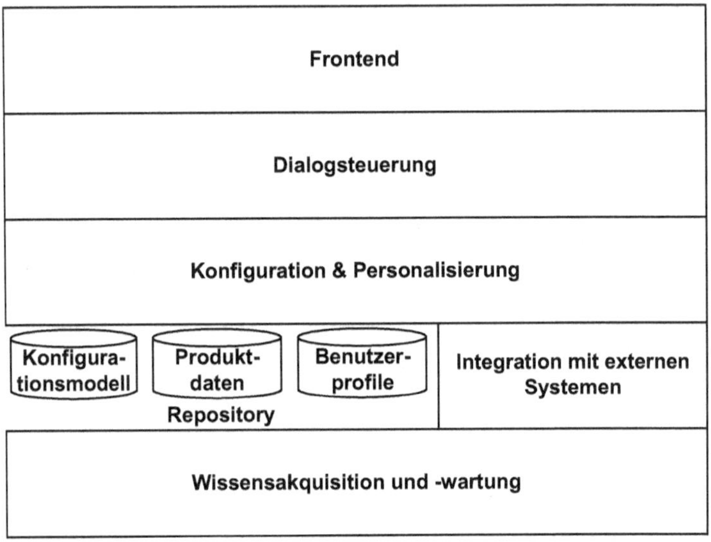

Neben diesen (allgemeinen) Anforderungen an die Gestaltung der Oberfläche, spielt weiterhin die Gestaltung des Konfigurationsprozesses eine wichtige Rolle. Der Ablauf des Konfigurationsprozesses und mit ihm die Benutzeroberfläche sollten interaktiv an den Wissensstand des Benutzers und seine Anforderungen angepasst werden können (adaptive Benutzeroberfläche). Dazu ist es erforderlich, dass das System automatisch den Benutzer nach bestimmten Merkmalen (z.B. Expertise oder Interesse an bestimmten Produkteigenschaften) klassifiziert und sowohl den Konfigurationsprozess als auch die Benutzeroberfläche, das heißt vor allem die Darstellung der Konfigurationsergebnisse, entsprechend anpasst. Die Änderung des Konfigurationsprozesses bezüglich Inhalt und Sequenz der Interaktionsschritte dient vor allem der Komplexitätsreduktion. Die Anpassung der Benutzeroberfläche geschieht unter dem Gesichtspunkt, die für den Kunden relevanten Informationen in für ihn verständlicher Weise und adäquater Detailtiefe darzustellen. Dies dient ebenfalls der Komplexitätsreduktion

---

1266 Vgl. EBERHARDT, ZIMMERMANN, (2007), S. 112; FELFERNIG, et al., (2004), S. 6; ARDISSONO, et al., (2001), S. 184.

1267 Übernommen aus FELFERNIG, et al., (2004), S. 9.

und Kompetenzvermittlung gegenüber dem Kunden und damit letztendlich der Reduktion von Transaktionskosten.[1268]

Die beschriebenen Anpassungen basieren auf einem internen Modell des Benutzers. In diesem Modell werden alle relevanten Informationen zum Benutzer (z.B. Alter, Beruf, Nationalität, Informationen basierend auf einer Learning Relationship) sowie daraus abgeleitete Charakteristika[1269] (u.a. bezüglich der Präferenzen oder der Expertise des Benutzers) gespeichert.[1270] Diese Informationen werden während eines Interaktionsprozesses fortlaufend auf Basis der Benutzeraktionen aktualisiert. Ausgehend von diesen Informationen sowie definierten Personalisierungsregeln werden der Konfigurationsprozess und die Benutzeroberfläche während des Konfigurationsvorgangs dynamisch an das Verhalten des Benutzers angepasst. Zur Interpretation des Benutzerverhaltens können beispielsweise Bayes'sche Netze eingesetzt werden.[1271]

Die Konfigurations- und Personalisierungs-Komponente kann im Rahmen einer fachlichen Dekomposition weiter in eine Kunden-, eine (Teil-) Leistungs- und eine Individualisierungs-Komponente untergliedert werden (siehe Abbildung 20). Die Kunden-Komponente ist zur Verarbeitung der vorhandenen Kundeninformationen und zur Ermittlung von Kundeneinstellungen und von Einschätzungen des Finanzdienstleisters über den Kunden zuständig. Abhängig vom konkreten Konfigurationsprozess werden Einstellungen und Einschätzungen in Bezug auf die Rolle des Kunden (z.B. als Geschäftsführer oder Privatperson) und die Situation, in der er sich befindet (z.B. Konfiguration über das Internet), interpretiert. Um die Ermittlung von Einstellungen und Einschätzungen nachvollziehbar und ihre Komplexität begrenzt zu halten, gilt es einige Einschränkungen zu berücksichtigen. Zum Beispiel sollten ermittelte Einstellungen oder Einschätzungen nicht als Input zur Ermittlung weiterer Einstellungen oder Einschätzungen genutzt werden.

Die (Teil-) Leistungs-Komponente dient der Bewertung der (Teil-) Leistungen bezüglich der Anwendungsszenarien. Dabei gilt es, objektive und repräsentative Informationsquellen zur Bewertung zu identifizieren. Ausgehend von diesen Informationsquellen und den definierten Merkmalen werden im nächsten Schritt zielbezogene Informationen (z.B. Rendite, Risiko, Flexibilität, Nachvollziehbarkeit, Verwaltbarkeit) ermittelt. Dabei müssen durch den Kunden gegebe-

1268 Vgl. ARDISSONO, et al., (2001), S. 185. So schreiben auch Dellaert und Stremersch: „[...] mass customization configuration affects the product utility that consumers can achieve in mass customization as well as their perception of mass customization complexity." DELLAERT, STREMERSCH, (2005), S. 219.

1269 Hierfür kann beispielsweise auf vorhandenes Kunden-Know-how sowie die Profiling Methode zurückgegriffen werden.

1270 Vgl. FELFERNIG, et al., (2004), S. 10 f.

1271 Vgl. ARDISSONO, et al., (2001), S. 186.

ne Rahmenbedingungen (z.B. steuerrechtliche oder sozialversicherungsrechtliche Rahmenbedingungen) berücksichtigt werden. Die Individualisierungs-Komponente ermittelt schließlich unter Berücksichtigung von Einstellungen, Einschätzungen, externen Rahmenbedingungen und den zielbezogenen Informationen (optimale) Konfigurationsvorschläge für den Kunden. Hierzu werden zunächst relevante (Teil-) Leistungen ausgewählt und zu validen Leistungskonfigurationen kombiniert. Im Anschluss werden ineffiziente Leistungskonfigurationen entfernt, und auf Basis individueller Zielgewichtungen eine Nutzwertanalyse zur Ermittlung (optimaler) kundenindividueller Leistungskonfigurationen durchgeführt.[1272]

Abbildung 20: Fachliche Teilkomponenten der Konfigurations- und Personalisierungskomponente[1273]

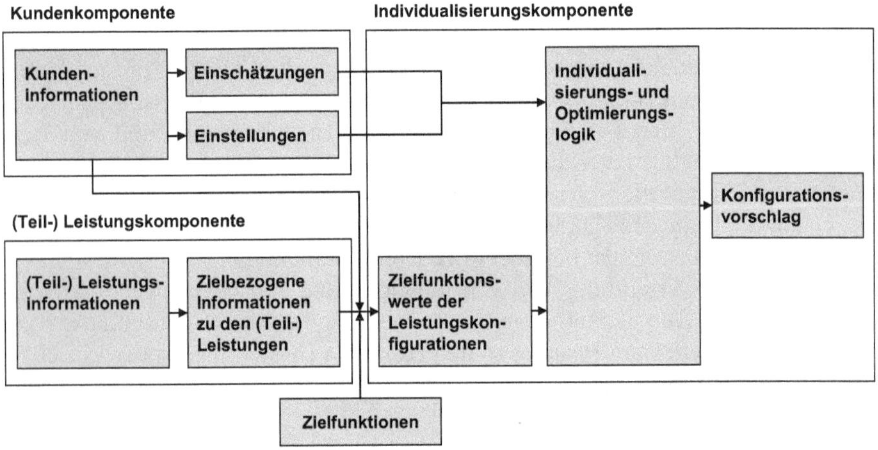

Für die Integration mit externen Systemen sind im Wesentlichen zwei Szenarien zu berücksichtigen. Zum einen die Integration mit bestehenden Systemen des Finanzdienstleisters, um unter anderem Daten über angebotene Finanzdienstleistungen, Kunden oder Transaktionen auszutauschen. Zum anderen die Integration externer Partner. Insbesondere vor dem Hintergrund neuer Geschäftsmodelle, wie dem der Produktions- oder Vertriebsbank, gewinnt eine solche Integration zunehmend an Bedeutung. Dabei tritt der Finanzdienstleister entweder als spezialisierter Produkt- und Leistungsanbieter auf und stellt die entsprechenden Sys-

1272 Vgl. zu diesem Abschnitt BUHL, et al., (2004), S. 430 ff; BUHL, et al., (2007), S. 27 ff; EBERHARDT, ZIMMERMANN, (2007), S. 105 ff.

1273 Verändert übernommen aus EBERHARDT, ZIMMERMANN, (2007), S. 105.

teme zur Konfiguration und Erstellung seiner (Teil-) Leistungen bereit. Oder er positioniert sich als Integrator oder Broker und bietet seinen Kunden die Möglichkeit, auf Basis einer Vielzahl von externen Partnern bereitgestellter (Teil-) Leistungen, individuelle Lösungspakete zu konfigurieren. In diesem Fall ist die Integration von Konfigurationssystemen unterschiedlicher Finanzdienstleister entlang der Wertschöpfungskette notwendig, um eine effiziente (automatisierte) Konfiguration zu gewährleisten.[1274]

Die Komponente zur Wissensakquisition und -wartung ermöglicht die Bearbeitung der Wissensbasen/des Repositorys. Da sich solche Änderungen (z.B. neue Produkte, Anpassung vorhandener Produkte, Überarbeitung von Business Rules), ausgehend von Veränderungen des Marktes oder neuen rechtlichen Rahmenbedingungen, fortlaufend ergeben, sollten sie in einer zentralen Modellierungskomponente durch fachliche Benutzer vorgenommen werden können. Dies wiederum setzt die Verwendung standardisierter und auch für fachliche Benutzer leicht verständlicher Sprachen voraus. In der Praxis wird vermehrt auf Sprachen wie die Unified Modeling Language (UML)[1275] und die Object Constraint Language (OCL)[1276] zurückgegriffen. Auf diese Weise kann das Konfigurationsmodell, das die für das Konfigurationssystem interpretierbare Beschreibung der Produktstruktur und der Business Rules darstellt, vergleichsweise einfach angepasst werden.[1277]

4.2.4 Nachkaufphase, CRM und Aufbau der Economies of Interaction

Angesichts der aktuellen Herausforderungen im Retailgeschäft der Finanzdienstleistungsbranche liegt einer der wesentlichen Wettbewerbsvorteile einer Mass Customization im Aufbau langfristiger Kundenbeziehungen. Diese Vorteile, sowohl aufseiten des Finanzdienstleisters als auch aufseiten des Kunden, können jedoch nur auf Basis eines konsequenten und systematischen Kundenmanagements realisiert werden.

1274 Vgl. ARDISSONO, et al., (2001), S. 184 ff.

1275 Siehe für eine Diskussion der UML beispielsweise FETTKE, (2007), S. 55 ff.

1276 Siehe für eine Diskussion der UML beispielsweise DEMUTH, et al., (2001), S. 104 ff.

1277 Vgl. FELFERNIG, et al., (2004), S. 9 f. Dazu beigetragen hat auch die Weiterentwicklung der regelbasierten Wissensrepräsentation hin zu einer deklarativen Wissensrepräsentation. Dadurch werden eine strikte Trennung von Problemdefinition und Lösungssuche und damit eine signifikante Kostenreduktion in der Entwicklung und Wartung solcher Systeme möglich. Vgl. FLEISCHANDERL, et al., (1998), S. 64.

4.2.4.1 Kundenmanagement, Learning Relationship und Auswertung der Kundeninformationen

„Kundenmanagement beinhaltet die aktive Bereitstellung ganzheitlicher Maßnahmen in Marketing, Vertrieb und Service an allen Bank-Kunde-Kontaktpunkten. Aufbauend auf dem Verständnis der Kundensituation wird eine individuelle Kundenbedienung angestrebt mit dem Ziel des Aufbaus und des Ausbaus langfristig stabiler Beziehungen (Erhöhung der Kundenbindung) zu für die Bank unter Profitabilitätsaspekten attraktiven Kunden (Optimierung der Kundenprofitabilität). Dazu notwendig ist eine kundenorientierte Unternehmensstrategie, ein kundenzentriertes Geschäftsmodell, an den Bedürfnissen und Kontaktpunkten der Kunden orientierte Prozessstrukturen und dieses Vorhaben unterstützende IT als Enabling Technology.“[1278] Darüber hinaus bieten die aus der direkten Interaktion mit dem Kunden gewonnenen Informationen Ansatzpunkte für die Neu-/Weiterentwicklung des Finanzdienstleistungsangebots. Ein wesentlicher Aspekt bei der Umsetzung des Kundenmanagements ist die Anwendung des Push-Prinzips, das heißt eine aktive und steuernde Rolle des Finanzdienstleisters. In einem kontinuierlich ablaufenden Prozess werden auf Einzelkundenebene geeignete Anknüpfungspunkte (Ereignisse)[1279] identifiziert, um mit individuell angepassten Kundenmanagement-Maßnahmen in Marketing, Vertrieb und Service auf den Kunden zuzugehen. Somit wird erreicht, dass nicht die Terminierung einer Marketingaktion Zeitpunkt und Inhalt der Kundenansprache bestimmt, sondern die Situation des Kunden ausschlaggebend für Kundenmanagement-Maßnahmen ist. Voraussetzung für eine profitable Umsetzung im Retailgeschäft ist eine weitgehende Automatisierung der notwendigen Prozesse.[1280]

Im Rahmen des Kundenmanagements sind insbesondere drei zentrale Aufgabenbereiche von Bedeutung: 1) Die aktive Ansprache des Kunden im Rahmen eines ereignisgesteuerten Kundenmanagement-Prozesses, 2) eine konsistente Unterstützung der Kundenprozesse über alle Kanäle hinweg, sowie 3) der Aufbau von Kunden-Know-how und die Integration einer Kundenwertorientierung.[1281] Die Implementierung eines Kundenmanagement-Prozesses fokussiert auf drei Aspekte, um eine undifferenzierten Kundenbedienung zu vermeiden: 1) Die Integration der kundenorientierten Funktionsbereiche (Marketing, Vertrieb, Service und, sofern relevant, Entwicklung), 2) eine aktive und gezielte Kundenansprache auf Basis einer kontinuierlichen Analyse der Kundensituation in Be-

---

1278 WALTER, (2003), S. 35.

1279 Dabei kann es sich sowohl um Ereignisse, die durch den Kunden ausgelöst werden als auch um Ereignisse, die sich aus bisherigen Transaktionen ergeben handeln.

1280 Vgl. WALTER, (2003), S. 67 ff.

1281 Vgl. WALTER, (2005), S. 269 f.

zug auf relevante Ereignisse, und 3) die Integration eines Kundenwertmanagements.[1282] Eine integrierte Kanalstrategie soll eine konsistente Kundeninteraktion an allen Kontaktpunkten sicherstellen. Daneben kann sie in Bezug auf eine aktive Kundenansprache und die Integration eines Kundenwertmanagements zur gezielten Steuerung der Kanalnutzung beitragen. Der Aufbau von Learning Relationships und Kunden-Know-how stellt die Grundlage des Kundenmanagements dar. Eine zentral gesteuerte und konsistente Daten- und Informationsbasis in Verbindung mit innovativen Analyseinstrumenten ist die Voraussetzung für: 1) Eine ereignisgesteuerte Kundenansprache basierend auf Kundeninformationen, 2) eine Individualisierung und Optimierung von Kommunikation und Leistungsangeboten, 3) die Neu- und Weiterentwicklung des Leistungsangebots, und 4) ein systematisches Kundenwertmanagement.[1283]

Der Kundenmanagementprozess gliedert sich in vier Phasen: 1) Die Ereigniserkennung, 2) das Matching, 3) die Personalisierung, und 4) die Anwendung der Maßnahmen in den kundenorientierten Funktionsbereichen.

Die Analyse der Kundensituation und die Erkennung relevanter Ereignisse ist der Ausgangspunkt des Kundenmanagements. Dieser Prozessschritt muss aufgrund der großen Anzahl von Kunden im Retailgeschäft weitgehend automatisiert erfolgen.

Im nächsten Schritt, dem Matching, werden dem Ereignis geeignete (generische) Kundenmanagement-Maßnahmen zugeordnet. Basis hierfür sind Ereignis-Aktivitäten-Matrizen für die einzelnen kundenorientierten Funktionsbereiche.

Im Rahmen der Personalisierung erfolgt anschließend eine Anpassung und Konkretisierung der Maßnahmen ausgehend vom Kundenprofil. Einflussfaktoren sind dabei vorherige Transaktionen des Kunden, kontextspezifische Kundenpräferenzen sowie der Kundenwert aus Sicht des Finanzdienstleisters. Ergebnis dieser Phase sind kundenindividuelle Leistungs-, Konditionen-, und Dialog-Angebote.

Im letzten Schritt erfolgt schließlich die Umsetzung der Maßnahmen in den kundenorientierten Funktionsbereichen (z.B. in Form eines Mailings, eines

[1282] Zum Kundenwertmanagement siehe EBERLING, (2002).

[1283] So schreibt beispielsweise Fournier in Bezug auf die Neuentwicklung von Produkten: „According to marketing researcher Jonlee Andrews, the key reason companies launch extensions that customers perceive as meaningless is that, from inside a rigid brand-management organizational structure, managers simply can't tell what will resonate with consumers and what won't. We need to break out of that mold, recognize that endless introductions create noise not need, and be more rigorous about evaluating consumers' likely reactions to our new products and extensions." FOURNIER, et al., (1998), S. 48.

Cross-Selling-Angebots, einer Beschwerdebearbeitung oder einer Neu-/Weiterentwicklung des Leistungsangebots).[1284]

Im Rahmen dieses Prozesses kommen unterschiedliche Unterstützungselemente zum Einsatz. In den Phasen der Ereigniserkennung und des Matchings handelt es sich vor allem um Modelle zur vereinfachten und strukturierten Abbildung der Anbieter-Kunden-Beziehung sowie des Lebensumfelds des Kunden. Hierunter fallen unter anderem der Customer Buying Cycle (CBC), der Sales Cycle, der Kundenlebenszyklus (KLZ) oder das Lebensphasenkonzept. In der Matching- und vor allem der Personalisierungs-Phase werden kontextbezogene Informationen aus dem Kundenprofil eingesetzt. Dabei handelt es sich beispielsweise um Präferenzen des Kunden, die aus den Kundeninformationen abgeleitet werden. Ebenfalls in der Personalisierungs-Phase kommen Modelle zur Bestimmung des Kundenwerts zum Einsatz. Diese ermitteln unter geschäftlichen Gesichtspunkten die Attraktivität und Bedeutung des Kunden ausgehend vom: 1) Bisherigen Kundenbeitrag, 2) zukünftigem Kundenpotenzial, sowie 3) Ressourcenpotenzial[1285] des Kunden.[1286]

Für eine Mass Customization im Retailgeschäft der Finanzdienstleistungsbranche ist ebenfalls der zweite Aufgabenbereich des Kundenmanagement, die konsistente Unterstützung der Kundenprozesse über alle Kanäle hinweg, von Bedeutung. Ein integriertes Multikanalangebot bietet dem Finanzdienstleister die Möglichkeit, einerseits alle relevanten Informationen zum Kunden zu erfassen und andererseits seine Leistungen über den effizientesten Kanal anzubieten. Der Kunde wiederum hat (je nach Angebot) die Möglichkeit, den seinen Präferenzen entsprechenden Kanal zu wählen und erhält auf allen Kanälen ein konsistentes Leistungsangebot. Das Kundenmanagement übernimmt in diesem Zusammenhang die Aufgabe, situationsabhängig den optimalen Einsatz der Kanäle zu steuern und zu koordinieren. Steuerung und Koordination beziehen sich auf: 1) Die aktive Kanalwahl durch die Bank, 2) die Beeinflussung der Kanalwahl des Kunden, und 3) die Koordination der Kundenkontakte über die Kanäle hinweg. Zur Steuerung der Kanalwahl durch die Bank können beispielsweise Customer Touchpoint (CTP) Matrizen genutzt werden. Diese bestimmen, abhängig von den Anforderungen aus den einzelnen Interaktionsphasen (z.B. Beratung) und leistungsspezifischen Charakteristika, die Priorisierung der Kanäle für den jeweiligen CTP aus Sicht des Finanzdienstleisters. Abhängig von bekannten Kundenpräferenzen und dem Kundenwert erfolgt anschließend die Auswahl eines Kanals für eine konkrete Interaktion mit einem spezifischen Kunden. Zur Beein-

---

1284 Vgl. WALTER, (2003), S. 72 f.

1285 Das Ressourcenpotenzial spiegelt sich beispielsweise in Informationen zu Produktverbesserungen nieder, die der Kunden im Rahmen von Lead-User-Konzepten liefert.

1286 Vgl. WALTER, (2003), S. 73 ff.

flussung der Kanalwahl des Kunden stehen weitgehend die originären Instrumente des Marketing-Mix zur Verfügung: 1) Eine fixe Zuordnung bestimmter Kundengruppen auf festgelegte Kanäle, 2) das Propagieren von Kanälen durch Marketing und Werbung, 3) die Angebotsdifferenzierung nach Kanälen, 4) die Preisdifferenzierung nach Kanälen, sowie 5) Clubmodelle. Dabei sollten dieselben Kriterien berücksichtigt werden, wie auch bei der Steuerung der Kanalwahl durch die Bank (u.a. eine effiziente Ressourcenallokation, Anforderungen der Interaktionsphasen und Kundenpräferenzen). Zur Koordination der Kundenkontakte über die Kanäle hinweg müssen im Kundenmanagement die notwendigen organisatorischen und systemtechnischen Voraussetzungen geschaffen werden. Dies sind unter anderem: 1) kanalübergreifend konsistente Funktionalitäten zur Interaktionsunterstützung im Front Office, 2) die Etablierung eines Middle Office zur Vermittlung zwischen Front und Back Office im Interaktions-Management, sowie 3) eine nahtlose Anbindung der Back Office Systeme im Sinne eines STP, um eine sofortige fallabschließende Bearbeitung von Transaktionen zu ermöglichen.[1287]

Der dritte Aufgabenbereich des Kundenmanagements im Rahmen einer Mass Customization umfasst die Bereitstellung und Auswertung von Kunden-Know-how. Die Verfügbarkeit relevanter Informationen über individuelle Kunden stellt die Grundlage für die Individualisierung von Angeboten, von Maßnahmen und der Kundenansprache dar. Sie bietet die Möglichkeit, an bisherige Kundenkontakte anzuknüpfen. Auch hier spielt die Unterstützung durch moderne IuK-Systeme eine wesentliche Rolle. Erst sie ermöglichen eine kanalübergreifend konsistente und effiziente Bereitstellung der notwendigen Informationen. Dabei kommt den Finanzdienstleistern die Tatsache zugute, dass die Abwicklung von Finanzdienstleistungsgeschäften praktisch vollständig elektronisch erfolgt und in der Regel eine Identifikation des Kunden und einen umfassenden Informationsaustausch erfordert. Damit verfügen viele Finanzdienstleister bereits über detaillierte Informationen über ihre Kunden; nutzen diese aber häufig nicht systematisch.[1288] Die Umsetzung einer Mass Customization vor dem Hintergrund der aktuellen Herausforderungen macht jedoch genau dies notwendig. Dazu müssen die Daten strukturiert und geeigneter Kundenmerkmale ausgewählt werden, um die Datenbasis mit vertretbarem Aufwand beherrsch- und auswertbar zu halten. Des Weiteren sind (innovative) Werkzeuge bereitzustellen, die die Generierung relevanter Informationen auf Basis der Daten zu ermöglichen. Dabei gilt es, bei etablierten Finanzdienstleistern etliche Herausforderungen zu überwinden. Häufig sind die Daten in gewachsenen heterogenen Systemen verteilt, die rein an operativen Anforderungen ausgerichtet sind. Ein systematisches Daten-

[1287] Vgl. WALTER, (2003), S. 114 ff.
[1288] Vgl. WINTER, (2002), S. 270 f.

management ist nicht etabliert, und die Mitarbeiter an der Kundenschnittstelle haben die Bedeutung einer integrierten Datenbasis noch nicht verinnerlicht, beziehungsweise erfassen aus Sorge um Ihre Position relevante Daten nicht in den Systemen.[1289] „Zusammenfassend ist für eine zweckdienliche Datenbereitstellung im Kundenmanagement die Verfügbarkeit qualitativ hochwertiger Daten basierend auf einem leistungsfähigen Datenbank-Konzept essentiell. Eine wesentliche Rolle spielt dabei die dauerhafte Institutionalisierung entsprechender Datenmanagement-Prozesse sowie die Etablierung geeigneter Data Warehouse-Lösungen, die der erhöhten Anforderungssituation im [...] [Mass Customization] gerecht werden."[1290]

4.2.4.2 Datenschutz und Kundenakzeptanz

Neben organisatorischen und technischen Aspekten sind bei der Erhebung und Verarbeitung von personenbezogenen Daten und bei der Durchführung von Maßnahmen rechtliche Vorgaben sowie die Akzeptanz beim Kunden zu berücksichtigen.

Die größte Relevanz aus rechtlicher Sicht haben dabei Normen zum Daten- und Verbraucherschutz. Grundlage des Datenschutzrechts in Deutschland ist das Bundesdatenschutzgesetz (BDSG). Es regelt generell den Umgang mit personenbezogenen Daten. Bereichsspezifisch wird das BDSG um Sondervorschriften ergänzt, die ihrerseits durch weitere Gesetze und Verordnungen konkretisiert werden. Solche bereichsspezifischen Vorschriften sind beispielsweise das Informations- und Kommunikationsdienstegesetz (IuKDG) und das Telekommunikationsgesetz (TKG). Das IuKDG regelt die grundsätzlichen Rahmenbedingungen für die Bereitstellung kommerzieller Angebote in elektronischen Medien (wie z.B. auf der Webseite eines Finanzdienstleisters). Hier sind weitere Gesetze wie das Teledienstegesetz (TDG – Art. 1 IuKDG) oder das Teledienstedatenschutzgesetz (TDDSG – Art. 2 IuKDG) verankert. Das TKG reguliert den Bereich der Telekommunikation und die Nutzung der entsprechenden Infrastruktur. In ihm wird unter anderem auf die Telekommunikations-Kundenschutzverordnung (TKV – §41 TKG) und die Telekommunikations-Datenschutzverordnung (TDSV – §89 Abs. 1 TKG) verwiesen. Für die Betrachtung datenschutzrechtlicher Aspekte im Rahmen der vorliegenden Arbeit sind vor allem das BDSG sowie für elektronische Medien das TDDSG relevant.[1291]

1289 Vgl. WALTER, (2003), S. 150 ff.

1290 WALTER, (2003), S. 166.

1291 Vgl. WALTER, (2003), S. 192.

Das BDSG geht von den Prinzipien der Datenvermeidung und der Datensparsamkeit aus. Grundsatz für die Erhebung und Verarbeitung personenbezogener Daten ist ein Verbot mit Erlaubnisvorbehalt. Das heißt, die Erhebung, Verarbeitung und Nutzung personenbezogener Daten ist nach §4 Abs. 1 BDSG nur zulässig, sofern das BDSG oder eine andere Rechtsvorschrift dies erlauben oder anordnen oder der Betroffene eingewilligt hat (Erlaubnistatbestand). Ein solcher, rechtlich geregelter Ausnahmetatbestand, ist die Datenverarbeitung zur Erfüllung vertraglicher Pflichten mit dem Kunden, die nach §28 Abs. 1 BDSG auch ohne dessen explizite Einwilligung erlaubt ist. Eine Datenverarbeitung, die dem Vertragsverhältnis lediglich dienlich, hilfreich oder nützlich ist, erfordert jedoch die Einwilligung des Kunden. Damit ist im Rahmen einer Mass Customization die Einholung einer Einwilligung des Kunden das Mittel der Wahl.[1292]

Im Fall einer Auftragsvergabe an externe Partner, das heißt bei einer Auftragsdatenverarbeitung gemäß §11 BDSG ist zwar keine zusätzliche Einwilligung des Kunden erforderlich, allerdings ist in diesem Fall weiterhin der Finanzdienstleister für die Einhaltung des Datenschutzes verantwortlich. Anders ist dies im Fall einer Funktionsauslagerung einzelner Geschäftsbereiche (Outsourcing) nach §25a Abs. 2 des Kreditwesengesetztes. Hier ist erneut eine Einwilligung des Kunden erforderlich.[1293] Allerdings sind der Nutzung personenbezogener Daten in der Finanzdienstleistungsbranche auch bei Einwilligung des Kunden enge Grenzen gesetzt. So ist beispielsweise die Auswertung des Verwendungszwecks einer Zahlungsverkehrstransaktion im Rahmen einer Mass Customization nicht möglich, aufgrund der engen Zweckbindung, der Daten, aufgrund haftungsrechtlicher Aspekte als auch wegen der Beurteilung als sittenwidriges Vorgehen im Sinne des §1 des Gesetzes gegen den unlauteren Wettbewerb (UWG).[1294]

Zur Sicherstellung des Datenschutzes bei der Nutzung neuer Medien (z.B. der Webseite eines Finanzdienstleisters) sowie zur Berücksichtigung der Besonderheiten der neuen Medien dient das Teledienstedatenschutzgesetz (TDDSG). Unter anderem werden hier die Unterrichtungspflichten des Anbieters gegenüber seinen Kunden (§4 Abs. 1 TDDSG) sowie die Einwilligung des Kunden in elektronischer Form (§4 Abs. 2 TDDSG) geregelt. Das TDDSG unterscheidet zwischen Bestandsdaten, zu denen insbesondere die Abrechnungsdaten gehören, und Nutzungsdaten. Während die notwendigen Bestandsdaten ohne Einwilligung des Kunden verarbeitet werden dürfen (§5 TDDSG), dürfen Nutzungsdaten nur, soweit erforderlich, erhoben und verarbeitet werden. Sie sind, sobald sie nicht

1292 Vgl. WALTER, (2003), S. 194. §4a BDSG regelt in diesem Fall Inhalt und Form einer solchen Einwilligung.

1293 Vgl. DISSELBECK, (2007), S. 331 ff.

1294 Vgl. FUCHS, KLENK, (2002), S. 35; WALTER, (2003), S. 195.

mehr für das Angebot des Dienstes oder dessen Abrechnung benötigt werden, zu löschen (§6 TDDSG). Unter Verwendung von Pseudonymen darf der Anbieter zur Werbung, Marktforschung oder zur bedarfsgerechten Gestaltung der Teledienste Nutzungsprofile erstellen, solange der Kunde nicht widerspricht. Da im Rahmen einer Mass Customization allerdings spezifischen Kunden individuelle Angebote gemacht werden sollen, ist auch gemäß dem TDDSG in den meisten Fällen die Einwilligung des Kunden erforderlich.[1295]

Für den Verbraucherschutzes sind in der Finanzdienstleistungsbranche vor allem zwei europäische Richtlinien von Bedeutung: 1) Die Europäische Vermittlerrichtlinie[1296], die in Deutschland durch das Vermittlergesetz[1297] umgesetzt wurde, und 2) die Finanzmarktrichtlinie[1298], die in Deutschland durch das Finanzmarkt-Richtlinie-Umsetzungsgesetz (FRUG) in Verbindung mit der Wertpapierdienstleistungs- Verhaltens- und Organisationsverordnung (WpDVerOV) umgesetzt wird.[1299] Die Richtlinien sehen bei dem Verkauf/der Vermittlung von Versicherungen beziehungsweise Finanzdienstleistungen unter anderem umfassende Dokumentationspflichten des Beraters vor. Damit soll sichergestellt werden, dass der Berater alle relevanten Informationen des Kunden berücksichtigt und eine den Kundenbedürfnissen entsprechende Empfehlung gibt. Durch die schriftliche Dokumentation der Empfehlung und ihrer Begründung wird der Beratungsvorgang nachvollziehbar und gegen den Berater beziehungsweise den entsprechenden Finanzdienstleister können gegebenenfalls Schadenersatzansprüche geltend gemacht werden. Ist der Kunde nicht bereit die erforderlichen Informationen preiszugeben, so muss er schriftlich auf den Schutz durch die Richtlinie und damit gegebenenfalls auf Schadenersatzansprüche verzichten. Damit verursachen die Richtlinien einerseits einen erheblichen Zusatzaufwand während eines Beratungsgesprächs. Andererseits bieten sie aber Finanzdienstleistern die Chance einer erfolgreichen Umsetzung des Mass Customization-Konzepts, indem sie zur Stärkung des Kundenvertrauens beitragen und die Akzeptanz der Kunden zur Preisgabe personenbezogener Informationen erhöhen.[1300] "Im Gegensatz zur meist vorherrschenden Tendenz, den Kunden vor der Preisgabe de-

---

1295 Vgl. WALTER, (2003), S. 195 f.

1296 Richtlinie 2002/92/EG des Europäischen Parlaments und des Rates vom 9. Dezember 2002 über Versicherungsvermittlung.

1297 Gesetzes zur Neuregelung des Versicherungsvermittlerrechts vom 22. Dezember 2006.

1298 Richtlinie 2004/39/EG des Europäischen Parlaments und des Rates vom 21. April 2004 über Märkte für Finanzinstrumente, zur Änderung der Richtlinien 85/611/EWG und 93/6/EWG des Rates und der Richtlinie 2000/12/EG des Europäischen Parlaments und des Rates und zur Aufhebung der Richtlinie 93/22/EWG des Rates (Markets in Financial Instruments Directive – MiFID)

1299 Vgl. BUHL, et al., (2007), S. 27.

1300 Vgl. JUNGMANN, (2007), S. 21 f.

taillierter Auskünfte über seine Person zu schützen, verbessert im Finanzdienstleistungsbereich der Verbraucherschutz prinzipiell die Chance auf die Erfassung von Kundendaten."[1301]

Neben den betrachteten rechtlichen Rahmenbedingungen sind verhaltenspsychologisch geprägte Barrieren auf Kundenseite beim Aufbau von Learning Relationships und von Kunden-Know-how sowie der Verwendung der gesammelten Informationen bei der Kundenansprache zu berücksichtigen. Dies gilt insbesondere für Finanzdienstleister, da die Preisgabe finanzieller Informationen für Kunden besonders sensibel ist.[1302] Im Rahmen einer Mass Customization besteht vor allem durch nicht geeignete oder nicht aufeinander abgestimmte Maßnahmen die Gefahr, aus Sicht des Kunden dessen Privatsphäre zu verletzen. Dies kann zum einen durch eine zu hohe Kontaktfrequenz als physisches Eindringen in die Privatsphäre erlebt werden. Zum anderen kann eine durch den Kunden als nicht ausreichend empfundene Kontrollmöglichkeit bei der Nutzung personenbezogener Daten als Verletzung der informationellen Privatsphäre wahrgenommen werden.[1303] Als Konsequenz kommt es auf Kundenseite zu Reaktanz-Verhalten und Vertrauensverlust, was die Wirkung einer langfristigen Kundenbeziehung und die Potenziale späterer Kundenmanagement-Maßnahmen erheblich einschränkt, wenn nicht sogar zunichte macht.[1304] Um dem entgegenzuwirken stehen den Finanzdienstleistern unterschiedliche Maßnahmen zur Verfügung. Diese zielen im Wesentlichen darauf ab, dem Kunden eine weitergehende Kontrolle über Erhebung und Nutzung seiner personenbezogenen Daten zu geben, und ihm für die Nutzung einen entsprechenden Mehrwert (z.B. in Form kundenindividueller Leistungen) zu bieten.[1305] Eine Möglichkeit ist das Angebot einer transparenten, mehrstufigen Konfiguration des Kundenmanagements. Der Kunde kann bei diesem Angebot die Erhebung und Verwendung seiner Informationen beeinflussen, indem er über mehrere Detaillierungsstufen hinweg entscheidet, welche personenbezogenen Daten im Internet oder Callcenter erhoben werden dürfen und welche Kundenmanagement-Maßnahmen er akzeptiert. Eine weitere Möglichkeit sind Regelungen zur internen Verwendung von Informationen. Beispielsweise können Informationen aus einem Beratungsgespräch als vertraulich gekennzeichnet werden und damit im Rahmen von Kundenmanagement-Maßnahmen nicht zur Verfügung stehen. Hierbei ist zum einen darauf zu achten, dass entsprechende Kennzeichnungen von allen Mitarbeitern und Syste-

---

1301 BUHL, et al., (2007), S. 27.

1302 Vgl. CESPEDES, SMITH, (1993), S. 13; WALTER, (2003), S. 197.

1303 So kann beispielsweise bereits die Nutzung von im Beratungsgespräche im Vertrauen preisgegebener Informationen durch andere Mitarbeiter des Finanzdienstleisters als Verletzung der informationellen Privatsphäre gesehen werden. Vgl. WALTER, (2003), S. 198.

1304 Vgl. KROEBER-RIEL, WEINBERG, (1996), S. 206 f; WALTER, (2003), S. 198.

1305 Vgl. REICHARDT, (2002), S. 269; WALTER, (2003), S. 198.

men berücksichtigt werden. Zum anderen darf es dadurch nicht zum Aufbau quasi-privater Kundeninformationssysteme der Berater kommen.[1306]

Eine Mass Customization in der Finanzdienstleistungsbranche hat damit den Vorteil (häufig schon bestehender) langfristiger Kundenbeziehungen, in deren Verlauf bereits eine Vielzahl personenbezogener Informationen ausgetauscht wurden. Auf der anderen Seite werden gerade Informationen über finanzielle Belange durch die Kunden als sehr sensibel eingeschätzt, sodass über die Erfüllung der rechtlichen Regelungen zu Daten- und Verbraucherschutz hinaus, Vertrauen und Akzeptanz fördernde Maßnahmen notwendig sind. Hier bieten Vermittlerrichtlinie und Finanzmarktrichtlinie zum einen und das einer Mass Customization zugrunde liegende Modularitäts-Konzept zum anderen eine Reihe von Ansatzpunkten.

4.2.4.3 Systemunterstützung

Zur Unterstützung des Kundenmanagements in der Nachkaufphase dienen im Wesentlichen Customer Relationship Management (CRM) Systeme. Die Architektur von CRM-Systemen lässt sich grob in drei Schichten untergliedern (vgl. Abbildung 21): 1) Die Integrationsschicht, die den Zugriff auf bestehende Datenbanken und Systeme gewährleistet, 2) die Geschäftsprozessschicht, die mittels dynamischer Workflows eine Geschäftsprozessautomatisierung ermöglicht, und 3) die Portalschicht, die die dynamisch erzeugten Geschäftsprozesse in die Präsentationslogik umsetzt.[1307]

Einen wesentlichen Aspekt der Integrationsschicht stellt die Zusammenführung der für Kundenmanagement-Maßnahmen im Rahmen einer Mass Customization notwendigen kundenbezogenen Daten dar. Zur Generierung der erforderlichen Datenbasis bietet es sich an, die Informationen der bestehenden Datenbanken und Systeme in einem Datawarehouse zu integrieren. Hierfür kann das Konzept einer Service Orientierten Architektur (SOA) genutzt werden, um Daten und Funktionalität dieser Systeme in Form von Diensten unternehmensweit zur Verfügung zu stellen, ohne dass individuelle Punkt-zu-Punkt-Verbindungen zwischen einzelnen Systemen notwendig werden (Integrationsschicht). Dabei kann zwischen der Integration interner und externer Systeme unterschieden werden. Bei den internen Systemen handelt es sich um bestandsführende und operative Systeme, Kundenkontaktsysteme und Controlling-Systeme. Sie liefern

[1306] Vgl. WALTER, (2003), S. 198 ff.

[1307] Vgl. KLAWA, (2004), S. 257 ff.

grundsätzlich Informationen zu allen Kundenmerkmalskategorien[1308]. Ziel ist es, die bereits vorhandenen, umfangreichen Daten im Rahmen einer Mass Customization nutzbar zu machen.

Abbildung 21: CRM-Architektur[1309]

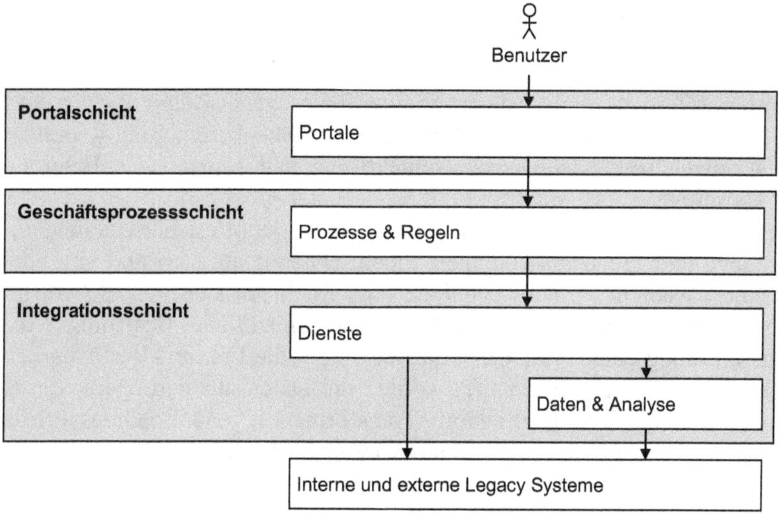

Externe Daten dienen der Anreicherung interner Deskriptionsdaten um weitere Merkmale. Hierzu werden zum einen unternehmensübergreifende Marktforschungsdaten genutzt, zum anderen auf in der Finanzdienstleistungsbranche besonders wichtige Dienste wie die Schutzgemeinschaft für allgemeine Kreditsicherung (Schufa) zurückgegriffen. Durch die Aufspaltung der Wertschöpfungskette und die Kooperation mit externen Partnern gewinnt eine Vernetzung mit externen Systemen zunehmend an Bedeutung. In diesem Fall gilt es jedoch genau abzuwägen, wie die Rollen in der Zusammenarbeit verteilt sind und welche Daten weitergegeben werden können und sollen; sowohl aufgrund unternehmensstrategischer als auch rechtlicher Aspekte.

Zur Integration und Bereinigung der Daten sowie zur Entlastung der operativen und bestandsführenden Systeme von Analyseaufgaben bietet sich der Einsatz eines Data Warehouse an, dem die übrigen Systeme als Datenlieferanten dienen. Das Data Warehouse zeichnet sich nach der Definition von Inmon durch

---

1308 Siehe zu Kundenmerkmalskategorien auch Abschnitt 3.3.4.3 sowie die weiteren Ausführungen in diesem Abschnitt.

1309 In Anlehnung an KLAWA, (2004), S. 258; SIEDERSLEBEN, (2007), S. 115; SPITZER, (2005), S. 606.

seine Themenorientierung, seine Integrationsfunktion, seinen Zeitraumbezug und seine inhaltliche Beständigkeit gegenüber operativen und bestandsführenden Systemen aus.[1310] Themenorientierung bedeutet, dass die Struktur des Data Warehouse nicht an operational-diskreten Vorgängen, sondern an zentralen unternehmensbestimmenden Dimensionen wie Kundengruppen, Produktfamilien oder Unternehmenseinheiten ausgerichtet ist.[1311]

Die Integrationsfunktion wird von Inmon als das wichtigste Merkmal eines Data Warehouse gesehen. Sie gewährleistet die Zusammenführung sowohl unternehmensintern als auch -extern verteilter, heterogener Daten in einer einheitlichen Struktur. Dabei werden im Rahmen einer Datenbereinigung Redundanzen, Inkonsistenzen sowie technische, syntaktische und semantische Heterogenitäten[1312] beseitigt.

Der Zeitraumbezug eines Data Warehouse erlaubt es, Entwicklungen, Veränderungen und Trends zu erkennen, indem Daten historisiert und im Zeitablauf gespeichert werden.[1313] Dies bedeutet, dass für historisiert gespeicherte Daten, die historischen Werte nicht verändert werden (inhaltliche Beständigkeit). Eine Herausforderung einer Mass Customization stellt die Echtzeit-Verfügbarkeit von (ausgewählten) Daten dar. Häufig werden die Daten aus den operativen Systemen durch einen ETL (Extraction, Transformation, and Loading) Prozess in nächtlichen Batch-Läufen in das Data Warehouse übertragen, sodass sie tagesaktuell zur Verfügung stehen. Gerade bei Prozessen mit einem hohen Anteil an Kundeninteraktionen reicht dies in der Regel nicht aus. Vor diesem Hintergrund werden unter Begriffen wie Real Time Analytics (RTA) oder Active Data Warehousing Echtzeit-Analysemöglichkeiten diskutiert. Hierzu wird unter anderem auf Techniken aus der Enterprise Application Integration (EAI) zurückgegriffen,

---

1310 Vgl. INMON, (2005), S. 29 ff; MUCKSCH, BEHME, (2000), S. 9 ff; LUDWIG, (2000), S. 267 ff.

1311 Vgl. INMON, (2005), S. 29. Zeh kritisiert das Kriterium der Themenorientierung als „willkürlich und […] kaum nachvollziehbar, denn das Kriterium für die Abgrenzung bleibt im Verborgenen." ZEH, (2003), S. 33. Dieser Aussage kann zwar nicht vollständig gefolgt werden, da Inmon ein Kriterium zur Abgrenzung liefert, indem er auf die Inhalte/Themen des Unternehmensdatenmodells verweist. Vgl. INMON, (2005), S. 34 ff. Allerdings bemerken sowohl Zeh als auch Goeken, dass sich die relevanten Themen im Wesentlichen aus den Anforderungen der Anwender des Data Warehouse ergeben sollten und damit die Nutzung der Themenorientierung zur Abgrenzung des Data Warehouse schwierig ist. Vgl. ZEH, (2003), S. 33, 35; GOEKEN, (2006), S. 18.

1312 Zur Unterscheidung unterschiedlicher Arten von Heterogenitäten vgl. ORTNER, OVERHAGE, (2002), S. 246 ff; ORTNER, OVERHAGE, (2000), S. 228 ff.

1313 In diesem Zusammenhang sind allerdings unterschiedliche Arten von Daten zu unterscheiden, die sich im Zeitablauf unterschiedlich verhalten. So gibt es Daten, die sich im Zeitablauf nicht verändern (konstante Daten), Daten, bei denen „nur" die gegenwärtigen Werte von Interesse sind, und Daten, die zeitnah (in Echtzeit) verfügbar sein müssen. Vgl. ZEH, (2003), S. 34.

um bedarfsweise Daten im Data Warehouse in (nahezu) Echtzeit zu aktualisieren.[1314]

Die zu integrierenden kundenbezogenen Daten lassen sich nach Walter in Identifikations-, Deskriptions-, Aktions- und Reaktionsdaten untergliedern. Darüber hinaus sind im Rahmen der Mass Customization Konfigurations- und Potenzialdaten zu berücksichtigen.[1315]

Bei den Identifikationsdaten (oder auch Stammdaten) handelt es sich um längerfristig gleichbleibende Merkmale zur Identifikation eines Kunden (z.B. Name, Geschlecht, Geburtsdatum, Anschrift). Sie bilden eine wesentliche Grundlage für eine zielgerichtete Ansprache individueller Kunden. Allerdings bereitet in der Praxis bereits die Qualität dieser Daten Schwierigkeiten, sodass die Zuordnung von Leistungen zu einem Kunden zum Teil nicht eindeutig möglich ist.

Deskriptionsdaten enthalten alle für die Finanzdienstleister-Kunde-Beziehung relevanten, kundenbeschreibenden Merkmale. Dabei handelt es sich unter anderem um soziodemographische, psychographische und kaufverhaltensbezogene Merkmale wie zum Beispiel finanzielle Daten (z.B. Bruttoeinkommen), steuerliche Daten (z.B. Veranlagung), Sozialversicherungsdaten (z.B. Krankenversicherungsstatus), bisher bezogene Leistungen (z.B. Sparpläne) oder Einstellungen, Einschätzungen und Wünsche (z.B. angestrebtes Nettorentenniveau). Diese Daten spiegeln zum einen den bisherigen Verlauf der Geschäftsbeziehung wieder und bieten zum anderen die Basis zur Beurteilung zukünftiger Bedürfnisse. Damit bilden sie die Grundlage zum Aufbau von Learning Relationships und aggregiertem Kunden-Know-how. Kunden-Know-how kann wiederum mithilfe von Profiling-Techniken zur weiteren Verfeinerung der kundenindividuellen Informationen genutzt werden.

Aktions- und Reaktionsdaten bilden die Historie der bisherigen Kundenmanagement-Aktionen sowie der entsprechenden Reaktionen des Kunden auf diese. Sie erlauben eine (automatisierte) Abstimmung der Aktionen aufeinander, die Koordination der beteiligten Akteure (Marketing, Vertrieb, Service) sowie die Anpassung zukünftiger Maßnahmen an die Präferenzen des Kunden.[1316] Im Rahmen einer Mass Customization erlauben die Konfigurationsdaten die Erstellung und Verfeinerung von Bedürfnisprofilen und damit die Generierung von Konfigurationsvorschlägen bei Wiederholungskäufen. Darüber hinaus lassen sich aus den gewonnenen Bedürfnisprofilen Informationen bezüglich neuer Be-

1314 Vgl. HUMM, WIETEK, (2005), S. 13 f.

1315 Vgl. Abschnitt 3.3.4.3 sowie PILLER, (2006), S. 268.

1316 Vgl. zu diesem Abschnitt WALTER, (2003), S. 154 ff.

darfe eines Kunden ableiten und für zukünftige Aktionen in Form von Potenzialdaten vorhalten.[1317]

Die Qualität der Datenbasis bestimmt die Güte der darauf aufsetzenden Analysen und somit den Erfolg der daraus abgeleiteten Maßnahmen. Deshalb werden bei der Integration der heterogenen Datenquellen besonders hohe Anforderungen an Datenqualität und Datenverfügbarkeit gestellt.[1318] Dabei geht es zum einen um die inheränte Qualität der Daten, das heißt ihre Aktualität, Korrektheit, Vollständigkeit und Konsistenz. Zum anderen handelt es sich um die pragmatische Qualität der Daten, also ihre Relevanz und Interpretierbarkeit im Rahmen einer Mass Customization. Darüber hinaus stellt die Gewährleistung einer zeitnahen Verfügbarkeit der erforderlichen Daten bei vertretbarem Aufwand eine der großen Herausforderungen im Rahmen der Integration bestehender Systeme dar. Sie bestimmt neben der Datenqualität wesentlich den Wert der integrierten Datenbasis. Gerade die Integration von Daten aus Marketing, Vertrieb und Service und die Bereitstellung einer gemeinsamen Sicht auf den Kunden und die Kundenbeziehung (auch für die Leistungsentwicklung) stellt einen der wesentlichen Fortschritte des CRM im Vergleich zur Verwendung von zentralen Datenbanken im Database-Marketing oder im Computer Aided Selling (CAS) dar.[1319]

Zur Auswertung und Aufbereitung der Daten des Data Warehouse kommen unterschiedliche Werkzeuge aus dem Bereich der Datenanalyse und Informationsbereitstellung zur Anwendung. Diese werden zusammen mit dem Data Warehouse auch als Business Intelligence (BI) Architektur bezeichnet (vgl. Abbildung 22). Im einfachsten Fall handelt es sich um vordefinierte Reports, die durch eine statische Berichterstattung einen standardisierten, feststehenden Informationsbedarf decken. Deutlich mehr Freiheitsgrade bietet das Online Analytical Processing (OLAP), das eine Navigation durch den multidimensionalen Datenbestand mittels Slice-, Dice-, Drill-down- und Roll-up-Operationen erlaubt. Damit ist die Analyse komplexer Zusammenhänge möglich, die jedoch noch immer a priori Hypothesen des Anwenders erfordert. Möglichkeiten zur Entdeckung bisher unbekannter Zusammenhänge ohne die Formulierung von Hypothesen bietet das Data Mining. Dabei erfolgt mit Methoden der Statistik, der künstlichen Intelligenz, des maschinellen Lernens und der Mustererkennung eine vom Benutzer unterstützte maschinelle Suche nach neuen Zusammenhängen. Allerdings

1317 Vgl. Abschnitt 3.3.4.3 sowie PILLER, (2006), S. 268.

1318 Neben den technischen Aspekten ist dabei auch die Sensibilisierung der Mitarbeiter für die Relevanz der Daten und ihre Rolle bei der Datenpflege von Bedeutung. Vgl. WALTER, (2003), S. 163.

1319 Vgl. SCHULZE, (2000), S. 40. Siehe hierzu auch die Ausführungen in Abschnitt 3.3.4.3 bezüglich der Zusammenführung von Daten aus CRM- und CAS-Systemen.

stellt das Data Mining auch die komplexeste und aufwändigste Form der Datenanalyse dar, die eine intensive Planungs- und Auswertungsphase sowie hohes Fachwissen der Benutzer erfordert. Darüber hinaus gibt es weitere Möglichkeiten, den Prozess der Wissensenstdeckung beispielsweise durch kollaborative Werkzeuge oder Prognosen und Simulationen zu unterstützen.[1320]

Abbildung 22: Business Intelligence (BI) Referenz Architektur[1321]

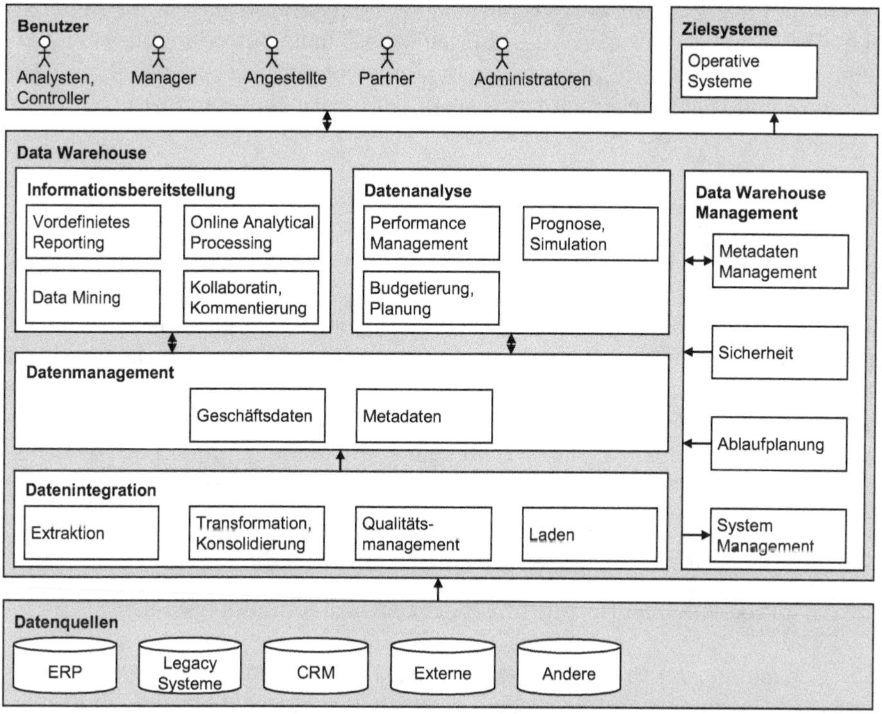

Die Prozessschicht der CRM-Architektur (vgl. Abbildung 21) ist ausgehend von den Informationen und Diensten der Integrationsschicht für die dynamische Generierung kundenindividuell angepasster Workflows verantwortlich. Dabei wird über alle Kanäle hinweg auf einheitliche Geschäftsprozesse zurückgegriffen.[1322]

1320 Vgl. zu diesem Absatz HUMM, WIETEK, (2005), S. 9 ff; WALTER, (2003), S. 166 ff.

1321 Verändert übernommen aus HUMM, WIETEK, (2005), S. 9.

1322 Vgl. KLAWA, (2004), S. 258. Siehe hierzu auch die Ausführungen zu adaptiven Benutzeroberflächen in Abschnitt 4.2.3.3.

Wesentliche Aufgabenfelder eines operativen CRM-Systems stellen die Marketing Automation, Sales Automation und Service Automation dar. Das System steuert und koordiniert ereignisbasiert und weitgehend automatisiert die auf individuelle Kunden abgestimmten Kundenmanagement-Maßnahmen in Marketing, Service und Vertrieb. Dazu zählt unter anderem die Berücksichtigung einer Konfiguration der Kundenmanagement-Maßnahmen durch den Kunden, wie im vorangegangenen Abschnitt angesprochen. Die Interaktion mit dem Kunden erfolgt angepasst an den entsprechenden Interaktionskanal, an die Präferenzen des Kunden sowie an die Einschätzung und Bewertung des Finanzdienstleisters. Für diese Anpassungen sind wie bei den Konfigurationssystemen Frontend und Dialogsteuerung innerhalb der Portalschicht verantwortlich.[1323]

4.2.5 Produktion

Da sich die Produktion von (Finanz-) Dienstleistungen in wesentlichen Charakteristika von der industriellen Produktion physischer Produkte unterscheidet, wird im Folgenden zunächst kurz auf die Besonderheiten der Produktion im Retailgeschäft der Finanzdienstleistungsbranche eingegangen. Anschließend wird auf Maßnahmen zum Umgang mit diesen Besonderheiten eingegangen: 1) Die Kapazitätsplanung, die vor dem Hintergrund des Tragfähigkeitsprinzips eine entscheidende Rolle spielt, 2) die Gestaltung der Organisation im Rahmen der Mass Customization, sowie 3) die Unterstützung der Leistungserstellung durch IuK-Systeme.

4.2.5.1 Produktion im Retailgeschäft der Finanzdienstleistungsbranche

Die Betrachtung der Produktion von (Finanz-) Dienstleistungen kann unter mehreren Gesichtspunkten erfolgen. Zum einen stellt sie einen mehrstufigen Kombinations- und Transformationsprozess dar. Zum anderen ist eine faktorbezogene Betrachtung (d.h. ausgehend von den eingesetzten Produktionsfaktoren) möglich. Schließlich gilt es produktionsbedingte Besonderheiten aufgrund der konstitutiven Merkmale von (Finanz-) Dienstleistungen zu berücksichtigen.

Die Produktion von (Finanz-) Dienstleistung lässt sich, ausgehend von ihrem mehrstufigen Kombinations- und Transformationsprozess, in drei Leistungsdimensionen untergliedern: 1) Die Potenzialdimension, 2) die Prozessdimension und 3) die Ergebnisdimension (vgl. Abbildung 23).

[1323] Vgl. HIPPNER, et al., (2006), S. 54 ff; KLAWA, (2004), S. 258 f.

In der ersten Phase der (Finanz-) Dienstleistungsproduktion wird im Rahmen der Auslegung und Vorkombination interner Produktionsfaktoren die Leistungsbereitschaft des (Finanz-) Dienstleisters aufgebaut.[1324] Das auf diesem Leistungspotenzial beruhende Leistungsversprechen gegenüber dem Kunden stellt das eigentliche, für den Kunden weitgehend immaterielle Absatzobjekt des Dienstleisters dar.[1325] Dabei können, im Gegensatz zum externen Faktor, die internen Faktoren im Rahmen der Vorkombination durch den Dienstleister frei disponiert werden.[1326] Das Ergebnis ist ein durch die festgelegten Kapazitäten determiniertes, verfügbares Leistungspotenzial.[1327]

Abbildung 23: Leistungsdimensionen der Dienstleistungsproduktion und konstitutive Merkmale[1328]

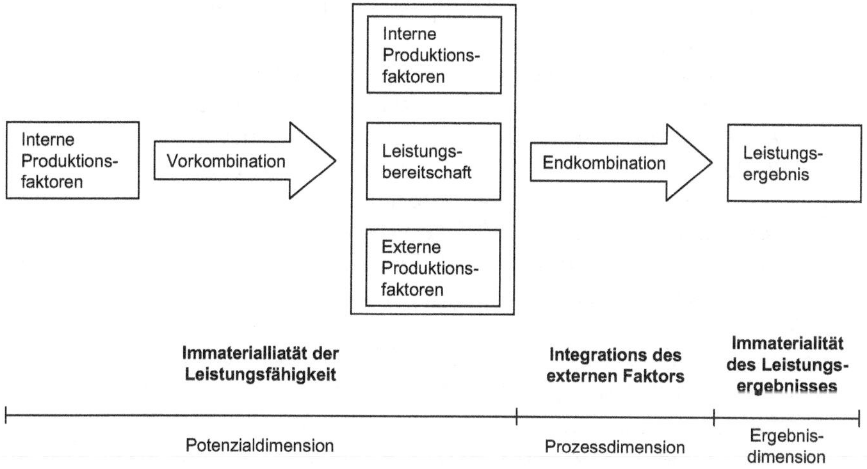

In der zweiten Phase, der Endkombination, die den Kern der (Finanz-) Dienstleistungsproduktion darstellt, erfolgt die Aktivierung der Leistungsbereitschaft unter Integration des externen Faktors.[1329] Die Einbeziehung des externen Faktors in den immateriellen Leistungserstellungsprozess wird als wesenbestimmendes Merkmal von (Finanz-) Dienstleistungen gesehen, da erst sie die Erstellung der Leistung ermöglicht.[1330] Sie bedingt zum einen die unmittelbare Kopplung

1324 Vgl. SIBBEL, (2004), S. 17.
1325 Vgl. SIBBEL, (2004), S. 16.
1326 Vgl. KLEINALTENKAMP, HAASE, (1999), S. 168 ff.
1327 Vgl. KLEINALTENKAMP, HAASE, (1999), S. 170; MEYER, MATTMÜLLER, (1987), S. 188f.
1328 Übernommen aus SIBBEL, (2004), S. 17.
1329 Vgl. KLEINALTENKAMP, HAASE, (1999), S. 171.
1330 Vgl. GARHAMMER, (1988), S. 73.

des Auslastungsgrads der vorgehaltenen Kapazitäten an die Nachfrage. Zum anderen ist sie für die Abhängigkeit der Leistungsqualität vom Verhalten des Nachfragers und der Qualität des externen Faktors verantwortlich.[1331] Das Leistungsergebnis ist darüber hinaus stets immateriell.[1332]

Abhängig vom Ergebnis werden zeitraumbezogene und zeitpunktbezogene (Finanz-) Dienstleistungen unterschieden. Bei zeitraumbezogenen Leistungen besteht das Ergebnis in der Durchführung des Leistungserstellungsprozesses und gegebenenfalls dessen Folgewirkungen (dies ist beispielsweise bei Versicherungen der Fall). Zeitpunktbezogene Leistungen haben hingegen eine Zustandsveränderung als Ergebnis (dies ist beispielsweise bei einer Überweisung der Fall).[1333] Vor dem Hintergrund des beschriebenen mehrstufigen Kombinations- und Transformationsprozesses sind die Immaterialität von Leistungspotenzial und Leistungsergebnis[1334] sowie die Integrativität konstitutive Merkmale einer (Finanz-) Dienstleistung.[1335]

Ausgangspunkt für die faktorbezogene Betrachtung von (Finanz-) Dienstleistungen ist das System der Produktionsfaktoren nach Gutenberg.[1336] Gutenberg unterscheidet darin zwischen Elementarfaktoren, deren Kombination die eigentliche Leistungserstellung darstellt, und dispositiven Faktoren, die für die Leitung des Unternehmens sowie die Steuerung und Gestaltung des Produktionsprozesses verantwortlich sind.[1337] Organisation und Planung stellen in diesem Zusammenhang derivative dispositive Faktoren dar. Sie leiten sich aus der Geschäfts- und Betriebsleitung als originäre dispositive Faktoren ab.[1338] Die menschliche Arbeitsleistung kann je nach ausgeführter Tätigkeit sowohl den Elementarfaktoren (objektbezogene Tätigkeiten) als auch den dispositiven Faktoren (planende und steuernde Tätigkeiten) zugeordnet werden.[1339] Das ursprüngli-

---

1331 Vgl. ROSADA, (1990), S. 26; BODE, ZELEWSKI, (1992), S. 600; ENGELHARDT, FREILING, (1995), S. 907; BÜTTGEN, (2001), S. 149.

1332 Vgl. KORPIUN, (1998), S. 49; MALERI, (1997), S. 95 ff; STAUSS, (1994a), S. 83.

1333 Vgl. zur Unterscheidung zwischen zeitraum- und zeitpunktbezogenen Dienstleistungen CORSTEN, (1985), S. 185 f; MALERI, (1998), S. 132 f; BEREKOVEN, (1983), S. 20.

1334 Die Bedeutung der Immaterialität als konstitutives Merkmal von (Finanz-) Dienstleistungen wird in der Literatur zwar teileweise angezweifelt erscheint im Rahmen der vorliegenden Arbeit aber zweckmäßig. Vgl. hierzu SIBBEL, (2004), S. 18 f.

1335 Vgl. CORSTEN, (2001), S. 27; STAUSS, (1994a), S. 84; KLINGE, (1997), S. 23. Dieser Aspekt der Integration des externen Faktors wird auch mit dem Begriff Integrativität von Dienstleistungen bezeichnet. Eine kritische Diskussion der konstitutiven Merkmale und Besonderheiten von Dienstleistungen findet sich bei WORATSCHEK, (1996), S. 60 ff; RÜCK, (2000), S. 177 ff.

1336 Vgl. GUTENBERG, (1979), S. 8.

1337 Vgl. GUTENBERG, (1979), S. 3 ff, 8; HERMANN, (1994), S. 1 f. Ein Überblick zur Entwicklung von Faktorsystemen findet sich u.a. bei KERN, FALLASCHINSKI, (1978); WEBER, (1980); CORSTEN, (1986); BEUERMANN, (1996); CORSTEN, (2001), S. 120 ff.

1338 Vgl. GUTENBERG, (1979), S. 3.

1339 Vgl. GUTENBERG, (1979), S. 3, 7 f.

che System der Produktionsfaktoren nach Gutenberg wurde in der Literatur um etliche weitere Faktoren angepasst und ergänzt. Unter anderem werden fremdbezogene Dienstleistungen, der Nominalfaktor sowie die Untergliederung der Elementarfaktoren in Potenzial- und Repetierfaktoren berücksichtigt.[1340] Vor dem Hintergrund der Integration eines externen Faktors in den Leistungserstellungsprozess stellt die Unterscheidung zwischen internen und externen Produktionsfaktoren eine wesentliche Voraussetzung für die Untersuchung von (Finanz-) Dienstleistungen dar.[1341]

Die Bedeutung der dispositiven Faktoren in diesem System ist nach Gutenberg für den Erfolg eines Unternehmens ebenso hoch wie die der Elementarfaktoren.[1342] Die zentrale Aufgabe der derivativen dispositiven Faktoren Planung und Organisation besteht in der zielgerichteten Planung, Gestaltung und Durchsetzung des Kombinationsprozesses. Aufgabe der Planung ist es, das Leistungsprogramm im Sinne der Unternehmensziele zu bestimmen, die Bereitstellung der notwendigen Produktionsfaktoren sicherzustellen, und die Abläufe der Leistungserstellung festzulegen. Die Organisation wiederum liefert den Rahmen für die Planung und den Leistungsvollzug. Zentrales Element der Planung ist die Kapazitätsplanung, das heißt die Abstimmung von Leistungsangebot und -nachfrage.[1343]

Die sehr unterschiedlichen Ausprägungen des Leistungserstellungsprozesses und der eingesetzten Produktionsfaktoren verschiedener Dienstleistungen haben zur Bildung von Dienstleistungstypologien[1344] geführt, um gezielt und differenziert betriebswirtschaftliche Fragestellungen einer Produktion von Dienstleistungen beantworten zu können.[1345] Dabei ist aus Produktionssicht eine potenzial- oder prozessbezogene Betrachtung der Leistungen zweckmäßig.[1346] Aufgrund des ausgeprägten Prozesscharakters der Dienstleistungsproduktion (im Vordergrund steht der Transformationsprozess am externen Faktor), bietet sich eine prozessbasierte Typologisierung der (Finanz-) Dienstleistungen an. Eine Abgrenzung kann (vor allem mit Bezug zur Kapazitäts- und Organisationsgestaltung) anhand folgender drei Merkmale getroffen werden:[1347]

1340 Vgl. KERN, FALLASCHINSKI, (1978), S. 583 f; STAUSS, (1996), S. 318 ff.

1341 Vgl. MALERI, (1998), S. 124; CORSTEN, (2001), S. 124.

1342 Vgl. GUTENBERG, (1979), S. 132, 236.

1343 Vgl. zu diesem Absatz GUTENBERG, (1979), S. 148 ff, 236 f, 243 f.

1344 Eine übersicht in der Literatur diskutierter Typologien findet sich bspw. bei COOK, et al., (1999), S. 325, 332 ff.

1345 Vgl. u.a. ZÄPFEL, (1978), S. 419; LOVELOCK, (1983), S. 10; BODE, ZELEWSKI, (1992), S. 603; BÜTTGEN, LUDWIG, (1997), S. 19.

1346 Vgl. SIBBEL, (2004), S. 20.

1347 Vgl. SCHWEITZER, (2004), S. 94 f.

- Die *Bestimmtheit (Sicherheit) der Prozesskoeffizienten* (z.B. Standardisierungsgrad der Prozesse, Grad der Interaktion mit menschlichen externen Faktoren) wirkt sich auf die Streuung der Kapaztätsinanspruchnahme des jeweiligen (Teil-) Prozesses aus. Dementsprechend können deterministische und stochastische Leistungserstellungsprozesse unterschieden werden.
- Bei einem hohen *Wiederholungsgrad der Prozesse* spielt die genaue zeitliche Einplanung von Einzelaktivitäten im Rahmen der taktischen Planung nur eine untergeordnete Rolle. Allerdings muss gewährleistet sein, dass auch bei stochastischer Nachfrage bestimmte Servicegrade eingehalten werden. Bei einem niedrigen Wiederholungsgrad hingegen, können unterschiedliche operative Termindispositionen zu erheblichen Abweichungen in der Auslastung und der Erfüllung von Servicegraden führen.
- Abhängig vom *Entscheidungsspielraum in der operativen Termindisposition* (gering/groß) gilt es, im Rahmen der taktischen Kapazitätsplanung die Ergebnisse der operativen Termindisposition durch ein mehr oder weniger detailliertes Modell zu antizipieren. Sind die Entscheidungsspielräume gering, so muss bereits bei der taktischen Planung eine möglichst exakte Abstimmung von Leistungsangebot und -nachfrage erfolgen. Ebenso muss in diesem Fall durch geeignete Maßnahmen steuernd auf Angebot und Nachfrage eingewirkt werden.

Aufgrund unterschiedlicher Merkmalsausprägungen sind verschiedene Finanzdienstleistungen unterschiedlich in die dargestellte Typologie einzuordnen und in Bezug auf ihre Produktion unterschiedlich zu behandeln. So sind zwar Finanzdienstleistungen wegen der hohen Bedeutung des Kunden als externem Faktor als stochastisch zu betrachten. Allerdings gibt es hier erhebliche Unterschiede beispielsweise zwischen einer weitgehend standardisierten Online-Überweisung und einer individuellen Vermögensberatung. Die Umsetzung einer Mass Customization-Wettbewerbsstrategie mit der damit verbundenen Modularisierung und Standardisierung der (Teil-) Leistungen trägt jedoch erheblich zu einer Verringerung der stochastischen Einflüsse bei. Sie ermöglicht stabilere Produktionsprozesse und eine weitgehende Unterstützung durch IuK-Systeme.[1348]

Auch der Wiederholungsgrad von (Teil-) Prozessen schwankt erheblich zwischen einzelnen Finanzdienstleistungen. Während beispielsweise der Wiederholungsgrad einer standardisierten Online-Überweisung sehr hoch ist, wird der Wiederholungsgrad einzelner Teilprozesse bei einer individuellen Vermögensberatung vergleichsweise niedrig sein. Hier führt die Umsetzung einer Mass Customization-Wettbewerbsstrategie dazu, dass mit der Modularisierung der

[1348] Siehe hierzu die Absätze 3.2.3 und 4.1.3.

Leistungen die Anzahl der Teilleistungen reduziert, ihre Erstellung standardisiert und damit der Wiederholungsgrad der entsprechenden Teilprozesse erhöht wird.[1349]

Auch beim Entscheidungsspielraum in der operativen Termindisposition sind zwischen einzelnen Finanzdienstleistungen erhebliche Unterschiede festzustellen. Dabei spielt neben den Merkmalen der Leistung auch die organisatorische Gestaltung der Produktion eine wesentliche Rolle. Als Beispiele seien erneut die Online-Überweisung und die Vermögensberatung durch einen Berater angeführt. Die Kapazität für die Durchführung von Online-Überweisungen wird hauptsächlich durch die vorhandenen IuK-Systeme begrenzt und ist damit kurzfristig kaum anpassbar (mittel- bis langfristige Investitionsentscheidungen). Bei einer Vermögensberatung hingegen bieten Maßnahmen, wie die Arbeit in Beraterteams, flexible Arbeitszeiten oder der Einsatz von Springern, einen vergleichsweise hohen operativen Entscheidungsspielraum. Dies wird zusätzlich durch die mit einer Mass Customization-Wettbewerbsstrategie verbundenen Modularisierung und der klaren Abgrenzung einzelner Prozessmodule unterstützt.[1350]

Damit ergibt sich für die Erbringung von Finanzdienstleistungen im Retailgeschäft auf Basis einer Mass Customization-Wettbewerbsstrategie folgende (grobe) Einordnung in die beschriebene Typologie: Nach dem Kriterium des Risikos sind die Prozesskoeffizienten als stochastisch einzuordnen. Ihrer Schwankungsbreite wird jedoch durch die Effekte der Mass Customization beschränkt. In Bezug auf die Art der zu vollziehenden Teilprozesse führt die Umsetzung einer Mass Customization zu einer relativ hohen Wiederholungsrate der einzelnen Teilprozesse. Beim Entscheidungsspielraum in der operativen Termindisposition muss zwischen personalintensiven und betriebsmittelintensiven Leistungen unterschieden werden. Während eine Mass Customization bei personalintensiven Leistungen einen weitgehenden operativen Entscheidungsspielraum ermöglicht, ist dieser bei betriebsmittelintensiven Leistungen kurzfristig durch die damit verbundenen Investitionsentscheidungen eingeschränkt. Bei der hier vorgenommenen Einordnung ist zu beachten, dass sie im Rahmen der vorliegenden Arbeit auf einer stark abstrahierten Ebene erfolgt, um generelle Aussagen für die Produktion von Finanzdienstleistungen im Rahmen einer Mass Customization abzuleiten. Für eine konkrete Gestaltung der Produktion in einem spezifischen Unternehmen muss sie weiter differenziert werden.

Um eine möglichst gleichmäßige, wirtschaftlich zweckmäßige Auslastung der vorhandenen Kapazitäten bei stochastischer Nachfrage zu gewährleisten, stellt die Kapazitätsplanung ein zentrales Element der Produktionsplanung dar.

[1349] Siehe hierzu die Absätze 3.2.3 und 4.1.3.

[1350] Siehe hierzu die Absätze 3.2.3 und 4.1.3.

Die Ausgestaltung der Personalkapazitäten und Betriebsmittel ist nicht nur kapazitätsbezogen von Relevanz, sondern determiniert auch die prozessbezogenen Strukturen und Handlungsspielräume zur Leistungserstellung.[1351] Dabei gehen eine Dezentralisierung und Delegation zur Gewährleistung schneller Reaktionen auf Veränderungen, und eine zentrale, teilprozessübergreifende Koordination durch organisatorische Maßnahmen und unterstützende IuK-Systeme, Hand in Hand.[1352] „Kapazitätsplanung und Organisation sind somit einerseits sowohl aus produktions- wie aus qualitätsbezogenen Gesichtspunkten von entscheidender Relevanz für die Leistungserstellung. Andererseits stellen sie komplementäre Gestaltungsbausteine für die Potenzial- und Prozessdimension der Dienstleistungsproduktion dar, die zusammen den Spielraum für mögliche Steuerungsmaßnahmen und den Vollzugsrahmen für die Leistungserstellung ausmachen.“[1353] Damit haben Kapazitätsplanung und Organisation im Rahmen einer Mass Customization von Finanzdienstleistungen im Retailgeschäft einen wesentlichen Einfluss auf die Generierung von Wettbewerbsvorteilen.[1354]

4.2.5.2 Kapazitätsplanung

Die Kapazität beschreibt nach Kern „das Leistungsvermögen einer wirtschaftlichen oder technischen Einheit – beliebiger Art, Größe und Struktur – in einem Zeitabschnitt“.[1355] Sie lässt sich weiter konkretisieren hinsichtlich: 1) der Quantität und Qualität der Leistungsergebnisse, 2) der Leistungsintensität[1356], 3) der zeitlichen und räumlichen Abgrenzung sowie 4) der erbringenden wirtschaftlichen Einheit.[1357]

Die Messung der Kapazität erfolgt häufig basierend auf den Leistungsergebnissen. Quantitative Maßeinheiten bezüglich des Leistungsergebnisses sind Mengeneinheiten, Zeiteinheiten, Werteinheiten oder Recheneinheiten.[1358] In qualitativer Hinsicht werden die dimensionale, die präzisionale und die variationale Kapazität unterschieden.[1359] Aufgrund der Tatsache, dass bei (Finanz-)

1351 Vgl. MALERI, (1997), S. 139.

1352 Vgl. u.a. ENGELHARDT, SCHNITTKA, (2001), S. 926, 928 f; WOHLGEMUT, (1998), S. 787 f; KORPIUN, (1998), S. 119 f.

1353 SIBBEL, (2004), S. 32. Siehe auch GUTENBERG, (1979), S. 148; KORPIUN, (1998), S. 137 ff.

1354 Vgl. GOUTHIER, SCHMID, (2001), S. 234; MEFFERT, (1999), S. 425 ff; SIBBEL, (2004), S. 32.

1355 KERN, (1962), S. 27.

1356 Vgl. KERN, (1962), S. 37 ff. Basierend auf der Leistungsintensität wird im Wesentlichen zwischen Normal- und Maximalkapazität unterschieden. Vgl. auch LAYER, (1979), S. 873.

1357 Vgl. SIBBEL, (2004), S. 33 f.

1358 Vgl. BETGE, (1996), S. 857.

1359 Vgl. KERN, (1992), S. 22 f.

Dienstleistungen das Leistungsergebnis immateriell und das Leistungsspektrum sehr inhomogen ist, bietet sich bei diesen jedoch eine indirekte Kapazitätsmessung über inputbezogene Indikatoren an, die von den eingesetzten Produktionsfaktoren abhängen.[1360]

Bestimmt wird das betriebliche Leistungsvermögen durch Kapazitätsdeterminanten, die sich in primäre und sekundäre Determinanten unterscheiden lassen.[1361] Primäre Kapazitätsdeterminanten haben direkten Einfluss auf das Kapazitätspotenzial. Sie sind die Träger der zur Leistungserstellung notwendigen Fähigkeiten.[1362] Bei der Erstellung von Finanzdienstleistungen sind dies vor allem die internen Potenzialfaktoren Personal, Betriebsmittel und Nominalfaktoren sowie der externe Faktor. Sekundäre Kapazitätsdeterminanten haben hingegen nur indirekten Einfluss auf das Leistungspotenzial durch ihre Wirkung auf die primären Kapazitätsdeterminanten. Zu ihnen zählen die Organisation beziehungsweise der dispositive Faktor, die Betriebszeit, die Komplexität der angebotenen Leistung und das angebotene Leistungsspektrum.[1363] Das Zusammenspiel der Kapazitätsdeterminanten führt zu erheblichen Unterschieden zwischen längerfristig geplantem Leistungsvermögen, der tatsächlich verfügbaren Kapazität und der nachgefragten Kapazität.[1364] Vor dem Hintergrund des Uno-actu-Prinzips, das heißt der Simultanität von Produktion und Leistungsübertragung bei Finanzdienstleistungen, ist eine möglichst flexible Gestaltung der Kapazität, sowohl im Hinblick auf die primären wie auch die sekundären Kapazitätsdeterminanten, erforderlich.[1365]

Hierzu erfolgt im Rahmen der Kapazitätsplanung eine möglichst exakte Abstimmung von Kapazitätsangebot und -nachfrage.[1366] Dabei können drei Ebenen, die strategische, die taktische und die operative Kapazitätsplanung, unterschieden werden.[1367] Auf strategischer Ebene erfolgt die grundsätzliche Ausgestaltung und Auslegung der Potenzialfaktoren, die Produktionsprogrammplanung und die Personal- und Betriebsmittelplanung.[1368] Auf der taktischen Ebene werden diese Planungen, ausgehend von mittel- bis kurzfristigen Nachfrageprognosen, durch eine Kapazitätsdimensionierung in den organisatorischen Teileinheiten konkretisiert. Hierbei wird durch die qualitativen Aspekte der Produktionsfaktoren die

---

1360 Vgl. KLINGE, (1997), S. 66; LAYER, (1979), S. 878; WILLE, (1985), S. 23, 47 ff.
1361 Vgl. KERN, (1962), S. 44 ff.
1362 Vgl. WILLE, (1985), S. 29; KLINGE, (1997), S. 73 f.
1363 Vgl. WILLE, (1985), S. 29; KLINGE, (1997), S. 73 f.
1364 Vgl. SIBBEL, (2004), S. 39.
1365 Vgl. KLEINALTENKAMP, MARRA, (1997), S. 73 f.
1366 Vgl. DIENSTDORF, (1972), S. 15; STÜTZLE, (1987), S. 60 ff.
1367 Vgl. KALUZA, (1994), S. 54 f; DIENSTDORF, (1972), S. 15 ff.
1368 Vgl. ZÄPFEL, (2000), S. 139; HACKSTEIN, DIENSTDORF, (1973), S. 19; KALUZA, (1994), S. 54.

zukünftige Flexibilität determiniert.[1369] Auf operativer Ebene erfolgen schließlich eine genaue Abstimmung der Teilbereichskapazitäten und die Kapazitätsbelegungsplanung.[1370] Die Umsetzung der Planung erfolgt durch die Kapazitätssteuerung.[1371] Aufgrund der Abhängigkeiten zwischen den Ebenen ist eine konsequente Rückkopplung der Entscheidungen erforderlich.[1372] Wegen des Zielkonflikts zwischen einer möglichst hohen Kapazitätsauslastung, der aus Kundensicht wahrgenommenen Dienstleistungsqualität und einer hohen Leistungseffizienz, zielt die Kapazitätsplanung bei Finanzdienstleistungen auf ein dauerhaft wirtschaftlich tragfähiges Auslastungsniveau, und nicht auf eine Maximierung der Kapazitätsauslastung.[1373] Um vor dem Hintergrund der stochastischen Nachfrage die notwendige Flexibilität in der operativen Kapazitätsplanung und -steuerung zu gewährleisten, spielt die Organisation als sekundäre Kapazitätsdeterminante und dispositiver Faktor eine entscheidende Rolle.[1374]

Ein wesentliches Element des Kapazitätsmanagements sind Anpassungsstrategien und -maßnahmen, die auf eine Angleichung von Kapazitätsangebot und -nachfrage zielen.[1375] Zur Anpassung an konjunkturelle Schwankungen oder Verschiebungen der Nachfragestruktur wird auf strategisch-taktischer Ebene ein Auf- oder Abbau beziehungsweise eine Umstrukturierung der vorgehaltenen Kapazität vorgenommen. In der Regel sind damit Investitionsentscheidungen verbunden.[1376] Auf operativer Ebene werden Veränderungen der Beschäftigungssituation zur Anpassung an Nachfrageschwankungen genutzt.[1377] Die dabei verfolgten Strategien zur Kapazitätsdimensionierung können in Synchronisations- und Emanzipations-Strategien unterschieden werden.[1378] Durch Synchronisations-Strategien soll eine Angleichung von Kapazitätsangebot und -nachfrage erreicht werden. Dazu werden das Angebot (beispielsweise durch Aus- oder Abbau von Kapazitäten oder eine Flexibilisierung) und/oder die Nachfrage (beispielsweise durch Komplementärleistungen oder eine Preisdifferenzierung) beeinflusst. Emanzipations-Strategien zielen auf eine Entkopplung von Angebot und Nachfrage. Dies wird entweder durch eine Angebotsverknappung (eine Unterdimensionierung) oder eine ständige Leistungsbereitschaft (Orientierung an

---

1369 Vgl. DIENSTDORF, (1972), S. 16 ff; CORSTEN, (1992), S. 236; CORSTEN, STUHLMANN, (1997), S. 8; KALUZA, (1994), S. 54; BIEGER, (1998), S. 259 ff.

1370 Vgl. DIENSTDORF, (1972), S. 19; CORSTEN, STUHLMANN, (1997), S. 8.

1371 Vgl. DIKOW, (1993), S. 14; WILLE, (1985), S. 15 f.

1372 Vgl. CORSTEN, STUHLMANN, (1997), S. 8; STEVEN, (1996), S. 875.

1373 Vgl. KLINGE, (1997), S. 109. Durch kapitalintensive Investitionen steigt jedoch der Zwang zur Auslastung der Kapazitäten. Vgl. KERN, (1975), S. 2087.

1374 Vgl. CORSTEN, STUHLMANN, (1997), S. 26 f; WILLE, (1985), S. 36.

1375 Vgl. CORSTEN, (1992), S. 233.

1376 Vgl. KLINGE, (1997), S. 155; KERN, (1993), S. 1059.

1377 Vgl. BETGE, (1993), S. 4274.

1378 Vgl. ADAM, (1998), S. 521 ff; KERN, (1993), S. 1059.

der Spitzennachfrage, wie sie lange Zeit bei Banken propagiert wurde) angestrebt.[1379] Die Wahl einer konkreten Strategie ist abhängig von der Markt- und Wettbewerbsstrategie sowie den angebotenen Leistungen eines Unternehmens.[1380] Bei der Umsetzung einer Mass Customization-Wettbewerbsstrategie im Retailgeschäft der Finanzdienstleistungsbranche erscheint vor dem Hintergrund der Differenzierungs- und Beziehungsproblematik eine Emanzipations-Strategie als wenig geeignet. Sie ermöglicht zwar stabile Verhältnisse im Produktionssystem, ist jedoch aufgrund der damit verbundenen Markt- und Produktionsrisiken kaum tragbar. Vielmehr bietet sich die antizipative Umsetzung einer Synchronisations-Strategie auf Basis der verfügbaren Informationen (u.a. Kunden-Know-how, Kampagnenplanung) an.

Zur Synchronisation von Kapazitätsangebot und -nachfrage lassen sich Maßnahmen zur Beeinflussung der Nachfrage sowie Maßnahmen zur Beeinflussung des Angebots unterscheiden, die ebenfalls kombiniert werden können.[1381] In Anlehnung an den Marketing-Mix werden die folgenden nachfrageorientierten Maßnahmen unterscheiden: 1) Preispolitische Maßnahmen (z.B. zeitliche Preisdifferenzierung), 2) produktpolitische Maßnahmen (z.B. Nutzendifferenzierung durch Veränderung der Leistung/des Leistungsprogramms), 3) kommunikationspolitische Maßnahmen (z.B. zeitliche Planung von Kundenmanagement-Maßnahmen) sowie 4) verbraucherbezogene Maßnahmen (z.B. Terminabsprachen mit dem Kunden).[1382] Vorteilhaft ist dabei, dass im Retailgeschäft der Finanzdienstleistungsbranche in vielen Fällen eine Vorhersage der Schwankungen mit ausreichender Genauigkeit möglich ist. Allerdings schränkt die Tatsache, dass die Leistungsqualität zum Teil sehr eng mit einer zeitnahen Leistungserstellung verknüpft ist (z.B. Ausführung von Wertpapiertransaktionen), den Einsatz nachfragebezogener Maßnahmen in den entsprechenden Fällen ein.

Angebotsorientierte Maßnahmen zielen auf eine gleichmäßig hohe Kapazitätsauslastung bei zeitnaher Nachfragebefriedigung. Sie lassen sich unterscheiden nach Maßnahmen, die an den Potenzialfaktoren (Primärdeterminanten der Kapazität), und Maßnahmen, die an den dispositiven Faktoren (Sekundärdeterminanten der Kapazität) ansetzen.[1383] Im Hinblick auf die Potenzialfaktoren ist weiterhin eine Differenzierung zwischen einer quantitativen Kapazitätsanpassung und einer qualitativen Kapazitätsanpassung möglich. Eine quantitative Kapazitätsanpassung ist intensitätsmäßig (z.B. Variation des Leistungsgrads/der

[1379] Vgl. KLINGE, (1997), S. 132; SCHNITTKA, (1998), S. 220 ff.
[1380] Vgl. KLINGE, (1997), S. 141 ff.
[1381] Vgl. CORSTEN, (1992), S. 241 ff; DIENSTDORF, (1972), S. 17 ff; HACKSTEIN, DIENSTDORF, (1973), S. 19.
[1382] Vgl. KLINGE, (1997), S. 216 ff; CORSTEN, (1992), S. 246 f.
[1383] In Anlehnung an KALUZA, (1994), S. 62 ff.

Beanspruchung), zeitlich (z.B. Einsatzzeit/-dauer, Überstunden, Kurzarbeit, Gleitzeitregelungen, flexible Arbeitszeitregelungen, Veränderung/Verlagerung der Öffnungszeiten) und quantitativ (z.B. Variierung der Potenzialfaktoren, innerbetriebliche Personalverschiebungen, Teilzeitkräfte, Bereitschaftsstufen) möglich.[1384] Eine qualitative Kapazitätsanpassung zielt vor allem auf die Nutzung der variationalen Kapazität der Potenzialfaktoren als Flexibilitätspotenzial.[1385] Dies ist durch die Umsetzung von Springer- und Pool-Modellen oder eine räumliche Anpassung möglich.[1386] Maßnahmen, die an den dispositiven Faktoren ansetzen, eignen sich weniger zur kurzfristigen Anpassung. Sie gewährleisten mittelfristig die Effizienz und Flexibilität der Leistungserstellung. Hauptansatzpunkte sind die Planung und die Organisation als sekundäre Kapazitätsdeterminanten.[1387] Im Rahmen der Planung stehen ein durchgängiger Informationsfluss, die Integration von Kapazitäts- und Terminplanung, die Wahl geeigneter Steuerungsverfahren und die Unterstützung durch moderne IuK-Systeme im Vordergrund.[1388] Im Hinblick auf die Organisation lassen sich Aufbau- und Ablauforganisation unterscheiden. Wichtige Themen der Aufbauorganisation sind die modulare Abgrenzung von Arbeitsfeldern und die Ausgestaltung von Gruppenarbeit. Ablauforganisatorisch geht es um die modulare Gestaltung der Leistungserstellungsprozesse, Regelungen zur Auftragsreihenfolgebildung sowie die Freizügigkeit bei der Abfolge einzelner Teilleistungen.[1389] „Damit rücken auf strategisch-taktischer Ebene neben den Entscheidungsfeldern, der Wahl einer Kapazitätsstrategie und der Kapazitätsdimensionierung gerade auch die Gestaltungsparameter zur Aufbau- und Ablauforganisation in den Blickwinkel des Kapazitätsmanagement und möglicher Anpassungsstrategien und -maßnahmen."[1390]

4.2.5.3 Gestaltung der Organisation

Der Begriff Organisation ist je nach Kontext unterschiedlich belegt. In der Literatur wird er institutionell (Organisation als System), instrumentell (Organisation als Objekt der Gestaltung) und funktionell (Organisation als Gestaltungshand-

---

1384 Vgl. GUTENBERG, (1979), S. 354 ff; BEREKOVEN, (1974), S. 61; CORSTEN, (1995), S. 147 ff; MALERI, (1997), S. 193 ff; KLINGE, (1997), S. 204 f.

1385 Vgl. CORSTEN, (1993), S. 774; GÜNTHER, (1989), S. 172 f.

1386 Vgl. SALEWSKI, (1999), S. 551 ff; DIENSTDORF, (1972), S. 137.

1387 Vgl. STUHLMANN, (2000), S. 190 f; WILLE, (1985), S. 37.

1388 Vgl. KALUZA, (1994), S. 64 f.

1389 Vgl. KERN, (1992), S. 24 f; BLEICHER, (1991), S. 41 f.

1390 SIBBEL, (2004), S. 54.

lung) verwendet.[1391] Ausgangspunkt für Überlegungen zu strategisch-taktischen Kapazitätsentscheidungen ist der instrumentelle Organisationsbegriff. Er beschreibt die Organisation als System formaler Struktur- und Prozessregelungen und versteht sie als Ordnungsrahmen zur zielgerichteten Steuerung des betrieblichen Leistungsgeschehens. Aufgrund des stochastischen Charakters der Leistungsprozesse erlangen ablauforganisatorische Aspekte eine hohe Bedeutung.[1392] Die Bewertung organisatorischer Maßnahmen erfolgt anhand definierter Effizienzkriterien.[1393] Moderne Managementansätze zur Organisation nennen als Zielkriterien in der Regel Kosten, Zeit und Qualität.[1394]

Für die folgenden Betrachtungen sollen jedoch Kriterien aus der Effizienzforschung genutzt werden, die auf Überlegungen der Transaktionskostentheorie aufbauen. Dabei handelt es sich um die Koordinationseffizienz, die Motivationseffizienz und die Anpassungseffizienz.[1395] Die Koordinationseffizienz bezieht sich auf das Ausschöpfen von Potenzialen auf dem Absatz- und Beschaffungsmarkt, bei der Prozessgestaltung sowie bei der Nutzung betrieblicher Potenzialfaktoren.[1396] In engem Zusammenhang mit der Koordinationseffizienz steht die Motivationseffizienz. Sie ist ein Maß dafür, inwiefern organisatorische Verhaltensspielräume der Mitarbeiter zielführend im Sinne des Unternehmens genutzt werden.[1397] Die Anpassungseffizienz spiegelt das Kosten-Nutzen-Verhältnis der vorgehaltenen Flexibilität wider.[1398] Abhängig von den Unternehmenszielen, der Strategie und den situativen Rahmenbedingungen müssen diese Effizienzkriterien operationalisiert werden und eine Auswahl relevanter Kriterien und/oder eine Abwägung zwischen erzielbaren Effizienzgraden erfolgen.[1399] Die Qualität und Wirtschaftlichkeit der Leistungserstellung hängt aufgrund des stochastischen Charakters der Leistungserstellungsprozesse in sehr hohem Maße vom effizienten Einsatz der Ressourcen und von der Prozesseffizienz ab. Die erforderliche

---

1391 Vgl. GROCHLA, (1995), S. 1 ff; PICOT, et al., (2002), S. 28 f; SCHREYÖGG, (1999), S. 4 ff; BOKRANZ, KASTEN, (2000), S. 19 f; REMER, (2000), S. 1 ff.

1392 Vgl. SIBBEL, (2004), S. 55 f.

1393 Effizienz gibt den Grad der Zielerreichung im Verhältnis zum entstandenen Aufwand bzw. Ressourceneinsatz und betont damit den Aspekt der Wirtschaftlichkeit. Effektivität hingegen bezieht sich auf die grundsätzliche Eignung von Maßnahmen und Prozessen, ein Ziel zu erreichen. Vgl. WELGE, FESSMANN, (1980), S. 577 f; KUGELER, (2000), S. 27 ff.

1394 Vgl. KUGELER, (2000), S. 75 f. Zur Kritik an diesem Vorgehen siehe VON WERDER, (1998), S. 495; THOM, (1988), S. 332 f.

1395 Vgl. KUGELER, VIETING, (2003), S. 234 ff; FRESE, (2000), S. 258 ff; VON WERDER, (1999), S. 414 ff; KUGELER, (2000), S. 29 ff, 50 ff; WELGE, FESSMANN, (1980), S. 579 ff.

1396 Vgl. FRESE, (2000), S. 264 ff.

1397 Vgl. FRESE, (2000), S. 273 ff; VON WERDER, (1999), S. 416; PICOT, et al., (2002), S. 8; KUGELER, (2000), S. 48 ff.

1398 Vgl. KUGELER, (2000), S. 51.

1399 Vgl. KUGELER, (2000), S. 57.

Flexibilität der Leistungspotenziale bedingt zudem eine hohe Bedeutung der Anpassungseffizienz.[1400]

Fokus der folgenden Untersuchung einer effizienzorientierten Organisationsgestaltung sind zentrale Handlungsparameter zur formalen Gestaltung der Organisation, über die Einfluss auf das Leistungsvermögen eines Unternehmens genommen werden kann (Organisation als sekundäre Kapazitätsdeterminante).[1401] Dabei ist zu berücksichtigen, dass es sich um eine komplexe, schlecht strukturierte Aufgabenstellung handelt, die eine Vielzahl quantitativer und qualitativer Variablen umfasst, deren direkte und indirekte Wirkungszusammenhänge kaum vollständig abzubilden sind.[1402] Aufgrund der Abhängigkeit vom situativen Kontext ist über das Ausmaß des Einflusses der einzelnen Variablen keine allgemeine Aussage möglich.[1403]

Bei der Betrachtung der Gestaltungsparameter der Organisation lässt sich zwischen der Aufbau- und der Ablauforganisation unterscheiden. Gestaltungsparameter der Aufbauorganisation sind die Festlegung der Aufgabenteilung, die Regelung der Koordination und die Konfiguration der Organisationsstruktur.[1404] Die Abhängigkeit vom situativen Kontext bedingt, dass in der Theorie in erster Linie idealtypische Organisationsstrukturen wie Funktions-, Divisional- oder Matrixorganisation diskutiert werden.[1405] In der Realität kommen im Wesentlichen Mischformen dieser Organisationstypen vor. Sie lassen sich beschreiben anhand der Strukturdimensionen: 1) Spezialisierung (Umfang und Form der Aufgabenteilung), 2) Delegation (Kompetenzverteilung), 3) Koordination (Harmonisierung der Teilaufgaben), 4) Konfiguration (horizontale und hierarchische Struktur des formalen Stellengefüges), 5) Formalisierung (Umfang schriftlich fixierter Regeln) und 6) Professionalisierung (Qualifikationsniveau des Personals).[1406]

Entsprechend der Einordnung einer Mass Customization im Retailgeschäft der Finanzdienstleistungsbranche in Abschnitt 4.2.5.1 erscheint damit die folgende Ausgestaltung der Dimensionen angebracht: 1) Ein eher geringer Spezialisierungsgrad und die Organisation in Teams, 2) ein hoher Delegationsgrad zur kurzfristigen, dezentralen Reaktion auf Nachfrageschwankungen, 3) eine zentrale Koordination, 4) ein mittlerer Formalisierungsgrad, der stabile Produktions-

---

1400 Vgl. SIBBEL, (2004), S. 59 f.

1401 Vgl. VON WERDER, (1998), S. 498.

1402 Vgl. THOM, (1988), S. 325; VON WERDER, (1999), S. 412; GROCHLA, WELGE, (1975), S. 274 f; VON WERDER, (1998), S. 480.

1403 Vgl. VON WERDER, (1998), S. 496; SIBBEL, (2004), S. 60.

1404 Vgl. GROCHLA, (1995), S. 24, 89; JAKOB, (1980), S. 63; GIBSON, et al., (1973), S. 113 ff.

1405 Vgl. u.a. PICOT, et al., (2002), S. 235; THOM, (1988), S. 328 ff; GROCHLA, (1995), S. 130 ff.

1406 Vgl. WOHLGEMUT, (1998), S. 786; FRESE, (2000), S. 471; BREILMANN, (1995), S. 159 ff; KIESER, KUBICEK, (1992), S. 167 ff.

prozesse bei der notwendigen Flexibilität erlaubt, sowie 5) eine hohe Professionalisierung der Mitarbeiter.

Parallel zur Aufbauorganisation muss die Ablauforganisation als dynamische Perspektive der Organisationsstruktur festgelegt werden.[1407] Dabei können nachfrage- beziehungsweise prozessorientierte und ressourcenorientierte Zielsetzungen unterschieden werden. Aus prozessorientierter Sicht stehen kurze Durchlauf- und Abwicklungszeiten, geringe Wartezeiten und eine hohe Termintreue im Vordergrund. Aus ressourcenorientierter Sicht gilt es, eine möglichst gleichbleibend hohe Auslastung der Kapazität zu erzielen.[1408] Die festzulegenden Gestaltungsparameter lassen sich in langfristig und kurzfristig wirkende Parameter unterscheiden.[1409] Langfristige Parameter der Ablauforganisation betreffen die Teilprozessgestaltung, das Routing, das Layout, die Auslegung der Kapazitäten und das Organisationsprinzip (verrichtungs-, objekt- oder prozessorientiert). Kurzfristig können die Leistungserstellungsprozesse durch Freigabeentscheidungen, die Reihenfolgeplanung, die Belegungsplanung und Maßnahmen zur kurzfristigen Kapazitätsanpassung beeinflusst werden.[1410] Analog zur Aufbauorganisation kann die Ablauforganisation anhand verschiedener Strukturdimensionen konkretisiert werden:[1411] 1) Produkt- und marktbezogenen Merkmale (Leistungsprogramm, Leistungsart, Anstoß der Endkombination), 2) prozessbezogene Merkmale (Automationsgrad, Prozessgestaltung, Integrationsgrad, Anzahl der Leistungsstufen, Anzahl Teilprozesse, Vorbestimmtheit, Prozessabfolge, Routing, Organisationsprinzip) und 3) inputbezogene Merkmale (dominanter Faktor, externer Faktor).[1412] Hinsichtlich dieser Strukturdimensionen bewirkt im Rahmen einer Mass Customization im Retailgeschäft der Finanzdienstleistungsbranche die Modularisierung eine Komplexitätsreduktion bei gleichzeitig hoher externer Varietät des Leistungsprogramms. Es werden sowohl verrichtungsorientierte (z.B. Beratung) als auch ergebnisorientierte Leistungen (z.B. Überweisung) angeboten. Die Leistungen sind aber in jedem Fall auftragsorientiert. Die Umsetzung einer Mass Customization geht mit einer Systemunterstützung beziehungsweise Automatisierung der Prozesse einher. Die Individualisierung erfolgt auf Basis standardisierter Module. Die Leistungserstellung erfolgt mehrstufig in direkter Kundeninteraktion durch komplexe stochastische und vernetzte Prozesse. Das Organisationsprinzip ist im Wesentlichen die Gruppen- oder Fließfertigung.

1407 Vgl. SCHWEITZER, (1974), S. 1.
1408 Vgl. KERN, (1992), S. 280 f.
1409 Vgl. ADAM, (1998), S. 544.
1410 Vgl. SIBBEL, (2004), S. 67 ff.
1411 Vgl. ADAM, (1998), S. 8 ff; CORSTEN, (2001), S. 32 f; SIBBEL, (2004), S. 70.
1412 Vgl. SIBBEL, (2004), S. 70.

Die vielfältigen Zusammenhänge zwischen Aufbau- und Ablauforganisation erfordern eine integrierte Betrachtung der Gestaltungsparameter.[1413] Eine Unternehmensentwicklung in diesem Sinne ist vor dem Hintergrund komplexer, dynamischer Strukturen auf den Märkten als Daueraufgabe zu sehen.[1414] Eine Grundlage bildet dabei das bedarfsorientierte Informationsmanagement, das sowohl als Bindeglied zwischen Elementarfaktoren und dispositiven Faktoren als auch zwischen Unternehmen und Umwelt dient.[1415] „Die effektive und umfassende Ausgestaltung des Informationsflusses unterstützt die effiziente Durchführung und Koordination sämtlicher Leistungsprozesse und besitzt demnach eine Steuerungsfunktion für die gesamte Leistungserstellung. [...] Integrierte Informationssysteme ermöglichen die effektive und effiziente Steuerung des Faktoreinsatzes und tragen damit zur Verbesserung der Kapazitätsauslastung und zur Koordination der Leistungsprozesse bei.“[1416]

Der ausgeprägte Prozesscharakter integrativer (Finanz-) Dienstleistungen erfordert eine Fokussierung organisatorischer Gestaltungsmaßnahmen auf prozess- und interaktionsorientierte Aspekte. Entsprechend dient die Prozessstruktur als Ausgangspunkt der Aufbauorganisation, um Ineffizienzen durch Schnittstellen zu vermeiden und die Wertkette konsequent marktbezogen auszurichten.[1417] Dies ermöglicht die Auflösung starrer Aufbaustrukturen und die Überwindung von Stellen-, Abteilungs- und Bereichsgrenzen.[1418] Die Ressourceneffizienz verliert gegenüber der Prozesseffizienz an Bedeutung.[1419] Die Stellenbildung erfolgt aufbauend auf einer Prozessanalyse und -synthese.[1420] Hierzu werden die relevanten Prozesse systematisch erfasst und voneinander abgegrenzt. Im nächsten Schritt erfolgt eine Prozessstrukturierung, durch die Prozesshierarchien gebildet werden. Darauf aufbauend werden die Prozesslogik und -koordination definiert. Dies erfolgt durch die Festlegung der sachlogischen und zeitlichen Verflechtungen der Aktivitäten, Teilprozesse und Geschäftsprozesse sowie des Informationsflusses.[1421] Entsprechende Vorgehensmodelle zur prozessorientierten Organisationsgestaltung stellen die Prozesseffizienz in den Mittelpunkt und

---

1413 Vgl. MAIER, WOLFRUM, (1998), S. 362 f; BLEICHER, (1991), S. 42.

1414 Vgl. STEINMANN, SCHREYÖGG, (2000), S. 402; REMER, (2001), S. 395 f; SCHANZ, (1990), S. 223 f.

1415 Vgl. TEUBNER, (1999), S. 2, 45 ff; BÜTTGEN, (2000), S. 7 f.

1416 SIBBEL, (2004), S. 72.

1417 Vgl. ADAM, (1998), S. 70; CORSTEN, STUHLMANN, (1997), S. 12, 22; KUGELER, (2000), S. 61; KUGELER, VIETING, (2003), S. 228 f, 231 ff; BOKRANZ, KASTEN, (2000), S. 227; CORSTEN, (1996), S. 1089 f; GAITANIDES, et al., (1994), S. 5, 13 ff.

1418 Vgl. SCHÜTZE, (2000), S. 32; CORSTEN, STUHLMANN, (1997), S. 48.

1419 Vgl. KUGELER, (2000), S. 90; CORSTEN, STUHLMANN, (1997), S. 49.

1420 Vgl. GAITANIDES, (1995), S. 63.

1421 Vgl. CORSTEN, STUHLMANN, (1997), S. 22 ff; GAITANIDES, (1995), S. 65ff, 71 f.

betrachten in nachgelagerten Schritten die übrigen Effizienzkriterien.[1422] Prozessmanagement, verstanden als ganzheitliche Steuerungsaufgabe, bezieht sich vor diesem Hintergrund sowohl auf die Leistungsprozesse, die Geschäftsstrategie als auch die Informationssysteme.[1423] Voraussetzung für eine prozessorientierte Gestaltung der Leistungsabläufe und der Aufbauorganisation ist, dass die Prozesse zu einem gewissen Grad repetitiv sind.[1424] Dies ist durch die Umsetzung einer Mass Customization-Wettbewerbsstrategie gegeben.

Die vorangegangenen Überlegungen machen deutlich, dass im Rahmen einer Mass Customization im Retailgeschäft der Finanzdienstleistungsbranche eine integrierte Betrachtung von Kapazitätsplanung und Organisationsgestaltung erforderlich ist. Dies gilt umso mehr wegen des grundlegenden Zielkonflikts zwischen Ressourcen- und Prozesseffizienz.[1425] Hier gilt es, unter Einbezug von Flexibilitätsaspekten einen Ausgleich zwischen ressourcen- und prozessorientierten Zielkriterien zu finden.[1426] „Die dabei lange unterstellte These der Unvereinbarkeit zwischen markt- und ressourcenorientierten Strategieansätzen ist der differenzierteren Forderung nach Kombination marktbezogener Wettbewerbsstrategien mit ressourcenzentrierten Konzepten gewichen, um die wechselseitigen Wirkungszusammenhänge konsequent zu berücksichtigen."[1427] Damit ist jedoch nicht die Forderung nach einem Universalmodell eines Finanzdienstleistungsunternehmens verbunden. Vielmehr stehen Ansätze im Vordergrund, die die Kapazitätsplanung um Strukturvariablen der Organisation erweitern. Die Grundlage für eine solche Zusammenführung der Entscheidungsfelder stellen integrierte IuK-Systeme dar, die die relevanten Informationen zur Verfügung stellen.

4.2.5.4 Systemunterstützung

IuK-Systeme zur Unterstützung einer kundenindividuellen Massenproduktion im Retailgeschäft der Finanzdienstleistungsbranche dienen zum einen der Unterstützung der Produktionsplanung und -steuerung. Zum anderen bilden sie die Grundlage der eigentlichen Leistungserstellung. Im Rahmen der Produktionsplanung

---

1422 Vgl. SIBBEL, (2004), S. 76 ff. und die dort genannten Quellen.

1423 Vgl. ÖSTERLE, WINTER, (2000), S. 12 f.

1424 Die Umsetzung einer Mass Customization verhindert dabei ebenfalls, dass dies zu Lasten der Kundenorientierung geht.

1425 Vgl. zum Prinzip der integrierten Unternehmensplanung KOCH, (1982), S. 9 ff.

1426 Einen Ansatz hierzu stellt beispielsweise die antizipative Leistungsabstimmung darstellen, wie sie Keuper und Wierzoch am Beispiel des kundenindividuellen Massenkreditgeschäfts beschreiben. Vgl. KEUPER, WIERZOCH, (2005), S. 229 ff.

1427 SIBBEL, (2004), S. 83.

stehen vor allem die Kapazitäts- und hier wiederum die Personalplanung im Vordergrund. Diese sind in Verbindung mit den relevanten organisatorischen Aspekten sowie der Dimensionierung der IuK-Systeme sehen. Voraussetzung für eine möglichst exakte Kapazitätsplanung stellen Prognosen über die quantitative, qualitative, zeitliche und räumliche Kapazitätsnachfrage dar. Im Gegensatz zur Fertigungsindustrie erfolgt die Planung in der Finanzdienstleistungsbranche wegen der Integrativität und Nichtlagerbarkeit von Finanzdienstleistungen weitgehend unabhängig von konkreten Kundenaufträgen.[1428] Die entsprechenden Prognosen basieren auf Marktinformationen, der Auswertung von Kunden-Know-how sowie der Berücksichtigung von Kundenmanagement-Maßnahmen. Damit ist für die Kapazitätsplanung ebenso wie für das Kundenmanagement die Integration einzelner Informationen zu einem Gesamtbild erforderlich. Dazu kann auf die in Abschnitt 4.2.4.3 dargestellten Techniken einer Modularisierung der IuK-Architektur, einer Service Orientierten Architektur (SOA) sowie des Data Warehouses und des Data Mining zurückgegriffen werden. Die so gewonnenen Informationen zur Kapazitätsnachfrage dienen als Input für Methoden zur (strategisch-taktischen) Kapazitätsplanung. Entsprechende Methoden lassen sich in drei Gruppen untergliedern: 1) Investitionstheoretische Modelle zur simultanen Produktions- und Investitionsplanung (Simultane Planung von Produktionsprogramm und dazu notwendigen Betriebsmitteln, Auffassung als Investitionsproblem), 2) Verfahren der Effizienzmessung von Organisationen (keine direkten Aussagen zur Kapazitätsdimensionierung, Einschätzung möglicher Rationalisierungspotenziale), und 3) Ansätze des Operations Research (Optimierungsmodelle, stochastische Modelle, Warteschlangenmodelle, Simulationsmodelle).[1429] Implementierungen entsprechender Methoden für das Retailgeschäft der Finanzdienstleistungsbranche stecken jedoch häufig noch in den Anfängen.[1430] Im Rahmen der Produktionssteuerung bieten integrierte IuK-Systeme die Möglichkeit zur Unterstützung einer zentralen Koordination einer dezentralen Leistungserstellung. Dies ist vor dem Hintergrund einer Multikanal-Strategie und der verstärkten Delegation im Rahmen einer Mass Customization von entscheidender Bedeutung.

Für die Unterstützung der eigentlichen kundenindividuellen Massenproduktion bieten sich vor allem Technologien wie die Modularisierung und Serviceorientierung an. Sie erlauben eine Bündelung ganzheitlicher Aufgabenbereiche in Modulen, die in Form von standardisierten Services über definierte Schnittstellen unternehmensweit verfügbar gemacht werden können. Auf diese Weise können Prozesse vollautomatisiert und ohne Medienbrüche abgewickelt werden (Straight

[1428] Vgl. HERRMANN, et al., (2006), S. 653.
[1429] Vgl. SCHWEITZER, (2003), S. 98 ff. und dort genannte Quellen.
[1430] Vgl. SCHUSTER, WAGNER, (1997); KEUPER, WIERZOCH, (2005), S. 231 ff, 258 f.

Through Processing – STP).[1431] Ein Business Activity Monitoring (BAM) ermöglicht durch eine real- beziehungsweise near-time Auswertung von Prozessinformationen die systemgestützte Steuerung und Kontrolle der Prozesse.[1432] In Verbindung mit einem Service Level Management (SLM) erlaubt dies eine fortwährende Kontrolle wichtiger Service Level und eine automatisierte Warnung bei signifikanten Abweichungen.[1433]

Darüber hinaus stehen die Dienste bereits bestehender Anwendungen zur Entwicklung neuer Anwendungen zur Verfügung. Neue Leistungen können so effizient aus standardisierten Komponenten konfiguriert werden. Über ein zentrales Service Data Management (SDM) besteht die Möglichkeit, relevante Informationen aus der Produktion für das Kundenmanagement sowie die (Weiter-) Entwicklung von Leistungen bereitzustellen. Ein weiteres Themengebiet ist die Prozessunterstützung durch Workflow-Management-Systeme. Diese können sowohl die vollautomatisierte Abwicklung von Prozessen als auch manuelle Prozesse unterstützen.[1434]

Eine zusätzliche Herausforderung stellt die Integration externer Partner in den Leistungserstellungsprozess dar. Im Rahmen einer Mass Customization müssen in der Regel eine Vielzahl von Individualisierungsinformationen übertragen, und die Leistungserstellung mit den Partnern koordiniert werden. In diesem Zusammenhang gewinnt im Retailgeschäft eine vollautomatisierte End-to-End-Abwicklung unternehmensübergreifender Geschäftsprozesse ohne manuelle Eingriffe von Mitarbeitern im Sinne eines Straight Through Processing zusätzlich an Bedeutung.[1435]

4.2.6 Integration von Zulieferern und Intermediären

Die Industrialisierung der Finanzdienstleistungsbranche führt vermehrt zum Aufbrechen von Wertschöpfungsketten und dem Entstehen neuer Geschäftsmodelle.[1436] Dies ermöglicht es den Finanzdienstleistern, bei der Umsetzung einer Mass Customization Wettbewerbsstrategie die interne Komplexität der Leistungserstellung durch Kooperationen zu reduzieren. Eine Mass Customization bietet durch die Standardisierung von Leistungen, Prozessen und IuK-Technologien die Basis, um individualisierte Leistungen effizient in einem

---

1431 Vgl. REBOUILLON, MÜLLER, (2005), S. 705; BETSCH, THOMAS, (2005), S. 130 f. und dort genannte Quellen.

1432 Vgl. NEUHAUS, (2004), S. 319 f; MARLIÈRE, JANIESCH, (2004), S. 228 ff.

1433 Vgl. MARLIÈRE, JANIESCH, (2004), S. 226 ff.

1434 Vgl. BETSCH, THOMAS, (2005), S. 157 f.

1435 Vgl. KARASU, GORALCZYK, (2004), S. 640 f; JUNIKE, (2004), S. 17 f.

1436 Vgl. BETSCH, THOMAS, (2005), S. 72 ff.

Netzwerk von Finanzdienstleistern erstellen zu können. Dabei ist die Tatsache, dass Finanzdienstleistungen weitgehend digitalisierbar sind, von Vorteil, da dies den Austausch zwischen den Netzwerkunternehmen wesentlich erleichtert.[1437]

4.2.6.1 Finanzdienstleistungsnetzwerke

Unternehmensnetzwerke bestehen aus autonomen Unternehmen, die zur Erreichung gemeinsamer Ziele kooperieren. Kooperative Aspekte, die sich aus den gemeinsamen Zielen ergeben, führen innerhalb des Netzwerks zu Austauschbeziehungen, die enger gestaltet sind als Marktbeziehungen. Ziel des Netzwerks ist die Realisierung von Wettbewerbsvorteilen. Diese ergeben sich aus der Möglichkeit, Leistungen anders zu erbringen, als dies durch einen einzigen Finanzdienstleister der Fall wäre (Synergiepotenzial prozessbezogener Gestaltungsparameter), oder gänzlich andere Leistungen zu erbringen (Erweiterung des Produktions- und Absatzprogramms).

Dabei stellen Netzwerkunternehmen ein hybrides Phänomen dar, da die beteiligten, selbstständigen Unternehmen sowohl in Wettbewerbs- als auch in Kooperationsbeziehungen zueinander stehen. Der Grad der Zusammenarbeit kann in den Netzwerken zwischen losen, sich verändernden Konstellationen und institutionalisierten Kooperationen auf Basis einheitlicher Plattformen variieren. Ein Unternehmensnetzwerk stellt eine spezifische Ausprägung einer Kooperation dar. Allerdings besteht das Netzwerk im Gegensatz zu einer Kooperation immer aus mehr als zwei Unternehmen und betont die unternehmensübergreifende Prozessgestaltung. Für Finanzdienstleister spielen darüber hinaus spezifische aufsichtsrechtliche Restriktionen eine wichtige Rolle.[1438]

Anhand der Koordinationsform (heterarchisch oder hierarchisch) und der Kontinuität der Zusammenarbeit (instabil oder stabil) lassen sich vier Typen von Finanzdienstleistungsnetzwerken mit charakteristischen Erscheinungsformen unterscheiden. Auf der Grundlage unterschiedlicher Netzwerkpartner (Kunden, Konkurrenten, Lieferanten, Komplementoren) lassen sich weiterhin vier wesentliche Vernetzungsarenen definieren, die im Wesentlichen für die einzelnen Netzwerktypen relevant sind (siehe Abbildung 24).[1439]

1437 Vgl. CORSTEN, et al., (2002), S. 9.

1438 So dürfen z.B. Versicherungsunternehmen nach §7 Abs. 2 Versicherungsaufsichtsgesetz (VAG)keine versicherungsfremden Geschäfte betreiben, womit eine Fusion zwischen einem Kreditinstitut und einem Versicherungsunternehmen ausgeschlossen und netzwerkartige Strukturen in der Finanzdienstleistungsbranche begünstigt werden. Vgl. CORSTEN, et al., (2002), S. 7 f.

1439 Vgl. CORSTEN, et al., (2002), S. 13 ff, 17 ff.

Instabile heterarchische Netzwerke dienen der Bereitstellung von Leistungen, die ein einzelner Anbieter zwar qualitativ aber nicht quantitativ zur Verfügung stellen kann.

Abbildung 24: Typen von Finanzdienstleistungsnetzwerken und relevante Vernetzungsarenen[1440]

Typen von Finanzdienstleistungsnetzwerken und beispielhafte Erscheinungsformen

Konfiguration im Rahmen der Leistungserstellung	Koordinationsrichtung: Heterarchisch	Koordinationsrichtung: Hierarchisch
Instabil	Wertpapieremissionsgeschäft, Projektfinanzierung, Absicherung von Großrisiken	Unabhängige Finanzmakler
Stabil	„Klassische" Netzwerkpartnerschaften (z.B. Finanzverbund)	Finanzdienstleistungsholding, fokale Netzwerke/Kooperationen

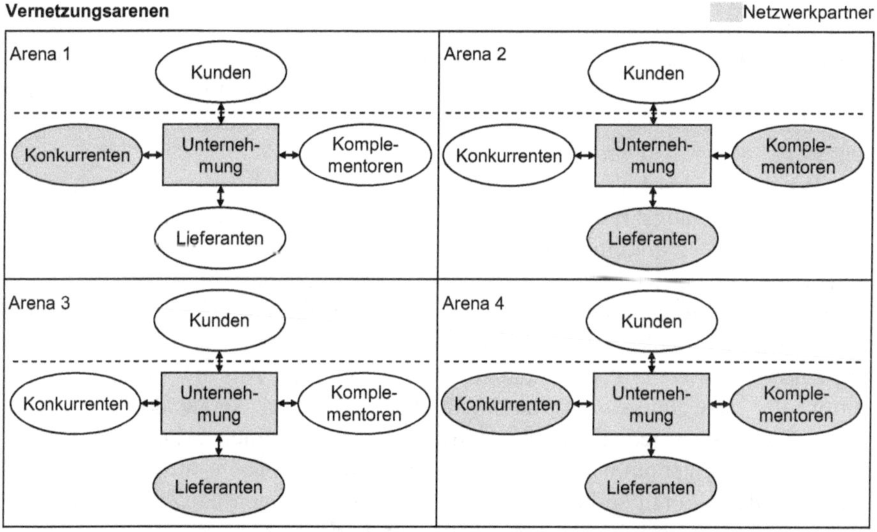

Dabei kooperieren in diesem Fall entsprechend der Vernetzungsarena 1 mehrere Konkurrenzunternehmen. Beispiele für solche Finanzdienstleistungsnetzwerke finden sich im Emissionsgeschäft, bei der Projektfinanzierung und der Absicherung von Großrisiken.[1441]

1440 Verändert übernommen aus CORSTEN, et al., (2002), S. 13, 17.

1441 Vgl. CORSTEN, et al., (2002), S. 14.

Stabile heterarchische Netzwerke sind in Form der klassischen Netzwerkpartnerschaften anzutreffen, in denen fremde Leistungen zur Ergänzung des eigenen Leistungsprogramms hinzugekauft werden. Wie in Arena 2 dargestellt kommt es dabei zur Zusammenarbeit mit Lieferanten und Komplementoren. Beispiele für solche Netzwerke sind im Sparkassen- sowie im Genossenschaftssektor zu finden.[1442]

Als Beispiele für instabile hierarchische Finanzdienstleistungsnetzwerke sind unabhängige Finanzdienstleister zu nennen, die ihren Kunden eine Beratungsleistung anbieten und je nach Einzelfall die Leistungen unterschiedlicher Lieferanten vermitteln (Arena 3). Das Netzwerk wird von dem unabhängigen Finanzmakler initiiert und der Umfang der Beteiligung der einzelnen Netzwerkpartner von ihm festgelegt.[1443]

Eine weitere mögliche Form des Zusammenschlusses mit Lieferanten und Komplementoren (Arena 4) stellen stabile hierarchische Netzwerke dar. Eine solche horizontale und/oder vertikale Integration einzelner Finanzdienstleister erfolgt häufig in Form einer Holding und ist in der Finanzdienstleistungsbranche oft den rechtlichen Restriktionen geschuldet. Ziel ist in der Regel die Umsetzung eines Allfinanzangebots, um dem Kunden alle Leistungen aus einer Hand bieten zu können. Gegenüber instabilen hierarchischen Netzwerken hat diese Form den Vorteil, dass eine Integration der verfügbaren Informationen innerhalb des Netzwerks wesentlich vereinfacht wird.[1444]

Wie bereits bei Industrieunternehmen beobachtet,[1445] kommt es auch in der Finanzdienstleistungsbranche bei der Umsetzung einer Mass Customization in erster Linie zu hierarchischen Finanzdienstleistungsnetzwerken. Der Finanzdienstleister an der Kundenschnittstelle wird üblicherweise die Rolle eines fokalen Netzwerkunternehmens einnehmen. Er kontrolliert die Kundenverbindung und hat die Möglichkeit zum Aufbau von Learning Relationships und von Kunden Know-how. Damit verbunden sind die Sammlung, Auswertung und Aufbereitung der notwendigen Informationen für die übrigen Netzwerkunternehmen. Diese Rolle muss jedoch nicht zwangsläufig durch einen originären Finanzdienstleister eingenommen werden. Finanzdienstleistungen werden in zunehmendem Maße durch Industrie- und Handelsunternehmen als Zusatzleistungen angeboten, um ihr originäres Produktangebot zu differenzieren. Auf diese Weise können auch solche Unternehmen zu fokalen Netzwerkunternehmen eines Finanzdienstleistungsnetwerks werden.[1446]

1442 Vgl. CORSTEN, et al., (2002), S. 14 f.
1443 Vgl. CORSTEN, et al., (2002), S. 15.
1444 Vgl. CORSTEN, et al., (2002), S. 15 f.
1445 Siehe hierzu Abschnitt 3.3.6.3.
1446 Vgl. CORSTEN, et al., (2002), S. 17.

Das Angebot einer Custom Mass Production, das heißt die Vermittlung der Erstellung kundenbezogener Massenprodukte, wie in Abschnitt 3.3.6.3 dargestellt, lässt sich ebenfalls auf die Finanzdienstleistungsbranche übertragen. Dabei kommt die einfache Digitalisierbarkeit von Finanzdienstleistungen ihrer Erstellung in einem Custom Mass Production Netzwerk zugute.[1447] Anzutreffen sind solche Geschäftsmodelle bereits im Geschäft mit derivativen Finanzmarktinstrumenten (siehe hierzu auch Abschnitt 4.3.2.2).

Die Potenziale von Finanzdienstleistungsnetzwerken bei der Umsetzung einer Mass Customization liegen vor allem in: 1) Der Nutzung von Größenvorteilen, 2) der Diversifizierung von Risiken, 3) dem Wissenstransfer zwischen den Partnern, 4) der Optimierung der Ressourcenallokation innerhalb des Netzwerks (ersetzen von Organizational Slack durch Cooperative Slack)[1448], 5) der Erhöhung der Flexibilität, indem einer Umweltveränderung durch eine Rekonfiguration des Netzwerks begegnet wird, sowie 6) einem Kompetenzgewinn durch die Nutzung (lokalen) Expertenwissens innerhalb des Netzwerks. Darüber hinaus bieten Finanzdienstleistungsnetzwerke unter Einbezug von Komplementoren die Möglichkeit, im Sinne einer System-Lock-In-Strategie Konkurrenten aus einem Markt auszuschließen und Kunden an das Netzwerk zu binden.[1449] Demgegenüber sind uneinheitliche Standards bei der Integration, ungenügende Vertrauensbeziehungen zwischen den Netzwerkpartnern sowie eine mangelnde Steuerung des Gesamtnetzwerks als wesentliche Herausforderungen für Finanzdienstleistungsnetzwerke zu nennen. Hier gilt es im Rahmen einer Mass Customization-Wettbewerbsstrategie entgegenzuwirken: 1) Durch eine weitgehende Standardisierung der Leistungsmodule, Prozesse und IuK-Systeme, 2) durch einen Vertrauensaufbau durch langfristige Beziehungen sowie 3) durch die zentrale Koordination des Netzwerks durch ein fokales Netzwerkunternehmen.

4.2.6.2 Virtuelle Finanzdienstleister

Das Konzept eines virtuellen Finanzdienstleisters stellt eine Form eines Unternehmensnetzwerks dar.[1450] In der Literatur lassen sich sehr unterschiedliche Verwendungen und Definitionen des Begriffs „virtuell" finden. Teilweise werden auch die Begriffe „virtuell" und „elektronisch" synonym verwendet, sodass zunächst eine Abgrenzung der Begriffe vorgenommen werden soll.[1451] Die Er-

1447 Vgl. CORSTEN, et al., (2002), S. 9.
1448 Siehe hierzu auch Abschnitt 3.3.6.1.
1449 Vgl. HAX, WILDE II, (1999), S. 13; WIRTZ, LIHOTZKY, (2001), S. 289 ff.
1450 Vgl. HEINDL, PAUSCHERT, (1998), S. 21 ff.
1451 Vgl. STOCKMANN, (1998), S. 273.

gänzung eines Begriffs um den Zusatz „elektronisch“ wird zur Abgrenzung des Begriffs gegenüber seiner konventionellen Bedeutung genutzt und weist auf den Einsatz von IuK-Technologie hin (so zum Beispiel beim elektronischen Zahlungsverkehr oder dem Electronic Banking).[1452] Demgegenüber meint der Begriff „virtuell“ im ursprünglichen Sinn, dass etwas nicht wirklich, nur scheinbar, beziehungsweise der Anlage nach als Möglichkeit vorhanden ist.[1453] Das Oxford English Dictionary beschreibt „virtual“ im Hinblick auf Computer als „not physically existing as such but made by software to appear to do so.“[1454] Hiervon ausgehend definiert Scholz ein virtuelles Objekt anhand von vier Merkmalen:[1455]

- Virtuelle Objekte weisen dieselben konstituierenden Charakteristika auf wie die ursprünglichen (realen) Objekte. Das heißt, sie erscheinen wie das ursprüngliche (reale) Objekt.
- Den virtuellen Objekten fehlen physikalische Attribute, die üblicherweise mit dem zu virtualisierenden Objekt assoziiert sind.
- Die virtuellen Objekte erfordern spezielle Zusatzspezifikationen im Sinne von Lösungswegen, die für die Realisierung erforderliche sind.
- Die virtuellen Objekte bieten Nutzeneffekte als Vorteil, die sich durch den Wegfall der physikalischen Attribute ergeben.

Eine zweite Bedeutung des Begriffs „virtuell“ stellt seine Verwendung als Kurzform von Virtueller Realität dar.[1456] Das heißt, eine computeranimierte Welt, in der man sich bewegen und in die man eingreifen und sie steuern kann, ohne dabei an physikalische Gesetze gebunden zu sein.[1457] Anwendungsgebiet kann beispielsweise eine virtuelle Filiale einer Bank sein, in der man sich bewegen kann, wie in dem realen Ort. Häufig wird der Begriff jedoch missverständlich für beliebige Angebote im Internet genutzt. So wird zum Teil schon bei einem Online oder Electronic Banking Angebot von einer virtuellen Bank gesprochen.[1458]

Entsprechend den oben aufgeführten Merkmalen eines virtuellen Objekts im ursprünglichen Sinn kann ein virtuelles Unternehmen folgendermaßen charakterisiert werden:[1459]

1452 Vgl. BAAN, (1995), S. 74.
1453 Vgl. BROCKHAUS GMBH, (1994), S. 372.
1454 SOANES, STEVENSON, (2006), S. 1969.
1455 Vgl. SCHOLZ, (1994), S. 5.
1456 Vgl. STOCKMANN, (1998), S. 273.
1457 Vgl. TSICHRITZIS, (1995a), S. 112; REID, (1995), S. 164; AUKSTAKALNIS, BLATNER, (1994), S. 22 ff.
1458 Vgl. STOCKMANN, (1998), S. 273 ff.
1459 Vgl. MOORMANN, et al., (2006), S. 259 f; HEINDL, PAUSCHERT, (1998), S. 6 f.

- Es weist die gleichen konstitutiven Charakteristika auf wie andere Unternehmen (Wertschöpfung mit dem Ziel ein spezifisches Produkt auf dem Markt abzusetzen und Wahrnehmung des Unternehmens durch den Kunden als Einheit).
- Ihm fehlen spezifische physikalische Attribute (z.B. keine eigene Unternehmenszentrale oder Verwaltung, keine eigenen Zweigstellen, Filialen oder permanenter Kundendienst) oder institutionelle Eigenschaften (z.B. juristische Form oder andere vertragliche Absicherungen).
- Es weist spezifische Zusatzeigenschaften auf (z.B. intensiver Rückgriff auf moderne IuK-Technologie zur informationstechnischen Vernetzung rechtlich unabhängiger Einheiten)
- Es generiert zusätzliche Nutzeffekte durch den Wegfall der (physikalischen) Attribute (z.B. erhöhte Flexibilität und Anpassungsfähigkeit, Angebot von Best-of-Breed-Lösungen, Verzicht auf das aktive Vorhalten nicht benötigter Kompetenzen)

In diesem Sinne kann ein virtuelles Unternehmen definiert werden als ein Unternehmensnetzwerk rechtlich und wirtschaftlich weitgehend unabhängiger Organisationen. Es konfiguriert sich ausgehend von einem konkreten Kundenauftrag für die Dauer eines Projekts. Es wird unter intensiver Nutzung moderner IuK-Technologie koordiniert. Es tritt dem Kunden gegenüber als Einheit auf. Es verzichtet dabei aber weitgehend auf institutionelle und physikalische Voraussetzungen.[1460]

Aufgrund der typischen Schwächen von Netzwerkorganisationen (uneinheitliche Standards, ungenügende Vertrauensbeziehungen, mangelnde Steuerung), ist ein virtuelles Unternehmen jedoch "[...] praktisch nur auf der Grundlage eines stabilen langfristigen Unternehmensnetzwerks möglich, das sich durch relativ stabile und vertrauensvolle Beziehungen zwischen ihren Mitgliederorganisationen auszeichnet. Die virtuelle Unternehmung wird demnach als ein sich spontan zur Befriedigung konkreter Kundenanforderungen konfigurierendes Netzwerk verstanden, dem genau jene Mitgliedsorganisationen (oder Teile von ihnen) des langfristigen Unternehmensnetzwerks angehören, deren Kernkompetenzen zur Erfüllung des konkreten Kundenauftrags benötigt werden. [...] Nur innerhalb solcher latenter, langfristiger Unternehmensbeziehungen können die Voraussetzungen für spontane und durch spezifische Kundenaufträge determinierte Kooperationsbeziehungen (u.a. Vertrauen, Qualifikation, Langfristigkeit, etc.) angenommen werden."[1461] Siehe hierzu auch Abbildung 25.

1460 Vgl. MOORMANN, et al., (2006), S. 260; HEINDL, PAUSCHERT, (1998), S. 24.
1461 HEINDL, PAUSCHERT, (1998), S. 26.

Eine spezielle Ausprägung eines solchen virtuellen Unternehmens ist ein virtueller Finanzdienstleister.[1462] Stockmann definiert einen solchen virtuellen Finanzdienstleister als „Finanzintermediär im elektronischen Markt, der die Inanspruchnahme von [Finanzdienstleistungen] […] offeriert und dem Kunden alle Eigenschaften [eines echten Finanzdienstleisters] […] bietet. [Der virtuelle Finanzdienstleister] […] erstellt [Finanzdienstleistungen] […] nicht selbst, sondern [er] […] mittelt zwischen Kunden und (echten) Finanzdienstleistern und nutzt hierfür die Möglichkeiten des elektronischen Markts.“[1463]

Abbildung 25: Organisationsformen in Abhängigkeit von Marktunsicherheit und Produktkomplexität[1464]

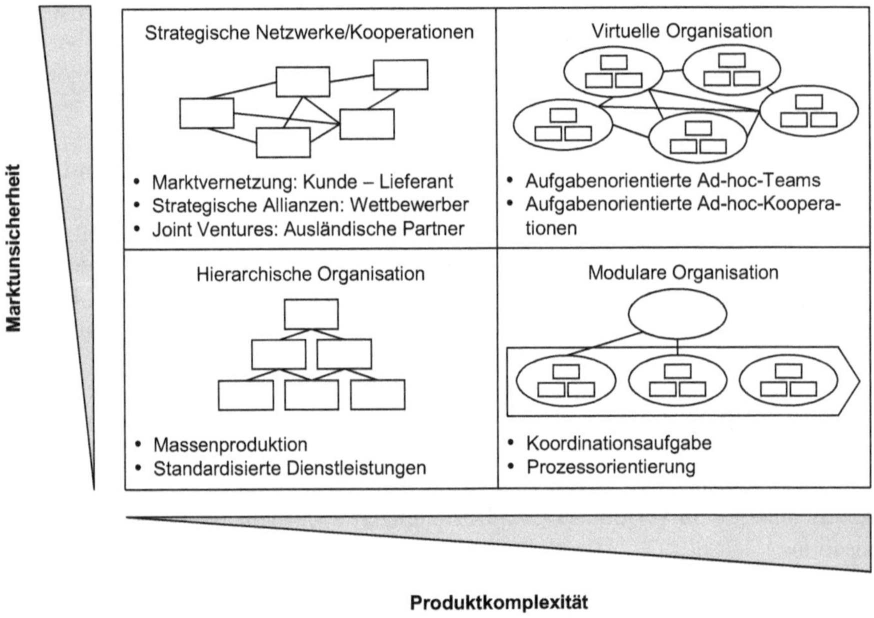

Eine elektronische Bankfiliale ist die Repräsentanz genau eines Finanzdienstleisters. Ein virtueller Finanzdienstleister hingegen kombiniert die Leistungen unterschiedlicher Finanzdienstleister.[1465] Zur Ausgestaltung eines solchen virtuellen Finanzdienstleisters gibt es unterschiedliche Möglichkeiten. So kann

1462 Vgl. STOCKMANN, (1998), S. 275; DISTERER, et al., (1997), S. 441 ff.

1463 STOCKMANN, (1998), S. 276.

1464 Übernommen aus PICOT, et al., (2003), S. 273.

1465 Vgl. STOCKMANN, (1998), S. 276.

zum Beispiel die Fortentwicklung aktueller Finanzsoftware-Pakete, die auf die Leistungen unterschiedlicher Finanzdienstleister zurückgreifen, die Umsetzung eines virtuellen Finanzdienstleisters darstellen. Hierzu sind sie um Informationsbibliotheken, Entscheidungsunterstützungssysteme und Funktionalität zur proaktiven Unterstützung des Kunden zu ergänzen. Eine weitere Möglichkeit stellt die Bündelung von Finanzdienstleistungen realer Finanzdienstleister auf elektronischem Wege im Internet dar. Schließlich kann die Kopplung einer elektronischen Präsenz mit persönlicher Beratung, wie sie beispielsweise durch einen unabhängigen Finanzberater oder Versicherungsmakler geboten wird, zur Umsetzung eines virtuellen Finanzdienstleisters führen.[1466]

Ein virtueller Finanzdienstleister ist somit ein Finanzintermediär, der zwischen dem Kunden und verschiedenen Finanzproduktanbietern steht.[1467] Sein Angebot ist in der Regel mit einer Beratungsdienstleistung verbunden. Die Koordination der Leistungserstellung durch den virtuellen Finanzdienstleister ermöglicht dem Kunden gegenüber ein integriertes Leistungsangebot, wie er es von einem traditionellen Allfinanzanbieter erwarten würde. Darüber hinaus bieten virtuelle Finanzdienstleister ihren Kunden häufig 1) die Koordination von Mehrfachbankverbindungen, 2) ein elektronisches Cash-Management, 3) die objektive Auswahl spezialisierter und/oder günstiger Finanzdienstleister.[1468]

Ökonomische Potenziale eines virtuellen Finanzdienstleisters ergeben sich aus: 1) der standortunabhängigen Nutzung von Expertenwissen und einer damit erhöhten Flexibilität, 2) der Zeitunabhängigkeit durch die Nutzung moderner IuK-Technologie zur Automatisierung von Prozessen, sowie 3) der Vernetzung von Wissensressourcen, sodass die Gesamtaufgabe durch eine Kombination von Kernkompetenzen der beteiligten Finanzdienstleister bewältigt werden kann.[1469]

Die Unabhängigkeit der beteiligten Finanzdienstleister gewährleistet die notwendige Flexibilität, um den herrschenden dynamischen Umweltbedingungen zu begegnen. Unter stabileren Umweltbedingungen übersteigen die Effizienzverluste durch das Vorhalten redundanter Strukturen (z.B. Buchhaltung, Personalabteilung) jedoch schnell die Flexibilitätsvorteile (siehe Abbildung 25).[1470] Die Grundlage zur Konfiguration eines virtuellen Finanzdienstleisters stellt eine einheitliche, leistungsfähige IuK-Infrastruktur dar. Entscheidend für die Funktionsfähigkeit ist darüber hinaus der Aufbau von Vertrauen und einer gemeinsamen Kultur zwischen den Partnern. Aus diesem Grund bieten sich latente lang-

---

1466 Vgl. zu diesem Absatz STOCKMANN, (1998), S. 277 f.
1467 Vgl. STOCKMANN, (1998), S. 278.
1468 Vgl. zu diesem Absatz STOCKMANN, (1998), S. 278.
1469 Vgl. DANNENBERG, (2001), S. 248; MOORMANN, et al., (2006), S. 262.
1470 Vgl. zu diesem Absatz MOORMANN, et al., (2006), S. 263 f.

fristige Unternehmensbeziehungen als Basis für die dynamische Konfiguration virtueller Finanzdienstleister an.[1471]

4.2.6.3 Open Architecture

Eine Open Architecture stellt eine Plattform zur Konfiguration interorganisationaler Netzwerkunternehmen dar. Der Begriff der Open Architecture ist aus der IT-Industrie übernommen und fand in der Finanzdienstleistungsbranche zunächst im Fondsgeschäft Verwendung. In der IT-Industrie steht er für publizierte und öffentlich zugängliche Spezifikationen, Standards und Schnittstellen.[1472] Auf die Finanzdienstleistungsbranche übertragen, bezeichnet er „die Neugestaltung der Wertschöpfungskette [...] derart, dass verschiedene Teilleistungen nicht mehr von einem einzigen, sondern von unterschiedlichen Anbietern erbracht werden.“[1473] Dabei ist eine Standardisierung sowohl auf Geschäfts-, Prozess- als auch Applikationsebene erforderlich. Dies hat zur Folge, dass mit Open Architecture nicht lediglich die Ergänzung des eigenen Produktportfolios um Fremdprodukte gemeint ist. Es werden vielmehr netzwerkorientierte Geschäftsmodelle betrachtet, die Elemente, Funktionen und Eigenschaften der beteiligten Partner integrieren. Auf der Basis normierter Module werden so individualisierte Lösungen erstellt. Die Offenheit solcher Geschäftsmodelle bezieht sich auf: 1) die Funktionen des Gesamtsystems (z.B. Produktion, Kommunikation, Vertrieb), 2) seine Elemente (z.B. Partnerinstitutionen/-organisationen, Leistungen/Leistungsmodule, Distributionskanäle, Kommunikationsplattformen), und 3) die eingesetzten Technologien (z.B. Produkt-/Abwicklungsstandards, Schnittstellenspezifikationen).[1474] Im Rahmen einer Mass Customization ist dabei sicherzustellen, dass der erforderliche Konfigurations- und Parametrisierungsprozess über Unternehmensgrenzen hinweg automatisiert erfolgen kann und an der Kundenschnittstelle die notwendigen Informationen zur Konfigurationsunterstützung bereitstehen.

Abhängig vom Grad der Offenheit sind unterschiedliche Ausgestaltungen von Geschäftsmodellen[1475] möglich. So können in Bezug auf die Funktionsbereiche Produktion und Vertrieb sieben idealtypische strategische Optionen unterschieden werden (siehe Tabelle 14). Die beiden ersten Modelle stellen den Ver-

---

1471 Vgl. CORSTEN, et al., (2002), S. 6.

1472 Vgl. BERNET, (2004), S. 476.

1473 THIEßEN, (2003), S. 408.

1474 Vgl. BERNET, (2004), S. 477.

1475 Ein Geschäftsmodell beschreibt die Organisation eines Wertschöpfungsprozesses in einem Markt. Normative Grundlage ist damit die Definition der Wertschöpfung, das heißt des Kundennutzens. Vgl. BERNET, (2004), S. 478.

trieb eigener Produkte über fremde oder auch eigene und fremde Kanäle dar. Bei den Modellen 3-5 tritt der Finanzdienstleister ausschließlich als Broker auf, der den Kunden Beratungsleistungen und die Konfiguration der Leistungen anbietet. In den Modellen 6 und 7 werden die beiden Ansätze kombiniert.[1476]

Gegenüber traditionellen Allfinanzkonfigurationen erlauben die offenen prozessualen und technologischen Schnittstellen nahezu unbegrenzte Kombinationsmöglichkeiten zwischen Partnern. Auf diese Weise können sich unabhängig von in der Vergangenheit getroffenen Entscheidungen immer wieder neue Optionen zur Konfiguration von Problemlösungen bieten. Bei traditionellen Allfinanzkonfigurationen stehen vor allem institutionelle Aspekte im Vordergrund. Der Open Architecture Ansatz fokussiert in erster Linie auf funktionale und instrumentale Aspekte, das heißt auf die Kombination der aus Kundensicht für eine Problemlösung relevanten Funktionen der Finanzdienstleistungsbranche.[1477]

Tabelle 14: Idealtypische Geschäftsmodelle aus der Kombination von Produktions- und Vertriebsfunktionen[1478]

	Vertrieb		
Produktion	**Eigen**	**Fremd**	**Kombination**
Eigen		Modell 1	Modell 2
Fremd	Modell 3	Modell 4	Modell 5
Kombination		Modell 6	Modell 7

Ziel der Opern Architecture ist nicht nur die Bereitstellung eines breiten Leistungsprogramms durch die Aufnahme von Fremdprodukten, wie es häufig bei traditionellen Allfinanz-Ansätzen der Fall ist, sondern die Möglichkeit, integrierte Lösungen aus einem breiten Spektrum von Finanzdienstleistungen zu konfigurieren.[1479] So ist es im Rahmen einer Mass Customization möglich, den Entwicklungsaufwand für modulare, konfigurierbare Leistungen auf mehrere Unternehmen zu verteilen. Die Integration externer Partner erlaubt darüber hinaus die Nutzung von Spezialisierungsvorteilen aufseiten der Partner. Damit können die entsprechenden Teilleistungen effizienter und/oder in höherer Qualität als im eigenen Unternehmen erbracht werden. Hinzu kommt, dass die Finanzdienstleister an der Kundenschnittstelle durch eine Open Architecture glaubwür-

[1476] Vgl. BERNET, (2004), S. 477.
[1477] Vgl. BERNET, (2004), S. 478.
[1478] Übernommen aus BERNET, (2004), S. 477.
[1479] Vgl. BERNET, (2004), S. 477 ff.

diger eine unabhängige Beratung anbieten können. Dies wirkt sich auf das Vertrauen, die Kundenzufriedenheit und letztendlich die Kundenbindung aus.

Ausgehend von der Zielsetzung einer Open Architecture ergeben sich mehrere Anforderungen an entsprechende Geschäftsmodelle. An der Kundenschnittstelle ist eine weitgehende Produktneutralität zu gewährleisten. Im Vordergrund stehen: 1) Die Analyse der (segmentspezifischen) Kundenbedürfnisse, 2) die Konfiguration von entsprechenden Problemlösungen basierend auf Leistungsmodulen sowie 3) die Interaktion mit dem jeweiligen Kunden (-segment). Die Kernfunktion an der Kundenschnittselle ist damit die Beratung. Hierfür ist es wichtig, die funktionalen Strukturen unter Einbezug der externen Partner festzulegen und das Potenzial moderner IuK-Technologien zur Bewältigung der Schnittstellenprobleme zu nutzen. Die Umsetzung einer solchen Open Architecture erfordert an der Kundenschnittstelle eine Unternehmenskultur, die auf Flexibilität, Offenheit und Beratung beruht.[1480]

4.3 Überprüfung der Ergebnisse

Im Folgenden werden die in diesem Kapitel erarbeiteten Ergebnisse zur Adaption einer Mass Customization-Wettbewerbsstrategie anhand empirischer Arbeiten wie auch anhand von Fallstudien zur Mass Customization überprüft.

4.3.1 Überprüfung der Ergebnisse im Kontext bereits existierender empirischer Forschung zur Mass Customization

Nachdem in den vorangegangenen Teilen der vorliegenden Arbeit ein umfassendes Konzept zur Umsetzung einer Mass Customization in der Industrie sowie dessen Adaption im Retailgeschäft der Finanzdienstleistungsbranche vorgestellt beziehungsweise erarbeitet wurden, werden im Folgenden die Ergebnisse anhand existierender empirischer Untersuchungen zur Mass Customization überprüft. Hierzu wird auf die Arbeit von Peters und Saidin[1481] zu Treibern, Umsetzung und Barrieren bei einer Einführung der Mass Customization sowie die Arbeit von Grasmugg[1482] zu Determinanten und Erfolgswirksamkeit der Umsetzung einer Mass Customization zurückgegriffen.

[1480] Vgl. BERNET, (2004), S. 478 f.
[1481] Vgl. PETERS, SAIDIN, (2000).
[1482] Vgl. GRASMUGG, (2006).

4.3.1.1 Treiber, Umsetzung und Barrieren bei einer Einführung der Mass Customization

Die Arbeit von Peters und Saidin basiert auf dem Test theoretisch hergeleiteter Hypothesen anhand einer Fallstudie bei der Service Division von IBM Malaysia. Hierzu haben sie Hypothesen zu Treibern, Anwendbarkeit und Barrieren einer Mass Customization auf operationale Kennzahlen heruntergebrochen und analysiert. Zur Anwendung kommen dabei Methoden des Pattern-Matching, des Explanation-Building sowie der Analyse eingebetteter Einheiten. Sie berücksichtigen in ihrer Arbeit insbesondere die Eigenarten von Dienstleistungen. Dies ermöglicht die Nutzung der Ergebnisse im Rahmen der vorliegenden Arbeit.

Als wesentliche Treiber für die Umsetzung einer Mass Customization identifizieren sie, ausgehend von Pine's Market Turbulence Map, die Heterogenität der Nachfrage (Hypothese 1) sowie die Dynamik des Marktumfelds (Hypothese 2). Als Gegenhypothese formulieren sie, dass durch die Beibehaltung einer klassischen Massenproduktion in Verbindung mit einem Prozess der kontinuierlichen Verbesserung auch bei heterogener Nachfrage und dynamischem Marktumfeld der wirtschaftliche Erfolg aufrechterhalten werden kann (Hypothese 3) (siehe Tabelle 15).[1483]

Tabelle 15: Hypothesen zu Treibern einer Mass Customization[1484]

	Treiber einer Mass Customization
Hypothese 1	Ein Kern-Treiber für die Einführung einer Mass Customization ist die Heterogenität der Nachfrage
Hypothese 2	Ein Kern-Treiber für die Einführung einer Mass Customization ist die Dynamik des Marktumfelds
Hypothese 3	Gegenhypothese: Massenproduktion und ein Prozess der kontinuierlichen Verbesserung reichen aus, um bei heterogener Nachfrage und dynamischem Marktumfeld Wettbewerbsvorteile zu erhalten

Anhand ihrer Ergebnisse können sie sowohl Hypothese 1 und 2 bestätigen als auch Hypothese 3 verwerfen. Sie weisen jedoch ausdrücklich darauf hin, dass ein Verwerfen von Hypothese 3 nicht impliziert, dass die Umsetzung einer Mass Customization die einzig Erfolg versprechende Strategie bei heterogener Nachfrage und dynamischem Marktumfeld darstellt.[1485] Ausgehend von der zunehmend heterogenen Nachfrage im Retailgeschäft der Finanzdienstleistungsbran-

[1483] Vgl. PETERS, SAIDIN, (2000), S. 105.
[1484] Basierend auf PETERS, SAIDIN, (2000), S. 105.
[1485] Vgl. PETERS, SAIDIN, (2000), S. 109 f.

che und der wachsenden Dynamik im Marktumfeld sind damit die Rahmenbedingungen für die Umsetzung einer Mass Customization gegeben.

Bezüglich der Umsetzung einer Mass Customization formulieren Peters und Saidin die Hypothesen, dass Fähigkeiten im Einsatz von IuK-Technologie eine Umsetzungsvoraussetzung sind (Hypothese 4), dass die Nutzung der Verbundeffekte auch kleineren Unternehmen die Umsetzung einer Mass Customization und die Auslastung spezialisierter Ressourcen erlaubt (Hypothese 5), dass die Umsetzung einer Mass Customization im Dienstleistungsumfeld Vorteile gegenüber der Umsetzung in der industriellen Produktion bietet (Hypothese 6) (siehe Tabelle 16).[1486]

Tabelle 16: Hypothesen zur Umsetzung einer Mass Customization[1487]

	Umsetzung einer Mass Customization
Hypothese 4	Erfahrungen im Einsatz von IuK-Technologien sind eine Voraussetzung für die Umsetzung einer Mass Customization
Hypothese 5	Die Umsetzung von Verbundvorteilen erlaubt auch kleinen Unternehmen die Umsetzung einer Mass Customization und die Auslastung spezialisierter Ressourcen
Hypothese 6	Die Umsetzung einer Mass Customization im Dienstleistungsumfeld bietet Vorteile gegenüber der Umsetzung in der industriellen Produktion

Hier bestätigen die Ergebnisse alle drei Hypothesen. Dabei heben sie insbesondere hervor: Die Bedeutung 1) der IuK-Technologie zur Koordination und Prozesssteuerung, 2) der Modularisierung zur Komplexitätsbewältigung, sowie 3) der Tatsache, dass die Kombination von Personen, Wissen und Fähigkeiten im Dienstleistungsumfeld die Umsetzung einer Mass Customization einfacher gestaltet als in der industriellen Produktion.[1488] Diese Erkenntnisse decken sich wiederum mit Aspekten der Umsetzung einer Mass Customization in der Finanzdienstleistungsbranche. Gerade vor dem Hintergrund weitgehend digitalisierbarer Leistungen stellt der Einsatz moderner IuK-Technologie im Retailgeschäft einen der wesentlichen Aspekte bei der Umsetzung einer Mass Customization dar. Darüber hinaus wurde bereits auf die Rolle der Modularisierung in Bezug auf eine Komplexitätsverringerung und -vermeidung vor allem im Leistungsangebot der Finanzdienstleister hingewiesen.[1489] Ebenso wurde auf Vorteile der Umsetzung einer Mass Customization im Retailgeschäft der Finanz-

1486 Vgl. PETERS, SAIDIN, (2000), S. 106 f.
1487 Basierend auf PETERS, SAIDIN, (2000), S. 106 f.
1488 Vgl. PETERS, SAIDIN, (2000), S. 110 ff.
1489 Siehe hierzu Abschnitt 4.2.2.

dienstleister gegenüber der Umsetzung in der industriellen Produktion eingegangen.[1490]

Schließlich betrachten Peters und Saidin die Barrieren der Umsetzung einer Mass Customization. Sie gehen davon aus, dass die Umsetzung einer Mass Customization sequenziell im Anschluss an eine standardisierte Massenproduktion und die Implementierung eines Prozesses der kontinuierlichen Verbesserung erfolgen sollte (Hypothese 7), dass die Notwendigkeit einer Modularisierung die Anwendbarkeit der Mass Customization im Dienstleistungsumfeld einschränkt (Hypothese 8), dass die Notwendigkeit zur Festlegung von Prozessverantwortlichkeiten die Anwendbarkeit der Mass Customization im Dienstleistungsumfeld begrenzt (Hypothese 9), dass die Voraussetzung eines leistungsfähigen Personalmanagements eine Barriere zur Einführung der Mass Customization darstellt (Hypothese 10) (siehe Tabelle 17).[1491]

Tabelle 17: Hypothesen zu den Barrieren der Umsetzung einer Mass Customization[1492]

	Barrieren der Umsetzung einer Mass Customization
Hypothese 7	Die Umsetzung einer Mass Customization muss sequentiell im Anschluss an eine Massenproduktion und die Implementierung eines Prozesses der kontinuierlichen Verbesserung erfolgen
Hypothese 8	Die Voraussetzung einer Modularisierung schränkt die Anwendbarkeit einer Mass Customization im Dienstleistungsumfeld ein
Hypothese 9	Die Voraussetzung einer Prozessverantwortlichkeit schränkt die Anwendbarkeit einer Mass Customization im Dienstleistungsumfeld ein
Hypothese 10	Die Voraussetzung eines leistungsfähigen Personalmanagements stellt eine Barriere zur Umsetzung einer Mass Customization dar

Auch hier sehen sie durch ihre Ergebnisse die vier Hypothesen im Wesentlichen bestätig. In Bezug auf Hypothese 7 ist anzumerken, dass sie, von einer standardisierten Massenproduktion ausgehend, die Umsetzung eines kontinuierlichen Verbesserungsprozesses als Voraussetzung für die Mass Customization sehen. Den Fall der Umsetzung einer Mass Customization, ausgehend von einer individuellen Einzelfertigung, betrachten sie nicht. Ein kontinuierlicher Verbesserungsprozess unterstützt aber auch in diesem Fall die Etablierung einer neuen Governance und den Transformationsprozess bei der Umsetzung einer Mass Customization.

[1490] Siehe hierzu Abschnitt 4.1.3.
[1491] Vgl. PETERS, SAIDIN, (2000), S. 107 f.
[1492] Basierend auf PETERS, SAIDIN, (2000), S. 107 f.

Die Modularisierung von Dienstleistungen ist aus ihrer Sicht vergleichsweise einfach möglich; zwei Herausforderungen müssen dazu bewältigt werden. Zum einen die Frage, inwiefern der Kunde einzelne Module getrennt erwerben kann, oder ob ihm ausschließlich Leistungsbündel offeriert werden sollen. Zum anderen stellen sie eine mangelnde Werkzeugunterstützung bei der Modularisierung von Dienstleistungen fest.[1493] In diesem Sinne sehen sie die Voraussetzung einer Modularisierung als Barriere zur Umsetzung einer Mass Customization. Das Problem der Werkzeugunterstützung bei Entwicklung und Management von modularen (Finanz-) Dienstleistungen besteht zwar in gewissem Umfang noch immer, wird aber wie in den vorangegangenen Abschnitten aufgezeigt[1494] inzwischen durch mehrere Projekte aus Wirtschaft und Forschung adressiert. Ebenso wurde die in Hypothese 9 formulierte Herausforderung einer Prozessorientierung der Leistungserstellung in den vorangegangenen Abschnitten behandelt und Lösungswege aufgezeigt.[1495]

Mit Hypothese 10 weisen sie auf die Bedeutung qualifizierter Mitarbeiter bei der Umsetzung einer Mass Customization hin. Dies ist aus zweierlei Grund wichtig. Zum einen, da die menschliche Flexibilität und Problemlösungsfähigkeit eine wesentliche Grundlage einer modularen, dezentralen Prozessgestaltung ist. Zum anderen, da aufgrund der Integrativität von (Finanz-) Dienstleistungen die Kompetenz der Mitarbeiter an der Kundenschnittstelle wesentlich die Qualitätswahrnehmung des Kunden beeinflusst. Die inzwischen mögliche weitgehende Unterstützung der Mitarbeiter durch moderne IuK-Technologie erleichtert den Mitarbeitern ihre Arbeit deutlich; sie entbindet jedoch nicht von der grundlegenden Aufgabe eines gezielten Personalmanagements, wie es in den Abschnitten 4.2.3, 4.2.4 und vor allem 4.2.5 angesprochen wird.

4.3.1.2 Determinanten und Erfolgswirksamkeit einer Umsetzung der Mass Customization

Die Arbeit von Grasmugg zu Determinanten und Erfolgswirksamkeit einer Umsetzung der Mass Customization als strategische Anwendung des Electronic Business[1496] beruht auf einer empirischen Untersuchung von deutlich größerem

[1493] Vgl. PETERS, SAIDIN, (2000), S. 112 ff.

[1494] Siehe hierzu Abschnitt 4.2.2.

[1495] Siehe hierzu Abschnitt 4.2.5.

[1496] Grasmugg definiert Mass Customization als „eine strategische Anwendung des Electronic Business […], die 1) mit Electronic Business die Strategie der Differenzierung durch die Einzigartigkeit des Leistungsangebots und zugleich die Strategie der Kostenführerschaft durch eine Kostenstruktur vergleichbarer, massenproduzierter Standardleistungen verfolgt, 2) mit Electronic Business die Strategie des Kundenfokus durch die kundenindividuelle Bedienung einer Viel-

Umfang als die Arbeit von Peters und Saidin: 1.308 Unternehmen, beziehungsweise 663 nach Bereinigung der Datenbasis.[1497] Dies erlaubt Untersuchungen, deren Ergebnisse statistisch signifikant sind. Im Mittelpunkt der Arbeit stehen drei Forschungsfragen:[1498] Was ist der Status Quo der Mass Customization? Steigert die Umsetzung der Mass Customization den Unternehmenserfolg? Bewirken bestimmte Determinanten der Mass Customization einen höheren Grad der Umsetzung und welche Konsequenzen hat das auf den Unternehmenserfolg? Während die erste Frage im Wesentlichen durch eine deskriptive Analyse der Daten beantwortet wird, erfolgt die Bearbeitung der zweiten und dritten Forschungsfrage anhand eines theoretischen Bezugsrahmens, der das Unternehmensumfeld, das Unternehmensverhalten, Unternehmenscharakteristika sowie den Unternehmenserfolg umfasst. Davon ausgehend wird ein theoretisch motiviertes Erklärungsmodell formuliert, dessen Konstrukte operationalisiert, und mit den Methoden der Partial Least Squares (PLS) und der Finite Mixture Partial Least Squares (FIMIX-PLS) untersucht werden.[1499]

Die Untersuchung zum Status Quo der Mass Customization zeigt, dass etwa 5% der befragten Unternehmen Mass Customization in Form einer Hard Customization umsetzen. Diese stellen einen Querschnitt über alle Branchen, Unternehmensgrößen, Anbieter-Nachfrager-Konstellationen und Firmentypen dar, sodass eine Anwendbarkeit des Mass Customization-Konzepts in der Finanzdienstleistungsbranche empirisch bestätigt wird. Die entsprechenden Unternehmen agieren im Vergleich zu den übrigen befragten Unternehmen in einem tur-

---

zahl von Kundensegmenten forciert, 3) für Unternehmen strategische Relevanz durch die Verwirklichung nachhaltiger, komparativer Wettbewerbsvorteile besitzt.“ GRASMUGG, (2006), S. 48.

1497 Die Datenbasis stellt einen repräsentativen Querschnitt über Unternehmen aus Deutschland, Österreich und der Schweiz sowie über alle Branchen, Unternehmensgrößen, Anbieter-Nachfrager-Konstellationen (B2C, B2B, B2A) und Dienstleistungsanteile dar. Zu berücksichtigen ist allerdings ein möglicher Informant Bias durch die Befragung von Schlüsselinformanten. Die Fokussierung auf Mass Customization als strategische Anwendung des Electronic Business erscheint für den Untersuchungsgegenstand dieser Arbeit, Mass Customization als Wettbewerbsstrategie im Retailgeschäft der Finanzdienstleistungsbranche, passend, da die Erstellung von Finanzdienstleistungen im Retailgeschäft wie gezeigt weitgehend auf dem Einsatz moderner IuK-Technologie beruht. Vgl. GRASMUGG, (2006), S. 128, 248. Sowie die Abschnitte 4.2.3, 4.2.4 und 4.2.5.

1498 Vgl. GRASMUGG, (2006), S. 46 f.

1499 Diese Methoden erlauben das Schätzen und Testen mehrstufiger, multipler, multivariater Zusammenhänge, die Messung latenter Konstrukte mittels mehrerer Indikatoren sowie unter Berücksichtigung von Messfehlern und verschiedenen theoretischen Beziehungen von manifesten und latenten Variablen, das Aufdecken latenter Segmente der Beobachtungen, die hinsichtlich Wirkungszusammenhänge homogen sind, und weisen diverse Vorzüge in der Anwendung auf (z.B. Verzicht auf jegliche Verteilungsannahmen). Vgl. GRASMUGG, (2006), S. 78.

bulenteren Marktumfeld, was erneut die Hypothese von Pine[1500], die Ergebnisse von Peters und Saidin[1501] sowie die Relevanz für das Retailgeschäft in der Finanzdienstleistungsbranche bestätigt. Als häufigste Ziele geben die befragten Unternehmen die Kundenbindung und die Differenzierung von Wettbewerbern an. Als wesentliche Hürden werden von den Unternehmen ein als gering eingeschätztes Marktpotenzial sowie die fehlende Kenntnis der Umsetzungserfordernisse genannt.[1502] Bereits diese erste Analyse der Datenbasis deutet auf einen höheren durchschnittlichen Unternehmenserfolg bei der Umsetzung einer Mass Customization hin.[1503]

Die empirische Untersuchung des Zusammenhangs der Umsetzung einer Mass Customization mit dem Unternehmenserfolg geschieht anhand von drei Hypothesen: 1) Je größer der kundenbezogene Erfolg[1504], desto größer der wirtschaftliche Erfolg[1505], 2) Je umfänglicher die Umsetzung der Mass Customization[1506], desto größer der wirtschaftliche Erfolg, 3) Je weitgehender die Umsetzung der Mass Customization, desto größer der kundenbezogene Erfolg.[1507] Alle drei Hypothesen werden durch die Ergebnisse bestätigt. Der Umsetzung einer Mass Customization wird ein signifikanter, direkter positiver Einfluss auf den kundenbezogenen Erfolg, und ein signifikanter, direkter und indirekter positiver Einfluss auf den wirtschaftlichen Erfolg attestiert. Dabei ist jedoch zu berücksichtigen, dass der direkte Einfluss auf den kundenbezogenen Erfolg deutlich stärker ausfällt als auf den wirtschaftlichen Erfolg. Des Weiteren ist die Umsetzung der Mass Customization nur einer von vielen Determinanten des Unternehmenserfolgs. Allerdings weist sie einen hohen Anteil der erklärten Varianz aus.[1508]

Mit seiner dritten Forschungsfrage untersucht Grasmugg die Erfolgswirkung der Umsetzung einer Mass Customization unter Berücksichtigung verschiedener Determinanten. Er betrachtet dazu drei Konstrukte (die Erfolgswirksamkeit der Mass Customization, die Determinanten einer Umsetzung, sowie die Determinanten des wahrgenommen Nutzens des Electronic Business) anhand

1500 Vgl. PINE, (1993b), S. 282.
1501 Vgl. PETERS, SAIDIN, (2000), S. 105.
1502 Diesbezüglich stellt die vorliegende Arbeit einen Beitrag zur Schließung dieser Lücke im Retailgeschäft der Finanzdienstleistungsbranche dar.
1503 Vgl. GRASMUGG, (2006), S. 146 f.
1504 Ausgedrückt in Form einer Steigerung der Kundenbindung, der Kundenloyalität, der Kundenzufriedenheit und des Firmenimages, sowie dem Angebot neuer Dienstleistungen.
1505 Ausgedrückt in Form einer Steigerung des Umsatzes, des Gewinns und der Marktanteile, einer Senkung der Marketing- und Vertriebskosten, sowie der Erschließung neuer Märkte.
1506 Messung des Umfangs der Umsetzung einer Mass Customization anhand der drei Indikatoren der speziellen Definition der Mass Customization
1507 Vgl. GRASMUGG, (2006), S. 148 ff.
1508 Vgl. GRASMUGG, (2006), S. 161 ff.

abgeleiteter Hypothesen.[1509] Dies sind für die Erfolgswirksamkeit der Mass Customization die bereits genannten drei Hypothesen. Die Determinanten einer Umsetzung untergliedern sich weiter in Fähigkeiten im kundenbezogenen Informationsmanagement, Professionalität im Umgang mit dem Internet, die Unternehmensgröße, die Unterstützung durch die Unternehmensführung, und den wahrgenommenen Nutzen des Electronic Business in den Unternehmensfunktionen.[1510] Die Determinanten des wahrgenommenen Nutzens des Electronic Business in den Unternehmensfunktionen lassen sich wiederum unterscheiden in generelle Marktturbulenzen und Umfeldveränderungen durch das Electronic Business.[1511] Darüber hinaus werden für eine explorative Untersuchung die Branchen- und Landeszugehörigkeit sowie die Anbieter-Nachfrager-Konstellation und der Dienstleistungsanteil berücksichtigt.[1512] Abbildung 26 zeigt das resultierende Forschungsmodell.

Auch dieses detaillierte Modell bestätigt die Erfolgswirksamkeit der Mass Customization.[1513] Darüber hinaus sind jedoch weitere Aussagen möglich. So zeigt sich, dass die reine Erhebung von Kundendaten keinen Effekt auf die Umsetzung der Mass Customization hat. Die Fähigkeiten im kundenbezogenen Informationsmanagement insgesamt wirken hingegen positiv auf die Umsetzung.[1514] Dies deckt sich mit den Beobachtungen bei Finanzdienstleistern, die aufgrund der Eigenarten von Finanzdienstleistungen grundsätzlich umfangreiche Kundendaten erheben. Eine mangelnde Verwertung der vorhandenen Daten sowie eine mangelnde CRM-Kompetenz verhindern jedoch die Nutzung der Potenziale von Learning Relationships, Kunden-Know-how und Economies of Interaction.

Während die Professionalität bei der Nutzung des Internet und die Unternehmensgröße keine signifikante Wirkung auf die Umsetzung der Mass Customization zeigen, ist das Ergebnis für die Top-Level-Unterstützung differenzierter zu betrachten.[1515] Branchenübergreifend ist bezüglich dieser Determinante ebenfalls keine signifikante Wirkung zu beobachten.[1516] Allerdings zeigt sich bei den befragten Unternehmen mit einem sehr hohen Dienstleistungsanteil, dass die Determinante sehr wohl Einfluss auf die Umsetzung der Mass Customization hat.[1517]

1509 Vgl. GRASMUGG, (2006), S. 164 ff.
1510 Vgl. GRASMUGG, (2006), S. 164 ff.
1511 Vgl. GRASMUGG, (2006), S. 172 ff.
1512 Vgl. GRASMUGG, (2006), S. 174.
1513 Vgl. GRASMUGG, (2006), S. 184 f.
1514 Vgl. GRASMUGG, (2006), S. 185.
1515 Vgl. GRASMUGG, (2006), S. 185 ff, 188 f.
1516 Vgl. GRASMUGG, (2006), S. 188 f.
1517 Vgl. GRASMUGG, (2006), S. 216 f.

Der wahrgenommene Nutzen des Electronic Business in den Unternehmensfunktionen wirkt sich wiederum positiv auf die Umsetzung der Mass Customization aus. Hierbei sind für Dienstleistungsunternehmen vor allem der Finanzbereich und die Produktion relevant.[1518] Auch dies deckt sich weitgehend mit den Beobachtungen aus der Finanzdienstleistungsbranche. Dort liegt ein Schwerpunkt der Umsetzung einer Mass Customization auf der Modularisierung und Standardisierung der angebotenen (Teil-) Leistungen, und betrifft damit primär die Produktion und den mit Investitionsentscheidungen befassten Finanzbereich.

Abbildung 26: Forschungsmodell zur Erfolgswirksamkeit der Mass Customization[1519]

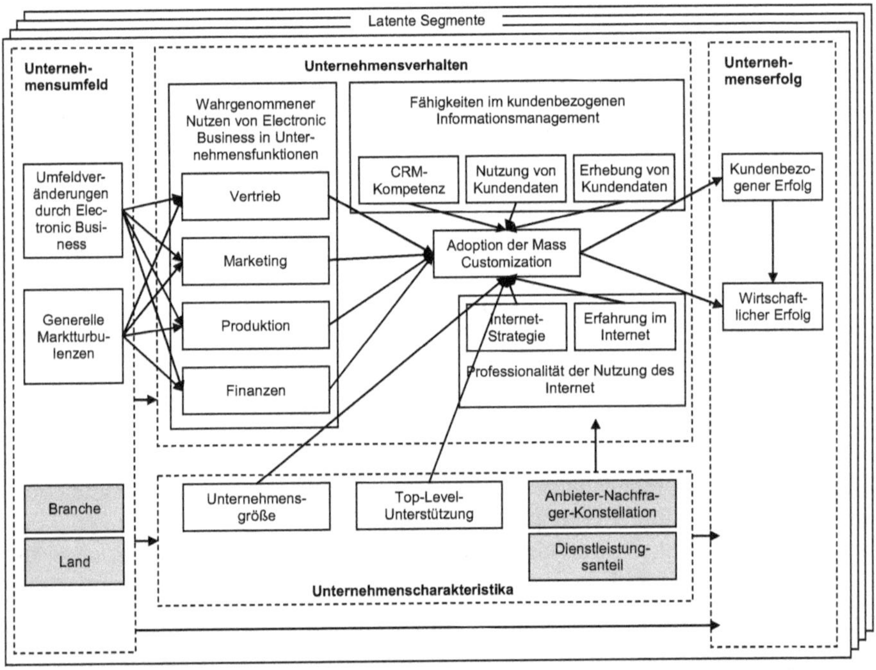

Ebenfalls bestätigt werden die Hypothesen, dass generelle Marktturbulenzen sowie Umfeldveränderungen durch das Electronic Business eine positive Wirkung auf den wahrgenommenen Nutzen des Electronic Business in den Unter-

1518 Vgl. GRASMUGG, (2006), S. 216 f.
1519 Verändert übernommen aus GRASMUGG, (2006), S. 174.

nehmensfunktionen und damit auch auf die Umsetzung der Mass Customization haben.[1520]

In einer weiteren Analyse deckt Grasmugg anhand der gesamten Stichprobe verschiedene in sich homogene Ansätze zur Umsetzung und Erfolgswirksamkeit der Mass Customization auf und prüft sie hinsichtlich ihrer Signifikanz. Dabei zeigt sich, dass eine Charakterisierung der entstehenden Segmente anhand der vorhandenen deskriptiven Variablen nicht möglich ist.[1521] Grasmugg unterscheidet sie in: 1) Einen vergleichweise schwachen und unspezifischen marketingorientierten Ansatz, 2) einen vergleichsweise gut erklärten und überdurchschnittlich erfolgreichen produktionsorientierten Ansatz, 3) einen in sich sehr gut abgestimmten und bereits überdurchschnittlich umgesetzten finanz- und datenorientierten Ansatz, 4) einen das Electronic Business nicht nutzenden und weniger erfolgreichen Ansatz; und 5) einen vertriebsorientierten und allein kundenbezogenen erfolgreichen Ansatz.[1522] Von diesen Ansätzen sieht er vor allem den finanz- und datenorientierten, den vertriebsorientierten und den produktionsorientierten als Erfolg versprechend an.[1523] Dies deckt sich mit der Beobachtung, dass je nach Unternehmen bei der Umsetzung einer Mass Customization andere Schwerpunkte zu setzen sind. So wird beispielsweise bei der Umsetzung einer Mass Customization in einem Finanzdienstleistungsnetzwerk eine Produktionsbank deutlich andere Schwerpunkte setzen als eine Vertriebsbank.

Die Untersuchung der beiden aufgeführten empirischen Arbeiten zeigt somit zum einen, dass die wesentlichen Treiber für die Umsetzung einer Mass Customization-Wettbewerbsstrategie im Retailgeschäft der Finanzdienstleistungsbranche gegeben sind. Sie weist darüber hinaus prinzipiell die Erfolgswirksamkeit der Umsetzung einer Mass Customization nach. Zum anderen zeigt sie, dass der in der vorliegenden Arbeit untersuchte ganzheitliche Ansatz einer Mass Customization im Retailgeschäft der Finanzdienstleistungsbranche die relevanten Bestimmungsfaktoren und Herausforderungen der Einführung einer Mass Customization anspricht.

4.3.2 Überprüfung der Ergebnisse anhand von konkreten Fallbeispielen zur Mass Customization

Neben den beiden dargestellten empirischen Arbeiten wird im Folgenden auf zwei Fallstudien zur Mass Customization eingegangen. Yin sieht im Wesentli-

1520 Vgl. GRASMUGG, (2006), S. 216 f.
1521 Vgl. GRASMUGG, (2006), S. 236.
1522 Vgl. GRASMUGG, (2006), S. 244.
1523 Vgl. GRASMUGG, (2006), S. 250 f.

chen drei Gründe für die Nutzung von Fallstudien im Rahmen einer umfangreicheren Arbeit. Sie können als weitere Methode zusätzliche Datenpunkte zum Vergleich mit den Ergebnissen anderer Methoden liefern. Auf diese Weise soll eine Konvergenz der Ergebnisse erreicht werden. Sie können zur Illustration der dargestellten Ergebnisse dienen. Schließlich können Fallstudien komplementär zu anderen Methoden eingesetzt werden, um ergänzende Informationen zu erhalten.[1524] Im Rahmen der vorliegenden Arbeit dienen die dargestellten Fallstudien sowohl der qualitativen Überprüfung des entwickelten Ansatzes durch eine weitere Methode als auch der Illustration durch konkrete Beispiele.

4.3.2.1 Die kundenindividuelle Kreditkarte von Capital One

Capital One ist nach dem Kreditvolumen im ersten Halbjahr 2007 der fünftgrößte Kreditkarten-Emittent in den USA. Um in diesem hart umkämpften Markt erfolgreich sein zu können, setzt Capital One auf eine „Information Based Strategy“ (IBS) zur Umsetzung einer Mass Customization. Hierzu werden interne und externe Informationen auf Basis statistischer Modelle und wissenschaftlicher Testmethoden integriert und Kundenprofile generiert. In der Nutzung dieser Informationen zum Angebot kundenindividueller Leistungen begründet sich der Wettbewerbsvorteil von Capital One. So war Capital One Ende der 1980er Jahre, Anfang der 1990er Jahre einer der ersten Anbieter, der basierend auf dem Risikoprofil der Kunden, unterschiedliche Kreditzinsen anbot.[1525]

Als externe Datenquelle dienen Capital One vor allem die öffentlich zugänglichen Kreditwürdigkeitsbewertungen der Fair Isaac Company (FICO), einer der deutschen Schutzgemeinschaft für allgemeine Kreditsicherung (SCHUFA) vergleichbaren Einrichtung. Nachdem man zu Beginn befürchtete, dass die durch FICO zur Verfügung gestellten Daten zu einer Nivellierung der Wettbewerbsvorteile auf Basis von Informationen führen könnten, zeigte sich sehr schnell, dass eine ausschließliche Nutzung dieser Daten mit einigen Nachteilen verbunden ist. So beziehen sich die FICO Bewertungen nur auf einen Teil der Gesamtbevölkerung; nämlich den, der bereits einmal einen Kredit in Anspruch genommen hat. Damit kann es dazu kommen, dass beispielsweise Hochschulabbrecher generell als kreditwürdig beurteilt werden, da bisher in erster Linie erfolgreiche Hochschulabbrecher Kredite in Anspruch genommen haben. Eine Verallgemeinerung auf alle Hochschulabbrecher kann jedoch zu sehr unterschiedlichen Ergebnissen führen. Ein weiterer Nachteil der verwendeten Scoring-Modelle ist, dass Personen mit ähnlichen demographischen Merkmalen

---

1524 Vgl. YIN, (2003), S. 150 f.

1525 Vgl. ANAND, et al., (2000), S. 1, 5 f.

sehr unterschiedliche Risikoprofile aufweisen können. Somit ist es zur Erstellung von Kunden- und Risikoprofilen erforderlich, die verfügbaren externen Daten mittels internem Kunden-Know-how zu verfeinern. Dabei wird nicht nur auf vorhandene Kundenprofile (u.a. Stamm- und Transaktionsdaten) zurückgegriffen, sondern es werden durch gezielte Tests mit ausgewählten Kundengruppen weitere Informationen generiert. Solche Tests werden neben dem Einsatz zur Produktgestaltung und Neukundengewinnung auch in Bezug auf die Produktnutzung, Kundenbindung und Kundenfluktuation durchgeführt. Sie ermöglichen somit ein aktives Kundenmanagement. Darauf aufbauend wird die Nutzung der einzelnen Produkte überwacht. Nicht profitable Produkte werden aus dem Leistungsangebot gestrichen. Dies bietet einen Ansatzpunkt zum Komplexitätsmanagement des Leistungsangebots.[1526]

Eine wesentliche Voraussetzung für die Umsetzung dieses Geschäftsmodells stellt die Organisation von Capital One dar. Diese ist geprägt von einer Kultur des Testens und Lernens, von hoch qualifizierten Mitarbeitern, von einer unternehmerischen Einstellung, von dem Einsatz funktionsübergreifender Teams, sowie von der extensiven Nutzung moderner IuK-Technologie. Dies geht soweit, dass Capital One die In-House-Entwicklung der eigenen IuK-Systeme als Kernkompetenz identifiziert und einen Outsourcing-Vertrag mit EDS rückgängig gemacht hat. Damit werden eine kurzfristige Weiterentwicklung der eigenen Systeme und vor allem die regelmäßige Durchführung von Tests gewährleistet.

IuK-Systeme spielen auch bei der Individualisierung der Kommunikation im Kundenservice eine wesentliche Rolle. So lernt das System über Zeit die Rufnummern, unter denen ein Kunde regelmäßig anruft, ermittelt anhand des zugehörigen Kundenprofils und des aggregierten Kunden-Know-hows mögliche Gründe für den Anruf sowie mögliche Cross-Selling-Angebote und leitet auf der Basis von Skill-Profilen den Anruf zu einem entsprechend qualifizierten Kundenbetreuer. Hier kommt eine weitere Stärke von Capital One zum Tragen, das Personalmanagement. Ausgehend von der Überzeugung, dass der Erfolg des Unternehmens wesentlich von dessen Mitarbeitern abhängt, wird dem Recruiting und der Betreuung der Mitarbeiter hohe Aufmerksamkeit geschenkt. So legt Capital One hohen Wert auf die Motivation von Kandidaten und deren Fähigkeit, eigenverantwortlich in funktionsübergreifenden Teams in einem sich schnell verändernden Umfeld arbeiten zu können.[1527]

Dieses Geschäftsmodell (Angebot kundenindividueller Leistungen im Retailgeschäft, Aufbau von Learning Relationships und Nutzung des gewonnenen Kunden-Know-hows) und die zugrunde liegende Organisation haben es Capital One ermöglicht, den Marktanteil im US Kreditkartengeschäft von 2002 auf 2005

[1526] Vgl. ANAND, et al., (2000), S. 7 ff.
[1527] Vgl. ANAND, et al., (2000), S. 9 f.

mehr als zu verdoppeln und zum viertgrößten Kreditkarten-Emittenten in den USA aufzusteigen.[1528] Aufbauend auf diesem Erfolg diversifizierte Capital One sein Geschäft seit Ende der 90er Jahre durch Übertragung der „Information Based Strategy“ (IBS) zur Umsetzung einer Mass Customization auf andere Märkte. Ziel ist es dabei, Märkte zu identifizieren, die durch den Aufbau von Learning Relationships und internem Kunden-Know-how die Imitierbarkeit der angebotenen Leistungen erschweren und so die Generierung von Wettbewerbsvorteilen ermöglichen.[1529] Fairbanks, CEO von Capital One, erklärte dazu: „What we want are markets where people can see the product being sold, but not the algorithms behind it. Your business magic lies in the algorithms of customization.“[1530]

4.3.2.2 Individualisierte Wertpapiere der DZ-Bank – Ein Custom Mass Production Angebot

Ein Beispiel für eine Custom Mass Production in einem Finanzdienstleistungsnetzwerk sind die Private Label Zertifikate der DZ-Bank. In diesem Rahmen stellt die DZ-Bank (Deutsche Zentral-Genossenschaftsbank) als Zentralbank für die deutschen Kreditgenossenschaften den einzelnen Volks- und Raiffeisenbanken zentral generierte Leistungen in Form von Wertpapieren zur Verfügung, die durch die Banken individualisiert werden können.[1531]

Bei Private Label Zertifikaten handelt es sich um Wertpapiere, die auf Anforderung einer Kreditgenossenschaft durch die DZ-Bank erstellt werden und neben den vom Markt geforderten Parametern, die individuellen Anforderungen der jeweiligen Bank innerhalb eines festgelegten Rahmens berücksichtigen. Die jeweilige Kreditgenossenschaft vertreibt das Wertpapier dann unter eigenem Namen. Dies ermöglicht die Bündelung von Spezial-Know-how in der DZ-Bank, sodass die einzelnen Kreditgenossenschaften von Tätigkeiten in den Bereichen Hedging und Pricing entlastet werden. Die Kreditgenossenschaften können so wiederum Kompetenzen in Bezug auf das Kundenmanagement und die Generierung von Kunden-Know-how aufbauen. Darüber hinaus bietet die DZ-Bank den Kreditgenossenschaften je nach Bedarf eine umfassende Unterstützung im Vertrieb der Produkte. Diese reicht von Mitarbeiterschulungen über die Bereitstellung von Werbemitteln bis zur Durchführung von Kundenveranstaltungen.[1532]

1528 Die Angaben beziehen sich auf die Außenstände. Vgl. EVANS, SCHMALENSEE, (2005), S. 16; NILSON REPORT, (2006), S. 10.

1529 Vgl. ANAND, et al., (2000), S. 12 ff.

1530 ANAND, et al., (2000), S. 13.

1531 Vgl. HOLZ, (2006), S. 1 ff.

1532 Vgl. HOLZ, (2006), S. 4 f.

Dabei ist das Angebot von Private Label sowohl für die DZ-Bank, die Kreditgenossenschaften als auch die Endkunden von Vorteil. Für die DZ-Bank bieten Private Label Zertifikate die Möglichkeit, das Wertpapiergeschäft der angeschlossenen Volks- und Raiffeisenbanken in einem wettbewerbsintensiven Umfeld zu fördern. Dies führt für die DZ-Bank zu einem höheren Volumen und damit höheren Umsätzen im Wertpapiergeschäft und erlaubt die umfassende Unterstützung der Primärgenossenschaften. Die DZ-Bank trägt dabei kein Platzierungsrisiko, da die abnehmende Kreditgenossenschaft aufgrund der individuellen Ausgestaltung eine Abnahmegarantie übernimmt. Gegenüber einer Leistungsindividualisierung auf Endkundenebene ist bei dem Angebot der Private Label Zertifikate mit einer vergleichsweise homogenen Leistungserstellung zu rechnen. Darüber hinaus eröffnen die mit dem Angebot individualisierbarer Leistungen verbundenen Image-Effekte die Möglichkeit, auch das Geschäft mit klassischen Bankprodukten zu steigern (Cross-Selling).[1533]

Für die einzelnen Kreditgenossenschaften bietet das Angebot bankindividueller Wertpapierprodukte auf regionaler Ebene mit professioneller Vertriebsunterstützung Vorteile auf Kunden- und Ertragsebene, die sonst nur bei überregional tätigen Banken mit größerem Kundenstamm möglich scheinen. Auf der Kundenebene kann die Bank das Wissen über individuelle Anlagewünsche in ihrer regionalen Kundenstruktur nutzen, um ein maßgeschneidertes Wertpapierprodukt anzubieten. Dies bietet sowohl bei der Neukundengewinnung als auch der Kundenbindung erhebliche Vorteile und kann sich entsprechend auf das Image der Bank auswirken. Auf der Ertragsebene hat die einzelne Kreditgenossenschaft die Möglichkeit, den Provisionsertrag auf die Preiselastizität des lokalen Marktes abzustimmen. Darüber hinaus ist bei einer Einbindung der Vertriebsmitarbeiter in die Ausgestaltung des Zertifikats mit einer höheren Identifikation der Mitarbeiter mit dem Produkt und damit einer höheren Beratungsqualität zu rechnen.[1534]

Für den Endkunden bietet das Angebot den Vorteil, dass er zu den Konditionen eines Standardprodukts eine Leistung erhält, die auf die Bedürfnisse der entsprechenden Kundengruppe zugeschnitten ist. Damit muss der Kunde gegebenenfalls einen Kompromiss bei der Ausgestaltung des Wertpapiers in Kauf nehmen, da das Zertifikat entsprechend der Anforderungen einer (homogenen) Kundengruppe erstellt wird. Dies wird unter anderem durch eine Komplexitätsreduktion bei der Konfiguration des eigenen Depots kompensiert.[1535]

Damit bietet die Umsetzung einer Mass Customization in Form der Private Label Zertifikate sowohl der DZ-Bank als Anbieter als auch den Kreditgenos-

---

1533 Vgl. HOLZ, (2006), S. 5 f.

1534 Vgl. HOLZ, (2006), S. 6 ff.

1535 Vgl. HOLZ, (2006), S. 7 ff.

senschaften als Abnehmern die Möglichkeit, sich in einem wettbewerbsintensiven Markt von den Konkurrenten zu differenzieren, ohne dass dies mit steigenden Kosten verbunden ist (Umsetzung einer hybriden Wettbewerbsstrategie). In der Zwischenzeit hat die DZ-Bank ihr Angebot auch auf vermögende Privatkunden ausgedehnt. Sie bietet ihnen die Möglichkeit, mit sogenannten Private Label Emissionen von AKZENT Invest individuelle Anlagestrategien maßgeschneidert umzusetzen.[1536]

1536 Vgl. HOLZ, (2006), S. 17 f; DZ BANK AG, (2007).

5 Schlussbetrachtung

5.1 Zusammenfassung

Ausgehend von den vielfältigen Herausforderungen im Retailgeschäft der Finanzdienstleistungsbranche, wurde in der vorliegenden Arbeit das in der Industrie unter ähnlichen Bedingungen erfolgreich umgesetzte Konzept einer Mass Customization-Wettbewerbsstrategie untersucht. Es wurde geprüft, ob es im Retailgeschäft der Finanzdienstleistungsbranche ebenfalls Möglichkeiten bietet, die Herausforderungen zu bewältigen und langfristige Wettbewerbsvorteile zu generieren. Im Anschluss an die (positive) Prüfung wurde eine Adaption des Mass Customization-Konzepts für das Retailgeschäft der Finanzdienstleistungsbranche erarbeitet.

Hierzu erfolgte in Kapitel 2 eine ausführliche Herleitung und Beschreibung des Untersuchungsobjekts des Retailgeschäfts in der Finanzdienstleistungsbranche. Dabei wurde eine funktionale Perspektive der Finanzdienstleistungen zugrunde gelegt, das heißt, es wurden unabhängig von etablierten Institutionen Dienstleistungen betrachtet, die finanzielle Grundbedürfnisse der Nachfrager befriedigen. Die Branche wurde anschließend sowohl anbieterseitig (basierend auf der Ähnlichkeit der Produktionsprozesse und der verwendeten Ressourcen) als auch nachfragerseitig (basierend auf der Substituierbarkeit von Produkten aus Nachfragersicht) abgegrenzt. Als Retailgeschäft wird das Mengen- oder Massengeschäft mit weniger vermögenden Privatkunden, Selbstständigen sowie Kleinunternehmen bezeichnet, die im Wesentlichen mit standardisierten Leistungen bedient werden. Dabei spielen vor allem die Differenzierungs- und Beziehungsproblematik von Finanzdienstleistungen eine wesentliche Rolle bei der Gestaltung der Wettbewerbsstrategie.

Bereits im 18. und 19. Jahrhundert boten Sparkassen und Kreditgenossenschaften Leistungen wie Geldaufbewahrung, Verzinsung und Kredite an, die dem Retailgeschäft zugerechnet werden können. Wirklich Fuß fasste das Mengengeschäft in Deutschland mit dem Angebot von Kleinkrediten durch die Commerzbank, die Deutsche Bank und die Dresdner Bank. Diesen folgten Markteintritte der Sparkassen, der Postbank, von Versicherungen und seit Mitte der 80er Jahre zunehmend von internationalen Instituten. Insbesondere der Markteintritt neuer Konkurrenten wie Near- und Non-Banks sowie internationaler Anbieter hat inzwischen zu einer deutlichen Verschärfung des Wettbewerbs geführt. Hinzu kommen ein gestiegenes Selbstbewusstsein, gestiegene Ansprüche und eine sinkende Loyalität auf Kundenseite. In Verbindung mit dem zunehmenden Wettbewerb in der Finanzdienstleistungsbranche führte dies zu einem Wandel von einem Verkäufer- hin zu einem Käufermarkt. Auf die strukturellen Probleme und den Preiswettbewerb mit entsprechend sinkenden Zinsmargen haben viele Finanzdienstleister zunächst mit kurzfristigen Kostensenkungsprogrammen und Anpassungsprozessen in Form von Personalabbau und Ausdünnung des Filialnetzes reagiert. Die Bewältigung der Herausforderungen und die Sicherung langfristiger Wettbewerbsvorteile sind jedoch durch Abmagerungskuren allein nicht möglich. Vielmehr gilt es, alle geschäftsentscheidenden Faktoren sorgfältig zu prüfen, um den Strukturwandel in der Branche erfolgreich gestalten zu können.

Die Betrachtung ausgewählter Ansätze zur Bewältigung der aktuellen Herausforderungen zeigte, dass diese in der Regel nicht simultan die Beziehungs- und die Differenzierungsproblematik von Finanzdienstleistungen adressieren. Ansätze wie das Lean Banking und das Outsourcing bieten in erster Linie Möglichkeiten, die Generierung nachhaltiger Wettbewerbsvorteile durch effizientere Produktionsprozesse zu unterstützen und Gestaltungsspielräume zur Erzielung langfristiger Wettbewerbsvorteile zu eröffnen. Der Multikanalvertrieb bietet prinzipiell Möglichkeiten zur Adressierung der Beziehungsproblematik. Allerdings gehört ein Multikanalangebot in der Finanzdienstleistungsbranche heute praktisch zum Standard. Damit sind diese Möglichkeiten inzwischen sehr begrenzt. Das Allfinanzkonzept adressiert hingegen die Differenzierungsproblematik. Allerdings wurde bei der Umsetzung häufig die Beziehungsproblematik vernachlässigt und primär der Produktvertrieb in den Vordergrund gestellt. Aus diesem Grund erscheint eine Untersuchung des Konzepts einer Mass Customization-Wettbewerbsstrategie angebracht. Es wurde in der Industrie bereits erfolgreich umgesetzt und bietet Ansatzpunkte sowohl in Bezug auf die Differenzierungs- als auch die Beziehungsproblematik von Finanzdienstleistungen.

In Kapitel 3 wurde das Konzept einer Mass Customization-Wettbewerbsstrategie hergeleitet und beschrieben. Hierzu erfolgte zunächst eine Definition und Abgrenzung des Konzepts gegenüber anderen Ansätzen zur kundenbezogenen Leistungserstellung (vor allem der Einzel- und Variantenfertigung) sowie zu anderen Managementansätzen (vor allem dem Lean Management und dem Agile Manufacturing). In Analogie zu Piller bezeichnet Mass Customization „die Produktion von Gütern und Leistungen, welche die unterschiedlichen Bedürfnisse jedes einzelnen Nachfragers dieser Produkte treffen, mit der Effizienz einer vergleichbaren Massen- bzw. Serienproduktion. Grundlage des Wertschöpfungsprozesses ist dabei ein Co-Design-Prozess zur Definition der individuellen Leistung in Interaktion zwischen Anbieter und Nutzer."[1537] Eine Systematisierung unterschiedlicher Mass Customization-Konzeptionen wurde anschließend anhand der Unterscheidung zwischen Soft und Hard Customization sowie der Berücksichtigung des Umfangs der kundenindividuellen Wertschöpfungsstufen vorgenommen.

Im Anschluss an die Definition des Mass Customization-Konzepts erfolgte eine theoretische Beurteilung des Konzepts. Hierzu wurden die Wettbewerbsstrategien nach Porter dargestellt und anschließend die Überwindung des von Porter postulierten Dualismus von Kostenführerschaft und Differenzierung durch hybride Wettbewerbsstrategien, wie der Mass Customization-Wettbewerbsstrategie, gezeigt. Ausgehend von einer Gegenüberstellung der komplexitäts- und kostensteigernden Effekte einer Mass Customization einerseits und den Maßnahmen zum Komplexitätsmanagement, zur Modularisierung, zu den Kostensenkungspotenzialen sowie zu den Potenzialen zwecks Schaffung von Präferenzvorteilen und langfristigen Kundenbeziehungen andererseits, erfolgte schließlich eine theoriegeleitete Begründung der Vorteilhaftigkeit der Mass Customization-Wettbewerbsstrategie.

Den dritten Teil von Kapitel 3 bildete die Darstellung der Umsetzung einer Mass Customization-Wettbewerbsstrategie in der Industrie in Anlehnung an Arbeiten von Piller und Reichwald.[1538] Dabei wurde entlang der Wertkette vorgegangen. Im Vordergrund stand die Betrachtung der Stufen der Forschung und Entwicklung, der Erhebung der Kundeninformationen und Leistungskonfiguration, der Produktion und der Nachkaufphase. Darüber hinaus wurden Möglichkeiten zur Integration von Zulieferern, Handel und Intermediären diskutiert.

In Kapitel 4, dem Hauptteil der vorliegenden Arbeit, wurden die Forschungsfragen nach der Anwendbarkeit, Erfolgswirksamkeit und Ausgestaltung einer Mass Customization-Wettbewerbsstrategie im Retailgeschäft der Finanzdienstleistungsbranche behandelt. Den ersten Teil des Kapitels bildete die Untersuchung der Anwendbarkeit und Vorteilhaftigkeit einer Mass Customization-Wettbewerbsstrategie. Die Überprüfung der Voraussetzungen für eine Anwendung einer Mass Customization-Wettbewerbsstrategie ergab, dass diese prinzipiell zur Bewältigung der Herausforderungen im Retailgeschäft der Finanzdienstleistungsbranche geeignet ist. Die Gegenüberstellung der möglichen Wettbewerbsvorteile und Potenziale, vor allem in Bezug auf die Differenzierungs- und Beziehungsproblematik von Finanzdienstleistungen, und des verursachten Aufwands einer Implementierung zeigte darüber hinaus die Vorteilhaftigkeit einer solchen Strategie.

[1537] PILLER, (2006), S. 161.
[1538] Vgl. PILLER, (2006); REICHWALD, PILLER, (2006).

Daran anschließend wurde im zweiten Teil von Kapitel 4 die Adaption einer Mass Customization-Wettbewerbsstrategie für das Retailgeschäft der Finanzdienstleistungsbranche erarbeitet. Dabei wurden ebenfalls entlang der Wertkette die wesentlichen Gestaltungsaspekte der einzelnen Wertschöpfungsstufen sowie ihre IuK-technische Unterstützung im Hinblick auf die Umsetzung einer Mass Customization in der Finanzdienstleistungsbranche betrachtet (siehe Abbildung 28). Untersucht wurden vor allem die Entwicklung modularer Finanzdienstleistungen, die Erhebung der Kundeninformationen im Rahmen eines umfassenden Beratungsgesprächs, die Besonderheiten der Leistungserstellung in der Finanzdienstleistungsbranche, ein umfassendes Kundenmanagement, basierend auf den erhobenen Informationen, sowie die Gestaltung virtueller Finanzdienstleistungsnetzwerke und die Anwendung einer Open Architecture.

Den Abschluss des vierten Kapitels bildete eine Überprüfung der erarbeiteten Ergebnisse anhand empirischer Arbeiten sowie zweier Fallstudien zur Umsetzung einer Mass Customization-Wettbewerbsstrategie. Diese Arbeiten bestätigen die Ergebnisse der vorliegenden Arbeit. Damit erscheint die Umsetzung einer Mass Customization-Wettbewerbsstrategie im Retailgeschäft der Finanzdienstleistungsbranche als eine Erfolg versprechende Strategie zur Bewältigung der aktuellen Herausforderungen und zur Generierung langfristiger Wettbewerbsvorteile.

5.2 Kritische Würdigung

Mit der Entwicklung der Mass Customization zum Modebegriff hat in den letzten Jahren allerdings auch die Kritik an diesem Konzept zugenommen.[1539] Eine Frage, die in diesem Zusammenhang gestellt wird, heißt, wie groß ist der Bedarf für kundenindividuell erstellte Produkte und Leistungen wirklich. Studien weisen häufig ein Marktpotenzial von zwanzig bis dreißig Prozent aus.[1540] Aufgrund der geringen Erfahrungen der Kunden mit individualisierten Produkten sind diese Ergebnisse jedoch mit Unsicherheiten sowohl nach unten als auch nach oben behaftet. Ähnliche Ergebnisse sind auch bezüglich Financial Planning Angeboten zu beobachten.[1541] Daneben kann die Variantenfertigung weiterhin eine Alternative sein. Es hängt somit von der spezifischen Unternehmenssituation ab, ob Mass Customization eine valide Option darstellt. "Es wird auch weiterhin Branchen und Marktsegmente geben, in denen sich ein Unternehmen mit der Herstellung qualitativ hochwertiger Standardwaren unter den beherrschten und gleich-

[1539] Vgl. u.a. AGRAWALH, et al., (2001), S. 62 ff; ZIPKIN, (2001), S. 81 ff.
[1540] Vgl. u.a. PILLER, et al., (2002), S. 118 f; PILLER, IHL, (2002), S. 6.
[1541] Vgl. HOCHBERGER, (2003), S. 289.

mäßigen Fertigungsbedingungen einer klassischen Massenfertigung am besten im Markt behaupten kann. In zunehmendem Maße werden aber in Märkten, die von starkem Produktwachstum und vielen Neuprodukteinführungen geprägt sind, nur Unternehmen mit einer hybriden Wettbewerbsstrategie bestehen können."[1542]

Auch bezüglich der Potenziale einer Mass Customization werden in der Literatur Zweifel geäußert. Eines der wesentlichen Potenziale besteht im Aufbau loyaler Kundenbeziehungen. Das Vorhandensein dieses Potenzials wird prinzipiell bestätigt. Allerdings erfordert seine Umsetzung, wie dargestellt, eine entsprechende organisatorische und informationstechnische Fundierung. Darüber hinaus ist ein strategisches Konzept notwendig, wie die aus dem Konfigurationsvorgang und der Kundenbeziehung gewonnenen Informationen gewinnbringend eingesetzt werden können.

Als ein weiteres Potenzial wird die Verbesserung von Absatzplanung und Flexibilität genannt. Auch dieses Potenzial wurde durch empirische Untersuchungen belegt. Die Realisierung dieses Potenzials ist jedoch eng mit einer ganzheitlichen Umsetzung des Mass Customization-Konzepts verbunden (siehe auch Abbildung 14). Werden lediglich Teile des Konzepts umgesetzt oder Produkte sowohl massenhaft als auch individualisiert angeboten, kann dies mit hohem Aufwand und einer Kannibalisierung zwischen den Produktlinien verbunden sein, ohne dass die Potenziale einer Mass Customization realisiert werden können.[1543] Es ist somit eine konsequente Umstellung auf Mass Customization oder eine scharfe Trennung des Massen- und des Mass Customization-Angebots erforderlich.

Schließlich werden zur Begründung der Vorteilhaftigkeit des Mass Customization-Konzepts zusätzliche Kostensenkungspotenziale angeführt. Die Realisierung dieser Potenziale erfordert allerdings den Aufbau völlig neuer Kompetenzen. So gilt es, die notwendige Standardisierung und Eingrenzung des Solution Space zu erreichen, ohne dass die angebotenen Leistungen als austauschbar empfunden werden. Auch die Gewinnung von Markforschungsinformationen aus der Kundeninteraktion befindet sich noch in der Entwicklung (sowohl in Bezug auf die Analyseverfahren als auch in Bezug auf die Übertragung einzelkundenbezogener Konfigurationen auf ein Massenangebot). Die Realisierung der Kostensenkungspotenziale ist zunächst mit erheblichen Investitionen, Lernprozessen, einer geringen Produktivität und einem hohen Abstimmungsaufwand verbunden.[1544] Aufgrund fehlender Erfahrungen sind zum Teil gerade Pionierunterneh-

---

1542 PILLER, (1998), S. 345.

1543 Vgl. SWOBODA, (2001), S. 206; WALTER, (2005), S. 269; PILLER, (2006), S. 180 f.

1544 Vgl. hierzu bspw. die Entstehungsgeschichte von Capital One. Vgl. ANAND, et al., (2000), S. 6.

men an diesem Aufwand zur Einführung und Umsetzung eines Mass Customization-Angebots gescheitert.[1545]

Auch in Bezug auf die Frage, wofür Mass Customization steht oder nicht steht, herrscht teilweise Unklarheit. So wird Mass Customization beispielsweise oft mit einer modularen Produktarchitektur gleichgesetzt. Diese ist zwar eine wesentliche Voraussetzung für die Umsetzung einer Mass Customization, allerdings wollen und können die Kunden in der Regel die Freiheitsgrade und Gestaltungsmöglichkeiten eines modularen Sets nicht vollständig ausschöpfen. Es sind vielmehr Konfiguratoren erforderlich, die den Solution Space, basierend auf den Fähigkeiten des Unternehmens und der Kundenbedürfnisse, effektiv einschränken und die Kunden bei der Individualisierung der angebotenen Leistungen unterstützen.

Ein weiteres Missverständnis stellt die ausschließliche Fokussierung des Mass Customization-Konzepts auf physische Produkte dar. Die massenhafte Individualisierung von Dienstleistungen ist ebenso möglich und teilweise sogar effektiver (sowohl in der Erstellung als auch bezüglich der Kundenbedürfnisse) als die Individualisierung physischer Produkte.[1546] Auch die Annahme, Konsumenten seien per se an Individualisierung und unbegrenzter Auswahl interessiert, muss bezweifelt werden. Kunden sind bereit, für Leistungen, die unmittelbar Nutzen stiften, zu bezahlen. Für sie steht der Produktnutzen und weniger der Individualisierungsnutzen im Vordergrund. Entsprechende Bedeutung hat die Formulierung der Produktstrategie. Oft wird Mass Customization mit dem Angebot individueller Produkte und Dienstleistungen gleichgesetzt. Wesentlich für den Erfolg einer Mass Customization sind allerdings die Fähigkeiten des Unternehmens in der Kundeninteraktion. Begeisterungseigenschaften und Produkterlebnis als (wieder-)kaufentscheidende Produktkriterien werden wesentlich durch die Interaktionsqualität geprägt. Damit ist die Interaktion mit dem Kunden als kommunikativer und präferenzbildender Vorgang zu verstehen und entsprechend zu gestalten.

Schließlich wird Mass Customization mit der Ablösung der klassischen Markenwelt in Verbindung gebracht, da jeder Kunde quasi seine eigene Marke kreiert.[1547] Aufgrund der Charakteristika einer Mass Customization sind jedoch Marken relevanter denn je. Da im Rahmen einer Mass Customization kein physisches Produkt, sondern nur ein Leistungsversprechen angeboten wird, spielt das Vertrauen, das Marken stiften können, eine noch größere Rolle als bei einer Massenproduktion. Damit gelten auch bei einer Mass Customization die alten

---

1545 Vgl. PILLER, IHL, (2002), S. 5, 12 f. und die dort genannten Beispiele, sowie PILLER, (2006), S. 361 ff.

1546 Vgl. PILLER, IHL, (2002), S. 14.

1547 Vgl. bspw. WIND, RANGASWAMY, (1999), S. 14.

Gesetze über Markenerfolg und über Kosten und Dauer zum Aufbau einer Markenbekanntheit.[1548]

So gesehen ist Mass Customization kein „One size fits all"-Konzept. Die hohe Popularität des Konzepts ist vor allem auf den Anspruch der Mass Customization zurückzuführen, höchste Varietät und Individualität bei gleichzeitig minimalen Kosten zu ermöglichen. Die dadurch generierten Leitbilder und mobilisierten Kräfte können im Rahmen von Reorganisationsprozessen in Unternehmen genutzt werden, um klassische Barrieren organisatorischen Wandels zu überwinden. Allerdings ist zur erfolgreichen Umsetzung einer Mass Customization Wettbewerbsstrategie weiterhin die Unterstützung des Managements notwendig, da für einen konsequenten Fit aller Aktivitäten, wie dargestellt, eine Neuausrichtung der gesamten Wertkette erforderlich ist. Entsprechend gilt es, vor der Umsetzung die Vorteile und Fallstricke im Unternehmenskontext genau abzuwägen. Darüber hinaus empfiehlt sich aufgrund der Komplexität eines umfassenden Mass Customization-Konzepts ein sequenzielles Vorgehen bei der Implementierung.[1549]

5.3 Ausblick

Die Diskussion über den Strukturwandel in der deutschen Finanzdienstleistungsbranche und über geeignete Maßnahmen zur Bewältigung der Herausforderungen sowie zur Erlangung dauerhafter Wettbewerbsvorteile wird auch in naher Zukunft noch andauern. Trotz einer zwischenzeitlichen Erholung und einer Verbesserung der Situation vieler Finanzdienstleister ist eine baldige Änderung der wesentlichen Rahmenbedingungen nicht zu erwarten.[1550] Die wirtschaftlichen Aussichten sind angesichts der ungelösten Probleme am US-Hypothekenmarkt ungewiss, der internationale Wettbewerb wird weiter an Härte zunehmen, der rasante technische Fortschritt wird sich weiter fortsetzen, die Erwartungen der Kunden werden (auch vor dem Hintergrund neuer Herausforderungen – z.B. der privaten Altersvorsorge) weiter steigen, und von einer baldigen Reduzierung der (aufsichts-) rechtlichen Vorgaben ist ebenfalls nicht auszugehen.[1551] Daher gewinnen Überlegungen bezüglich der Stabilisierung der Ertragskraft und der Generierung (langfristiger) Wettbewerbsvorteile gegenüber reinen Kostenargumenten an Bedeutung.[1552]

1548 Vgl. zu diesem Absatz auch PILLER, IHL, (2002), S. 13 ff.
1549 Vgl. zu diesem Absatz auch PILLER, IHL, (2002), S. 17 f.
1550 Vgl. DISSELBECK, (2007), S. 396; NIRSCHL, et al., (2005), S. 227.
1551 Vgl. BETSCH, THOMAS, (2005), S. 174.
1552 Vgl. HERNICHEL, (2006), S. B1.

Somit ist zu erwarten, dass die Diskussion um die Übernahme industrieller Konzepte[1553] im Rahmen einer Mass Customization für Finanzdienstleister weiterhin relevant bleibt. Eine Mass Customization-Wettbewerbsstrategie bietet mit ihrer simultanen Umsetzung der Kosten- und Differenzierungsoption die Möglichkeit, sowohl den steigenden Kundenanforderungen als auch der Kostenproblematik zu begegnen. Es ist davon auszugehen, dass das Mass Customization-Konzept oder Teile des Konzepts zunehmend von Finanzdienstleistern im Retailgeschäft implementiert werden.[1554] Die dabei gewonnenen Erfahrungen, sowohl aufseiten der Finanzdienstleister als auch auf Kundenseite, bieten die Basis für weitergehende empirische Arbeiten zur Erfolgswirksamkeit der Mass Customization im Retailgeschäft der Finanzdienstleistungsbranche sowie zu Determinanten einer erfolgreichen Umsetzung des Konzepts.[1555]

Dabei werden sich durch die Dekomposition der Wertschöpfungskette in der Finanzdienstleistungsbranche neue Herausforderungen ergeben. Die Konzentration der Finanzdienstleister auf Kernkompetenzen, die Auslagerung von Funktionen oder ganzen Prozessen und die Bildung von Finanzdienstleistungsnetzwerken führt dazu,[1556] dass die Umsetzung einer Mass Customization zwingend eine intensive Kooperation mit externen Partnern erfordert. In diesem Fall sind nicht nur rechtliche und organisatorische Fragestellungen zu klären. Für eine Mass Customization relevant sind weiterhin die Fragen, welches Unternehmen an der Kundenschnittstelle angesiedelt ist und die Erhebung und Auswertung der Kundeninformationen übernimmt, welche Daten in welcher Form im Netzwerk weitergegeben werden, und in welcher Form die Leistungsanbieter die Konfiguration ihrer Leistungen ermöglichen.

Eine wichtige Rolle werden dabei neue IuK-Technologien spielen. Sie ermöglichen durch Kapazitäts- und Leistungssteigerungen, durch zunehmende Offenheit, durch Standardisierung, durch Skalierbarkeit, durch die Integrations-

---

1553 „Somit handelt es sich bei der Industrialisierung sicherlich nur zu eienm Bruchteil um einen Medienrummel. Die Anwendung von Methoden und Verfahren der Fertigungsindustrie bedeutet vielmehr einen gewaltigen Umbau- und Transformationsprozess, der in der Geschichte der deutschen Kreditwirtschaft allenfalls mit der Einführung von Gehaltskonten und der darauf folgenden Ausbreitung des Filialgeschäfts zu Anfang der sechziger Jahre vergleichbar ist." DISSELBECK, (2007), S. 397.

1554 Ein Beispiel hierfür ist das Angebot sogenannter Motivkarten durch die meisten großen deutschen Banken. Dabei handelt es sich um Kreditkarten, die durch eine Reihe vorgegebener oder eigene Motive in ihrem Aussehen individualisiert werden können. Vgl. bspw. DEUTSCHE POSTBANK AG, (2006), S. 29; DEUTSCHER GENOSSENSCHAFTS-VERLAG EG, (2007), S. 8; FIRST DATA DEUTSCHLAND GMBH, (2007), S. 8.

1555 Vgl. GRASMUGG, (2006), S. 248 f.

1556 Vgl. BETSCH, THOMAS, (2005), S. 174.

wirkung und durch eine informatorische Vernetzung auf Basis der Internet-Technologie den effektiven Aufbau von Unternehmensnetzwerken.[1557]

[1557] Vgl. BETSCH, THOMAS, (2005), S. 174.

Literaturverzeichnis

ACHENBACH, HORST (1992): *Das Privatkundengeschäft gestern, heute, morgen*, Band 1, Hamm, 1992.

ADAM, DIETRICH (1998): *Produktions-Management*, 9., überarb. Aufl.. Wiesbaden, 1998.

ADAM, DIETRICH / JOHANNWILLE, ULRICH (1998): *Die Komplexitätsfalle*, in: ADAM, DIETRICH (Hrsg.): *Komplexitätsmanagement*, Schriften zur Unternehmensführung, Band 61, Wiesbaden, 1998, S. 5-28.

ADRION, ELISABETH (1997): *Ertragsorientiertes Retail Banking*, Bern [u.a.], 1997.

AGRAWALH, MANL, et al. (2001): *The false promise of mass customization*, in: McKinsey Quarterly, 2001, 38. Jg., Nr. 3, S. 62-71.

AKERLOF, GEORGE A. (1970): *The market for "lemons": Quality uncertainty and the market mechanism*, in: Quarterly Journal of Economics, 1970, 84. Jg., Nr. 3, S. 488-500.

AKIN, BÜLENT / LINGNAU, VOLKER (1994): *PPS-Lösungen für Variantenfertiger*, Arbeitspapiere, Bericht Nr. 8/94, Fachbereich 14, Technische Universität Berlin, Berlin, 1994.

ALBA, JOSEPH, et al. (1997): *Interactive Home Shopping: Consumer, Retailer, and Manufacturer Incentives to Participate in Electronic Marketplaces*, in: Journal of Marketing, 1997, 61. Jg., Nr. 3, S. 38-53.

ALBERS, SÖNKE / CLEMENT, MICHEL (1998): *E-Commerce erfordert Top-Marketing*, in: Horizont - Zeitung für Marketing, Werbung und Medien, 1998, Nr. 36, S. 64.

ALCHIAN, ARMEN A. / DEMSETZ, HAROLD (1973): *The Property Right Paradigm*, in: Journal of Economic History, 1973, 33. Jg., Nr. 1, S. 16-27.

ALLEN, FRANKLIN / SANTOMERO, ANTHONY M. (1997): *The Theory of Financial Intermediation*, in: Journal of Banking & Finance, 1997, 21. Jg., Nr. 11-12, S. 1461-1485.

AMACHER, THEO, et al. (2000): *My guide to customer relationship management: Kundenbeziehungen erfolgreicher leben - Theorie, Praxisbeispiele, Tipps und Werkzeuge für eine erhöhte Kundengunst*, 2. Aufl.. Basel, 2000.

AMELINGSMEYER, JENNY / EBERLING, GUNTER (2005): *Wissensmanagement in Bankennetzwerken*, in: SOKOLOVSKY, ZBYNEK /LÖSCHENKOHL, SVEN

(Hrsg.): *Handbuch Industrialisierung der Finanzwirtschaft: Strategien, Management und Methoden für die Bank der Zukunft*, Wiesbaden, 2005, S. 711-726.

ANAND, BHARAT, et al. (2000): *Capital One Financial Corp*, Fallstudie, Dokumenten Nr. 10.1225/700124, Harvard College, Boston, 2000.

ANDERSON, DAVID (1997): *Agile product development for mass customization: How to develop and deliver products for mass customization, niche markets, JIT, build-to-order and flexible manufacturing*, Chicago, 1997.

ANDERSON, DAVID (2004): *Build-to-Order and Mass Customization - The ultimate Supply Chain Management and Lean Manufacturing Strategy for Low-Cost On-Demand Productions without Forecasts or Inventory*, Cambria, California, 2004.

ANDREWS, PHILIP W. S. / BRUNNER, ELIZABETH (1979): *Studies in pricing*, Repr.. London [u.a.], 1979.

ANSOFF, HARRY IGOR (1966): *Management-Strategie*, München, 1966.

ANTONELLI, CRISTIANO (1995): *The diffusion of new information technologies and productivity growth*, in: Journal of Evolutionary Economics, 1995, 5. Jg., Nr. 1, S. 1.

APPELT, W., et al. (2001): *Kollaborationsorientierte asynchrone Werkzeuge*, in: SCHWABE, GERHARD, et al. (Hrsg.): *CSCW-Kompendium: Lehr- und Handbuch zum computerunterstützten kooperativen Arbeiten*, Berlin [u.a.], 2001, S. 194-204.

ARBEITSKREIS ORGANISATION DER SCHMALENBACH-GESELLSCHAFT (1996): *Organisation im Umbruch*, in: Zeitschrift für betriebswirtschaftliche Forschung (ZfbF), 1996, 48. Jg., Nr. 6, S. 621-665.

ARDISSONO, LILIANA, et al. (2001): *Intelligent Interfaces for Distributed Web-Based Product and Service Configuration*, in: *Lecture Notes in Computer Science (LNCS), Proceedings of the First Asia-Pacific Conference on Web Intelligence: Research and Development*, Band 2198, 2001, S. 184-188.

ARMBRUSTER, HOLGER / HALLBERG, INKEN (2006): *Optimal produzieren*, in: BI - Bankinformation, 2006, 33. Jg., Nr. 1, S. 59-63.

ARNOLD, OKSANA / HÄRTLING, MARTINA (1995): *Virtuelle Unternehmen: Begriffsbildung und -diskussion*, Arbeitspapier der Reihe "Informations- und Kommunikationssysteme als Gestaltungselement Virtueller Unternehmen", Bericht Nr. 3/1997, Bern [u.a.], 1995.

ARNOLD, ULLI (1996): *Sourcing-Konzepte*, in: KERN, WERNER, et al. (Hrsg.): *Handwörterbuch Produktionswirtschaft*, 2., völlig neu gestaltete Auflage, 1996, S. 1861-1874.

ARNOLD, ULLI / SCHEUING, EBERHARDT (1997): *Creating a factory within a factory*, in: BAKER, JERRY /NOVAK, PAUL (Hrsg.): *Purchasing professionals*

- *a collection of presentations from NAPM's 82nd annual international purchasing conference*, Tempe, 1997, S. 79-84.

AUKSTAKALNIS, STEVE / BLATNER, DAVID (1994): *Cyberspace - Die Entdeckung künstlicher Welten*, Köln, 1994.

AUSSCHUSS FÜR WIRTSCHAFTLICHE FERTIGUNG (AWF) (1985): *CIM: Integrierter EDV-Einsatz in der Produktion*, Eschborn, 1985.

BAAN, ADRI (1995): *Elektronische Produkte und Märkte der Zukunft*, in: ALFRED-HERRHAUSEN-GESELLSCHAFT FÜR INTERNATIONALEN DIALOG (Hrsg.): *Multimedia: Eine revolutionäre Herausforderung*, Stuttgart, 1995, S. 73-92.

BABIN, BARRY J. / DARDEN, WILLIAM R. (1994): *Work and/or fun: Measuring hedonic and utilitarian shopping value*, in: Journal of Consumer Research, 1994, 20. Jg., Nr. 4, S. 644-656.

BACKHAUS, KLAUS (1992): *Investitionsgüter-Marketing*, 3. Aufl., München, 1992.

BACKHAUS, KLAUS (1995): *Investitionsgütermarketing*, 4. Aufl., München, 1995.

BAILEY, ELIZABETH E. / FRIEDLAENDER, ANN F. (1982): *Market Structure and Multiproduct Industries*, in: Journal of Economic Literature, 1982, 20. Jg., Nr. 3, S. 1024-1048.

BAIN, JOE STATEN (1956): *Barriers to new competition: Their character and consequences in manufacturing industries*, Cambridge, 1956.

BAIN, JOE STATEN (1959): *Industrial organization*, New York [u.a.], 1959.

BAIN, JOE STATEN (1968): *Industrial organization*, 2., New York [u.a.], 1968.

BAKOS, YANNIS / BRYNJOLFSSON, ERIK (1998): *Organizational partnerships and the virtual corporation*, in: KEMERER, CHRIS F. (Hrsg.): *Information Technology and Industrial Competitiveness: How 'IT' Shapes Competition*, Boston [u.a.], 1998.

BALDWIN, CARLISS Y. / CLARK, KIM B. (1997): *Managing in an age of modularity*, in: Harvard Business Review, 1997, 75. Jg., Nr. 5, S. 84-93.

BALDWIN, THOMAS F., et al. (1996): *Convergence: integrating mediw, information, and communication*, London [u.a.], 1996.

BALZLI, BEAT / PALY, CHRISTOPH (2007): *Die Masse macht's - Die Deutsche Bank dräng mit Macht in den Markt der Billigbanken. Denn die erzielen mit standardisierten Produkten für Kleinkunden und niedrigen Personalkosten riesige Profite.*, in: Der Spiegel, 2007, Nr. 10, S. 76-79.

BAMBERGER, INGOLF / WRONA, THOMAS (1996): *Der Ressourcenansatz im Rahmen des Strategischen Managements*, in: Wirtschaftswissenschaftliches Studium, 1996, 25. Jg., Nr. 8, S. 386-391.

BARNEY, JAY (1991): *Firm Resources and Sustained Competitive Advantage*, in: Journal of Management, 1991, 17. Jg., Nr. 1, S. 99-120.

BARNEY, JAY (1994): *Competitive Advantage from Organizational Analysis*, Arbeitspapier der Texas A&M Universität, College Station, 1994.

BARNEY, JAY B. (2002): *Strategic management: From informed conversation to academic discipline*, in: Academy of Management Executive, 2002, 16. Jg., Nr. 2, S. 53-57.

BARTMANN, DIETER (2005): *Industrialisierung der Retail Bank - Grundlagen*, in: BARTMANN, DIETER, et al. (Hrsg.): *Die Industrialisierung des Bankbetriebs: Wie sich Konzepte der Industrie auf die Banken übertragen lassen*, Weinheim, 2005, S. 13-37.

BARTMANN, DIETER, et al. (2000): *Welche Möglichkeiten eröffnen IT-Innovationen den Banken im E-Commerce?*, in: BIT - Banking and Information Technology, 2000, 1. Jg., Nr. 3, S. 9-16.

BARTMANN, DIETER, et al. (2003): *Retail Banking: Status quo und Entwicklungslinien*, in: HMD - Praxis der Wirtschaftsinformatik, 2003, 38. Jg., Nr. 233, S. 7-20.

BASSLER, THOMAS (2004): *Dienstleistungsentwicklung bei einem internen IT-Dienstleister*, in: SCHEER, AUGUST-WILHELM /SPAHT, DIETER (Hrsg.): *Computer Aided Service Engineering - Informationssysteme in der Dienstleistungsentwicklung*, Berlin, 2004, S. 289-305.

BÄTSCHER, RUDOLF (1989): *Financial Services für den privaten Haushalt - Entwicklung, Funktionen und konzeptioneller Ansatz im Lichte des Service Gedanken*, St. Gallen, 1989.

BAUER, SIEGFRID / STICKEL, EBERHARD (1998): *Auswirkungen der Informationstechnologie auf die Entstehung kooperativer Netzwerkorganisationen*, in: Wirtschaftsinformatik, 1998, 40. Jg., Nr. 5, S. 434-442.

BECKER, JOCHEN (1990): *Marketing-Konzeption: Grundlagen des strategischen Marketing-Managements*, 3., verb. u. erg. Aufl.. München, 1990.

BECKER, JOCHEN (2006): *Marketing-Konzeption: Grundlagen des zielstrategischen und operativen Marketing-Managements*, 8., überarb. und erw. Aufl.. München, 2006.

BECKER, JÖRG (1998): *Informationstechnische Entwicklungen*, in: CORSTEN, HANS /GÖSSINGER, RALF (Hrsg.): *Dezentrale Produktionsplanungs- und -steuerungs-Systeme*, Stuttgart [u.a.], 1998, S. 55-86.

BECKER, JÖRG (1999): *Wirtschaftsinformatik und Wissenschaftstheorie: Bestandsaufnahme und Perspektiven*, Wiesbaden, 1999.

BECKER, LUTZ (1994): *Integrales Informationsmanagement als Funktion einer marktorientierten Unternehmensführung*, Bergisch Gladbach, 1994.

BEE, OON YIN / KHALID, HALIMAHTUN M. (2003): *Usability of Design by Customer Websites*, in: TSENG, MITCHELL /PILLER, FRANK (Hrsg.): *The Cus-*

tomer Centric Enterprise - Advances in Mass Customization and Personalization, New York, Berlin, 2003, S. 283-300.

BEITEL, PATRICK, et al. (2005): *Die Industrialisierung des Bankbetriebs - Ein Weg aus der Komplexitätsfalle*, in: SOKOLOVSKY, ZBYNEK /LÖSCHENKOHL, SVEN (Hrsg.): *Handbuch Industrialisierung der Finanzwirtschaft: Strategien, Management und Methoden für die Bank der Zukunft*, Wiesbaden, 2005, S. 809-818.

BELLMANN, KLAUS (1996): *Produktionsnetzwerke*, in: WILDEMANN, HORST (Hrsg.): *Produktions- und Zuliefernetzwerke*, München, 1996, S. 47-63.

BELLMANN, KLAUS (1999): *Produktion im Netzwerkverbund - strategischer Faktor im globalen Wettbewerb*, in: NAGEL, KURT, et al. (Hrsg.): *Produktionswirtschaft 2000 - Perspektiven für die Fabrik der Zukunft*, Wiesbaden, 1999, S. 195-214.

BELLMANN, KLAUS / HIPPE, ALAN (1996): *Kernthesen zur Konfiguration von Produktionsnetzwerken*, in: BELLMANN, KLAUS /HIPPE, ALAN (Hrsg.): *Management von Unternehmensnetzwerken*, Wiesbaden, 1996, S. 55-85.

BELZ, CHRISTIAN, et al. (1997): *Industrie als Dienstleister*, St. Gallen, 1997.

BENKENDORF, MAX / JANKE, BENJAMIN (2004): *CRM in Banken: Aufzeigen von Grundstrukturen und Entwicklung eines CRM-adäquaten Organisationsmodells*, Sozialökonomische Texte, Bericht Nr. 113, Department Wirtschaft und Politik, Hamburger Universität für Wirtschaft und Politik, Hamburg, 2004.

BENÖLKEN, HEINZ / WINGS, HEINZ (2004): *Zwischen Tradition und Zukunft*, in: Bankmagazin, 2004, Nr. 1, S. 44-46.

BEREKOVEN, LUDWIG (1974): *Der Dienstleistungsbetrieb: Wesen, Struktur, Bedeutung*, Wiesbaden, 1974.

BEREKOVEN, LUDWIG (1983): *Der Dienstleistungsmarkt in der Bundesrepublik Deutschland: Theoretische Fundierung und empirische Analyse*, Göttingen, 1983.

BERENSMANN, DIRK (2004): *Gesamtbankarchitektur der Deutschen Postbank AG*, in: MOORMANN, JÜRGEN /FISCHER, THOMAS (Hrsg.): *Handbuch Informationstechnologie in Banken*, 2. vollständig erneuerte und erweiterte Auflage April 2004, Wiesbaden, 2004, S. 59-78.

BERENSMANN, DIRK (2005): *Die Rolle der IT bei der Industrialisierung von Banken*, in: SOKOLOVSKY, ZBYNEK /LÖSCHENKOHL, SVEN (Hrsg.): *Handbuch Industrialisierung der Finanzwirtschaft: Strategien, Management und Methoden für die Bank der Zukunft*, Wiesbaden, 2005, S. 83-96.

BERGER, CHRISTOPH, et al. (2005): *Co-designing the customer interface for customer-centric strategies: Learning from exploratory research*, in: European Management Review, 2005, 2. Jg., Nr. 1, S. 70-87.

BERKHAHN, GLENN (1995): *Using Laser for Mass Customization*, in: The Fabricator, 1995, Nr. 5, S. 78-81.

BERNET, BEAT (2000): *Universalbank, ade?*, in: Schweizer Bank, 2000, Nr. 2, S. 16.

BERNET, BEAT (2004): *Open-Architecture und Allfinanz*, in: SPREMANN, KLAUS (Hrsg.): *Versicherungen im Umbruch - Werte schaffen, Risiken managen, Kunden gewinnen*, Berlin [u.a.], 2004, S. 469-480.

BESSANT, JOHN (1994): *Towards total integrated manufacturing*, in: International Journal of Production Economics, 1994, 34. Jg., Nr. 3, S. 237-251.

BESSLER, WOLFGANG (1999): *Bank: Theoretische Fundierung*, in: CRAMER, JÖRG E., et al. (Hrsg.): *Knapps Enzyklopädisches Lexikon des Geld-, Bank- und Börsenwesens, Band 1: A-I*, 4. Auflage, Frankfurt am Main, 1999, S. 114-131.

BESTER, HELMUT (2004): *Theorie der Industrieökonomik*, 3., verb. Aufl.. Berlin [u.a.], 2004.

BETGE, P. (1993): *Unternehmens- und Betriebsgröße*, in: WITTMANN, WALDEMANN, et al. (Hrsg.): *Handwörterbuch der Betriebswirtschaft*, 5. Aufl., Stuttgart, 1993, S. 4271-4285.

BETGE, P. (1996): *Kapazität und Beschäftigung*, in: KERN, WERNER, et al. (Hrsg.): *Handwörterbuch der Produktionswirtschaft*, 2. Aufl., Stuttgart, 1996, S. 852-861.

BETSCH, OSKAR (1977): *Mitarbeitermotivation im Bankbetrieb*, Frankfurt am Main, 1977.

BETSCH, OSKAR (1992): *Allfinanz eine (un)mögliche Chance*, in: bank und markt, 1992, 21. Jg., Nr. 11, S. 15-21.

BETSCH, OSKAR (1995a): *Lean-Marketing - Der Weg zur virtuellen Bank*, Band 3, Hamm, 1995a.

BETSCH, OSKAR (1995b): *Wettbewerbsveränderungen auf den Finanzdienstleistungsmärkten und der Umbruch der Vertriebssysteme*, in: BETSCH, OSKAR /WIECHERS, RÜDIGER (Hrsg.): *Handbuch Finanzvertrieb: Vertriebsstrategien, Vertriebswege, Vertriebsmanagement*, Frankfurt am Main, 1995b, S. 3-21.

BETSCH, OSKAR (1999a): *Eine Neuausrichtung des Privatkundengeschäfts ist unabdingbar*, in: Frankfurter Allgemeine Zeitung, Nr. 8, 10. Januar 1999, S. 25.

BETSCH, OSKAR (1999b): *Irrtümer und Wahrheiten zum Retailbanking*, in: bank und markt, 1999b, 28. Jg., Nr. 4, S. 18-24.

BETSCH, OSKAR (2003): *Finanzindustrie - wo geht es wirklich hin?*, in: BETSCH, OSKAR /MERL, GÜNTHER (Hrsg.): *Zukunft der Finanzindustrie - Das Überdenken von Geschäftsmodellen*, Frankfurt a.M., 2003, S. 413-440.

BETSCH, OSKAR / THOMAS, PETER (2005): *Industrialisierung der Kreditwirtschaft: Informationstechnologie und Managementkonzepte*, Wiesbaden, 2005.

BETTIS, RICHARD A. (1998): *Commentary on 'redefining industry structure for the information age' by J. L. Sampler*, in: Strategic Management Journal, 1998, 19. Jg., Nr. 4, S. 357-361.

BEUERMANN, GÜNTER (1996): *Produktionsfaktoren*, in: KERN, WERNER, et al. (Hrsg.): *Handwörterbuch der Produktionswirtschaft*, Stuttgart, 1996, S. 1494-1505.

BEUTIN, NIKOLAS / KLENK, PETER (2005): *Abgespeckte Produktpalette senkt Gemeinkosten*, in: Bankmagazin, 2005, Nr. 12, S. 28-32.

BEYERING, LUTZ (1983): *Die "Privates" kommen*, in: Marketing Journal, 1983, 16. Jg., Nr. 4, S. 314-317.

BEYERING, LUTZ (1987): *Individual Marketing*, Landsberg/Lech, 1987.

BHATTACHARYA, SUDIPTO / THAKOR, ANJAN V. (1993): *Contemporary Banking Theory*, in: Journal of Financial Intermediation, 1993, 3. Jg., Nr. 1, S. 2-50.

BIEGER, THOMAS (1998): *Dienstleistungsmanagement: Einführung in Strategien und Prozesse bei persönlichen Dienstleistungen*, Bern [u.a.], 1998.

BIELENBERG, ULF (1997): *Bankmarketing: Schlanke Strukturen und Servicequalität als strategische Aufgabe für Universalkreditinstitute*, München [u.a.], 1997.

BIESENBACH, HEINZ, et al. (2003): *Zusammenführung von bws bank und WPS Bank zu einer gemeinsamen Wertpapierabwicklungsbank*, in: Zeitschrift für das gesamte Kreditwesen, 2003, 56. Jg., Nr. 11, S. 554-556.

BINSWANGER, MATHIAS (1992): *Information und Entropie: Ökologische Perspektiven des Übergangs zu einer Informationswirtschaft*, Frankfurt/Main [u.a.], 1992.

BIRKIGT, KLAUS / STADLER, MARINUS M. (2002): *Corporate Identity: Grundlagen, Funktionen, Fallbeispiele*, 11., überarb. und aktualisierte Aufl.. München, 2002.

BISSANTZ, NICOLAS / HAGEDORN, JÜRGEN (2001): *Data Mining*, in: MERTENS, PETER, et al. (Hrsg.): *Lexikon der Wirtschaftsinformatik*, 4., vollst. neu bearb. und erw. Aufl.. Berlin [u.a.], 2001, S. 130-131.

BISSANTZ, NICOLAS, et al. (2000): *Data Mining*, in: MUCKSCH, HARRY /BEHME, WOLFGANG (Hrsg.): *Das Data-warehouse-Konzept: Architektur - Datenmodelle - Anwendungen*, 4., vollst. überarb. und erw. Aufl.. Wiesbaden, 2000, S. 377-407.

Bitner, Mary Jo, et al. (1997): *Customer contributions and roles in service delivery*, in: International Journal of Service Industry Management, 1997, 8. Jg., Nr. 3, S. 193-205.

Bitz, Michael (1989): *Erscheinungsformen und Funktionen von Finanzintermediären*, in: Wirtschaftswissenschaftliches Studium, 1989, 18. Jg., Nr. 10, S. 430-436.

Bitz, Michael (2005): *Finanzdienstleistungen*, 7., unwesentlich veränd. Aufl.. München [u.a.], 2005.

Blackenfelt, Michael (2001): *Managing complexity by product modularization: Balancing the aspects of technology and business during the design process*, Dissertation: Department of Machine Design, Royal Institute of Technology, Stockholm, 2001.

Blaho, Robert (2001): *Massenindividualisierung: Erstellung integrativer Leistungen auf Massenmärkten*, Bratislava, 2001.

Bleicher, Knut (1991): *Organisation: Strategien - Strukturen - Kulturen*, 2., vollständig neu bearb. und erw. Aufl.. Wiesbaden, 1991.

Blickhaeuser, Joachim / Gries, Thomas (1989): *Individualisierung des Konsums und Polarisierung von Maerkten als Herausforderung fuer das Konsumgueter-Marketing*, in: Marketing - Zeitschrift für Forschung und Praxis, 1989, 11. Jg., Nr. 1, S. 5-10.

Bliss, Christoph (1998): *Integriertes Komplexitätsmanagement - Ansätze und Lösungsmöglichkeiten*, Arbeitspapier, Bericht Nr. 115, Wissenschaftliche Gesellschaft für Marketing und Unternehmensführung e.V., Münster, 1998.

Blum, Ulrich, et al. (2006): *Angewandte Industrieökonomik: Theorien - Modelle - Anwendungen*, Wiesbaden, 2006.

Bock, Friedrich / Zillessen, Wolfgang (1996): *Unternehmen müssen Informationstechnologie radikal anders einsetzen*, in: Arthur D. Little International Inc. (Hrsg.): *Management im vernetzten Unternehmen*, Wiesbaden, 1996, S. 285-308.

Böckhoff, Michael / Stracke, Guido (1999): *Der Finanzplaner: Hanbuch der privaten Finanzplanung und individuellen Finanzberatung*, Heidelberg, 1999.

Bode, Jürgen (1993): *Betriebliche Produktion von Information*, Wiesbaden, 1993.

Bode, Jürgen (1997): *Der Informationsbegriff in der Betriebswirtschaftslehre*, in: Zeitschrift für betriebswirtschaftliche Forschung (ZfbF), 1997, 49. Jg., Nr. 5, S. 449-468.

Bode, Jürgen / Zelewski, Stephan (1992): *Die Produktion von Dienstleistungen - Ansätze zu einer Produktionswirtschaftslehre der Dienstleistungs-*

unternehmen?, in: Betriebswirtschaftliche Forschung und Praxis, 1992, 44. Jg., Nr. 6, S. 594-607.

Bodendorf, Freimut / Robra-Bissantz, Susanne (2003): *E-Finance: Elektronische Dienstleistungen in der Finanzwirtschaft*, München [u.a.], 2003.

Böhmann, Tilo / Krcmar, Helmut (2006): *Modulare Servicearchitekturen*, in: Bullinger, Hans-Jörg /Scheer, August-Wilhelm (Hrsg.): *Service engineering: Entwicklung und Gestaltung innovativer Dienstleistungen*, 2., vollst. überarb. und erw. Aufl.. Berlin [u.a.], 2006, S. 377-401.

Bohr, Kurt (1996): *Economies of Scale und Economies of Scope*, in: Kern, Werner, et al. (Hrsg.): *Handwörterbuch der Produktionswirtschaft*, 2., völlig neu gestaltete Aufl.. Stuttgart, 1996, S. 375-386.

Bokranz, Rainer / Kasten, Lars (2000): *Organisations-Management in Dienstleistung und Verwaltung: Gestaltungsfelder, Instrumente und Konzepte*, 2. Aufl.. Wiesbaden, 2000.

Borger, Klaus / Rehbock, Tobias (2005): *Das deutsche Kreditgewerbe im internationalen Vergleich: Betriebswirtschaftlich wenig rentabel, volkswirtschaftlich hoch produktiv*, MacroScope, Bericht Nr. 17, KfW-Research, Frankfurt am Main, 2005.

Börner, Christoph J. (2000a): *Die Integration marktorientierter und ressourcenorientierter Strategien*, in: WISU - Das Wirtschaftsstudium, 2000a, 29. Jg., Nr. 6, S. 817-821.

Börner, Christoph J. (2000b): *Porter und der "Resource-base View"*, in: WISU - Das Wirtschaftsstudium, 2000b, 29. Jg., Nr. 5, S. 689-693.

Börner, Christoph J. (2000c): *Strategisches Bankmanagement: Ressourcen- und marktorientierte Strategien von Universalbanken*, München, 2000c.

Boutellier, Roman, et al. (1997): *Industrielle Produktion und Kundennähe - Ein Widerspruch?*, in: Schuh, Günther /Wiendahl, Hans-Peter (Hrsg.): *Komplexität und Agilität*, Berlin [u.a.], 1997, S. 41-63.

Bowen, David E. (1986): *Managing customers as human resources in service organizations*, in: Human Resource Management, 1986, 25. Jg., Nr. 3, S. 371-383.

Bowers, Michael R., et al. (1990): *Trading Places: Employees as Customers, Customers as Employees*, in: Journal of Services Marketing, 1990, 4. Jg., Nr. 2, S. 55-69.

Boynton, Andrew C., et al. (1993): *New competitive strategies: Challenges to organizations and information technology*, in: IBM Systems Journal, 1993, 32. Jg., Nr. 1, S. 40-64.

Braun, Beat Markus (2003): *Zur Herleitung von Geschäftsmodellen für Finanzdienstleistungsunternehmen: Methode und Fallbeispiele*, Dissertation:

Hochschule für Wirtschafts-, Rechts- und Sozialwissenschaften (HSG), Universität St. Gallen, St. Gallen, 2003.

BRAUN, MARC / MÖHLE, SYBILLE (1998): *Zwischenbetriebliche Zusammenarbeit in einem Componentware-PPS-System*, in: PPS Management, 1998, 3. Jg., Nr. 3, S. 23-27.

BREILMANN, U. (1995): *Dimensionen der Organisationsstruktur*, in: Zeitschrift Führung & Organisation, 1995, 64. Jg., Nr. 3, S. 159-164.

BROCKHAUS GMBH (Hrsg.), (1994): *Brockhaus Enzyklopädie, Band 23*, 19. Aufl., Mannheim, 1994.

BROCKHOFF, KLAUS (1988): *Produktpolitik*, 2., erw. Aufl.. Stuttgart [u.a.], 1988.

BROEKHUIZEN, THIJS LENNART JAAP / ALSEM, KAREL JAN (2004): *Success Factors for Mass Customization: A Conceptual Model*, in: Journal of Market-Focused Management, 2004, 5. Jg., Nr. 4, S. 309-330.

BROWN, STEVE / BESSANT, JOHN (2003): *The manufacturing strategy - capabilities links in mass customisation and agile manufacturing - an exploratory study*, in: International Journal of Operations & Production Management, 2003, 23. Jg., Nr. 7, S. 707-730.

BRUCH, HEIKE (1998): *Outsourcing: Konzepte und Strategien, Chancen und Risiken*, Wiesbaden, 1998.

BRUCHE, GERT (1999): *Strategic Thinking and Strategy Analysis in Business - A Survey on the Major Lines of Thought and on the State of the Art*, Working Papers des Business Institute Berlin an der Berlin School of Economics, Dokumenten Nr. 6, Fachhochschule für Wirtschaft, Berlin, 1999.

BRUHN, MANFRED (2001): *Relationship-Marketing: Das Management von Kundenbeziehungen*, München, 2001.

BÜCHER, KARL (1910): *Das Gesetz der Massenproduktion*, in: Zeitschrift für die gesamte Staatswissenschaft, 1910, 66. Jg., Nr. 3, S. 429-444.

BUCK, HARTMUT (2002): *Aktuelle Unternehmenskonzepte und die Entwicklung der Arbeitsorganisation - Visionen und Leitbilder*, in: BULLINGER, HANS-JÖRG, et al. (Hrsg.): *Neue Organisationsformen im Unternehmen: Ein Handbuch für das moderne Management*, 2., neu bearb. und erw. Aufl.. Berlin [u.a.], 2002, S. 69-92.

BUHL, HANS ULRICH, et al. (2005): *Individualisierte Finanzdienstleistungsberatung: Wirtschaftlichkeit durch Prozess-standardisierung am Beispiel der Altervorsorge*, in: SOKOLOVSKY, ZBYNEK /LÖSCHENKOHL, SVEN (Hrsg.): *Handbuch Industrialisierung der Finanzwirtschaft: Strategien, Management und Methoden für die Bank der Zukunft*, Wiesbaden, 2005, S. 201-216.

BUHL, HANS ULRICH, et al. (2004): *Individualisierte Finanzdienstleistungsberatung für Privatkunden - Konzept und prototypische Umsetzung*, in: Wirtschaftsinformatik, 2004, 46. Jg., Nr. 6, S. 427-438.

BUHL, HANS ULRICH, et al. (2007): *Beratungsindividualisierung in der Finanzdienstleistungsbranche - Umsetzungskonzepte und rechtliche Rahmenbedingungen*, in: Wirtschaftsinformatik, 2007, 49. Jg., Nr. 1, S. 26-33.

BUHL, HANS ULRICH, et al. (1999): *Virtualisierung des Bankgeschäfts*, in: Wirtschaftsinformatik, 1999, 41. Jg., Nr. 2, S. 116-123.

BÜHRER, MARCEL / SCHULZE, KRISTINE (2005): *Prozessmanagement und Shared Business-Services in einer Großbank*, in: SOKOLOVSKY, ZBYNEK /LÖSCHENKOHL, SVEN (Hrsg.): *Handbuch Industrialisierung der Finanzwirtschaft: Strategien, Management und Methoden für die Bank der Zukunft*, Wiesbaden, 2005, S. 491-504.

BÜLLESBACH, ALFRED (1999): *Datenverkehr ohne Datenschutz? Eine globale Herausforderung*, Köln, 1999.

BULLINGER, HANS-JÖRG / SCHREINER, PETER (2006): *Service Engineering: Ein Rahmenkonzept für die systematische Entwicklung von Dienstleistungen*, in: BULLINGER, HANS-JÖRG /SCHEER, AUGUST-WILHELM (Hrsg.): *Service engineering: Entwicklung und Gestaltung innovativer Dienstleistungen*, 2., vollst. überarb. und erw. Aufl.. Berlin [u.a.], 2006, S. 53-84.

BÜLOW, STEPHAN (1995): *Netzwerk-Organisation für Allfinanzanbieter: Ein organisationstheoretischer Vorschlag auf Grundlage der Neuen Institutionenökonomie*, Wiesbaden, 1995.

BUNDESVERBAND DEUTSCHER BANKEN (2006): *Banken 2006: Fakten - Meinungen - Perspektiven*, Berlin, 2006.

BURCHARD, ULRICH (2003): *Zukunft der Genossenschaftsbanken*, in: BETSCH, OSKAR /MERL, GÜNTHER (Hrsg.): *Zukunft der Finanzindustrie - Das Überdenken von Geschäftsmodellen*, Frankfurt a.M., 2003, S. 320-335.

BÜRING, ELKE (1997): *Anspruch und Realität computerintegrierter Produktionssysteme und Fertigungssteuerungskonzepte*, Berlin, 1997.

BÜRKNER, HANS-PAUL / EICHKORN, JÖRG (2003): *Konzentration, Kooperation, Integration - Unternehmensstrategien für Allfinanzanbieter*, in: BETSCH, OSKAR /MERL, GÜNTHER (Hrsg.): *Zukunft der Finanzindustrie - Das Überdenken von Geschäftsmodellen*, Frankfurt a.M., 2003, S. 143-163.

BURNS, MARSHALL (1993): *Automated fabrication*, Engelwood Cliffs, 1993.

BURR, WOLFGANG (2002): *Service Engineering bei technischen Dienstleistungen: Eine ökonomische Analyse der Modularisierung, Leistungstiefengestaltung und Systembündelung*, Wiesbaden, 2002.

Burr, Wolfgang (2003): *Fundierung von Leistungstiefenentscheidungen auf der Basis modifizierter Transaktionskostenansätze*, in: Zeitschrift für betriebswirtschaftliche Forschung, 2003, 55. Jg., Nr. 3, S. 112-134.

Büschgen, Hans E. (1994): *Lean Banking - Eine strategische Herausforderung*, in: Mitteilungen und Berichte des Institut für Bankwirtschaft und Bankrecht an der Universität zu Köln, Abteilung Bankwirtschaft und Bankbetriebslehre, 1994, 25. Jg., Nr. 71, S. 1-16.

Büschgen, Hans E. (1998): *Bankbetriebslehre - Bankgeschäfte und Bankmanagement*, 5. vollst. überarb. und erw. Aufl., Wiesbaden, 1998.

Büschgen, Hans E. (2006): *Das kleine Bank-Lexikon*, 3., aktualis. und erw. Aufl.. Stuttgart [u.a.], 2006.

Büschgen, Hans E. / Börner, Christoph J. (2003): *Bankbetriebslehre*, 4., neu bearb. und erw. Aufl.. Stuttgart, 2003.

Bussmann, Johannes, et al. (2003): *Ist das Dreisäulensystem noch zukunftsfähig - sektorübergreifende Geschäftsmodelle?*, in: Betsch, Oskar /Merl, Günther (Hrsg.): *Zukunft der Finanzindustrie - Das Überdenken von Geschäftsmodellen*, Frankfurt a.M., 2003, S. 263-285.

Büttgen, Marion (2000): *Marktorientiertes Informationsmanagement in Dienstleistungsunternehmen*, Wiesbaden, 2000.

Büttgen, Marion (2001): *Kundengerechte Gestaltung von Dienstleistungsprozessen*, in: Bruhn, Manfred /Stauss, Bernd (Hrsg.): *Dienstleistungsmanagement Jahrbuch 2001*, Wiesbaden, 2001, S. 143-166.

Büttgen, Marion / Ludwig, Marc (1997): *Mass-Customization von Dienstleistungen*, Arbeitspapier, Institut für Markt- und Distributionsforschung, Universität zu Köln, 1997.

Buxmann, Peter (1999): *Die Zukunft von EDI - XML als Grundlage für den Aufbau zwischenbetrieblicher Geschäftsprozesse*, in: Industrie Management, 1999, 15. Jg., Nr. 1, S. 61-64.

Carl, Volker (1989): *Problemfelder des internationalen Managements*, München, 1989.

Carnap, Rudolph (1953): *Testability and Meaning*, in: Feigl, Herbert (Hrsg.): *Readings in the philosophy of science*, New York, 1953, S. 47-92.

Carnoy, Martin, et al. (1993): *New Global Economy in the Information Age*, University Park, 1993.

Cespedes, Frank V. / Smith, H. Jeff (1993): *Database Marketing: New Rules for Policy and Practice*, in: MIT Sloan Management Review, 1993, 34. Jg., Nr. 4, S. 7-22.

Cheon, Myun J., et al. (1995): *Theoretical perspectives on the outsourcing of information systems*, in: Journal of Information Technology, 1995, 10. Jg., Nr. 4, S. 209.

CHILD, PETER, et al. (1991): *The management of complexity*, in: McKinsey Quarterly, 1991, 28. Jg., Nr. 4, S. 52-68.

CHOI, SOON-YONG, et al. (1997): *The economics of electronic commerce*, Indianapolis, Ind., 1997.

CHRISTENSEN, CLAYTON M. / BOWER, JOSEPH L. (1996): *Customer Power, Strategic Investment, and the Failure of Leading Firms*, in: Strategic Management Journal, 1996, 17. Jg., Nr. 3, S. 197-218.

CLEMONS, ERIC K. (1986): *Information systems for sustainable competitive advantage*, in: Information & Management, 1986, 11. Jg., Nr. 3, S. 131-136.

CLEMONS, ERIC K. / REDDI, SASHIDHAR P. (1993): *The impact of information technology on the organization of economic activity: The 'move to the middle' hypothesis*, in: Journal of Management Information Systems, 1993, 10. Jg., Nr. 2, S. 9-35.

COASE, RONALD HARRY (1937): *The Nature of the Firm*, in: Economica, New Series, 1937, 4. Jg., Nr. 16, S. 386-405.

COATES, JOSEPH F. / WOLFF, M. F. (1995): *Customization promises sharp competitive edge*, in: Research Technology Management, 1995, 38. Jg., Nr. 6, S. 6-7.

COCCA, TEODORO, et al. (2000): *Virtuelle Finanzportale vs. Universalbanken - Sind die Tage der Universalbank gezählt?*, Bericht Nr. 25, Institut für schweizerisches Bankwesen der Universität Zürich, Zürich, 2000.

COENEN, CHRISTIAN (2001): *Serviceorientierung und Servicekompetenz von Kundenkontakt-Mitarbeitern*, in: BRUHN, MANFRED /STAUSS, BERND (Hrsg.): *Dienstleistungsmanagement Jahrbuch 2001*, Wiesbaden, 2001, S. 341-374.

CONNER, KATHLEEN R. (1991): *A Historical Comparison of Resource-Based Theory and Five Schools of Thought Within Industrial Organization Economics: Do We Have a New Theory of the Firm?*, in: Journal of Management, 1991, 17. Jg., Nr. 1, S. 121-154.

CONNORS, MICHAEL (1993): *The race to the intelligent state: Towards the global information economy of 2005*, Oxford, 1993.

COOK, DAVID P., et al. (1999): *Service Typologies: A State of the Art Survey*, in: Production and Operations Management, 1999, 8. Jg., Nr. 3, S. 318-338.

CORSTEN, HANS (1985): *Die Produktion von Dienstleistungen: Grundzüge einer Produktionswirtschaftslehre des tertiären Sektors*, Berlin, 1985.

CORSTEN, HANS (1986): *Produktionsfaktorsysteme*, in: WISU - Das Wirtschaftsstudium, 1986, 48. Jg., Nr. 4, S. 173-179.

CORSTEN, HANS (1992): *Kapazitätsplanung in Dienstleistungsunternehmungen*, in: CORSTEN, HANS, et al. (Hrsg.): *Kapazitätsmessung, Kapazitätsgestal-*

tung, Kapazitätsoptimierung - eine betriebswirtschaftliche Kernfrage, Stuttgart, 1992, S. 229-254.

CORSTEN, HANS (1993): *Dienstleistungsproduktion*, in: WITTMANN, WALDEMANN, et al. (Hrsg.): *Handwörterbuch der Betriebswirtschaft*, 5. Aufl., Stuttgart, 1993, S. 765-776.

CORSTEN, HANS (1995): *Wettbewerbsstrategien - Möglichkeiten einer simultanen Strategieverfolgung*, in: CORSTEN, HANS /REIß, MICHAEL (Hrsg.): *Handbuch Unternehmungsführung: Konzepte - Instrumente - Schnittstellen*, Wiesbaden, 1995, S. 341-353.

CORSTEN, HANS (1996): *Grundlagen des Prozessmanagement*, in: WISU - Das Wirtschaftsstudium, 1996, 58. Jg., Nr. 12, S. 1089-1095.

CORSTEN, HANS (1998a): *Grundlagen der Wettbewerbsstrategie*, Stuttgart [u.a.], 1998a.

CORSTEN, HANS (1998b): *Produktionswirtschaft: Einführung in das industrielle Produktionsmanagement*, 7., vollst. überarb. und wesentlich erw. Aufl.. München [u.a.], 1998b.

CORSTEN, HANS (2001): *Dienstleistungsmanagement*, 4., bearb. und erw. Aufl.. München [u.a.], 2001.

CORSTEN, HANS (2002a): *Controlling der Dienstleistungsproduktion*, in: LINGNAU, VOLKER /SCHMITZ, HANS (Hrsg.): *Aktuelle Aspekte des Controllings: Festschrift für Hans-Jörg Hoitsch*, Heidelberg [u.a.], 2002a, S. 49-72.

CORSTEN, HANS (2002b): *Streitschrift zur Theoriediskussion in der Bankbetriebslehre: Ein kritischer Diskurs zu dem Buch "Theoriediskussion in der Bankbetriebslehre" von S. Paul, M. Reckenfelderbäumer und J. Süchting*, Schriften zum Produktionsmanagement, Bericht Nr. 48, Lehrstuhl für Produktionswirtschaft, Universität Kaiserslautern, Kaiserslautern, 2002b.

CORSTEN, HANS / GÖSSINGER, RALF (1998): *Produktionsplanung und -steuerung auf der Grundlage von Multiagentensystemen*, in: CORSTEN, HANS /GÖSSINGER, RALF (Hrsg.): *Dezentrale Produktionsplanungs- und -steuerungs-Systeme*, Stuttgart [u.a.], 1998, S. 173-207.

CORSTEN, HANS, et al. (2002): *Zur Bedeutung von Netzwerkstrukturen bei Anbietern von Finanzdienstleistungen*, Schriften zum Produktionsmanagement, Bericht Nr. 47, Lehrstuhl für Produktionswirtschaft, Universität Kaiserslautern, Kaiserslautern, 2002.

CORSTEN, HANS / STUHLMANN, STEPHAN (1997): *Das GAP-Modell als Orientierungsrahmen für ein Kapazitätsmanagement in Dienstleistungsunternehmungen*, in: CORSTEN, HANS /STUHLMANN, STEPHAN (Hrsg.): *Kapazitätsmanagement in Dienstleistungsunternehmungen*, Wiesbaden, 1997, S. 3-54.

CORSTEN, HANS / WILL, THOMAS (1992): *Das Konzept generischer Wettbewerbsstrategien - Kennzeichen und kritische Analyse*, in: Das Wirtschaftsstudium (WISU), 1992, 21. Jg., Nr. 3, S. 185-191.

CORSTEN, HANS / WILL, THOMAS (1993): *Reflections on Competitive Strategy and its Impact on Modern Production Concepts*, in: Management International Review (MIR), 1993, 33. Jg., Nr. 4, S. 315-334.

CORSTEN, HANS / WILL, THOMAS (1994): *Wettbewerbsstrategien und Produktionsorganisation*, in: CORSTEN, HANS (Hrsg.): *Handbuch Produktionsmanagement*, Wiesbaden, 1994, S. 259-274.

CORSTEN, HANS / WILL, THOMAS (1995a): *Das Konzept generischer Wettbewerbsstrategien*, in: CORSTEN, HANS (Hrsg.): *Produktion als Wettbewerbsfaktor: Beiträge zur Wettbewerbs- und Produktionsstrategie*, Wiesbaden, 1995a, S. 119-129.

CORSTEN, HANS / WILL, THOMAS (1995b): *Simultanität von Kostenführerschaft und Differenzierung durch neuere Produktionskonzepte*, in: CORSTEN, HANS (Hrsg.): *Produktion als Wettbewerbsfaktor: Beiträge zur Wettbewerbs- und Produktionsstrategie*, Wiesbaden, 1995b, S. 235-249.

CORSTEN, HANS / WILL, THOMAS (1995c): *Wettbewerbsvorteile durch strategiegerechte Produktionsorganisation: Von der Alternativ- zur Simultanitätshypothese*, in: CORSTEN, HANS (Hrsg.): *Produktion als Wettbewerbsfaktor: Beiträge zur Wettbewerbs- und Produktionsstrategie*, Wiesbaden, 1995c, S. 1-13.

CUMMINGS, PETER (1991): *Symptoms of complexity*, in: McKinsey Quarterly, 1991, Jg., Nr. 4, S. 60-61.

CYERT, RICHARD MICHAEL / MARCH, JAMES G. (1963): *A behavioral theory of the firm*, Englewood Cliffs, N.J., 1963.

CZAP, HANS / REITER, JOACHIM (1998): *Offene und verteilte betriebswirtschaftliche Anwendungssysteme*, in: LEHNER, FRANZ /DUSTDAR, SCHAHRAM (Hrsg.): *Telekooperation in Unternehmen*, Wiesbaden, 1998, S. 245-264.

D'AVENI, RICHARD A. (1995): *Hyperwettbewerb: Strategien für die neue Dynamik der Märkte*, Frankfurt/Main [u.a.], 1995.

DA SILVEIRA, GIOVANI, et al. (2001): *Mass customization: Literature review and research directions*, in: International Journal of Production Economics, 2001, 72. Jg., Nr. 1, S. 1-13.

DAHM, MARKUS H. / HAINDL, CHRISTOPH (2007): *Die schlanke Bank gewinnt*, in: Die Bank, 2007, Nr. 8, S. 46-51.

DAMIANI, EVELYN (1991): *Qualität im Bankgeschäft: Theoretische Vorstellungen und ihre Umsetzung in der Praxis*, Dissertation: Sozialwissenschaftliche Fakultät, Universität Augsburg, Augsburg, 1991.

Dannenberg, Marius (2001): *Strategisches Bankmanagement: Die Bewältigung von Komplexität, Dynamik und Unsicherheit im Kreditgewerbe*, 1. Aufl.. Wiesbaden, 2001.

Davidow, William H. / Malone, Michael S. (1992): *Das virtuelle Unternehmen: Der Kunde als Co-Produzent*, Frankfurt/Main [u.a.], 1992.

Davis, Stanley M. (1987): *Future Perfect*, Reading, 1987.

Davis, Stanley M. / Meyer, Christopher (1998): *Blur: Speed of Change in the Connected Economy*, Reading, 1998.

Day, George S. / Wensley, Robin (1988): *Assessing Advantage: A Framework for Diagnosing Competitive Superiority* in: Journal of Marketing, 1988, 52. Jg., Nr. 2, S. 1-20.

de Smet, Chris M. (2006): *Informationstechnologie in der Finanzindustrie*, in: Moormann, Jürgen /Schmidt, Günter (Hrsg.): *IT in der Finanzbranche - Management und Methoden*, Berlin [u.a.], 2006, S. 1-38.

Dellaert, Benedict G. C. / Stremersch, Stefan (2005): *Marketing Mass-Customized Products: Striking a Balance Between Utility and Complexity*, in: Journal of Marketing Research (JMR), 2005, 42. Jg., Nr. 2, S. 219-227.

Demsetz, Harold (1967): *Toward a Theory of Property Rights*, in: American Economic Review, 1967, 57. Jg., Nr. 2, S. 347-359.

Demuth, Birgit, et al. (2001): *OCL as a Specification Language for Business Rules in Database Applications*, in: Gogolla, M. /Kobryn, C. (Hrsg.): *Lecture Notes in Computer Science (LNCS), Proceedings of the 4th International Conference on UML 2001 - The Unified Modeling Language.Modeling Languages, Concepts, and Tools*, Band 2185, Toronto, Canada, 2001, S. 104-117.

Deutsche Bundesbank (2007a): *Aufschwung mit günstiger Perspektive*, in: Monatsbericht, 2007a, 59. Jg., Nr. 2, S. 42-43.

Deutsche Bundesbank (2007b): *Die Ertragslage der deutschen Kreditinstitute im Jahr 2006*, in: Monatsbericht, 2007b, 59. Jg., Nr. 9, S. 15-40.

Deutsche Bundesbank (2007c): *Die Wirtschaftslage in Deutschland um die Jahreswende 2006/2007 - Überblick*, in: Monatsbericht, 2007c, 59. Jg., Nr. 2, S. 5-11.

Deutsche Postbank AG (2006): *Postbank Konzern - Geschäftsbericht 2005*, Bonn, 2006.

Deutscher Genossenschafts-Verlag eG (2007): *Jahresreport 2006*, Wiesbaden, 2007.

Deutz, Julian (1997): *Privatkundengeschäft großer Filialbanken: Neue Anforderungen an die Vertriebswegepolitik und deren Auswirkungen auf die Bankorganisation*, Frankfurt am Main [u.a.], 1997.

DEVLIN, JIM / ENNEW, CHRISTINE T. (1997): *Understanding competitive advantage in retail financial services*, in: International Journal of Bank Marketing, 1997, 15. Jg., Nr. 3, S. 73-82.

DEVOR, RICHARD, et al. (1997): *Agile manufacturing research: Accomplishments and opportunities*, in: IIE Transactions, 1997, 29. Jg., Nr. 10, S. 813-823.

DIBBERN, JENS, et al. (2001): *Die Theorie der Unternehmung als Erklärungsansatz für das selektive Outsourcing der Informationsverarbeitung - Entwicklung eines theoretischen Bezugsrahmens*, in: Zeitschrift für Betriebswirtschaft, 2001, 71. Jg., Nr. 6, S. 675-700.

DIENSTDORF, BERNHARD (1972): *Kapazitätsanpassung durch flexiblen Personaleinsatz bei Werkstättenfertigung*, Aachen, 1972.

DIETRICH, ANDREAS J. (2007): *Informationssysteme für Mass Customization*, Wiesbaden, 2007.

DIETRICH, NIKLAS (2005): *Outsourcing bei Kapitalgesellschaften*, Dissertation: Institut für Arbeits-, Wirtschafts- und Zivilrecht, Universität Frankfurt, Frankfurt, 2005.

DIKOW, ULRICH (1993): *Planung und Steuerung des Auftragsflusses bei nachfrageorientierter Kapazitätsplanung: Ein Anwendungsfall der retrograden Terminierung*, Münster [u.a.], 1993.

DILLER, HERMANN (2008): *Preispolitik*, 4., vollständig neu bearbeitete und erweiterte Auflage, Stuttgart, 2008.

DISSELBECK, KAI (2007): *Die Industrialisierung der Banken am Beispiel des Outsourcing*, Dissertation: Fachbereich Rechts- und Wirtschaftswissenschaften, Technische Universität Darmstadt, Darmstadt, 2007.

DISTERER, GEORG, et al. (1997): *Einsatz von Informationstechnik beim Aufbau einer virtuellen Bank*, in: Wirtschaftsinformatik, 1997, 39. Jg., Nr. 5, S. 441-449.

DOCKENFUß, ROLF (2003): *Praxisanwendungen von Toolkits und Konfiguratoren zur Erschließung taziten Userwissens*, in: HERSTATT, CORNELIUS /VERWORN, BIRGIT (Hrsg.): *Management der frühen Innovationsphasen: Grundlagen - Methoden - neue Ansätze*, 1. Aufl.. Wiesbaden, 2003, S. 215-232.

DOMBRET, ANDREAS R. / GOSSOW, PHILIPP (2003): *Banken in Deutschland zwischen Allfinanz und Investment Banking - eine Bestandsaufnahme*, in: BETSCH, OSKAR /MERL, GÜNTHER (Hrsg.): *Zukunft der Finanzindustrie - Das Überdenken von Geschäftsmodellen*, Frankfrut a.M., 2003, S. 287-300.

DOMBRET, ANDREAS R. / KERN, HOLGER J. (2003): *European Retail Banks - An Endangered Species?*, Weinheim, 2003.

DOMSCHKE, WOLFGANG, et al. (1996): *Antizipative Leistungsabstimmung bei moderner Variantenfließfertigung*, in: Zeitschrift für Betriebswirtschaft, 1996, 66. Jg., Nr. 12, S. 1465-1490.

DÖRFLINGER, MARKUS / MARXT, CHRISTIAN (2001): *Mass Customization - neue Potenziale durch kundenindividuelle Massenproduktion (I)*, in: iomanagement, 2001, Nr. 3, S. 86-93.

DORNINGER, CHRISTIAN (1991): *Kundenindividuelle Fertigung: Moderne Techniken und Organisationsformen zur Produktionsplanung und -steuerung*, Wien, 1991.

DU, XUEHONG / TSENG, MITCHELL (1999): *Characterizing customer value for product customization*, in: AMERICAN SOCIETY OF MECHANICAL ENGINEERS (ASME) (Hrsg.): *Proceedings of the ASME Design Engineering Technical Conference*, Las Vegas, 1999.

DUDENHÖFFER, FERDINAND (1997): *Outsourcing, Plattform-Strategien und Badge Engineering*, in: Wirtschaftswissenschaftliches Studium, 1997, 26. Jg., Nr. 3, S. 144-149.

DUFOUR, ARNAUD / FORTE, MAIA (1996): *Leveraging Mass Customization through Information and Communication Technologies*, Arbeitspapier, Institut für Wirtschaftsinformatik der Universität Lausanne, Lausanne, 1996.

DURAY, REBECCA, et al. (2000): *Approaches to mass customization: Configurations and empirical validation*, in: Journal of Operations Management, 2000, 18. Jg., Nr. 6, S. 605-625.

DZ BANK AG (2007): *Presseinformation: DZ BANK verstärkt Präsenz in Österreich*, Frankfurt a.M., 17. Oktober, 2007.

EALEY, LANCE / MERCER, GLENN (1992): *The showroom as assembly line*, in: McKinsey Quarterly, 1992, 29. Jg., Nr. 3, S. 102-120.

EBERHARDT, MICHAEL / ZIMMERMANN, STEFFEN (2007): *IT-gestützte individualisierte Altersvorsorgeberatung*, in: Wirtschaftsinformatik, 2007, 49. Jg., Nr. 2, S. 104-115.

EBERLING, GUNTER (2002): *Kundenwertmanagement: Konzept zur wertorientierten Analyse und Gestaltung von Kundenbeziehungen*, 1. Aufl.. Wiesbaden, 2002.

EBERS, MARK / GOTSCH, WILFRIED (1999): *Institutionenökonomische Theorien der Organisation*, in: KIESER, ALFRED (Hrsg.): *Organisationstheorien*, 3. überarbeitete und erweiterteAuflage, Stuttgart [u.a.], 1999, S. 199-251.

EICHELMANN, THOMAS / HOCHBERGER, BERND (2003): *Internationsalisierungsdynamik und Strategien - was Banken von anderen Branchen lernen können*, in: BETSCH, OSKAR /MERL, GÜNTHER (Hrsg.): *Zukunft der Finanzindustrie - Das Überdenken von Geschäftsmodellen*, Frankfurt a.M., 2003, S. 127-142.

Eisenhardt, Kathleen M. (1989): *Agency Theory: An Assessment and Review*, in: Academy of Management Review, 1989, 14. Jg., Nr. 1, S. 57-74.

Elofson, Greg / Robinson, William N. (1998): *Creating a custom mass-production channel on the internet*, in: Communications of the ACM, 1998, 41. Jg., Nr. 3, S. 56-62.

Elschen, Rainer (1988): *Agency-Theorie*, in: Die Betriebswirtschaft, 1988, 48. Jg., Nr. 2, S. 248-250.

Elschen, Rainer (1991): *Gegenstand und Anwendungsmöglichkeiten der Agency-Theorie*, in: Zeitschrift für betriebswirtschaftliche Forschung (ZfbF), 1991, 43. Jg., Nr. 11, S. 1002-1012.

Engelhardt, Werner H. / Freiling, Jörg (1995): *Die integrative Gestaltung von Leistungspotenzialen*, in: Zeitschrift für betriebswirtschaftliche Forschung (ZfbF), 1995, 47. Jg., Nr. 10, S. 899-918.

Engelhardt, Werner H., et al. (1993): *Leistungsbündel als Absatzobjekte - Ein Ansatz zur Überwindung der Dichotomie von Sach- und Dienstleistungen*, in: Zeitschrift für betriebswirtschaftliche Forschung (ZfbF), 1993, 45. Jg., Nr. 5, S. 395-426.

Engelhardt, Werner H. / Schnittka, M. (2001): *Enwicklungstendenzen des Dienstleistungsmanagement aus Sicht der Wissenschaft*, in: Bruhn, Manfred /Meffert, Heribert (Hrsg.): *Handbuch Dienstleistungsmanagement*, 2. Aufl., Wiesbaden, 2001, S. 917-939.

Engerer, Hella / Schrooten, Mechthild (2005): *Deutschlands Bankensektor: Perspektiven des Dreisäulensystems*, 1. Aufl.. Baden-Baden, 2005.

Englert, Roman / Rosendahl, Thomas (2002): *Customer Self Service*, in: Weiber, Rolf (Hrsg.): *Handbuch Electronic Business: Informationstechnologien, Electronic Commerce, Geschäftsprozesse*, 2., überarb. und erw. Aufl., Wiesbaden, 2002, S. 495-508.

Enke, Margit / Poznanski, Steffi (2005): *Kundenintegration bei Finanzdienstleistungen*, Freiberger Arbeitspapiere, Bericht Nr. 11, Fakultät für Wirtschaftswissenschaften, Technische Universität Bergakademie Freiberg, Freiberg, 2005.

Erlei, Mathias, et al. (1999): *Neue Institutionenökonomik*, Stuttgart, 1999.

Ernst, Matthias (1990): *Neue Informations- und Kommunikationstechnologien und marktwirtschaftliche Allokation*, München, 1990.

Evans, David S. / Schmalensee, Richard (2005): *Paying with Plastic: The Digital Revolution in Buying and Borrowing*, 2. Auflage., Cambridge [u.a.], 2005.

Evans, Patti Freeman (2005): *Online Configurators: Consumer Usage and Return on Investment Potential*, Jupiter Research Report, Bericht Nr. RET05-C03, Jupiter Research, New York, 2005.

EVANS, PHILIP B. / WURSTER, THOMAS S. (1997): *Strategy and the New Economics of Information*, in: Harvard Business Review, 1997, 75. Jg., Nr. 5, S. 70-82.

EVERSHEIM, WALTER, et al. (1998): *Komplexität im Unternehmen verringern und beherrschen - Optimale Gestaltung von Produkten und Produktionssystemen*, in: ADAM, DIETRICH (Hrsg.): *Komplexitätsmanagement*, Wiesbaden, 1998, S. 29-45.

EVERSHEIM, WALTER / SCHUH, GÜNTHER (1999): *Produktion und Management*, Band 2, Berlin [u.a.], 1999.

FEESS, EBERHARD (1997): *Mikroökonomie: Eine spieltheoretisch- und anwendungsorientierte Einführung*, Marburg, 1997.

FEHR, BENEDIKT (2006): *Überregulierung des europäischen Zahlungsverkehrs befürchtet*, in: Frankfurter Allgemeine Zeitung, Nr. 200, 29. August 2006, S. 21.

FEITZINGER, EDWARD / LEE, HAU L. (1997): *Mass Customization at Hewlett-Packard: The Power of Postponement*, in: Harvard Business Review, 1997, 75. Jg., Nr. 1, S. 116-121.

FELFERNIG, ALEXANDER, et al. (2004): *Konzepte zur flexiblen Konfiguration von Finanzdienstleistungen*, in: Banking and Information Technologie, Sonderheft zur Konferenz Wirtschaftsinformatik, 2004, 5. Jg., Nr. 1, S. 5-19.

FETTKE, PETER (2007): *Unified Modeling Language 2.0*, in: Wirtschaftsinformatik, 2007, 49. Jg., Nr. 1, S. 55-58.

FIEGENBAUM, AVI, et al. (2001): *Linking hypercompetition and strategic group theories: strategic maneuvering in the US insurance industry*, in: Managerial and Decision Economics, 2001, 22. Jg., Nr. 4-5, S. 265-279.

FINK, DIETMAR (1998a): *Mass Customization*, in: SÖNKE, ALBERS, et al. (Hrsg.): *Marketing mit Interaktiven Medien*, Frankfurt, 1998a, S. 137-150.

FINK, DIETMAR (1998b): *Virtuelle Unternehmensstrukturen*, Wiesbaden, 1998b.

FIRST DATA DEUTSCHLAND GMBH (2007): *Tierisch schön - Motivkarten punkten mit Individualität*, in: Process - Das Magazin von First Data International, 2007, Nr. 3, S. 8-9.

FITZGERALD, JERRY / DENNIS, ALAN (1996): *Business data communications: Basic concepts, security, and design*, 5. Aufl., New York [u.a.], 1996.

FLECK, ANDREE (1995): *Hybride Wettbewerbsstrategien: Zur Synthese von Kosten- und Differenzierungsvorteilen*, Wiesbaden, 1995.

FLEISCHANDERL, GERHARD, et al. (1998): *Configuring large systems using generative constraint satisfaction*, in: IEEE Intelligent Systems, 1998, 13. Jg., Nr. 4, S. 59-68.

FLIEß, SABINE (2001): *Die Steuerung von Kundenintegrationsprozessen: Effizienz in Dienstleistungsunternehmen*, 1. Aufl.. Wiesbaden, 2001.

Fournier, Guy (1994): *Informationstechnologien in Wirtschaft und Gesellschaft*, Berlin, 1994.

Fournier, Susan, et al. (1998): *Preventing the Premature Death of Relationship Marketing*, in: Harvard Business Review, 1998, 76. Jg., Nr. 1, S. 42-51.

Franke, Nikolaus / Piller, Frank (2003): *Key research issues in user interaction with configuration toolkits in a mass customization system*, in: International Journal of Technology Management, 2003, 26. Jg., Nr. 5/6, S. 578-599.

Franke, Nikolaus / Piller, Frank (2004): *Value Creation by Toolkits for User Innovation and Design: The Case of the Watch Market*, in: Journal of Product Innovation Management, 2004, 21. Jg., Nr. 6, S. 401-415.

Fraunhofer Institut für Systemtechnik und Innovationsforschung (ISI) (1998): *Delphi '98 - Studie zur globalen Entwicklung von Wissenschaft und Technik, im Auftrag des BMBF, Bd. 1*, Karlsruhe, 1998.

Freiling, Jörg (2001): *Resource-based view und ökonomische Theorie: Grundlagen und Positionierung des Ressourcenansatzes*, 1. Aufl.. Wiesbaden, 2001.

Freixas, Xavier / Rochet, Jean-Charles (1997): *Microeconomics of banking*, [Nachdr.]. Cambridge, Mass. [u.a.], 1997.

Frese, Erich (2000): *Grundlagen der Organisation: Konzept - Prinzipien - Strukturen*, 8., überarb. Aufl.. Wiesbaden, 2000.

Freund, Bruno / Konig, Herbert (1997): *Impact of information technologies on manufacturing*, in: International Journal of Technology Management, 1997, 13. Jg., Nr. 3, S. 215.

Frietzsche, Ursula / Maleri, Rudolf (2006): *Dienstleistungsproduktion*, in: Bullinger, Hans-Jörg /Scheer, August-Wilhelm (Hrsg.): *Service engineering: Entwicklung und Gestaltung innovativer Dienstleistungen*, 2., vollst. überarb. und erw. Aufl.. Berlin [u.a.], 2006, S. 195-225.

Fritz, Elke (2003): *Neue Dimensionen im Laser-Sintern ermöglichen die kosteneffiziente Fertigung individueller Produkte, Modularisierungskapitel*, in: Piller, Frank /Stotko, Christof (Hrsg.): *Mass Customization und Kundenintegration - Neue Wege zum innovativen Produkt*, Düsseldorf, 2003.

Fuchs, Peter / Klenk, Peter (2002): *CRM der Zukunft - quo vadis?*, in: Banking and Information Technologie (BIT), 2002, 3. Jg., Nr. 2, S. 33-40.

Funk, Paul N. (1998): *Mass Customization of Complex Products*, in: American Production and Inventory Control Society (Hrsg.): *APICS 41st International Conference Proceedings*, 1998, S. 496-500.

Furubotn, Eirik Grundtvig / Pejovich, Svetozar (1972): *Property Rights and Economic Theory: A Survey of Recent Literature*, in: Journal of Economic Literature, 1972, 10. Jg., Nr. 4, S. 1137-1162.

GAITANIDES, MICHAEL (1995): *Je mehr desto besser?*, in: techonologie & management, 1995, 44. Jg., Nr. 2, S. 69-76.

GAITANIDES, MICHAEL, et al. (1994): *Prozessmanagement - Grundlagen und Zielsetzung*, in: GAITANIDES, MICHAEL, et al. (Hrsg.): *Prozeßmanagement: Konzepte, Umsetzungen und Erfahrungen des Reengineering*, München [u.a.], 1994, S. 1-19.

GARDYN, REBECCA (2001): *Swap meet*, in: American Demographics, 2001, 23. Jg., Nr. 7, S. 50-55.

GARHAMMER, M. (1988): *Die unbezahlte häusliche Dienstleistungsproduktion - Ein Beitrag zur Diskussion über Dienstleistungsbeonderheiten*, in: Jahrbuch der Absatz- und Verbrauchsforschung, 1988, 34. Jg., Nr. 1, S. 61-94.

GARNHAM, NICHOLAS (1995): *Multimedia - Ökonomische, institutionelle und kulturelle Konvergenzhindernisse*, in: KUBICEK, HERBERT, et al. (Hrsg.): *Jahrbuch Telekommunikation und Gesellschaft*, Heidelberg, 1995, S. 70-77.

GARUD, RAGHU, et al. (2003): *Managing in the Modular Age: Architectures, Networks, and Organizations*, Malden, Oxford, 2003.

GEBAUER, JUDITH (1996): *Informationstechnische Unterstützung von Transaktionen*, Wiesbaden, 1996.

GERSCH, MARTIN (1995): *Die Standardisierung integrativ erstellter Leistungen*, Arbeitsbericht, Bericht Nr. 57, Institut für Unternehmensführung und Unternehmensforschung, Universität Bonn, Bonn, 1995.

GHOSHAL, SUMANTRA / MORAN, PETER (1996): *Bad for practice: A critique of the transaction cost theory*, in: Academy of Management Review, 1996, 21. Jg., Nr. 1, S. 13-47.

GIBSON, JAMES L., et al. (1973): *Organizations: behavior, structure, processes*, Dallas, 1973.

GIERL, HERIBERT (1988): *Diffusionsforschung im praktischen Einsatz*, in: Marketing - Zeitschrift für Forschung und Praxis, 1988, 10. Jg., Nr. 2, S. 102-110.

GILBERT, XAVIER / STREBEL, PAUL (1985): *Outpacing Strategies*, in: IMEDE - Perspectives for Managers, 1985, 9. Jg., Nr. 2.

GILLIGAN, THOMAS, et al. (1984): *Scale and scope economies in the multiproduct banking firm*, in: Journal of Monetary Economics, 1984, 13. Jg., Nr. 3, S. 393-405.

GILMORE, JAMES H. / PINE, B. JOSEPH II (1997): *The Four Faces of Mass Customization*, in: Harvard Business Review, 1997, 75. Jg., Nr. 1, S. 91-101.

GLAZER, RASHI (1999): *Winning in Smart Markets*, in: MIT Sloan Management Review, 1999, 40. Jg., Nr. 4, S. 59-69.

GOEKEN, MATTHIAS (2006): *Entwicklung von Data-Warehouse-Systemen: Anforderungsmanagement, Modellierung, Implementierung*, Wiesbaden, 2006.

GOLDHAR, JOEL D. / LEI, DAVID (1995): *Variety is free: Manufacturing in the twenty-first century*, in: Academy of Management Executive, 1995, 9. Jg., Nr. 4, S. 73-86.

GOLEC, JOSEPH H. (1992): *Empirical Tests of a Principal-Agent Model of the Investor-Investment Advisor Relationship*, in: Journal of Financial & Quantitative Analysis, 1992, 27. Jg., Nr. 1, S. 81-95.

GOULD, LAWRENCE S. (1998): *Introducing APS: Getting production in lock step with customer demand*, in: Automotive Manufacturing & Production, 1998, 110. Jg., Nr. 5, S. 54.

GOUTHIER, MATTHIAS H.J. / SCHMID, STEFAN (2001): *Kunden und Kundenbeziehungen als Ressourcen von Dienstleistungsunternehmungen - Eine Analyse aus der Perspektive der ressourcenbasierten Ansätze des Strategischen Managements*, in: Die Betriebswirtschaft, 2001, 61. Jg., Nr. 2, S. 223-239.

GRABAU, MAIK / JOEBGES, HEIKE (2003): *Rechtliche Veränderungen im internationalen und nationalen Bankensektor aus historischer Perspektive*, in: Zeitschrift für das gesamte Kreditwesen, 2003, 56. Jg., Nr. 2, S. 85-90.

GRAF VON KROCKOW, MATTHIAS (2001): *Privatbanken im Spannungsfeld von Globalisierung, Technologisierung und Spezialisierung*, in: ROLFES, BERND /FISCHER, THOMAS R. (Hrsg.): *Handbuch der europäischen Finanzdienstleistungsindustrie*, Frankfurt a.M., 2001, S. 334-350.

GRASMUGG, STEFAN (2006): *Mass Customization als strategische Anwendung des Electronic Business: Eine empirische Untersuchung zu Status, Determinanten und Erfolgswirksamkeit*, 1. Aufl.. Lohmar [u.a.], 2006.

GREENBAUM, STUART I. / THAKOR, ANJAN V. (2007): *Contemporary financial intermediation*, 2nd Ed., Amsterdam [u.a.], 2007.

GROCHLA, ERWIN (1978): *Einführung in die Organisationstheorie*, Stuttgart, 1978.

GROCHLA, ERWIN (1995): *Grundlagen der organisatorischen Gestaltung*, Nachdr.. Stuttgart, 1995.

GROCHLA, ERWIN / WELGE, M. K. (1975): *Zur Problematik der Effizienzbestimmung von Organisationsstrukturen*, in: Zeitschrift für betriebswirtschaftliche Forschung (ZfbF), 1975, 27. Jg., S. 273-289.

GRONOVER, SANDRA CHRISTINE (2003): *Multi-Channel-Management - Konzepte, Techniken und Fallbeispiele aus dem Retailbereich der Finanzdienstleistungsbranche*, Dissertation: Hochschule für Wirtschafts-, Rechts- und Sozialwissenschaften (HSG), Universität St. Gallen, St. Gallen, 2003.

GRÜGER, WOLFGANG (1998): *Von der Notgemeinschaft zum künftigen Privatkundengeschäft der Genossenschaftsbanken - Herausforderungen und Strategien*, in: BETSCH, OSKAR, et al. (Hrsg.): *Handbuch Privatkundengeschäft: Entwicklung, State of the art, Zukunftsperspektiven*, Frankfurt am Main, 1998, S. 41-64.

GRÜN, OSKAR / BRUNNER, JEAN-CLAUDE (2002): *Der Kunde als Dienstleister: Von der Selbstbedienung zur Co-Produktion*, 1. Aufl.. Wiesbaden, 2002.

GRUND, MICHAEL A. (1998): *Interaktionsbeziehungen im Dienstleistungsmarketing: Zusammenhänge zwischen Zufriedenheit und Bindung von Kunden und Mitarbeitern*, Wiesbaden, 1998.

GRÜNDLER, ANSGAR (1997): *Computer & Produktivität*, Wiesbaden, 1997.

GUMMESON, EVERT (2004): *Total relationship marketing: Rethinking Marketing Management*, 2. Aufl., Oxford [u.a.], 2004.

GUNASEKARAN, A., et al. (1996): *Multimedia in manufacturing*, in: Production Planning & Control, 1996, 7. Jg., Nr. 5, S. 440.

GÜNTHER, HANS-OTTO (1989): *Produktionsplanung bei flexibler Personalkapazität*, Stuttgart, 1989.

GÜNTHER, HANS-OTTO, et al. (1998): *Moderne Softwaretools für das Supply Chain Management*, in: Zeitschrift für wirtschaftlichen Fabrikbetrieb (ZwF), 1998, 93. Jg., Nr. 7-8, S. 330-333.

GUTENBERG, ERICH (1979): *Grundlagen der Betriebswirtschaftslehre, Band 1: Die Produktion*, 23. unveränderte Auflage, Berlin [u.a.], 1979.

GUTENBERG, ERICH (1984): *Grundlagen der Betriebswirtschaftslehre, Band 2: Der Absatz*, 17. Auflage, Berlin [u.a.], 1984.

GUTMAN, R. / GRAVES, ROBERT (1995): *The agile manufacturing enterprise - both a new paradigm and a logical extension of flexible and lean*, EAMRI Report, Bericht Nr. ER95-10, Rensselaer Polytechnic Institute, Troy, 1995.

HABERMANN, F. / WARGITSCH, C. (1998): *IMPACT: Workflow-Management-System als Instrument zur koordinierten Prozeßverbesserung*, in: SCHEER, AUGUST-WILHELM (Hrsg.): *Veröffentlichungen des Instituts für Wirtschaftsinformatik, Heft 150*, Saarbrücken, 1998.

HACKETHAL, ANDREAS (2000): *How unique are US Banks? - The Role of Banks in Five Major Financial Systems*, Working Paper Series: Finance and Accounting, Bericht Nr. 60, Johann Wolfgang Goethe-Universität Frankfurt am Main: Fachbereich Wirtschaftswissenschaften, Frankfurt a.M., 2000.

HACKSTEIN, R. / DIENSTDORF, BERNHARD (1973): *Grundfragen der Kapazitätsplanung und Untersuchung von Verfahren zur Verwirklichung eines möglichst flexiblen Kapazitätsangebotes in Betrieben mit Werkstättenfertigugn*, in: Zeitschrift für wirtschaftliche Fertigung, 1973, 68. Jg., Nr. 1, S. 18-25.

HAESE, CHRISTIAN (1999): *Rationelle Individualisierung von immateriellen Gütern durch Informations- und Kommunikationstechnologie*, Dissertation: Wirtschaftswissenschaftliche Fakultät, Universität Heidelberg, Heidelberg, 1999.

HALLER, SABINE (2005): *Dienstleistungsmanagement: Grundlagen, Konzepte, Instrumente*, 3., aktualis. und erw. Aufl.. Wiesbaden, 2005.

HANNEMANN, SUSANNE (1993): *Vertrieb von Finanzdienstleistungen: Einsatz von Maklern, Handelsvertretern und Franchise-Systemen*, Wiesbaden, 1993.

HANSMANN, KARL-WERNER (1996): *Produktionssteuerung eines flexiblen Fertigungssystems mit Akzeptanzalgorithmen*, in: WILDEMANN, HORST (Hrsg.): *Produktions- und Zuliefernetzwerke*, München, 1996, S. 293-313.

HANSON, DALLAS, et al. (2005): *Strategic Management: Competitiveness and Globalisation*, 2. Aufl., Melbourne, 2005.

HARRISON, TINA / ANSELL, JAKE (2002): *Customer retention in the insurance industry: Using survival analysis to predict cross--selling opportunities*, in: Journal of Financial Services Marketing, 2002, 6. Jg., Nr. 3, S. 229-239.

HART, CHRISTOPHER W.L. (1995): *Mass customization: conceptual underpinnings, opportunities and limits*, in: International Journal of Service Industry Management, 1995, 6. Jg., Nr. 2, S. 36-45.

HARTMANN-WENDELS, THOMAS / BÖRNER, CHRISTOPH J. (2003): *Strukturwandel im deutschen Bankenmarkt*, in: LESER, HARTMUT /RUDOLF, MARKUS (Hrsg.): *Handbuch institutionelles Asset Management*, 1. Aufl.. Wiesbaden, 2003, S. 61-90.

HARTMANN-WENDELS, THOMAS, et al. (2007): *Bankbetriebslehre*, 4., überarb. Aufl., Berlin [u.a.], 2007.

HASENKAMP, ULRICH / ROßBACH, PETER (1998): *Wissensmanagement*, in: Das Wirtschaftsstudium (WISU), 1998, 27. Jg., Nr. 8/9, S. 956-964.

HÄßLER, GEORG PHILIPP (2004): *Implementierbarkeit ausgewählter branchenfremder Konzepte im Retail Banking: Leistungstiefenverringerung und Franchising als Untersuchungsobjekte*, Hamburg, 2004.

HAUSRUCKINGER, GERHARD / WUNDERLICH, FLORIAN (1997): *Der Handel wird zum Moderator der Produktion*, in: BAG Handelsmagazin, 1997, Nr. 3, S. 34-40.

HAX, ARNOLDO C. / WILDE II, DEAN L. (1999): *The Delta Model: Adaptive Management for a changing World.*, in: MIT Sloan Management Review, 1999, 40. Jg., Nr. 2, S. 11-28.

HAX, ARNOLDO C. / WILDE II, DEAN L. (2001): *The Delta Model: Discovering New Sources of Profitability in a Networked Economy*, in: European Management Journal, 2001, 9. Jg., Nr. 4, S. 379-391.

Hax, Herbert (1991): *Theorie der Unternehmung - Information, Anreize und Vertragsverhandlungen*, in: Ordelheide, Dieter, et al. (Hrsg.): *Betriebswirtschaftslehre und ökonomische Theorie*, Stuttgart, 1991, S. 521 S.

Heindl, Heinrich / Pauschert, Dirk (1998): *Wissensmanagement im Virtuellen Unternehmen*, Arbeitspapier, Bericht Nr. 189, Bergische Universität Wuppertal, Wuppertal, 1998.

Heinen, Edmund (1991): *Industriebetriebslehre als entscheidungsorientierte Unternehmensführung*, in: Heinen, Edmund (Hrsg.): *Industriebetriebslehre*, 9. Aufl., Wiesbaden, 1991, S. 1-71.

Heinrich, Claus E. / Zeier, Alexander (2004): *The Extended Enterprise - Betriebswirtschaftliche Integration in Echtzeit*, in: Kuhlin, Bernd (Hrsg.): *Real-Time enterprise in der Praxis: Fakten und Ausblick*, Berlin [u.a.], 2004, S. 107-124.

Heisel, Uwe / Michaelis, Michael (2002): *Rekonfiguration von Produktionssystemen*, in: Bullinger, Hans-Jörg, et al. (Hrsg.): *Neue Organisationsformen im Unternehmen: Ein Handbuch für das moderne Management*, 2., neu bearb. und erw. Aufl.. Berlin [u.a.], 2002, S. 526-552.

Hermann, Thomas (1994): *Zur Theoriegeschichte des dispositiven Faktors*, Stuttgart, 1994.

Hernichel, Jürgen (2006): *Traditionelle Wertschöpfungsketten brechen heute auf*, in: Börsen-Zeitung, Nr. 228, 25. November 2006, S. B1-B2.

Herrmann, Andreas, et al. (2007): *Automobilwahl online - Gestaltung des Car-Konfigurators unter Berücksichtigung des individuellen Entscheidungsverhaltens*, in: Zeitschrift für betriebswirtschaftliche Forschung (ZfbF), 2007, 59. Jg., Nr. 3, S. 390-412.

Herrmann, Andreas / Johnson, Michael D. (1999): *Die Kundenzufriedenheit als Bestimmungsfaktor der Kundenbindung*, in: Zeitschrift für betriebswirtschaftliche Forschung (ZfbF), 1999, 51. Jg., Nr. 6, S. 579-598.

Herrmann, Katja, et al. (2006): *Computer Aided Service Engineering - Konzeption eines Service Engineering Tools*, in: Bullinger, Hans-Jörg /Scheer, August-Wilhelm (Hrsg.): *Service engineering: Entwicklung und Gestaltung innovativer Dienstleistungen*, 2., vollst. überarb. und erw. Aufl.. Berlin [u.a.], 2006, S. 649-678.

Hertel, Joachim, et al. (2005): *Supply-Chain-Management und Warenwirtschaftssysteme im Handel*, Berlin [u.a.], 2005.

Hildebrand, Knut (1995): *Informationsmanagement*, München, Wien, 1995.

Hildebrand, Volker G. (1997): *Individualisierung als strategische Option der Marktbearbeitung: Determinanten und Erfolgswirkungen kundenindividueller Marketingkonzepte*, Wiesbaden, 1997.

HILDEBRANDT, SWEN (1999): *Lean Banking als Reorganisationsmuster für deutsche und französische Kreditinstitute? - Anmerkungen zur Tragfähigkeit eines leitbildprägenden Managementkonzepts*, Discussion Paper FS, Bericht Nr. 99 -101, Wissenschaftszentrum Berlin für Sozialforschung, Berlin, 1999.

HILL, CHARLES W. L. (1988): *Differentiation Versus Low Cost or Differentiation and Low Cost: A Contingency Framework*, in: Academy of Management Review, 1988, 13. Jg., Nr. 3, S. 401-412.

HILL, T. (1977): *On goods and services*, in: Review of income and wealth, 1977, 23. Jg., Nr. 4, S. 315-338.

HINTERHUBER, HANS H. (2004): *Strategische Unternehmungsführung - 1. Strategisches Denken: Vision, Unternehmungspolitik, Strategie*, 7., grundlegend neu bearb. Auflage, Berlin, 2004.

HINTERHUBER, HANS H., et al. (1998): *Kundenzufriedenheit durch Kernkompetenzen*, in: WILDEMANN, HORST (Hrsg.): *Innovationen in der Produktionswirtschaft - Produkte, Prozesse, Planung und Steuerung*, München, 1998, S. 339-369.

HINTERHUBER, HANS H., et al. (2003): *Kundenzufriedenheit durch Kernkompetenzen - Eigene Potentiale erkennen, entwickeln, umsetzen*, Wiesbaden, 2003.

HIPPNER, HAJO, et al. (2006): *Aufbau und Funktionalitäten von CRM-Systemen*, in: HIPPNER, HAJO /WILDE, KLAUS D. (Hrsg.): *Grundlagen des CRM. Konzepte und Gestaltung*, 2., überarb. u. erw. Aufl., Wiesbaden, 2006, S. 46-74.

HIRSHLEIFER, JACK (1971): *The Private and Social Value of Information and the Reward to Inventive Activity*, in: The American Economic Review, 1971, 61. Jg., Nr. 4, S. 561-574.

HIRSHLEIFER, JACK / RILEY, JOHN G. (1979): *The Analytics of Uncertainty and Information - An Expository Survey*, in: Journal of Economic Literature, 1979, 17. Jg., Nr. 4, S. 1375-1421.

HOCHBERGER, BERND (2003): *Financial Planning: Eine Finanzdienstleistung für private Haushalte des Retail-Segmentes*, 1. Aufl.. Wiesbaden, 2003.

HÖCK, MICHAEL (1998): *Produktionsplanung und -steuerung einer flexiblen Fertigung: Ein prozeßorientierter Ansatz*, Wiesbaden, 1998.

HOGREVE, JENS (2007): *Die Wirkung von Dienstleistungsgarantien auf das Konsumentenverhalten*, Wiesbaden, 2007.

HOLLAND, HEINRICH (2004): *Direktmarketing*, 2., vollst. überarb. und erw. Aufl.. München, 2004.

HOLMER, T., et al. (2001): *Kollaborationsorientierte synchrone Werkzeuge*, in: SCHWABE, GERHARD, et al. (Hrsg.): *CSCW-Kompendium: Lehr- und Handbuch zum computerunterstützten kooperativen Arbeiten*, Berlin [u.a.], 2001, S. 180-193.

Holz, Matthias (2006): *Ergänzende Fallstudie "DZ BANK: Private Label Zertifikate als individualisiertes Wertpapier" (2006)*, in: Piller, Frank /Stotko, Christof (Hrsg.): *Mass Customization und Kundenintegration - Neue Wege zum innovativen Produkt*, Düsseldorf, 2006.

Homburg, Christian (1995): *Kundennähe als Managementherausforderung*, Arbeitspapier, Lehrstuhl für Marketing, Wissenschaftliche Hochschule für Unternehmensführung, Koblenz, 1995.

Homburg, Christian (2000): *Kundennähe von Industriegüterunternehmen: Konzeption - Erfolgsauswirkungen - Determinanten*, 3., aktualisierte Aufl.. Wiesbaden, 2000.

Homburg, Christian / Daum, Daniel (1997): *Wege aus der Komplexitätsfalle*, in: Zeitschrift für wirtschaftlichen Fabrikbetrieb (ZwF), 1997, 92. Jg., Nr. 7/8, S. 333-337.

Homburg, Christian, et al. (1999): *Der Zusammenhang zwischen Kundenzufriedenheit und Kundenbindung*, in: Die Betriebswirtschaft, 1999, 59. Jg., Nr. 2, S. 174-195.

Homburg, Christian / Weber, Jürgen (1996): *Individualisierte Produktion*, in: Kern, Werner, et al. (Hrsg.): *Handwörterbuch der Produktionswirtschaft*, 2., völlig neu gestaltete Aufl.. Stuttgart, 1996, S. 653-663.

Hübner, Heinz (1996): *Informationsmanagement und strategische Unternehmensführung*, München [u.a.], 1996.

Huffman, Cynthia / Kahn, Barbara E. (1998): *Variety for Sale: Mass Customization or Mass Confusion?*, in: Journal of Retailing, 1998, 74. Jg., Nr. 4, S. 491-513.

Humm, Bernhard / Wietek, Frank (2005): *Architektur von Data Warehouses und Business Intelligence Systemen*, in: Informatik Spektrum, 2005, 28. Jg., Nr. 1, S. 3-14.

Hungenberg, Harald (2004): *Strategisches Management in Unternehmen: Ziele, Prozesse, Verfahren*, 3., überarb. und erw. Aufl.. Wiesbaden, 2004.

Hungenberg, Harald (2006): *Strategisches Management in Unternehmen: Ziele - Prozesse - Verfahren*, 4., überarb. und erw. Aufl.. Wiesbaden, 2006.

Hunt, Shelby D. (1991): *Modern marketing theory: Critical issues in the philosophy of marketing science*, Cincinnati, Ohio, 1991.

Iacocca Institute (1991): *21st Century Manufacturing Enterprise Strategy - An Industry-Led View*, Band 1, Bethlehem, 1991.

Inmon, William H. (2005): *Building the data warehouse*, 4., Indianapolis, IN, 2005.

Ishii, Kos, et al. (1995): *Design for product variety*, Arbeitspapier, Department of Mechanical Engineering, Stanford University, Stanford, 1995.

IWATA, KAZUAKI, et al. (1997): *Virtual Manufacturing Systems as Advanced Information Infrastructure for Integrating Manufacturing Resources and Activities*, in: CIRP Annals, 1997, 46. Jg., Nr. 1, S. 335-338.

IYENGAR, SHEENA S. / LEPPER, MARK (2000): *When choice is demotivating: Can one desire too much of a good thing?*, in: Journal of Personality and Social Psychology, 2000, 79. Jg., Nr. 6, S. 995-1006.

JACOB, FRANK (1995): *Produktindividualisierung: Ein Ansatz zur innovativen Leistungsgestaltung im Business-to-Business-Bereich*, Wiesbaden, 1995.

JAGDEV, H. S. / BROWNE, J. (1998): *The extended enterprise-a context for manufacturing*, in: Production Planning & Control, 1998, 9. Jg., Nr. 3, S. 216-229.

JÄGER, STEPHAN (2004): *Absatzsysteme für Mass Customization: Am Beispiel individualisierter Lebensmittelprodukte*, Wiesbaden, 2004.

JAKOB, HELMUT (1980): *Unternehmungsorganisation: Gestaltung und Entwicklung sozio-technischer Systeme*, Stuttgart [u.a.], 1980.

JANETZKO, DIETMAR / ZUGENMAIER, DIRK (2000): *Viele Gesichter - Personalisierte Websites stellen sich auf Besucher ein*, in: c't - magazin für computertechnik, 2000, Nr. 18, S. 88-92.

JANIESCH, WILLI / SCHWAB, WOLFGANG (2004): *Business Inteligence als Basis der Banksteuerung*, in: MOORMANN, JÜRGEN /FISCHER, THOMAS (Hrsg.): *Handbuch Informationstechnologie in Banken*, 2. vollständig erneuerte und erweiterte Auflage April 2004, Wiesbaden, 2004, S. 597-612.

JARILLO, JOSÉ CARLOS (1988): *On strategic networks*, in: Strategic Management Journal, 1988, 9. Jg., Nr. 1, S. 31-41.

JENNER, THOMAS (1998): *Management strategischer Erfolgspotentiale*, in: Das Wirtschaftsstudium (WISU), 1998, 27. Jg., Nr. 11, S. 1312-1318.

JENSEN, MICHAEL C. / MECKLING, WILLIAM H. (1976): *Theory of the firm: Managerial behavior, agency costs and ownership structure*, in: Journal of Financial Economics, 1976, 3. Jg., Nr. 4, S. 305-360.

JIAO, JIANXIN (1998): *Design for mass customization by developing product family architectures*, Dissertation: The Hong Kong University of Science and Technology, Hong Kong, 1998.

JIAO, JIANXIN / TSENG, MITCHELL (1996): *Design for Mass Customization*, in: CIRP Annals, 1996, 45. Jg., Nr. 1, S. 153-156.

JOHANN-DIETRICH, VON HÜLSEN;, et al. (2003): *Bankassurance-Erfolgsmodell im Finanzdienstleistungssektor*, in: Die Bank, 2003, Nr. 2, S. 120-127.

JONEJA, AJAY / LEE, NEVILLE K. S. (1998): *Automated configuration of parametric feeding tools for mass customization*, in: Computers & Industrial Engineering, 1998, 35. Jg., Nr. 3/4, S. 463-466.

JONSCHER, CHARLES (1994): *An economic study of the information technology revolution*, in: ALLEN, THOMAS /MORTON, MICHAEL SCOTT (Hrsg.): *Information technology and the corporation of the 1990s*, New York, 1994, S. 5-42.

JORDAN, JIM (1997): *Enablers for agile virtual enterprise integration*, in: Agility & Global Competition, 1997, 1. Jg., Nr. 3, S. 26-46.

JOST, PETER-JÜRGEN / BACKES-GELLNER, USCHI (2001): *Die Prinzipal-Agenten-Theorie in der Betriebswirtschaftslehre*, Stuttgart, 2001.

JUNG, HANS-HERMANN (1997): *Neurobasiertes Mass Customizing zur Segmentierung des deutschen PKW-Marktes: Konzeptionelle und methodische Neuausrichtung des Automobilmarketing*, Wiesbaden, 1997.

JUNGE, MICHAEL (2005): *Controlling modularer Produktfamilien in der Automobilindustrie: Entwicklung und Anwendung der Modularisierungs-Balanced-Scorecard*, 1. Aufl.. Wiesbaden, 2005.

JUNGMANN, INGOLF (2007): *Dokumentationspflicht als Chance*, in: Die Bank, 2007, Nr. 2, S. 20-21.

JUNIKE, THORSTEN (2004): *Anmerkungen zur Effizienz von IT-Lösungen*, in: Zeitschrift für das gesamte Kreditwesen - Ausgabe Technik, 2004, 1. Jg., Nr. 1, S. 16-18.

KAAS, KLAUS PETER (1992): *Kontraktgütermarketing als Kooperation zwischen Prinzipalen und Agenten*, in: Zeitschrift für betriebswirtschaftliche Forschung (ZfbF), 1992, 44. Jg., Nr. 10, S. 884-900.

KAAS, KLAUS PETER (1995): *Marketing und Neue Institutionenökonomik*, in: KAAS, KLAUS PETER (Hrsg.): *Kontrakte, Geschäftsbeziehungen, Netzwerke: Marketing und neue Institutionenökonomik*, ZfbF / Sonderheft, 35, Düsseldorf, 1995, S. 1-17.

KAAS, KLAUS PETER / SEVERIDT, KATHRIN (2002): *Neue Preismodelle in der Kapitalanlageberatung der Banken*, in: Zeitschrift für Betriebswirtschaft, 2002, 72. Jg., Nr. 6, S. 619-639.

KAHN, BARBARA E. (1998): *Dynamic relationships with customers: High variety strategies*, in: Journal of the Academy of Marketing Science, 1998, 26. Jg., Nr. 1, S. 45-53.

KAISER, SIEGFRIED (2001): *Kommunikationsorientierte synchrone Werkzeuge*, in: SCHWABE, GERHARD, et al. (Hrsg.): *CSCW-Kompendium: Lehr- und Handbuch zum computerunterstützten kooperativen Arbeiten*, Berlin [u.a.], 2001, S. 159-166.

KALUZA, BERND (1989): *Erzeugniswechsel als unternehmenspolitische Aufgabe: Integrative Lösungen aus betriebswirtschaftlicher und ingenieurwissenschaftlicher Sicht*, Berlin, 1989.

Kaluza, Bernd (1994): *Rahmenentscheidungen zu Kapazität und Flexibilität produktionswirtschfatlicher Systeme*, in: Corsten, Hans (Hrsg.): *Handbuch Produktionsmanagement*, Wiesbaden, 1994, S. 51-72.

Kaluza, Bernd (1996): *Dynamische Produktdifferenzierungsstraegie und moderne Produktionssysteme*, in: Wildemann, Horst (Hrsg.): *Produktions- und Zuliefernetzwerke*, München, 1996, S. 191-234.

Kaluza, Bernd / Blecker, Thorsten (1999): *Dynamische Produktdifferenzierungsstrategie und Produktionsnetzwerke*, in: Nagel, Kurt, et al. (Hrsg.): *Produktionswirtschaft 2000 - Perspektiven für die Fabrik der Zukunft*, Wiesbaden, 1999, S. 265-280.

Kaluza, Bernd / Kremminer, Jörg (1997): *Dynmisches Supply Management und Dynamische Produktdifferenzierungsstrategie*, in: Kaluza, Bernd (Hrsg.): *Herausforderung Materialwirtschaft: Zur Bedeutung internationaler und nationaler Beschaffung*, Duisburger betriebswirtschaftliche Schriften, 13, Hamburg, 1997, S. 5-53.

Kambil, Ajit / Short, James E. (1994): *Electronic Integration and Business Network Redesign: A Roles-Linkage Perspective*, in: Journal of Management Information Systems, 1994, 10. Jg., Nr. 4, S. 59-83.

Karasu, Ibrahim / Goralczyk, Andreas (2004): *Infrastruktur für den Euro-Zahlungsverkehr*, in: Moormann, Jürgen /Fischer, Thomas (Hrsg.): *Handbuch Informationstechnologie in Banken*, 2. vollständig erneuerte und erweiterte Auflage April 2004, Wiesbaden, 2004, S. 627-646.

Kassel, Axel (1997): *Bare Bytes - Online bezahlen im Internet*, in: c't - magazin für computertechnik, 1997, Nr. 16, S. 66-69.

Kautz, Henry, et al. (1997): *Referral Web: Combining social networks and collaborative filtering*, in: Communications of the ACM, 1997, 40. Jg., Nr. 3, S. 63-65.

Kelly, Sean (1996): *Data warehousing: The route to mass customisation*, Chichester [u.a.], 1996.

Kelly, Sean (1997): *Data warehousing: The route to mass customisation*, Chichester [u.a.], 1997.

Kempis, Rolf-Dieter, et al. (1998): *Do IT smart: Chefsache Informationstechnologie - Auf der Suche nach Effektivität*, Wien, Frankfurt am Main, 1998.

Kern, Holger J. (2000): *Wird die Infrastruktur zur Bank oder warum brauchen wir Banken?*, in: Bankarchiv, 2000, 48. Jg., Nr. 10, S. 865-870.

Kern, Holger J. (2003): *Paradigmenwechsel im Retail Banking - wird die Infrastruktur zur Bank?*, in: Betsch, Oskar /Merl, Günther (Hrsg.): *Zukunft der Finanzindustrie - Das Überdenken von Geschäftsmodellen*, Frankfurt a.M., 2003, S. 359-376.

KERN, M. (1979): *Klassische Erkenntnistheorien und moderne Wissenschaftslehre*, in: RAFFEE, HANS /ABEL, BODO (Hrsg.): *Wissenschaftstheoretische Grundfragen der Wirtschaftswissenschaften*, München, 1979, S. 11-27.

KERN, WERNER (1962): *Die Messung industrieller Fertigungskapazitäten und ihre Ausnutzung: Grundlagen u. Verfahren*, Köln [u.a.], 1962.

KERN, WERNER (1975): *Kapazität und Beschäftigung*, in: GROCHLA, ERWIN /WITTMANN, WALDEMANN (Hrsg.): *Handwörterbuch der Betriebswirtschaft*, 4. Aufl., Stuttgart, 1975, S. 2083-2089.

KERN, WERNER (1992): *Industrielle Produktionswirtschaft*, 5. Aufl., Stuttgart, 1992.

KERN, WERNER (1993): *Kapazität*, in: CHMIELEWICZ, K. /SCHWEITZER, MARCELL (Hrsg.): *Handwörterbuch des Rechnungswesens*, 3. Aufl., Stuttgart, 1993, S. 1055-1063.

KERN, WERNER / FALLASCHINSKI, K. (1978): *Betriebswirtschaftliche Produktionsfaktoren, Teil 1*, in: WISU - Das Wirtschaftsstudium, 1978, 40. Jg., Nr. 12, S. 580-584.

KEUPER, FRANK / WIERZOCH, ROLAND (2005): *Mass Customization - Antizipative Leistungsabstimmung im kundenindividuellen Massenkreditgeschäft*, in: SOKOLOVSKY, ZBYNEK /LÖSCHENKOHL, SVEN (Hrsg.): *Handbuch Industrialisierung der Finanzwirtschaft: Strategien, Management und Methoden für die Bank der Zukunft*, Wiesbaden, 2005, S. 229-260.

KHALID, HALIMAHTUN M. / HELANDER, MARTIN G. (2003): *Web-based do-it-yourself product design*, in: TSENG, MITCHELL /PILLER, FRANK (Hrsg.): *The Customer Centric Enterprise - Advances in Mass Customization and Personalization*, New York, Berlin, 2003, S. 247-266.

KIESER, ALFRED / KUBICEK, HERBERT (1978): *Organisationstheorien II*, Stuttgart [u.a.], 1978.

KIESER, ALFRED / KUBICEK, HERBERT (1992): *Organisation*, 3., völlig neubearb. Aufl.. Berlin [u.a.], 1992.

KILGUS, ERNST (1995): *Positionierung des Retail Banking im Strukturwandel des Finanzsektors*, in: BERNET, BEAT /SCHMID, PETER (Hrsg.): *Retail Banking: Visionen, Konzepte und Strategien für die Zukunft*, Wiesbaden, 1995, S. 46-67.

KIMURA, OSAMU / TERADA, HIROSUKE (1981): *Design and analysis of Pull System, a method of multi-stage production control*, in: International Journal of Production Research, 1981, 19. Jg., Nr. 3, S. 241-253.

KIRSCHKE, ROBIN / NÖKEN, STEFAN (1998): *Mass Customization verbindet die große Serie mit Losgröße 1*, in: Maschinenmarkt, 1998, 104. Jg., Nr. 23, S. 58-60.

KIRZNER, ISRAEL (1978): *Wettbewerb und Unternehmertum*, Tübingen, 1978.

KLAWA, MARC-ANDRÉ (2004): *Konzeption und Implementierung von CRM-Systemen*, in: MOORMANN, JÜRGEN /FISCHER, THOMAS (Hrsg.): *Handbuch Informationstechnologie in Banken*, 2. vollständig erneuerte und erweiterte Auflage April 2004, Wiesbaden, 2004, S. 253-270.

KLEIN, CHRISTOPH / ZÜRN, ANDREAS (2006): *Einsatz von Prozessmodulen im Service Engineering - Praxisbeispiel und Problemfelder*, in: BULLINGER, HANS-JÖRG /SCHEER, AUGUST-WILHELM (Hrsg.): *Service engineering: Entwicklung und Gestaltung innovativer Dienstleistungen*, 2., vollst. überarb. und erw. Aufl.. Berlin [u.a.], 2006, S. 723-741.

KLEINALTENKAMP, MICHAEL (1993): *Betriebswirtschaftliche Probleme der Realisierung von "Economies of scope"*, Berliner Reihe "Business to Business Marketing", Bericht Nr. 3, Institut für Allgemeine Betriebswirtschaftslehre, Freie Universität Berlin, Berlin, 1993.

KLEINALTENKAMP, MICHAEL (1995a): *Kundenorientierung und mehr*, in: Absatzwirtschaft, 1995a, 38. Jg., Nr. 8, S. 77-83.

KLEINALTENKAMP, MICHAEL (1995b): *Standardisierung und Individualisierung*, in: TIETZ, BRUNO (Hrsg.): *Handwörterbuch des Marketing*, 2. Aufl., Stuttgart, 1995b, S. 2354-2364.

KLEINALTENKAMP, MICHAEL (1996): *Customer Integration*, in: KLEINALTENKAMP, MICHAEL, et al. (Hrsg.): *Customer Integration - Von der Kundenorientierung zur Kundenintegration*, Wiesbaden, 1996, S. 13-24.

KLEINALTENKAMP, MICHAEL (2002): *Wettbewerbsstrategie*, in: KLEINALTENKAMP, MICHAEL /PLINKE, WULFF (Hrsg.): *Strategisches Business-to-Business-Marketing*, 2. Aufl.. Berlin [u.a.], 2002, S. 57-190.

KLEINALTENKAMP, MICHAEL / HAASE, M. (1999): *Externe Faktoren in der Theorie der Unternehmung*, in: ALBACH, HORST, et al. (Hrsg.): *Die Theorie der Unternehmung in Forschung und Praxis*, Berlin [u.a.], 1999, S. 167-194.

KLEINALTENKAMP, MICHAEL / MARRA, A. (1997): *Kapazitätsplanung bei Integration externer Faktoren*, in: CORSTEN, HANS /STUHLMANN, STEPHAN (Hrsg.): *Kapazitätsmanagement in Dienstleistungsunternehmen*, Wiesbaden, 1997, S. 55-80.

KLENK, PETER / BEUTIN, NIKOLAS (2006): *Conjoint-Measurement im Praxiseinsatz - Den Komplexitätskosten auf der Spur*, in: geldinstitute, 2006, Nr. 1, S. 64-67.

KLINGE, RALF CARL (1997): *Kapazitätsplanung in Dienstleistungsunternehmen: Planungs- und Gestaltungsprobleme*, Wiesbaden, 1997.

KLÖPPELT, HENNING (1996): *International Private Banking - Ein Markt für Anspruchsvolle*, in: Die Bank, 1996, Nr. 4, S. 201-207.

Knolmayer, Gerhard F. (1999): *Kundenorientierung, Mass Customization und optimale Variantenvielfalt*, in: Grüning, Rudolf /Pasquier, Martiel (Hrsg.): *Strategisches Management und Marketing*, Bern, 1999, S. 67-91.

Knoop, Thomas (2006): *Auslandsbanken in Deutschland - Theoretische und empirische Analysen über Markteintritt, Geschäftsentwicklung sowie strategische Positionierungsalternativen*, Dissertation: Wirtschaftswissenschaftlichen Fakultät, Bayerische Julius-Maximilians-Universität, Würzburg, 2006.

Knyphausen, Dodo / Ringsletter, Max (1991): *Wettbewerbsumfeld, hybride Strategien und Economics of Scope*, in: Kirsch, Werner (Hrsg.): *Beiträge zum Management strategischer Programme*, München, 1991, S. 541-557.

Koch, Helmut (1982): *Integrierte Unternehmensplanung*, Wiesbaden, 1982.

Koch, Michael (1994): *Von Flexiblen zu autonomen Systemen*, in: technica, 1994, 43. Jg., Nr. 20, S. 14-19.

Köcher, Renate (1998): *Veränderungen der Kundenstruktur und Kundenbedürfnisse*, in: Betsch, Oskar, et al. (Hrsg.): *Handbuch Privatkundengeschäft: Entwicklung, State of the art, Zukunftsperspektiven*, Frankfurt am Main, 1998, S. 249-261.

Köhler, Horst (1998): *Von der Vorsorgeeinrichtung zum Privatkundengeschäft der europäischen Sparkassen - Probleme und Lösungen*, in: Betsch, Oskar, et al. (Hrsg.): *Handbuch Privatkundengeschäft: Entwicklung, State of the art, Zukunftsperspektiven*, Frankfurt am Main, 1998, S. 21-40.

Köhne, Frank / Klein, Stefan (2004): *Prosuming in der Telekommunikationsbranche: Konzeptionelle Grundlagen und Ergebnisse einer Delphi-Studie*, Arbeitsberichte des Instituts für Wirtschaftsinformatik, Bericht Nr. 97, Universität Münster, Münster, 2004.

Kolatek, Claudia (1994): *Die Wirtschaftswelt am Draht: Informationelle Vernetzung und regionales Wirtschaftspotential am Beispiel Japans*, Berlin, 1994.

Kollenda, Barbara (1992): *Allfinanzanbieter und ihre Privatkunden: Eine empirische Untersuchung zur Typenbildung bei gehobenen Privatkunden und zur Vermögensanalyse*, Wiesbaden, 1992.

Koller, Horst (1969): *Simulation und Planspieltechnik : Berechnungsexperimente in der Betriebswirtschaft*, Wiesbaden, 1969.

Korpiun, Michael (1998): *Erfolgsfaktoren personendominanter Dienstleistungen: Eine qualitative Analyse am Beispiel der Friseurdienstleistung*, Frankfurt am Main [u.a.], 1998.

Köster, Oliver (1998): *Strategische Disposition: Konzept zur Bewältigung des Spannungsfeldes Kundennähe, Komplexität und Effizienz in Leistungser-*

stellungsprozessen, Dissertation: Hochschule für Wirtschafts-, Rechts- und Sozialwissenschaften (HSG), Universität St. Gallen, St. Gallen, 1998.

KOTHA, SURESH (1995): *Mass customization: Implementing the emerging paradigm for competitive advantage*, in: Strategic Management Journal, 1995, 16. Jg., Nr. 5, Sonderheft 'Technological transformation and the new competitive landscape', S. 21-42.

KOTHA, SURESH (1996): *Mass customization: A strategy for knowledge creation and organizational learning*, in: International Journal of Technology Management, 1996, 11. Jg., Nr. 7, S. 846-858.

KOTHA, SURESH / VADLAMANI, BHATT L. (1995): *Assessing Generic Strategies: An Empirical Investigation of Two Typologies in Discrete Manufacturing Industries*, in: Strategic Management Journal, 1995, 16. Jg., Nr. 1, S. 75-83.

KOTLER, PHILIP / BLIEMEL, FRIEDHELM (1995): *Marketing-Management: Analyse, Planung, Umsetzung und Steuerung*, 8., vollst. neu bearb. und erw. Aufl.. Stuttgart, 1995.

KRABICHLER, THOMAS / KRAUß, INGO (2003): *Konsolidierung im europäischen Bankenmarkt - Die Länder der EU im Vergleich*, Bericht Nr. 02/2003, ibi - Institut für Bankinformatik und Bankstrategie an der Universität Regensburg, Regensburg, 2003.

KRAFFT, MANFRED (1999): *Der Kunde im Fokus: Kundennähe, Kundenzufriedenheit, Kundenbindung - und Kundenwert?*, in: Die Betriebswirtschaft, 1999, 59. Jg., Nr. 4, S. 511-530.

KRAFFT, MANFRED / LITFIN, THORSTEN (2000): *E-Commerce: Monster oder Maus für den persönlichen Verkauf*, in: Absatzwirtschaft, 2000, 43. Jg., Nr. 10, S. 52-55.

KRATOCHVÍL, MILAN / CARSON, CHARLES (2005): *Growing modular: Mass Customization of complex Products, Services and Software*, Berlin [u.a.], 2005.

KRCMAR, HELMUT (1997): *Informationsmanagement*, Berlin [u.a.], 1997.

KREUTZER, RALF (1992): *Zielgruppen-Management mit Kunden-Datenbanken*, in: Die Betriebswirtschaft, 1992, 52. Jg., Nr. 3, S. 325-340.

KREUTZER, RALF, et al. (1986): *Unternehmensphilosophie und Corporate Identity - Empirische Bestandsaufnahme einer Corporate Identity-Strategie*, Arbeitspapier, Bericht Nr. 40, Institut für Marketing, Universität Mannheim, Mannheim, 1986.

KRICKL, OTTO C. (1995): *Business redesign: Neugestaltung von Organisationsstrukturen unter besonderer Berücksichtigung der Gestaltungspotentiale von Workflowmanagementsystemen*, Wiesbaden, 1995.

Krings, Kai / Luczak, Holger (1999): *Organisationsentwicklung und PPS*, in: Luczak, Holger, et al. (Hrsg.): *Produktionsplanung und -steuerung: Grundlagen, Gestaltung und Konzepte*, 2., korrigierte Aufl.. Berlin [u.a.], 1999, S. 506-545.

Kroeber-Riel, Werner / Weinberg, Peter (1996): *Konsumentenverhalten*, 6., völlig überarb. Aufl.. München, 1996.

Krönung, Hans-Dieter (2004): *Transformation von Legacy- zu Internet-Architekturen*, in: Moormann, Jürgen /Fischer, Thomas (Hrsg.): *Handbuch Informationstechnologie in Banken*, 2. vollständig erneuerte und erweiterte Auflage April 2004, Wiesbaden, 2004, S. 131-150.

Krüger, Wilfried / Homp, Christian (1997): *Kernkompetenz-Management: Steigerung von Flexibilität und Schlagkraft im Wettbewerb*, Wiesbaden, 1997.

Krüger, Wilfried / Homp, Christian (1998): *Kernkompetenzen*, in: Wirtschaftswissenschaftliches Studium, 1998, 27. Jg., Nr. 10, S. 529-531.

Kruschev, Wesselin (1999): *Private Finanzplanung: Die neue Dienstleistung für anspruchsvolle Anleger*, Wiesbaden, 1999.

Kugeler, Martin (2000): *Informationsmodellbasierte Organisationsgestaltung: Modellierungskonventionen und Referenzvorgehensmodell zur prozessorientierten Reorganisation*, Berlin, 2000.

Kugeler, Martin / Vieting, M. (2003): *Gestaltung einer prozessorientiert(er)en Aufbauorganisation*, in: Becker, J., et al. (Hrsg.): *Prozessmanagement*, Berlin [u.a.], 2003, S. 227-276.

Kuhlmann, Christian (1997): *Diffusion von Informationstechnik*, Wiesbaden, 1997.

Kuls, Reinhard (2006): *Deutsche Konjunktur läuft rund*, in: Börsen-Zeitung, Nr. 127, 6. Juni 2006, S. 6.

Küpper, Hans-Ulrich (2005): *Controlling*, in: Bitz, Michael, et al. (Hrsg.): *Vahlens Kompendium der Betriebswirtschaftslehre*, Band 2, 5. Aufl., München, 2005, S. 123-184.

Kurniawan, Sri Hartati (2004): *Consumer decision-making in product selection and product configuration processes*, Dissertation: Department of Industrial Engineering and Engineering Management, Hong Kong University of Science and Technology, Hong Kong, 2004.

Lackes, Richard / Schnödt, Guido (1998): *Konfigurationsmanagement*, in: FB/IE Zeitschrift für Unternehmensentwicklung, 1998, 47. Jg., Nr. 1, S. 28-35.

Lamberti, Hermann-Josef (2005): *Kernelemente der Industrialisierung in Banken aus Sicht einer Großbank*, in: Sokolovsky, Zbynek /Löschenkohl, Sven (Hrsg.): *Handbuch Industrialisierung der Finanz-*

wirtschaft: Strategien, Management und Methoden für die Bank der Zukunft, Wiesbaden, 2005, S. 59-82.

LAMBERTI, HERMANN-JOSEF / PÖHLER, ACHIM (2004): *Die Industrialisierung des Backoffice am Beispiel der etb*, in: LAMBERTI, HERMANN-JOSEF, et al. (Hrsg.): *Management von Transaktionsbanken*, Berlin, 2004, S. 3-38.

LAMERS, STEPHAN M. (1997): *Reorganisation der betrieblichen Personalarbeit durch Outsourcing*, Dissertation: BWL, insbesondere Organisationstheorie und Personalmanagement, Universität Münster, Münster, 1997.

LAMPEL, JOSEPH / MINTZBERG, HENRY (1996): *Customizing Customization*, in: MIT Sloan Management Review, 1996, 38. Jg., Nr. 1, S. 21-30.

LANGE, HANS J. (1998): *Beziehungsmarketing im Privatkundengeschäft*, in: BETSCH, OSKAR, et al. (Hrsg.): *Handbuch Privatkundengeschäft: Entwicklung, State of the art, Zukunftsperspektiven*, Frankfurt am Main, 1998, S. 967-977.

LANGEARD, ERIC, et al. (1981): *Service marketing: New insights from consumers and managers*, Marketing Science Institute Report, Bericht Nr. 81-104, Marketing Science Institute, Boston, 1981.

LANGENDORF, MARC (2006): *Konzepte und Unterstützungssysteme zum integrierten Customizing in der Produktion und Distribution von Finanzinformationen*, Dissertation: Wirtschafts- und Sozialwissenschaftliche Fakultät, Friedrich-Alexander-Universität Erlangen-Nürnberg, Nürnberg, 2006.

LANGERFELDT, MICHAEL (2002): *Transaktionskostentheorie*, in: Das Wirtschaftsstudium (WISU), 2002, 31. Jg., Nr. 5, S. 653-655.

LANGERFELDT, MICHAEL (2003): *Neue Institutionenökonomik*, in: Das Wirtschaftsstudium (WISU), 2003, 32. Jg., Nr. 1, S. 55-58.

LASSAK, ANDREAS / WERNER, RALF (2000): *Kundenbeziehung als Schlüssel zum Erfolg*, in: IM - Information Management & Consulting, 2000, 15. Jg., Nr. 1, S. 29-32.

LAUBE, HELENE (1998): *Daten an die Macht*, in: Manager Magazin, 1998, 28. Jg., Nr. 8, S. 80-84.

LAYER, M. (1979): *Kapazität: Begriff, Arten und Messungen*, in: KERN, WERNER (Hrsg.): *Handwörterbuch der Produktionswirtschaft*, Stuttgart, 1979, S. 871-882.

LEDERER, ANNO (2004): *IT-Gesamtbankarchitektur in der Geossenschaftsorganisation*, in: MOORMANN, JÜRGEN /FISCHER, THOMAS (Hrsg.): *Handbuch Informationstechnologie in Banken*, 2. vollständig erneuerte und erweiterte Auflage April 2004, Wiesbaden, 2004, S. 79-94.

LEHMANN, AXEL (1995): *Dienstleistungsmanagement: Strategien und Ansatzpunkte zur Schaffung von Servicequalität*, 2., neubearb. Aufl.. Stuttgart, 1995.

LEHMANN, AXEL (1998): *Qualität und Produktivität im Dienstleistungsmanagement: Strategische Handlungsfelder im Versicherungs- und Finanzdienstleistungswettbewerb*, Wiesbaden, 1998.

LEHNER, FRANZ, et al. (1995): *Wirtschaftsinformatik: Theoretische Grundlagen*, München [u.a.], 1995.

LEITE, ANTONIO PINTO / RUPPERT, MEIKE (2005): *Einsatz von Web-Technologien bei der Implementierung eines Middle-Office-Systems*, in: SOKOLOVSKY, ZBYNEK /LÖSCHENKOHL, SVEN (Hrsg.): *Handbuch Industrialisierung der Finanzwirtschaft: Strategien, Management und Methoden für die Bank der Zukunft*, Wiesbaden, 2005, S. 427-450.

LEVINTHAL, DANIEL (1988): *A survey of agency models of organizations*, in: Journal of Economic Behavior & Organization, 1988, 9. Jg., Nr. 2, S. 153-185.

LEWIS, MICHAEL A. (2000): *Lean production and sustainable competitive advantage*, in: International Journal of Operations & Production Management, 2000, 20. Jg., Nr. 8, S. 959-978.

LIECHTY, JOHN, et al. (2001): *Choice Menus for Mass Customization: An Experimental Approach for Analyzing Customer Demand with an Application to a Web-Based Information Service*, in: Journal of Marketing Research (JMR), 2001, 38. Jg., Nr. 2, S. 183-196.

LINDEMANN, PETER (1970): *Auswirkungen der modernen Informationstechnik auf die Unternehmensüfhrung*, in: KOLLER, HORST /KICHERER, HANS-PETER (Hrsg.): *Probleme der Unternehmensführung*, München, 1970, S. 92-101.

LINDEMANN, UDO, et al. (2003): *Individualisierte Produkte aus Sicht der Produktentwicklung, Modularisierungskapitel*, in: *Mass Customization und Kundenintegration - Neue Wege zum innovativen Produkt*, Düsseldorf, 2003.

LINK, JÖRG / HILDEBRAND, VOLKER (1993): *Database-Marketing und Computer aided selling: Strategische Wettbewerbsvorteile durch neue informationstechnologische Systemkonzeptionen*, München, 1993.

LOGMAN, MARC (1997): *Marketing mix customization and customizability*, in: Business Horizons, 1997, 40. Jg., Nr. 6, S. 39-44.

LOHMANN, LUTZ G. E. (1998): *Banklogistik: Logistiksysteme und -prozesse in Banken*, Berlin, 1998.

LÖLLMAN, PIT (1998): *Kundenorientierte Auftragseinplanung bei dezentralen Produktionsstrukturen*, in: PPS Management, 1998, 3. Jg., Nr. 1, S. 45-47.

LOVELOCK, CHRISTOPHER H. (1983): *Classifying Serices to gain Strategic Marketing Insights*, in: Journal of Marketing, 1983, 47. Jg., Nr. 9-20.

LUCZAK, HOLGER / HEIDERICH, THORSTEN (1997): *Leistungsstand aktueller Standard-PPS-Systeme bei der Unterstützung wandelbarer Produktionsnetze*, in: Industrie Management, 1997, 13. Jg., Nr. 4, S. 9-12.

LUDWIG, MARC ALEXANDRE (2000): *Beziehungsmanagement im Internet: Eine Analyse der Informationsbedürfnisse auf Konsumgütermärkten und der Möglichkeiten ihrer Befriedigung durch Beziehungsmanagement unter Nutzung des Internets*, Lohmar [u.a.], 2000.

MAAS, VOLKER (2002): *Was bringt Standardisierung? - Der Einfluss von Standards auf Kostenreduktion, Prozesssicherhiet und Kundenorientierng*, in: io new management, 2002, 71. Jg., Nr. 9, S. 56-62.

MACMILLAN, IAN C. / MCGRATH, RITA GUNTHER (1997): *Discovering New Points of Differentiation*, in: Harvard Business Review, 1997, 75. Jg., Nr. 4, S. 133-145.

MAI, HOLGER / WOLF, WINFRIED (2005): *Industrielle Neuausrichtung des Innenbetriebs einer Sparkasse*, in: SOKOLOVSKY, ZBYNEK /LÖSCHENKOHL, SVEN (Hrsg.): *Handbuch Industrialisierung der Finanzwirtschaft: Strategien, Management und Methoden für die Bank der Zukunft*, Wiesbaden, 2005, S. 531-550.

MAIER, K.-D. / WOLFRUM, U. (1998): *Aufbauorganisation von Dienstleistungs-Unternehmen*, in: MEYER, ANTON (Hrsg.): *Handbuch Dienstleistungsmarketing*, Stuttgart, 1998, S. 361-375.

MAIER, MICHAEL (1998): *Finanz-Dienstleistungen im Privatkundengeschäft: Dynamik im Markt und Marketing*, in: MEYER, ANTON (Hrsg.): *Handbuch Dienstleistungs-Marketing*, Stuttgart, 1998, S. 1667-1685.

MAJER, INGRID (2005): *Mass Customization - Integration von Mass Customization und Marke*, in: GAISER, BRIGITTE, et al. (Hrsg.): *Praxisorientierte Markenführung: Neue Strategien, innovative Instrumente und aktuelle Fallstudien*, 1. Aufl.. Wiesbaden, 2005, S. 427-442.

MALERI, RUDOLF (1997): *Grundlagen der Dienstleistungsproduktion*, 4., vollst. überarb. und erw. Aufl.. Berlin [u.a.], 1997.

MALERI, RUDOLF (1998): *Grundlagen der Dienstleistungsproduktion*, in: BRUHN, MANFRED /MEFFERT, HERIBERT (Hrsg.): *Handbuch Dienstleistungsmanagement: Von der strategischen Konzeption zur praktischen Umsetzung*, Wiesbaden, 1998, S. 117-139.

MALIK, FREDMUND F. (1984): *Strategie des Management komplexer Systeme - Ein Beitrag zur Management-Kybernetik evolutionärer Systeme*, Bern, Stuttgart, 1984.

MALONE, THOMAS W., et al. (1987): *Electronic markets and electronic hierarchies*, in: Communications of the ACM, 1987, 30. Jg., Nr. 6, S. 484-497.

MANBER, UDI, et al. (2000): *Experience with PERSONALIZATION ON YAHOO!*, in: Communications of the ACM, 2000, 43. Jg., Nr. 8, S. 35-39.

MARK, MELVIN M., et al. (2000): *Evaluation: An integrated framework for understanding, guiding, and improving policies and programs*, San Francisco, 2000.

MARLIÈRE, ANDREA / JANIESCH, WILLI (2004): *SLM II: Vom Reporting zum Monitoring - Die Erweiterung des klassischen SLM-Ansatzes durch die BAM-Methodik*, in: LAMBERTI, HERMANN-JOSEF, et al. (Hrsg.): *Management von Transaktionsbanken*, Berlin, 2004, S. 225-240.

MARTIENSEN, JÖRN (2000): *Institutionenökonomik: Die Analyse der Bedeutung von Regeln und Organisationen für die Effizienz ökonomischer Tauschbeziehungen*, München, 2000.

MARTY, RODULF (2004): *IT-Architektur: Gestaltungsmittel zur Umsetzung der IT-Strategie*, in: MOORMANN, JÜRGEN /FISCHER, THOMAS (Hrsg.): *Handbuch Informationstechnologie in Banken*, 2. vollständig erneuerte und erweiterte Auflage April 2004, Wiesbaden, 2004, S. 45-58.

MASON, EDWARD S. (1939): *Price and production policies of large-scale enterprises*, in: American Economic Review, 1939, 29. Jg., S. 61-74.

MATA, FRANCISCO J., et al. (1995): *Information technology and sustained competitive advantage: A resource-based analysis*, in: MIS Quarterly, 1995, 19. Jg., Nr. 4, S. 487-505.

MATIASKE, WENZEL / MELLEWIGT, THOMAS (2002): *Motive, Erfolge und Risiken des Outsourcings - Befunde und Defizite der empirischen Outsourcing-Forschung*, in: Zeitschrift für Betriebswirtschaft, 2002, 72. Jg., Nr. 6, S. 641-659.

MAYER, RAINER (1993): *Strategien erfolgreicher Produktgestaltung: Individualisierung und Standardisierung*, Wiesbaden, 1993.

MCCUTCHEON, DAVID, et al. (1994): *The Customization-Responsiveness Squeeze*, in: MIT Sloan Management Review, 1994, 35. Jg., Nr. 4, S. 89-99.

MCGEE, JOHN, et al. (1995): *Strategic Groups and the Analysis of Market Structure and Industry Dynamics*, in: British Journal of Management, 1995, 6. Jg., Nr. 4, S. 257-270.

MCHUGH, JOSH (1996): *Holy cow, no one's done this!*, in: Forbes, 1996, 159. Jg., Nr. 6, S. 54-56.

MCMULLIN, ERNAN (1984): *A Case for Scientific Realism*, in: LEPLIN, JARRETT (Hrsg.): *Scientific Realism*, Berkeley, 1984, S. 8-40.

MEFFERT, HERIBERT (1998): *Marktorientierte Führung von Dienstleistungsunternehmen - State of the Art und Entwicklungsperspektiven*, in: BRUHN, MANFRED /MEFFERT, HERIBERT (Hrsg.): *Handbuch Dienstleistungsmanagement: Von der strategischen Konzeption zur praktischen Umsetzung*, Wiesbaden, 1998, S. 955-982.

MEFFERT, HERIBERT (1999): *Marketing - Entwicklungstendenzen und Zukunftsperspektiven*, in: Die Unternehmung, 1999, 53. Jg., Nr. 6, S. 409-432.

MEFFERT, HERIBERT (2000): *Marketing: Grundlagen marktorientierter Unternehmensführung - Konzepte, Instrumente, Praxisbeispiele*, 9., vollst. neubearb. u. erw. Aufl.. Wiesbaden, 2000.

MEFFERT, HERIBERT (2005): *Kundenbindung als Element moderner Wettbewerbsstrategien*, in: BRUHN, MANFRED /HOMBURG, CHRISTIAN (Hrsg.): *Handbuch Kundenbindungsmanagement: Strategien und Instrumente für ein erfolgreiches CRM*, 5., überarb. und erw. Aufl.. Wiesbaden, 2005, S. 145-166.

MEFFERT, HERIBERT / BRUHN, MANFRED (2006): *Dienstleistungsmarketing: Grundlagen - Konzepte - Methoden : mit Fallstudien*, 5., überarb. und erw. Aufl.. Wiesbaden, 2006.

MEHLAU, JENS INGO / WIMMER, ANDREAS (2002): *Produktmodelle im Finanzdienstleistungssektor: Entwicklung eines objektorientierten Meta-Modells*, Regensburger Diskussionsbeiträge zur Wirtschaftswissenschaft, Bericht Nr. 371, Wirtschaftswissenschaftliche Fakultät, Regensburg, 2002.

MEIER, HORST / HANENKAMP, NICO (2005): *Komplexitätsmanagement im Lebenszyklus individualisierter Produkte im Maschinen- und Anlagenbau*, in: SOKOLOVSKY, ZBYNEK /LÖSCHENKOHL, SVEN (Hrsg.): *Handbuch Industrialisierung der Finanzwirtschaft: Strategien, Management und Methoden für die Bank der Zukunft*, Wiesbaden, 2005, S. 623-640.

MEIER, ROLAND / PILLER, FRANK THOMAS (2001): *Systematisierung von Strategien zur Individualisierung von Dienstleistungen: Ansätze der Service Customization*, Arbeitsberichte des Lehrstuhls für Allgemeine und Industrielle Betriebswirtschaftslehre, Dokumenten Nr. 24, Bericht Nr. 24, Technischen Universität München, München, 2001.

MELLEROWICZ, KONRAD (1973): *Kosten und Kostenrechnung*, Band 1, 5. Aufl., Berlin [u.a.], 1973.

MERL, GÜNTHER (2003): *Krise in der deutschen Finanzindustrie?*, in: BETSCH, OSKAR /MERL, GÜNTHER (Hrsg.): *Zukunft der Finanzindustrie - Das Überdenken von Geschäftsmodellen*, Frankfurt a.M., 2003, S. 1-14.

MERTEN, KLAUS (1977): *Kommunikation*, Opladen, 1977.

MERTENS, PETER (1995): *Mass Customization (Massen-Maßfertigung)*, in: Wirtschaftsinformatik, 1995, 37. Jg., Nr. 5, S. 503-506.

MERTENS, PETER, et al. (Hrsg.), (2001): *Lexikon der Wirtschaftsinformatik*, 4., vollst. neu bearb. und erw. Aufl.. Berlin [u.a.], 2001.

MERTENS, PETER / FAISST, WOLFGANG (1996): *Virtuelle Unternehmen*, in: Wirtschaftswissenschaftliches Studium, 1996, 25. Jg., Nr. 6, S. 280-285.

MERTENS, PETER, et al. (1998): *Virtuelle Unternehmen und Informationsverarbeitung*, Heidelberg [u.a.], 1998.

MERTON, ROBERT C. (1995): *A Functional Perspective of Financial Intermediation*, in: Financial Management, 1995, 24. Jg., Nr. 2, S. 23-41.

METZGER, UWE, et al. (2002): *Kundenindividuelle Produkte leicht gemacht: Plattform- und Modulgestaltung im Investitionsgüterbereich über Target Engineering*, in: io new management, 2002, 71. Jg., Nr. 11, S. 57-63.

MEYER, ANTON (1989): *Mikrogeographische Marktsegmentierung - Grundlagen, Anwendungen und kritische Beurteilung von Verfahren zur Lokalisierung und gezielten Ansprache von Zielgruppen*, in: GfK-Jahrbuch der Absatz- und Verbrauchsforschung, 1989, 35. Jg., Nr. 4, S. 342-365.

MEYER, ANTON / ERTL, ROBERT (1998): *Kundenorientierung als Wettbewerbsvorteil*, in: BETSCH, OSKAR, et al. (Hrsg.): *Handbuch Privatkundengeschäft: Entwicklung, State of the art, Zukunftsperspektiven*, Frankfurt am Main, 1998, S. 171-188.

MEYER, ANTON / MATTMÜLLER, ROLAND (1987): *Qualität von Dienstleistungen - Entwurf eines praxisorientierten Qualitätsmodells*, in: Marketing - Zeitschrift für Forschung und Praxis, 1987, 9. Jg., Nr. 3, S. 187-195.

MEYER, BERTRAND (1997a): *Object-Oriented Software Construction*, 2. Auflage, Upper Saddle River, NJ, 1997a.

MEYER, MARC H. (1997b): *Revitalize your product lines through continuous platform renewal*, in: Research Technology Management, 1997b, 40. Jg., Nr. 2, S. 17-28.

MEYER, MARC H. / LEHNERD, ALVIN P. (1997): *The power of product platforms: Building value and cost leadership*, New York [u.a.], 1997.

MEYER, MARC H. / SELIGER, ROBERT (1998): *Product Platforms in Software Development*, in: MIT Sloan Management Review, 1998, 40. Jg., Nr. 1, S. 61-74.

MICHALK, CLAUS / DILLING, HOLGER (1998): *Wettbewerber im Informationszeitalter*, in: BETSCH, OSKAR, et al. (Hrsg.): *Handbuch Privatkundengeschäft - Entwicklung, State of the Art, Zukunftsperspektiven*, Frankfurt a.M., 1998, S. 79-92.

MIKKOLA, JULIANA HSUAN / SKJOTT-LARSEN, TAGE (2004): *Supply-chain integration: Implications for mass customization, modularization, and postponement strategies*, in: Production Planning & Control, 2004, 15. Jg., Nr. 4, S. 352-361.

MILDENBERGER, UDO (1998): *Selbstorganisation von Produktionsnetzwerken: Erklärungsansatz auf Basis der neueren Systemtheorie*, Wiesbaden, 1998.

Milgrom, Paul / Roberts, John (1995): *Complementarities and fit strategy, structure, and organizational change in manufacturing*, in: Journal of Accounting and Economics, 1995, 19. Jg., Nr. 2-3, S. 179-208.

Miller, A. / Dess, G. G. (1993): *Assessing Porter's (1980) model in terms of generalizability, accuracy, and simplicity*, in: Journal of Management Studies, 1993, 30. Jg., Nr. 4, S. 553-585.

Minnig, Christoph (1991): *Einfluss der computergestützten Informations- und Kommunikationstechnologie auf das menschliche Informationsverhalten*, Bern, 1991.

Mittra, Sid (1990): *Practicing financial planning: A complete guide for professionals*, Englewood Cliffs, 1990.

Möhle, Sybille, et al. (1999): *PPS-Systementwicklung mit Componentware*, in: Luczak, Holger, et al. (Hrsg.): *Produktionsplanung und -steuerung: Grundlagen, Gestaltung und Konzepte*, 2., korrigierte Aufl.. Berlin [u.a.], 1999, S. 696-732.

Moormann, Jürgen (1998): *Stand und Perspektiven der Informationsverarbeitung in Banken*, Arbeitsberichte der Hochschule für Bankwirtschaft, Bericht Nr. 7, Hochschule für Bankwirtschaft - Private Fachhochschule der Bankakademie, Frankfurt a.M., 1998.

Moormann, Jürgen (2004): *Die Rolle der Informatik im Bankgeschäft*, in: Moormann, Jürgen /Fischer, Thomas (Hrsg.): *Handbuch Informationstechnologie in Banken*, 2. vollständig erneuerte und erweiterte Auflage April 2004, Wiesbaden, 2004, S. 1-18.

Moormann, Jürgen (2005): *Die Rolle der Informatik im Bankgeschäft*, in: Sokolovsky, Zbynek /Löschenkohl, Sven (Hrsg.): *Handbuch Industrialisierung der Finanzwirtschaft: Strategien, Management und Methoden für die Bank der Zukunft*, Wiesbaden, 2005, S. 1-18.

Moormann, Jürgen, et al. (2006): *Wertschöpfungsmanagement in Banken*, Band 2., überarbeitete und erweiterte Auflage, Frankfurt a.M., 2006.

Moormann, Jürgen / Möbus, Dirk (2004): *Wertschöpfungsmanagement in Banken*, Frankfurt a.M., 2004.

Moschandreas, Maria (1997): *The Role of Opportunism in Transaction Cost Economics*, in: Journal of Economic Issues, 1997, 31. Jg., Nr. 1, S. 39-57.

Mucksch, Harry / Behme, Wolfgang (2000): *Das Data Warehouse-Konzept als Basis einer unternehmensweiten Informationslogistik*, in: Mucksch, Harry /Behme, Wolfgang (Hrsg.): *Das Data-warehouse-Konzept: Architektur - Datenmodelle - Anwendungen*, 4., vollst. überarb. und erw. Aufl.. Wiesbaden, 2000, S. 3-80.

MUFFATTO, MORENO (1999): *Introducing a platform strategy in product development*, in: International Journal of Production Economics, 1999, 60-61. Jg., S. 145-153.

MÜLLER-MEHRBACH, HEINER (1994): *Perspektiven einer informationsorientierten Betriebswirtschaftslehre*, in: KONEGEN, CHRISTIANE /SCHLAFFKE, WINFRIED (Hrsg.): *Praxisbezug und soziale Kompetenz*, Köln, 1994, S. 375-388.

MÜLLER-MEHRBACH, HEINER (1997): *Auf dem Weg in die Informations-Dienstleistungsgesellschaft*, in: Technologie & Management, 1997, Nr. 1, S. 1-8.

MÜLLER-STEWENS, GÜNTER / LECHNER, CHRISTOPH (2005): *Strategisches Management: Wie strategische Initiativen zum Wandel führen*, 3., aktualis. Aufl.. Stuttgart, 2005.

MÜLLER, GÜNTER, et al. (1997): *Unternehmenskommunikation: Telematiksysteme für vernetzte Unternehmen*, Bonn [u.a.], 1997.

MÜLLER, MARC (2006): *Plattformmanagement zur Reduktion von Innovationsrisiken*, in: GASSMANN, OLIVER /KOBE, CARMEN (Hrsg.): *Management von Innovation und Risiko: Quantensprünge in der Entwicklung erfolgreich managen*, 2., überarb. Aufl.. Berlin [u.a.], 2006, S. 121-144.

MÜLLER, MELANIE, et al. (2005): *Satisfaction of Customer Co-designers: Process versus Product Satisfaction*, in: EUROPEAN MARKETING ACADEMY (EMAC) (Hrsg.): *34th EMAC Annual Conference*, Milan, 2005.

MURRAY, ALAN (1988): *A contingency view of Porter's "generic strategies"*, in: Academy of Management Executive, 1988, 13. Jg., Nr. 3, S. 390-400.

MUTHER, ANDREAS / ÖSTERLE, HUBERT (1998): *Electronic Customer Care - Neue Wege zum Kunden*, in: Wirtschaftsinformatik, 1998, 40. Jg., Nr. 2, S. 105-113.

MUTTER, DAGMAR K. (2003): *Finanzportale im Internet - Ansatz zur Lösung von Informationsproblemen der Nachfrager nach Finanzdienstleistungen*, Dissertation: Hochschule für Wirtschafts-, Rechts- und Sozialwissenschaften (HSG), Universität St. Gallen, St. Gallen, 2003.

NAGENGAST, JOHANN (1997): *Outsourcing von Dienstleistungen industrieller Unternehmen: Eine theoretische und empirische Analyse*, Hamburg, 1997.

NARASIMHAN, RAM, et al. (2006): *Disentangling leanness and agility: An empirical investigation*, in: Journal of Operations Management, 2006, 24. Jg., Nr. 5, S. 440-457.

NEDEß, CHRISTIAN / KÄSELAU, JOACHIM (1999): *PPS in dezentralen Produktionsstrukturen*, in: LUCZAK, HOLGER, et al. (Hrsg.): *Produktionsplanung und -steuerung: Grundlagen, Gestaltung und Konzepte*, 2., korrigierte Aufl.. Berlin [u.a.], 1999, S. 458-494.

NEFIODOW, LEO A. (2001): *Der sechste Kondratieff: Wege zur Produktivität und Vollbeschäftigung im Zeitalter der Information*, 5. Aufl.. Sankt Augustin, 2001.

NEUHAUS, HANS-PETER (2004): *Wettbewerbsorteile von TX-Banken durch IT-Architektur und Referenzdaten*, in: LAMBERTI, HERMANN-JOSEF, et al. (Hrsg.): *Management von Transaktionsbanken*, Berlin, 2004, S. 299-330.

NEUMANN, FRIDOLIN (2004): *IT-Gesamtbankarchitektur am Beispiel der Sparkassen Informatik*, in: MOORMANN, JÜRGEN /FISCHER, THOMAS (Hrsg.): *Handbuch Informationstechnologie in Banken*, 2. vollständig erneuerte und erweiterte Auflage April 2004, Wiesbaden, 2004, S. 95-110.

NICHOLAS, JOHN M. (1998): *Competitive Manufacturing Management: Continous Improvement, Lean Production, and Customer Focused Quality*, Boston [u.a.], 1998.

NICOLAÏDIS, K. / VERNON, R. (1997): *Competition Policy and Trade Policy in the European Union*, in: EDWARD, GRAHAM /RICHARDSON, DAVID (Hrsg.): *Competition Policy in a Changing World Economy*, Washington, 1997, S. 271-309.

NIEMEYER, VANESSA (2003): *Virtuelle Beratung: Kundenbegleitung im elektronischen Vertrieb der Finanzdienstleister*, Heidelberg, 2003.

NIESCHLAG, ROBERT, et al. (2002): *Marketing*, 19., überarb. und erg. Aufl.. Berlin, 2002.

NIGHTINGALE, JOHN (1978): *On the Definition of `Industry' and `Market'*, in: The Journal of Industrial Economics, 1978, 27. Jg., Nr. 1, S. 31-40.

NILSON REPORT (2006): *50 Largest Bank Credit Card Issuers in the U.S. - 2005, Ranked by Outstandings*, in: The Nilson Report, 2006, Nr. 849, S. 1, 9-11.

NIRSCHL, MARCO, et al. (2004): *Vertriebsstrategien im Retail Banking: Positionierungsansätze und Konzepte für deren erfolgreiche Umsetzung*, ibi Research an der Universität Regensburg, Regensburg, 2004.

NIRSCHL, MARCO, et al. (2005): *Handlungsfelder zur erfolgreichen Positionierung als filialzentrierte Multikanalbank*, in: BARTMANN, DIETER (Hrsg.): *Innovationen im Retail Banking*, Weinheim, 2005, S. 227-259.

NOLTE, HEIKE (1998): *Aspekte ressourcenorientierter Unternehmensführung*, in: NOLTE, HEIKE (Hrsg.): *Aspekte ressourcenorientierter Unternehmensführung*, München [u.a.], 1998, S. III-VIII.

NOLTE, HEIKE / BERGMANN, RAINER (1998): *Ein Grundmodell des ressourcenorientierten Ansatzes der Unternehmensführung*, in: NOLTE, HEIKE (Hrsg.): *Aspekte ressourcenorientierter Unternehmensführung*, München [u.a.], 1998, S. 1-28.

NOORI, HAMID (1990): *Managing the Dynamics of new Technology: Issues in Manufacturing Management*, Englewood Cliffs, Calif., 1990.

NORTH, DOUGLASS C. (2006): *Institutions, institutional change and economic performance*, 22. print.. Cambridge [u.a.], 2006.

NOVAK, THOMAS P., et al. (2000): *Measuring the Customer Experience in Online Environments: A Structural Modeling Approach*, in: Marketing Science, 2000, 19. Jg., Nr. 1, S. 22.

O'LOUGHLIN, DEIRDRE, et al. (2004): *Branding and relationships: Customer and supplier perspectives*, in: Journal of Financial Services Marketing, 2004, 8. Jg., Nr. 3, S. 218-230.

OEHLER, ANDREAS (2005): *Retail Banking: Wettbewerb und Kundenerwartungen*, in: Finanz Betrieb, 2005, Nr. 2, S. 83-92.

OGAWA, SUSUMU / PILLER, FRANK T. (2006): *Reducing the Risks of New Product Development*, in: MIT Sloan Management Review, 2006, 47. Jg., Nr. 2, S. 65-71.

OLESON, JOHN D. (1998): *Pathways to agility: Mass Customization in action*, New York [u.a.], 1998.

ORTNER, ERICH / OVERHAGE, SVEN (2000): *Aspekte der Kommunikationsunterstützung beim elektronischen Handel im World Wide Web*, in: ENGELIEN, MARTIN /NEUMANN, DETLEF (Hrsg.): *Virtuelle Organisation und Neue Medien 2000 - Workshop GeNeMe2000 - Gemeinschaft in Neuen Medien - TU Dresden, 5. und 6. Oktober 2000*, Lohmar, 2000, S. 223-239.

ORTNER, ERICH / OVERHAGE, SVEN (2002): *E-NOgS: Ein komponentenorientiertes Middleware-Framework für E-Commerce-Anwendungen*, in: WEINHARDT, CHRISTOF /HOLTMANN, CARSTEN (Hrsg.): *E-Commerce: Netze, Märkte, Technologien*, Heidelberg, 2002, S. 241-251.

ÖSTERLE, HUBERT / WINTER, ROBERT (2000): *Buinsess Engineering*, in: ÖSTERLE, HUBERT /WINTER, ROBERT (Hrsg.): *Business-Engineering: Auf dem Weg zum Unternehmen des Informationszeitalters*, Berlin [u.a.], 2000, S. 3-20.

OSTERMAIER, EDWIN (2005): *Realisierung von Kreditfabriken*, in: SOKOLOVSKY, ZBYNEK /LÖSCHENKOHL, SVEN (Hrsg.): *Handbuch Industrialisierung der Finanzwirtschaft: Strategien, Management und Methoden für die Bank der Zukunft*, Wiesbaden, 2005, S. 507-523.

OVERHAGE, SVEN (2006): *Vereinheitlichte Spezifikation von Komponenten: Grundlagen, UnSCom Spezifikationsrahmen und Anwendung*, Dissertation: Wirtschaftswissenschaftliche Fakultät, Universität Augsburg, Augsburg, 2006.

PANKOKE-BABATZ, U. (2001): *Kommunikationsorientierte asynchrone Werkzeuge*, in: SCHWABE, GERHARD, et al. (Hrsg.): *CSCW-Kompendium: Lehr-*

und Handbuch zum computerunterstützten kooperativen Arbeiten, Berlin [u.a.], 2001, S. 167-173.

PANZAR, JOHN C. / WILLIG, ROBERT D. (1981): *Economies of Scope*, in: American Economic Review, 1981, 71. Jg., Nr. 2, S. 268.

PAPENDICK, ULRIC (2007): *Bank of America CEO Ken Lewis versucht die größte Bank der Welt zu erschaffen. Der Weg dahin führt über Europa.*, in: Manager Magazin, 2007, 37. Jg., Nr. 3, S. 64-70.

PAUL, STEPHAN (1999): *Finanzintermediation: Theoretische Fundierung*, in: CRAMER, JÖRG E., et al. (Hrsg.): *Knapps Enzyklopädisches Lexikon des Geld-, Bank- und Börsenwesens, Band 1: A-I*, 4. Auflage, Frankfurt am Main, 1999, S. 649-667.

PAUL, STEPHAN / STEIN, STEFAN (2007): *Innovation durch Integration: Ideen-Input durch die Kunden*, in: Die Bank, 2007, Nr. 9, S. 26-33.

PAULA, GREG (1998): *Flexible automation on the line*, in: Mechanical Engineering, 1998, 120. Jg., Nr. 4, S. 70-72.

PEDERGNANA, MAURICE / SCHACHT, CHRISTOPH (2003): *Große Banken auf dem Weg zur Risikointermediation*, in: Der Schweizer Treuhänder, 2003, Nr. 11, S. 951-960.

PELZER, PETER (2005): *Führung und Management in Banken - Eine kritische Beobachtung*, in: SOKOLOVSKY, ZBYNEK /LÖSCHENKOHL, SVEN (Hrsg.): *Handbuch Industrialisierung der Finanzwirtschaft: Strategien, Management und Methoden für die Bank der Zukunft*, Wiesbaden, 2005, S. 737-752.

PENZEL, HANS-GERT (2004): *Architekturmanagement aus der Sicht einer Großbank*, in: MOORMANN, JÜRGEN /FISCHER, THOMAS (Hrsg.): *Handbuch Informationstechnologie in Banken*, 2. vollständig erneuerte und erweiterte Auflage April 2004, Wiesbaden, 2004, S. 111-130.

PEPELS, WERNER (2001): *Darstellung und Bedeutung des Kundenlebenszeitwerts im Business to Business-Marketing*, in: HELMKE, STEFAN, et al. (Hrsg.): *Effektives Customer Relationship Management. Instrumente - Einführungskonzepte - Organisation*, Wiesbaden, 2001, S. 49- 84.

PEPPERS, DON / ROGERS, MARTHA (1997): *Enterprise one to one: Tools for competing in the interactive age*, 1. Aufl., New York [u.a.], 1997.

PEPPERS, DON / ROGERS, MARTHA (1999): *Enterprise one to one: Tools for competing in the interactive age*, 1. Aufl., New York [u.a.], 1999.

PETERS, LINDA / SAIDIN, HASANNUDIN (2000): *IT and the mass customization of services: the challenge of implementation*, in: International Journal of Information Management, 2000, 20. Jg., Nr. 2, S. 103-119.

PETERSON, ROBERT A., et al. (1997): *Exploring the Implications of the Internet for Consumer Marketing*, in: Journal of the Academy of Marketing Science, 1997, 25. Jg., Nr. 4, S. 329-346.

PETZEL, ERHARD (2006): *Six Sigma in Finanzinstituten - Noch viele Fragezeichen*, in: vb versicherungsbetriebe, 2006, Nr. 4, S. 38-42.

PFAU, WOLFGANG (1997): *Betriebliches Informationsmanagement: Flexibilisierung der Informationsinfrastruktur*, Wiesbaden, 1997.

PICOT, ARNOLD (1986): *Transaktionskosten im Handel - Zur Notwendigkeit einer flexiblen Strukturentwicklung in der Distribution*, in: Betriebs-Berater, Beilage 13 zu Heft 27, 1986, S. 2-16.

PICOT, ARNOLD (1991a): *Ein neuer Ansatz zur Gestaltung der Leistungstiefe*, in: Zeitschrift für betriebswirtschaftliche Forschung, 1991a, 43. Jg., Nr. 4, S. 336-357.

PICOT, ARNOLD (1991b): *Ökonomische Theorien der Organisation - Ein Überblick über neuere Ansätze und deren betriebswirtschaftliches Anwendungspotenzial*, in: ORDELHEIDE, DIETER, et al. (Hrsg.): *Betriebswirtschaftslehre und ökonomische Theorie*, Stuttgart, 1991b, S. 143-170.

PICOT, ARNOLD / DIETL, HELMUT (1990): *Transaktionskostentheorie*, in: Wirtschaftswissenschaftliches Studium, 1990, 19. Jg., Nr. 4, S. 178-184.

PICOT, ARNOLD / DIETL, HELMUT (1993): *Neue Institutionenökonomie und Recht*, in: OTT, CLAUS (Hrsg.): *Ökonomische Analyse des Unternehmensrechts: Beiträge zum 3. Travemünder Symposium zur Ökonomischen Analyse des Rechts*, Heidelberg, 1993, S. 306-330.

PICOT, ARNOLD, et al. (2002): *Organisation: Eine ökonomische Perspektive*, 3., überarb. u. erw. Aufl.. Stuttgart, 2002.

PICOT, ARNOLD / FREUDENBERG, HEINO (1998): *Neue organisatorische Ansätze zum Umgang mit Komplexität*, in: DIETRICH, ADAM (Hrsg.): *Komplexitätsmanagement*, Wiesbaden, 1998, S. 79-86.

PICOT, ARNOLD, et al. (1989): *Innovative Unternehmensgründungen: Eine ökonomisch-empirische Analyse*, Berlin [u.a.], 1989.

PICOT, ARNOLD / MAIER, MATTHIAS (1992): *Analyse- und Gestaltungskonzepte für das Outsourcing*, in: Information Management & Consulting, 1992, 7. Jg., Nr. 4, S. 14-27.

PICOT, ARNOLD / MAIER, MATTHIAS (1993): *Information als Wettbewerbsfaktor*, in: PREẞMAR, DIETER (Hrsg.): *Informationsmanagement*, Wiesbaden, 1993, S. 31-53.

PICOT, ARNOLD, et al. (2003): *Die grenzenlose Unternehmung: Information, Organisation und Management*, 5., aktualisierte Aufl., Wiesbaden, 2003.

PICOT, ARNOLD, et al. (1996): *The fading boundaries of the firm*, in: Journal of Institutional and Theoretical Economics, 1996, 152. Jg., Nr. 1, S. 65-79.

PILLER, FRANK (1997): *Kundenindividuelle Produkte - von der Stange*, in: Harvard Business Manager, 1997, 19. Jg., Nr. 3, S. 15-26.

PILLER, FRANK (1998): *Kundenindividuelle Massenproduktion: Die Wettbewerbsstrategie der Zukunft*, München [u.a.], 1998.

PILLER, FRANK (2006): *Mass Customization: Ein wettbewerbsstrategisches Konzept im Informationszeitalter*, 4., überarb. und erw. Aufl.. Wiesbaden, 2006.

PILLER, FRANK / IHL, CHRISTOPH (2002): *Mythos Mass Customization: Buzzword oder praxisrelevante Wettbewerbsstrategie? - Warum viele Unternehmen trotz der Nutzenpotentiale kundenindividueller Massenproduktion an der Umsetzung scheitern*, Arbeitsberichte des Lehrstuhls für Allgemeine und Industrielle Betriebswirtschaftslehre, Bericht Nr. 32, Technischen Universität München, München, 2002.

PILLER, FRANK, et al. (2004a): *Toolkits for Open Innovation - The Case of Mobile Phone Games*, in: IEEE (Hrsg.): *Proceedings of the 37th Hawaii International Conference on System Sciences*, Kona, 2004a.

PILLER, FRANK, et al. (2002): *EuroShoe Project Report: The Market for Customized Footwear in Europe - Market Demand and Consumer Preferences*, EuroShoe Project within the European Fifth Framework Program, EuroShoe Consortium, München, Mailand, 2002.

PILLER, FRANK, et al. (2004b): *Does mass customization pay? An economic approach to evaluate customer integration*, in: Production Planning & Control, 2004b, 15. Jg., Nr. 4, S. 435-444.

PILLER, FRANK, et al. (2003): *Building customer loyalty with collaboration nets - four models of individualization based CCRM*, in: KRACKLAUER, ALEXANDER H., et al. (Hrsg.): *Collaborative Customer Relationship Management: Taking CRM to the Next Level*, Berlin, 2003, S. 133-154.

PILLER, FRANK / SCHODER, DETLEF (1999): *Mass Customization und Electronic Commerce: Eine empirische Einschätzung zur Umsetzung in deutschen Unternehmen*, in: Zeitschrift für Betriebswirtschaft, 1999, 69. Jg., Nr. 10, S. 1111-1136.

PILLER, FRANK, et al. (2005): *Overcoming Mass Confusion: Collaborative Customer Co-Design in Online Communities*, in: Journal of Computer-Mediated Communication, 2005, 10. Jg., Nr. 4.

PILLER, FRANK / ZANNER, STEFAN (2001): *Mass Customization und Personalisierung im Electronic Business*, in: Das Wirtschaftsstudium (WISU), 2001, 30. Jg., Nr. 1, S. 88-96.

PINE, B. JOSEPH II (1991): *Paradigm Shift: From Mass Production to Mass Customization*, Dissertation: Sloan School of Management, Massachusetts Institute of Technology, Boston, 1991.

PINE, B. JOSEPH II (1993a): *Mass Customization: The New Frontier in Business Competition*, Boston, 1993a.

PINE, B. JOSEPH II (1993b): *Mass customizing products and services*, in: Planning Review, 1993b, 21. Jg., Nr. 4, S. 6-13.

PINE, B. JOSEPH II (1998): *Mass Customization - Die Wettbewerbsstrategie der Zukunft, Einführung*, in: PILLER, FRANK (Hrsg.): *Kundenindividuelle Massenproduktion: Die Wettbewerbsstrategie der Zukunft*, München [u.a.], 1998, S. 1-17.

PINE, B. JOSEPH II / GILMORE, JAMES H. (1998): *Welcome to the Experience Economy*, in: Harvard Business Review, 1998, 76. Jg., Nr. 4, S. 97-105.

PINE, B. JOSEPH II, et al. (1995): *Do You Want to Keep Your Customers Forever?*, in: Harvard Business Review, 1995, 73. Jg., Nr. 2, S. 103-114.

PITTA, DENNIS A., et al. (2003): *Privacy and one-to-one marketing: Resolving the conflict*, in: Journal of Consumer Marketing, 2003, 20. Jg., Nr. 7, S. 616-628.

PLATE, LARS (2005): *Qualitätsmanagement im bankbetrieblichen Kreditgeschäft: Wettbewerbsvorteile durch Prozessorientierung und Differenzierung im Marktauftritt*, 1. Aufl., Wiesbaden, 2005.

POPCORN, FAITH (1992): *Der Popcorn-Report: Trends für die Zukunft*, 3. Aufl.. München, 1992.

POPPER, KARL R. / KEUTH, HERBERT (2005): *Logik der Forschung*, 11. Aufl., durchges. und erg.. Tübingen, 2005.

PORAC, JOSEPH F. / THOMAS, HOWARD (1990): *Taxonomic Mental Models in Competitor Definition*, in: The Academy of Management Review, 1990, 15. Jg., Nr. 2, S. 224-240.

PORCAR, ROSA, et al. (2003): *Applications of Kansei Engineering to Personalization*, in: TSENG, MITCHELL /PILLER, FRANK (Hrsg.): *The Customer Centric Enterprise - Advances in Mass Customization and Personalization*, New York, Berlin, 2003, S. 301-314.

PORTER, J. K., et al. (1996): *Production planning and control system developments in Germany*, in: International Journal of Operations & Production Management, 1996, 16. Jg., Nr. 1, S. 27-39.

PORTER, MICHAEL E. (1980): *Competitive strategy: Techniques for analyzing industries and competitors*, [Nachdr.]. New York, NY, 1980.

PORTER, MICHAEL E. (1985): *Competitive advantage: Creating and sustaining superior performance*, New York [u.a.], 1985.

PORTER, MICHAEL E. (1991): *Towards a Dynamic Theory of Strategy*, in: Strategic Management Journal, 1991, 12. Jg., S. 95-117.

PORTER, MICHAEL E. (1996): *What Is Strategy?*, in: Harvard Business Review, 1996, 74. Jg., Nr. 6, S. 61-78.

Porter, Michael E. (1999): *Wettbewerbsstrategie (Competitive Strategy): Methoden zur Analyse von Branchen und Konkurrenten*, 10., durchges. und erw. Aufl.. Frankfurt am Main [u.a.], 1999.

Porter, Michael E. (2000): *Wettbewerbsvorteile (Competitive Advantage): Spitzenleistungen erreichen und behaupten*, 6. Aufl.. Frankfurt am Main [u.a.], 2000.

Potthoff, Christian (2006): *Erfolgswelle rollt weiter*, in: Handelsblatt, Nr. 58, 22. März 2006, S. 32.

Prahalad, C. K. / Hamel, Gary (1990): *The Core Competence of the Corporation*, in: Harvard Business Review, 1990, 68. Jg., Nr. 3, S. 79-91.

Praxmarer, Marc A. (1993): *Allfinanzstrategien aus der Sicht der Banken: Rahmenbedingungen und Gestaltungsansätze unter besonderer Berücksichtigung der Universalbanken in der Schweiz*, Bern [u.a.], 1993.

Prince, J. / Kay, J. M. (2003): *Combining lean and agile characteristics: Creation of virtual groups by enhanced production flow analysis*, in: International Journal of Production Economics, 2003, 85. Jg., Nr. 3, S. 305-318.

Proff, Heike (1997): *Hybride Strategien*, in: Wirtschaftswissenschaftliches Studium, 1997, 26. Jg., Nr. 6, S. 305-307.

Projektgruppe Gemeinschaftsdiagnose (2007): *Aufschwung legt Pause ein - Gemeinschaftsdiagnose Herbst 2007*, Wirtschaft im Wandel Sonderausgabe 2/2007, Institut für Wirtschaftsforschung Halle, Essen, 2007.

Raff, Roland (1991): *Informationstechnologien und Wandel in Wirtschaft und Gesellschaft*, Ludwigsburg [u.a.], 1991.

Raffée, Hans / Wiedmann, Klaus-Peter (1989): *Corporate Communicati ons als Aktionsinstrumentarium des strategischen Marketing*, in: Raffée, Hans /Wiedmann, Klaus-Peter (Hrsg.): *Strategisches Marketing*, 2. Aufl., ungekürzte Sonderausg.. Stuttgart, 1989, S. 662-691.

Raffée, Hans / Wiedmann, Klaus-Peter (1997): *Neurobasiertes Informationsmanagement als Erfolgsbasis zukunftsgerichteter Zielkundenbearbeitung*, in: Bruhn, Manfred /Steffenhagen, Hartwig (Hrsg.): *Marktorientierte Unternehmensführung*, Wiesbaden, 1997, S. 437-453.

Rapp, Reinhold (2000): *Customer-Relationship-Management: Das neue Konzept zur Revolutionierung der Kundenbeziehungen*, Frankfurt/Main [u.a.], 2000.

Rasche, Christoph (1994): *Wettbewerbsvorteile durch Kernkompetenzen: Ein ressourcenorientierter Ansatz*, Wiesbaden, 1994.

Rathnow, Peter J. (1994): *Integriertes Variantenmanagement*, Göttingen, 1994.

Rautenstrauch, Claus (1997): *An alternative concept to MRP II for mass customization based on the object-oriented paradigm*, in: Tan, S. T., et al.

(Hrsg.): *Proceedings of the International Conference of Manufacture Automation*, Hong Kong, 1997, S. 401-406.

REBOUILLON, JÜRGEN / MÜLLER, C. WOLFGANG (2005): *Kostenmanagement als strategische Herausforderung*, in: SOKOLOVSKY, ZBYNEK /LÖSCHENKOHL, SVEN (Hrsg.): *Handbuch Industrialisierung der Finanzwirtschaft: Strategien, Management und Methoden für die Bank der Zukunft*, Wiesbaden, 2005, S. 693-710.

RECKENFELDERBÄUMER, MARTIN (2002): *Die "produktionswirtschaftliche Sicht" von Bankleistungen aus leistungstheoretischer Perspektive*, in: PAUL, STEPHAN, et al. (Hrsg.): *Theoriediskussion in der Bankbetriebslehre*, Frankfurt a.M, 2002, S. 21-37.

REICHARDT, CHRISTIAN (2002): *One-to-one-Marketing im Internet: Erfolgreiche E-Strategien für Finanzdienstleister*, 2. Aufl.. Wiesbaden, 2002.

REICHHELD, FREDERICK F. / TEAL, THOMAS (1996): *Loyalty Effect - The Hidden Force Behind Growth, Profit and Lastung Value*, Boston, Mass., 1996.

REICHWALD, RALF, et al. (2006): *Marketing- und Vertriebswerkzeuge für individualisierte Produkte*, in: LINDEMANN, UDO, et al. (Hrsg.): *Individualisierte Produkte - Komplexität beherrschen in Entwicklung und Produktion*, Berlin [u.a.], 2006, S. 19-39.

REICHWALD, RALF / PILLER, FRANK (2001): *Die Reverse Economy*, Arbeitsberichte des Lehrstuhls für Allgemeine und Industrielle Betriebswirtschaftslehre, Bericht Nr. 25, Technischen Universität München, München, 2001.

REICHWALD, RALF / PILLER, FRANK (2002): *Der Kunde als Wertschöpfungspartner*, in: ALBACH, HORST /BEHRENS, STEFAN (Hrsg.): *Wertschöpfungsmanagement als Kernkompetenz : Festschrift für Horst Wildemann*, 1. Aufl.. Wiesbaden, 2002, S. 27-52.

REICHWALD, RALF / PILLER, FRANK (2003): *Von Massenproduktion zu Co-Produktion - Kunden als Wertschöpfungspartner*, in: Wirtschaftsinformatik, 2003, 45. Jg., Nr. 5, S. 515-519.

REICHWALD, RALF / PILLER, FRANK (2006): *Interaktive Wertschöpfung: Open Innovation, Individualisierung und neue Formen der Arbeitsteilung*, 1. Aufl.. Wiesbaden, 2006.

REICHWALD, RALF, et al. (2000): *Broker Models for Mass Customization based Electronic Commerce*, in: GOUL, MIKE, et al. (Hrsg.): *Proceedings of the Amercas Conference on Informations Systems - AMCIS*, Long Beach, 2000, S. 750-756.

REICHWALD, RALF, et al. (2004): *Dezentrale Minifabrik-Netzwerke als Form des Real-Time-Enterprise*, in: KUHLIN, BERND (Hrsg.): *Real-Time enterprise in der Praxis: Fakten und Ausblick*, Berlin [u.a.], 2004, S. 449-482.

REID, ELIZABETH (1995): *Virtual Worlds: Culture and Imagination*, in: JONES, STEVEN G. (Hrsg.): *Cyber Society - Computer-Mediated Communication and Community*, London [u.a.], 1995, S. 164-183.

REIMER, ANJA (2004): *Die Bedeutung des Dienstleistungsdesign für den Markterfolg*, Dissertation: Wirtschafts- und Sozialwissenschaftlichen Fakultät, Universität Bern, Bern, 2004.

REINHART, GÜNTHER (1995): *Autonome, kooperative Produktionssysteme*, in: WILDEMANN, HORST (Hrsg.): *Schnell lernende Unternehmen - Quantensprünge im Wettbewerb*, München, 1995, S. 527-545.

REINHART, GÜNTHER (1997): *Autonome Produktionssysteme*, in: SCHUH, GÜNTHER /WIENDAHL, HANS-PETER (Hrsg.): *Komplexität und Agilität*, Berlin [u.a.], 1997, S. 245-255.

REINHART, GÜNTHER, et al. (2000): *Minifabriken für die marktnahe Produktion*, in: Zeitschrift für wirtschaftlichen Fabrikbetrieb (ZwF), 2000, 95. Jg., Nr. 12, S. 597-601.

REINHART, GÜNTHER, et al. (2003): *Marktnahe Produktion kundenindividueller Produkte in dezentralen Mini-Fabriken*, in: PILLER, FRANK /STOTKO, CHRISTOF (Hrsg.): *Mass Customization und Kundenintegration - Neue Wege zum innovativen Produkt*, Düsseldorf, 2003.

REIß, MICHAEL / BECK, THILO C. (1994): *Fertigung jenseits des Kosten-Flexibilitäts-Dilemmas*, in: VDI Zeitung Integrierte Produktion, 1994, 136. Jg., Nr. 11/12, S. 28-30.

REIß, MICHAEL / BECK, THILO C. (1995a): *Kundennähe und Massenproduktion*, in: Blick durch die Wirtschaft, Nr. 171, 5. September 1995, S. 7.

REIß, MICHAEL / BECK, THILO C. (1995b): *Mass-Customization-Geschäfte: Kostengünstige Kundennähe durch zweigleisige Geschäftssegmentierung*, in: Thexis, 1995b, 12. Jg., Nr. 3, S. 30-36.

REIß, MICHAEL / BECK, THILO C. (1995c): *Performance-Marketing durch Mass Customization*, in: Marktforschung & Management, 1995c, 39. Jg., Nr. 2, S. 61-67.

REMER, ANDREAS (2000): *Organisationslehre*, 5. Aufl., Bayreuth, 2000.

REMER, ANDREAS (2001): *Organisation*, Bayreuth, 2001.

RICHTER, RUDOLF (2005): *The New Institutional Economics: Its Start, its Meaning, its Prospects*, in: European Business Organization Law Review, 2005, 6. Jg., Nr. 2, S. 161-200.

RICHTER, RUDOLF / FURUBOTN, EIRIK GRUNDTVIG (2003): *Neue Institutionenökonomik: Eine Einführung und kritische Würdigung*, 3., überarb. und erw. Aufl.. Tübingen, 2003.

RIECKEN, DOUG (2000): *Introduction: Personalized views of personalization*, in: Communications of the ACM, 2000, 43. Jg., Nr. 8, S. 26-28.

Riedl, René (2003): *Outsourcing - Grundüberlegungen aus wissenschaftlicher Sicht*, in: HMD - Praxis der Wirtschaftsinformatik, 2003, 38. Jg., Nr. 230, S. 86-95.

Riemer, Kai (2002): *Personalisierung am Beispiel des Internet-Handels*, in: Ahlert, Dieter (Hrsg.): *Customer Relationship Management im Handel: Strategien - Konzepte - Erfahrungen*, Berlin [u.a.], 2002, S. 103-127.

Riemer, Kai / Totz, Carsten (2003): *The many faces of personalization: An integrative economic overview of mass customization and personalization*, in: Tseng, Mitchell M. /Piller, Frank (Hrsg.): *The Customer Centric Enterprise - Advances in Mass Customization and Personalization*, Berlin [u.a.], 2003, S. 35-50.

Riese, Cornelius (2002): *Internet-Unruhe in der Bankenbranche - Ein Blick zurück*, in: Linn, Norbert, et al. (Hrsg.): *Banken in der Wertfalle: Effizienz- und Wachstumsstrategien für eine Branche in der Krise*, Frankfurt am Main, 2002, S. 12-31.

Riese, Cornelius (2006): *Industrialisierung von Banken: Grundlagen, Ausprägungen, Wirkungen*, Wiesbaden, 2006.

Ringsletter, Max / Kirsch, Werner (1991): *Varianten einer Differenzierungsstrategie*, in: Kirsch, Werner (Hrsg.): *Beiträge zum Management strategischer Programme*, Münchener Schriften zur angewandten Führungslehre, 65, München, 1991, S. 559-574.

Robertson, David / Ulrich, Karl (1998): *Planning for Product Platforms*, in: MIT Sloan Management Review, 1998, 39. Jg., Nr. 4, S. 19-31.

Robinson, William N. (1997): *Electronic brokering or assisted contacting of software applets*, in: IEEE (Hrsg.): *Proceedings of the 30th Hawaii International Conference on System Sciences*, Maui, 1997, S. 449-458.

Robra-Bissantz, Susanne / Raasch, Bettina (2003): *Mass Customization digitaler Dienstleistungsprozesse*, Arbeitsbericht des Lehrstuhls Wirtschaftsinformatik II, Dokumenten Nr. 11, Friedrich-Alexander-Universität Erlangen-Nürnberg, Nürnberg, 2003.

Rogoll, Timm / Piller, Frank (2004): *Product configuration from the customre's perspective: A comparison of configuration systems in the apparel industry*, in: *International Conference on Economic, Technical and Organisational aspects of Product Configuration Systems*, Technical University of Denmark (DTU), Lyngby, 2004.

Rogoll, Timm / Piller, Frank T. (2003): *Marktstudie 2003: Konfigurationssysteme für Mass Customization und Variantenproduktion - Strategie, Erfolgsfaktoren und Technologie von Systemen zur Kundenintegration*, 2. unveränd. Aufl.. München, 2003.

Rollberg, Roland (1996a): *Von klassischen zu modernen CIM-Konzepten*, in: Wirtschaftswissenschaftliches Studium, 1996a, 25. Jg., Nr. 6, S. 51-55.

Rollberg, Roland (1996b): *Wertschöpfungspartnerschaften und Electronic Data Interchange (EDI)*, in: Industrie Management, 1996b, 12. Jg., Nr. 6, S. 51-55.

Rommel, Günter, et al. (1993): *Einfach überlegen*, Stuttgart, 1993.

Rosada, Michael (1990): *Kundendienststrategien im Automobilsektor: Theoretische Fundierung und Umsetzung eines Konzeptes zur differenzierten Vermarktung von Sekundärdienstleistungen*, Berlin, 1990.

Rosenberg, Otto (1996): *Variantenfertigung*, in: Kern, Werner, et al. (Hrsg.): *Handwörterbuch der Produktionswirtschaft*, 2., völlig neu gestaltete Aufl.. Stuttgart, 1996, S. 2119-2129.

Ross, Philip E. (1998): *Virtual Robots*, in: Forbes, 1998, 161. Jg., Nr. 9, S. 168.

Rück, Hans R. G. (2000): *Dienstleistungen in der ökonomischen Theorie*, 1. Aufl.. Wiesbaden, 2000.

Rudberg, Martin / Wikner, Joakim (2004): *Mass customization in terms of the customer order decoupling point*, in: Production Planning & Control, 2004, 15. Jg., Nr. 4, S. 445-458.

Ruhland, Johannes (1999): *Database Marketing - Konzepte und Anwendungen*, in: Das Wirtschaftsstudium (WISU), 1999, 28. Jg., Nr. 1, S. 92-98.

Rühli, Edwin (1994): *Die Resource-based View of Strategy*, in: Gomez, Peter, et al. (Hrsg.): *Unternehmerischer Wandel: Konzepte zur organisatorischen Erneuerung; Knut Bleicher zum 65. Geburtstag*, Wiesbaden, 1994, S. 31-58.

Rühli, Edwin (1995): *Ressourcenmanagement: Strategischer Erfolg dank Kernkompetenzen*, in: Die Unternehmung, 1995, Nr. 2, S. 91-105.

Runte, Matthias (2000): *Personalisierung im Internet: Individualisierte Angebote mit Collaborative Filtering*, 1. Aufl.. Wiesbaden, 2000.

Rust, Urs (1998a): *Effizienzsteigerung durch Einsatz eines intelligenten Vertriebskonfigurators*, in: PPS Management, 1998a, 3. Jg., Nr. 1, S. 82-84.

Rust, Urs (1998b): *Intelligente Vertriebskonfiguration*, in: Wirtschaftsinformatik, 1998b, 40. Jg., Nr. 1, S. 29-32.

Sachverständigenrat zur Begutachtung der gesamtwirtschaftlichen Entwicklung (2007): *Jahresgutachten 2007/08 - Das Erreichte nicht verspielen*, Statistisches Bundesamt, Wiesbaden, 2007.

Sahin, Funda (2000): *Manufacturing competitiveness: Different systems to achieve the same results*, in: Production and Inventory Management Journal, 2000, 42. Jg., Nr. 1, S. 56-65.

Salewski, F. (1999): *Arbeitszeitmodelle*, in: Wirtschaftswissenschaftliches Studium, 1999, 28. Jg., Nr. 10, S. 551-555.

Sampler, Jeffrey L. (1998): *Redefining industry structure for the information age*, in: Strategic Management Journal, 1998, 19. Jg., Nr. 4, S. 343-355.

Sanchez, Ron / Collins, Robert P. (2001): *Competing - and Learning - in Modular Markets*, in: Long Range Planning, 2001, 34. Jg., Nr. 6, S. 645-667.

Sawhney, Monhanbir S. (1998): *Leveraged High-Variety Strategies: From Portfolio Thinking to Platform Thinking*, in: Journal of the Academy of Marketing Science, 1998, 26. Jg., Nr. 1, S. 54-61.

Schäfer, Erich (1978): *Der Industriebetrieb: Betriebswirtschaftslehre der Industrie auf typologischer Grundlage*, 2., erw. Aufl.. Wiesbaden, 1978.

Schäfer, Henry (2001): *Private Finanzplanung - Ein Instrument der Kundenbindung bei Versicherungen und Bausparkassen*, in: Versicherungswirtschaft, 2001, 56. Jg., Nr. 10, S. 714-719.

Schanz, Günther (1990): *Die Betriebswirtschaftslehre als Gegenstand kritisch-konstruktiver Betrachtungen*, Stuttgart, 1990.

Scheer, August-Wilhelm (1990): *EDV-orientierte Betriebswirtschaftslehre: Grundlagen für ein effizientes Informationsmanagement*, 4., völlig neu bearb. Aufl.. Berlin [u.a.], 1990.

Schenk, Ulrich (2003): *Konzernrechnungswesen und Verhaltenssteuerung: Ebenen der Integration von internem und externem Konzernrechnungswesen*, Aachen, 2003.

Scherm, Ewald (1996): *Outsourcing - Ein komplexes, mehrstufiges Entscheidungsproblem*, in: Zeitschrift für Planung, 1996, 7. Jg., Nr. 7, S. 45-60.

Schierenbeck, Henner (2005): *Zukunft der Banken - Banken der Zukunft?*, in: Sokolovsky, Zbynek /Löschenkohl, Sven (Hrsg.): *Handbuch Industrialisierung der Finanzwirtschaft: Strategien, Management und Methoden für die Bank der Zukunft*, Wiesbaden, 2005, S. 785-808.

Schierholt, Karsten (1997): *Konfiguration von variantenreichen Prozessen: Eine andere Form der Produktkonfiguration?*, in: Betriebswissenschaftliches Institut der ETH Zürich (Hrsg.): *Blickwechsel - Betriebswissenschaft und Innovation*, Zürich, 1997, S. 261-271.

Schinzer, Heiko (1998): *Elektronishce Marktplätze*, in: Das Wirtschaftsstudium (WISU), 1998, 27. Jg., Nr. 10, S. 1160-1174.

Schinzer, Heiko (2001): *Database Marketing*, in: Mertens, Peter, et al. (Hrsg.): *Lexikon der Wirtschaftsinformatik*, 4., vollst. neu bearb. und erw. Aufl.. Berlin [u.a.], 2001, S. 132-134.

Schlenzka, P. F. (1987): *Marktentwicklung und Ertragspotentiale der Anbieter von Finanzdienstleistungen*, in: Engels, Wolfram /Zügel, Walther (Hrsg.): *Wettbewerb am Markt für Finanzdienstleistungen*, Frankfurt am Main, 1987, S. 35-50.

SCHLEUNIG, CHRISTIAN (1993): *Strategien und Ansätze der Umsetzung zur Identifizierung von potenziellen Kunden im Direkt Marketing*, in: Direkt Marketing, 1993, 28. Jg., Nr. 3, S. 16-19.

SCHMALENBACH, EUGEN (1963): *Kostenrechnung und Preispolitik*, 8. Aufl., Köln, 1963.

SCHMIDT, INGO (1981): *Wettbewerbstheorie und -politik: Eine Einführung*, Stuttgart, 1981.

SCHMIDT, REINHARD H. / TERBERGER, EVA (2006): *Grundzüge der Investitions- und Finanzierungstheorie*, 4., aktualis. Aufl., Wiesbaden, 2006.

SCHMÜCKER, JÖRG / MÜLLER, WOLFGANG (2003): *Praxiserfahrungen bei der Einführung dezentraler Wissensmanagement-Lösungen*, in: Wirtschaftsinformatik, 2003, 45. Jg., Nr. 3, S. 307-311.

SCHNÄBELE, PETER (1997): *Mass customized marketing: Effiziente Individualisierung von Vermarktungsobjekten und -prozessen*, Wiesbaden, 1997.

SCHNEIDER, DIETER (1985): *Die Unhaltbarkeit des Transaktionskostenansatzes für die "Markt oder Unternehmung"-Diskussion*, in: Zeitschrift für Betriebswirtschaft, 1985, 55. Jg., Nr. 12, S. 1237-1254.

SCHNEIDER, DIETER (1995): *Informations- und Entscheidungstheorie*, München [u.a.], 1995.

SCHNEIDER, KRISTOF, et al. (2006): *Vorgehensmodelle und Standards zur systematischen Entwicklung von Dienstleistungen*, in: BULLINGER, HANS-JÖRG /SCHEER, AUGUST-WILHELM (Hrsg.): *Service engineering: Entwicklung und Gestaltung innovativer Dienstleistungen*, 2., vollst. überarb. und erw. Aufl.. Berlin [u.a.], 2006, S. 113-138.

SCHNITTKA, MATTHIAS (1998): *Kapazitätsmanagement von Dienstleistungsunternehmungen: Eine Analyse aus Anbieter- und Nachfragersicht*, Wiesbaden, 1998.

SCHOLZ, CHRISTIAN (1994): *Die virtuelle Organisation als Strukturkonzept der Zukunft?*, Arbeitspapier, Bericht Nr. 30, Lehrstuhl für Betriebswirtschaftslehre, Universität des Saarlandes, Saarbrücken, 1994.

SCHONBERGER, RICHARD J. (1996): *World Class Manufacturing: The Next Decade*, New York, 1996.

SCHOTT, EBERHARD (1997): *Markt und Geschäftsbeziehung beim Outsourcing: Eine marketingorientierte Analyse für die Informationsverarbeitung*, Wiesbaden, 1997.

SCHREIER, MARTIN (2005): *Wertzuwachs durch Selbstdesign: Die erhöhte Zahlungsbereitschaft von Kunden beim Einsatz von "Toolkits for User Innovation and Design&quot*, 1. Aufl.. Wiesbaden, 2005.

SCHREINER, PETER / STRAUß, OLIVER (2004): *Konzeptionelle und informationstechnische Anforderungen an eine systematische Dienstleistungsentwick-*

lung, in: SCHEER, AUGUST-WILHELM /SPAHT, DIETER (Hrsg.): *Computer Aided Service Engineering - Informationssysteme in der Dienstleistungsentwicklung*, Berlin, 2004, S. 13-42.

SCHREYÖGG, GEORG (1999): *Organisation: Grundlagen moderner Organisationsgestaltung*, 3., überarb. und erw. Aufl.. Wiesbaden, 1999.

SCHRÖTER, HEIMAR (1993): *Bedeutung von Marken im Investitionsgüterbereich: Konzepttransfer zwischen Konsumgüter- und Investitionsgütermarketing*, in: DROEGE, WALTER, et al. (Hrsg.): *Strategien für Investitionsgütermärkte: Antworten auf neue Herausforderungen*, Langsberg, Lech, 1993, S. 333-343.

SCHUBERT, PETRA, et al. (2001): *Digital erfolgreich: Fallstudien zu strategischen E-Business-Konzepten*, Berlin [u.a.], 2001.

SCHUH, GÜNTHER / MÜLLER, STEFAN (1998): *Verbundprojekte im Automobilbau stoppen die Variantenvielfalt*, in: VDI Zeitung Integrierte Produktion, 1998, 140. Jg., Nr. 3/4, S. 37-40.

SCHUH, GÜNTHER, et al. (1998): *Agilität durch virtuelle Fabriken*, in: Zeitschrift für wirtschaftlichen Fabrikbetrieb (ZwF), 1998, 93. Jg., Nr. 4, S. 124-126.

SCHÜLER, WOLFGANG (1991): *Informationstechnologie und organisatorischer Wandel*, in: KISTNER, KLAUS-PETER /SCHMIDT, REINHART (Hrsg.): *Unternehmensdynamik*, Wiesbaden, 1991, S. 283-298.

SCHULTE-NOELLE, HENNING (2003): *Allfinanz - Zukunftsmodell der Finanzwirtschaft?*, in: Die Bank, 2003, Nr. 4, S. 260-264.

SCHULTE, CHRISTOPH (1995): *Komplexitätsmanagement*, in: CORSTEN, HANS /REIß, MICHAEL (Hrsg.): *Handbuch der Unternehmensführung*, Wiesbaden, 1995, S. 757-765.

SCHULZE, JENS (2000): *Prozessorientierte Einführungsmethode für das Customer Relationship Management*, Dissertation: Hochschule für Wirtschafts-, Rechts- und Sozialwissenschaften (HSG), Universität St. Gallen, St. Gallen, 2000.

SCHUSSER, OLIVER (1999): *Die Wertschöpfungskette als strategisches Planungsinstrument*, in: Der Betriebswirt, 1999, 40. Jg., Nr. 2, S. 9-16.

SCHUSTER, LEO (1986): *Innovationspolitik der Banken - Notwendigkeit oder Nostalgie*, in: Zeitschrift für das gesamte Genossenschaftswesen, 1986, 36. Jg., Nr. 2, S. 140-149.

SCHUSTER, LEO (1996): *Lean Banking - Modewort oder Notwendigkeit?*, in: SCHUSTER, LEO (Hrsg.): *Theorie und Politik der Banken im Wandel*, München, 1996, S. 69-90.

Schuster, Leo (1998): *Newcomer im Privatkundengeschäft - Ziele, Entwicklungen und Zukunftschancen*, in: Betsch, Oskar, et al. (Hrsg.): *Handbuch Privatkundengeschäft: Entwicklung, State of the art, Zukunftsperspektiven*, Frankfurt am Main, 1998, S. 65-78.

Schuster, Leo / Wagner, Andreas (1997): *Kapazitätsmanagement in Banken*, in: Corsten, Hans /Stuhlmann, Stephan (Hrsg.): *Kapazitätsmanagement in Dienstleistungsunternehmungen*, Wiesbaden, 1997, S. 171-198.

Schütze, Andreas (2000): *Ansatz zur prozessorientierten Planung industrieller Dienstleistungen*, Dissertation: Fakultät Maschinenbau, Universität Dortmund, Dortmund, 2000.

Schwabe, Gerhard (2001): *Koordinationswerkzeuge*, in: Schwabe, Gerhard, et al. (Hrsg.): *CSCW-Kompendium: Lehr- und Handbuch zum computerunterstützten kooperativen Arbeiten*, Berlin [u.a.], 2001, S. 174-179.

Schwarz, Gerd (2005): *Outsourcing: Eine Einführung*, in: Hermes, Hans-Josef /Schwarz, Gerd (Hrsg.): *Outsourcing: Chancen und Risiken, Erfolgsfaktoren, rechtssichere Umsetzung*, München, 2005, S. 15-37.

Schwarze, Lars / Müller, Peter P. (2005): *IT-Outsourcing – Erfahrungen, Status und zukünftige Herausforderungen*, in: HMD - Praxis der Wirtschaftsinformatik, 2005, 40. Jg., Nr. 245, S. 6-17.

Schwarze, Stephan (1994): *Von den Massenprodukten zu den Soft-Products*, in: technica, 1994, 43. Jg., Nr. 15/16, S. 10-14.

Schwarzmaier, Ulrich (1995): *Verfahren zur Produktionsplanung und Produktionssteuerung in industriellen Unternehmungen*, Berlin, 1995.

Schweitzer, Marcell (1974): *Ablauforganisation*, in: Grochla, Erwin /Wittmann, Waldemann (Hrsg.): *Handwörterbuch der Betriebswirtschaft*, 4. Aufl., Stuttgart, 1974, S. 1-8.

Schweitzer, Marcell (1994): *Industrielle Fertigungswirtschaft*, in: Schweitzer, Marcell (Hrsg.): *Industriebetriebslehre - Das Wirtschaften in Industrieunternehmungen*, München, 1994, S. 573-746.

Schweitzer, Marcell / Küpper, Hans-Ulrich (2003): *Systeme der Kosten- und Erlösrechnung*, 8., überarb. und erw. Aufl.. München, 2003.

Schweitzer, Marcus (2003): *Taktische Planung von Dienstleistungskapazitäten: Ein integrierter Ansatz*, Berlin, 2003.

Schweitzer, Marcus (2004): *Taktische Kapazitätsplanung in Dienstleistungsunternehmen unter stochastischen Produktionsbedingungen - Dargestellt am Beispiel der Schadenbearbeitung einer Kfz-Versicherung*, in: Zeitschrift für Betriebswirtschaft, 2004, 74. Jg., Nr. 1 (Ergänzungsheft), S. 89-108.

SEALEY JR., C. W. / LINDLEY, JAMES T. (1977): *Inputs, outputs, and a theory of production and cost at depository financial institutions*, in: The Journal of Finance, 1977, 32. Jg., Nr. 4, S. 1251-1266.

SEBASTIAN, KARL-HEINZ / KOLVENBACH, CLAUS (2000): *Wie Sie mit intelligenten Konzepten der Preishölle entkommen*, in: Absatzwirtschaft, 2000, 43. Jg., Nr. 5, S. 64-72.

SEEGER, STEFFEN / STÜRTZ, NORMAN (2003): *Das Dilemma der deutschen Kreditwirtschaft - Hintergründe und Wege aus der Ertragskrise*, in: BETSCH, OSKAR /MERL, GÜNTHER (Hrsg.): *Zukunft der Finanzindustrie - Das Überdenken von Geschäftsmodellen*, Frankfurt a.M., 2003, S. 17-33.

SEGEV, ELI (1989): *A systematic comparative analysis and synthesis of two business-level strategic typologies*, in: Strategic Management Journal, 1989, 10. Jg., Nr. 5, S. 487-505.

SEITZ, JUERGEN (1998): *Informationstechnik in der Kreditwirtschaft: Auswirkungen auf die Bankenstruktur*, Wiesbaden, 1998.

SEVERIDT, KATHRIN (1997): *Marketing für Anlageberatung*, Arbeitspapier, Bericht Nr. 7, Johann-Wolfgang-Goethe-Universität, Lehrstuhl für Betriebswirtschaftslehre, insbesondere Marketing, Frankfurt am Main, 1997.

SHANNON, CLAUDE E. (1972): *Information theory*, in: *Encyclopedia Britannica, Band 12*, Chicago [u.a.], 1972, S. 246-249.

SHAPIRO, CARL / VARIAN, HAL R. (1999): *Information rules: A Strategic Guide to the Network Economy*, [Nachdr.]. Boston, Mass., 1999.

SHARDANAND, UPENDRA / MAES, PETTI (1995): *Social information filtering: Algorithms for automating 'word of mouth'*, in: ACM'S SPECIAL INTEREST GROUP ON COMPUTER-HUMAN INTERACTION (SIGCHI) (Hrsg.): *Proceedings of the SIGCHI conference on Human factors in computing systems*, Denver, 1995, S. 210-217.

SHERIDAN, JOHN (1993): *Agile manufacturing: Stepping beyond lean production*, in: Industry Week, 1993, Nr. 8, S. 30-46.

SIBBEL, RAINER (2004): *Produktion integrativer Dienstleistungen*, Wiesbaden, 2004.

SIEDERSLEBEN, JOHANNES (2007): *SOA revisited: Komponentenorientierung bei Systemlandschaften*, in: Wirtschaftsinformatik, 2007, 49. Jg., Nr. Sonderheft, S. 110-117.

SIEGERT, THEO (1975): *Eigenarten bankbetrieblicher Leistungen: Ein Beitrag zur theoretischen Bankbetriebslehre*, Köln, 1975.

SIEGERT, THEO (1997): *Wettbewerbsinformation und Erfolgsanalyse*, in: PICOT, ARNOLD (Hrsg.): *Information als Wettbewerbsfaktor*, Stuttgart, 1997, S. 123-144.

Sihn, Wilfried, et al. (1998): *Die Unterstützung der Mass-Customization-Strategie durch Netzwerkstrukturen*, in: VDI Zeitung Integrierte Produktion, 1998, 140. Jg., Nr. 11/12, S. 60-63.

Silberer, Günther (1992): *Dissonanztheorie*, in: Diller, Hermann (Hrsg.): *Vahlens Großes Marketinglexikon*, München, 1992, S. 218-219.

Simon, Herbert A. (1981): *Entscheidungsverhalten in Organisationen*, Landsberg [u.a.], 1981.

Simon, Hermann (1988): *Management strategischer Wettbwerbsvorteile*, in: Zeitschrift für Betriebswirtschaft, 1988, 58. Jg., Nr. 4, S. 109-114.

Simpson, Timothy, et al. (1998): *Mass Customization in the age of information: The case for open engineering systems*, in: Porter, Alan L. /Read, William H. (Hrsg.): *The Information Revolution: Current and Future Consequences*, Greenwich, 1998, S. 49-71.

Simpson, Timothy, et al. (2001): *Product Platform Design: Method and Application*, in: Research in Engineering Design, 2001, 13. Jg., Nr. 1, S. 2-22.

Skiera, Bernd / Spann, Martin (2002): *Flexible Preisgestaltung im Electronic Business*, in: Weiber, Rolf (Hrsg.): *Handbuch Electronic Business*, 2., überarb. u. erw. Aufl., Wiesbaden, 2002, S. 698-708.

Slater, Stanley F. / Olson, Eric M. (2002): *A fresh look at industry and market analysis*, in: Business Horizons, 2002, 45. Jg., Nr. 1, S. 15-22.

Slevogt, M. (1996): *Konsequenzen des Discount Brokerage für die Preispolitik im Wertpapiergeschäft*, in: Die Bank, 1996, Nr. 12, S. 746-749.

Smith, Michael, et al. (2000): *Understanding digital markets: Review and assessment*, in: Brynjolfsson, Erik /Kahin, Brian (Hrsg.): *Understanding the digital economy*, Boston, 2000, S. 99-136.

Snow, Charles C. / Hrebiniak, Lawrence G. (1980): *Strategy, Distinctive Competence, and Organizational Performance*, in: Administrative Science Quarterly, 1980, 25. Jg., Nr. 2, S. 317-336.

Soanes, Catherine / Stevenson, Angus (Hrsg.), (2006): *Oxford Dictionary of English*, 2nd Ed., reprinted, New York [u.a.], 2006.

Soeffky, Manfred (2001): *Componentware*, in: Mertens, Peter, et al. (Hrsg.): *Lexikon der Wirtschaftsinformatik*, 4., vollst. neu bearb. und erw. Aufl.. Berlin [u.a.], 2001, S. 100-102.

Sohler, Matthias (2003): *Erfolgreiches Multi Channel Banking: Von der Transaktions- zur Vertriebsbank*, in: Die Bank, 2003, Nr. 10, S. 670-674.

Sokolovsky, Zbynek (2005): *Industrialisierung der Banken*, in: Sokolovsky, Zbynek /Löschenkohl, Sven (Hrsg.): *Handbuch Industrialisierung der Finanzwirtschaft: Strategien, Management und Methoden für die Bank der Zukunft*, Wiesbaden, 2005, S. 33-58.

Sokolovsky, Zbynek / Kreitel, W. Angelika (2005): *Unternehmerische Managementdisziplinen für erfolgreiche Banken - Einige zukunftsorientierte Gedanken*, in: Sokolovsky, Zbynek /Löschenkohl, Sven (Hrsg.): *Handbuch Industrialisierung der Finanzwirtschaft: Strategien, Management und Methoden für die Bank der Zukunft*, Wiesbaden, 2005, S. 753-770.

Spearman, Mark L, et al. (1990): *CONWIP: a pull alternative to kanban*, in: International Journal of Production Research, 1990, 28. Jg., Nr. 5, S. 879-894.

Spinner, Helmut F. (1994): *Die Wissensordnung - Ein Leitkonzept für die dritte Grundordnung des Informationszeitalters*, Opladen, 1994.

Spitzer, Peter (2005): *Prozessorientierte Architekturen in der Finanzbranche*, in: Sokolovsky, Zbynek /Löschenkohl, Sven (Hrsg.): *Handbuch Industrialisierung der Finanzwirtschaft: Strategien, Management und Methoden für die Bank der Zukunft*, Wiesbaden, 2005, S. 601-610.

Spremann, Klaus (1988): *Reputation, Garantie, Information*, in: Zeitschrift für Betriebswirtschaft, 1988, 58. Jg., Nr. 5/6, S. 613-629.

Spremann, Klaus (1990): *Asymmetrische Information*, in: Zeitschrift für Betriebswirtschaft, 1990, 60. Jg., Nr. 5/6, S. 561-586.

Spremann, Klaus (2002): *Wirtschaft, Investition und Finanzierung*, 5. Aufl., München [u.a.], 2002.

Staehle, Wolfgang H. (1981): *Deutschsprachige situative Ansätze in der Managementlehre*, in: Kieser, Alfred (Hrsg.): *Organisationstheoretische Ansätze*, München, 1981, S. VIII, 279 S.

Staffelbach, Bruno (1988): *Strategisches Marketing von Dienstleistungen*, in: Marketing - Zeitschrift für Forschung und Praxis, 1988, 10. Jg., Nr. 4, S. 277-284.

Stahl, Ernst (2005): *Strategische Positionierung in einem veränderten Wettbewerb*, in: Bartmann, Dieter (Hrsg.): *Innovationen im Retail Banking*, Weinheim, 2005, S. 15-44.

Stalk, George (1988): *Time -The Next Source of Competitive Advantage*, in: Harvard Business Review, 1988, 66. Jg., Nr. 4, S. 41-51.

Stalk, George, et al. (1992): *Competing on capabilities: The new rules of corporate strategy*, in: Harvard Business Review, 1992, 70. Jg., Nr. 2, S. 54-66.

Stalk, George / Hout, Thomas M. (1992): *Zeitwettbewerb: Schnelligkeit entscheidet auf den Märkten der Zukunft*, 3., durchges. Aufl.. Frankfurt/Main [u.a.], 1992.

Starks, Laura T. (1987): *Performance Incentive Fees: An Agency Theoretic Approach*, in: Journal of Financial and Quantitative Analysis, 1987, 22. Jg., Nr. 1, S. 17-32.

STAUSS, BERND (1994a): *Dienstleistungsmarken*, in: BRUHN, MANFRED (Hrsg.): *Handbuch Markenartikel: Anforderungen an die Markenpolitik aus Sicht von Wissenschaft und Praxis*, Stuttgart, 1994a, S. 79-103.

STAUSS, BERND (1994b): *Total Quality Management und Marketing*, in: Marketing - Zeitschrift für Forschung und Praxis, 1994b, 16. Jg., Nr. 3, S. 149-159.

STAUSS, BERND (1996): *Dienstleistungen als Faktoren*, in: KERN, WERNER, et al. (Hrsg.): *Handwörterbuch der Produktionswirtschaft*, 2., völlig neu gestaltete Aufl.. Stuttgart, 1996, S. 318-327.

STAUSS, BERND (2006): *Plattformstrategien im Service Engineering*, in: BULLINGER, HANS-JÖRG /SCHEER, AUGUST-WILHELM (Hrsg.): *Service engineering: Entwicklung und Gestaltung innovativer Dienstleistungen*, 2., vollst. überarb. und erw. Aufl.. Berlin [u.a.], 2006, S. 321-340.

STEFFEN, CHRISTIAN (1991): *Unternehmensstrategien bei flexibler Automatisierung: Strategische Optionen zwischen wirtschaftlicher Stagnation und technologischer Dynamik*, Berlin, 1991.

STEFFENS, UDO (2002): *Chancen und Risiken der deutschen Banking- und Finance-Branche - Eine strategische Analyse*, in: STEFFENS, UDO /ACHENBACH, WIELAND (Hrsg.): *Strategisches Management in Banken*, 1. Aufl.. Frankfurt am Main, 2002, S. IV, 354.

STEIN, PETER (1999): *Unsicherheitsreduktion im Vermögensanlagegeschäft mit Privaten: Die Institution der stabilen Geschäftsbeziehung als Erfolgsbasis für beratungsorientierte Filialbanken*, Frankfurt am Main [u.a.], 1999.

STEINER, JÜRGEN (1998): *Ansatzpunkte zur Corporate Identity von Banken*, in: BETSCH, OSKAR, et al. (Hrsg.): *Handbuch Privatkundengeschäft: Entwicklung, State of the art, Zukunftsperspektiven*, Frankfurt am Main, 1998, S. 1007-1024.

STEINMANN, HORST / SCHREYÖGG, GEORG (2000): *Management: Grundlagen der Unternehmensführung - Konzepte, Funktionen, Fallstudien*, 5., überarb. Aufl.. Wiesbaden, 2000.

STEVEN, M. (1996): *Kapazitätsgestaltung und Optimierung*, in: KERN, WERNER, et al. (Hrsg.): *Handwörterbuch der Produktionswirtschaft*, 2., völlig neu gestaltete Aufl.. Stuttgart, 1996, S. 874-883.

STIEGLITZ, NILS (2002): *Banken, Finanzdienstleistungen und neue Medien*, in: STEFFENS, UDO /ACHENBACH, WIELAND (Hrsg.): *Strategisches Management in Banken*, 1. Aufl.. Frankfurt am Main, 2002, S. 261-278.

STOCKMANN, CARSTEN (1998): *Die virtuelle Bank: Eine Begriffsklärung*, in: Wirtschaftsinformatik, 1998, 40. Jg., Nr. 4, S. 273-280.

STOLPMANN, MARKUS (2000): *Kundenbindung im E-Business: Loyale Kunden - nachhaltiger Erfolg*, 1. Aufl.. Bonn, 2000.

STOTKO, CHRISTOF M. (2005): *Vertriebseffizienz durch Kundenintegration: Empirische Untersuchung am Beispiel deutscher Hersteller von Werkzeugmaschinen*, 1. Aufl.. Wiesbaden, 2005.

STRACKE, GUIDO / THIES, SVEN (1986): *Finanzplanung: Methode, Märkte, Anbieter*, in: Die Bank, 1986, Nr. 8, S. 402-408.

STRÜKER, JENS (2007): *Der gläserne Kunde im Supermarkt der Zukunft*, in: Wirtschaftsinformatik, 2007, 49. Jg., Nr. 1, S. 59-62.

STUHLMANN, STEPHAN (2000): *Kapazitätsgestaltung in Dienstleistungsunternehmungen: Eine Analyse aus der Sicht des externen Faktors*, 1. Aufl.. Wiesbaden, 2000.

STÜTZLE, GERHARD (1987): *Langfristige Kapazitätsplanung unter Berücksichtigung der betrieblichen Elastizität*, München, 1987.

SU, JACK C. P., et al. (2005): *Evaluation of postponement structures to accommodate mass customization*, in: Journal of Operations Management, 2005, 23. Jg., Nr. 3-4, S. 305-318.

SÜCHTING, JOACHIM / PAUL, STEPHAN (1998): *Bankmanagement*, 4. vollst. überarb. und erw. Aufl., Stuttgart, 1998.

SWIRE, PETER P. / LITAN, ROBERT E. (1998): *None of your business: World data flows, electronic commerce, and the European privacy directive*, Washington, DC, 1998.

SWOBODA, UWE C. (2001): *Retail-Banking und Private Banking: Zukunftsorientierte Strategien im Privatkundengeschäft*, 1. Aufl.. Frankfurt am Main, 2001.

SYDOW, JÖRG (1992a): *Strategische Netzwerke und Transaktionskosten - Über die Grenzen einer transaktionskostentheoretischen Erklärung der Evolution strategischer Netzwerke*, in: STAEHLE, WOLFGANG H. /CONRAD, PETER (Hrsg.): *Managementforschung 2*, Berlin [u.a.], 1992a, S. 239-311.

SYDOW, JÖRG (1992b): *Strategische Netzwerke: Evolution und Organisation*, Wiesbaden, 1992b.

SYDOW, JÖRG (1995): *Netzwerkorganisation*, in: Wirtschaftswissenschaftliches Studium, 1995, 24. Jg., Nr. 12, S. 629-634.

SZALLIES, RÜDIGER (1990): *Zwischen Luxus und kalkulierter Bescheidenheit - Der Abschied von Otto Normalverbraucher - Ein Rück- und Ausblick über 50 Jahre Konsumentenverhalten*, in: SZALLIES, RÜDIGER /WISWEDE, GÜNTER (Hrsg.): *Wertewandel und Konsum: Fakten Perspektiven und Szenarien für Markt und Marketing*, Landsberg/Lech, 1990, S. 41-58.

SZALLIES, RÜDIGER (1993): *Vagabundierendes Finanzverhalten*, in: geldinstitute, 1993, Nr. 4-5, S. 46-51.

SZALLIES, RÜDIGER (1995): *Anlagemotive im Wandel - Abschied von den klassischen Zielgruppen*, in: bank und markt, 1995, 24. Jg., Nr. 6, S. 8-15.

SZALLIES, RÜDIGER (2001): *Banken als Marken: Nachholbedarf bei der Markenführung*, in: bank und markt, 2001, 30. Jg., Nr. 7, S. 8-15.

SZALLIES, RÜDIGER (2004): *Retail Banking in der Bewährungsprobe - Die neue Herausforderungen im Privatkundengeschäft*, in: EFFERT, DETLEF /KÖHLER, VOLKER (Hrsg.): *Wettbewerb der Vertriebssysteme - Strategie und Lösungen für das Privatkundengeschäft der Banken*, Wiesbaden, 2004, S. 3-18.

SZYPERSKI, NORBERT (1980): *Strategisches Informationsmanagement im technologischen Wandel*, in: Angewandte Informatik, 1980, 22. Jg., Nr. 4, S. 141-148.

SZYPERSKI, NORBERT / WINAND, UDO (1989): *Informationsmanagement und informationstechnische Perspektiven*, in: SEIDEL, EBERHARD /WAGNER, DIETER (Hrsg.): *Organisation*, Wiesbaden, 1989, S. 133-150.

TAPSCOTT, DON (1995): *The digital economy: Promise and peril in the age of networked intelligence*, New York, NY [u.a.], 1995.

TEECE, DAVID J. (1984): *Economic Analysis and Strategic Management*, in: California Management Review, 1984, 26. Jg., Nr. 3, S. 87-110.

TEECE, DAVID J. (1986): *Profiting from technological innovation: Implications for integration, collaboration, licensing and public policy*, in: Research Policy, 1986, 15. Jg., Nr. 6, S. 285-305.

TEMPELMEIER, HORST (1996): *Flexible Fertigungstechniken*, in: KERN, WERNER, et al. (Hrsg.): *Handwörterbuch der Produktionswirtschaft*, 2., völlig neu gestaltete Aufl.. Stuttgart, 1996, S. 501-512.

TEUBNER, R. A. (1999): *Organisations- und Informationssystemgestaltung*, Wiesbaden, 1999.

THIELE, MICHAEL (1997): *Kernkompetenzorientierte Unternehmensstrukturen: Ansätze zur Neugestaltung von Geschäftsbereichsorganisationen*, Wiesbaden, 1997.

THIESING, ERNST-OTTO (1988): *Marktsegmentierung bei Privatkunden auf der Basis von Einstellungen*, in: bank und markt, 1988, 17. Jg., Nr. 2, S. 23-26.

THIEßEN, FRIEDRICH (2003): *Zur Trennung von Vertriebs- und Produktionsbank - Chancen und Risiken der "Open Architecture"-Strategien im Vermögensmanagement*, in: BankArchiv, 2003, 51. Jg., Nr. 6, S. 8.

THOM, N. (1988): *Organisationsmanagement*, in: HOFMANN, M. /VON ROSENSTIEL, L. (Hrsg.): *Funktionale Managementlehre*, Berlin [u.a.], 1988, S. 322-352.

THOMAS, OLIVER / SCHEER, AUGUST-WILHELM (2002): *Ein modellgestützter Ansatz zum Customizing von Dienstleistungsinformationssystemen*, in: BECKER, JÖRG /KNACKSTEDT, RALF (Hrsg.): *Referenzmodellierung 2002: Methoden - Modelle - Erfahrungen*, Münster, 2002, S. 81-117.

THOMAS, OLIVER / SCHEER, AUGUST-WILHELM (2003): *Referenzmodell-basiertes (Reverse-) Customizing von Dienstleistungsinformationssystemen*, Veröffentlichungen des Instituts für Wirtschaftsinformatik, Institut für Wirtschaftsinformatik (IWi), Deutsches Forschungszentrum für Künstliche Intelligenz (DFKI), Saarbrücken, 2003.

THOMAS, OLIVER / SCHEER, AUGUST-WILHELM (2006): *Customizing von Dienstleistungsinformationssystemen*, in: BULLINGER, HANS-JÖRG /SCHEER, AUGUST-WILHELM (Hrsg.): *Service engineering: Entwicklung und Gestaltung innovativer Dienstleistungen*, 2., vollst. überarb. und erw. Aufl.. Berlin [u.a.], 2006, S. 679-720.

THOME, RAINER (1998): *Informationsverarbeitung als Basis einer neuen zwischenbetrieblichen Firmenkultur*, in: Das Wirtschaftsstudium (WISU), 1998, 27. Jg., Nr. 8/9, S. 964-970.

THOMMEN, JEAN-PAUL / ACHLEITNER, ANN-KRISTIN (2006): *Allgemeine Betriebswirtschaftslehre: Umfassende Einführung aus managementorientierter Sicht*, 5., überarb. und erw. Aufl.. Wiesbaden, 2006.

TOFFLER, ALVIN (1970): *Future Shock*, Cologny, 1970.

TOFFLER, ALVIN (1980): *Die dritte Welle: Die Zukunftschance*, München, 1980.

TOLKMITT, VOLKER (2004): *Neue Bankbetriebslehre: Basiswissen zu Finanzprodukten und Finanzdienstleistungen*, 1. Aufl.. Wiesbaden, 2004.

TREYNOR, JACK L. (1965): *How to Rate Management of Investment Funds*, in: Harvard Business Review, 1965, 43. Jg., Nr. 1, S. 63-75.

TROPP, JÖRG / REICHEL, DENIS (2007): *Die Marketingzukunft der Finanzdienstleister: Perspektiven und Konzepte im Kontext neuer medialer und kommunikativer Bedingungen*, 1. Aufl.. Wiesbaden, 2007.

TSENG, MITCHELL / JIAO, JIANXIN (2001): *Mass customization*, in: SALVENDY, GAVIEL (Hrsg.): *Handbook of Industrial Engineering*, 3. Aufl., New York, 2001, S. 648-709.

TSENG, MITCHELL, et al. (1997): *A collaborative control system for mass customization manufacturing*, in: CIRP Annals, 1997, 46. Jg., Nr. 1, S. 373-376.

TSENG, MITCHELL / PILLER, FRANK (2003): *The Customer Centric Enterprise*, in: TSENG, MITCHELL /PILLER, FRANK (Hrsg.): *The Customer Centric Enterprise - Advances in Mass Customization and Personalization*, New York, Berlin, 2003, S. 3-16.

TSICHRITZIS, DENNIS (1995a): *Aspekte von Produkten in der Informationsgesellschaft*, in: ORGANISATIONSFORUM WIRTSCHAFTSKONGRESS E.V. (Hrsg.): *Mehrwert Information - Kommunikationsformen, Märkte und Arbeitsweisen in der Informationsgesellschaft*, Stuttgart, 1995a, S. 105-114.

TSICHRITZIS, DENNIS (1995b): *Daten, Information, Wissen*, in: ORGANISATIONSFORUM WIRTSCHAFTSKONGRESS (Hrsg.): *Mehrwert Information*, Stuttgart, 1995b, S. 105-114.

TÜRK, BERND (1996): *Von der Lean Production zum Lean Banking - Konzept einer theoretischen Fundierung*, Band 21, Wiesbaden, 1996.

TUROWSKI, KLAUS (1999a): *Agenten-gestützte Informationslogistik für Mass Customization*, in: KOPFER, HERBERT /BIERWIRTH, CHRISTIAN (Hrsg.): *Logistik Management - Intelligente I+K Technologien*, Berlin, 1999a, S. 199-209.

TUROWSKI, KLAUS (1999b): *A virtual electronic call center solution for mass customization*, in: IEEE (Hrsg.): *Proceedings of the 32nd Hawaii International Conference on System Sciences*, Kona, 1999b.

UEBEL, MATTHIAS F. (2004): *Praxis des Customer Relationship Management: Branchenlösungen und Erfahrungsberichte*, 2. Aufl.. Wiesbaden, 2004.

ULRICH, HANS (1984): *Management*, Bern [u.a.], 1984.

ULRICH, KARL T. / TUNG, KAREN (1991): *Fundamentals of product modularity*, Arbeitspapier, Bericht Nr. 3335-91 MSA, Sloan School of Management, Massachusetts Institute of Technology, Boston, 1991.

ULRICH, PETER / FLURI, EDGAR (1995): *Management - Eine konzentrierte Einführung*, 7. verb. Auflage, Bern, Stuttgart, Wien, 1995.

URBANI, ALESSANDRO, et al. (2003): *Flexibility and Reconfigurability for Mass Customization*, in: TSENG, MITCHELL /PILLER, FRANK (Hrsg.): *The Customer Centric Enterprise - Advances in Mass Customization and Personalization*, New York, Berlin, 2003, S. 349-360.

VAHRENKAMP, RICHARD (1998): *Produktionsmanagement*, 3., neubearb. Aufl.. München [u.a.], 1998.

VAN HOEK, REMKO I., et al. (1999): *Achieving Mass Customization Through Postponement: A Study of International Changes*, in: Journal of Market-Focused Management, 1999, 3. Jg., Nr. 3-4, S. 353-368.

VAN HOOVEN, ECKART (1998): *Anstöße und Zielsetzung für die Aufnahme des Privatkundengeschäfts*, in: BETSCH, OSKAR, et al. (Hrsg.): *Handbuch Privatkundengeschäft: Entwicklung, State of the art, Zukunftsperspektiven*, Frankfurt am Main, 1998, S. 3-20.

VAN MAANEN, JOHN (1979): *Reclaiming Qualitative Methods for Organizational Research: A Preface*, in: Administrative Science Quarterly, 1979, 24. Jg., Nr. 4, S. 520-526.

VEITINGER, MIACHAEL / LÖSCHENKOHL, SVEN (2005): *Übertragbarkeit industrieller Methoden auf die Prozesse der Finanzwirtschaft*, in: SOKOLOVSKY, ZBYNEK /LÖSCHENKOHL, SVEN (Hrsg.): *Handbuch Industrialisierung der*

Finanzwirtschaft: Strategien, Management und Methoden für die Bank der Zukunft, Wiesbaden, 2005, S. 397-408.

VERBUNT, JOANNES M. W. (1998): *Direktbanken - Eine Zeitbombe für das klassische Privatkundengeschäft*, in: BETSCH, OSKAR, et al. (Hrsg.): *Handbuch Privatkundengeschäft: Entwicklung, State of the art, Zukunftsperspektiven*, Frankfurt am Main, 1998, S. 505-516.

VERDIN, PAUL J. / WILLIAMSON, PETER (1994): *Core competences, competitive advantage and market analysis*, in: HAMEL, GARY /HEENE, AIMÉ (Hrsg.): *Competence-based competition*, Chichester [u.a.], 1994, S. 77-110.

VICTOR, BART / BOYNTON, ANDREW C. (1998): *Invented here*, Boston, 1998.

VICTOR, BART, et al. (1996): *Aligning IT with new competitive strategies*, in: LUFTMAN, JERRY N. (Hrsg.): *Competing in the information age: Strategic alignment in practice*, Oxford, 1996.

VOIGTMANN, PETER / ZELLER, THOMAS (2003): *Enterprise Application Integration und B2B Integration im Kontext von Electronic Business und Elektronischen Marktplätzen. Teil II: Integrationssysteme und Fallbeispiele*, Bericht Nr. FWN-2003-001, FORWIN - Byerischer Forschungsverbund Wirtschaftsinformatik, Nürnberg, 2003.

VOIT, MARIO (2002): *Plattformstrategien im Retail-Banking: Eine Analyse der Kunde-Bank-Beziehung*, 1. Aufl.. Wiesbaden, 2002.

VON BECHTOLSHEIM, MATTHIAS (1998): *Die Einheitlichkeit der Konsumentenwerbung - wie kommt das Privatkundengeschäft aus der Krise?*, in: BETSCH, OSKAR, et al. (Hrsg.): *Handbuch Privatkundengeschäft: Entwicklung, State of the art, Zukunftsperspektiven*, Frankfurt am Main, 1998, S. 979-993.

VON HAYEK, FRIEDRICH (1945): *The use of knowledge in society*, in: American Economic Review, 1945, 35. Jg., Nr. 4, S. 519-530.

VON HIPPEL, ERIC (1986): *Lead Users: A Source of novel Product Concepts*, in: Management Science, 1986, 32. Jg., Nr. 7, S. 791-805.

VON HIPPEL, ERIC (1998): *Economics of product development by users: The impact of `sticky' local information*, in: Management Science, 1998, 44. Jg., Nr. 5, S. 629-644.

VON HIPPEL, ERIC (2001): *Toolkits for User Innovation*, in: Journal of Product Innovation Management, 2001, 18. Jg., Nr. 4, S. 247-257.

VON HIPPEL, ERIC (2005): *Democratizing innovation*, Cambridge, Mass. [u.a.], 2005.

VON MALTZAN, BERND-ALBRECHT (2000): *Private Banking*, in: VON HAGEN, JÜRGEN /VON STEIN, JOHANN HEINRICH (Hrsg.): *Geld-, Bank- und Börsenwesen: Handbuch des Finanzsystems, Obst/Hintner*, 40., völlig überarb. Aufl.. Stuttgart, 2000, S. 923-937.

von Werder, A. (1998): *Zur Begründung organisatorischer Gestaltungen*, in: Glaser, H., et al. (Hrsg.): *Organisation im Wandel der Märkte*, Wiesbaden, 1998, S. 479-509.

von Werder, Axel (1999): *Effizienzbewertung organisatorischer Strukturen*, in: Wirtschaftswissenschaftliches Studium, 1999, 28. Jg., Nr. 8, S. 412-417.

Voss, Bristol (1994): *A new spring for manufacturing*, in: Journal of Business Strategy, 1994, 15. Jg., Nr. 1, S. 54-57.

Wallis, John / North, Doglas (1986): *Measuring the transaction sector in the American economy*, in: Engerman, Stanley /Gallmann, Robert E. (Hrsg.): *Long term factors in American economic growth*, Chicago [u.a.], 1986, S. 96-161.

Walter, Georg (2003): *Kundenmanagement im Privatkundengeschäft von Banken*, Regensburg, 2003.

Walter, Georg (2005): *Kundenmanagement im Multikanalvertrieb von Banken*, in: Bartmann, Dieter (Hrsg.): *Innovationen im Retail Banking*, Weinheim, 2005, S. 261-294.

Warkentin, Merrill, et al. (2000): *The Role of Mass Customization in Enhancing Supply Chain Relationships in B2C E-Commerce Markets*, in: Journal of Electronic Commerce Research, 2000, 1. Jg., Nr. 2, S. 45-52.

Warschburger, Volker / Hans, Lothar (1998): *Strategische und operative Outsourcing-Entscheidungen*, in: controller magazin, 1998, Nr. 5, S. 334-338.

Watson, Richard, et al. (1998): *Topologies for electronic cooperation*, in: Lehner, Franz /Dustdar, Schahram (Hrsg.): *Telekooperation in Unternehmen*, Wiesbaden, 1998, S. 1-10.

Weber, H. K. (1980): *Zum System produktiver Faktoren*, in: Zeitschrift für betriebswirtschaftliche Forschung (ZfbF), 1980, 32. Jg., Nr. 12, S. 1056-1071.

Weber, Manfred (2002): *Bankenmarkt Deutschland: I. Der Strukturwandel*, in: Die Bank, 2002, Nr. 6, S. 398-404.

Wehrli, Hans Peter / Krick, Matthias (1998): *Mit strategischen Netzwerken Kundennähe realisieren*, in: Absatzwirtschaft, 1998, 41. Jg., Nr. 1, S. 62-68.

Wehrli, Hans Peter / Wirtz, Bernd W. (1997): *Mass Customization und Kundenbeziehungsmanagement*, in: Jahrbuch der Absatz- und Verbrauchsforschung, 1997, 43. Jg., Nr. 2, S. 116-138.

Weiber, Rolf / Adler, Jost (1995): *Informationsökonomisch begründete Typologisierung von Kaufprozessen*, in: Zeitschrift für betriebswirtschaftliche Forschung (ZfbF), 1995, 47. Jg., Nr. 1, S. 43-65.

WEIGAND, JÜRGEN / LEHMANN, ERIK (1997): *Produktdifferenzierung*, in: Wirtschaftswissenschaftliches Studium, 1997, 26. Jg., Nr. 9, S. 477-480.

WEISS, ULRICH (1998): *Die Rolle von Unternehmertum und Führung im Privatkundengeschäft*, in: BETSCH, OSKAR, et al. (Hrsg.): *Handbuch Privatkundengeschäft: Entwicklung, State of the art, Zukunftsperspektiven*, Frankfurt am Main, 1998, S. 1165-1179.

WEITZEN, H. SKIP / GENDA, WILLIAM (1988): *Infopreneurs: Turning data into dollars*, New York [u.a.], 1988.

WELGE, M. K. / FESSMANN, K.-D. (1980): *Effizienz, organisatorische*, in: GROCHLA, ERWIN (Hrsg.): *Handwörterbuch der Organisation*, Stuttgart, 1980, S. 577-592.

WELSCH-LEHMANN, FRANK-MICHAEL (2001): *Personalisierung*, in: ALBERS, SÖNKE /SKIERA, BERND (Hrsg.): *Marketing mit interaktiven Medien: Strategien zum Markterfolg*, 3., komplett überarb. und erw. Aufl.. Frankfurt, 2001, S. 131-144.

WENTLANDT, ALBERT (1993): *Die strategische Positionierung von Finanzdienstleistungsunternehmen*, Frankfurt am Main [u.a.], 1993.

WESTBROOK, ROY / WILLIAMSON, PETER (1993): *Mass customization: Japan's new frontier*, in: European Management Journal, 1993, 11. Jg., Nr. 1, S. 38-45.

WESTKÄMPER, ENGELBERT (1997a): *Manufacturing on demand in production networks*, in: CIRP Annals, 1997a, 46. Jg., Nr. 1, S. 329-334.

WESTKÄMPER, ENGELBERT (1997b): *Produktion*, in: SCHUH, GÜNTHER /WIENDAHL, HANS-PETER (Hrsg.): *Komplexität und Agilität*, Berlin [u.a.], 1997b, S. 277-291.

WESTON, RUSTY (1997): *Web Automation*, in: PC Week, 1997, Nr. 32, S. 76.

WHITE, R. E. (1986): *Generic Business Strategies: Organizational Context and Performance*, in: Strategic Management Journal, 1986, 7. Jg., Nr. 2, S. 217-231.

WIENDAHL, HANS-PETER (1987): *Belastungsorientierte Fertigungssteuerung: Grundlagen, Verfahrensaufbau, Realisierung*, München [u.a.], 1987.

WIENDAHL, HANS-PETER, et al. (1998): *Mehrwertorientierte Vernetzung von kleinen und mittleren Unternehmen*, in: Industrie Management, 1998, 14. Jg., Nr. 5, S. 58-62.

WIESE, HARALD / GEISLER, MICHAEL (1996): *Standardisierung*, in: KERN, WERNER, et al. (Hrsg.): *Handwörterbuch der Produktionswirtschaft*, 2., völlig neu gestaltete Aufl.. Stuttgart, 1996, S. 1897-1912.

WILDEMANN, HORST (1994): *Fertigungsstrategien*, 2. Aufl., München, 1994.

WILDEMANN, HORST (1995): *Transaktionskostenreduzierung durch Fertigungssegmentierung*, in: Die Betriebswirtschaft, 1995, 55. Jg., Nr. 6, S. 783-795.

WILDEMANN, HORST (1996a): *Fertigungssegmentierung*, in: KERN, WERNER, et al. (Hrsg.): *Handwörterbuch der Produktionswirtschaft*, 2., völlig neu gestaltete Aufl.. Stuttgart, 1996a, S. 474-488.

WILDEMANN, HORST (1996b): *Management von Produktions- und Zulieferernetzwerken*, in: WILDEMANN, HORST (Hrsg.): *Produktions- und Zuliefernetzwerke*, München, 1996b, S. 13-42.

WILDEMANN, HORST (1998a): *Die modulare Fabrik: Kundennahe Produktion durch Fertigungssegmentierung*, 5., überarb. und erg. Aufl.. München, 1998a.

WILDEMANN, HORST (1998b): *Komplexitätsmanagement durch Prozess- und Produktgestaltung*, in: DIETRICH, ADAM (Hrsg.): *Komplexitätsmanagement*, Wiesbaden, 1998b, S. 47-68.

WILDEMANN, HORST (1998c): *Produktionsplanung und -steuerung in dezentralen Produktionssystemen*, in: WILDEMANN, HORST (Hrsg.): *Innovationen in der Produktionswirtschaft - Produkte, Prozesse, Planung und Steuerung*, München, 1998c, S. 11-44.

WILLE, KURT (1985): *Kapazitätsermittlung in der Unternehmung*, Gießen, 1985.

WILLIAMS, BRIAN (1995): *Manufacturing for Survival: The How-to Guide for Practitioners and Managers*, Reading, 1995.

WILLIAMSON, OLIVER E. (1975): *Markets and hierarchies: Analysis and antitrust implications*, New York, 1975.

WILLIAMSON, OLIVER E. (1981): *The modern corporation: Origins, evolution, attributes*, in: Journal of Economic Literature, 1981, 19. Jg., Nr. 12, S. 1537-1568.

WILLIAMSON, OLIVER E. (1985a): *The economic institutions of capitalism: Firms, markets, relational contracting*, 1. print.. London, 1985a.

WILLIAMSON, OLIVER E. (1985b): *Reflections on the New Institutional Economics*, in: Zeitschrift für die gesamte Staatswissenschaft, 1985b, 141. Jg., Nr. 1, S. 187-195.

WILLIAMSON, OLIVER E. (1990): *Die ökonomischen Institutionen des Kapitalismus: Unternehmen, Märkte, Kooperationen*, Tübingen, 1990.

WILLIAMSON, OLIVER E. (1991): *Comparative Economic Organization: The Analysis of Discrete Structural Alternatives*, in: Administrative Science Quarterly, 1991, 36. Jg., Nr. 2, S. 269-296.

WILLIAMSON, OLIVER E. (1998): *Transaction Cost Economics: How It Works; Where It is Headed*, in: De Economist, 1998, 146. Jg., Nr. 1, S. 23-58.

WIMMER, ANDREAS, et al. (2003): *Produktmodellierung und Produktkonfiguration im Financial Planning*, in: BIT - Banking and Information Technology, 2003, Nr. 1, S. 43-52.

WIND, JERRY / RANGASWAMY, ARVIND (1999): *Customerization: The Second Revolution In Mass Customization*, eBusiness Research Center Working Paper, Bericht Nr. 06-1999, eBusiness Research Center, University Park, PA, 1999.

WIND, YORAM (2001): *The challenge of "customerization" in financial services*, in: Communications of the ACM, 2001, 44. Jg., Nr. 6, S. 39-44.

WINTER, ROBERT (2001): *Mass Customization and Beyond: Evolution of Customer Centricity in Financial Services*, in: SEBAALY, MILAD F. (Hrsg.): *International NAISO Congress on Information Science Innovations (ISI'2001)*, Dubai, U.A.E., 2001, S. 151-157.

WINTER, ROBERT (2002): *Ganzheitliches Kundenbeziehungsmanagement für Finanzdienstleistungen*, in: LEIST, SUSANNE /WINTER, ROBERT (Hrsg.): *Retail Banking im Informationszeitalter - Integrierte Gestaltung der Geschäfts-, Prozess- und Applikationsebene*, Berlin [u.a.], 2002, S. 269-286.

WIRTZ, BERND W. / LIHOTZKY, NIKOLAI (2001): *Internetökonomie, Kundenbindung und Portalstrategien*, in: Die Betriebswirtschaft, 2001, 61. Jg., Nr. 3, S. 285-305.

WITTMANN, EDGAR (1990): *Neue Informations- und Kommunikationstechnik und Macht in der Unternehmung*, München, 1990.

WITTMANN, WALDEMANN (1959): *Unternehmung und unvollkommene Information*, Köln [u.a.], 1959.

WITTMANN, WALDEMANN (1979): *Wissen in der Produktion*, in: KERN, WERNER (Hrsg.): *Handwörterbuch der Produktionswirtschaft*, Stuttgart, 1979, S. 2261-2272.

WITTMANN, WALDEMANN (1980): *Information*, in: GROCHLA, ERWIN (Hrsg.): *Handwörterbuch der Organisation*, Stuttgart, 1980, S. 894-904.

WOHLGEMUT, A. C. (1998): *Organisatorische Gestaltung von Dienstleistungsunternehmen*, in: BRUHN, MANFRED /MEFFERT, HERIBERT (Hrsg.): *Handbuch Dienstleistungsmanagement: Von der strategischen Konzeption zur praktischen Umsetzung*, Wiesbaden, 1998, S. 779-799.

WOLTERS, HEIKO (1995): *Modul- und Systembeschaffung in der Automobilindustrie: Gestaltung der Kooperation zwischen europäischen Hersteller- und Zulieferunternehmen*, Wiesbaden, 1995.

WOMACK, JAMES P., et al. (1994): *Die zweite Revolution in der Autoindustrie - Konsequenzen aus der weltweiten Studie aus dem Massachusetts Institute of Technology*, 8. durchges. kart. Ausg., Frankfurt a.M., 1994.

WORATSCHEK, HERBERT (1996): *Die Typologie von Dienstleistungen aus informationsökonomischer Sicht*, in: Der Markt - Zeitschrift für Absatzwirtschaft und Marketing, 1996, 35. Jg., Nr. 1, S. 59-71.

WORATSCHEK, HERBERT (1998): *Preisbestimmung von Dienstleistungen: Markt- und nutzenorientierte Ansätze im Vergleich*, 1. Aufl.. Frankfurt am Main, 1998.

WRIGHT, OLIVER (1982): *The Executive's Guide to Successful MRP II*, Englewood Cliffs, 1982.

WÜBKER, GEORG / ENGELKE, JAN (2006): *Das Preisbewusstsein der Kunden*, in: Die Bank, 2006, Nr. 11, S. 54-60.

WÜPPING, JOSEF (1999): *Produktkonfiguratoren für die kundenindividuelle Serienfertigung*, in: Industrie Management, 1999, 15. Jg., Nr. 1, S. 65-69.

WÜPPING, JOSEF (2003): *Praxiserfahrungen Variantenmanagement und Produktkonfiguration*, in: Industrie Management, 2003, 19. Jg., Nr. 1, S. 49-52.

YIN, ROBERT K. (2003): *Case study research: Design and methods*, 3rd ed., Thousand Oaks, Calif. [u.a.], 2003.

ZAHN, ERICH / SCHMID, UWE (1996): *Produktionswirtschaft*, Stuttgart, 1996.

ZALTMAN, GERALD, et al. (1982): *Theory construction in marketing: Some thoughts on thinking*, New York [u.a], 1982.

ZÄPFEL, GÜNTHER (1978): *Überlegungen zum Inhalt des Fachs "Produktionswirtschaftslehre"*, in: Der Betriebswirt, 1978, 38. Jg., Nr. 3, S. 403-420.

ZÄPFEL, GÜNTHER (1982): *Produktionswirtschaft: Operatives Produktions-Management*, Berlin [u.a.], 1982.

ZÄPFEL, GÜNTHER (1998): *Grundlagen und Gestaltung dezentraler PPS-Systeme*, in: CORSTEN, HANS /GÖSSINGER, RALF (Hrsg.): *Dezentrale Produktionsplanungs- und -steuerungs-Systeme*, Stuttgart [u.a.], 1998, S. 11-54.

ZÄPFEL, GÜNTHER (2000): *Strategisches Produktions-Management*, 2., unwesentlich veränd. Aufl.. München [u.a.], 2000.

ZEH, THOMAS (2003): *Data Warehousing als Organisationskonzept des Datenmanagements*, in: Informatik - Forschung und Entwicklung, 2003, 18. Jg., Nr. 1, S. 32-38.

ZELENY, MILAN (1996): *Customer-specific value chain: Beyond mass customization?*, in: Human Systems Management, 1996, 15. Jg., Nr. 2, S. 93-97.

ZELEWSKI, STEPHAN (1997): *Elektronische Märkte zur Prozeßkoordinierung in Produktionsnetzwerken*, in: Wirtschaftsinformatik, 1997, 39. Jg., Nr. 3, S. 231-243.

ZELEWSKI, STEPHAN (1998): *Multi-Agenten-Systeme - Ein innovativer Ansatz zur Realisierung dezentraler PPS-Systeme*, in: WILDEMANN, HORST (Hrsg.): *Innovationen in der Produktionswirtschaft - Produkte, Prozesse, Planung und Steuerung*, München, 1998, S. 133-166.

ZERDICK, AXEL, et al. (2001): *Die Internet-Ökonomie: Strategien für die digitale Wirtschaft*, 3., erw. und überarb. Aufl.. Berlin [u.a.], 2001.

Ziegler, Jürgen (1997): *Information age organizations and success*, Dissertation: Wirtschaftswissenschaftliche Fakultät, Universität Augsburg, Augsburg, 1997.

Zimmermann, Dieter (1972): *Produktionsfaktor Information*, Berlin, 1972.

Zinnagel, E. (1994): *Aktives Beschwerdemanagement*, in: Schriftenreihe des Österreichischen Forschungsinstituts für Sparkassenwesen 1994, 34. Jg., Nr. 2, S. 5-9.

Zipkin, Paul (2001): *The Limits of Mass Customization*, in: MIT Sloan Management Review, 2001, 42. Jg., Nr. 3, S. 81-87.

Zuber, Markus (2005): *Rendite und Qualitätswahrnehmung: Eine experimentelle Untersuchung zur Anlageberatung*, 1. Aufl.. Wiesbaden, 2005.

FSC
www.fsc.org
MIX
Papier | Fördert
gute Waldnutzung
FSC® C083411

Kolibri 360 GmbH
Ferdinand-Jühlke-Straße 7
99095 Erfurt, Deutschland
produktsicherheit@kolibri360.de